公安院校创新应用型
精品规划系列教材

犯罪学教程

Criminology

主　编　董邦俊　王志祥
副主编　江　溯　陈曙光　康　杰　孟昭武　崔海英　迟占霞
撰稿人　董邦俊　周　凌　江　溯　王志祥　孟昭武
　　　　唐子艳　康　杰　孟庆华　陈曙光　李正新
　　　　黄　石　崔海英　迟占霞

WUHAN UNIVERSITY PRESS
武汉大学出版社

图书在版编目(CIP)数据

犯罪学教程/董邦俊,王志祥主编.—武汉:武汉大学出版社,2016.8
(2024.2重印)
公安院校创新应用型精品规划系列教材
ISBN 978-7-307-18179-3

Ⅰ.犯… Ⅱ.①董… ②王… Ⅲ.犯罪学—教材 Ⅳ.D917

中国版本图书馆CIP数据核字(2016)第135924号

责任编辑:胡 荣 田红恩 责任校对:李孟潇 版式设计:马 佳

出版发行:**武汉大学出版社** (430072 武昌 珞珈山)
(电子邮箱:cbs22@whu.edu.cn 网址:www.wdp.com.cn)
印刷:武汉邮科印务有限公司
开本:787×1092 1/16 印张:21.25 字数:542千字 插页:2
版次:2016年8月第1版 2024年2月第3次印刷
ISBN 978-7-307-18179-3 定价:55.00元

董邦俊，湖北十堰人， 中南财经政法大学刑事司法学院教授，法学博士，博士生导师，院学术委员会主席，校学术委员会委员。中南财经政法大学“文澜青年学者”，“湖北省十大中青年法学家”，湖北省宣传文化人才培养工程“七个一百”项目入选人员。德国波恩大学刑事法研究所访问学者（2011.12-2012.12）。兼任湖北省黄石市人民检察院副检察长、党组成员，中国警察法学研究会、中国金融法律行为研究会、湖北省法学会理事、犯罪学研究会副会长兼秘书长，江西财经大学法学院兼职教授。在《中华医学》、《环球法律评论》、《法学》、《法学评论》、《现代法学》、《中国人民公安大学学报》、《光明日报》、《中国纪检监察报》等刊物上发表论文100余篇，有多篇论文被《人大报刊复印资料》等刊物全文转载；主持国家社科基金、教育部、中国法学会、共青团中央、省社科规划等方面项目14项；出版专著3部，主编教材2部，参与撰写、翻译法学创新教材多部；科研成果获中国法学会、最高人民法院等方面奖励9项。

王志祥，河南南阳人，北京师范大学刑事法律科学研究院教授，法学博士，博士生导师，外国刑法与比较刑法研究所所长，法学院刑法学教研中心主任。国家社会科学基金同行评议专家，中国法学会立法学研究会理事。全国青联委员，中央国家机关青联委员。近年来，在《中国法学》、《法学家》、《法商研究》、《政治与法律》、《刑法论丛》、《刑法评论》、《法制日报》等报刊上发表学术论文100余篇，出版《危险犯研究》、《犯罪既遂新论》等个人专著，编撰（译）《新编中国刑法学通论》、《欧盟刑事司法协助研究暨相关文献中英文本》、《联合国反腐败公约暨相关重要文献资料》、《“9·11”委员会报告》、《美军虐囚报告》、《有组织犯罪比较研究》、《外国刑法学概论》、《中国废止死刑之路》、《英美刑法学》、《国际恐怖主义犯罪及其防治对策专论》、《刑法修正案（八）解读与评析》等著作10余部。主持、参与国家级、省部级各类项目10余项。

公安院校创新应用型精品规划系列教材编委会名单

公安院校创新应用型精品规划系列教材编委会名单

目　　录

第一编　导论

第二编　犯罪现象论

第四编 犯罪预防论

第一编　导　论

第一章　犯罪学概述

对于犯罪学的教学与研究需要对基本知识进行梳理和阐释，故本章将重点阐释犯罪学的概念、犯罪学的研究对象以及犯罪学与相关学科的关系。应该认识到犯罪学是一门对犯罪现象和犯罪原因进行跨学科研究，并基于对犯罪规律的掌握提出犯罪防控对策的事实性学科。同时，需要全面了解犯罪学作为一门独立学科的来龙去脉，深刻认识犯罪学概念的含义，明确犯罪学研究对象包含的具体内容，正确区分犯罪学中犯罪的概念与刑法学中犯罪的概念，把握犯罪学学科性质及其刑事学科体系中的地位，通过辨别犯罪学与相关学科间的相互关系，为开展犯罪学研究奠定基础。

第一节　犯罪学的概念

什么是犯罪学呢？从以贝卡里亚(Beccaria，1738—1794)为代表的古典犯罪学派算起，犯罪学诞生至今已逾200多年，但是人们并未对“犯罪学”形成一个统一的定义。这种定义上的差异不仅反映出人们对犯罪学学科体系的组成要素存在不同的理解，也反映出人们对犯罪学的研究范围存在不同的界定。然而，定义犯罪学概念存在相当困难的现状并不表示犯罪学就是一门不成熟的学科。相反，这正表明了犯罪学作为事实性学科发展的蓬勃生机和力图不断认识犯罪的真实的开放式发展特性。① 由于概念是反应思维对象本质属性的思维形式。所谓本质属性，就是决定事物之所以成为该事物，并把该事物和其他事物区别开来的属性。② 因此，即便是界定犯罪学存在事实上的困难，也应准确界定犯罪学的概念，进而为全面认识犯罪学和深入研究犯罪学奠定基础。

一、“犯罪学”词义考究

从构词方式来看，“犯罪学”中的“学”③当取学科之意。犯罪学，即研究犯罪的学科。但是它却并不像犯罪一样古老④，其成为一门独立的学科却是近代的事情，人们一般认为这

---

① 张远煌．犯罪学(第2版)[M]．北京：中国人民大学出版社，2011：1.

② 石子坚．法律专业逻辑[M]．成都：四川人民出版社，1985：17.

③ 《现代汉语词典》中“学”有5个意思，其中第4个意思就是指学科，并举例数学、物理学、政治经济学等。根据汉语词语组合规律，不难发现犯罪学中的“学”，亦即学科之意。参见现代汉语词典[M](2002年增补本)．北京：商务印书馆，2002：1428.

④ 一般认为，自人类诞生之日起，犯罪就与人类一直相伴。不仅《圣经》中有关于人具有“原罪”和“本罪”的描述，原罪，是指亚当和夏娃经不住毒蛇的诱惑，偷吃伊甸园禁果，违背上帝旨意的行为；本罪，是指个人所实施的恶行，包括违背基督教教规的行为和世俗的犯罪。参见徐久生．德语国家的犯罪学研究[M]．北京：中国法制出版社，1999：1. 也有人基于人类学视角对原始社会中的犯罪问题进行了研究，参见[英]马林诺夫斯基．原始社会的犯罪与习俗(修订译本)，原江译，[M]．北京：法律出版社 2007.

个时间节点是19世纪中叶。追本溯源，犯罪学肇始于西方世界，在西方国家，“犯罪学”在各种语言中，表述为英语是Criminology，法语是Criminologie，意大利语是Criminologica，德语是Kriminologie，丹麦语是Kriminologi，荷兰语是Criminologie，希腊语是Εγκληματολογια，葡萄牙语是Criminologia，俄语是Криминология，西班牙语是Criminología，日本语是はんざいがく。从语系上考察，它们基本上都属于印欧语系，日本的犯罪学也是从西方国家引入。从构词上来看，“Criminology”是由拉丁文crimen(即“犯罪”)和古希腊文logios(即“知识”或者“学说”)构成的，其字面意义就是“关于犯罪的知识(学科)”。① 在学术界，人们一般认为，“犯罪学”一词最早由法国人类学家保罗·托皮纳尔(Paul Topinard，1830—1911)于1879年在其著作《人类学》中提出，② 但是真正使犯罪学成为一门独立学科，当属“现代犯罪学之父”③龙勃罗梭(Cesare Lombrosr，1836—1909)和其学生加罗法洛(Raffaele Garofalo，1852—1934)、菲利(Enrico Ferri，1856—1929)的积极推动，1876年龙勃罗梭在米兰出版其代表作《犯罪人论》，1878年他在都灵又出版了《犯罪人论》第二版，在该著作中他强调实证研究方法，注重人的生物学特征，④ 引起学界的广泛关注。随后，1885年意大利犯罪学家加罗法洛出版了第一本以“犯罪学”命名的学术著作，这对“犯罪学”这门科学的最终命名产生了决定性影响。⑤ 此后，“犯罪学”这个术语被广泛的接受和采用，在西方犯罪学论著中，犯罪学一般被表述为研究犯罪现象、犯罪原因以及对犯罪的反应的综合性学科。⑥

而在中国，犯罪学诞生较晚，据学者考证，在译介西方犯罪学的基础上，留学日本的民国时期学者李剑华于1930年完成、1931年出版的《犯罪学》一书，是我国学者所撰写的第一本犯罪学著作。⑦ 此书研究体例沿袭日本犯罪学特点，共分七章，主要包括犯罪学的历史、任务、研究方法，犯罪的概念、分类、原因及其对社会的影响，救治犯罪的方法、措施等，附录为犯罪学家及其文献。⑧

二、犯罪学概念的界说梳理

就定义犯罪学概念的方法或者说路径来看，前南斯拉夫一位犯罪学家认为，主要有四种方法：(1)采用定义研究对象的方法来定义犯罪学，即犯罪学是研究犯罪的，因此定义了犯罪就等于定义了犯罪学。(2)采用与相邻学科加以区别的方法来定义犯罪学。(3)采用直接定义犯罪学的方法。(4)马克思主义定义犯罪学概念的方法，实际上主要是以阶级和阶级斗争学说来解释犯罪概念。⑨ 仔细分析，不难发现第一种方法中，由于犯罪定义的多元使得犯

---

① 吴宗宪．西方犯罪学．(第2版)[M]．北京：法律出版社，2006：1.

② 康树华、张小虎．犯罪学[M]．北京：北京大学出版社，2011：1.

③ Stephen Schafer, Theories in criminology: past and present philosophies of the crime problem, New York: Random House, 1969, p. 23.

④ 这本书最终出版了5版，影响深远。参见[意]龙勃罗梭．犯罪人论[M]．黄风译．北京：中国法制出版社，2000.

⑤ 见张远煌．犯罪学(第2版)[M]．北京：中国人民大学出版社，2011：31.

⑥ 吴宗宪．西方犯罪学[M]．北京：法律出版社，1999：1.

⑦ 姚建龙．认真对待近代犯罪学[J]．现代法学，2007(6).

⑧ 李剑华．犯罪学[M]．北京：法学编译社，1933.

⑨ 转引自王牧．犯罪学基础理论研究[M]．北京：中国检察出版社，2010：12.

罪学很难获得一个统一的定义；第二种方法实际上进行了带有主观的犯罪学臆测嫌疑；第三种方法涉及对“直接”的理解程度，存在收缩；第四种方法带有很强的意识形态印记。

从学者们关于犯罪学概念的界定情况来看，基本上沿着两条路径展开：一是从犯罪学学科性质或者犯罪学在刑事学科体系中的地位(位置)来进行界定；二是根据犯罪学研究内容所包含的具体要素情况来进行，多表现为进行广义与狭义之分。应该说两种思路各具特色，体现了不同的研究范式，而范式是用来指导一定范围内调查研究的一组经过明确阐述的概念和命题，它还为研究者提供了分析和处理问题的世界观和方法论。① 我们有必要对其加以客观分析和理性吸收合理部分，为科学界定犯罪学的概念奠定基础。

基于“犯罪学学科性质或者地位”的路径，主要存在如下一些观点：(1)犯罪学附属于刑法学，即不承认犯罪学是一门独立学科，而是附属于刑法学。代表人物为1911年埃德蒙德·克兹罗斯基主张“刑法学可以从两重意义上来理解，即广义与狭义。广义刑法学包罗整个犯罪学，亦即对犯罪与刑罚有关的所有问题而不是仅仅对在行使惩罚的国家权威罪犯之间形成的法律关系进行理论研究的体系”。② 这种观点在犯罪学早期出现过，现在基本上已成历史陈迹。(2)犯罪学包含刑法学，即认为犯罪学是一门包括刑法学、刑事政策学、刑罚学和刑事诉讼法学内容在内的学科。代表人物为意大利犯罪学家恩里科·菲利(Enrico Ferri，1856—1929)。③ (3)犯罪学的事实性与刑法学的规范性，即强调将犯罪现象中的规范方面划归到刑法学领域，而将犯罪学的事实方面回归到犯罪学领域，于是认为犯罪学是一门有关犯罪现象的原因和同犯罪作斗争的科学，包括犯罪原因、制止犯罪的方法、刑事政策问题、刑罚学与程序刑法。代表人物为奥地利侦查学家汉斯·格罗斯(Hans Gross，1847—1915)。④ (4)犯罪学是刑事学科的分支，即把犯罪学视为在刑法学科体系中与侦查学、刑法与刑事政策并立的关于犯罪现象与原因的一门学科。代表人物为弗朗茨·冯·李斯特(Franz von Liszt，1851—1919)。(5)把犯罪学与监狱问题结合起来，进而认为犯罪学是关于罪犯及其处置的学问。代表人物为美国犯罪学家索尔斯坦·塞林(Thorsten Sellin，1896—1994)。⑤ (6)犯罪学的边缘性，即认为犯罪学是介于社会学和法律学之间的边缘学科。或者说，它既是法律学，又是社会学，即社会法律学。⑥ (7)犯罪学从属于社会学，即认为犯罪学是社会学的一个分支学科。⑦ (8)犯罪学一级学科论，即认为犯罪学应当处于一级学科的地位。因为目前它已经形成了一个以犯罪学为核心的学科群，不仅有许多二级学科，例如犯罪社会学、犯罪心理学、犯罪人类学、犯罪生物学、犯罪统计学、犯罪地理学、犯罪环境学、犯罪对策学等，而且还存在一个支撑犯罪学学科存在和发展的基础理论学科群(如政治学、经济学、法学、社会学、人类学、心理学、统计学等)，这些学科奠定了犯罪学的理论基础。⑧

---

① 李强、邓建伟、晓筝．社会变迁与个人发展：生命历程研究的范式与方法[J]．社会学研究，1999(6)．

② [波兰] 巴路纳·亨利斯特．犯罪学的概念与范围[J]．环球法律评论，1987(4)．

③ [意]菲利．犯罪社会学[M]．郭建安译，北京：中国人民公安大学出版社，1990.

④ 见张远煌．犯罪学(第2版)[M]．北京：中国人民大学出版社，2011：5.

⑤ 见巴路纳·亨利斯特，前引文。

⑥ 曾庆敏．论犯罪学在科学知识体系中的地位[J]．河北法学，1983(1)．

⑦ [美]D. 斯坦利·艾兹恩、杜格· A. 蒂默．犯罪学[M]．谢正权、邬明安、刘春译，北京：群众出版社，1988：2~3.

⑧ 王牧主编．新犯罪学(第2版)[M]．北京：高等教育出版社，2010：8~9.

由此可见，正是由于犯罪成为众多学科共同的关注焦点，犯罪学与其他刑事学科存在交叉重叠，但是随着人们对犯罪学认识的不断深化，承认犯罪学作为整个刑事学科体系中一门独立学科，以及犯罪学是集社会学、统计学、生物学、心理学等学科知识来研究犯罪问题的综合性学科已经成为当前学界主流。

基于“犯罪学研究内容”的路径，一般将犯罪学分为广义的犯罪学和狭义犯罪学。其中，广义的犯罪学是指把犯罪作为一种社会现象加以研究的一门学科，它包括法律产生的原因及其制定过程，违法行为及其分析，以及如何预防和应对违法行为。① 申言之，广义的犯罪学包括犯罪现象论、犯罪原因论和犯罪对策论三部分内容。而狭义的犯罪学则仅指犯罪原因论，即认为犯罪学是关于犯罪原因及其规律的科学。② 根据研究犯罪原因的角度不同，狭义犯罪学又具体包括犯罪生物学和犯罪社会学两大分支。由此可见，所谓的广义犯罪学和狭义犯罪学，其区别就在于是否包括犯罪对策(或者犯罪控制)这一部分。按照王牧教授提出的“定义犯罪学概念的根据”——犯罪学的学科任务——就是为了解决有效预防和减少犯罪。③ 言外之意，定义犯罪学必须符合“认识世界的目的在于改造世界”这一基本的社会科学精神。因此，据此广义的犯罪学更符合这一要求。

就前面两种研究进路来看，第一种进路有助于我们进一步明确犯罪学的事实学科属性，以及其作为刑事学科分支的基本定位，为明确其外延指明方向。第二种研究进路则有助我们明确犯罪学到底是研究什么的科学，为理解其内涵提供直接参照。

三、犯罪学概念的内涵与外延

为了清晰认识犯罪学的概念，根据前述分析，我们将从犯罪学概念的内涵和外延两个方面来进一步加以阐述。其中，犯罪学概念的内涵，亦即犯罪学的研究内容包括哪些；犯罪学概念的外延，亦即犯罪学研究涉及的范围到底有多大。

(一)犯罪学概念的内涵

犯罪学主要是就犯罪现象、犯罪原因和犯罪对策三个方面的内容来建构起学科体系的，所以犯罪学可以说是揭示犯罪现象、探索犯罪原因以及提出犯罪防控对策的科学。第一，具体就揭示犯罪现象而言，主要是指运用实证分析方法来解读犯罪现象。而实证分析，即按照一定程序性的科学研究规范进行经验研究、量化分析、关系分析的研究方法，它不仅仅是一种实例枚举式的论说方法，而且是强调假设检验、经验归纳、数量规定性以及现象之间的关系分析的科学研究方法。④ 犯罪现象，是指在一定地区和一定时期内发生的、应受到制裁或处置的严重危害社会行为的总和。⑤ 第二，具体就探索犯罪原因而言，即旨在探寻犯罪行为为什么会产生、犯罪的根源是什么、为什么有的人犯罪而有的人则没有犯罪，等等。进行犯罪原因分析的角度也很多，有的或从犯罪人心理、生理入手；有的或从外部环境入手；有的或从文化、社会制度等方面入手，等等。第三，具体就提出犯罪防控对策而言，也主要是基

---

① Sutherland , Edwin H. & Donald R. Cressey, Criminology. 6th edition, Philadelphia: J. B. Lippincott, 1960, p. 3.

② 康树华. 犯罪学通论.(第2版), [M]. 北京：北京大学出版社，1996：1.

③ 王牧. 犯罪学基础理论研究[M]. 北京：中国检察出版社，2010：16~19.

④ 白建军. 关系犯罪学[M]. 北京：中国人民大学出版社，2009：16.

⑤ 张远煌. 犯罪学原理(第2版)[M]. 北京：法律出版社，2008：149.

于对犯罪现象、犯罪原因的认识来开展，或着眼于宏观层面的社会综合预防，或着眼于中观层面的刑事制度改良，或着眼于微观层面的犯罪情境预防，视角多元，层次丰富。

同时，理解犯罪学概念的内涵，有助于我们明确犯罪学研究的任务以及开展犯罪学研究的意义、价值所在。

（二）犯罪学概念的外延

清晰划定犯罪学概念的外延，有助于我们正确认识犯罪学学科性质，明确其学科地位，以及其与相关学科的区别所在。具体来讲，我们可以从以下几方面来认识犯罪学概念的外延：

第一，犯罪学是一门研究犯罪的事实科学。在这里“事实”主要是相对“规范”而言的，即犯罪学是研究客观存在的犯罪现象或犯罪事实，直接客观描述犯罪的基本情况，如行为人、行为对象特征（如性别、年龄、家庭状况、职业等），犯罪行为特征（如时间、地点、使用的工具、起因、危害程度等），犯罪趋势特征，官方、社会、民众、组织对犯罪的反应情况，等等。而“规范”视角中的犯罪，则是经过抽象提炼的，有很多事实信息是直接被过滤掉，如刑法会抽象出是否达到刑事责任年龄、是否具备刑事责任能力、是否符合具体的犯罪构成要件等法律要素来判断是否构成犯罪，等等。而对于犯罪中的一些事实层面的信息可能根本不予考虑。例如，犯罪学在研究强奸犯罪时候，可能会因为夏季这类犯罪高发而格外关注这一季节性因素，而刑法处理强奸罪时，则是按照法定的强奸罪构成要件来进行的。

第二，犯罪学是一门研究犯罪的刑事科学。刑事科学，即研究犯罪的科学知识，其中有的学科研究查找犯罪和犯罪人的技术手段和策略的方法（主要指侦查学）；有的学科研究追究犯罪人刑事责任的司法程序（主要是指刑事诉讼法学）；有的学科研究犯罪的法律特征和犯罪的法律后果（主要是指刑法学）；有的学科研究剥夺犯罪人自由的刑罚执行（主要是指监狱学）。① 而犯罪学研究的就是经由犯罪现象来追索犯罪原因，并从而预防犯罪发生这一完整的过程，它是刑事科学这一大家族的一个重要分支，它与刑法学、刑事诉讼法学、侦查学、监狱学等互不隶属，而是共同处于刑事科学这一大体系之中。

第三，犯罪学是一门研究犯罪的综合科学。此处的“综合”，体现在犯罪学研究内容和方法上的多学科、多视角。具体而言，犯罪学所研究的犯罪，不仅包括被立法者定义的犯罪，也包括一些没有进入立法者视野中的违法行为（或者说是越轨行为），如精神病人实施的攻击行为，幼儿实施的暴力行为，以及吸毒、堕胎、安乐死等无被害人的犯罪。② 同时，犯罪学所研究的犯罪，不仅包括具体的个体行为，也包括经过类型化处理的作为社会现象的犯罪问题。犯罪学研究方法上的综合性，主要表现在它需要利用很多学科的理论和方法对犯罪问题进行分析，既要用到社会学中的社会调查方法，也会用到统计学中的数据统计方法，还会运用到心理学上的脑电波分析，等等。

因此，基于上述分析，我们可以对犯罪学作如下定义：犯罪学是一门综合运用多学科理论方法研究犯罪现象及其形成原因，并探索犯罪治理对策的事实性刑事科学。

---

① 许章润．犯罪学（第 3 版）［M］．北京：法律出版社，2007：6.

② 在犯罪学上，把没有具体的被害人，但是又具有严重社会危害性的行为，称为无被害人的犯罪。参见张远煌主．犯罪学（第 2 版）［M］．北京：中国人民大学出版社，2011：136.

第二节　犯罪学的研究对象

一般来讲，“对于某一现象的领域所特有的某一种矛盾的研究，就构成某一门科学的对象”。① 通过上一节关于犯罪学概念的界定，尤其是犯罪学概念内涵的阐述，不难发现犯罪学作为一门独立的学科，也有其独立的研究对象。

一、学界关于犯罪学的研究对象之梳理

就西方犯罪学而言，关于犯罪学的研究对象的阐述主要有以下几种观点：

徐久生教授认为，德语国家的犯罪学的研究对象包括：犯罪现象、犯罪原因、犯罪统计、犯罪预测、犯罪人、被害人。②

吴宗宪教授认为，西方犯罪学家所从事的犯罪学事业主要包括以下六个方面：犯罪统计、研究法律社会学、进行犯罪学理论建构、确定犯罪行为体系、研究刑罚学、研究被害人学。③

还有学者认为西方犯罪学主要围绕以下七个方面问题进行研究：(1)违法犯罪与越轨行为；(2)青少年犯罪问题；(3)犯罪统计中反应出来的犯罪现象及其状况；(4)犯罪人及犯罪生涯；(5)犯罪被害人问题；(6)社会政治、经济、法律环境下的各类犯罪人(包括个人犯罪、企业犯罪以及有组织犯罪)；(7)犯罪的监督机构。④

当然，需要指出的是，上述三种观点都是学者基于各自对西方犯罪学认识以及掌握资料的情况进行的概括。尽管三种观点有重叠交叉部分，且不完全一致，但是基本上可以划归到犯罪概念、犯罪现象、犯罪原因、犯罪对策(犯罪预防)、犯罪问题研究方法这五个方面。其中，犯罪概念，即犯罪学对“犯罪”的认识，对应上述“违法犯罪与越轨行为”；犯罪现象，对应上述“犯罪现象、犯罪人、(犯罪)被害人、犯罪行为体系、青少年犯罪问题”；犯罪原因，对应上述“犯罪原因、进行犯罪学理论建构、法律社会学、社会政治、经济、法律环境”；犯罪对策(犯罪预防)对应上述“刑罚学、犯罪的监督机构”；犯罪问题研究方法则对应上述“犯罪统计、犯罪预测”。由此可见，基本上是围绕犯罪学“三大块”，即犯罪现象、犯罪原因、犯罪对策展开的。

就国内犯罪学研究而言，在内容上与西方犯罪学大致一致。如果将犯罪学“三大块”视为一个整体，则表现为以下几种组合方式：

第一种为纯粹的“三大块”模式，即犯罪学的研究对象包括：犯罪现象、犯罪原因、犯罪对策。⑤

第二种为变异的“三大块”模式，即就内容来看，严格上讲还是属于“三大块”，只是学者可能出于对某一子块内容的重视将其升格与三大板块并列，故我们称之为“变异”式。如

① 毛泽东选集(第1卷)[M]. 北京：人民出版社，1991：309.

② 徐久生. 德语国家的犯罪学研究[M]. 北京：中国法制出版社，1999：17~25.

③ 吴宗宪. 西方犯罪学(第2版)[M]. 北京：法律出版社，2006：15~17.

④ 李明琪. 西方犯罪学概论[M]. 北京：中国人民公安大学出版社，2010：7~8.

⑤ 康树华. 犯罪学通论(第2版)[M]. 北京：北京大学出版社，1996：4~10；宋浩波. 犯罪学原理[M]. 北京：中国人民公安大学出版社，2001：2~5.

有学者认为，犯罪学的研究对象可以由四部分组成，即犯罪现象，犯罪的原因，犯罪人的个性，预防犯罪的措施。① 也有人认为，犯罪学的研究对象包括犯罪现象、犯罪原因、犯罪人、犯罪预防、被害人、刑罚改革等。② 那么，像“犯罪人的个性、犯罪人、被害人、刑罚改革”是可以完全划归到“三大块”之中的。

第三种为犯罪概念(或者犯罪本质)与“三大块”组合模式，即认为犯罪学的研究对象除了包括“三大块”之外，还应该包括犯罪概念或者犯罪本质。如有学者认为，犯罪学的研究对象包括：以刑法为基础的社会学思考的犯罪概念所确定的犯罪行为、近似犯罪的违法行为与犯罪有联系的越轨行为、犯罪产生的根源、直接原因、犯罪的变化动态规律、与犯罪个体和群体现象产生有关的社会因素和个体因素、犯罪的治理对策和预防等。③ 也有学者认为，犯罪学的研究对象包括：犯罪本质、犯罪现象、犯罪原因、犯罪对策。④

第四种为犯罪界定、犯罪原因、犯罪预防对策组合模式。如张远煌教授认为，犯罪学的研究对象可以归纳为三个问题：(1)什么是犯罪；(2)犯罪为什么会存在或发生；(3)犯罪的可预防程度与预防对策。⑤

第五种犯罪学研究方法与变异的“三大块”组合模式，即除了变异的“三大块”之外，还认为诸如犯罪统计、犯罪预测等研究方法也应该成为犯罪学的研究对象。如有学者认为，犯罪学的研究对象应包括：犯罪现象、犯罪原因、犯罪统计、犯罪预测、犯罪行为人、犯罪被害人和犯罪预防等。⑥

第六种为其他模式。如白建军教授主张，犯罪学的研究对象界定为犯罪与被害的关系、犯罪与国家的关系、犯罪与环境的关系，即犯罪关系。犯罪只是犯罪学研究对象的一部分而非全部，犯罪真正关注的不是犯罪本身二是因犯罪所发生的各种关系。⑦

无论是就西方犯罪学者对犯罪学的研究对象的确定情况来看，还是就国内学者对犯罪学的研究对象的确定情况来看，都包含了犯罪学的“三大块”，只是在“犯罪概念(或者说犯罪本质、犯罪的定义)”和犯罪学研究方法(主要是犯罪统计和犯罪预测)是否也划归到犯罪学的研究对象之中存在分歧。当然，需要指出的是白建军教授基于储槐植先生提出的“关系犯罪观”⑧确立了“犯罪关系”这样一个全新的犯罪学研究范畴，尽管白建军教授主张的“犯罪关系”是在对传统的“三大块”批判⑨基础上提出的，他强调一体化、动态的视角来看待犯罪问题。但是，就实际内容来看，还是可以划归到“三大块”。那么，“犯罪概念(或者说犯罪本质、犯罪的定义)”和犯罪学研究方法(主要是犯罪统计和犯罪预

---

① 曾庆敏．论犯罪学在科学知识体系中的地位[J]．河北法学，1983(1)．

② 张筱薇．比较外国犯罪学[M]．上海：百家出版社，1996：9~11．

③ 王牧．犯罪学基础理论研究[M]．北京：中国检察出版社，2010：29~41．

④ 康树华、张小虎．犯罪学(第3版)[M]．北京：北京大学出版社，2011：4~9．

⑤ 张远煌．犯罪学(第2版)[M]．北京：中国人民大学出版社，2011：8~9．

⑥ 周东平．犯罪学新论[M]．厦门：厦门大学出版社，2004：23~25．

⑦ 白建军．关系犯罪学(第2版)[M]．北京：中国人民大学出版社，2009：13~14．

⑧ 储槐植先生认为，犯罪学有一个基本假定，犯罪在关系中存在，在关系中变动，犯罪的原因与本质在关系上得以统一。参见储槐植．刑事一体化与关系刑法论[M]．北京：北京大学出版社，1997：128．

⑨ 关于批判的具体内容，请参见白建军．关系犯罪学(第2版)[M]．北京：中国人民大学出版社，2009：21~25．

测)到底该不该划归到犯罪学的研究对象之中呢？由于犯罪学对“犯罪”的认识是其进行后续研究的基础，直接决定了其对犯罪现象、犯罪原因以及犯罪对策的分析，所以，我们认为对于“犯罪”的认识自然应该成为在犯罪学研究对象之一。另外，由于犯罪统计、犯罪预测等属于研究方法的范畴，其本身是服务于揭示犯罪现象、解释犯罪原因以及为进行犯罪预防提供决策依据，属于犯罪学的方法论体系，就犯罪学自身的研究重心来看，还是应该放在探寻犯罪之真实方面。总之，犯罪学的研究对象虽然随着社会的发展和研究目的的转换而不断变化，但对犯罪原因的探索和犯罪预防的构想，则应该是犯罪学的长期不变的研究对象，也是犯罪学理论的主要构成部分。① 因此，我们认为犯罪学的研究对象为犯罪学对“犯罪”的认识和传统的“三大块”。

二、犯罪学研究对象之确定

毋庸置疑，所有的刑事学科都涉及“犯罪”这一概念，那么犯罪学中的“犯罪”是不是就等同于其他刑事学科中的“犯罪”呢？关于这一问题，学界上存在争议，② 不尽一致。目前，主张犯罪学中的“犯罪”不同于刑法学等刑事学科中的“犯罪”的观点成为主流。因此，只有明确犯罪学中的“犯罪”，才能为进一步明确犯罪对象、犯罪原因和犯罪对策奠定基础。

(一)犯罪学中的“犯罪”

犯罪学要想清晰、准确地回答“犯罪是什么”或者说“什么是犯罪”是很困难的。那么，如何理解犯罪的概念呢？犯罪学中的犯罪概念能否套用刑法中的犯罪概念呢？

按照我国刑法第 13 条③对犯罪的规定，人们抽象出犯罪的概念，即犯罪是指严重危害社会，违反刑事法律的应受刑罚处罚的行为。在刑法视野中，何种行为属于犯罪，是立法者定义的结果，具有严格而明确的界限。但是，刑法意义上的犯罪概念往往忽略了违法犯罪行为本身的变化，还往往受到时间、空间以及社会制度的影响。并且，到底什么样的行为属于“严重危害社会”的行为，往往取决于统治者的反犯罪意志，取决于不同国家刑事立法的规定。言外之意，“刑法上的社会危害性，并非本来意义的社会危害性，而只是客观分割性与统治意志不相容性的统一，是主观罪过和客观危害的统一。这决定了以刑法为研究对象的刑法学，只能戴着这层面纱去理解能表征犯罪社会危害性的各种法律要素。然而，从犯罪学角度看，对社会危害性的这种理解是很不适宜的，与犯罪学的研究任务和存在价值也是不相容的。在犯罪学视野中，某些行为之所以被称为(被视为)犯罪，不在于立法者的判定，而在于它对社会的客观侵犯属性”。④ 因此，刑法中关于犯罪这一概念的界定，不能从广泛意义上说明什么是犯罪，犯罪学应当有自己的犯罪概念。

犯罪学的事实性学科属性就决定了其在探寻“犯罪真实”的时候，既不能附加个人主观

---

① 参见周东平．犯罪学新论[M]．厦门：厦门大学出版社，2004：24~25.

② 犯罪学中犯罪与刑法学中的犯罪关系，主要存在“交叉说”、“等同说”与“包容说”三种观点。具体内容请参见张远煌．犯罪学(第 2 版)[M]．北京：中国人民大学出版社，2011：10；皮艺军．犯罪学研究论要[M]．北京：中国政法大学出版社，2001：64~65.

③ 《中华人民共和国刑法》第 13 条规定：“一切危害国家主权、领土完整和安全，分裂国家、颠覆人民民主专政的政权和推翻社会主义制度，破坏社会秩序和经济秩序，侵犯国有财产或者劳动群众集体所有的财产，侵犯公民私人所有的财产，侵犯公民的人身权利、民主权利和其他权利，以及其他危害社会的行为，依照法律应当受刑罚处罚的，都是犯罪，但是情节显着轻微危害不大的，不认为是犯罪。”

④ 张远煌．犯罪理念之确立——犯罪概念的刑法学与犯罪学比较分析[J]．中国法学，1999(3).

的价值判断，也不能去考虑造成社会危害的人的辩认和控制自己行为能力如何，而只能尽量从本来意义上去把握具有社会危害性的行为范围和表现形式，将真正具有严重危害社会的行为纳入自己的研究视野。例如，不满 14 周岁的少年实施的杀人行为是不是犯罪？从我国刑法的相关规定①来看，不满 14 周岁的少年实施的杀人行为就不是犯罪。而对于犯罪学来说，这就是严重危害社会的行为，犯罪学不可能置之不理。所以，在犯罪学中，犯罪学家们宁可把一切对社会有害的行为都作为研究的对象，也不愿意局限于刑法意义上的犯罪概念里。

同样地，犯罪学的犯罪也不受"刑事违法性"和"刑罚惩罚"之限制。在犯罪学中，犯罪不仅包含了刑法学上的具有"刑事违法性"的犯罪行为，而且还包括了尚不具有"刑事违法性"但具有社会危害性的违法行为。并且，在犯罪学中，除了运用刑罚应对已然犯罪之外，更加注重非刑罚手段来预防未然犯罪，如教育、心理疏导、增加就业岗位、消除种族隔离、净化网络环境，等等。由此看见，犯罪学的犯罪概念，其涵盖的内容远大于刑法的犯罪概念。

通过上述分析，我们认为犯罪学上的犯罪是指对社会具有严重危害性，应当综合运用多种手段加以防范和控制的行为。

（二）犯罪现象

正是由于"犯罪学的所有理论及其体系的建立、运演和推衍，都是建立对于犯罪现象的客观、确切描述与剖析的基础之上的，所以没有犯罪现象就没有犯罪学"。② 犯罪现象是一定时空中表征犯罪原因，并为犯罪预防提供依据的有关犯罪人、犯罪行为、被害人的诸多经验事实的总称。因此，犯罪学研究的犯罪现象是有关犯罪与犯罪人、犯罪与被害、犯罪人与被害人的直观、具体、零散和游离的经验事实，而非经过高度凝练的"刑法条文形态"的事实，即基于定罪量刑需要而进行的关于犯罪主、客观特征的抽象，如犯罪构成、犯罪停止形态、防卫过当、共同犯罪、累犯，等等。

犯罪现象依其层次深浅，可分以下三个层次：第一，犯罪情况。犯罪情况是指一定时空内犯罪的基本数量、类型，犯罪的时空分布，犯罪的危害程度以及犯罪人、被害人的构成情况（如性别、年龄、出身、民族、职业、文化程度等）。犯罪情况是最为表浅的、最基本的犯罪事实和研究素材，它反映了某一特定时空的社会治安状况。第二，犯罪特点。犯罪特点是指某一时期、某一地域某一类型犯罪表现出来的某些特殊性。这些特殊性往往可以从犯罪的数量增减，犯罪轻重的比例，犯罪的性质、手段、危害程度，犯罪地域、季节，犯罪主体的结构及其变化等各个方面表现出来。第三，犯罪规律。犯罪规律是指在一定条件下，犯罪的升降、涨落、变化和发展的一般趋势或必然倾向，即犯罪发展、变化的一般过程。犯罪规律决定了犯罪情况和犯罪特点，并通过这些来表征和显示自己。这三个层次由浅入深、由表及里、由零散到较为系统地表述了犯罪现象这一范畴所涵括的基本成分。

同样地，由于犯罪现象就是犯罪人通过其犯罪行为造成的某种为害状况。所以从犯罪现象的构成要素来看，也包括三个方面：第一，犯罪人。犯罪学中的犯罪人，即实施了危害社会的行为，应当对其采取防治措施的人。具体来讲，犯罪学中的犯罪人不以刑法规定为限，不仅包括应受刑罚惩罚的人，也包括应接受教育及其他矫正措施的人。在犯罪人实证研究

① 参见《中华人民共和国刑法》第 17 条关于"刑事责任年龄"的规定。

② 郭翔、许章润．论犯罪现象［A］．北京：中国犯罪学研究会会刊，1993：21.

中，一般要对犯罪人的年龄、性别、种族、社会经济地位等社会人口学特征、犯罪人的犯罪生涯、① 犯罪人的个性特征、犯罪人的生活方式等进行研究。第二，犯罪行为。犯罪学中的犯罪行为，是指行为人实施的，具有严重社会危害性的，应受处罚或矫治措施的客观外在活动。由此可见，其外延也较刑法中的犯罪行为宽广，同时"应受"更进一步说明那些没有进入刑事司法视野中的犯罪行为也是犯罪学研究重点之一。一般来讲，在进行犯罪行为的实证研究中，主要包括犯罪人的犯罪意图（或者犯罪动机）、犯罪时间、犯罪空间、犯罪对象、犯罪工具、行为方式等。第三，被害人。犯罪学中的被害人，是指因受犯罪行为侵害而遭受人身伤害或者财产损失的人。在犯罪被害人实证研究中，不仅要对犯罪被害人的年龄、性别、种族、社会经济地位等社会人口学特征进行研究，还要重点研究被害人与加害人互动关系，被害人在犯罪过程中的作用和地位，等等。

（三）犯罪原因

犯罪原因是犯罪学研究的核心内容之一，在犯罪学肇始之初，其被称为犯罪原因学，足以说明了它在犯罪学研究中举足轻重的地位。犯罪原因，一般是指引发犯罪行为或者犯罪现象的各种因素，即犯罪为什么会产生？犯罪的根源何在？

按照犯罪原因的结构层次来划分的话，人们一般认为犯罪原因包含以下四个层次：一是犯罪根源，即引起犯罪产生的最深层的终极原因。② 有人认为，犯罪的根源在于人性恶，也有人认为犯罪的根源在于制度恶；二是直接引起犯罪行为的因素；三是犯罪场，即存在于潜在犯罪人体验中、促成犯罪原因实现为犯罪行为的特定背景。③ 包括时间因素、空间因素、被害人因素、社会控制因素等方面。四是犯罪相关因素，即对犯罪发生具有一定影响作用的现象。

采取不同的分类标准，可以将犯罪原因划分为不同的类型，如内在原因与外在原因，个体原因与社会原因，等等。

（四）犯罪对策

犯罪对策，也就是我们通常所说的犯罪预防，即进行犯罪防控所需要的各种措施，它是犯罪学研究的目的和归宿。不仅包括对刑事犯罪的预防，也包括对轻微违法行为或越轨行为的预防，是全方位的预防。不仅包括对已然犯罪的预防，即防止犯罪人再犯，如对已经犯罪的人的惩罚和改造。还更加注重事前的犯罪预防，即在犯罪未发生之前，采取政治、经济、思想、教育、行政和法律等综合手段，对社会成员进行指导、约束或制裁，以控制或减少犯罪发生。

从犯罪预防的层级上来看，包括初级、次级和三级预防。其中初级预防（primary prevention），即强调犯罪的结构和文化根源的更加现实可行的策略；次级预防（secondary prevention），强调应该关注那些犯罪更容易发生的人群所生活的易于产生犯罪行为的社会环境的发展过程（特别是孩童的早期成长过程）；三级预防（tertiary prevention），强调防止犯罪

① 犯罪生涯，即个人成为犯罪人的过程以及个体犯罪行为的纵向序列。一般要解释四个方面的问题：一是哪些人更易于、更经常的参与犯罪；二是犯罪频率；三是对个体的犯罪类型和主观恶性进行考察；四是犯罪生涯长度。参见许章润．犯罪学（第3版）[M]．北京：法律出版社，2007：119.

② 王牧．新犯罪学（第2版）[M]．北京：高等教育出版社，2010：145.

③ 储槐植．刑事一体化与关系刑法论[M]．北京：北京大学出版社，1996：99~101.

的重复发生，或者说是犯罪人的重复犯罪，保护社会免受这些犯罪人的再次侵害。①

从犯罪预防的内容上来看，一般包括以下几个方面：第一，犯罪预测，即在掌握过去和现在关于犯罪的可靠资料的基础上，对犯罪发展趋势进行推断和展望。第二，犯罪预防的目标，即确定较为合理、具体的犯罪预防目标，而不是泛泛而谈的减少犯罪。第三，犯罪预防的方式和措施，即如何选取较为恰当的犯罪预防措施和方式。第四，犯罪预防的评估与检测，即犯罪预防的实效考察，进而为进一步优化犯罪预防方案提供支持。

第三节 犯罪学与其他相关学科的关系

犯罪作为一种极为复杂的社会现象，是由多种社会、自然因素共同作用的结果。同时，它涉及整个社会生活中的各个领域，从宏观层面的国家治理模式，到中观层面的刑事制度构建，再到微观层面的人们日常生活中的警情提示等都与“犯罪”——一种破坏社会和谐与正常发展的必然“恶”——紧密相关。因此，正是由于犯罪的这种跨学科性质，促使其成为众多学科的研究对象。当然，各个学科对于犯罪的关注会基于自己的学科性质确立各不相同的研究视角、研究目的、研究方法，等等。同时，在犯罪学的研究过程中，唯有犯罪学是把犯罪现象作为一个有机的整体并从不同角度进行综合性考察和研究，并进而形成自己的有关犯罪现象的完整的理论体系。那么，犯罪学研究内容的综合性，就必然要求与之相适应的研究手段的多样性。申言之，犯罪学除了在研究内容上与相关学科存在交叉重叠之外，也需要借助于一些学科的研究方法，如法学、心理学、生物学、社会学、经济学、统计学、地理学、人口学、宗教学、解剖学、精神病学等学科的研究方法来对犯罪进行研究。因此，犯罪学与其他许多学科的这种既有区别，又有联系，彼此交融，相互促进的关系，或体现在在研究对象上的相互渗透，或体现在研究方法及基本理论上的相互借鉴。

研究犯罪学与其他学科间的关系意义重大。不仅有助于准确地界定犯罪学的学科地位，更好地把握犯罪学的实质，而且有助于犯罪学研究者充分认识到，为了更深刻地认识犯罪现象和更进一步地探讨犯罪预防的对策和措施，应当密切关注有关学科的进展，并积极整合相关学科知识，并加以创造性地运用，提升犯罪学研究水平，为推动社会和谐稳定和人类文明进步作出自己的贡献。

一般说来，根据犯罪学与相关学科关系的侧重点不同，可以归纳为两种类型，一种是犯罪学与刑事学科的关系，另一种是犯罪学与非刑事学科的关系。前种类型的学科关系主要表现在研究内容的相互渗透上；后种类型的学科关系主要表现在研究方法的相互借鉴上。下面我们分别探讨犯罪学与各相关学科具体关系。

一、犯罪学与刑法学

一般认为，“刑法学是研究刑法及其所规定的犯罪、刑事责任和刑罚的科学。它属于部门法学的范畴，是部门法学中最重要的学科之一”。② 由此可见，刑法学是以刑法规范为基础，重点研究如何正确定罪和准确适用刑罚。尽管回溯犯罪学学科发展史，不难发现犯罪学

---

① [美]斯蒂芬·E. 巴坎．犯罪学：社会学的理解．(第4版)[M]．秦晨等译，上海人民出版社，2011：628~638.

② 高铭暄、马克昌．刑法学(第4版)[M]．北京：北京大学出版社，2010：1.

是脱胎于刑法学而逐渐分离出来的一门科学，但是随着犯罪学的日益成熟与独立，犯罪学已经形成自己特定的研究领域、研究目的和研究方法。因此，犯罪学与刑法学作为两门独立的学科，它们各自有着自己的特定的研究领域、研究目的和研究方法，两者既相互区别，又密切联系。

(一)两者间的区别

第一，两者的学科性质不同。刑法学是一门规范性科学，它以刑法规范为依据，对犯罪现象进行规范性研究，注重揭示犯罪的法律特征以及犯罪与刑罚之间的相互关系。就其研究任务来看，“刑法的真正动机始终是甄别个人，并以拯救‘异种’人类的名义施加‘个别化’惩罚，从而以及其隐蔽的方式保全社会”。① 言外之意，刑法学必须恰当解释刑法规范，并运用刑法规范来处理日常生活中已然犯罪案件，实现从纸上之法到实践之法的转变。而犯罪学作为一门事实性科学，它着眼于犯罪的动态过程，着重揭示犯罪现象、探索犯罪原因及提出有效预防犯罪的策略和方法。这种学科性质就决定了，犯罪学的根本任务在于制定预防犯罪的方案。以诈骗罪为例，刑法学所关注的核心是诈骗罪的构成要件、诈骗罪与其他犯罪的区别、诈骗数额与量刑幅度等，即对于已然发生的诈骗犯罪案件做到定性准确和量刑适当。而犯罪学则注重分析诈骗犯罪的实际状况，如行为人的基本情况、犯罪对象相关特点、诈骗手段方式、犯罪时空特点、犯罪数量增减变化等，进而总结诈骗犯罪的规律，分析诈骗犯罪的发生原因、生成模式并提出防范对策。

第二，两者的研究视角不同。虽然两者都关注“犯罪”，但是刑法学往往更更加关注其制裁对象犯罪，至于犯罪被害对犯罪有什么样的影响并不是十分重要，所以刑法学看待犯罪问题往往是偏重于如何公正地惩罚犯罪以及如何保障被告人的人权等问题。然而，犯罪学并不是十分关心如何制裁犯罪，它更关心犯罪的解释问题，如被害与犯罪的互动过程，犯罪是如何被定义的，等等。申言之，刑法学在看待犯罪问题上，往往是带有犯罪定义主体价值取向的静态考察，而犯罪学在看待犯罪问题上，则坚持价值无涉原则②，并注重犯罪过程的动态考察。

第三，两者的研究内容不同。犯罪学不仅研究刑法条文中规定的各种犯罪，同时也对一些并未列入刑法规制范围但是值得社会加以关注和重视的危害行为进行研究。另外，犯罪学不仅研究已为刑事司法系统作出反应(立案、侦查、起诉、审判、执行)的犯罪，而且也研究未被刑事司法系统作出反应的犯罪(潜在犯罪③)及其与犯罪有着密切联系的某些越轨行为(如酗酒、堕胎、吸毒、逃学等)；并且犯罪学还把刑事立法、司法等正式社会反应④视为影响犯罪生成的一个重要因素，并把刑事惩罚制度视为整个预防犯罪宏观体系中的一个组成部分。

第四，两者的研究方法不同。刑法学一般遵循演绎思维，即运用从较为抽象的法律原则到具体个案的推演，最终得出结论。而犯罪学则一般采用归纳总结思维，即运用从个案到一

---

① 周光权．刑法学的向度[M]．北京：中国政法大学出版社，2004：1.

② 所谓“价值无涉”，是指在资料收集、资料分析阶段，在观察研究客体的客观特征的过程中，排除研究主体的主观好恶。参见皮艺军．论犯罪学研究中的“价值无涉原则”[M]．政法论坛，1993(3).

③ 台湾学者张甘妹认为潜在犯罪包括两类：一类是事实上已经犯罪，但是逃过法网而未受刑罚之场合；另一类是内心上有犯罪倾向但是因为各种原因还没有实施的情形。参见张甘妹．犯罪学原论[M]．台北：台湾汉林出版社，1985：5.

④ 张远煌．犯罪学原理(第2版)[M]．北京：法律出版社，2008：406~427.

般犯罪行为的归纳方法。

(二)两者间的联系

一方面，刑法学的研究对于犯罪学的发展具有积极意义。首先，刑法学为犯罪学研究提供了必要的基本概念和原理。进入刑法学领域的犯罪行为，将直接决定着犯罪学的主要研究方向，因为离开了犯罪的法律定义，就会混淆犯罪行为与其他违法行为间的界限，那么犯罪学也就不可能科学地揭示犯罪规律及其原因。其次，刑法学对犯罪行为和犯罪人进行的分类，为犯罪学研究奠定了基础。刑法通过对社会中形形色色的犯罪行为和犯罪人进行类型化处理，为犯罪学确定犯罪的指标体系等提供直接素材。最后，刑法学所研究的惩罚犯罪的刑罚方法和制度也是犯罪学研究的一项基本内容。因为刑罚作为犯罪的法律后果，在一定程度上也会影响犯罪的生成。同时，它也是预防犯罪的一项重要措施。

另一方面，犯罪学的研究对于推动刑法学研究深入发展意义重大。首先，犯罪学的研究成果为完善相关刑事立法，准备了充足的事实依据。从刑事立法和刑法学的历史发展看，刑事立法的一般相对滞后，而具有事实描述优势的犯罪学往往较早的洞悉犯罪前沿，如刑法学和刑法中未成年人犯罪、惯犯、累犯、团伙犯罪、有组织犯罪、计算机犯罪等犯罪种类和犯罪人类型的规定和研究，无不来源于犯罪学的研究结论。其次，犯罪学研究的成果有助于拓展刑法学关于犯罪现象的视野，为推动刑事立法科学化提供了基础。犯罪学所揭示的实际犯罪现象及其变化趋势，为刑法学研究能够及时注意到刑法接入社会生活是否合理正当提供事实依据。同时，犯罪学对犯罪与惩罚制裁之间相互关系的实证性研究结论，为改进刑事处罚方法提供了依据。最后，犯罪学综合性学科特点，决定了其对犯罪现象及犯罪预防进行的研究更具前瞻性、综合性，那么它所提供关于关于犯罪原因和犯罪预防的完整论述和总的概念当然适用于包括刑法学在内的所有刑事学科。

二、犯罪学与刑事政策学

一般认为，最早提出“刑事政策”一词的是 18 世纪末 19 世纪初德国法学教授克兰斯洛德(kleinschrod，1762—1824)和费尔巴哈(Feuerbach，1775—1833)，如费尔巴哈认为，“刑事政策是国家据以与犯罪作斗争的惩罚措施的总和”。① 克兰斯洛德则认为，“刑事政策是立法者为了预防、阻止犯罪、保护公民自然权利并根据各个国家具体情况而采取的措施”。② 此后，经德国犯罪学家冯·李斯特(von Liszt)在 20 世纪初对刑事政策理论的发展，在第二次世界大战后刑事政策最终在法国获得了自己独立的学科地位，成为与刑法学、犯罪学并列的学科。根据刑事政策学的代表人物法国法兰西学院院士米海依尔·戴尔玛斯-马蒂(Mireille Delmas-Marty)的理解，“刑事政策就是社会整体据以组织对犯罪现象反应的方法的总和，因而是不同社会控制形式的理论与实践”。③ 由此可见，刑事政策学与犯罪学在研究内容上存在交叉重叠(如都研究犯罪人及犯罪预防)，但两者的学科性质、研究范围和侧重点各不相同。

---

① [法]米海依尔．戴尔玛斯-马蒂．刑事政策的主要体系[M]．卢建平译，北京：法律出版社，2000：1.

② 卢建平．“社会防卫思想”[A]．刑法论丛(第 1 卷)[C]．北京：法律出版社，1998.

③ [法]米海依尔．戴尔玛斯-马蒂．刑事政策的主要体系[M]．卢建平译．北京：法律出版社，2000：1.

(一)两者间的区别

首先，就学科性质而言，刑事政策学立足于对刑事政策的研究，而刑事政策仅仅是众多社会政策中的一个组成部分，体现的是政治决策者的反犯罪意志，即它必然包含着政治意志成分，带有一定的价值判断。而犯罪学作为一种事实学科，坚持价值中立或者价值无涉，是其追求犯罪真实的基础，所以其在探索犯罪原因和提出犯罪预防对策上往往对意识形态方面的影响持谨慎态度，力排非理性干扰。

其次，就研究范围而言，刑事政策学注重阐明运用何种刑罚方法及其制度才能防治犯罪。具体来说，刑事政策学主要研究为预防犯罪而采取的各种刑事对策，包括刑事立法对策、刑事司法对策和行刑对策。它不仅包括实体法(刑法)的对策，也包括程序法(刑事诉讼法)的对策。因此，可以看出，刑事政策学是从刑罚及其制度上对犯罪的影响和作用进行研究以说明刑事政策对预防犯罪的目的，其任务是完善刑事手段，达到预防犯罪的效果。而犯罪学的任务是运用一切社会政策预防犯罪。犯罪学通过全面揭示犯罪原因，有的放矢地制定各种预防犯罪的政策，如教育政策、劳动就业政策、人口政策、居住政策、工资社保政策，等等。由此可见，较刑事政策学而言，犯罪学对犯罪对策的探索要广泛得多，实际上是将刑事政策包含在其中的。

最后，就研究侧重点而言，刑事政策学侧重研究如何运用和改进现行刑罚方法惩罚犯罪、预防再犯，使其不重新犯罪。而犯罪学基于对犯罪过程的关注，所以它往往侧重于从诱发犯罪和实施犯罪的各种原因和条件出发，提出减少犯罪和遏制犯罪增加的对策。申言之，刑事政策学主要关注已然犯罪的惩处，而犯罪学研究关注的未然之罪，即预防潜在犯罪的发生。

(二)两者间的联系

尽管两者存在一些不同之处，但是由于两者都对犯罪预防对策有所关注，所以两者间的关系也十分密切。具体来讲，主要包括以下几方面：

一是两者的研究目的是一致的，都是以制定预防犯罪的政策为本学科的基本任务；二是两者在研究内容上是互相渗透的，犯罪原因与刑事对策是两者共同研究的内容，刑事政策学对刑事政策的全面细致考察，为犯罪学充分认识刑事政策与犯罪的互动关系提供了基本素材；而犯罪学关于犯罪原因的研究成果，为刑事政策学剖析和改良刑事政策提供了事实依据，是刑事政策学发展的必要动力。

总之，犯罪学与刑事政策学从各自不同的角度去完成共同的预防犯罪的任务，抹煞两者的区别或割裂两者的联系都是不正确的。

三、犯罪学与侦查学

一般认为，现代意义上的侦查学肇始于19世纪末的西方国家，世界上第一本关于侦查学的著作当属奥地利著名侦查学家汉斯·格罗斯于1892年出版的《侦查工作指南》(又译为《司法检验手册》)，随后在前苏联逐渐发展为一门独立学科，我国承袭前苏联传统，也将侦查学作为一门独立的学科。现在一般认为，侦查学是“以犯罪活动的规律和特点、侦查活动及其规律、侦查制度和侦查理论为研究对象的科学”。① 由此可见，侦查学也是一门研究如何同犯罪行为作斗争的科学，主要集中于犯罪证据的收集、检验和运用，以及揭露、证实犯

① 杨宗辉、王均平．侦查学[M]．北京：群众出版社，2001：3.

罪的理论和方法等方面，是一门与犯罪学既有区别又有联系的独立学科。

(一)两者间的区别

第一，就研究犯罪的角度来看，侦查学注重犯罪的微观考察，基于揭露犯罪事实、侦破犯罪案件的中心任务，往往对犯罪个案中的何事(Whatmatter)、何地(Where)、何时(When)、何人(Who)、何情(How)、何故(Why)、何物(Whatthing)"七何"要素①极其重视，通过掌握这些至关重要的侦查要素，还原已发犯罪案件的犯罪过程，进而实现侦破案件，抓获犯罪嫌疑人的侦查目的。而犯罪学基于犯罪是一种社会现象的视角，除了重视个案研习外，更为注重类案的归纳总结，也会涉及犯罪发生的时、空、物、人、因、果等方面的情形，但是它的回答问题的方式则完全不同。例如，对"何因"这个问题，犯罪学的回答是基于考虑具体案件所反映出来的同类犯罪行为的共同原因，提出如何消除或抑制这些原因。而侦查学对"何因"这个问题的回答则是作为确定犯罪嫌疑人范围的一个先决条件。再如，"何时"、"何地"这两个因素，对侦查学而言是排查作案人的重要条件，而犯罪学旨在通过掌握某类犯罪的时间、空间分布状况，来针对性地开展犯罪预防活动。

第二，就两者犯罪预防的角度来看，犯罪学往往基于"罪前"视角，致力于揭示犯罪前的罪因机制，旨在通过揭示和消除犯罪的共同性原因来实现普遍性的犯罪预防。而侦查学的任务则是通过同个别犯罪行为作斗争并结合侦查情况具体规划预防犯罪，其重心是通过依法对犯罪人进行惩处实现个别预防，防止再犯。当然，也会针对在破案过程中发现相关犯罪规律，提出一些犯罪预防措施或建议。因此，总体上看，犯罪学在犯罪预防上更偏重于一般预防，而侦查学在犯罪预防上则偏重于个别预防。

第三，就两者的研究方法来看，侦查学的研究方法中，由于侦查作为一种活力对抗，②无论是调查取证，还是锁定犯罪嫌疑人，都对各种技术方法和自然科学的方法依赖较大，所以在侦查学研究中十分注重对这些技术方法的研究，如目前我国已经通过计算机技术先后建立了指纹自动识别系统和远程查询比对系统，犯罪案件枪弹信息系统，工具痕迹信息系统，刑事犯罪 DNA 信息系统，等等。在犯罪学中，社会学、心理学和统计学的方法占主导地位。同时，就与邻近学科的关系而言，犯罪学与刑法学、刑事政策学和社会学的关系十分密切，而侦查学则与刑事诉讼法学有着较为紧密的联系。

(二)两者间的联系

犯罪学与侦查学的联系表现在两者的相互渗透和研究成果的相互利用。侦查学研究的防范措施和技术手段丰富和发展着犯罪学所关注的犯罪预防措施体系；侦查学所提供的大量关于犯罪行为和犯罪人的信息和材料，为犯罪学研究提供了充分的经验性素材③，犯罪学借助于这些经验性素材，可以准确地分析犯罪生成要素的组合状态，并通过剖析典型案件，系统地探析犯罪原因。而另一方面，犯罪学研究成果在一定程度上为侦查学提供基础理论，为侦查破案提供了更为开阔的视角。例如，犯罪学关于犯罪人的个性特征、一般社会环境对犯罪

---

① 关于"七何要素"的具体内容，请参见杨宗辉、王均平．侦查学[M]．北京：群众出版社，2001：3.

② 王传道．侦查学原理[M]．北京：中国政法大学出版社，2001：83~130.

③ 在社会学里面，有一种研究方法叫"经验性方法"，即使用人的感官(如视觉、听觉等)来观察外部世界，其观察结果又可以由别人用同样的过程来检验其正确性。正是由于它依赖于感官观察，而这又可以重复进行，所以它减少了个人偏见、情绪化成分以及歪曲性论断，那么通过这种方法获取的信息一般称为经验性素材。具体内容请参见[德]阿特斯兰德．经验性社会研究方法[M]．李路路、林克雷译，北京：中央文献出版社，1995.

率升降的影响、罪前情景对具体犯罪行为的生成及其被害人在促成犯罪中的作用等方面的研究成果，有助于侦查人员准确地分析判断案情，顺利完成侦查破案的任务。

四、犯罪学与犯罪被害人学

同样地，犯罪被害人学也肇始于西方国家。长期以来，在以犯罪学、刑法学、刑事诉讼法学、刑事政策学等为基本组成元素的现代刑事学科理论体系研究中，几乎所有的研究都是围绕犯罪者及其行为来进行的，从而形成了“犯罪中心主义”的话语体系，在这种背景下，学者们一般都认为，“刑事等于犯罪”。①

在20世纪40年代起，西方学者开始将目光投向了“犯罪被害人”——长期以来刑事问题研究中被人们遗忘的一个重要主角。在历经两次世界大战带来的巨大灾难，以及西方国家不断攀升的犯罪率，促使一大批学者率先突破“犯罪中心主义”的樊笼，开始对现代刑事学科理论体系及有关的社会实践状况进行反思。人们一般认为，最早对被害人以及犯罪者与被害人之间关系进行较为详细而系统研究的，当属德国出生的美国犯罪学者汉斯·冯·亨蒂(Hans von Hentig，1887—1974)，他于1941年发表《论犯罪者与被害人的相互作用》(Remarks on the Interaction of Perpetrator and Victim)②一文，在1948年又出版专著《犯罪人及其被害人》(The Criminal and His Victim)③，在这些研究中，亨蒂根据其丰富的经验和广博的知识，并根据其占有的统计资料，对犯罪被害人问题进行较为详细的论述，正是由于他的这些开创性研究，确立了他在犯罪被害人研究中的先驱地位。随后，德国精神病学家亨利·艾伦伯格(Henri Ellenberger)于1954年在《国际犯罪学及警察技术评论杂志》上发表了《犯罪人与被害人之间的心理关系》(Relations Psychologoques Enter Le Criminal et sa Victime)④一文，耶路撒冷的律师本杰明·门德尔松(Benjamin Mendelsohn)于1956年在同本杂志上发表了《生物—心理—社会科学的一个新分支：被害人学》(A New Branch of Bio psychosocial Science：Victimology)⑤一文，等等。这些研究成果为推动犯罪被害人学成为一门独立学科奠定了基础。在20世纪70年代开始，特别是1973年9月2日至6日在耶路撒冷召开的首届国际犯罪被害人学研讨会，推动犯罪被害人学正式成为一门国际性的学科，之后逐渐走向成熟。诚如切纳德(Zedner)评论的那样“1980年开始，被害人学在国际和区域被害人调查、犯罪对被害人的影响研究、被害人需求和被害人服务等研究方面获得了更为显著的快速发展”。⑥ 现在一般认为，犯罪被害人学是一门研究人们因为犯罪活动而遭受的人身、情感和

---

① 陈兴良．当代中国刑法新境域[M]．北京：中国政法大学出版社，2002：200.

② Hans Von Hentig，“Remarks on the Interaction of Perpetrator and Victim”，Journal of Criminal Law，Criminology and Police Science，31(1941)，303-309.

③ Hans von Hentig，The Criminal and His Victim，New Haven：Yale University Press ，1948.

④ Henri Ellenberger，“Relations Psychologoques Enter Le Criminal et sa Victime”，Revue Internationale de Criminologie et de Police Technique ，8(1954)，103-121.

⑤ Benjamin Mendelsohn ，“A New Branch of Bio psychosocial Science：Victimology”，Revue Internationale de Criminologie et de Police Technique ，10(1956)，95-109.

⑥ Lucia Zedner，Women，Crime，and Custody in Victorian England，Oxford University Press，1994，p. 7.

经济伤害的科学。① 尽管犯罪被害人学起步远远晚于犯罪学，但是两者之间关系密切，有必要对其进行梳理。有学者根据犯罪被害人学的发展历史指出，犯罪被害人学与犯罪学之间的学科关系历经了包容关系(分支学科)、交叉关系(交叉学科)以及对应平行关系(独立学科)等三个阶段，经过半个世纪的发展，当前的犯罪被害人学已经成为了一门世界性的学科，其学科的体系构架、研究的广度和深度，以及研究方法和目的等，都可基本与犯罪学相对应、相匹敌。②

(一)两者间的联系

第一，两者都属于刑事事实学科。两者都关注犯罪或者被害的动态过程，并以此为基础着重揭示犯罪或者被害的原因和规律，进而提出预防犯罪或者被害对策。因此，在两者研究中，都会涉及对犯罪或者被害现象的描述，如犯罪人或者被害人的特征及分类、被害人和犯罪人的关系、犯罪行为或者被害行为的分析，等等。还会涉及犯罪和被害原因的探索，以及犯罪或者被害预防，等等。

第二，两者的研究方法很多可以通用。两者的事实学科性质就决定了，一些社会科学研究方法，如个案研究、田野调查、社会试验、内容分析、文献档案的二次分析、基于系统化的观察以及近距离和身临其境的人类学调查等，对于两者都是很适用的。此外，在犯罪学和犯罪被害人学调查研究中，都会涉及调查对象基本信息收集(如犯罪学调查中会对犯罪者的年龄、性别、家庭背景等信息进行收集，而犯罪被害人学调查中也会对被害人的年龄、性别、家庭背景等信息进行收集)、统计数据的评估分析、计算比率、汇总概述、绘图制表、建立研究模型和推演发展趋势，等等。

第三，两者都对现实的刑事司法运行体系持批判思维。两者都会密切关注现实刑事司法运行情况，如犯罪学者会研究在现行刑事司法运行模式下，犯罪嫌疑人、被告人、罪犯实际上是怎样被处理的，而犯罪被害人学者也会研究现行刑事司法运行体系中，警察、检察官、法官等实际上又是如何对待被害人的。犯罪学者会评估官方的犯罪矫正方案实际效果，以及评估犯罪人在法律帮助、心理治疗、追加教育、就业培训以及戒毒治疗等方面的需要，同样地，犯罪被害人学者也会验证官方的被害人被害修复计划的有效性，以及评估、诊断被害人遭受犯罪侵害后的情绪困扰等。因此，对于既有的官方犯罪矫正、预防方案或是被害人救助手段等，两者都是在基于实效性验证的基础上趋于提出改进与完善对策，进而体现了一种批判精神。

(二)两者间的区别

第一，两者的研究重心不同。犯罪学往往关心犯罪人的犯罪动机和情景因素，即为什么有些人会犯罪而另一些人则没有犯罪，从而着力于揭示犯罪的原因。而犯罪被害人学则关心的是为什么有些人会成为被害人，甚至一而再再而三的成为被害人呢？进而着力于探寻犯罪被害的根源。在应对策略上，犯罪学基于“犯罪人及其行为中心”的视角，致力于消除犯罪人和潜在犯罪人产生犯罪动机的各种因素，而犯罪被害人学则基于“每个人都是潜在的被害人”理念，致力于消除各种致害因素。

第二，两者对于减少犯罪责任的认识不同。犯罪学强调国家在减少犯罪上的责任，因为

---

① [美]安德鲁·卡曼．犯罪被害人学导论(第6版)[M]．李伟等译，北京：北京大学出版社，2010：2.

② 参见高维检．被害人学与犯罪学之间关系的辩证思索[J]．河北法学，2006(7).

公民自身并没有防止他人犯罪的责任。犯罪被害人学则强调公民个人在减少犯罪上的责任，因为每个公民都有防止自己遭受犯罪侵害的责任，尤其是调整自己的不良行为方式的责任。①

总而言之，作为"后起之秀"，犯罪被害人学为犯罪学的发展注入了新鲜血液，增添了活力，对于更加全面地认识犯罪以及治理犯罪提供了全新视角。

五、犯罪学与社会学

社会学是对于人类社会和社会互动进行系统、客观研究的一门学科。② 一般认为社会学萌芽于 18 世纪形成于 19 世纪，由于 1838 年法国学者奥古斯特·孔德首创"社会学"(sociologie)一词，主要用来概括对人类社会现象进行探索的学科，所以孔德也被认为是社会学的创始人。1874 年英国哲学家赫伯特·斯宾塞所著的《社会学研究》(The Study of Sociology)是第一本以"社会学"为题的专著。1892 年芝加哥大学由艾比安·斯摩尔成立了世界第一个社会学院，之后，社会学得到蓬勃发展，出现了一大批为人们所耳熟能详的社会学家，如孔德、卡尔·马克思、埃米尔·涂尔干、帕累托、马克斯·韦伯、狄尔泰、海因里希·李克尔，等等。自孔德创立社会学之初，在研究方法上就十分注重经验、实证和科学的研究方法。之后，社会学的研究突飞猛进，无论是研究方法还是研究内容等得到进一步充实。由于犯罪作为一种社会现象的认识日益深入人心，理所当然犯罪现象也是社会学中一个重要的研究内容，这样两者就必然会存在一定的关系。

(一)两者间的区别

第一，两者的研究重点不同。社会学研究一切社会问题，包括犯罪问题。言外之意，犯罪问题仅是社会学研究中的一个小部分，一般属于越轨问题的范畴，往往在社会控制部分予以研究，而现代社会学主要研究组织与个体(包括文化、社会及其结构、社会互动、社会化、群体与组织、社会问题等)、社会不平等(包括社会分层、贫困、社会保障等)、社会设置(包括家庭、政府、宗教、教育等)、社会发展与社会变迁等内容。在犯罪学中，犯罪问题是其主要研究内容，其理论框架、研究方法等几乎都是围绕揭示犯罪规律、探寻犯罪防控方法而展开的。

第二，两者对犯罪的关注角度不同。在社会学中，一般从各种社会条件，如家庭的解体、工作环境的影响、失业、酒等因素来探寻其对犯罪生成的影响，进而整治社会的病症，提出改良政策。由此可见，社会学对犯罪问题的探索往往较为宏观，其最终目的是为了祛除社会病症，推动社会进步。在犯罪学中，除了要对犯罪进行宏观层面的分析研究之外，还要进行一些微观层面的研究，尤其是对犯罪生成的模式的探索，往往需要进行剖析式的个案、类案研习。

第三，两者在犯罪现象上的研究深度不同。从前述两者的研究重点、研究视角就可以发现，社会学对犯罪问题偏重于宏观层面以及社会学的研究范围比较开放，而犯罪学则不仅专一于犯罪问题的探索，而且相对社会学对待犯罪问题更为细致化、精确化。因此，正是这种区别使得两者在犯罪问题的研究深度上自然也有所差别，不难发现犯罪学对犯罪问题的分析更为全面、深刻。

---

① 郭建安. 犯罪被害人学[M]. 北京：北京大学出版社，1997：319.

② [美]戴维·波普诺. 社会学(第 11 版)[M]. 李强译，北京：中国人民大学出版社，2007：6.

（二）两者间的联系

一方面，社会学的研究成果直接推动犯罪学的发展。一是受社会学的影响，犯罪社会学作为犯罪学的一个分支得以产生，并得到蓬勃发展。犯罪社会学的研究成果为犯罪学的发展提供了丰富的内容，拓深了新的研究领域。犯罪学正是汲取了犯罪社会学等分支学科的研究成果，多侧面、多层次地考察犯罪现象，才形成一个完整的理论体系。二是社会学的调查方法和理论结论可直接用于犯罪学研究，如犯罪学的许多重要概念，包括失范、相对剥夺和社会冲突等在很大程度上都是源自社会学。另外，社会学的一些研究方法也是犯罪学研究可以利用的，如社会调查统计、访谈、问卷设计，等等。

另一方面，犯罪学的研究成果对于推动社会学发展意义重大。诚如美国犯罪学会主席罗纳德·L. 埃克斯所言："社会学中那些最激动人心的理论和方法论方面的进展，有相当一部分直接来自犯罪学的理论和具体的研究，或是被其促进。"①具体来讲，一是犯罪学关于犯罪问题精致化研究成果，有助于社会学通过犯罪学关于犯罪问题研究成果实现对社会病症的管窥蠡测，从而以小见大，以点带面。二是犯罪学不仅要研究犯罪的社会原因和犯罪的主体因素及其相互作用的过程，而且还要研究犯罪现象的状况、特点和规律，进而为预防犯罪提供理论和实践依据，这对于突破社会学仅注重宏观角度研究犯罪提供直接的原动力，为社会学提出更为科学合理的社会控制对策意义重大。

由此可见，犯罪学与社会学在研究对象上相互交叉和渗透，研究成果具有很大的互补性，其研究方法也高度相似。

六、犯罪学与心理学

心理学是研究人和动物心理活动和行为表现的一门学科。② 心理学也诞生于 19 世纪的欧洲，学术界一般把 1879 年德国心理学家冯特在莱比锡创建世界上第一个心理学实验室作为心理学诞生的标志，自此心理学脱离哲学而成为一门独立的学科。由于人的心理现象是心理学研究的主要研究内容，而犯罪又是人有意识的活动，必然受到人的心理活动的影响，正是两者研究中都会涉及人的心理问题，目前在犯罪学研究中已经催生了犯罪心理学这样一个分支，这种交叉重叠关系必然使两者发生联系。

（一）两者间的区别

第一，两者研究的重点不同。在心理学研究中，犯罪只是其中一个很小的方面，犯罪问题仅仅是心理学的一个应用研究领域——法律心理学中探索的内容之一；而在犯罪学研究中，犯罪问题是它的主要研究内容，犯罪学的一切研究都是围绕犯罪问题而展开的。申言之，在心理学研究中，除了要对犯罪心理的这种"病态"心理进行研究之外，心理学更多的研究还集中在对人的一般心理活动和行为的研究，如认知、知觉、极易、思维、情绪、人格、大脑活动、神经等领域的规律。而在犯罪学中，无论是犯罪理论、学科体系、研究方法都是以犯罪为核心进行展开的。因此，两者的研究内容中都对犯罪问题进行关注，但是研究重点各异。

第二，两者研究犯罪的视角不同。心理学研究中，只是利用心理学关于人的心理规律的

① Ronald L. Akers, "Linking Sociology and Its Specialities: The Case of Criminology." Social Forces 71 (1992): 9.

② 中国大百科全书·心理学[M]. 北京：中国大百科全书出版社，1991：1.

一般规律来处理犯罪问题，所以心理学中往往是通过其自身的概念和学说来探讨犯罪问题，即犯罪问题往往是其研究成果的直接应用对象。而在犯罪学中，基于其事实性学科的属性，不仅要提出本学科关于犯罪的概念等基础性的理论体系，还要广泛借鉴除了心理学之外的其他学科知识来研究犯罪问题。

第三，两者对犯罪问题的研究深度不同。由于心理学仅仅是从心理层面来研究犯罪的，这种较为单一视角往往难以触及犯罪的本源，所以在深度上有待进一步开发；而犯罪学是从综合视角来研究犯罪问题的，这种全方位、多层次的研究往往容易揭示出犯罪的本质，所以在研究深度上理所当然也要更胜一筹。

第四，两者的研究方法不同。由于犯罪学与心理学分属两个不同的学科，两者在研究犯罪问题上的研究方法是存在差异的。在心理学研究中，多借助于一些先进的仪器设备设计相关控制条件进行试验和测试，即实验室实验、测试等方法多被用到；而在犯罪学研究中，由于犯罪的不可实验性，就决定了研究中为了探寻事实真相，需要开展多方位的调查、访谈等开放性的研究。例如，同样的是对于犯罪心理的探索，心理学往往会对犯罪人进行脑电波、认知思维、血压、神经活动等进行测量，而犯罪学则往往通过与犯罪人、被害人、犯罪人家属、邻居等人进行访谈，从而挖掘出其犯罪动机、目的等方面的信息。

(二)两者间的联系

一方面，心理学的研究成果有助于深化犯罪学研究。一是心理学关于犯罪人心理活动规律的研究成果，为犯罪学进行犯罪的状态、动力与原因、个体的人格、社会心理特点等问题的研究提供了大量的研究素材，同时，为进行犯罪人心理矫正和预防犯罪提供依据；二是心理学的研究方法中也大量涉及户外调查、问卷设计、数据分析、模型建立等方面，这些研究方法对于开展犯罪学实证研究具有很强的借鉴意义。

另一方面，犯罪学关于犯罪心理的研究成果有助于丰富心理学研究犯罪问题。由于犯罪学基于"犯罪是一种社会现象"的出发点，对犯罪心理的揭示更注重类型化考量，并且还注重从与犯罪人存在多元互动联系的外围人来客观探索犯罪人犯罪的心理活动情况。由此可见，犯罪学的这种相对开放的研究成果，对于弥补心理学在研究犯罪心理上相对封闭、单一的实验测量、量化计算意义重大。另外，就研究方法而言，心理学研究中也可以借鉴犯罪学的一些研究方法。

尤其是，犯罪心理学作为犯罪学与心理学二者的联系纽带，它是运用心理学一般原理，来考察犯罪生成的原因，探求犯罪心理的规律及矫治犯罪心理的方案，充分说明两者关系密切。因此，在犯罪学研究中，应该密切关注心理学最新研究动态，充分借鉴相关理论成果，推动犯罪学，尤其是犯罪心理学研究的不断深化。

七、犯罪学与其他学科

犯罪学作为一门专门研究犯罪的综合性的学科，其研究领域和研究方法涉及众多学科，除了前面我们进行研究的几种学科关系外，还有学者对犯罪学与其他学科间的相互关系进行了探讨，如有学者还指出了犯罪学与监狱法学、经济学的关系，① 如有学者还指出了犯罪学与教育学、伦理学、统计学、生理学、精神医学与人口学的关系，② 等等。

① 辛科．犯罪学[M]．北京：中国检察出版社，2011：13.

② 康树华．犯罪学通论(第2版)[M]．北京：北京大学出版社，1996：36~39.

由此可见，犯罪作为一个古老的话题，伴随人类至今，正是由于犯罪给社会带来巨大危害，所以它历来就是人们所关注和重视的对象，而犯罪学作为一门专门研究犯罪问题的综合性学科，与刑法学等学科相比，犯罪学的历史积淀不足，还略显“年轻”，但是其快速发展的势头和丰硕的研究成果为其赢得了学术上的地位和学科上的独立。因此，随着学科分类的更加精细化以及学科间互相交融的不断加深，致力于研究犯罪问题的犯罪学要想在学术研究上有所突破，既要固守自己的“一亩三分地”，也应该密切关注相关学科前沿动态，及时引进其他学科的先进理论成果和研究方法来丰富犯罪学研究。

第二章　犯罪学的研究方法

第一节　犯罪学研究方法的历史发展

总体上，犯罪学的研究方法，是与犯罪学本身的发展紧密联系在一起的。但是犯罪学作为一种人文、社会领域的知识积累活动。其基本的研究活动规律并不是独立于人文、社会领域的其他知识积累活动而存在的。所以，从某种意义上讲，犯罪学的研究方法以及在研究方法论方面的探索在犯罪学作为一个独立学科正式确立之前就已经存在。同时，犯罪学研究方法的演变与发展在很大程度上左右了犯罪学本身的演变发展方向。

我国学者吴宗宪在其所著《西方犯罪学史》一书中写道："虽然现代犯罪学是在 19 世纪后期产生的，但是，犯罪学的思想早在遥远的古代就已经产生了。到中世纪时，犯罪学思想继续得到发展，并且分为两大块，即基督教神学家的犯罪论和用世俗的观点对犯罪问题进行的探讨。"①这段话虽然是对犯罪学本身的发展历程所作的表述，我们却可以从中一窥犯罪学研究方法的早起发展路径。

通过对犯罪学的学术史梳理可以看出，在其研究方法上占据主导地位的是唯心主义方法论，具体表现为在对犯罪行为原因的考察上几乎完全依靠对于"人性"的思考假设立论。这一倾向的最典型代表就是在《圣经》中将人之恶行的根本原因归诸于"原罪"，是人类先祖受恶魔引诱而出现的一种违背上帝意志的行为倾向。而在世俗学者的论著中，虽不至于将犯罪之考察置于唯灵论基础之上，但多数古代学者认识犯罪的基本进路依然充满唯心色彩。比如柏拉图在其著作《理想国》中将人之行为善恶之源归诸于个人的灵魂，并进一步推论人之灵魂之善恶源自其所受教育云云。② 这些早期哲学家、思想家并未专门关注犯罪原因问题，而仅仅是在对人之本性的思考中，顺带考察了恶行或越轨行为的特性。这种考察，与其学术思想的核心内容在基本属性上是一脉相承的，因此其唯心主义色彩是不可避免的。而即使在近代出现了专门就犯罪问题进行分析、论述，进而确立了犯罪学作为一个独立学科地位之后，这一领域早期的主要学者在方法论上依然是秉承唯心主义哲学以思辨为基础认识工具的传统。比如贝卡里亚在建立其关于犯罪与刑罚的理论体系时，对人性的假设就是"理性的、功利的和自由的"。继而推导出刑罚的基本原则"适当性、确定性和迅捷性"。

而唯物主义方法论被全面导入犯罪学研究，则是由龙勃罗梭为代表的意大利学派犯罪学开始的。他所倡导的研究方式要求学者放弃对"人性"的空洞假设，而致力于在现实的犯罪人中通过实地观察与测量寻找犯罪的共同诱因。

当然早期犯罪学发展对于唯心主义方法论的依赖和对唯物主义的忽视是有其历史背景

① 吴宗宪．西方犯罪学史(第一卷)[M]．北京：中国人民公安大学出版社，2010：49.

② 吴宗宪．西方犯罪学史(第一卷)[M]．北京：中国人民公安大学出版社，2010：52.

的。在启蒙运动之前，科学和技术的发展极其缓慢，人类通过经验手段认识世界的能力非常有限，对于绝大多数自然、生理以及社会现象均处于一个朦胧认识而无法解释的阶段。在这种情况下，基于唯物主义认识论的知识积累显然无法支撑任何有说服力的关于犯罪原因的学说。而另一方面，唯心主义哲学由于其逻辑化，内省式研究范式的特点，几乎不需要现实证据的支撑就可以建构出完整的理论体系。

而随着启蒙运动以来科学的逐步兴起，人类认识世界的经验性手段与技巧有了突破性的进步。唯物主义认识论在自然科学领域取得的巨大成功也必然会影响到对人类社会的认知考察，并由此催生了社会科学这一全新认识领域。在此基础上，以龙勃罗梭为代表的意大利学派犯罪学家得以将科学的方法论引入对犯罪原因的研究。由此，犯罪学研究方法得以全面从唯心主义转向唯物主义，从法哲学研究范式转向社会科学研究范式。

第二节　犯罪学研究的内涵与目的

如前所述，当代犯罪学领域的绝对主流研究范式是社会科学研究范式。作为研习犯罪学的学者，必须对社会科学研究范式有深刻的理解和熟练的掌握。

(一) 犯罪学研究的社会科学内涵

1. 唯物主义本体论

唯物主义本体论在对世界的根本认知上坚持物质第一性，意识第二性，认为物质世界是客观实在。唯物主义在自然科学界的地位自近代以来早早确立，并在此之后绝少面对挑战。在排除了早期神秘主义干扰并初步证明了科学观测手段的有效性之后，唯心主义就再难对自然科学的唯物性提出有力的质疑。与之相对的，在人文领域，由于作为其研究对象的人类思维，情感，行为以及在此基础之上的互动都充满了主观色彩。

站在犯罪学的基本范畴来说，其研究的对象是人类思维，情感，行为以及在此基础上的社会化互动。这些对象都是独立于认识主体的客观的存在，第一是可认识的，第二其认识路径同样应是从物质到意识的。因此唯物主义本体论应是犯罪学研究的基本属性。

2. 实证主义认识论论

实证主义是一种认为社会生活可以通过应用类似于自然科学的研究方法加以客观而科学地研究的理论思潮。这一思潮首先于 19 世纪早期以社会学实证主义的形式兴起，其肇始者是法国学者圣西蒙(Comte de Saint-Simon)和孔德(Auguste Comte)。前者被认为是实证主义(Positivism)一词的发明者，后者则被认为发明了社会学(sociology)一词。孔德将社会学描述为对社会的科学研究，其最终任务是发现那些对人类社会的性质起主导作用的社会规律与法则。从启蒙运动时期开始的现代实证主义研究则深深植根于那种认为社会生活可以通过应用严谨的科学研究手段加以理解并进而加以控制的观念。

3. 科学方法论体系

在早期犯罪学以及其他社会科学、行为科学研究中存在一个错误的认识，就是只要坚持唯物主义，以经验性的实证观察作为理论建构的基础，就可以取得符合科学标准的研究成果。这一错误认识所导致的直接后果就是在早期实证主义社会科学研究中出现的各种来自于经验性观察，却随后被证明为错误的理论观点。

我们必须承认，人类对于客观世界的认识是不可能绝对排除观察误差因素的影响的。但是，通过研究者系统的努力，对观察方法进行改良，从而不断地减小误差却是实际可期的。

正是通过对基于实证观察的理论的可证伪性的关注，社会科学研究者确立了一系列的对客观世界进行实证观察时应遵循的，旨在减少观测误差，提高理论相对准确度的操作性原则，这一套原则就是通常意义上的科学方法论。

(二)犯罪学研究的目的

有学者在讨论科学之界定时指出，科学的关注焦点仅在于“可解决的问题”①。意思是，科学研究的对象仅限于那些概念体系具有逻辑上的合理可解性，同时其概念诸要素可以通过现有技术手段加以观测验证的命题。而对于那些无法进行实证观察与验证的命题，科学就不对其投入精力②。

那么，在所谓“可解决的问题”这一范畴之内，具体到犯罪学研究中，我们所要追求的目标是什么呢？有学者对此进行了精当的总结，认为，不论自然科学研究还是社会科学研究，所追求的都是一个由四个阶段性目标组成的递进性的目标体系，其具体表述如下：

1. 探索未知领域(Exploration)

人类对世界的认识是一个从无到有，逐步积累的过程。那么从抽象的概念意义上讲，如果人类认识世界的科学性努力有一个绝对的起点的话，这个起点应该是一种对客观世界完全无知的“零认知”状态。在每一个新认知领域的科学研究，也可以被认为是始于在其学科范畴之内的“零认知”状态的。因此，在对新学科领域的早期研究中，研究者对于观测所可能得到的结果几乎毫无预见，而实际观测到的客观存在往往超出了现有概念体系与理论体系的涵盖能力，以至于在一开始对于观察到的现象不能提出有说服力的归因性解读，而在这一阶段的科学研究其标志性成果往往仅限于对现象的客观存在的确认以及命名。

探索性研究作为人类科学研究的一个特定阶段，其特点是在观察实践中往往重发现，浅描述，轻解释(或者不解释)。这是由于研究对象属于现有学科范畴不认同甚至是强力否认其客观存在的现象，在有些情况下，这些现象的存在还可能是对现有知识体系的颠覆，所以探索性研究往往是在缺乏对所研究的现象的系统全面的理论认识的情况下展开的，甚至现有的，基于旧的认识体系的科学观测手段都无法对其进行有效而准确的观察。而对于这一现象的全面系统描述，甚至归因性理论体系的建立，则是超越了这一阶段研究客观条件的一个要求，即使勉力而为，也往往难如人意。

2. 描述客观现实(Description)

科学研究的一个重要任务就是对所观察到的客观世界进行全面而客观的描述。通过各种感官渠道对认识对象进行经验性的观察是实证主义认识世界的基本手段。来自于感官的经验性认识本身的生产并不依赖科学方法，因为任何人只要运用其自然的感受能力就可以实现对客观世界的观察。但是这些观察结果并不自动转化为我们对世界的科学认知，因为它们本身是零散的和不系统的，其认知意义的生成高度依赖孤立的个体，缺乏超越直接经验的普遍描述性。这些支离破碎的认识就是在认识论中所说的“感性认识”。科学方法论并不否认感性认识的客观性。所谓“眼见为实”，在同等观测条件下，非科学的经验性观察和科学研究观察具有基本相同的直接反映客观存在的能力。但是感性认识缺乏超越个体经验之外的普遍指

① [加]基思·斯坦诺维奇.对伪心理学说不[M].北京：人民邮电出版社，2012：14.

② 例如类似“善与恶的本质属性是什么”这样的问题，由于不具有可以进行实证观测的指标体系，也没有一个在逻辑上可解的概念体系，就不是科学研究的范畴，而属于哲学，伦理学等非实证性学科的观照对象。

导意义，从而无法为人类全面认识世界提供有力的支持。

作为科学研究的一个重要任务，将感性认识抽象化，概念化，系统化进而上升为理性认识的这一过程的主要组成部分就是描述性研究。这一研究一般与前文所讨论的探索性研究相衔接，在对某一个特定对象或特定领域的探索性研究基本完成之后，通过进一步的观测与分析，完成以下三个任务：(1)为研究对象确立一个相对固定和完整的概念体系，在研究对象与其他类型的对象之间划定内涵与外延的界限；(2)在研究对象内部进行必要的分类与分级；(3)为研究对象建立一个操作性的测量指标体系，并以此指标体系为基准对研究对象进行质化与量化的现象性描述。

3. 解释因果机制(Explanation)

如果从广义上定义"描述性研究"，则以对研究对象因果机制进行解释为任务的归因性研究也应被包括在内，因为所谓归因研究，就是在被观察对象与其内在诱因之间建立一种具有理论信度的联系的尝试①。首先，所谓被观察对象的"内在诱因"，其实就是独立于对象之外的另一个客观实在现象，其本质上也是一个被观察对象。而所谓"建立联系的尝试"就是对这两个(在多因子研究中，也可以是两个以上)观察对象的现象性变化(发生、发展与消亡)之间的相关性联系的性质进行一个具有普遍性和系统性的描述，其工作的基本内容仍然是描述性的。

但是，将归因性研究从描述性研究中区别开来也是有其理由的。归因性研究主要在以下两个方面区别于一般的描述性研究：

第一，从单个观测单元的信息容量来说，一般的描述性研究属于单因子观测(univariate)结构，即一次完整的观测在最简化时只需要对对象概念体系中的一个因子进行测量。

而对于归因性研究来说，单因子观测是无法达成其研究目的的。即使最简单的归因研究设计单元也必须是由对一因一果两个因子的测量构成的双因子观测(bivariate)，同时在观测中还必须加入对于两个因子指标变化相关性(covariance)的观测。

第二，描述性研究在研究类型划分上一般被称为"现象论"的研究，而归因性研究一般被称为"原因论"的研究。在直观上讲，如果一个研究的成果主要体现在提出特定概念、分类或对特定"现象"的性质、特点作出概括性表述，则这一研究就是一个一般意义上的现象论研究。而如果一个研究的成果体现在提出或者验证特定"理论"，则这一研究就应属于原因论的范畴。

显然，现象论研究的重要性不容质疑，但是人类了解客观世界的目的并不是为了满足好奇心，而是希望洞悉客观世界的内在规律，并以这些内在规律为指导来实现其改造世界的目的，仅仅"知其然而不知其所以然"是不够的。换句话说，人类作为实践主体的主观能动性，仅仅通过描述性研究是无法完全体现的，必须依赖归因性研究。

4. 理论指导实践(Application)

从纯概念上的划分来讲，科学研究在完成归因性研究的任务后，其认识世界的使命就已达成。此后的理论指导实践乃是人类利用既有知识改造世界的努力的一部分，而不再起到科学研究那样增进人类对客观世界认识的作用，因此本不应将其作为科学研究概念的有机组成部分。但是在实践中，由于不存在所谓"完美"的知识，任何基于归因研究的理论在应用于

---

① Maxfield，Michael. G.，E. Babbie，Research Methods for Criminal Justice and Criminology［M］，Belmont，CA，USA：Wadsworth Thomson Learning，2005，80.

实践时都无法排除因理论本身的误差而导致达不到预期效果的情况。这就需要将实践当作是认识世界努力的自然延伸，通过实践发现理论的错误，进而对理论作出修正与完善，使其可以在未来更好地指导实践。

在犯罪学理论发展中，很多著名理论的发展过程都有着浓重的实践色彩。一个典型的例子就是著名犯罪学家赫希对其控制理论的扬弃与发展。赫希最初根据人之普遍犯罪性的命题提出了“社会控制理论”。在应用该理论解释犯罪以及指导犯罪预防实践的过程中，他又观察到社会控制机制与个人犯罪行为之间的实际因果关系并不完全符合“社会控制理论”的预测。在深入考察其理论的缺陷之后，他又提出了“自我控制理论”，对个人犯罪倾向中无法用社会控制理论加以有效解释的部分作出了进一步分析。“自我控制理论”被认为是现代犯罪学发展出的所有理论中具有最广泛说服力的理论之一，这与其在概念体系上高度贴近实践，吸引了大批学者对其开展验证研究并因而获得充分的实证数据支持不无关系。这一理论发展进路充分体现了科学研究中实践性研究的特点

第三节　犯罪学研究的基本原则

（一）主客观相统一原则

犯罪学作为一种具有自身独特领域和概念体系的社会科学门类，在其实证研究必须遵循主客观相统一的原则。犯罪学研究对象的客观性主要体现在以下两个方面：第一，人类行为的一个重要驱动力乃是人类的心理活动。在对人类犯罪行为进行研究时，必须尊重人类大脑及神经系统运作的客观规律。第二，人类活动的另一个主要诱发因素是外界环境刺激，这类环境刺激的发生也是不以个人意志所转移的。

所有以人类行为为对象的科学研究都同时具有那些以纯粹客观世界现象为对象的科学研究所不具备的主观性特点。因为人类行为显然不能够简单地理解为大脑与人体结构面对外界环境刺激的纯动物性反应，更不能够站在机械唯物论的立场将人类与其周围环境的互动按照一种力学作用机制加以解读。因此在从事犯罪学研究时，必须一方面认识到行为具有源自个人因素与环境因素的客观存在基础，另一方面还需要关注个人在与其内在与外在客观现实互动中通过主观意志映射于外部世界的主观能动性。

（二）系统性原则

在犯罪学中的原因论研究中存在着一个旷日持久的学术倾向的争论：犯罪的最优解释应该是一个基于单因子的理论还是一个基于多因子的解释？从简单化定义上来分析，似乎多因子理论倾向主导的犯罪学研究会比较强调系统性原则，而单因子理论倾向则不会给予系统性原则任何立足点。但实际上，不论是以单因子还是多因子为命题出发点的犯罪学研究，都必须遵循系统性原则。

首先，犯罪现象作为一种人类行为，是具有系统性的一种客观存在。“犯罪”这一定义本身就是由数个互相作用又互相依赖的部分组成的：首先是犯罪行为的外在表达形式，其次是这一行为背后的意识基础，最后是对于这种意识/行为结合体的道德规范性评价。

其次，作为犯罪原因论关照对象的，构成犯罪之物质基础的各种个人与社会因子本身也具有系统性。对于这一系统中任何一个要素的认识与界定都必须在考察其与所有其他要素之间的关系之后才有实质意义。

最后，犯罪学知识体系本身也具有系统性，每一个领域的研究，都必须同时关注其他领

域的最新发现并相应地作出调整，同时每一个领域的研究进展又会对其他领域产生连锁反应式的影响。

(三)理论与实践相结合原则

在实务中，理论科学与应用科学研究的区别更多是体现在资源投入的选择上：对于那些具有明确纯理论定位的研究，学者会服从其纯粹追求知识积累的冲动而投注精力与资源，在研究的目标设定上着眼于宏观整体科技认识水平的推进。与之相对的，在当代科学研究中占据主体地位的是那些多少带有应用性色彩的研究。在这类研究中，学者尽管也会追求其求知欲的满足，但是主要还是在权衡投入的可预期收益及费效比的基础上决定科研资源的投入。

应用型科学研究非常强调实践价值并以实践价值作为选择研究方向以及资源投入的重要评判标准。具体到我国的犯罪学研究，其实践价值就必须体现在我们能不能通过犯罪学的科学研究，为我国刑事司法系统预防犯罪，打击犯罪，以及改造犯罪的努力提供有价值的建议与操作工具，使其效率提高，成本降低。作为理论联系实践原则的体现，在选择犯罪学研究方向时，我们就应该优先选择那些困扰刑事司法实务一线，给我国社会安全与稳定带来最严重影响的犯罪问题；而在研究目标上，则应致力于对可提高实际犯罪打、防、控效果的制度、技术与工具的构建与应用。

(四)伦理原则

所谓伦理原则，是指从事科学研究要尊重人类社会的基本道德伦理规范，不可以为了追求知识的积累而损害公私利益，或者给人类社会的生存与发展带来危害。

从20世纪70年代开始，西方科学界开始针对以人类为对象的科学研究提出一系列伦理准则，意图规范科研行为，避免侵犯人权和损害公民合法权益的情况出现。当前针对科研行为的伦理准则重点在三个方面对科研行为作出了要求：

1. 知情同意权。被研究对象有全面了解科研项目的目的、手段、意义及潜在危险，并在此基础上自由决定是否参与研究的权利。

2. 隐私权。被研究对象有保证其隐私信息不被公开披露的权利。在不影响数据质量的情况下，应尽量采用匿名采集的方式收集数据。

3. 最小伤害权利。在对被研究对象的伤害不可避免，但已取得其知情同意，可以开展科学研究的情况下，研究者应当尽量将对被试者的伤害限制在最小程度。

第四节　犯罪学实证研究的不同操作性设计

在研究设计的分类体系上，不同学者基于不同角度提出了多个分类方式，但总的来说，在科学界并没有一个统一的分类标准。在分析问题地基本逻辑层面，可以根据分析的视角将研究设计分为使用“表意解释”(ideograthic)的质化研究设计与使用“通则解释”(nomothetic)的量化研究设计。

一般来说，质化研究比较适用于对认识对象尚缺乏系统认识或认识尚不全面时的探索性或描述性研究，而量化研究比较适合在既有理论框架指导下深入研究因果机制的归因性或评估性研究。

(一)质化研究方法(qualitative research methods)

1. 现场调查

现场调查又被称为参与性观察(participant observation)，是一种要求研究者在其所研究的行为人与行为现象发生的当时当地进行直接抵近的观察。现场调查可以根据调查者与被观察者的互动强度及对被观察行为的参与度划分为全面参与观察，观察性参与，参与性观察与旁观式观察四种类型。之所以会有不同程度的参与度设计，主要在于从观察真实性角度考虑，被观察者受到来自观察者的干扰越少，其行为就越自然，观察结果就越贴近现实。

2. 个案研究

个案研究是对于一个或数个具有代表性的个案所进行的深度描述性研究。个案研究的具体操作方式种类繁多，可以是现场的跟踪调查，可以是历史性回顾评估，也可以是对个人的深度访谈。

近年来，在社会科学研究中，一个比较流行的个案研究设计就是口述历史研究，这种研究方法在新闻学中也称为传记式研究。这种研究设计通过事件参与人根据记忆将事件的经过重现的方式实现对研究对象的间接观察，在分析方法上同样符合个案研究深度分析典型个案的特征。

（二）量化研究方法（quantitative research methods）

1. 问卷调查

问卷调查是社会科学研究方法中的一个非常重要的数据采集手段，主要分为描述性问卷和分析性问卷。描述性问卷调查通过应用统计概率原则可以被用于评估抽样误差，而分析性问卷调查在归因研究中的应用，可以通过扩大样本范围，改善抽样质量以及应用高级统计分析手段，获得不弱于严格实验条件下的因果证明效力。

作为保证问卷调查研究证明力与证明效度的关键因素，问卷设计是每一个意图应用这一研究方法的研究者必须高度关注的环节。好的问卷设计可以大幅提高对对象因子观测的效果，有效提高对错误信息的甄别能力，同时保证研究对象的较高参与度与配合度。

2. 既存数据分析

既存数据分析在得以保证数据质量的前提下，可以大幅节省研究资源，同时既存数据得到充分的利用与分析，也使得最初收集这些数据的投入获得最大限度的产出，减少了资源的浪费。

在社会科学研究中，既存数据一般来说主要有以下来源：1. 官方数据。政府或其他具有特定社会管理职能的机构和组织在其日常运作中出于各种需要会生成大量的官方记录。2. 先前研究的二手数据。在很多社会科学研究中，研究者在条件允许的情况下，往往会在数据采集时留出一定的冗余度，即收集一些其研究不一定会用到的信息，以保证数据的全面性。

3. 内容分析

内容分析（Content Analysis）在数据收集手段上一般被认为是既存数据分析的一种，这是一种对经过有选择地加以类型化编码的大众传媒的内容信息进行系统化和量化分析的研究方法。

由于其使用的是量化数据结构来研究大众传播现象，内容分析相对其他质化研究手段的一个重要优势就是其可重复性：使用相同的编码体系，不同的研究者可以对同样的研究对象重复进行内容分析，而得出相同的分析结果，从而避免了使用质化研究方法研究传媒，文化现象时普遍存在的主观性问题。

第三章　犯罪学的历史发展

第一节　西方犯罪学的历史发展

在犯罪学界，关于犯罪学诞生的时间有两种针锋相对的观点：一种观点认为，意大利学者贝卡里亚 1764 年发表的《论犯罪与刑罚》一书的发表标志着犯罪学的诞生；另一种观点认为，意大利学者加罗法洛 1885 年《犯罪学》一书的出版，才真正标志着犯罪学的诞生。这种争论的存在与不同学者对于犯罪学的不同界定有关，但这种争论并不会影响我们对于西方犯罪学思想发展脉络的历史梳理，理论界通常认为，根据犯罪研究的前提假设、研究方法以及关注焦点的不同，可以将西方犯罪学的发展史划分为三个历史时期：18 世纪的古典犯罪学、19 世纪末的实证主义犯罪学以及 20 世纪以来的当代犯罪学。下面本书便对犯罪学发展的这三个历史阶段的主要特点作一简要介绍。

一、18 世纪的古典犯罪学

古典犯罪学派(classical school of criminology)是 18 世纪后期产生的以意大利的切萨雷·贝卡里亚(Cesare Beccaria，1738—1794)和英国的边沁(Jeremy Bentham，1748—1832)为代表的犯罪学历史上第一个思想流派。这个学派产生的标志是贝卡里亚在 1764 年出版的《论犯罪与刑罚》一书。

古典犯罪学派受到了当时以人道的理性主义为核心的启蒙运动的深刻影响，由于启蒙运动高扬理性的大旗，对宗教神学思想和封建专制统治进行了无情的揭露和批判，因而通过违背神的意志这种超自然力量来解释犯罪现象的犯罪学思想便遭到批判，要想使得犯罪学思想与启蒙运动保持一致，支持启蒙运动的学者只能在理性主义的框架内以自然主义的观点重新解释犯罪现象，这便是古典犯罪学派产生的历史背景。

在古典犯罪学理论看来，既然人是有理性的，人自身便可基于功利的计算控制自己的行为，那么犯罪原因就应当从人的自由意志中去寻找。因为人是和以古典经济学为基础的经济人相对应的理性人，均是基于快乐、痛苦的计算而采取他认为合理的行为。由此，理性是人的基本特征，是解释所有社会行为的基础。由于理性人也有经不起诱惑的时候，所以便有犯罪存在。但即使在这种场合，也是犯罪人在合理计算了实施犯罪所能得到的快乐和因犯罪将受惩罚的痛苦之后，基于自己的意志而选择和实施的。因此，社会对于犯罪行为的理智回答就是：提高犯罪的代价，降低行为人因犯罪收益获得的快乐，从而促使个人采取顺应社会的理智行为。

古典犯罪学派的代表人物除了贝卡里亚、边沁，主要还有英国的威廉·布莱克斯通(William Blackstone，1723—1780)、约翰·霍华德(John Howard，1726—1790)、威廉·葛德温(William Goldwin，1756—1836)以及德国的康德(Immanuel Kant，1724—1804)、黑格尔(Georg Wilhelm Friedrich Hegel，1770—1831)、安塞姆·冯·费尔巴哈(Anselm von Feuerbach，1775—1833)等人。由于这些学者都深受启蒙运动的影响，因而启蒙运动的若干核心思想成为了古典犯罪学派构建自己理论体系的认识论前提，这样的认识论前提有：理性原则，即认为人类有自由意志，人类的行为是自己选择的结果；享乐原则，即认为人类是为了追求快乐而行动的，快乐与痛苦或者奖赏与惩罚是影响人类选择的主要决定因素；惩罚原则，即认为刑罚对违法行为有威慑力，进行威慑是处以刑罚的最正当理由；人权原则或者自由原则，即国家应当尊重其公民的基本权利，国家应当尽可能少地限制国民自由以及国家对于公民自由的限制应当具有坚实的正当性基础；适当程序原则，即在证明被告人有罪之前，都应当认为被告人是无辜的，并且，在使用合法手段证实被告人有罪之前，不得对被告人处以刑罚。这些重要的原则深刻影响了古典犯罪学派的理论体系的建构，虽然古典犯罪学派的代表人物很多，但基于上述重要原则的影响，还是可以抽象出古典犯罪学派的若干整体特征的，具体而言，古典学派关于犯罪原因和犯罪预防的基本认识有如下内容：

第一，犯罪的原因在于犯罪人具有意志自由。人的意志自由、功利主义与人的追求私利的本性的结合使所有人都有犯罪的可能，因而犯罪无法避免。

第二，必须正确运用刑罚抗制犯罪。这有以下几点内容：其一，必须用惩罚来阻止任何个人伤害他人的利益。如果承认人们都通过签订社会契约把权利授给了国家，那么制裁这些伤害行为就应该是国家的特权。其二，惩罚必须与犯罪所得的非法利益相适应，惩罚既不能超越后者，也不能用于使罪犯改过自新的目的。因为这样会使得社会的权利超越社会契约。其三，刑罚应与犯罪具有必然联系。只有惩罚具有坚定性并且惩罚的恶果大于犯罪所带来的好处时，惩罚才可以收到它预期的效果。

第三，必须制定公正明确的法律。这又有以下几点要求：其一，应当制定明确的法律并且公之于众。其二，法律的实施应当根据正当程序予以严格规定，以此防止司法擅断。其三，在法律面前，任何人不管其社会地位如何都是平等的，每个人都要对自己的行为负责。

第四，应当重视犯罪的预防。古典犯罪学派的犯罪预防观体现在以下三点：其一，刑罚是预防犯罪最重要的手段，所依赖的原理就是刑罚之恶大于犯罪之乐能够预防犯罪的发生。其二，必须通过法律预防犯罪，所依赖的原理是制定良好并且执行良好的法律能够让具有意志自由的理性人作出不去犯罪的选择。其三，犯罪的预防还应当通过对犯罪人以及一般人的心理强制来实现，这里的心理强制并非通过刑罚执行来体现而是通过法律的公布以及刑法的适用所具有的预防传导效果来实现。

因而，古典犯罪学派的学说将犯罪原因的认识推向了自然主义的发展轨道，因为它将犯罪原因更多地解释为个人的理性选择。这种思想代表了正在兴起的资产阶级的利益，在当时无疑具有历史进步意义。

还应当提及的是，在犯罪学发展早期，英国学者约翰·霍华德作出了自己的独特贡献。他在1777年访问和考察了欧洲三百余所监狱后，自费出版了《监狱状况》一书，针对当时将债务人、罪犯、失业者、娼妓、精神病人和战俘都不加区别地关押在牢房里的现状，积极倡导制定监狱法，主张应改善犯人的生活和劳动条件，把囚犯按年龄段和性别分别关押。霍华德的书多次再版，并先后被翻译成德文和法文。他对英国及整个欧洲大陆监狱管理制度的改革以及促进行刑制度的科学发展作出了历史性贡献。

二、19世纪末的实证主义犯罪学

这一历史时期的犯罪学之所以被称为实证实证主义犯罪学主要是因为这一时期的犯罪学研究主要依赖以调查、统计等为核心的实证研究方法而不再主要依靠理论思辨来研究犯罪现象。实证实证主义犯罪学理论不赞成古典学派运用意志自由来解释犯罪原因的观点，认为人的行为无论是否具有反社会性质，都是由其体质、心理及社会因素所决定的。犯罪学的任务不在于从空泛的自由意志中寻找犯罪原因，而在于对犯罪人的体质、心理和社会特征做经验调查，并根据对犯罪原因的实证分析，采取比刑罚更为广泛的预防措施。

实证主义犯罪学的兴起同样具有深刻的历史背景。一方面，在19世纪后期，随着资本主义的进一步发展，欧洲的城市化进程加快，工人的增加、工人阶级与资产阶级的尖锐对立、贫富差距加大、失业人数增加、家庭的崩溃、帝国主义战争等社会矛盾不断涌现；随之而来的后果之一便是欧洲社会犯罪率的上升，累犯特别是常习犯与少年犯急剧增加。另一方面，在这一历史时期，自然科学、社会科学获得了长足发展，达尔文的生物进化论得到广泛流传，研究自然科学的方法论即经验主义或者实证主义的研究方法也开始大行其道。相比之下，继续沿袭犯罪古典学派的套路研究犯罪原因、犯罪对策便显得有些捉襟见肘了。在这种历史背景之下，实证主义犯罪学得以粉墨登场。

实证主义犯罪学是在19世纪中期以前的生物学、实证主义哲学、进化论和精神病学基础上建立起来的严谨意义上的犯罪学理论。其最主要的代表人物是切萨雷·龙勃罗梭(Cesare Lombroso，1835—1909)、恩里科·菲利(Enrico Ferri，1856—1929)和拉斐尔·加罗法洛(Raffaele Carofalo，1852—1934)，匈牙利出生的美籍犯罪学家斯蒂芬·谢弗，高度评价了这3个人在犯罪学历史上的地位和作用，把他们称为“犯罪学三圣”。除此之外，英国精神病学家和犯罪学家查尔斯·巴克曼·格林(Charles Buckman Goring，1870—1919)、美国人类学家和犯罪学家欧内斯特·艾伯特·胡顿(Earnest Albert Hooton，1887—1954)等，也被看成是这个学派的重要研究者。

犯罪实证学派的创始人为意大利的龙勃罗梭，其主要代表人物还有意大利的菲利(后转入刑事社会学派)和加罗法洛，因其主要代表人物均为意大利人，所以又称意大利学派。虽然在实证学派内部在犯罪原因论的着眼点上各不相同，但是他们相对犯罪古典学派都有许多共同点，可以总结以下几点：

其一，意志决定论。近代学派反对古典学派意志自由的观点，主张世界上任何事物都受因果法则的支配，犯罪现象亦不例外。他们否认人们可以自己的行为作出自由选择，犯罪人类学派的代表人物龙勃罗梭认为行为人先天的身体的构造异于常人，才决定其必然犯罪。

其二，犯罪原因论。近代学派注重研究现实社会的犯罪现象，进而追寻犯罪产生的原因，龙勃罗梭用生理学和隔代遗传的原理来解释犯罪原因，认为犯罪人的身体构造先天地异于常人，加罗法洛则认为犯罪的原因是因他们缺少利他的情操，菲利则主张犯罪原因三元论，认为无论何种罪行不外是体质的、地理的和社会的三方面原因造成。尽管这些学者的具体观点不一致，但他们在力图揭示犯罪的原因上，则存在着共性。

其三，科刑的对象。古典学派主张客观主义的犯罪论，亦称为事实主义或行为主义，与之相反，近代学派则主张主观主义的犯罪论，即认为犯罪人的性格如何，是科刑的重要标准，犯罪人类学派的龙勃罗梭认为，对犯罪人判处刑罚的轻重不能以犯罪事实的大小确定，而应根据犯罪人的人身危险性而定。实证学派则认为刑罚处罚的中心是犯罪人，尤其应以其性格或心理状况为要，应根据犯罪人的反社会性格为标准，个别地定罪量刑，也正因此，主观主义也被称为行为人主义。

其四，目的论的刑罚理论。实证学派反对古典学派的报应刑罚主义以及偏重于一般预防的刑罚目的论。一方面，他们以功利主义和预防犯罪思想为基础，认为刑罚的意义在于追求一定的目的，这样就否定了古典学派认为刑罚的意义仅在于抽象的道义、正义理论，仅在于报复犯罪的理论，从而将功利集中于预防犯罪、保护社会法益上；另一方面，这个时期的犯罪学十分注重刑罚的特殊预防目的，即刑罚的适用应当考察犯罪人的性格以及围绕犯罪人的社会情况，为了使该犯罪人将来不再犯罪而科处之。

其五，保安处分的兴起。近代刑法理论特色之一在于其主张刑罚宽和，甚至主张"非刑罚化"，于是提出保安处分论。所谓保安处分论，指以犯罪反复的危险性为基础，以保卫社会为目的，作为刑罚的替代而由法院宣告的强制处分之一。菲利认为，作为镇压手段的刑罚具有一种消极的而非积极的价值。所以他主张用保安处分来替代刑罚。1921 年，菲利在其起草的"意大利刑法典草案"(又称菲利草案)中，以"危险性和制裁"取代了"责任与刑罚"的概念，成为一部没有刑罚的刑法典。

由上可以看出，古典学派与实证主义学派的区别主要表现在：(1)从理论假设上看，古典学派主张自由意志论，即人都具有理性，人可以不受因果法则的支配，不受素质、环境的影响，理性地、自由地选择行为；实证主义学派反对自由意志论、主张决定论。(2)从研究的对象上看，古典学派注重的是客观行为，而实证主义学派则更加注重实施犯罪行为的人，正因为如此，实证学派的学者十分注重犯罪人的类型化，并针对不同类型的犯罪人提出不同的矫治策略。(3)从研究方法上看，古典学派强调理性人是非选择的观点，在研究方法上具有明显的思辨色彩；实证主义学派则倾向于生物学和社会学观点，注重用实证的方法来研究犯罪。这决定了二者在对犯罪理解的深度和广度上，已不可同日而语。(4)从犯罪对策上看，古典学派着眼于客观行为的社会危害性，强调应当通过刑罚与罪行保持均衡来预防犯罪，而且，古典学派把刑罚看作是抗制犯罪的主要手段；实证学派则更关注犯罪人及其未来的危险性，强调依据犯罪原因的不同"对症下药"，从而在刑罚科处上注重刑罚个别化，而且，实证学派提出了许多科学地处遇犯罪人的"刑罚替代措施"。

也正是由于上述区别，古典犯罪学与实证主义犯罪学之间的界限与区别得以清晰划定，尤其是，经由实证主义犯罪学采行的实证主义的研究方法开始成为研究犯罪学的主导方法，因而犯罪学的科学化也在方法论上得以保障。正因为如此，犯罪古典学派只能被视为犯罪学的前科学时期，而由于龙勃罗梭、菲利、加罗法洛的贡献，唤起了对犯罪现象的社会科学研究，犯罪学也得以日益成熟，可以说，实证主义学派的诞生，标志着人们科学探讨犯罪原因和犯罪对策时代的开始，犯罪学也得以逐步发展成为一门独立的社会科学。

三、20 世纪以来的当代犯罪学

20 世纪以来的当代犯罪学理论在吸收前人研究成果的基础上，依然取得了一系列重要的成就，并呈现出若干新的特点：

第一，当代犯罪学在对犯罪行为的研究方面开拓了新的领域。这就是：将犯罪被害人和社会控制(社会监督)本身引入了犯罪学的视野。现代犯罪学不仅仅看到了社会监督系统的犯罪预防任务，而且对它们在促成犯罪发生过程中的作用进行批判性评价；不仅看到了犯罪被害人的被害事实，而且看到了被害人对犯罪的诱发或促进作用。由此，当代犯罪学不再单纯地从犯罪人角度探究犯罪原因，而是把犯罪理解为一种由作案人、被害人和社会反应共同参与的社会互动过程。这种研究视野上的扩展，最终形成了当代犯罪学犯罪人——被害人——社会反应三位一体的立体犯罪原因论，从而在对犯罪真实的理解上，完成了较之传统犯罪学的质的飞跃。

第二，现代犯罪学也研究为传统犯罪学所难以理性认识的内容。现代犯罪学既研究为传统犯罪学所关注的已被定义为犯罪的行为和犯罪的人，也研究为传统犯罪学所难以理性认识的内容：这就是把行为和个人定义为犯罪和犯罪人的社会过程（表现为立法者、警察、法院、监狱及相关组织和人员参加的互动过程），并在此基础上提出自己关于犯罪原因的诊断结论和犯罪预防的改革意见，从而使犯罪学在注重事实性陈述的基础上，又具有了鲜明的反思性和批判性学术品格。

第三，当代犯罪学研究在许多国家蓬勃发展起来，并出现了各种不同流派的犯罪学理论。其中，以犯罪社会学和犯罪社会心理学理论独领风骚，犯罪人类学的研究则开始处于次要位置。尤其是，20 世纪 70 年代以前的主流犯罪学理论便是社会学型犯罪学理论。

第四，科际整合的犯罪学理论日益受到重视。美国当代犯罪学家克拉伦斯·杰弗利在 1990 年出版了专著《犯罪学：科际整合的探讨》，他试图将犯罪社会学理论、犯罪心理学理论、犯罪生物学理论加以整合，以社会学、心理学、生物学因素的相互作用来解释犯罪行为。这种以科际整合为志向的犯罪学有助于克服以往犯罪学理论的知识单一片面的局限，同时更加有效地指导犯罪预防的具体实践。

第五，世界犯罪学研究的中心开始转移到美国。犯罪学研究起源于欧洲大陆，这种格局直至 20 世纪初期一直没有打破。但自 1909 年在芝加哥成立“美国刑法和犯罪学研究所”开始，世界犯罪学研究的中心开始转移到美国。由于深受 19 世纪欧洲犯罪学家思想的影响，美国犯罪学研究的一个突出特点是把犯罪学研究纳人社会学领域，把犯罪学看成社会学研究的一个部分；同时，在研究方法上，十分重视实证主义的经验型研究。

第六，在这一历史时期，大批具有影响力的犯罪学论著纷纷出版问世。例如，埃德温·萨瑟兰的《犯罪学原理》一书提出了著名的差别交往理论，后来，萨瑟兰又发表了关于白领阶层犯罪现象的报告，使犯罪学家开始注意到现代社会中的“体面阶层”的犯罪现象。再如，以谢尔顿·格吕克和埃利诺·格吕克夫妇为代表进行的犯罪预测研究，开辟了犯罪学研究的新领域，使犯罪预防更加具有了前瞻性。又如，以克利福德·R. 肖和亨利·D. 麦凯为代表的犯罪生态学研究，拓展和丰富了犯罪学关于环境与犯罪的关系的认识。

第七，犯罪学的国际交流日益频繁。由于犯罪规律具有一定程度的共通性，以及犯罪出现了国际化倾向，各国学者越来越重视借鉴其他国家在犯罪预防上的经验。联合国也专门成立了研究犯罪预防问题的学术交流机构。

第二节　中国犯罪学的历史发展

一、中国古代的犯罪学思想

虽然在中国古代并没有产生系统性的犯罪学思想，但在中国古代先贤的思想中不乏有关犯罪原因、犯罪对策的深刻认识，理解中国古代的犯罪学思想对于当下的犯罪学研究仍然具有启发意义。

中国古代先贤关于犯罪原因的论述主要集中在以下几个方面：

第一，我国古代思想家多认为经济上的贫困是产生犯罪的重要原因。例如，春秋时期的管仲曾说："仓廪实，则知礼节；衣食足，则知荣辱。"战国末期的韩非曾说："人民众而货财寡，事力劳而供养薄，故民争。"孟子也认为，人的"放辟邪侈"行为(包括犯罪)是由缺少恒产导致的，因而他说："有恒产者有恒心，无恒产者无恒心。苟无恒心，放辟邪侈，无不为已。"西汉的董仲舒亦曾言："身宠而载高位，家温而食厚禄，因乘富贵之资力，以与民争利于天下，民安能如之哉？是故众其奴婢，多其牛羊，广其田宅，博其产业，畜其积委，务此而无已，以迫蹴民，民日削月朘，寖以大穷。富者奢侈羡溢，贫者穷急愁苦。穷急愁苦而上不救，则民不乐生。民不乐生，尚不避死，安能避罪。此刑罚之所以蕃，而奸邪不可胜者也。"这说明人民生活的贫困是导致犯罪的重大原因。

既然认为经济上的多寡与犯罪的发生具有重要的关联，我国古代的思想家也就十分强调"富民"在犯罪预防中的作用。管仲就曾说：凡治国之道，必先富民。民富则易治也，民贫则难治也……民富则安乡重家，安乡重家则敬上畏罪，敬上畏罪则易治也。民贫则危乡轻家，危乡轻家则敢凌上犯禁，凌上犯禁则难治也。"同样的道理，孟子主张用"为民制产"的政策来预防犯罪，他说："是故明君制民之产，必使仰足以事父母，俯足以畜妻子，乐岁终身饱，凶年免于死亡……"

第二，我国古代思想家也注重从人性论的角度思考犯罪问题。以孟子为代表的性善论者认为，人生来就有"恻隐之心"、"羞恶之心"、"辞让之心"和"是非之心"等为善的因素，他曾说："人性之善也，犹水之就下也。人无有不善，水无有不下。"根据性善论的逻辑，之所以出现犯罪现象的重要原因之一便是人性之中的善性没有得到彰显，因而孟子主张通过教化而非刑罚来治理国家。孟子便曾将讲道："教以人伦：父子有亲，君臣有义，夫妇有别，长幼有序，朋友有信。"

但以荀子为代表的性恶论者则认为人性是恶的，犯罪即是人性恶的具体表现。他说："今人之性，生而有好利焉，顺是，故争夺生而辞让亡焉；生而有疾恶焉，顺是，故残贼生而忠信亡焉；生而有耳目之欲，有好声色焉，顺是，故淫乱生而礼义文理亡焉。然则从人之性，顺之人情，必出于争，合于犯分乱理而归于暴。故必将有师法之化，礼义之道，然后出于辞让，合于文理，而归于治。用此观之，然则人之性恶明矣，其善伪也。"人性就是"目好色，耳好声，口好味，心好利，骨体肤理好愉逸"。他还认为："人生而有欲，欲而不得，则不能无求，求而无度量分界，则不能不争。争则乱，乱则穷。先王恶其乱也，故制礼义以分之，以养人之欲，给人之求。使欲必不穷乎物，物必不屈于欲，两者相持而长，是礼之所起也。"根据性恶论的逻辑，荀子主张"隆礼重罚"，并指出"不教而诛，则刑繁而邪不胜；教而不诛，则奸民不惩"。

第三，我国古代的思想家也重视从法律制度、政治制度与犯罪的关系入手探讨犯罪原因、犯罪对策。道家学派创始人老子基于"无为而治"的思想就把犯罪的产生归咎于法律的严密繁多，他说："法令滋彰，盗贼多有。"他还指出：不尚贤，使民不争；不贵难得之货，使民不为盗；不见可欲，使民心不乱。可见这种思想对于究竟应该如何建构法律上的平等提出了要求。道家的庄子更是在此基础上进一步提出了"圣人不死，大盗不止"的思想。清代的谭嗣同也曾疾呼："二千年来之政，秦政也，皆大盗也；二千年来之学，荀学也，皆乡愿也。惟大盗利用乡愿；惟乡愿工媚大盗。"通过研究这些论断可以领略到我国思想家分析问题的历史高度。

最后，我国古代思想家向来重视“惩其未犯，防其未然”的预防犯罪的思想，综合而言，我国古代思想家在犯罪预防方面提出的论断还体现在以下几个方面：其一，儒家思想主张“德主刑辅”、“以德去刑”，即注重运用教化的力量来预防犯罪。孔子就认为运用道德的力量感化人心会收到比刑罚惩罚更好的效果，他曾说：“道之以政，齐之以刑，民免而无耻；道之以德，齐之以礼，有耻且格。”白居易也认为，刑和礼都是治国不可缺少的手段，“刑者，可以禁人之恶，不能防人之情；礼者，可以防人之情，不能率人之性；道者，可以率人之性，又不能禁人之恶。循环表里，迭相为用”。并且，从整个儒家的思想体系来看，道德教化也在犯罪预防中占据根本位置。例如，作为四书之一的《大学》就曾开宗明义地指出：古之欲明明德于天下者，先治其国；欲治其国者，先齐其家；欲齐其家者，先修其身；欲修其身者，先正其心；欲正其心者，先诚其意；欲诚其意者，先致其知。致知在格物。物格而后知至，知至而后意诚，意诚而后心正，心正而后身修，身修而后家齐，家齐而后国治，国治而后天下平。自天子以至于庶人，壹是皆以修身为本。这种“正心修身法”不仅是走向成功的途径，而且也是预防犯罪的途径。其二，历代法家思想家大多强调通过严刑峻法来预防犯罪。先秦法家的代表人物商鞅就曾主张：“禁奸止过，莫若重刑，刑重而必得，则民不敢试……”在这种重刑主义的影响下，我国古代的刑罚种类以身体刑为主，死刑也极其残忍，以期达到“禁一奸之罪而止境内之邪”的预防效果。其三，我国古代思想家也注意到了人的生理因素在犯罪预防中的作用。例如，孔子就曾讲：“君子有三戒：少之时，血气未定，戒之在色；及其壮也，血气方刚，戒之在斗；及其老也，血气既衰，戒之在得。”这说明不仅社会因素对于犯罪的预防效果有影响，自然因素也可能扮演着重要角色。

二、民国时期的犯罪学发展概况

由于中国古代思想家并没有对犯罪现象、犯罪原因、犯罪预防等犯罪问题展开系统研究，作为一门独立科学的犯罪学当然也就不可能出现。我国对犯罪学的系统研究，最早开始于20世纪20年代。由于当时正处于西学东渐的初级阶段，学者们对对犯罪问题的研究始于对于西方犯罪学经典著作的翻译。1922年刘麟生翻译了犯罪学创始人龙勃罗梭的《犯罪人论》(旧译名为《朗伯罗梭氏犯罪学》)，并先后四次出版。陈大齐翻译了德国犯罪心理学家马勃的《审判心理学大意》。1927年张廷健翻译了日本犯罪学家寺田精一的《犯罪心理学》，1929年郑玑翻译了日本犯罪学家胜水淳行的《犯罪社会学》。1936年许桂庭翻译了意大利犯罪学家菲利的著作《实证派犯罪学》，查良鉴翻译了美国犯罪学家齐林的名著《犯罪学与刑罚学》。

在翻译外国犯罪学著作的基础上，民国时期的犯罪学者开始利用外国的理论研究当时中国的犯罪问题，并撰写了一批犯罪学专著与教材。在20世纪30年代出版的专著有许鹏飞的《犯罪学大纲》、李剑华的《犯罪学》、鲍如为的《犯罪学概论》、陈文藻的《犯罪学》、王克继的《犯罪学》、谭友谷的《经济与犯罪》、孙雄的《犯罪学研究》、韦端民的《犯罪浅说》等，均在30年代先后出版。20世纪40年代出版的代表性著作有重庆国民党宪兵学校的《犯罪学教程》、李时雨的《预防的理论与实际》、余天民的《刑法与犯罪研究》、刘仰之的《犯罪学大纲》等。在这一时期特别值得一提的是老一辈社会学家、犯罪学家严景耀先生及其代表性著作《中国的犯罪问题与社会变迁的关系》。该书在充分调查研究的基础上，涉及了犯罪学基本理论、中国的犯罪统计、犯罪类型、犯罪的原因及其预防措施等犯罪学的主要内容，对于今天的犯罪学研究仍然具有参考价值。

三、新中国成立之后的犯罪学发展概况

新中国的犯罪学起始于对青少年违法犯罪问题的研究，至今也只有 30 多年的时间，但在这短短的 30 年中，却取得了令人瞩目的成绩。具体而言，这主要体现在以下几个方面：

第一，犯罪学研究队伍迅速壮大。目前全国已有一大批专门从事犯罪学教学和研究的学者，以及有志于从事犯罪学研究的司法实践工作者。这些专家、学者从中国具体实际出发，既研究中国的本土问题，也关注域外的理论问题，这为中国犯罪学事业的起步于繁荣奠定了坚强基础。

第二，犯罪学研究机构相继建立。我国于 1982 年成立了中国青少年犯罪研究会，1992 年 4 月成立了中国犯罪学研究会；此后，中国监狱学会、中国警察学会相继成立；政法部门和高等院校也成立了一批专门从事犯罪学研究的机构，如司法部预防犯罪研究所、公安部公共安全研究所、中国政法大学犯罪心理学研究中心、北京大学犯罪问题研究中心、华东政法学院青少年犯罪研究所、南京大学犯罪预防与控制研究所等。这些研究机构的设立使得犯罪学研究进入了平稳有序的发展轨道。

第三，犯罪学理论刊物相继问世，如《青少年犯罪研究》、《青少年犯罪问题》、《犯罪与改造研究》、《公共安全研究》、《犯罪问题》、《中国刑事法杂志》等。同时，在综合性学术刊物上开设犯罪学理论研究专栏，各高等院校的学报也经常刊发犯罪学方面的文章。

第四，犯罪学研究成果丰硕。犯罪学教材和专著如不同版本的《犯罪学》、《犯罪学通论》、《青少年犯罪学》、《犯罪心理学》、《犯罪社会学》、《当代实证犯罪学》、《经济犯罪学》、《中国现阶段犯罪问题研究》、《被害人学》、《比较犯罪学》、《犯罪学大辞书》等相继问世，我国犯罪学的理论体系也得到不断完善。

第五，犯罪学教学受到重视。目前各政法院校和综合性大学法律系、法学院都较为普遍地开设了犯罪学课程。中国政法大学成立了刑事司法学院，华东政法大学成立了刑事司法系，中央司法警官学院设有监狱学系。许多院校招收犯罪学研究方向的硕士研究生、博士研究生。这些举措无疑都推动了犯罪学教学与科研的向前发展。

尽管我国犯罪学发展迅速，但必须正视的是，我国犯罪学至今仍处在初创阶段，仍然有许多需要改进的地方。例如，我国在已有的研究中过于依赖理论研究或者思辨研究的方法，而对实证研究的重视程度不够。实证的研究方法不仅事关某一犯罪现象的定性分析，也关切到该犯罪现象的定量分析，也能够极大地提升犯罪学作为一门科学的精确性，因而研究方法的实证化应当成为我国犯罪学发展的主导路径。因而，我国犯罪学的研究依然任重道远。

第四章　犯罪学的主要理论

第一节　犯罪学理论流派概述

一、古典犯罪学派

古典犯罪学派在犯罪学史上又被称为刑事古典学派、旧派，反映了资本主义上升时期资产阶级的进步思想，在当时的理性主义思潮影响下，资产阶级启蒙运动的民主、自由思想深入人心，受启蒙思想的影响，古典犯罪学家高扬理性主义的旗帜，努力尝试以自然主义的观点来解释犯罪现象，与此同时，人们对旧有的犯罪学思想展开了猛烈抨击，贝卡里亚、边沁以及费尔巴哈便是古典犯罪学派的杰出代表。

(一)贝卡里亚的犯罪学思想

贝卡里亚是意大利著名犯罪学家和经济学家，犯罪学古典学派的创始人和最重要的代表人物。他在1764年出版的《论犯罪与刑罚》一书，是其一生中最重要的著作，这部著作中所反映的犯罪学思想，是在当时启蒙思想家的深刻影响下形成的。贝卡里亚的犯罪学思想主要体现在以下几个方面：

1. 犯罪原因论

由于贝卡里亚的《论犯罪与刑罚》一书受到了启蒙思想中理性主义以及边沁功利主义的强烈影响，因而贝卡里亚也认同犯罪是个人意志选择的结果，是犯罪人自由意志的表现，具有意志自由的人之所以选择犯罪行为而不选择守法行为，就是因为在他们看来，从犯罪行为中所获得的快乐要大于刑罚所可能施加的痛苦。

在此基础上，贝卡里亚还强调犯罪的两个主要原因：经济条件和坏的法律。一方面，他指出财产犯罪主要是由穷人实施的，而且主要是由贫穷产生的，盗窃犯罪是由于贫穷和绝望而产生的犯罪，是一贫如洗的不幸者的犯罪，抢劫和杀人犯罪是由于穷人和富人之间的贫富差别以及一些人不甘心过贫穷生活而发生的。另一方面，他认为对某种犯罪的过于严厉的惩罚，虽然可以遏制一些人犯罪，但同时却通过比较对另一些人更具有犯罪的吸引力。因而，严酷的法律会通过削弱人道精神来促成犯罪。

2. 刑罚理论

第一，边沁倡导建立与犯罪阶梯相对应的刑罚阶梯。这有以下三个方面的具体要求：其一，刑罚强度与犯罪的危害程度相称。只有重罪重罚，轻罪轻罚，犯罪与刑罚之间才能达到相称；其二，由于犯罪古典学派认为人是基于苦乐的计算采取实施犯罪，因而认为刑罚所造成的痛苦不能小于但可以略大于犯罪所带来的快乐或利益；其三，对特定的犯罪要处以特定的刑罚，这样才能真正做到罪刑均衡。

第二，刑罚的适用应当具有及时性，即在发生犯罪行为后应当对被告人迅速地处以刑罚。他指出："犯罪之后判处刑罚越迅速，刑罚就越公正、越有益处。"及时判处刑罚的优点在于：一是能使刑罚更加公正，因为及时迅速地判处刑罚，可以避免犯罪人由于不知道自己将要受到什么处罚而产生的痛苦，这种心理痛苦对社会是无益的，对犯罪人本身是残酷的，而且还会由于犯罪人个人的想象力和软弱感而得到增强。同时，也可以避免在判刑之前长期地剥夺个人的自由。二是能使刑罚产生有益于社会的效果。"犯罪与刑罚之间的时间间隔越短，犯罪与刑罚这两个概念在人们心理中的联系就越强烈、越持久；因此人们会自然地把犯罪看成是原因，把刑罚看做是必不可少的结果。"这样，刑罚就成了阻止人们再次犯罪的有效的威慑力量。

第三，刑罚的适用应当具有必然性，即在犯罪行为发生之后，犯罪行为必须受到刑法的惩处。贝卡里亚认为，犯罪与刑罚之间这种必然的、肯定的联系，是增强刑罚的威慑力量的重要因素。刑罚适用的必然性与存在逃脱惩罚的希望是不相容的，任何一线不受处罚的希望，都会使人们想入非非，产生侥幸心理，不畏惧犯罪所带来的惩罚，从而会破坏犯罪与刑罚之间的必然联系，削弱刑罚的威慑效果，引起犯罪的增加。

3. 犯罪预防论

贝卡里亚十分重视犯罪预防的作用，他认为，"预防犯罪比惩罚犯罪更高明，这乃是一切优秀立法的主要目的"。综合而言，贝卡里亚的犯罪预防论可以归结为以下几点：

第一，在刑罚目的上，否定报应主义刑罚观，而主张刑罚的目的仅在于实现一般预防和特殊预防。他指出，刑罚的目的仅仅在于："阻止罪犯再重新侵害公民，并规诫其他人不要重蹈覆辙。"在刑罚的双重预防目的中，由于贝卡里亚强调"刑罚的政治目的是对其他人的威慑"的观点，因而他显然更加注重一般预防的作用。

第二，在法律的特征上，他强调应当制定清晰明确的法律并公之于众。一方面，明确的且已公布的法律可以使人们在打算犯罪时就想到犯罪带来的刑罚上的不利后果，从而打消犯罪念头，预防犯罪的发生。另一方面，如果法律是用人们难以理解的语言写成的，它就必然成为少数人的财富，法律就发挥不了预防犯罪的作用。贝卡里亚认为，随着能够理解神圣的法典并能够使用法典的人数的增加，犯罪率就会降低，这是因为对刑罚的无知和刑罚的不明确，无疑会增加欲望的力量，使人们在欲望的作用下进行犯罪。

第三，改善教育。贝卡里亚认为，预防犯罪的最可靠但也最困难的手段，是改善教育。教育不在科目的繁多，而在于科目的恰当选择和教育的成效；应当向年轻人介绍他们所遇到的精神和物质现象；应当利用感情方式引导青年形成美德；应当用说服的方式防止青年去做坏事情。教育的目的便在于启发人们的理性，使人们在自由状态下作出不去犯罪的理性选择。

第四，完善刑事司法。贝卡里亚认为法官只能根据法律进行司法活动，不能滥用法律甚至不能解释法律。而且，他还强调通过增加法律执行机构的人数、限缩机构中个人所享有的权威来避免法律执行机构自身的腐化。

第五，奖励美德。贝卡里亚认为，同其他奖励的效果一样，奖励美德也会使美好的德行不断增加，而犯罪行为也就会相应地减少。

(二)边沁的犯罪学思想

边沁(Jeremy Bentham，1748—1832)，英国著名的功利主义哲学家、经济学家和法学家，是犯罪学史上仅次于贝卡里亚的古典学派的代表人物。他虽然不是一个专门的犯罪学家，但是他对犯罪学的许多方面都进行了深入的研究，提出了精辟的见解，对19世纪以后的刑事立法、刑事司法与犯罪学说都产生了深远的影响，被称为“前无古人的最伟大的法律哲学家和法律改革家”。①边沁学说的核心是功利主义理论，或称为“幸福计算”理论，这种理论认为人的本性或人类的基本规律就是“避苦求乐”，正是这种避苦求乐的本性，支配着人类的一切思想、行为。边沁的犯罪学理论就是在此基础上形成的。

1. 犯罪原因论

边沁认为，人类的一切行为都是追求快乐和避免痛苦的结果，犯罪行为当然也是因追求快乐和避免痛苦这两种动机的实现而产生的。当人们产生某种动机时，就会对行为可能产生的各种后果(分为快乐后果和痛苦后果两类)进行计算，当认为行为带来的快乐大于痛苦时，人们就会在这种动机的推动之下进行有关的行为，包括犯罪行为。易言之，既然认为避苦求乐是一切道德行为的原因和动力，那么这也是一切不道德行为包括犯罪行为的原因和动力。

2. 犯罪类型论

边沁将犯罪分为公罪、准公罪、私罪以及自我犯罪几个类型。公罪，是指侵犯不特定的多数人和社会的犯罪；准公罪，是指侵犯某个邻里和特定阶级的犯罪；私罪，是指侵犯其他个人的犯罪；自我犯罪，是指对犯罪人自己造成损害的犯罪。

3. 刑罚理论

第一，刑罚应当与罪行相适应。按照功利原则，刑罚的适用必须比较罪行之恶与刑罚之恶，只要惩罚得以补救、矫正的罪行之恶大于刑罚之恶，惩罚就是善的。由此，边沁以功利主义解释了罪刑相称原则，或者称之为惩罚与罪过的比例原则。

第二，边沁认为应当恰当地衡量犯罪。只有恰当地衡量犯罪，才能做到刑罚与犯罪相适应。他认为，在衡量犯罪的严重性时，应当考虑一级罪恶和二级罪恶：一级罪恶，是指犯罪行为对被害人造成的实际损害；二级罪恶，是指犯罪行为在公众中引起的恐慌程度。此外，在衡量犯罪的严重性时，还要考虑犯罪人在实施犯罪时的心理状态、给犯罪人造成犯罪机会的公众的信任程度、犯罪后被害人的状况、犯罪期间被害人所受的侵害等因素。

第三，为了保证刑罚的适用符合功利主义原则以有效实现刑罚目的，边沁反对无根据的刑罚、无效果的刑罚、无效益的刑罚以及无必要的刑罚。

4. 犯罪预防论

边沁以增进最大多数人的最大幸福的功利主义原则为指导，提出了以下预防犯罪的主张。其主要的观点可以概括为如下几个方面：其一，通过良好的立法预防犯罪。良好的立法的作用在于让潜在犯罪人的苦乐计算更加符合社会的要求。其二，通过恰当的刑罚预防犯罪，既然认为犯罪行为是在犯罪人权衡了犯罪可能带来的利益和可能造成的痛苦之后作出的选择，那么要预防犯罪的发生，就必须使刑罚产生的痛苦大于犯罪带来的好处或快乐。而且，在运用刑罚追求预防犯罪的目的时，法官还必须考虑每个犯罪人对刑罚的感受性，因为犯罪人对刑罚的感受性不同，大致相同的案件科处大致相同的刑法所产生的犯罪预防效果是不同的。此外，边沁还指出应当通过完善警察制度、使用多种制裁措施以及通过预测个人的行为倾向来预防犯罪。

(三)费尔巴哈的犯罪学思想

费尔巴哈(Anselm von Feuerbach，1775—1833)是古典犯罪学派的另一代表人物，与贝卡里亚一样，费尔巴哈也被称为近代刑法学之父。费尔巴哈的主要贡献在于刑法学领域，但

① 转引自吴宗宪．西方犯罪学[M]．北京：法律出版社，2006：45.

他为了论证罪刑法定原则所提出的"心理强制说"也具有犯罪学上的意义。

心理强制说包含着相当丰富的内容，它是费尔巴哈刑法理论的核心部分，构成了其犯罪原因、刑罚目的等学说的基础，从中还可以推导出一般预防主义的刑罚思想。具体而言，费尔巴哈认为人具有追求快乐、逃避痛苦的本能，正是这种追求在犯罪时获得快乐的本能冲动促使人犯罪。因而为了防止犯罪，首先需要抑制人的犯罪的冲动，这同时要求一种恶的手段的存在即刑罚。通过刑罚的预告，使人们预先知道因犯罪而受刑罚的痛苦要大于其犯罪所获得的快乐，由此需要做的第一件事就是将犯罪和刑罚规定予以明确化和实定化，以达到一般预防的目的，这即是著名的心理强制说。心理强制说强调的是立法威吓而非刑罚的执行威吓，强调的是刑罚的一般预防目的而非特殊预防目的。

二、犯罪人类学派

犯罪人类学派的代表人物主要有龙勃罗梭、菲利和加罗法洛，三人被合称为"犯罪学三圣"，下面逐一介绍这三位代表人物的犯罪学思想。

(一)龙勃罗梭的犯罪学理论

龙勃罗梭是意大利精神病学家、犯罪学家，犯罪人类学派的创始人和主要代表人物。由于他将实证主义的研究方法引入犯罪学研究，对于现代犯罪学的产生和发展作出了重要贡献，因而他被许多犯罪学家尊称为"近代犯罪学之父"、"生物实证主义学派之父"、"意大利学派之父"。

龙勃罗梭 1836 年生于意大利维罗纳的一个犹太人家庭，先后在帕维亚大学、维也纳大学读书。他获得博士学位后，曾入伍担任军医、担任帕维亚大学讲师和精神病学教授。对许多方面都感兴趣的龙勃罗梭，在当时的科学思想影响下，通过对士兵、精神病人、犯罪人等的观相术和颅相学观察、身体测量、尸体解剖等方法，发现善良的人和不善良的人不仅在性情方面，而且在身体解剖特征等方面，都有明显的差异。龙勃罗梭对 383 名死刑犯人的颅骨(头盖骨)进行的解剖检查发现，这些犯罪人具有一系列不同于正常人的解剖学特征。1870 年 12 月的一个上午，龙勃罗梭应邀对意大利北部的一个土匪头子维莱拉进行尸体解剖。当他打开维莱拉的颅骨后，龙勃罗梭发现维莱拉的头骨上有一个明显的凹陷，他称为"中央枕骨窝"，而且他还发现维莱拉中央枕骨窝附近的小脑蚓部肥大，这两种特征是类似于低等灵长目动物如类人猿的特征，他据此推断，维莱拉是出生于那个时代的原始野蛮人。紧接着，他在 1872 年发表题为《对 400 名威尼斯犯罪人的人体测量》的论文，提出了一种关于犯罪人生来就具有犯罪本能的假说。1876 年，龙勃罗梭接受了都灵大学任命他为法医学和公共卫生学教授的职位，同年在米兰出版了他的代表著作——《犯罪人论》。此后该书不断再版，该书第一版仅有 252 页，到 1897 年该书出第五版时已扩充到 1903 页。龙勃罗梭在《犯罪人论》一书中最为重要同时也最有争议的理论便是"天生犯罪人"理论。

龙勃罗梭的犯罪人类学理论主要包括下列内容：

1. 天生犯罪人理论

天生犯罪人理论，是龙勃罗梭通过大量的人体测量、尸体解剖并对获得的资料进行全面分析的基础上提出的，该理论的核心观点是，犯罪人并非出于意志上的自由支配实施犯罪行为，而是由于隔代遗传的原因使他们先天性地具有了异常的生物特征以及犯罪倾向因而他们必然会实施犯罪行为。具体而言，犯罪人是出生在文明时代的野蛮人，他们异常的生物特征决定了他们从出生时起就具有原始野蛮人的心理与行为特征，这种行为必然不符合文明社会中的传统、习惯和社会规范，必定构成犯罪。

犯罪人之所以生来就具有这种生物异常，是通过隔代遗传(atavism)的原理得到解释的。隔代遗传是指倒退到原始人或者低于人类的人的一种返祖现象。隔代遗传现象一方面体现在犯罪人的生理方面，即犯罪人会所表现出一系列形态学上的特征，生来犯罪人的头部、面部、眼睛、耳部、鼻部、嘴部、腭部、牙齿、皱纹、毛发、胸部、骨盆、腹部、上肢和下肢、脚、大脑和小脑等，都与正常人有所不同，这会容易让人联想起类人猿等低等灵长类动物的形态学特征；另一方面体现在犯罪人的心理方面，即犯罪人的心理类似于原始人或野蛮人的心理，他们是在生物学上倒退到早期进化阶段的人，他们的行为必然与近代文明的社会规范格格不入。此外，天生犯罪人在自然感情、道德感等方面也存在异常的生物特征。

需要说明的是，龙勃罗梭并非认为所有的犯罪人都是天生犯罪人，在《犯罪人论》第五版中，龙勃罗梭也同时认同文明程度、生活状况、教育等因素对犯罪的实际影响，他也把天生犯罪人在全部犯罪人中的所占的比例从66%调整到40%。①这至少说明，即便在龙勃罗梭的眼中，天生犯罪人的比例也不占多数。

2. 犯罪原因论

龙勃罗梭对犯罪原因的认识，有一个变化的过程。虽然在犯罪研究的早期，他认为犯罪主要是由于隔代遗传而产生的，但是，随着研究的深入，他也逐渐认识到其他影响犯罪的自然原因和社会原因。根据他的论述，影响犯罪的自然因素包括不同的气温、月份、季节、炎热的年份、地势构造、疟疾发病率、甲状腺地区、死亡率以及种族、性别、年龄、遗传等，其中主要是气候因素；影响犯罪的社会因素包括文明程度、人口过剩、新闻媒介、生活状况、酗酒、吸烟、教育、经济条件、宗教、家庭出生以及交往、战争、模仿、监狱生活、移民、职业等。

3. 犯罪人类型论

龙勃罗梭对于犯罪人的分类以及对于不同类型犯罪人特征的研究和论述，也是他的犯罪学理论的重要组成部分。根据他的观点，犯罪人包括以下四种类型：

第一，天生犯罪人。天生犯罪人在龙勃罗梭的犯罪人类型体系中表现得最为抢眼，因而也是一种最为独特的人类学类型。这种犯罪人类型存在的学理和历史意义首先并不在于这种理论对于犯罪原因的解释力，而在于这种理论所揭示问题的视角以及所依赖的方法论对于古典犯罪学派的意志自由理论实现了成功的翻覆和颠倒。

第二，激情犯罪人。这是指由于强烈的情绪如突然的紧张冲动而进行犯罪的人。激情犯罪人具有强烈的暴力行为倾向，他们的犯罪行为基本上都是在激情作用下发生的暴力行为，因而他们也被称为“暴力犯罪人”。激情犯罪人很少，通常都是年轻人，他们的颅骨较少，性格诚实，富于情感，往往在犯罪之后感到后悔，因而激情犯罪人具有接受改造的可能性。激情犯罪人中妇女占的比例远远大于其他犯罪人中妇女所占的比例。政治犯罪人是激情犯罪人的一种特殊类型。

第三，精神病犯罪人。这是指由于精神病的影响而实施犯罪的人。精神病犯罪人主要有白痴、心智缺陷者、偏执狂者、偷窃狂者、酒精中毒者、杀人狂者、女性色情狂者和恋童癖者，以及歇斯底里犯罪人、犯罪狂者等。精神病犯罪人的特征有：他们很少表现出对可能遭受到的刑罚的恐惧，也不试图逃避刑罚；他们几乎不隐匿自己的犯罪行为，也不消除犯罪行

① ［意］切萨雷·龙勃罗梭．犯罪人论［M］．黄风译，北京：中国法制出版社，2000：87.

为的痕迹，他们不仅不设法隐瞒犯罪，反而可能会直率地承认犯罪，他们甚至渴望谈论犯罪；他们认为自己遵守秩序，觉得自己的行为是值得赞扬的。这些特征可以将精神病犯罪人与习惯犯罪人区分开来。

第四，偶然犯罪人。这是指那些并不寻找犯罪机会，但总是遇到犯罪机会，或者由于极其轻微的原因而犯罪的人。这类犯罪人又可以区分为 4 小类：一是虚假犯罪人或准犯罪人，指为了保卫个人、家庭、名誉而偶然地实施犯罪的人。二是倾向犯罪人，指既无特殊的生理特征，也没有可以识别的精神疾病，但其精神和情绪特质在某些情况下会有特殊表现，从而使他们容易进行凶恶的和犯罪的行为的人。三是习惯犯罪人，指养成犯罪的生活方式的犯罪人。四是癫痫犯罪人，指具有在任何时候都会表现出来的潜在癫痫的犯罪人。

4. 犯罪对策论

由于龙勃罗梭所作研究的关注点在于犯罪人而非犯罪行为，那么一个有效的犯罪预防体系必然以犯罪人为中心而建立，因而特殊预防论也就成了龙勃罗梭犯罪对策思想的核心。具体而言，其犯罪对策论思想主要有以下几点：

其一，按照龙勃罗梭的观点，犯罪既然是被决定的，那么报应或者威慑犯罪人就没有实质意义，具有意义的只能是根据犯罪人的人身危险性并通过刑罚或者其他能够替代刑罚的矫治措施来实施社会防卫。因而，龙勃罗梭主张，对于遗传犯罪人、癫痫症犯罪人、精神病犯罪人这三类人应当采取预先隔离、剥夺生殖机能、流放荒岛、终身监禁乃至处死等刑罚遏制措施，使其丧失犯罪或者再犯的能力；对于偶发性犯罪人、情感性犯罪人这两类人应当避免采用刑罚措施，而应采取其他刑罚替代措施，如警告、训诫、善行保证、罚金刑、缓刑、假释等措施。龙勃罗梭还认为，监禁刑并不利于对于罪犯的矫正，使罪犯聚于一处，只能产生更多的累犯和惯犯。

其二，龙勃罗梭论述了一系列关于如何发现、鉴别犯罪人的心理方法和生理方法。例如，鉴别犯罪人的生理异常需要考察犯罪人的皮肤、皱纹、文身、毛发、牙齿等多个方面的特征。

(二)菲利的犯罪学理论

菲利于 1856 年出生于意大利北部曼托瓦省的一个商人家庭，1874 年中学毕业后入波伦亚大学攻读法律，曾先后在比萨大学、都灵大学、波伦亚大学、锡耶纳大学和罗马大学任教。菲利的主要作品有《菲利刑法草案》、《法兰西 1826—1879 年的犯罪之研究》、《实证派犯罪学》、《犯罪社会学》、《社会主义和实证科学》、《刑事防卫、刑法研究》、《罪行研究》等，其中的《犯罪社会学》一书最具有代表性。

菲利的犯罪学思想虽然与龙勃罗梭具有渊源关系，但在菲利的犯罪学理论中，只有一部分内容属于犯罪人类学范畴，菲利更加强调犯罪的社会原因，并认为在通常情况下，对犯罪的产生起主要作用的是社会因素。菲利在此基础上提出了他的犯罪原因三元论、犯罪饱和法则、犯罪对策论等理论。

1. 犯罪原因三元论

菲利认为，无论是哪一种犯罪，从最轻微的，到最残忍的，均是由人类学因素、自然因素和社会因素这三类原因相互作用的结果。因而，犯罪原因三元论既不认同古典犯罪学派关于“犯罪是犯罪人意志自由支配下的自由选择”的观点，也不认可龙勃罗梭早期将犯罪的原因主要归于人类学因素的观点。根据菲利的论述，犯罪原因分为三类因素：

第一，人类学因素，这主要包括犯罪人的种族、年龄、性别、公民地位、职业、住所、社会阶层、训练、教育程度等罪犯个人情况以及颅骨异常、脑异常、主要器官异常、反应能力异常、相貌异常等生理要素和罪犯的智力异常、情感异常、罪犯文字、罪犯行话等罪犯的心理要素。

第二，自然因素，这主要包括气候、土壤状况、昼夜的相对长度、季节、气象因素、平均温度、农业状况等要素。

第三，社会因素，这主要包括人口密度、公共舆论、移民、习俗、宗教、经济、政治状况，对安全、教育和福利的行政管理，一般的刑事和民事立法状况等要素。

2. 犯罪饱和定律

犯罪饱和定律是菲利在化学饱和定律的启发下提出的关于犯罪数量及其变化的犯罪规律。菲利在《犯罪社会学》一书中写道："犯罪统计资料表明，犯罪从总体上看增长了，但各年度之间或多或少有些波动，或升或降有些变化。因此，每一年度犯罪的多少显然都是由不同的自然和社会环境，按照犯罪饱和法则(我根据化学现象类推而来)，与行为人的遗传倾向和偶然冲动相结合而决定的。就像我们发现一定数量的水在一定的温度之下就溶解为一定数量的化学物质但并非原子的增减一样，在一定的自然和社会环境下，我们会发现一定数量的犯罪。"①这意味着犯罪现象的存在不仅具有必然性而且具有规律性。

3. 犯罪对策论

根据菲利的犯罪饱和定律，消灭犯罪是不现实的，但预防和控制犯罪却是现实可行的，而预防和控制犯罪的根本措施便在于调整、控制导致犯罪的社会原因，即通过良好的社会政策来预防和控制犯罪。因而，菲利的犯罪对策论虽然不否定刑罚在抗制犯罪方面的作用，但刑罚并非主要手段，具有社会政策特质的刑罚替代措施更为菲利所青睐。菲利强调，刑罚尽管是永久的但却要成为次要手段，而刑罚的替代措施则应当成为社会防卫机能的主要手段。"在犯罪领域，因为经验使我们确信刑罚几乎完全失去了威慑作用，所以为了社会防卫的目的，我们必须求助于最有效的替代手段。"②菲利所称的刑罚替代措施实际上是一系列的以预防犯罪为核心的涵盖经济、政治、科学、立法、行政、教育等多个领域的社会政策的统称。例如，经济领域的刑罚替代措施有改革税收制度、限制酒类消费、在各地设立公共储蓄银行、调整公职人员工资、发展慈善团体、开辟农垦区等。

当然，由于人类学因素、自然因素导致的犯罪仍将存在，对于这部分犯罪，菲利并不反对运用刑罚措施来矫正犯罪，这样的刑罚措施有判处不定期刑、强制犯罪人对被害人进行赔偿、建立精神病院等。

(三)加罗法洛的犯罪学理论

加罗法洛是实证主义犯罪学派的第三位代表人物，其地位仅次于龙勃罗梭和菲利。他于1885年在犯罪学史上第一次使用"犯罪学"一词出版了《犯罪学》一书，对犯罪学这门学科的命名产生了决定性的影响。像菲利一样，在加罗法洛的犯罪学理论中，只有很少一部分属于犯罪人类学的范畴。

加罗法洛对于犯罪学理论的最重要贡献是他提出的自然犯罪(natural crime)理论，自然犯罪是与法定犯罪(legal crime)相区别的概念，是指那些文明社会都认为是犯罪并会动用刑罚手段进行镇压的行为。从特征上讲，这类犯罪是违反了任何年龄的任何人都具有的基本的

① [意]恩里科·菲利．犯罪社会学[M]．北京：中国人民公安大学出版社，2004：163.

② [意]恩里科·菲利．犯罪社会学[M]．北京：中国人民公安大学出版社，2004：193.

利他情操(altruistic sentiments)的犯罪行为。具体而言，这种对于社会道德至关重要的利他情操可以分为两种不同的类型：一是怜悯情操，这是指人们应当关爱自己同类的情操；二是正直情操，这是指人们应当尊重属于他人的一切的情操。因而，自然犯罪实际上就是侵犯人们的怜悯和正直这两种基本利他情操的犯罪，由此加罗法洛更加注重犯罪人的心理面，因而犯罪既是一种有害的行为，同时也是一种不道德的行为。从加罗法洛的具体论述来看，侵犯怜悯情操的犯罪大致上相当于侵犯他人身体的犯罪，侵犯正直情操的犯罪大致相当于侵犯他人财产的犯罪。自然犯罪不同于法定犯罪的特别之处在于自然犯罪的犯罪性是不依赖于法律规范而存在的，是在任何时期、任何地方都会被认为是犯罪的超越时空的概念，因而自然犯罪可谓真正的犯罪，法定犯罪未必是真正的犯罪。

此外，加罗法洛还认为衡量犯罪的标尺是犯罪人的人身危险性而非犯罪行为的社会危害性，反对古典意义上的罪刑均衡，认为惩罚罪犯的依据应当根据罪犯的个人特性来量定，并对犯罪类型、犯罪人类型以及针对不同类型犯罪人的矫治措施等问题进行了深入的探讨。

三、犯罪社会学派

犯罪社会学派(sociological school of criminology)，是19世纪末20世纪初在欧洲犯罪学界从社会学的角度研究犯罪原因和探讨犯罪对策的思想流派。犯罪社会学学派的主要代表人物有意大利犯罪学家恩里科·菲利和德国刑法学家弗兰茨·冯·李斯特。

菲利在犯罪社会学方面的贡献主要体现在以下几点：首先，菲利是第一个把自己的著作称之为“犯罪社会学”的学者，他的《犯罪社会学》一书较为详细地阐述了犯罪社会学的学科体系，为后世的犯罪社会学研究提供了典范；其次，菲利十分重视犯罪的社会原因，并认为在导致犯罪的三类原因中，社会因素所起的作用最大；再次，菲利的犯罪对策论不再仅仅局限于刑罚，而特别强调刑罚替代措施的运用；最后，菲利的犯罪社会学研究范式促进了社会学方法论和统计学方法在犯罪研究中的应用。

李斯特在犯罪社会学方面的贡献主要体现在以下两个方面：其一，在李斯特的犯罪原因二元论中社会原因占据着突出地位。李斯特将犯罪原因归结为社会原因和个人原因，并认为犯罪行为是由社会原因和个人原因共同造成的，但是，在这两种原因中，李斯特更加强调犯罪的社会原因，失业、贫困、恶劣的居住环境、生活必需品的价格高昂、酗酒等都是产生犯罪的重要原因，李斯特尤其重视贫困与犯罪的发生之间的关系，提出了“大众的贫穷是培养犯罪的最大基础，也是遗传素质所以质变的培养液”的观点。其二，李斯特的犯罪对策论特别强调社会政策的作用，提出了“最好的社会政策就是最好的刑事政策”的著名论断。

此外，在19世纪后期和20世纪初期，使用社会学理论和方法研究犯罪问题的人们中，除了犯罪社会学派之外，还包括统计学派、马克思主义犯罪学研究和迪尔凯姆的犯罪学研究。

第二节 犯罪生物学理论

在19世纪末，龙勃罗梭提出的天生犯罪人理论便是犯罪生物学理论的典型代表。但进入20世纪之后，犯罪生物学理论又有了新的发展。大体而言，学界所进行的犯罪生物学研究可以被界分为遗传生物学的研究和体质生物学的研究。

一、遗传生物学研究

犯罪学中的遗传生物学理论认为，犯罪人的产生深受直接或者间接的遗传因素的影响。现代的犯罪生物学理论主要通过犯罪家族研究、孪生子与犯罪的关系研究、养子女与犯罪的关系研究、染色体异常与犯罪的关系研究等多种途径来验证生物学中的遗传要素对犯罪发生的影响。遗传生物学理论一般会认为，先辈中有缺陷的个人素质，如精神病、异常的性格、异常的染色体、异常低下的智力等，会通过遗传作用对后辈的犯罪发生影响。下面，本书仅介绍犯罪家族研究、孪生子与犯罪的关系研究、性染色体异常与犯罪的关系研究这三项具有代表性的研究课题。

1. 犯罪家族研究

较早对犯罪家族进行研究的是美国犯罪学家理查德·路易·达格代尔（Richard Louis Dugdale，1841—1883）。他通过对"朱克家族"的研究来论证遗传与犯罪的关系。朱克家族是由一个被称为"犯罪人之母玛格丽特"的女人艾达·朱克所繁衍的后代组成，在艾达·朱克的540人的后代中，有180人是在济贫院或其他福利机构领取救济的穷人；140人是犯罪人；60人是惯盗；7人是杀人犯；50人是卖淫者；40人是性病患者，并且已将性病传染给了440人；30人被指控是私生子。达格代尔的研究似乎证明了遗传与犯罪之间具有密切关联，但是，这究竟是出于遗传的影响还是后天环境的影响尚需进一步论证。

2. 孪生子与犯罪的关系

由于同卵孪生子之间具有更多相似的遗传特征，而异卵孪生子之间的遗传特征具有很大差异，研究者因此假定，如果同卵孪生子之间进行犯罪的一致率高于异卵孪生子，就能够确认遗传与犯罪之间的关系。最先将这一假定付诸研究的是德国精神病学家约翰内斯·朗格（Johannes Lange）。他在1929年出版的《作为命运的犯罪：犯罪孪生子研究》一书中指出，在所调查的13对成年男性同卵孪生子中，双方都有监禁记录的有10对，他们的犯罪一致率为77%；而在作为对照组的17对男性成年异卵孪生子中，双方都有监禁记录的仅有2对，他们的犯罪一致率仅为12%。因而，朗格得出的结论是：遗传在制造犯罪人方面起着重大作用。不过，朗格同时也指出，遗传并非导致犯罪的唯一原因，后天的环境也会对犯罪的发生产生一定程度的影响，因为即便是同卵孪生子也并没有表现出100%的犯罪一致率。

3. 性染色体异常与犯罪的关系

根据生物学常识，人体内共有46条染色体，共有23对，其中的22对是常染色体，一对是性染色体，性染色体决定着胚胎发育的男女性别。X是女性染色体，Y是男性染色体。女性染色体的表现形式是XX，男性染色体的表现形式是XY。有些犯罪学家对男性囚犯作了调查，发现XYY型的染色体在他们中间占有一定比例，因而推断说，XYY型的染色体使得某些男性具有更强的攻击性，因而导致犯罪的发生。

二、体质生物学研究

犯罪学中的体质生物学理论认为，犯罪人的产生深受犯罪人的生理结构特征、生理功能等体质的影响。体质生物学的代表性论点主要体现在以下方面：

1. 内分泌异常与犯罪的关系

自20世纪50年代以来，美国学者波拉克、莫顿、英国学者多尔顿等都对月经与犯罪的关系问题进行了探讨。已经进行的研究表明，妇女在月经前期以及月经期间可能实施大量的犯罪及其他不良行为，这些异常行为的发生与妇女在月经前以及月经期间激素分泌的失衡有密切关系。这一时期，由于激素分泌失衡，往往引起妇女的情绪波动，使妇女容易产生激动、烦躁、嫉妒等不良心理，这些因素与其他外部因素的结合，就可能引起犯罪行为。此外，还有一些学者关注睾酮分泌与犯罪的关系问题。睾酮是性激素中雄激素的一种，成年男性的睾酮分泌量大大多于女性。一些学者对睾酮分泌与犯罪关系的研究发现，睾酮的分泌情况与人的暴力行为、暴力犯罪有着密切关联：睾酮分泌量过多，便会引起具备暴力性、攻击性的犯罪行为；具有某些暴力行为历史的犯罪人会表现出较高的睾酮水平。

2. 体型与犯罪的关系

最早进行这方面研究的是德国精神病学家恩斯特·克雷奇默(Ernst Kretschmer，1888—1964)。他在1955年出版的《体型与性格》一书中专门论述了体型与犯罪的关系问题，主要内容有以下几点：第一，犯罪人的体型分布大致呈现出与一般人同样的体型分布，肥胖型约占20%，瘦长型和健壮型约占40%~50%，发育异常型约占5%~10%，混合型不到30%。第二，不同体型犯罪人的犯罪生活轨迹是不同的。肥胖型犯罪人的犯罪行为开始得比较晚，累犯倾向也比其他体型的犯罪人要小。瘦长型体型犯罪人的犯罪生活轨迹在很早的时候就达到顶点。第三，犯罪人的体型与犯罪类型具有相关性。瘦长型体型的人实施较多的犯罪是盗窃和欺诈；健壮型体型的人实施较多的犯罪是侵犯他人人身的犯罪以及性犯罪等；肥胖型体型的人容易实施诈骗犯罪；发育异常型体型的人容易实施性犯罪。

在克雷奇默的影响下，美国犯罪学家威廉·赫伯特·谢尔登(William Herbert Sheldon，1898—1977)和格卢克夫妇都在这一领域发表了重要的研究成果。20世纪中期以后，体质生物学与犯罪关系的研究转向了神经系统等微观生理方面与犯罪关系的探讨。

第三节　犯罪心理学理论

犯罪心理学理论主要探讨个人的人格、道德状况、智力状态、精神疾病、心理等与犯罪行为的关系。现代犯罪心理学理论的内部具有诸多流派，具有代表性的理论有精神分析理论、正常个性心理学理论精神病学理论、社会心理学理论。本书在此着重介绍前两种理论。

一、精神分析理论

犯罪学中的精神分析学理论，是以奥地利著名精神分析学家西格蒙德·弗洛伊德(Sigmund Freud，1856—1939)创立的精神分析学说为基础发展起来的一组犯罪心理学理论。弗洛伊德精神分析理论的主要内容有潜意识理论和人格结构理论。

根据弗洛伊德有关潜意识理论的论述，潜意识是人无法直接感知到的心理存在，它包括个人的原始冲动、本能欲望以及出生后产生的与本能有关的欲望，这些与本能有关的欲望按照快乐原则而非道德原则行事，因而当这些基于本能的欲望得不到满足时，就会导致个人心理的变化，进而促使个人实施犯罪行为。

按照弗洛伊德有关人格结构理论的原理，成年人的人格可以分为本我、自我、超我这三个部分。本我，即潜在的我，是人格中最原始的部分，本我中充满了本能的欲望与冲动并受快乐原则的支配。自我，即现实的我，处于人格结构的表层，自我的功能在于调节本我同社会环境间所存在的冲突，自我能够帮助本我满足本能的欲望与冲动并接受现实原则的支配。超我，即从自我中分裂出来的，道德化了的“自我”，超我的功能在于限制本我的本能欲望，指导自我按照符合社会道德规范的要求实现其欲望，并受至善原则的支配。由于超我是人格体系中最文明、最道德的部分，因而超我经常与本我相冲突，犯罪的发生就与人格体系的这种内在冲突密切相关。

二、正常个性心理学理论

正常个性心理学理论显著区别精神病学理论，该理论注重用精神正常的个别人的心理发展及其特征来解释犯罪行为的发生。这种理论主要包括挫折—攻击理论、发展理论、学习理论、理性选择理论、日常活动理论五类学说。

挫折—攻击理论利用挫折与攻击行为之间的关系来解释犯罪行为，其基本观点认为，挫折容易引起攻击欲望，并进而引发攻击行为特别是暴力性犯罪行为的产生。美国心理学家索尔·罗森茨韦克(1907 —　)提出的攻击理论认为，侵犯性是动物赖以生存的一种本能，人的犯罪行为便源于人的攻击性心理本能。该理论认为，挫折后的攻击与侵犯是人的一种原始而普遍的反应。遭受挫折的原因有的来自内部，有的来自外部，还有的是多种因素造成的。所以，受挫后的行为反应一般有三种趋向：一是指向外部(即外罚性反应)，即把激怒情绪和攻击行为指向社会、团体和个人，由于外罚性反应将挫折归责于外部原因，将挫折引起的愤怒情绪向外界发泄，对外界的人或物实施语言或身体的攻击，往往导致暴力性犯罪；二是指向内部(即内罚性反应)，即指向自我，由于内罚性反应将挫折归责于自身，将挫折引起的愤怒情绪向自己发泄，因而可能会导致行为人的自责、自虐，甚至自杀；三是不把攻击指向任何一方，而是将其局限于最小限度，或者予以漠视(即无罚反应)，由于无法客观地反应了解事实真相并正确理解了他人和自己该负的责任，从而能正确对待挫折，或者能够巧妙地掩饰挫折或假装逃避攻击。这种理论揭示了某些个体犯罪的心理过程，特别是在人的社会化程度提高的条件下，具有一定的意义。但是，在该理论研究的领域里几乎没有涉及影响人的心理的其他因素，诸如道德、法律观念、人的意志等对人的行为的调节和约束作用，这至少说明这种理论也是不全面的。

发展理论认为，个人之所以犯罪，主要是因为个人的心理发展程度没有达到成熟水平，犯罪人的发展程度和成熟水平低于非犯罪人。道德发展理论就属于这种类型。学习理论认为犯罪行为是通过条件反射作用等学习过程产生的。理性选择理论主要利用人的理性和自由选择来解释犯罪行为，该理论认为，犯罪是犯罪人对犯罪所得和犯罪所可能遭受的损失经过理性权衡之后所实施的行为，这与古典犯罪学的犯罪原因论是高度一致的。日常活动理论是理性选择理论的另一种发展形式，其基本观点认为，犯罪行为的发生与日常生活中的某些因素密切相关，人们的一些日常生活方式往往有利于犯罪行为的发生。

第四节　犯罪社会学理论

犯罪社会学理论，是指通过运用社会学理论和方法论研究犯罪问题而形成的犯罪学理论。犯罪社会学理论显著区别于犯罪生物学、犯罪心理学的独特之处在于这种理论注重从社会视角来揭示犯罪的客观原因，这样的社会视角涵盖了犯罪人所处的阶层、犯罪人所处的社区状态、犯罪人所属的社会亚文化、社会变迁、社会进步、犯罪人与包括家庭、学校、同龄人、邻里、工作单位、政府、司法机关、社会组织、大众传媒等社会角色在内的互动关系、社会冲突等新的角度，而不再把目光仅仅局限于犯罪人异常的生理、心理特征等个体特质上。

现代的犯罪社会学理论大致可以分为三种类型：社会结构理论(social structure theories)、社会化过程理论(social process theories)、社会冲突理论(social conflict theories)。以下逐一介绍这三种理论。

一、社会结构理论

社会结构理论，是指利用社会结构的内在不平衡，特别是下层阶级所处的不利的社会经济地位来解释犯罪原因的一组犯罪学理论。例如，这种理论可能认为犯罪主要是在社会结构中处于劣势地位的群体所实施的，再如，社会结构理论也可能把贫民窟中存在的无人监督的青少年帮伙、高犯罪率和社会混乱等社会层面的因素看成是主要的社会问题。大多数社会结构理论集中探讨青少年违法和犯罪行为。社会结构理论可以被界分为社会解组理论(social disorganization theory)、紧张理论(strain theory)、文化越轨理论(cultural deviance theory)。社会解组理论认为，犯罪是旧有的社会结构解体而能够维护社会结构稳定的新的社会规范、价值准则缺失的结果。紧张理论则认为，犯罪是获取成功的目标不被认可、获取成功的手段不适当或者获取成功的目标与手段之间的不对称造成的。文化越轨理论则主要是以在一定区域或者范围内存在的与主流文化相冲突的亚文化来解释犯罪的产生。下面本书着重介绍紧张理论。

紧张理论是由美国社会学家罗伯特·默顿(Robert Merton，1910—)在其1938年的论文《社会结构与失范》中正式提出的。该理论认为，每个社会都有自己的文化观念所推崇或者认可的成功目标，每个社会都会为此提供实现此种目标的合法手段，只有二者处于对称关系时，社会结构才是平衡的；如果二者都不具备或者只具备其一，那么社会结构就是不平衡的，社会就处于失范状态。然而，在某个社会的文化将获取物质上的财富作为衡量成功的标准，而个人又缺乏合法手段来取得物质上的成功时，社会就会产生紧张状态；在这种情况下，人们完全可能为了获取物质上的成功而选择不合法的手段。所以，下层社会之所以多发犯罪行为，就是由于下层社会获取成功的机会较少造成的。

按照默顿的阐述，不同的人面对社会紧张会有不同的适应方式，而人们适应紧张的方式不外乎以下五种：

适应方式	文化目标	合法手段
遵从	+	+
创新	+	-
形式主义	-	+
退却	-	-
造反	±	±

遵从(conformity)，是指个人接受社会文化所认可的文化目标并用制度性手段去实现这种目标。在稳定的社会环境中，大多数人都会选择这种方式去适应社会。这样的人会使用中产阶级的价值观所承认的方法，为获取财富而奋斗，不管能否获得成功，他们都会继续这样去做。

创新(innovation)，是指个人只是接受社会文化所认可的目标，但却拒绝使用制度性手段去实现这种目标。例如，绝大多数人可能认可获取物质财富的文化目标，但当这种目标与获取成功的手段不成比例时，个人就完全可能采取越轨或者犯罪的方式来实现这种目标。这种适应方式是极为常见的，各国刑法中规定的诈骗犯罪、盗窃犯罪、白领犯罪等经济犯罪便是适例。

形式主义(ritualism)，是指个人拒绝社会所认可的文化目标但却接受社会所认可的制度性手段。采取这种适应方式的人只是不积极追求文化目标，但又不会采取过激手段来维护自己的生活目标，因而这种适应方式不会产生越轨或者犯罪行为。例如，有些人虽然不会将获取物质上的财富或者其他目标作为自己的追求，但又选择中规中矩地进行社会生活。

退却(retreatism)，是指个人有意识地拒绝社会所认可的文化目标和制度性手段，进而退出正常社会生活的适应方式。例如，精神病患者、孤独症患者、无家可归者、流浪汉、吸毒者、酒鬼就属于这种类型。这种类型的适应方式通常也不会产生犯罪行为。

造反(rebellion)，是指个人完全拒绝社会所认可的文化目标和制度性手段，并用自己的目标和手段取代社会所认可的目标和手段的适应方式。例如，个人或者组织使用放火、爆炸、屠杀、战争等暴力手段或者恐怖手腕宣扬自己的价值目标时就属于这种类型的适应方式。

二、社会化过程理论

社会化过程理论，是指利用个人的社会化过程来解释犯罪原因的一组犯罪学理论。相比于社会结构理论，社会化过程理论有以下三个特点：其一，社会化过程理论将个人与社会的互动关系作为自身的理论内核，而前者将社会结构的不平衡作为理论内核；其二，由于社会化过程理论需要考察个人与社会的互动关系，而个人的心理层面在个人与社会的互动中充当着媒介作用，因而社会化过程理论更加注重犯罪人的心理要素；其三，既然个人的社会化经历或者体验是决定犯罪行为的主要因素，那么犯罪人就不局限于处于社会下层的人，处于不同社会阶层的人或者每个人都有可能成为犯罪人。

通常认为，社会化过程理论包括社会学习理论(social learning theory)、社会控制理论(social control theory)、社会反应理论(social reaction theory)这三个理论分支、社会学习理论认为，犯罪是个人后天习得的结果，代表性理论是美国学者萨瑟兰的差异接触理论(Differential Association Theory)；社会控制理论认为，犯罪是由于个人与社会缺乏联结或者联结变弱的结果，代表性理论是美国学者赫希的社会联系理论(Social Bond Theory)；社会反应理论则特指标签理论(Labeling Theory)，该理论认为犯罪行为正是社会反应的结果。下面本书分别介绍萨瑟兰的差异接触理论、赫希的社会联系理论以及标签理论。

(一)差异接触理论

美国当代著名犯罪学家埃德温·萨瑟兰(Edwin H. Sutherland，1883—1950)，在他 1939 年出版的《犯罪学原理》一书中，首次提出了解释犯罪的“差异接触理论”。根据这种学说的内容，可以对差异接触理论确定一个大致的概念，即，由于有差异的社会组织的存在，社会上便形成了不同的行为规范，这些不同的行为规范之间存在明显的对立和冲突，这集中体现在不同的社会规范对于行为适法性的评价存在着两种明显对立的看法，行为人在与遵循非主流规范行为人的接触过程中形成了不赞许现存法典解释的态度而致违法从而导致犯罪发生的社会化过程理论。根据萨瑟兰的论述，差异接触理论具有以下 9 个方面的内容：

(1)犯罪行为是后天习得而非先天遗传的结果;

(2)犯罪行为是个人在与他人接触、交流的互动过程中习得的;

(3)学习犯罪行为主要发生在与个人具有亲密关系的人群中;

(4)学习的内容包括犯罪技巧、动机、驱动力、合理化解释以及特定的态度等;

(5)行为人从事犯罪的动机和驱动力,是从赞许的或者不赞许的法典解释中习得的;

(6)行为人之所以犯罪是因为赞许犯罪的解释压倒了抵制犯罪的解释,这是差异接触理论的核心原理;

(7)差异接触可能在接触频率、交往的持续时间、优先级(priority)、强度(intensity)等方面有所不同;

(8)通过与赞许犯罪或者抵制犯罪的差异接触习得犯罪的过程,包含了与其他任何一种学习过程都相同的机制,这意味着习得犯罪的过程并不限于模仿过程;

(9)犯罪行为和非犯罪行为都是一般需要和价值的表达,因而不能用这种一般需要和价值表达来解释犯罪行为。

由上可知,差异接触理论的特点在于,犯罪的发生与学习者本人是否接触违法群体、是否习得违法倾向有很大关联;但即便学习者习得了犯罪倾向,犯罪的发生最终还是取决于犯罪人的个人态度或者意志。因而,归根结底,造就犯罪行为的是犯罪人的个人思想,这种拥有"具体问题具体分析"特质的犯罪原因理论由于拥有灵活解释的优势因而有着成为一般原因理论的潜质。

(二)社会联系理论

社会联系理论是由美国著名犯罪学家特拉维斯·赫希(Travis Hirschi,1935—)在其1969年出版的《少年犯罪原因》一书中提出的。赫希认为,如果不对个人进行有效的社会控制,任何人都有可能成为犯罪人,而对个人进行有效控制的途径便在于强化个人与社会的联系:当个人与社会的联系得到强化时,个人的犯罪几率就会变小;当个人与社会的联系遭到弱化以后,个人的犯罪几率就会增大。因而,社会联系充当着联结个人与社会的纽带,社会控制的成败也取决于个人与社会联系的强弱。所以,按照社会联系理论,一个人之所以犯罪人就是因为个人与社会的联系受到削弱乃至破裂的结果。

按照赫希的论述,承担着社会控制功能的重要的社会联系有以下四种:

依附(attachment),这是指个人与父母、朋辈、学校之间的正面联系。当个人对父母、朋辈以及学校的依附程度较高时,个人会在决定实施越轨行为前更多地考虑到这种社会联系,并受这种社会联系的约束,相应地,个人犯罪几率便变小。例如,当青少年对于父母有着较高程度的依附时,青少年在决定是否实施越轨行为时往往会强烈地感受到家长观念的束缚,会更多地考虑到家长对此事的态度,进而决定为与不为。

奉献(committment),是指个人与向成年人身份转变、接受教育、追求更高职业等传统社会所认可的选择之间的正面联系。当青少年完成学业但没有同步完成向成年人身份的转变时,社会控制就会相当薄弱,个人的犯罪几率便会增加;当个人更愿意接受教育而非实施越轨行为时,个人与社会的联系就会得到强化;当个人志在追求更高的职业地位时,个人便会受到这种奉献的强烈约束,个人的犯罪几率就会降低。

参与(involvement),是指个人与传统活动的投入之间的正面联系。当个人更愿意把时间投入到传统社会所认可的学习、工作、运动、社交、娱乐等事项中去时,个人对于违法行为的关注度就会降低,个人与社会的联系就会越紧密;反之,当个人只愿意将时间投入到越轨行为中去的时候，个人便不会受到这些正统活动的束缚，因而犯罪的几率就会增高。

信念(belief)，是指个人与传统社会共同的价值体系、道德观念之间的正面联系。当个人具有遵守社会所认可的道德观念的强烈意识时，个人与社会的联系就显得相当紧密。当然，在有的情况下，个人并不反对社会的价值体系和道德观念，反而，个人会在选择越轨行为时自觉或者不自觉地运用这样的价值体系和道德观念将自己的行为进行合理化解释，在这种情况下，个人与社会的联系在本质上是受到削弱的，个人的犯罪几率便会增加。

(三)标签理论

标签理论是旨在探讨人们在实施初次越轨行为之后，为什么还会继续进行越轨行为，进而形成犯罪生涯的理论。标定理论的特别之处在于，将以往的单向性的犯罪原因研究改变为以犯罪人与正式的犯罪控制机构或者非正式的社会反应力量的互动关系为核心的双向研究，尤其是注重正式的或者非正式的社会反应对于犯罪行为产生的影响。

标签理论首先在美国学者弗兰克·坦嫩鲍姆(Frank Tannenbaum，1893—1969)于1938年出版的《犯罪与社区》一书中被论及，坦嫩鲍姆在书中论述了“邪恶的戏剧化”理论，该理论认为，当一个社区对有着不良行为的少年给予消极反应时，该少年在这种社区环境中会渐渐对这种消极的自我形象产生认同，进而按照这种自我形象实施行为，直至犯罪行为。简而言之，正是“贴标签”的行为才使得“邪恶的戏剧化”得以上演。美国学者埃德温·利默特(Edwin M. Lemert，1912—1996)在其1951年出版的《社会病理学》一书中，首次提出了初次越轨行为(primary deviance)和继发越轨行为(secondary deviance)的概念，指出初次越轨行为是既没有被权威人士发现，也没有受到惩罚的越轨行为，继发越轨行为是个人在自己的越轨行为被贴上坏的标签后，个人按照这种自我想象的内心设定而实施的越轨行为。美国学者霍华德·索尔·贝克尔(Howard Saul Becker，1928—)也为标签的发展作出了突出关系，他在《局外人：对越轨行为社会学的研究》一书中首先使用了标签一词，并将标签理论的内容予以体系化。

综合上述学者的研究，标签理论在内容上大致有以下六点：

(1)任何行为从固有性质看都不是犯罪行为，犯罪行为是社会反应的结果，没有社会反应或者没有贴标签的行为就没有犯罪行为；

(2)制定标签的人是由地位较高的人组成的，而他们所制定的规则可能是有偏见的；

(3)执行贴标签的人在执行规则时可能受到年龄、性别、种族、地位高低等因素的影响，因而贴标签的过程完全可能是不平等的；

(4)以贴标签形式进行的社会反应，不论是通过犯罪控制机构所进行的正式的社会反应还是通过家庭、学校、社会组织等进行的非正式的社会反应，都会促使犯罪的发生；

(5)正式的或者非正式的社会反应促使犯罪发生的机制在于：第一，个人被贴上了越轨者的标签，这代表着社会反应力量的否定性评价；第二，社区会以越轨者的身份看待这个人，越轨者在社区中的生活受到排挤，越轨者完全可能受到歧视，产生社会化的困难；第三，越轨者渐渐地会将自己与外界划清界限，从而产生了“自己是越轨者”的自我认同；第四，越轨者形成的这种消极的自我认同度越高，其实施继发越轨行为的概率就越大。

(6)既然贴标签的行为会导致越轨行为，那么社会所要做的要么是避免贴标签，要么是少贴标签，要么是改变社会反应的方式。总之，社会反应方式优劣应当是以能否有效预防继发越轨行为的出现为标准的。正是在这种思想的影响下，标签理论的支持者在刑事政策上提出了以下建议：第一，对于部分犯罪有必要进行非犯罪化，例如，无被害人的犯罪；第二，有些犯罪没有必要动用刑事司法系统来处理，可以采取转处方法，将青少年犯罪交给青少年服务机构、特殊学校等处理；第三，推行正当程序，体现贴标签过程的公正性；第四，倡导刑罚执行的非监禁化，例如，将犯罪的青少年尽可能地避免监狱矫正而将其放到社区中进行矫正。现今流行的行刑社会化理论显然也是受到了标签理论的影响。

三、社会冲突理论

社会冲突理论，是指运用人们在社会中的冲突来解释犯罪原因的一组犯罪学理论。在社会冲突理论看来，冲突的表现形式是多种多样、无处不在的，例如，社会阶级或者社会阶层的冲突，经济利益的冲突、政治权力的冲突、文化观念的冲突、种族之间的冲突、民族之间的冲突，等等。

社会冲突理论的显著特点在于通过揭示现实社会中冲突的具体表现形式来解释犯罪现象。该理论具有以下内容：其一，冲突状态是社会的常态，犯罪便是这种冲突状态的表现形式；其二，为了控制社会冲突便产生了权力，而掌握权力的群体为了确保自己的价值观、维护自己的统治便会限制缺乏权力优势的那一方群体的利益；其三，权力的控制导致了新的或者更为深刻的冲突，冲突的加剧、升级就会导致犯罪。

冲突理论大体上可以分为马克思主义犯罪学、狭义的冲突理论等两类。马克思主义犯罪学，又称为批判犯罪学或者激进犯罪学，该理论认为犯罪是由于资本主义社会的固有冲突决定的，资本主义社会本身便具有犯因性特征，资本主义社会中的有产者和无产者都会进行特定类型的犯罪。早期的马克思主义犯罪学家包括荷兰的威廉姆·邦格等人，当代的马克思主义犯罪学家包括美国的犯罪学家理查德·昆尼等人以及英国的伊恩·泰勒、保罗·沃尔顿等人。狭义的冲突理论不赞同激进犯罪学从社会阶级的角度探寻犯罪原因的观点，而认为犯罪是由任何社会中都存在的群体间的竞争引起的，这种理论注重从一般社会生活的冲突中寻找犯罪的原因。

第五节　其他犯罪学理论

犯罪学早期的发展是建立在不同的独立学科基础之上，犯罪生物学的发展、犯罪心理学的兴起、犯罪社会学的繁荣无一不是建立在相应的学科的产生和发展之上，但随着科学研究的深入，学者们渐渐认识到各个学科各自为政的局限性，认为研究的科学性不能仅仅建立在学科分立的基础之上，同时运用多学科的综合知识才能确保认识的科学性。作为一门事实科学的犯罪学在这种思潮的影响下也出现了同时运用多种学科的理论和方法、将不同理论观点统合起来说明犯罪问题的显著趋势。这种整合型理论注重运用多学科的知识来解释犯罪原因，提出了许多富有新意的观点。

一、科际整合的犯罪学研究

（一）格卢克夫妇的犯罪学学说

美国著名犯罪学家谢尔登·格卢克（Sheldon Glueck，1896—1980）和其妻子埃利诺·图尔洛夫·格卢克（Eleanor Touroff Glueck，1898—1972）是较早对犯罪人的犯罪原因进行综合性研究的学者。他们在对少年犯罪的原因进行研究时，综合采用了社会学、生物学、心理学等多个学科的理论和方法，主张一种多元的犯罪原因论。在界分犯罪人与非犯罪人问题上，格卢克夫妇也主张一种多元的区分论，强调多个层面的因素都可能对犯罪发生影响。例如，按照格卢克夫妇的论述，犯罪人在身体方面基本上是中胚层体型的，在气质方面是精力充沛且富于攻击性的，在态度方面则表现出不服从传统且容易冒险的，在心理方面倾向于进行直接的和具体的表达方式而不擅长象征性的和抽象性的表达方式，在社会文化方面则更有可能在缺乏理解、感情、稳定性或者道德素质的家庭中生活。因而，这样一种多元的犯罪原因论使得真正的犯罪人不仅需要具备生物学、心理学上的特征，而且还要有社会学上的特征。

（二）杰弗利的多学科型犯罪原因理论

美国当代犯罪学家克拉伦斯·雷·杰弗利（Clarence Ray Jeffery，1921—）是生物社会犯罪学（biosocial criminology）的最早倡导者之一，他1971年出版的《通过环境设计预防犯罪》一书中认为，犯罪是遗传与环境交互作用的产物，因此，他倡导应当通过生物社会犯罪学以多学科的理论来研究和解释犯罪行为。这种多学科型的犯罪原因理论主要有两项内容：其一，这种观点认为生物遗传对于犯罪的发生具有重大影响，因而犯罪学的研究应当侧重对遗传信息的搜集，并研究犯罪人的神经系统。其二，外在的环境对于犯罪的发生也具有重要影响，犯罪的产生归根结底是个人的生物遗传信息与外在环境综合作用的产物。在这两种致罪因素中，生物条件可能发挥着更为根本的作用，因为人之所以在后天的一定环境中习得犯罪行为又可以追溯至犯罪人的生物遗传特征。正因为如此，这种理论主张必须通过环境设计来预防犯罪，只要建设一种不利于进行犯罪学习和实施犯罪行为的环境，就可以有效地预防犯罪。其三，之所以有人成为犯罪人而有些人不是，根本原因就在于个人的生物遗传信息与外在环境交互作用的结果不同。因而，这种理论实际上是将生物学、社会学、心理学的理论加以整合而形成的科际整合理论。

二、不同犯罪学理论的相互整合

（一）埃利奥特的整合理论

美国学者德尔伯特埃利奥特（Delbert S. Elliott）等人将紧张理论、社会控制理论和社会学习理论加以整合，提出了一种新的解释青少年犯罪的整合理论。

埃利奥特的整合理论具有以下特点：其一，以社会控制理论为中枢建构整合理论，这是因为社会控制理论更具全面性、深刻性、可实证性，也能够充当起社会失范与青少年犯罪行为之间的媒介角色。其二，将紧张理论与控制理论加以整合。紧张理论认为，青少年犯罪的原因在于其缺乏合法手段来取得文化价值所认可的社会目标，而控制理论认为，青少年犯罪是个人与社会联系的强度被削弱的结果。整合的结果便是，当个人处于既较为紧张又处于较小控制的情况中时，青少年实施犯罪的可能性就会增大。其三，将紧张理论与社会控制理论结合后的理论与社会学习理论整合。社会学习理论认为青少年犯罪与其基础的环境氛围有着重大关联，其身处合法氛围便更有可能习得守法倾向，青少年接触抵触法律的人群越多其习得违法倾向的可能性就越大。然而，青少年接触的群体对于守法的态度完全可能是有差异的，因为家庭和学校会普遍赞同传统行为，而青少年的同伴更有可能赞同违法行为。根据社会学习理论，如果青少年接触同伴群体的时间较多，那么青少年更有可能习得违法倾向，因而在青少年时期，青少年在同伴群体习得的违法倾向是影响青少年犯罪行为的主要因素。基于此，埃利奥特等人认为，应当修改控制理论以重视与青少年具有密切联系群体的关系是非常必要的。因而，仅仅依靠紧张理论与控制理论的结合在青少年犯罪原因的解释上是不够的。其四，必须探寻这几种理论发生作用的机制。埃利奥特等人认为，社会解组、不适当的社会化、紧张都被认为可以导致青少年与主流社会的联系被削弱；与主流社会的联系被削弱又会导致青少年被置于习得违法倾向的群体中“相互学习”，这很有可能会导致犯罪行为；当然，紧张也能直接导致青少年与习得违法倾向的群体之间的紧密互动，当青少年与主流社会的联系被削弱的时候，青少年也可能直接实施犯罪行为。

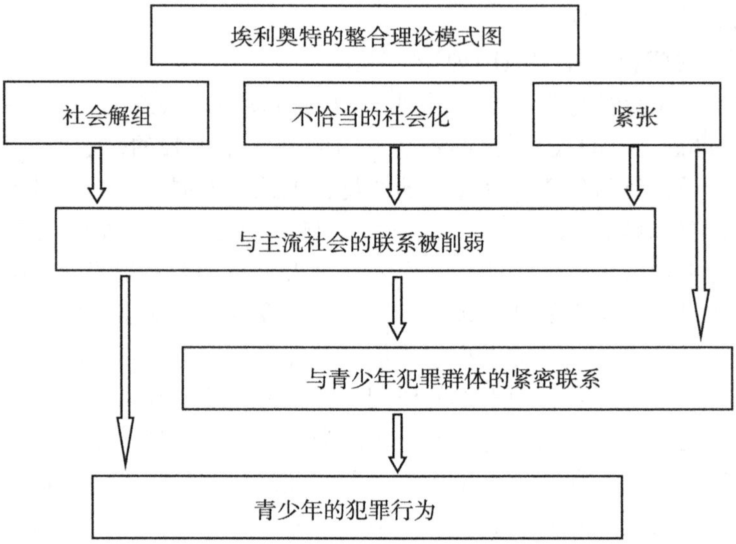

（二）布雷斯韦特的重整羞耻理论

重整羞耻理论（theory of reintegrating shaming）是澳大利亚著名社会学家、犯罪学家布雷斯韦特在其1979年出版的《犯罪、羞耻和重新整合》一书中提出的。该理论是在吸收了标签理论、亚文化理论、机会理论、社会控制理论、差异接触理论、社会学习理论等学说合理性的基础上形成的。该理论认为，把犯罪看成是一种羞耻的事情，认为犯罪羞耻的这种观念，有助于减少犯罪的发生，因此，为了预防和控制犯罪，应当在社会中复兴或重整认为犯罪羞耻的观念。①进一步而言，由于按照标签理论，烙印羞耻会提高犯罪率，因而只有按照一定标准被重新整合的羞耻才是犯罪的真正克星。

布雷斯韦特的重整羞耻理论具有以下内容：其一，有必要借鉴标签理论、社会控制理论、社会学习理论、犯罪亚文化理论等诸多传统理论的合理内核。简而言之，应当以社会控制理论来解释初次越轨行为的产生，以标签理论来解释继发越轨行为的继起。其二，与标签理论的实证效果相关，应当区分烙印羞耻与重整羞耻。烙印羞耻是使受到羞辱的犯罪人产生强烈的羞耻感或越轨感的现象。重整羞耻是指羞恶者（这里指羞耻犯罪人的执法者和社会公众）向遭受羞恶的犯罪人保证，如果他们认错改正，社会就会再次接纳他们的过程。所以，仅仅依靠烙印羞耻不仅不会预防犯罪反而会推高犯罪率，只有通过这种重新整合的羞耻才能让犯罪人更加积极地认识到自己的错误从而有效降低犯罪率。既然重整羞耻被寄予厚望，那么重整羞辱的方式就值得特别关注。这里有两点需要注意：第一，重整羞耻在功能上应当突出对犯罪人的教化功能，而非一味地对犯罪人进行粗暴的、赤裸裸的羞辱；其二，重整羞辱

① 吴宗宪．西方犯罪学［M］．北京：法律出版社，2006：480.

的方式应当是文明的、人道的、有节制的，这样可以使犯罪人收到更加人性化的道德启蒙，从而有利于犯罪人的社会化并防止其重新犯罪。其三，除了“羞耻”概念之外，重整羞耻理论的理论体系中还包括“互赖”与“共信”这两个概念。所谓的互赖，是指个体在所处的生存网络中，其依赖别人以达成有价值的目标，以及他人因相同的目的而依赖该个体的程度。所谓的共信，是指社会成员间具有较好的互助与互信特性的一种社会状态，个体之间亦会因此而达到十分的相互信赖。可以说，共信是从宏观的视野，而互赖则是以微观的视角，来观察和预防犯罪的。进一步而言，“互赖”与“共信”这两个概念所发挥的功能有助于重整羞辱效果的发挥。因为，在一个更加“互赖”与“共信”的社会中，犯罪人才更有可能真正认可重整羞辱这种犯罪的反应方式。

第二编　犯罪现象论

第一章　犯罪现象概述

与传统犯罪学将精力集中于犯罪原因的研究有所不同，现代犯罪学既关注对犯罪产生原因及其解决对策的分析，又注重从犯罪现象本身出发，将犯罪现象的存在形态和发展规律作为犯罪学研究的起点，对人类社会中出现的全部犯罪活动进行全面、系统的深入研究。犯罪现象是犯罪活动的集中体现。客观地描述犯罪现象的特征和表现形式，科学地制定犯罪现象的测量方法，全面地分析犯罪各阶段的具体状态，合理地预测未来一段时间的犯罪发展趋势，是系统地解释犯罪原因并据以提出解决对策的前提和基础。

第一节　犯罪现象的概念与特征

一、犯罪现象的概念

犯罪的概念是对用以回答哪些行为是犯罪(犯罪的形式标准)、为什么这些行为是犯罪(犯罪的本质意义)和应当将哪些行为认定为犯罪(犯罪的应然期待)等问题的概括和归纳,①其注重对犯罪行为本质属性的抽象。与之不同的是，犯罪现象是犯罪行为外在表现的联系和表征。② 因此，对犯罪现象概念的概括不必再拘泥于对犯罪行为内在属性的回答，而应当反映出犯罪行为的外部特征及特定犯罪行为之间的关联属性。据此，本书将犯罪现象界定为：某个国家或地区在一定时期内存在的全部犯罪活动的整体。

二、犯罪现象的特征

犯罪现象是一种以犯罪活动的形式表现出来的社会现象，其既具有犯罪行为和社会现象的共有特征，也存在区别于犯罪行为和其他社会现象的独特属性。犯罪现象的特征主要表现为：

(一)犯罪现象的必然性

就社会整体发展历程而言，犯罪现象的存在是必然的、普遍的，既不会因为人类的憎恶和治理就不复存在，也不会伴随着时代的发展而彻底消失。犯罪现象是社会发展历程中客观存在的一种社会现象，是人类社会发展的必然产物。之所以能得出这样的结论，是由人类行为之间存在的差异性和不同的行为本身与社会规则所具有的冲突性所决定的。

具体而言，在人类社会中，即便是就同出一卵的双胞胎，其所实施的行为之间也必有差异。不同个体之间的行为差异是客观且必然存在的。每个个体均以其区别于其他个体的行为而独立存在，并通过实施这些行为来维系自身的生存，满足发展的需要。这些不同的行为集

---

① 康树华、张小虎．犯罪学(第三版)[M]．北京：北京大学出版社，2011：59.

② 李晓明．犯罪本质论[J]．福建公安高等专科学校学报——社会公共安全研究，2000(2).

合起来构成了整个社会的全部行为。当然，在由不同的个体组成的人类社会中，单个行为人所实施的行为并非是毫无限制的。为了平衡不同的行为个体之间的利益需求，保障社会的平稳运行，促进社会的持续、健康发展，在社会中占统治地位的成员必然需要制定统一的社会规则，并要求全部成员均遵守这一规则。当然，这一规则既可能是与社会成员所追求的个人利益相符，也可能是完全背离的。在后一种情况下，如果某一社会成员不顾统一的社会规则的约束，而一意追求其所欲实现的个人利益，就可能会导致社会公权力对其行为作出最严厉的否定性评价。由此，犯罪行为就应运而生了。这些犯罪行为集中在一起，就形成了犯罪现象。

根据上述论述可知，只要社会成员的利益需求与社会规则的价值导向并不一致，犯罪现象的产生就是在所难免的。正如社会中不可能存在两个完全相同的个体一样，要求不同的社会成员具备相同的价值取向和利益需求也是不现实的。正是因为如此，社会成员的差异性行为与社会规则的统一性要求之间才会存在永恒的矛盾。这种矛盾贯穿于人类社会发展的始终，同时，也使得犯罪现象永久地存在于人类社会之中，并成为人类社会发展的常态。

（二）犯罪现象的客观性

与犯罪现象具有必然性的属性相关，犯罪现象同时具有客观性的特征。所谓犯罪现象的客观性，是指在特定的历史阶段，无论人类承认与否、认识如何，犯罪现象均是客观存在的。尽管人类所采取的惩治和预防措施可能会对犯罪现象产生影响，但犯罪现象却具有自身存在、变化和发展的基本规律，这些规律并不以人类的主观意志为转移。这就意味着，人类并不能彻底地铲除犯罪现象，而只能试图减少犯罪行为的发生，或尝试引导犯罪现象的发展。当然，也正是由于犯罪现象具有客观性，人类才能通过感官具体地感知犯罪现象，并进而通过理性思维把握犯罪现象的存在和发展规律。

（三）犯罪现象的多样性、复杂性和运动性

在人类社会中，犯罪行为是多样的、复杂的，且随着历史的发展而随之发展、变化。由犯罪行为组合而成的犯罪现象同样承袭了犯罪行为多样、复杂和运动的特征。

具体而言，犯罪现象的多样性集中体现在犯罪现象的客观表现上。依据不同的标准可以对客观表现不同的犯罪现象进行归纳和整理，并进而将之划分为多种不同的类型。目前，我国犯罪学研究中颇为关注的犯罪现象主要有未成年人犯罪、有组织犯罪、暴力犯罪、网络犯罪等。

犯罪现象的复杂性主要表现为犯罪现象的构成要素复杂和犯罪现象的因果关系复杂。所谓犯罪现象构成要素的复杂性，是指构成某一特定犯罪现象的全部犯罪活动虽具有共同的属性，但其各自的构成要件却是丰富多样的。这些各不相同的单一犯罪行为按照某一特定的规律集中在一起，构成了外在形式多样、内部结构复杂的犯罪现象。而所谓犯罪现象因果关系的复杂性，则是指在特定的时空环境中，犯罪现象是由诸多因素结合在一起所共同导致的，同时，犯罪现象也会反作用于这些因素，对其发展、变化产生影响。比如，随着互联网行业的发展，传统的盗窃行为被披上了高科技的外衣，通过利用网络来盗窃他人公私财产的行为随之产生并日益增多。网络盗窃犯罪的出现和发展在给社会带来消极影响的同时，也促使各大网络公司加紧研发更加安全、可靠的网络防护装置和网络产品，以防止网络犯罪行为对其造成损害。

犯罪现象的运动性是指犯罪现象始终是运动、变化、发展的。与犯罪本质是相对稳定且不易改变的有所不同，犯罪现象受制于政治体制、经济发展、刑事政策、立法规定等多方面因素的影响。当这些因素发生变化时，犯罪现象也会随之发生改变。

（四）犯罪现象的相对性

一般而言，将一种行为认定为犯罪，涉及两方面的考察：一是对行为本身性质的确定，二是从立法规定的角度判断现行立法是否对该行为作出了否定性的评价。与明显违背伦理道德的自然犯相比，对于一些法定犯罪而言，比如走私犯罪、侵犯著作权犯罪，即使其危害性难以被一般的社会公众所认识，甚至其可能给部分社会群体带来某些方面的益处，但出于社会利益的综合考量，刑事立法亦将之规定为犯罪。当然，还有一些行为，在一定的时间和地区被认定为犯罪，但在另外一些时空范围之内，其可能就不再是犯罪。比如，在古代中国，将“三纲五常”作为核心内容的法律就曾将辱骂或状告父母、供养有缺等行为规定为不孝之罪。即便是父母为了子孙而气忿自尽，子孙也逃不了逼死父母的刑事责任。清律的规定详细且具体。凡子孙不孝致祖父母父母自尽之案，如审有触忤干犯情节，以致忿激轻生窘迫自尽者，即拟斩决。若并无触犯情节，但行为违反教令，以致抱忿轻生自尽者，但拟绞候。① 但根据我国现在的刑事立法规定，这些行为就均不再作为犯罪进行处理了。又比如，当前，在我国，将幼儿的裸照发布到网上属于家长的自由，但在一些西方国家，由于这一行为被法律规定为儿童色情罪，行为人所实施的发布自己子女裸照的行为就会被认定为构成犯罪。② 由此，可以说，犯罪是以法律规定为其基本特征和认定标准的，法律性是犯罪的基本属性。

由犯罪所具有的法律性的特征所决定，犯罪现象具有相对性的特征。犯罪现象所具有的相对性的特征具体体现在：第一，犯罪现象认定的相对性。在某一特定的时空环境之中，某一类社会现象是否能够被评价为犯罪现象取决于刑事立法的规定，而刑事立法的规定又受制于统治阶级的价值观和其他社会因素的影响，而并非是一成不变的。因此，犯罪现象的认定是具有相对性的，将此时此地的犯罪现象放诸于另外一个时空环境，可能就不能再被评价为犯罪现象。第二，人类对于犯罪现象的认识具有相对性。应当承认，随着科学技术的发展和人类认识能力的提高，犯罪现象将越来越清晰地被人类所认识。但总体而言，受犯罪行为实施的隐蔽性和犯罪现象所具有的多样性、复杂性和运动性等特征的影响，人类始终无法全面、完整地认识犯罪现象。对犯罪现象认识的局限性决定了人类无法彻底根除犯罪现象。第三，犯罪现象的价值具有相对性。犯罪现象虽然以明显违反社会规则、严重破坏社会秩序的消极形象出现，但同时，其也具有促进社会发展的积极价值。一方面，犯罪现象在一定程度上反映了社会组织形式和运作方式存在的弊端。透过犯罪现象，人们可以有针对性地解决这些问题，以促进社会的平稳运行；另一方面，犯罪现象是社会变革和技术进步的刺激性因素。犯罪现象并非全部是负面的、消极的。在社会变革时期，当犯罪现象“所叛离的社会秩序或社会价值有违历史的正常发展时，则这种所谓的叛离便有了革命的性质，代表了一种新生的社会进步力量”③，此时的犯罪现象就成为了一种具有创造性的、建设性的社会变革因素。当然，在促进社会变革的同时，犯罪现象也可以成为刺激社会科学技术发展的因素。人们在认识犯罪现象的过程中，也在无时无刻地不与犯罪作斗争。犯罪现象的存在、发展和变化促使人们采用更加科学的技术手段，研发更加先进的仪器设备去发现犯罪现象，减少犯罪现象的发生。电子监控技术就是其中之一。犯罪手段的日趋翻新和更加隐蔽促使电子监控技

① 瞿同祖．中国法律与中国社会[M]．北京：商务印书馆，2010：11、38~39.

② 皮艺军．越轨[M]．北京：北京大学出版社，2013：152.

③ 张远煌．犯罪学原理(第二版)[M]．北京：法律出版社，2008：145.

术被应用到犯罪侦查和犯罪预防的过程中来。而为了使得犯罪行为的发生更快被发现，犯罪过程更真实、全面地被反映出来，电子监控技术又在人类与犯罪现象作斗争的过程中不断地被提高科技含量和技术水平。目前，电子监控已经越来越广泛地被应用于街头、学校、单位、住宅区等供人类居住、生活和工作的各个角落，其所包含的科技含量也在逐步提高。

(五)犯罪现象的整体性

犯罪现象由诸多的个体犯罪构成的，但却不是这些犯罪行为的简单相加，而是在一定的结构和层次上，将这些相互联系、相互影响的因素组合在一起而形成的有机统一体。与组成犯罪现象的诸个个体犯罪相比，犯罪现象表现出其所特有的整体性的特征和功能。这些特征和功能主要体现在：一方面，犯罪现象具有量上的整体性。犯罪现象虽由个体犯罪构成，但个体犯罪均已被涵盖在犯罪现象之中。在客观的行为表现上，犯罪现象是以单一整体的形式表现出来的；另一方面，犯罪现象具有质上的整体性。犯罪现象集中了个体犯罪的全部属性，并对之加以整合。从功能上来看，犯罪现象已经不单单是侵犯一国刑法所保护的某些特定的法益的集合体，而是形成了一个法益侵犯的系统。这一系统具有更强的包容力，且表现出更加抽象、概括的特征。

整体性是犯罪现象得以与个体犯罪相区别的本质属性，是犯罪现象成为犯罪学中一个独立研究领域的基本依据。

第二节 犯罪现象的表现形式

犯罪现象是一定时期特定区域内的某一特定类型的全部犯罪活动的客观和综合反映。通常而言，犯罪现象主要通过以下几种形式表现出来：

一、犯罪状态

犯罪状态，也被称为犯罪状况，是指一定时空内犯罪的发生数量、比率、类别等反映全部犯罪发生情况的总和。犯罪状态是犯罪现象研究中最为基本的经验事实，也是国家、社会和民众最先感受到的犯罪现象。① 一般而言，对一国的犯罪状态多以犯罪总量和犯罪率这两种数据形式的方式来加以描述。即对于一定时期或一定区域内已知的犯罪绝对数用犯罪总量来表示，而对于一定时期内或一定区域内单位人口发生犯罪的比例，则需要用犯罪率来表现。与犯罪总量相比，犯罪率更能准确地描述出犯罪现象的基本样态。因为犯罪总量极易受人口数量变化的影响，而犯罪率则抛开了因人口基数的绝对增加或减少而带来的不稳定因素，使得对犯罪状况的描述更符合客观事实。除了犯罪总量和犯罪率，国外一些研究者或专门机构还利用犯罪时间表即犯罪钟来表示在单位时间内犯罪发生的时间频率。这种数据形式通常用以描述主要犯罪类型发生的时间间隔比例，并以此来说明犯罪发展的具体样态。②

二、犯罪结构

犯罪结构是指构成犯罪现象的各要素之间的组合形式和比例关系。通过对犯罪结构进行分析和评估，可以确定危害程度不同的犯罪、不同年龄、职业的行为人在全部犯罪中的比例

---

① 张旭，单勇．犯罪学基本理论研究[M]．北京：高等教育出版社，2010：128.

② 杨燮蛟．现代犯罪学[M]．杭州：浙江大学出版社，2010：90~91.

差异，可以反映不同地区、不同时间犯罪的不同分布，可以突出不同犯罪手段、犯罪形式对犯罪现象的影响程度……采取犯罪结构这种分析方法不仅能够更加准确地掌握已经存在的犯罪现象的存在样态和基本特征，还有助于把握犯罪现象的发生规律和发展趋势。因此，犯罪结构是制定犯罪惩治对策和预防措施的基本依据。

犯罪结构的表现形式多种多样。依据不同的标准，可以将犯罪结构的表现形式划分为不同的类型。通常而言，以下几种犯罪结构是较为常见的：第一种是反映犯罪轻重和犯罪性质的犯罪结构。此种犯罪结构以重罪和轻罪、不同类型的犯罪之间的组合和比例的形式表现出来；第二种是反映行为人身份的犯罪结构。在此种犯罪结构中，行为人的年龄、性别、职业等个人因素成为衡量犯罪结构的主要标准；第三种是反映时空分布的犯罪结构。犯罪现象既可以反映过去的犯罪情况，也可以反映当下的犯罪情况，既可以是冬季的犯罪反映，也可以是夏季的犯罪反映，既可以是发生在城市的犯罪现象，也可以是发生在农村的犯罪现象。各种时空因素相互对应，共同构成了不同形态的犯罪结构；第四种是反映犯罪手段和犯罪形式的犯罪结构。如由暴力犯罪与非暴力犯罪组成的犯罪结构，由传统犯罪和新型网络犯罪构成的犯罪结构，由单独犯罪和有组织犯罪组成的犯罪结构，由一国犯罪和跨国犯罪组成的犯罪结构等。

三、犯罪动态

犯罪动态是指犯罪现象的状态和结构在未来某一时期内的变化趋势。犯罪动态主要受社会因素和法律因素的影响。

社会因素影响犯罪动态。社会组织和运作方式、经济政策和发展形势、居民人口结构和生活条件等均属于社会因素的内容。犯罪现象是社会现实的真实反映，是社会发展的产物。由此，社会因素的变化就必然会引起犯罪现象状态和结构发生变化。

法律因素影响犯罪动态。犯罪现象的认定依赖于刑事立法的评价和刑事司法的确认。刑事立法的变化，会直接导致对犯罪行为的认定范围、犯罪评价和犯罪分类发生变化。司法机关的执法情况、对犯罪打击力度的不同，也会对犯罪状态和犯罪结构产生直接影响。此外，从犯罪统计的角度来看，犯罪状态和犯罪结构的确定需要由侦查机关和司法机关提供相应的数据加以支持。侦查机关和司法机关是否及时、全面、准确地登记犯罪情况也是影响犯罪动态发生变化的一个重要因素。

犯罪动态反映了犯罪现象的发展、变化。通过对犯罪动态进行研究，有助于及时了解和掌握犯罪现象的变化形式和发展方向，能够为制定犯罪预防对策、拟定犯罪预防措施、构建犯罪预防体系提供依据。在当代犯罪学中，有关犯罪动态问题的研究已经发展成为一个专门的理论分支，即犯罪预测研究。尽管这一研究仍处于初步的探索阶段，但随着研究的不断深入，其必将为人类更加清晰地了解犯罪现象、掌握同犯罪现象作斗争的方法、提高打击和预防犯罪的能力作出重要的贡献。

四、犯罪危害

犯罪危害是指犯罪现象所造成的损失和负面影响。犯罪危害是犯罪现象区别于其他社会现象的最根本的特征。

在犯罪现象所造成的诸多损失和负面影响中，有一类损失和影响是直接的，即可以为人类所直接感知，并能够通过犯罪统计或犯罪测量的方法反映出来的，如经济损失、人身伤亡等。这是犯罪学研究中所主要采纳的依据。另一类损失和影响并不能为人类所直接感知并加以准确测量，但其所造成的后果却可能是更加严重的或更为广泛、持续时间更长的。如司法腐败类犯罪会损害法律尊严、破坏社会公众对国家公权力的信任。此种危害后果是难以直接进行统计和计算的。但在某些情况下，如果犯罪现象所造成的间接影响可以还原为经济损失，则可以将之作为犯罪统计的一个因素加以考量。

刑法学和犯罪学虽然均对犯罪危害进行研究，但其侧重点和研究目的却各不相同。刑法学研究犯罪危害的目的在于认识犯罪的本质特征，并在此基础上界定刑事犯罪的范围和与犯罪行为相适应的刑罚种类、处罚幅度；而犯罪学研究则试图通过对犯罪危害的研究来探究犯罪现象的规模及其危害程度，并以此来更加清晰地认识犯罪现象。①

犯罪危害与犯罪状态、犯罪结构和犯罪动态相联系。通过对犯罪危害的测量和统计，我们可以更加清晰、准确地了解犯罪状态，分析犯罪结构，预测犯罪动态。犯罪危害、犯罪状态、犯罪结构和犯罪动态均是犯罪现象的表现形式，共同构成了认识犯罪现象并对不同的犯罪现象进行区分和鉴别的依据。

第三节 犯罪现象的测量

以系统的方法测量犯罪的思想，如计算发生的罪行数量，或判断犯罪最经常在什么地方、什么时间发生等，在19世纪早期首先在法国得以形成。在那里，这一思想被所谓的“道德统计学家们”如凯特勒与格雷(Quetelet and Guerry)等人所发展，并作为社会学领域中用来发现规律和规则的一种方法被加以使用。② 在现代犯罪学研究中，犯罪现象的测量已经成为一种不可或缺的重要研究方法。其通过借助于专门的方法和手段对犯罪现象进行调查、统计及量化分析，并试图用数字的形式来反映犯罪现象存在的实际状况及其发展变化形态。作为描述犯罪现象的一个重要环节，犯罪现象的测量与犯罪现象的定性描述相结合，共同构成了科学、完整的犯罪现象的描述体系。③

一、犯罪测量的价值

犯罪学是一门将理论研究和实证探索相结合的综合性学科。作为实证探索的重要组成部分，犯罪现象的测量在犯罪学的研究中占据极其重要的地位，其是犯罪学理论研究得以维系的依据，更是检验犯罪学理论科学性和实用性价值的标尺。

具体而言，在犯罪学研究中，犯罪测量的价值主要表现在以下三个方面：

其一，犯罪现象得以被真实反映的依据。犯罪测量是对犯罪现象的规模、危害程度等情况的反映、统计和分析。作为一种典型的描述性研究，犯罪测量能够直观地反映特定时期、特定区域内发生的犯罪总量、犯罪率、行为人情况、被害人情况等有关犯罪现象的基本情况。通过科学、准确地进行犯罪测量，能够较为清晰地反映犯罪现象的真实情况，为认识和分析犯罪现象打下良好的基础。

---

① 张旭，单勇．犯罪学基本理论研究[M]．北京：高等教育出版社，2010：182.

② [英]麦克·马圭尔(Mike Maguire)，罗德·摩根(Rod Morgan)、罗伯特·赖纳(Robert Reiner)．牛津犯罪学指南(第四版)[M]．北京：中国人民公安大学出版社，2012：186.

③ 刘广三．犯罪现象论[M]．北京：北京大学出版社，1996：89.

其二，提出和评价犯罪原因的重要基础。犯罪原因的提出需要借助于对犯罪现象的认知和分析，而犯罪测量正是进行认知和分析犯罪现象的数据依据。由此，犯罪测量自然成为了犯罪原因得以被提出的基础。此外，在评价某一原因是否确属引发犯罪现象的直接原因及其对犯罪现象的影响程度时，也需要依据相关犯罪测量的数据资料对之加以分析和评断，以得出更加令人信服的结论。

其三，评判犯罪惩治政策和犯罪预防措施的手段。通过进行犯罪测量得出的数据，可以较为客观地反映一定时期的犯罪状态。借助于此类数据，就可以对一定时期特定区域内的犯罪惩治措施和犯罪预防措施是否有效及其发挥作用的大小作出评断。例如，可以通过一定时期内故意杀人犯罪的发生情况，来反映死刑对抑制恶性暴力犯罪的作用；对已经将刑法禁止令执行完毕的行为人的再犯罪情况进行分析，就可以说明刑法禁止令制度对于预防犯罪所能发挥作用的大小。以犯罪测量作为评价犯罪惩治政策和犯罪预防措施的重要手段，能够使立法机关、司法机关和执法机关更有针对性地对当前的犯罪政策、犯罪惩治措施和犯罪预防手段进行反思，并据此作出相应的改变，这为司法资源和社会资源的合理配置奠定了良好的现实基础。

二、犯罪测量的手段

犯罪测量的手段主要是犯罪调查和犯罪统计。所谓犯罪调查，是指国家司法机关、统计部门、有关学者等针对犯罪案件、犯罪人、被害人等情况进行的调查；而所谓犯罪统计，则是指国家司法机关、统计部门、有关学者等就其所收集到的反映犯罪现象的资料进行统计、归纳和整理的研究。犯罪调查和犯罪统计是对犯罪现象进行测量的过程中所必不可少的两个阶段。其中，犯罪调查是获取犯罪资料、进行犯罪统计的前提和基础，而犯罪统计则是对犯罪调查所获取到的资料进行的归纳、分析和整理，二者共同构成了犯罪测量的基本过程。

由于犯罪现象具有多样性、复杂性和运动性的特征，要对其进行准确的测量是一件非常困难的事情。此外，各国发展状况、科技水平等基本国情的不同，也决定了世界范围内各国所采取的犯罪测量手段是并不一致的。目前，世界范围内较具有代表性的犯罪测量手段当属美国所采用的《统一犯罪报告》、全国犯罪被害调查和自我报告调查。以下本书就以美国为例，对犯罪测量手段加以举例说明。

(一)《统一犯罪报告》

在美国，使用范围最广泛的犯罪数据来自于联邦调查局(Federal Bureau of Investigation, FBI)的《统一犯罪报告》(*Uniform Crime Reports, UCR*)。《统一犯罪报告》由美国联邦调查局局长约(翰)·埃德加·胡佛(J. Edgar Hoover)所建立，其最初的目的是为了扩张该机构在联邦执法和收集全美犯罪统计数据中的作用。胡佛的此举得到了国际警察长官协会(International Association of Chiefs of Police, IACP)的支持。1929 年，国际警察长官协会委员会出版了一份详细的指南，即《统一犯罪报告：全面的警方手册》(*Uniform Crime Reporting: A Complete Manual for Police*)。该手册主张建立一个适用于全美国的标准化犯罪分类系统。同时，国际警察长官协会委员会制订了一份进度表或表格，要求所有的警察部门自愿完成该份表格，并提交给联邦政府以保证统计信息的汇编和出版。1930 年，美国国会采纳了国际警察长官协会委员会的建议。由此，联邦调查局开始公布《统一犯罪报告》。最初，《统一犯罪报告》为每月一期。从 1932 年起改为季刊，第二次世界大战期间每半年公布一次，从 1959 年开始固定为每年公布一次。

目前，《统一犯罪报告》几乎囊括了美国所有地区警察部门所知并定期报告的所有犯罪数据。以国际警察长官协会委员会制定的分类方案为基础，即按照“必然向警方报案的犯罪与报案可能性较小的犯罪”为分类标准，《统一犯罪报告》主要包括两种犯罪类型。一种是“同类重大犯罪”(index crimes)，或称第一类犯罪(Part I offenses)；另一种是“非同类重大犯罪”(non-index crimes)，或称第二类犯罪(Part II offenses)。在最初的表述中，第一类犯罪包括四种“侵犯人身的犯罪”，或者暴力犯罪，如杀人(homicide)、暴力强奸(forcible rape)、抢劫(robbery)、加重殴击(aggravated assault)以及三种“针对财产的犯罪”如入室盗窃(burglary)、盗窃(larceny-theft)、盗窃汽车(motor vehicle theft)等。第二类犯罪则包括21种附加的(大部分是非暴力犯罪)不太严重的犯罪，如诈骗和盗用、故意破坏、卖淫、赌博、骚乱等。1979年，第一类犯罪中财产犯罪一览表又增加了纵火罪。

尽管从20世纪30年代正式公布以来，在近30余年的时间中，《统一犯罪报告》和另外一些官方统计，如从警察局搜集到的被逮捕者数据等就几乎成为仅有的有关美国犯罪的资料来源，但是，在20世纪60年代和70年代，一些犯罪学研究者就开始质疑这些资料的准确性。现在，《统一犯罪报告》虽仍然经常被用作有关犯罪数量和犯罪分布统计的证据，但是，其所存在的固有缺陷却已得到广泛的认可。现实生活中，一些严重犯罪未被发现，一些犯罪虽被发现却尚未被告知警方，一些已经告知警方的犯罪未被警方记录在案，还有许多犯罪虽被记录在案却未逮捕犯罪人，这些均是《统一犯罪报告》所无法涵盖的内容。因此，《统一犯罪报告》只是反映了实际发生的严重犯罪的冰山一角。此外，还有学者指出，《统一犯罪报告》不仅存在漏报犯罪数量的弊端，还存在转移对白领犯罪的注意力和包含有对被捕者特征的误导性数据等问题。

(二)全国犯罪被害调查

20世纪60年代末，美国总统执法与司法委员会建议进行全国性的犯罪被害调查，以此作为对《统一犯罪报告》的补充。委员会希望通过该项努力，给警方提供未报案或警方未知的犯罪被害信息。在进行了一些试点性的调查之后，1972年，司法部统计局开始主持“全国犯罪调查”，即现在的“全国犯罪被害调查”(National Crime Victimization Survey，NCVS)，对犯罪被害人进行年度估算。

全国犯罪被害调查以3年为一个周期，每隔6个月，它就从随机抽取的家庭中进行个人采访。2006年，大约有135000名从76000户中抽取的大于或等于12岁的人接受了采访，其中86%为符合条件的居民。应答者被问到他们或他们的家人在过去半年的时间里是否为下列犯罪所侵害：重伤害和一般伤害、强奸和性骚扰、抢劫、入室行窃、各种盗窃罪(包括偷取钱包和普通的盗窃罪)以及机动车盗窃。如果他们的回答是肯定的，那么，应答者还需要回答一些附加问题，包括受害者的年龄、种族、性别以及是否就受害者的情况向警方报告等。对于每一种受害者能看到犯罪者的案件，如抢劫、伤害、强奸等，采访者还会让受访者指出犯罪者的种族和性别。

相对于《统一犯罪报告》，全国犯罪被害调查至少有两大优势。一方面，它计算出了更加精确的犯罪数目。因为它包含了一个随机抽取的美国人口样本，基于此人口数作出了对犯罪受害情况的可靠估算；另一方面，全国犯罪被害调查关于被害人特征和被害情境的信息促进了被害理论的发展。但是，全国犯罪被害调查也存在自身难以克服的缺陷。一些分析者指出，全国犯罪被害调查存在的一个主要问题是，其低估了受害情况的数目。一些遗忘案情的受害者可能会出现漏报的情况。在某些特殊情形中，如受害者怕遭到报复、希望事件不公开，甚至情愿相信这只是一段不幸的经历而非犯罪等，即便受害者记得受害情况，其也不愿意向访问者报告他们的受害情况。此外，由于全国犯罪被害调查是在家里对受害者进行采访的，因此，这就排除了无家可归、离家出走的青少年等人。而这些人遭受犯罪侵害的概率要远远高于普通人。另外，在漏报一些犯罪的同时，全国犯罪被害调查也可能会高估一些犯罪。因为一些应答者会错误地把不算犯罪的事件理解为犯罪。他们也可能会报告 6 个月之前发生的犯罪，而非限于调查规定的 6 个月的时限。在一些伤害犯罪和盗窃犯罪中，受害者报告的人身损失和财产损失也并没有他们说的那么严重。此外，与《统一犯罪报告》存在的问题相同，全国犯罪调查也不包括白领犯罪的数据，这就再一次转移了人们对于白领犯罪及其严重程度的注意力。

(三)自我报告调查

在美国，另一个定量的犯罪数据来源被称为“自我报告调查”(self-report surveys)。这种调查要求受访者提供其在给定时间段中(通常是过去一年里)的犯罪情况。一些自我报告调查采取访谈的形式，而另一些则使用问卷的方式让应答者自己作答。此种研究既可以用来论证犯罪流行率(prevalence)，即回答者中有多大比例承认了其在研究指定的时间段中实施了至少一次特定的犯罪行为，也可以用来研究犯罪发生率(incidence)，即每个人的平均犯罪次数。

第一份公开的自我报告调查出现在 20 世纪 40 年代的德克萨斯州的沃思堡市。奥斯汀·波特菲尔德(Austin Porterfield)询问了 2000 名少年法庭中涉及各种犯罪的青少年以及不在少年法庭记录中的 337 名大学生。他发现这两组群体同样实施过不良行为，并且推测，由于大学生具有更高的社会地位，因而更容易使得警方和其他政府机构忽略他们的不法行为。

正如犯罪被害调查一样，自我报告调查增加了原来官方记录中没有的部分。但遗憾的是，该项调查通常以青少年作为研究对象，且多在高中进行，针对成年人进行的调查则十分少见。在已经出现的诸多自我报告调查中，最著名且水平最高的调查当属始于 1976 年的国家青年调查(National Youth Survey，NYS)。该项调查在科罗拉多大学行为研究所(Behavioral Research Institute at the University of Colorado)的德尔伯特·埃利奥特(Delbert Elliott)和同事们的主导下开展。经过 5 年的筹划，他们从全国抽出 1726 名 11 岁至 17 岁的少年作为样本。从 1977 年年初开始，研究者开始调查被调查者在过去一年内所犯的 47 种犯罪的次数。这些犯罪被划分为 6 类，包括掠夺型人身犯罪(predatory crime against persons)、掠夺型财产犯罪(predatory crime against property)、非法服务型犯罪(illegal service crime)、扰乱治安犯罪(public disorder crime)、身份犯罪(status crime)和严重吸毒行为(hard drug use)。1976 年到 1980 年间，研究者每年都就上述犯罪行为对受调查者进行再次访问。1981 年到 1995 年，访问每两到三年进行一次。

自我报告调查是犯罪统计的一种重要来源。其调查的覆盖面广，从严重犯罪到轻微犯罪都有。这些轻微犯罪通常是公民不会向警方报告的，在被害人调查中也未被涉及的。而且，通过测量犯罪人的个人特征和社会特征，自我报告调查也可以为发展和评估有关的犯罪理论提供更丰富的数据资料。但是，不容忽视的是，自我报告调查也存在一些固有的缺陷。正如其他调查一样，市民参与意愿的变化和被调查者合作态度的改变都会影响调查结果。此外，不仅被调查者对于犯罪种类以及犯罪种类中各类活动的看法会不断变化，被调查者精确回答这些问题的能力也各有不同。当然，被调查者也有可能会遗忘其所实施的犯罪行为或者遗忘实施犯罪行为的次数。分析者还指出，自我报告调查的研究对象通常是青少年，偶尔是监狱里的成年囚犯，而这些人都不属于白领犯罪者。因此，与《统一犯罪报告》和全国犯罪被害调查一样，自我报告调查也因为忽略了白领犯罪而受到批评。①

三、犯罪测量中的犯罪黑数

在任何一个国家的犯罪统计中，都难以做到绝对准确无误。官方记载的只是那些已经获悉的犯罪行为，对于那些因种种原因尚未被知晓，或虽已被知晓但未被官方记录，或因其他一些原因而未能如实反映出来的犯罪行为，则难以被计算到官方进行的犯罪统计中来。由此，就形成了犯罪黑数。

犯罪黑数是与犯罪明数(即官方已经获悉和登记的犯罪行为总数)相对应的一个概念。概括说来，其就是指没有被编入官方犯罪统计中的犯罪行为的总数。根据犯罪行为隐匿程度的不同，可以将犯罪黑数划分为绝对犯罪黑数、相对犯罪黑数和可疑犯罪黑数等三类。其中，绝对犯罪黑数，是指犯罪虽已实际发生，但未被察觉和识别，或者无法予以回忆的犯罪行为的总数；相对犯罪黑数，是指实际发生的犯罪虽已被发现，但尚未被警方所记录或尚未被纳入警方统计的犯罪行为的总数；可疑犯罪黑数，是指因证据不足而未能将案犯定罪的犯罪行为的总数。在司法实践中，由于绝对犯罪黑数和可疑犯罪黑数的数量相对较少，而且也难以进行调查核实，因此，真正对评价犯罪状况有重要影响的就只有相对犯罪黑数。②

犯罪黑数的存在具有多方面的原因。从警方的角度来看，登记疏漏、记载不实、侦查能力不足导致案件无法及时侦破等均可能造成犯罪黑数的出现；就犯罪人而言，犯罪人采用较为先进的犯罪手段、实施的犯罪行为比较隐蔽、制造虚假现场以扰乱警方的视线、在作案后销毁证据或逃窜等，均可能使得案件无法得以及时侦破，或因证据不足而无法将其绳之于法，这些因素也均可能造成犯罪黑数的进一步增多；就被害人而言，其既可能因担心名誉受损或害怕遭到打击报复而不敢报案，也可能出于对警方能力的怀疑或其他因素的担忧而隐瞒案情，有些被害人甚至可能会采用非法抑或犯罪手段来化解其与犯罪人的矛盾，这也造成了大量刑事隐案的出现。以一现实案例加以说明。在 2014 年初江苏省无锡市锡山区人民法院审理的一起使用微信“摇一摇”功能，以提供性服务为名实施的诈骗犯罪案件中，犯罪人在短短一个多月的时间内就成功诈骗了 17 人。但多数人在知道上当受骗之后，却因所做之事不光彩而选择忍气吞声，不去报案。即便在接受警方的调查时，也仅有 3 人承认其确实遭受过诈骗，其他被害人均对被害情况予以否认。③ 犯罪黑数的存在由此便可见一斑。

针对犯罪黑数存在的客观现实和一般规律，为更加准确地进行犯罪测量，目前所采取的手段主要有两种，即被害人调查和犯罪自我报告调查。鉴于上文对此已有所介绍，本书对这两种犯罪测量手段不再予以赘述。

---

① 以上内容参见[美]埃德温・萨瑟兰，[美]唐纳德・克雷西，[美]戴维・卢肯比尔．犯罪学原理(第 11 版)[M]．北京：中国人民公安大学出版社，2009：59~64；[美]罗纳德・J. 博格，小马文・D. 弗瑞，帕特里克亚・瑟尔斯．犯罪学导论——犯罪、司法与社会(第二版)[M]．北京：清华大学出版社，2009：49~67；[美]斯蒂芬・E. 巴坎．犯罪学：社会学的理解(第四版)[M]．上海：上海人民出版社，2011：64~77.

② 张远煌．犯罪学原理(第二版)[M]．北京：法律出版社，2008：223.

③ 马超，张建如，徐歆．微信犯罪受骗者为何多忍气吞声[N]．法制日报，2014-2-24.

第四节　当代中国的犯罪状况与犯罪特点

当代中国是一个拥有960万平方公里的国土面积、超过13亿人口和56个民族组成的社会主义国家。复杂的人文地理特征与社会变革的日益深入、经济和文化的快速发展等现实国情相互结合，共同决定了我国在拥有庞大的犯罪规模和潜在的犯罪人群的同时，又面临着更加严峻的犯罪形势的考验。如何有效地惩治犯罪、预防犯罪的发生，减少犯罪带来的危害，成为党和国家在新时期面临的重大任务。犯罪惩治对策的制定和犯罪预防措施的提出需要以现阶段犯罪现象的真实情况作为依据和基本出发点。为全面分析当代中国的犯罪状况和犯罪特点，本书以1978年改革开放政策的施行作为分界点，分别对改革开放之前和改革开放以后我国的犯罪现象进行考察，并在回顾新中国犯罪历史发展的基础之上，分析并归纳出现阶段我国犯罪现象的现状和特点。

一、新中国成立后至改革开放前我国犯罪现象的回顾

犯罪现象总与特定时期的政治制度、经济形势和法律环境相互关联。在新中国成立后至改革开放之前的这段时间里，以“文化大革命”的爆发为分界，存在社会主义初创时期和“文化大革命”时期这两个在政治、经济和法律环境等方面均截然不同的两个阶段，这两个时期的犯罪现象也有所不同。

(一)社会主义初创时期我国的犯罪现象

在新中国成立以后的很长一段时间里，我国官方的犯罪统计数据是非公开的。对这一时期我国犯罪现象的研究主要依赖于公安机关发布的立案统计数据、司法工作人员和学者等收集的数据资料等。尽管因犯罪黑数的存在，并受到公安机关早期所奉行的“不破不立”的立案规则，以及立法变化、统计方法的不同等其他一些因素的影响，这些统计数据在客观上存在并不能完全准确地还原全部犯罪现象的真实面貌等缺陷，但大体而言，这些数据是可以反映当时我国犯罪现象的大致情况的，借此也能够发现犯罪现象变化的特点和规律。①

下表反映的是我国社会主义初创时期(1950年至1965年)的刑事犯罪立案情况，这些数据是分析这一阶段我国犯罪现象的主要依据。

1950年至1965年我国刑事犯罪立案统计表②

年　　份	刑事立案数(单位：万件)	立案率(每十万人中的立案数)
1950	51. 3461	93
1951	33. 2741	59
1952	24. 3003	42
1953	29. 2308	65
1954	32. 58(39. 229)	53

① 宋浩波，靳高风主编．犯罪学[M]．上海：复旦大学出版社，2009：172~173.

② 本表的数据来源参见宋浩波，靳高风主编．犯罪学[M]．上海：复旦大学出版社，2009：173~174.

续表

年　　份	刑事立案数(单位：万件)	立案率(每十万人中的立案数)
1955	32. 5829	37
1956	18. 0075	29
1957	29. 8031	46
1958	21. 1068	32
1959	21. 0025	31(35)
1960	22. 2734	34
1961	42. 1934(43)	64(61)
1962	32. 4639	48(62)
1963	25. 1226	36
1964	21. 5352(25)	31(35)
1965	21. 6125(24)	30(33)

由上表可以看出，从总体上看，在这一时期，我国的犯罪率是相对较低的，年平均犯罪率在十万分之四十六左右。即便是在犯罪绝对数和犯罪率均最高的1950年，立案率也仅在十万分之九十三，这与现阶段我国的犯罪率相比是明显偏低的。可以说，这一阶段是我国在新中国成立以来的60余年中犯罪率最低的时期。究其原因，主要是由这一阶段特殊的历史背景和社会环境所决定的。一方面，在这一时期，中国人民持续经历了八年的抗日战争和五年的解放战争，新中国成立伊始，各项事业百废待兴，保卫和巩固新生的人民政权、开展社会主义建设成为全国工作的重心，人民拥护党的事业和新中国的建设，这就大大减少了犯罪出现的可能性；另一方面，与这一时期发生的主要犯罪相关，1949年国民党政权在退守台湾时遗留下了大量的军警特务和反动分子，这些人在全国各地进行了大量的破坏活动。为清除这些敌对分子对新中国政权的破坏，同时，也为消灭贩毒、吸毒、卖淫、赌博等旧社会遗留下来的且与社会主义意识形态严重背离的违法犯罪活动，新中国对这些行为进行了严厉的打击，这就直接导致1950年成为这一阶段犯罪率最高的年份。

与这一阶段的历史背景相适应，从犯罪性质上看，这一时期的犯罪类型主要表现为政治色彩浓厚的反革命犯罪。据统计，1955年，在全国逮捕的各类犯罪人，仅反革命分子就占了42. 2%。此外，这一阶段的另一主要的犯罪类型为财产犯罪。该类犯罪具有明显的阶段性。在公私合营时期，偷工减料、偷税漏税、盗窃国家经济情报以及投机倒把等财产犯罪活动突出；而在因自然灾害、政治冒进等原因导致社会生产力下降的时期，财产犯罪则主要表现为与获取基本物质生活资料相关的以盗窃为主的犯罪数量大大增加。①

(二)“文化大革命”时期我国的犯罪现象

1966年至1976年，我国经历了长达十年的“无产阶级文化大革命”，这是我国社会主义建设事业遭受挫折、法制和人权遭到全面破坏和践踏的时期。这一阶段，法律虚无主义盛

① 张远煌．犯罪学原理(第二版)[M]. 北京：法律出版社，2008：233~234；张旭、单勇．犯罪学基本理论研究[M]. 北京：高等教育出版社，2010：144.

行，法制建设被暴风骤雨般的政治运动所取代。现阶段，我们应当警惕的是，在社会主义法治建设的过程中，要避免重蹈“文化大革命”时期“人治”至上的覆辙，同时也要警惕法律虚无主义的死灰复燃。

二、现阶段我国的犯罪状况

以 1978 年改革开放政策的施行为标志，我国进入了新的发展时期。与社会主义初创时期相比，这一阶段我国的犯罪总量和犯罪率呈现出明显的上升趋势。尤其是在进入 20 世纪 90 年代之后，犯罪数量和犯罪率急剧增长，并始终保持在较高的水平。下表即反映了改革开放以后我国犯罪状况持续恶化的发展态势。

1978 年至 2013 年我国刑事犯罪立案情况统计表①

年　份	刑事立案数(单位：万件)	立案率(每十万人中的立案数)
1978	53. 5698	55. 9
1979	63. 6222	60
1980	75. 7104	77. 5(77. 6)
1981	89. 0281	89. 4
1982	74. 8476	74. 6(73. 7)
1983	61. 0478	60. 1(59. 6)
1984	51. 4369	50. 2(49. 9)
1985	54. 2005	51. 2
1986	54. 7115	59
1987	57. 0439	52. 2
1988	82. 7594	74. 5
1989	197. 1901	175
1990	221. 6997	193. 9
1991	236. 5709	204. 3
1992	158. 2695	135. 1
1993	161. 6879	136. 4
1994	166. 0734	138. 6
1995	162. 1003	133. 8
1996	160. 0716	130. 8
1997	161. 3629	130. 5

① 本表的数据来源为：中国法律年鉴社出版．中国法律年鉴(历年)；宋浩波，靳高风主编．犯罪学[M]．上海：复旦大学出版社，2009：174~176；张远煌．犯罪学原理(第二版)[M]．北京：法律出版社，2008：235~236.

续表

年　份	刑事立案数(单位：万件)	立案率(每十万人中的立案数)
1998	198.6068	159.2
1999	224.9319	178.8
2000	363.7307	287
2001	445.7579	349.3
2002	433.6712	337.6
2003	439.3893	340
2004	471.8122	363
2005	464.8401	355.5
2006	465.3265	354
2007	474.6000	359.2
2008	488.4960	373.4
2009	557.9915	422.3
2010	596.9892	447.8
2011	600.5037	446.4
2012	655.1440	483.2

从上表列出的数据，可以清晰地看出，在1978年至1988年这十余年的时间里，我国的刑事立案数和立案率虽然较新中国成立初期的平均数据仍显偏高，但犯罪基本上处于一种相对平稳的低发状态，历年刑事立案的总量均未超过100万件，刑事立案率最高的年份1981年，每十万人中的立案数也仅为89.4件。但从1989年开始，我国每年的刑事立案数就已突破了百万大关，并在1991年出现了一个犯罪的小高峰。该年我国的刑事立案数突破了236万，刑事立案率也达到了每十万人有204.3件。从1992年开始，我国的犯罪统计数字出现了较大幅度的回落。这与当年公安机关提高了盗窃罪的立案标准有直接的关系。在其后的8年时间里，即从1992年至1999年，我国的刑事案件发案数和发案率呈现出波浪式增长的态势。从2000年正式进入21世纪开始，我国进入刑事案件发案数和发案率持续走高并快速增长的新时期。在2000年当年，我国的刑事发案数就已经突破了300万件，发案率达到每十万人287件，这一发案数和发案率与1999年的发案数和发案率相比，增长了将近50%，是1998年全年发案数量和发案率的近2倍。2001年，我国的刑事发案数已经突破400万件，发案率也蹿升至每十万人349.3件。2009年至2012年，这一记录又被两次打破。截至2012年，我国的刑事发案数已达到655万余件，刑事发案率为0.4832%。单从刑事发案率来看，这一数据比1978年改革开放之初增长了近8倍之多，与2000年刚刚进入21世纪的时候相比也增加了近1倍。

总的来说，现阶段，我国的犯罪总量和犯罪率都已处于一个高位态势，且未来还将呈现出继续攀升的趋势。

现阶段我国刑事立案数趋势图（1978—2012）

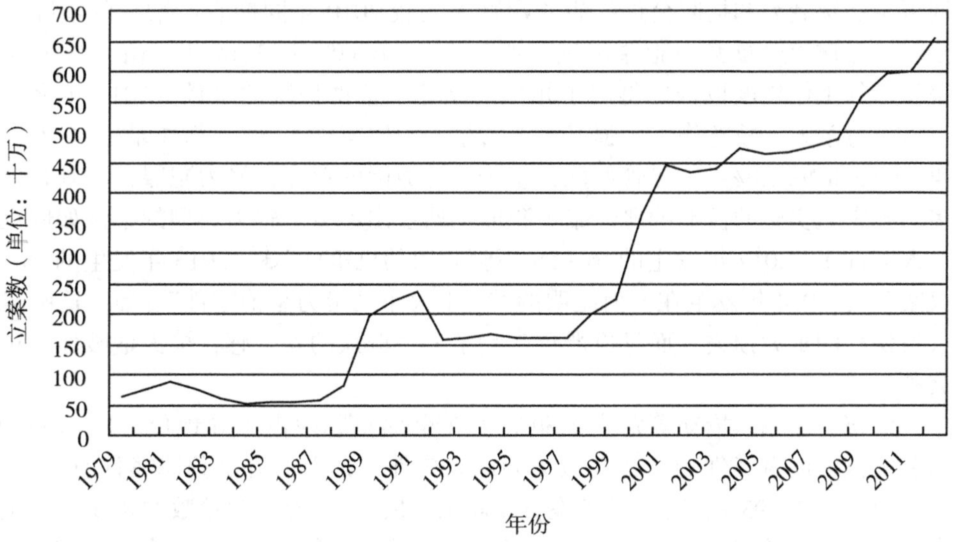

现阶段我国刑事立案率趋势图（1978—2012）

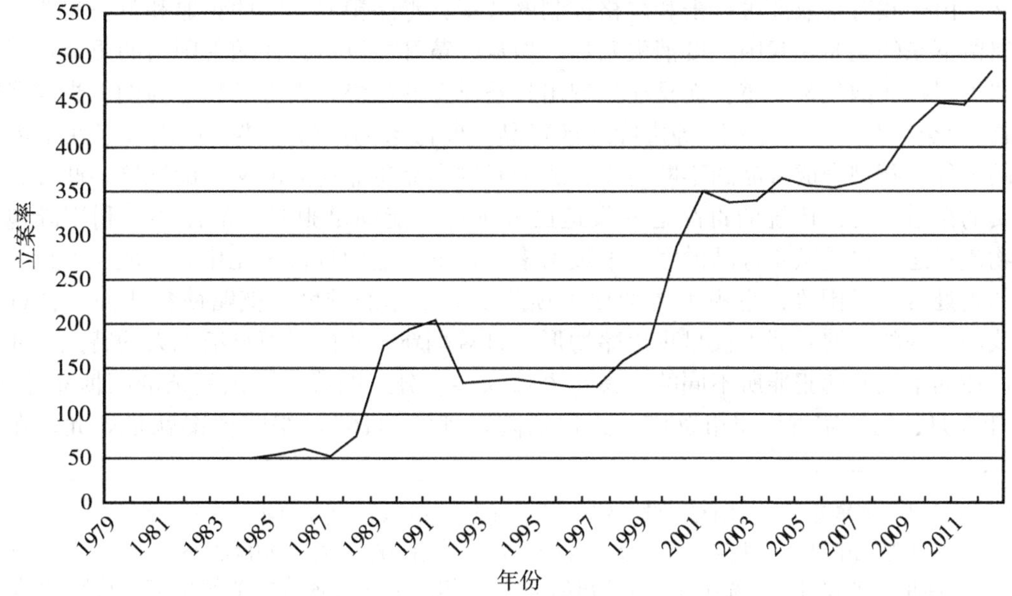

三、现阶段我国的犯罪特征

现阶段我国的犯罪现象不仅从数量上呈现出大幅上涨的趋势，从犯罪类型、犯罪主体、犯罪方式等方面来看，也表现出犯罪日益严重和逐渐恶化的趋势。这些特征具体体现在：

（一）犯罪类型的特征

从犯罪类型上来看，现阶段我国的犯罪特征主要体现在：

第一，暴力犯罪的数量虽有下降，但个别极端恶性暴力犯罪案件频繁发生。近年来我国不断开展打击严重暴力犯罪的活动，震慑了犯罪分子的嚣张气焰，在一定程度上起到了遏制暴力犯罪发生的作用。根据最高人民检察院的统计，2011 年 1 月至 11 月，在全国批准逮捕的各类刑事犯罪嫌疑人和提起公诉的犯罪嫌疑人均较 2010 年同期有所增长的情况下，全国杀人、抢劫、爆炸等严重暴力犯罪出现了明显下降的趋势。① 2014 年，由上海市第二中级人民法院发布的工作年度报告也得出了相似的结论。根据该院的统计，2013 年全年，该院共审结一审故意杀人、故意伤害、强奸等严重暴力犯罪案件 53 件，判处罪犯 90 人，同比分别下降 40.45%和 26.23%。② 尽管如此，基于种种原因的存在，暴力犯罪，尤其是针对无辜群众或多名被害人实施的极端的恶性暴力犯罪仍然层出不穷。较为典型的案件如周克华持枪抢劫、杀人案件③，2012 年发生的“6・29 新疆和田劫机事件”④，2013 年发生的“6・7 厦门公交起火案”⑤，2014 年发生在云南昆明的“3・1 火车站暴力恐怖案件”⑥等，这些案件不仅造成了人员伤亡的重大损失，而且也严重影响了人民群众的安全感，极大地破坏了正常、平稳的社会秩序。

第二，盗窃、诈骗、抢劫等财产类犯罪仍在全部犯罪中占主导地位。以 2011 年为例，该年全国公安机关刑事案件的立案总数为 6005037 件，其中，盗窃犯罪案件有 4259482 件，占全部立案总数的 70.93%，财产诈骗案件 484813 件，占全部立案总数的 8.07%，抢劫案件 202647 件，占全部立案总数的 3.38%，⑦ 仅这三项财产犯罪就占了全部犯罪总量的八成。

第三，毒品犯罪、赌博犯罪、色情犯罪死灰复燃，并呈现出日益泛滥的趋势。新中国成立初期，由于政府采取严厉打击和严格控制的政策，毒品犯罪、赌博犯罪和色情犯罪等从旧社会遗留下来的犯罪在我国一度消失殆尽。但从改革开放以后，伴随着国门的重新打开，这些犯罪不但在我国死灰复燃，而且还呈现出日益泛滥的趋势。以毒品犯罪为例，当前我国不仅面临着“金三角”、“金新月”等边境地区毒品不断渗透的严峻形势，还出现了在境内制作毒品的案件。新型合成毒品的不断研发，成为我国毒品犯罪泛滥的又一助推器。此外，从毒品贩卖的渠道来看，传统的毒品运输渠道已经远远不能满足犯罪人的需要，利用邮包、快递、物流托运等渠道贩卖毒品的案件继续增多。运输渠道的日益多元化和分散化不仅给毒品犯罪的查处带来了困难，也极大地增加了预防毒品犯罪的难度。就赌博犯罪而言，近些年来，我国境内的赌博犯罪不仅呈现出赌博形式日益翻新、赌博规模日渐庞大的特点，还出现了与以往的个人赌博犯罪所不同的、参与人数众多、分工明确、层级复杂的赌博犯罪集团。2014 年 3 月，由广东省广州市荔湾区人民法院审理的“116”网络赌博案就是如此。在该案

---

① 余瀛波．严重暴力犯罪明显下降 群众安全感持续上升[N]．法制日报，2012-2-21.

② 上海市第二中级人民法院工作年度报告(2013)[N]．上海法治报，2014-3-26.

③ 2004 年至 2012 年，周克华先后在流窜的重庆、湖南、江苏等地持枪作案 10 起，致使 10 人死亡、6 人受伤。

④ 2012 年 6 月 29 日，以木沙・玉素甫等为首要分子的恐怖组织在新疆和田策划、组织、指挥实施了暴力恐怖劫持航空器案件。该组织成员在登上 GS7554 航班后，高喊宗教极端口号，撞击驾驶舱，殴打、威胁机组人员和乘客，最后在引燃爆炸装置的过程中被乘客和机组人员制服。该起劫机事件共造成 24 名乘客、机组人员不同程度的受伤和 2858.3 万元的财产损失。

⑤ 2013 年 6 月 7 日 18 时许，福建省厦门市一辆公交车在行驶过程中突然起火，造成 47 人死亡、30 余人受伤，死亡的人员中包括 8 名刚刚参加完高考的学生。经公安机关认定，这是一起严重的故意放火案件。犯罪嫌疑人陈水总被当场烧死。

⑥ 2014 年 3 月 1 日 21 时左右，8 名统一着装的蒙面暴徒持刀在云南昆明火车站广场、售票厅等处砍杀无辜群众。该起事件共造成 29 人死亡，143 人受伤，其中重伤 73 人，轻伤 70 人。

⑦ 中国法律年鉴编辑部．中国法律年鉴(2012)[M]．北京：中国法律年鉴社，2012：1073.

中，犯罪人谢某某等人利用从境外取得的“皇冠”、“永利高”等赌博网站大股东级别的代理权限，在全国各地招募“总代理”，再由总代理发展自己的熟人、朋友成为“代理”或“会员”并参与投注赌博。在这种按照“股东—总代理—代理—会员”的层级管理模式之下，该犯罪集团参与赌博的总金额达到4840亿元，并波及全国9省17市，犯罪人数多达67人。① 色情犯罪的形势同样不容小觑。改革开放之后，一些打着“洗头房”、“桑拿”、“高级会馆”名号的卖淫场所遍地开花。2014年2月至3月，广东省公安厅进行了为期1个多月的“扫黄”行动。其间，共取缔违法违规场所208家、吊销证照15家、停业整顿2925家。截至2014年3月24日，此次行动共破获刑事案件445宗，打掉涉黄团伙62个，刑事拘留犯罪嫌疑人865人，其中涉黄活动的获利者、经营者、组织者多达541人。② 除了卖淫嫖娼活动外，现阶段我国的色情犯罪还表现为网络色情犯罪的形式。2011年，中美两国合作破获了当时全球最大的中文淫秽色情网站——“阳光娱乐联盟”一案。截至2011年6月，“阳光娱乐联盟”的创始人王勇旗下的48个中文淫秽网站以会员制方式传播淫秽电子信息版块近千个，信息量达上亿帖，注册会员超过426万人，每年通过向VIP会员收取费用非法获利达1000余万元。③

第四，犯罪类型日益多元化，新型犯罪层出不穷。改革开放以后，一些在计划经济体制下很少出现或者未曾出现过的犯罪类型，如走私犯罪、金融犯罪、洗钱犯罪发展成为我国常见多发的犯罪类型。此外，随着科技水平的提高、环境保护意识的增强、国际交流和融合程度的不断加深，网络犯罪、环境犯罪、恐怖犯罪、跨国犯罪等一些新型犯罪也逐渐出现在国人的视野中。犯罪形式的多样化和新型犯罪类型的出现标志着我国的犯罪结构出现了新的特征，这对新时期我国犯罪现象的研究、犯罪对策均提出了新的挑战。

(二)犯罪主体的特征

改革开放之后，我国的犯罪主体结构呈多元化发展的趋势。这主要体现在：

第一，青少年犯罪严重。在犯罪学研究中，一般将青少年界定为已满14周岁、不满25周岁的人。④ 青少年犯罪就是指处于这一年龄段的人实施的犯罪活动。改革开放以来，我国的青少年犯罪在全部犯罪人中一直占有较高的比例，且出现了犯罪年龄低龄化、犯罪手段成人化、犯罪类型多样化、犯罪性质严重化、作案方式团伙化的特点和发展趋势。此外，青少年犯罪还表现出女性青少年犯罪的比例上升、有前科劣迹的青少年重新犯罪的比例上升、受过高等教育的青少年犯罪比例上升等特点。⑤

第二，流动人口犯罪问题突出。改革开放之前，受户籍制度的钳制和经济政策的影响，我国的社会流动性较差，流动人口的数量非常少。但在改革开放之后，随着户籍制度的进一步放开和经济政策的转变，我国的流动人口急剧增加，这一方面为我国社会的交流和经济的发展注入了活力，另一方面也带来了流动人口犯罪大量增加的问题。据统计，流动人口的刑

---

① 詹奕嘉，毛一竹．特大网络赌博案，投注总额超4840亿[N]．新华每日电讯，2014-3-23.

② 刘圆，曾祥龙，张峰．广东“扫黄”一月刑拘865人 第二阶段涉黄整治呼吁群众举报．人民网，http：//gd. people. com. cn/n/2014/0325/c123932-20858090. html.

③ 吴贻伙，鲍美萍，王敏．全球最大中文色情网站“阳光娱乐联盟”创建人王勇等被批捕[N]．检察日报，2011-9-10.

④ 宋浩波，靳高风主编．犯罪学[M]．上海：复旦大学出版社，2009：183.

⑤ 周仕平．从社会变迁透视我国青少年犯罪现象及其防控[J]．武汉公安干部学院学报，2006(1).

事案件发案率和发案数量都要远远高于本地人口。以流动人口较多的北京市为例。2006 年，北京市的流动人口数量为 383.4 万人。仅在当年上半年，北京市公安局抓获的各类流动人口违法犯罪分子就达到 17538 人，占全部被抓获的违法犯罪分子总数的 72%。从 2005 年到 2006 年 4 月，在北京市全部被提起公诉的被告人中，流动人口占了 67.2%。①

第三，职务犯罪形势严峻。职务犯罪即公职人员犯罪，该类犯罪的形势日益严峻是现阶段我国犯罪现象表现出来的一个较为突出的特征。随着反腐力度的加大，我国职务犯罪案件数量出现明显增多的趋势。据最高人民检察院统计，2013 年，全国检察机关共立案侦查贪污贿赂、渎职侵权等职务犯罪案件 37551 件 51306 人，同比分别上升 9.4%和 8.4%。其中，立案侦查贪污、贿赂、挪用公款 100 万元以上的案件 2581 件，涉嫌犯罪的县处级以上国家工作人员 2871 人，厅局级干部 253 人、省部级 8 人。② 另据广东省广州市检察院的统计，2014 年第一季度，广州市检察机关立案侦查贪污贿赂等职务犯罪案件共计 198 件，职务犯罪人数同比上升 31.33%。③ 在已经立案侦查的职务犯罪案件中，贪污受贿案件占很大比例。目前，职务犯罪呈现出手段更加隐蔽、涉黑职务犯罪问题突出、共同职务犯罪案件发案率较高等特点。此外，现阶段我国境内的职务犯罪还出现了跨国发展的趋势。职务犯罪已经不再仅仅被局限在我国的一国境内，而成为了国际社会所共同关注的问题。

第四，单位犯罪增长迅速。与新中国成立初期我国的犯罪现象相比，伴随着改革开放的逐渐深入，现阶段我国犯罪主体出现的另外一个显著特征是，单位犯罪的数量迅速增长，且几乎已经蔓延到社会主义事业的各个领域。2002 年 11 月至 12 月，上海《单位犯罪研究》课题组曾对上海法院系统审理的单位犯罪的情况进行了一次全面调查。结果显示，在 1998 年 1 月至 2002 年 10 月这一时间段内，上海地区单位犯罪的主要特点表现为：第一，单位犯罪以涉税犯罪为主，以金融诈骗犯罪为重；第二，单位犯罪的危害性大，不仅犯罪数额巨大，而且往往难以追回损失；第三，单位犯罪的主要责任人是单位的法定代表人，而单位的性质则以公司为主。④ 除此之外，现阶段我国单位犯罪还表现出主体多元化和单位共同犯罪趋势加强的特点。前者表现为不仅有公司、企业、事业单位、社会团体、境外法人参与其中，单位主体还包括了党政机关甚至部队等；后者则体现为单位与单位之间或单位与自然人之间互相勾结，共同实施犯罪行为。

(三)犯罪方式的特征

现阶段，我国犯罪方式的特征主要体现为以下三个方面：

第一，以黑社会性质组织犯罪为代表的有组织犯罪问题突出。有组织犯罪是指三人以上为获取某种利益、长期共同实施犯罪而建立的犯罪组织，并将该组织作为依托，以暴力、恐

---

① 北京市委党校、北京行政学院．北京市情数据手册(2007)[M]．北京：北京燕山出版社，2007：79、82；汪东升．流动人口犯罪的现状、原因与防治——以北京市为例[J]．北京交通大学学报(社会科学版)，2013(3)．

② 曹建明．最高人民检察院工作报告——二〇一四年三月十日在第十二届全国人民代表大会第二次会议上[N]．人民日报，2014-3-18．

③ 钟亚雅，刘韬．广州一季度查处职务犯罪案件 198 件 218 人 分析显示渎职与受贿犯罪交织现象突出[N]．检察日报，2014-4-08．

④ 《单位犯罪研究》课题组．上海法院系统审理单位犯罪情况调查．游伟主编．华东刑事司法评论(第四卷)[M]．北京：法律出版社，2003：277．

吓和贿赂等非法手段，有组织、有计划地故意实施依法应受刑事处罚的行为。① 依照组织规模、程度和社会危害性等标准，可以将有组织犯罪的发展阶段划分为结伙犯罪、团伙犯罪、集团犯罪、黑社会性质组织犯罪和黑社会组织犯罪等不同的形态。当前，虽然犯罪学界对于我国是否已经存在黑社会组织犯罪这种有组织犯罪的最高形式仍存争议，但是黑社会性质组织犯罪的数量日益增多、组织结构进一步成熟、犯罪手段越来越隐蔽、政治渗透程度逐渐加深、洗“白”趋势明显、危害程度日趋严重却已成为不争的事实。2014 年 3 月 31 日，在由湖北省咸宁市中级人民法院公开审理的刘汉等人涉嫌黑社会性质组织等犯罪的案件中，被告人刘汉曾经是四川省政协的两届常委，并被誉为“四川首善”，其以四川汉龙集团有限公司等企业作为依托，大肆聚拢社会闲杂、刑满释放人员，大量购买枪支弹药及刀具，组建“地下武装”，并逐渐形成了一个以其为首的庞大的黑社会性质组织。20 余年间，该组织在四川成都、德阳、绵阳、广汉、什邡等地实施故意杀人、故意伤害、寻衅滋事、敲诈勒索等犯罪行为，造成 9 人死亡、多人受伤的严重后果。② 刘汉案是目前我国有组织犯罪中的一个较为典型的案例，在该起犯罪案件中所反映出的“以商养黑”、“以黑护商”、“以官护黑”的特征，也是当前我国黑社会性质组织犯罪所表现出来的重要特征。

第二，犯罪手段智能化的程度显著提高。现阶段，我国境内出现的犯罪呈现出作案方式多样，且手段日趋智能化、专业化的特点。以侵犯知识产权犯罪为例。据江苏省淮安市淮阴区人民检察院的统计，2010 年至 2013 年期间，该院共受理移送审查起诉涉及假冒注册商标罪、销售假冒注册商标的商品罪、侵犯著作权罪、销售侵权复制品罪等四类侵犯知识产权案件 31 件共计 79 人。其中，通过网络电子商务平台实施犯罪的案件有 23 件涉及 56 人，占该院办理知识产权犯罪案件总数的 74.2%。特别是在 2012 年至 2013 年间，该院所办理的涉及知识产权犯罪 14 件案件均是通过网购等平台加以实施的。③ 除知识产权犯罪“电子商务化”发展趋势明显之外，一些主要依靠经验和技术来实施的传统型犯罪，如盗窃、诈骗等犯罪，其犯罪手段也逐渐升级，智能化程度显著提高。据报道，2013 年 1 月至 12 月，河南省郑州市检察机关共审查起诉利用新型社交工具“微信”的“摇一摇”、“漂流瓶”、“查找附近的人”等功能实施犯罪的案件有 47 件 74 人。其中，诈骗犯罪 14 件 35 人，强奸犯罪 10 件 12 人，敲诈勒索犯罪 7 件 10 人，盗窃犯罪 6 件 6 人，抢劫犯罪 4 件 4 人，强制猥亵妇女犯罪 3 件 3 人，抢夺犯罪 2 件 3 人，故意杀人犯罪 1 件 1 人。④ 伴随着互联网的发展和推广普及，以网络为平台实施犯罪已经成为新时期我国犯罪现象发展的又一重要特征。

第三，跨国、跨区域犯罪增多。犯罪的发展与一国的社会变革息息相关。1978 年实施改革开放政策之后，我国的国门正式向全世界开放，这在使我国迎来发展机遇的同时，也带来了不同程度的负面影响。犯罪现象的发展就是其中之一。过去一些不曾在我国境内出现的犯罪逐渐随着国门的打开而渗透到我国，我国境内原有的一些犯罪也随之跨出了国门并与境外势力相勾结，对我国的国家安全和社会发展形成更加严重的威胁。当前，在我国境内发生的较为常见的跨国、跨区域犯罪有毒品犯罪、走私犯罪、拐卖妇女、儿童犯罪、赌博犯罪、电信诈骗犯罪、洗钱犯罪等。跨国、跨区域犯罪往往涉及多个国家和地区，且大多由有组织

① 陈明华．有组织犯罪问题对策研究[M]．北京：中国政法大学出版社，2004：15.

② 聚焦刘汉刘维涉黑案公审[N]．湖北日报，2014-4-2.

③ 马超，赵学刚．侵犯知识产权犯罪“电子商务化”趋势明显[N]．法制日报，2014-3-29.

④ 范传贵，房伟，张胜利．利用社交工具犯罪案件多发需重视[N]．法制日报，2014-2-11.

犯罪集团实施，其追求更大的利益，以榨取巨大的利润为目标，因此，与一国或一区域之内的犯罪相比，该类犯罪的涉及面更广，由其造成的危害后果也更为严重。如在2013年破获的“12·03”特大跨国跨两岸电信诈骗案中，行为人就将诈骗话务窝点设在印度尼西亚、马来西亚、泰国、越南、柬埔寨、斯里兰卡6个国家及我国大陆和台湾地区，而转取赃款窝点则被设置在我国台湾地区，此案涉及我国近30个省(区、市)，涉案资金高达8300余万元人民币。①

① 石杨，李召阳．摧毁特大跨国跨两岸电信诈骗犯罪集团[N]．人民公安报，2013-1-18.

第二章　犯罪行为

第一节　犯罪行为的概述

一、犯罪行为的概念

在社会生活中，对于同一个行为，基于立场、角度和目的等方面的差异，人们可能会有不同的认识和解读，如世俗文化意义上的认识和解读、宗教意义上的认识和解读、伦理道德意义上的认识和解读、不同部门法意义上的认识和解读等；同样，在犯罪学理论研究领域，犯罪行为作为一种特定的社会行为，自然也是一个可以从多学科角度去认识和解读的概念。

(一)社会学中犯罪行为的概念

社会学将社会的运行、发展的条件和机制作为研究对象，其研究目的是促使社会良性运行和协调发展。① 在人类社会中，自然人个体是构成社会的最基本元素。从此种意义上说，社会的运行和发展与个人同个人、个人同社会的关系息息相关，因此，个人同个人、个人同社会的关系问题就成为了社会学的基本问题。社会的良性运行和协调发展所需要的个人同个人、个人同社会的关系是适度平衡的。② 如何维系这种适度平衡的社会关系是社会运行、发展的基本前提。在漫长的人类社会历史发展长河中，人类逐渐懂得、形成了用社会规范来维系、调节，并运用社会规范及其体系保证社会运行和发展的基本秩序。那么，任何对这种社会规范的违反以及对社会良性运行和协调发展秩序的破坏，都被社会学看作具有社会危害性的越轨。在一些社会学研究中，往往将一些严重越轨行为与犯罪行为视为同义。

社会学理论认为，犯罪行为是指违反社会规范并损害社会秩序，应当受到规范处罚的行为。社会规范是人类活动的规则和标准。既包括具有强制性的法律、纪律，也包括非强制性的行为规范，如风俗、道德。凡是对上述行为规范有所违反并依据这些规范应承担相应责任的严重越轨行为，都可能被社会学看成是犯罪行为。

(二)刑法学中犯罪行为的概念

刑法学是研究社会严重越轨行为是否构成犯罪及其刑事责任和刑罚原则、规则、规律的学科。由于国家公权力支持的刑罚具有特别的严厉性，国家在划定犯罪圈、确定刑事责任范围以及启动刑罚权时表现出了格外的谨慎。为了最大限度地避免遭受国家刑罚权不当的严厉制裁，刑法学定义犯罪行为的着眼点与社会学有所不同，它更倾向于慎重划定犯罪行为范围。从刑法学角度来说，犯罪行为是指那些具有严重的社会危害性，违反刑法并应受刑罚处罚的行为。从这一概念可以得出，刑法学中认定的犯罪行为必须同时具备三个特征，即严重

---

① 郑杭生．社会学概论新修(第三版)[M]．北京：中国人民公安大学出版社，3.

② 郑杭生．社会学概论新修(第三版)[M]．北京：中国人民公安大学出版社，3.

的社会危害性、刑事违法性和应受刑罚处罚性。在刑法学中，犯罪行为的这三个特征是一个有机整体，缺一不可。

可见，刑法学确定的犯罪行为范围是建立在全面考量启动刑罚权必要性、合理性、可行性和法定性基础之上的。我国《刑法》第13条明确规定："一切危害国家主权、领土完整和安全，分裂国家、颠覆人民民主专政的政权和推翻社会主义制度，破坏社会秩序和经济秩序，侵犯国有财产或者劳动群众集体所有的财产，侵犯公民私人所有的财产，侵犯公民的人身权利、民主权利和其他权利，以及其他危害社会的行为，依照法律应当受刑罚处罚的，都是犯罪，但是情节显著轻微危害不大的，不认为是犯罪。"

(三)犯罪学中犯罪行为的概念

将社会学中犯罪行为的概念与刑法学中犯罪行为的概念相比较，社会学中的犯罪行为概念外延更加宽泛，涵盖了所有严重违反社会规范的行为。现实中，任何违反社会规范的行为都会依据相应的而社会规范处理或者处罚。然而，刑法学意义上的犯罪行为仅仅是社会学意义上的犯罪行为的一小部分，同时，也恰恰是社会危害性最严重具有刑罚必要性和可行性的那一部分。犯罪学研究犯罪行为的目的是对社会危害性最严重的行为进行防控。从这一角度看，犯罪学与刑法学的联系更加紧密。

刑法学给犯罪下定义的目的主要是基于罪刑法定原则支配下准确的定罪量刑，避免国家不当或者滥用刑罚权，而犯罪学之所以必须探讨犯罪的功能价值在于着眼于有效地预防及控制对社会危害性最严重的行为。因此，犯罪学意义上的犯罪行为不能局限于刑法学意义上的犯罪行为，除此之外它还应包括待犯罪化的行为、准犯罪化的行为、去犯罪化的行为、已然犯罪行为以及未然犯罪行为等。

所谓待犯罪化的行为是指虽然具有严重的社会危害性，但尚未被刑法规定为犯罪的行为，此类行为的社会危害性在实质上与法定犯罪无异，有时甚至并不亚于法定犯罪。

所谓准犯罪化的行为是指因为不具有刑事责任能力或者刑罚处罚性而被排斥在法定犯罪范围之外的行为。在现实中，一些具有严重社会危害性的行为往往因为其主体的条件或因为其情节比较轻微，被排斥在法定犯罪之外。

所谓去犯罪化的行为是指一直以来被当作犯罪，而今通过刑法的修正不再以犯罪论处的行为。① 随着社会的发展，许多原法定犯罪行为对社会的危害性已经不再那么直接和严重，现行刑法已经将此行为排除在法定犯罪范围之外，但是这些行为仍是犯罪学所关注的行为。

所谓已然犯罪行为是指现实中已经发生的法定犯罪行为。研究此类犯罪行为的规律、特点、原因对策和发展态势有助于刑事立法、刑事司法以及刑事政策的调整与决策。

所谓未然犯罪行为是指现实中可能会发生的法定犯罪行为。研究此类犯罪行为的规律、特点、生成的时空条件有助于最大限度地预防和减少犯罪行为的发生。

综上所述犯罪学意义上的犯罪行为应当是指那些具有一定的社会危害性的、需要采取强制或者其他有效措施进行惩罚、控制、矫正及防范的反社会行为。

刑法学上的犯罪概念是犯罪的法律概念，在法学领域，对犯罪的定义要以法律的规定为准，目的是为了准确地定罪量刑。但是如果犯罪学只研究法定犯罪而不研究待犯罪化的行为、准犯罪的行为，就会模糊犯罪学研究的起点。况且，这些行为本身就是法定犯罪的前奏。如果不研究去犯罪化的行为，已然犯罪行为以及未然犯罪行为等就会影响犯罪学体系的

---

① 刘成江．简要分析未成年人犯罪的特征[A]．法律图书馆(网)征文资料库[C]，2010-11-3.

构建以及淡化犯罪学在促进刑法学科学化方面的作用。对于犯罪的预防和控制来说，法定犯罪发生前的待犯罪化的行为和准犯罪的行为正应该是犯罪学需要研究和预防控制的重点。如果不研究这些行为，犯罪学就不能很好地实现预防和控制犯罪的科学任务。①

二、犯罪行为的特征

犯罪学意义上的犯罪行为与刑法学意义上的犯罪行为特征有所不同，主要表现在以下方面。

（一）社会危害性特征

所谓社会危害性是指犯罪行为对社会产生负面作用、功能的性质。犯罪行为对社会的作用和功能，在本质上是破坏性的。这种行为，不管何时何地，只要发生就对社会具有破坏性的作用，就会给社会造成危害。社会危害性是犯罪行为的本质属性。

（二）形式多样性特征

犯罪行为的表现形式不是单一的，而是多种多样的。从方式方法上看，有明火执杖的公开形式和施用诡计的隐蔽形式；从手段和恶劣程度上看，有惨无人道的、有情节恶劣的等形式；从类型性质上看，有杀人、伤害、抢劫、强奸、盗窃等形式。

（三）传染性、导向性特征

犯罪行为的传染性、导向性特征主要表现在他的模仿和暗示作用上。这种作用对潜在的犯罪人和涉世不深的青少年具有多米诺骨牌效应，是犯罪严重化的催化剂和腐蚀剂。

（四）违规性特征

犯罪行为的违规性特征是指行为人社会危险性的外在行为特征。由于犯罪行为要破坏社会的相对平衡状态，必然会违反维系社会相对平衡的法律规范、道德规范和风俗习惯。换句话说，犯罪行为必然会违反社会某些禁止性行为规范。

（五）社会性特征

犯罪行为的社会性特征表现为它是由社会成员实施的，在社会生活关系中发生消极作用，是一种社会现象。同时，它也是上述几种特征的几种反映，是它们的总括和派生物。②

三、犯罪行为的构成要素

犯罪行为的构成要素是指构成犯罪行为所必须具备的基本因素。一般包括以下五个方面：

（一）犯罪时间

任何犯罪行为都是在一定时间内实施的，没有犯罪的事件就不会有犯罪行为。刑法学中的犯罪时间与犯罪学中的犯罪时间有所不同。刑法学中的犯罪时间是犯罪构成客观方面的选择要件，作为定罪量刑的根据之一；而犯罪学中的时间则主要是从犯罪现象、犯罪原因和犯罪预防的角度来研究犯罪行为在不同时间有何种不同的表现，会呈现出何种规律性的特征。只有掌握了犯罪行为发生的时间规律和特点，才能从时间因素上有效地预防和控制犯罪行为的发生。

---

① 李明琪．犯罪学(一)[M]．北京：中国人民公安大学出版社，2013：89.

② 宋浩波．犯罪学(修订版)[M]．北京：中国人民公安大学出版社，2005：133.

(二)犯罪空间

犯罪空间是指犯罪行为发生所处的处所和地域范围。没有犯罪空间犯罪行为就无所依附，也就无从实施。犯罪行为在不同的地区会有不同的分布表现，并且具有某种规律性。这种规律性在任何空间内都能表现出来，大到世界范围内不同地区、不同国家，小到一个国家内不同地点、不同区间，都有不同表现。犯罪行为在不同空间的表现及其规律特点也应当是犯罪学研究的重要内容。

(三)犯罪主体

任何犯罪行为都是由犯罪主体实施的，没有犯罪主体就无所谓犯罪行为。现代犯罪学研究的犯罪主体已经由研究自然人犯罪主体拓展到研究单位犯罪主体领域。同时需要提及的是，现实中大多数犯罪行为都是指向特定被害人，犯罪主体和被害主体往往是共存的，构成了犯罪图景中的基本事实。

(四)犯罪工具

犯罪工具是指犯罪行为所凭借的器械、物品，如伤害人、杀人所用的凶器，撬门扭锁所用的钳刀、锯挫，割包用的刀片等。在刑法中明文规定把一定犯罪工具作为某种犯罪构成要件是，犯罪工具对于认定该犯罪是否成立具有决定性的意义。在一般情况下，犯罪工具并不是犯罪构成要件，因此并不影响犯罪的成立，但是对于认定犯罪行为的社会危害性具有重要意义。在犯罪学中，研究犯罪工具对于预防与控制犯罪具有重要意义。

(五)行为方式

犯罪行为的行为方式是指实施犯罪行为所采取的手段和方法。犯罪行为必须通过一定的手段和方式来完成，犯罪手段和形式则是犯罪行为的具体体现。犯罪行为方式可分为自由选择和被迫采取两大方面，前者是在一般情况下使用，后者是在特殊情况下使用。常见犯罪行为方式主要有秘密方式、公开方式、欺诈方式、暴力方式、威胁方式等。① 同时应当注意犯罪行为方式与时间、地点、行为性质以及科技发展与应用等因素有密切的联系。

第二节 犯罪行为的基本类型

对犯罪行为进行分类主要是根据各种犯罪行为性质和特征，依照一定的原则或标准进行归类，将其划分为不同的类型。

一、刑法学中犯罪行为的基本类型

刑法学对犯罪行为进行分类的目的在于通过深刻认识和准确把握不同类型犯罪行为的特征，研究定罪规律，正确确定罪名，准确把握区分罪与非罪、此罪与彼罪的界限，以便有效地适用刑法。

(一)刑法学对犯罪行为分类的标准之一：犯罪行为所侵害的客体

犯罪行为侵害的客体是指我国刑法所保护的具体的社会关系。根据我国刑法所保护的社会关系的种类，可将犯罪行为划分为10大类：即危害国家安全的犯罪行为；危害公共安全的犯罪行为；破坏社会主义市场经济秩序的犯罪行为；侵害公民人身权利、民主权利的犯罪行为；侵害财产权利的犯罪行为；妨害社会管理秩序的犯罪行为；危害国家利益的犯罪行

① 许章润．犯罪学(第二版)[M]．北京：法律出版社，2004：90.

为；贪污、贿赂类犯罪行为；渎职类犯罪行为；军人违反职责的犯罪行为。

(二)刑法学对犯罪行为分类的标准之二：犯罪行为人实施犯罪行为时的主观心理态度

根据此标准，刑法学将犯罪行为划分为故意犯罪行为和过失犯罪行为。所谓故意指行为人明知自己的行为会造成危害社会的结果，并且希望或者放任这种危害结果发生的心理态度。如故意杀人行为，抢劫行为等都是在犯罪故意心理态度支配下实施的故意犯罪行为。所谓过失是指行为人应当预见自己的行为可能会发生危害社会的结果，由于疏忽大意而没用预见，或者已经预见，但是由于轻信能够避免以致发生社会危害结果的心理态度。如过失致人死亡的行为，重大责任事故的行为等都是行为人在过失的心理态度支配下实施的过失犯罪行为。在我国刑法中确定的具体犯罪中，绝大多数是故意犯罪，极少部分是过失犯罪。

二、犯罪学中犯罪行为的基本类型

在犯罪学中，作为犯罪行为的类型是指根据一定的目的和原则，按照一定的标准，在对纷繁复杂的犯罪行为进行抽象、概括的基础上，依据其内在的相似性所作的分类。犯罪学通常把犯罪行为划分为以下类型。

(一)按照社会危害性大小对犯罪行为进行分类

对犯罪行为按照社会危害性大小进行分类是各国较为普遍的做法。在我国，按照犯罪行为的社会危害程度，将犯罪行为划分为危害国家安全的犯罪行为、普通刑事犯罪行为、轻微违法的犯罪行为三种。需要说明的是，这里的轻微违法的犯罪行为是指根据刑法不追究刑事责任的行为，其中包括违反治安管理处罚法或者其他行政法规应受行政处罚的行为。

(二)按照犯罪行为侵犯的客体不同对犯罪行为进行分类

我国 1979 年通过的刑事法典按犯罪侵害的客体的不同将犯罪行为分为 8 大类，并且大体上按照由各类客体性质决定的社会危害性的大小，由重到轻排列。1997 年刑法修订后，将八大类犯罪行为增加为十大类：即危害国家安全的犯罪行为，危害公共安全的犯罪行为，破坏社会主义市场经济秩序的犯罪行为，侵害公民人身权利、民主权利的犯罪行为，侵害财产权利的犯罪行为，妨害社会管理秩序的犯罪行为，危害国家利益的犯罪行为，贪污、贿赂类犯罪行为，渎职类犯罪行为，军人违反职责的犯罪行为。

(三)按照行为的自然属性与法律属性对犯罪行为进行分类

意大利犯罪学家加罗法洛依据行为的道德评价和规范根基把犯罪行为划分为自然犯罪和法定犯罪两大类。① 此后这类分类方法被西方许多刑法学者和犯罪学者所采纳。

所谓自然犯罪是指违反人类所共有的怜悯与正直的道德情绪的行为。这种行为从根本上违反了人的本性，因此在任何社会都会被视为犯罪，如故意杀人、故意伤害、奸淫、盗窃行为等。

所谓法定犯罪是指并非为传统道德所不容，仅是因为法律禁止而形成的犯罪。这类犯罪往往是由国家根据需要规定的，没有一个确定的标准，可根据各个国家的具体情势和法律的变化而变化，如违反税法的犯罪行为等。

在我国，按照行为性质的不同将犯罪行为分为以下五类：

1. 财产犯罪行为，即以非法侵占公私财产和谋取经济利益的犯罪行为，如贪污、盗窃等犯罪行为。

---

① [意]贝卡里亚．犯罪与刑罚[M]．黄风译．北京：中国大百科全书出版社，1993：84.

2. 暴力犯罪行为，即以实施暴力行为作为其基本特征的犯罪行为，如故意杀人、故意伤害、抢劫、爆炸等犯罪行为。

3. 智能犯罪行为，即运用智谋和技能实施的犯罪行为，如利用计算机技术实施的犯罪行为等。

4. 风俗犯罪行为，即违背社会善良风俗的犯罪行为，如强奸、聚众淫乱、组织卖淫的犯罪行为等。

5. 破坏犯罪行为，即采用破坏手段损害公私财产的犯罪行为，如爆炸、放火、故意毁坏公私财物的犯罪行为等。

(四)按照行为形成的方式对犯罪行为进行分类

犯罪行为的客观表现多种多样，但如果将各种各样的犯罪行为加以抽象和概括，其基本形式只有两种，即作为和不作为。

以作为方式实施的犯罪行为是指以积极的行动实施某些危害社会的犯罪行为，即“禁止为而为之”。所谓积极的行动包含了一系列积极的动作，而不是某一个别动作。如开枪杀人的犯罪行为，包括接近被害人、举枪、瞄准、扳动扳机等一系列动作。犯罪人只有通过这一系列的积极动作才能使得犯罪行为得以完成，从而实现自己的犯罪意图。

以不作为方式实施的犯罪行为是指消极地不实施法律义务所要求的某些动作，从而危害社会的犯罪行为，即“应当为而不为之”。犯罪行为的不作为方式必须以行为人具有某种特定义务为前提，否则便不能构成不作为的犯罪行为。

现实中的犯罪行为在大多数情况下是以作为方式实施的，只有少数犯罪行为只能以不作为的方式实施，如我国刑法中的逃税罪、遗弃罪、拒不执行法院判决裁定罪等。还有些犯罪行为既可以由作为的方式实施也可以由不作为的方式实施，如故意杀人的犯罪行为，通常是以作为的方式实施，但是在有些情况下也可以以不作为的方式实施，如对出生不久的婴儿，故意在生活上不予照顾致其死亡，就是典型的不作为的方式杀人。

(五)按照犯罪人实施犯罪行为时的主观心理态度对犯罪行为进行分类

在犯罪学中，依据犯罪人实施犯罪行为时的主观心理态度可将犯罪行为划分为以下三种类型：

故意犯罪行为，是指行为人明知自己的行为会发生危害社会的结果，并且希望或者放任这种结果发生。故意犯罪行为具有两个典型特征：一是在认识上，行为人对自己的行为会发生危害社会的结果必须是明知；二是在意志上，行为人对危害结果的发生是希望或者放任的。故意犯罪的心理态度特征是行为人认识因素和意志因素与危害结果的有机统一。

过失犯罪行为，是指行为人在应当预见自己的行为可能发生危害社会的后果，由于疏忽大意没有预见，或者已经预见而轻信能够避免心理态度支配下实施的行为。过失犯罪行为有两种形式：一是疏忽大意的过失，即由于行为人疏忽大意没有预见，以致发生了危害结果；二是过于自信的过失，即行为人已经预见到自己的行为可能会发生危害社会的结果，但是轻信能够避免而导致危害结果的发生。过失犯罪的心理态度特征是行为人认识因素和意志因素与危害结果的完全背离。

无罪过犯罪行为，是指行为人实施犯罪行为时既无主观故意，也无过失。有些行为人在实施某些犯罪行为时虽然主观上没有任何罪过，但其行为却在客观上造成了危害结果，具有一定的社会危害性，依据犯罪学的研究目的，应当对于这类行为给予关注。

(六)按照犯罪形成的特点对犯罪行为进行分类

蓄意性犯罪性行为，是指有预谋地实施犯罪行为。这种犯罪行为在形成过程中鲜明地反映出犯罪人的危害意志在行为选择中的支配地位。

突发性犯罪行为，是指随着某种情景的出现而突然发生的犯罪行为，如突如其来的愤怒情绪下发生的过激型犯罪等。这类犯罪行为的实施没有明确的预谋过程，但是有明确的犯罪目的。

连带性犯罪行为，是指为了实现既定目的为实施的犯罪行为所引发的与行为目的无关的犯罪行为。如犯罪人意图窃取财物，盗窃了军人的背包，结果发现背包里不仅有钱还有手枪和子弹，于是把手枪和子弹藏在家中。这种私藏枪支弹药的犯罪行为就属于连带性的犯罪行为。①

综上所述，依据不同的标准对犯罪行为进行分类会得到不同的分类结果，当然除了上述分类之外，还可以依据其他标准对犯罪行为进行分类，如正在纳入犯罪学视野的传统犯罪与非传统犯罪的分类研究问题。不论对犯罪行为作出何种分类都有其可接受的根据和理由。因为按照不同的标准对犯罪行为进行分类，并对不同类型的犯罪行为进行深入研究，有助于对整体犯罪现象和原因研究的全面展开和不断深入，有助于科学的犯罪对策的确定。

第三节　犯罪行为的形成过程

一、犯罪行为的形成因素

根据犯罪动因理论，犯罪行为形成因素有三个：原动力、内动力和外动力。

(一)犯罪的原动力

犯罪的原动力也可以称为行为人的犯罪本源，是指驱使犯罪发生的原始作用力。人的原始本能不受社会道德、法规的约束，它们只是遵循“享乐原则”，不顾一切地满足自身需求。这是符合弗洛伊德的“本我、自我、超我”理论的。从根本上说，一个人的越轨行为直接受到其本能冲动的驱使，受其本能冲动原动力的发动。因此，可以说本能冲动就是犯罪行为的原动力。

(二)犯罪的内动力

犯罪的内动力是指行为人个性结构中的心理、思想缺陷引起的内在作用力。具体包含两层含义：第一，是指犯罪行为人个性结构中的心理缺陷发动。心理学研究结果表明，人的行为受动机的支配。根据该原理，个性结构中的心理缺陷由于客观环境的刺激而逐渐“内化”为不良需要，人的不良需要的恶性发展最终会产生犯罪的动机。调查结果表明“饥寒起盗心”的情况不多，更多的是受追求享乐的思想，私心恶性膨胀而犯罪。第二，是指犯罪受行为人个性结构中的思想缺陷的支配，人在社会化的进程中遇到障碍，出现中断，很容易产生思想缺陷。

(三)犯罪的外动力

犯罪的外动力是指，客观环境中诱发犯罪发生的作用力。按其性质和作用可分为致罪因

---

①　许章润．犯罪学(第二版)[M]．北京：法律出版社，2004：90.

素、消极因素、直接因素和间接因素。诱发作用力大小取决于犯罪因素的质与量。一般来说，致罪的直接因素增加，犯罪就上升；致罪的直接因素减少，犯罪就下降。由于个体差异和思想倾向的选择不同，在同一环境中就会出现，有的人会犯罪，有的人却不犯罪。当然不可否认，这还与较少的环境差异有关。

综上所述，以上三种犯罪行为的形成因素虽然在犯罪动因体系中的地位不同，但它们相互依从、相互联系、相互推动，缺一不可。在故意犯罪中，犯罪原动力、内动力、外动力相互联系、相互贯通、相互作用，共同推动和加速了犯罪行为的实施；犯罪行为的实施反过来又强化了行为人的犯罪思想、犯罪心理，弱化了行为人对本能冲动的控制能力。然而，这种行为的结果对行为人生理、心理和精神的满足只是暂时的，之后又会出现新的不平衡，一有机会行为人便会再次犯罪。

二、犯罪行为的形成过程

一般认为，犯罪行为的形成过程有犯罪的生理基础、犯罪心理的形成、犯罪动机的形成、犯罪决意的形成、犯罪的具体准备和犯罪行为的实施等阶段。

(一) 犯罪的生理基础

任何行为的形成过程总是离不开生理、心理和社会这一统一体，犯罪行为也不例外，它的形成也必须具有一定的生理基础或者叫一种本能生理反应。如性犯罪、因饥饿或者贫寒而发生的盗窃犯罪都突出地表现了这一点。即便是其他犯罪行为，也需要有生理机能反应作为基础，如犯罪心理的形成，首先是建立在人身体生理机能大脑神经中枢活动的基础之上的。

(二) 犯罪心理的形成

人的心理形成必须同时具备三个条件，即物质条件、心理前提和社会前提。犯罪心理作为一种特殊的心理现象也遵循这一规律。

形成犯罪心理的物质前提条件，是指犯罪人形成犯罪心理的脑神经系统。这里的犯罪人的脑神经系统必须是健全的或者说是基本健全的，那些大脑发育不健全的或者高级神经活动失调的脑神经系统就不包含在内。

形成犯罪心理的心理前提条件，是指犯罪人的心理水平必须是成熟或者基本成熟的，即具有识别能力。至于心理成熟的标志，尤其是年龄的标志，各国法律规定不同，我国刑法中规定为14周岁。

形成犯罪心理的社会前提条件，是指对社会中存在的各种不良因素的主观反映，如犯罪人生活在不良社会环境中，就有可能形成犯罪心理的社会前提条件，也可以称其为刺激条件。

(三) 犯罪动机的形成

所谓犯罪动机，是指驱使犯罪主体实施犯罪行为的心理过程和行为动力。它是由犯罪主体的不良心理需要而产生的犯罪意念与外部条件相互作用的结果。也就是说，犯罪主体的不良心理需要是犯罪动机形成的基础性条件。犯罪主体的心理需要往往超越社会历史条件、超越本人、社会、家庭现实条件所允许的范围，把幻想中的或者说是错误的东西放在现实中去追求。他们在享乐主义、实用主义人生观的支配下，把追求吃喝玩乐方面的享受当作人生的唯一追求目标，物质、金钱、性欲在整个需要结构中占绝对地位，并随着这种需要和欲望的不断膨胀，便会置法律与道德于不顾，铤而走险，践踏法律，甚至冒着绞首之危险去危害社会。这就是犯罪的内驱力。①

另外犯罪的外部条件或称外部刺激或诱因，是犯罪动机形成的又一个必不可少的条件。由于不良心理需要产生的犯罪内驱力在没有诱因时，只是一种主观上的犯罪意念或者欲望，只有在诱因的刺激之下，有了犯罪的条件和可能性，才能为满足需要而准备采取行动，从而使欲望表现为行为动机。这些诱因具体包括：露天存在的实物、无人看守的物资仓库等许许多多社会上、法律上、经济管理中存在的漏洞。

犯罪主体只有在不良心理需要与犯罪外部条件或诱因的相互作用下，才能最终形成犯罪动机。犯罪动机一旦形成就会成为推动犯罪主体实施犯罪行为的内在动力。

（四）犯罪决意的形成

犯罪行为是由犯罪动机所驱动的，但是只有犯罪动机而无犯罪行为不能认定为犯罪。然而犯罪动机所驱动的犯罪，在许多场合或者情况下并不是即刻实施的，是需要有一个最终决定的过程。这个过程就是犯罪主体犯罪决意形成的过程。它涉及犯罪主体对犯罪后果的利弊分析，以及最终的决断。

犯罪决意对每一个故意犯罪行为来说都是必不可少的，具体可将犯罪决意形成的过程分为三种类型：第一，经过深思熟虑而形成的犯罪决意，一般来说这种犯罪人最为坚决，大有不达目的不罢休的决心，多属于预谋犯罪或者有组织犯罪；第二，机会犯之犯罪决意，大多未经过多少考虑便下决心进行犯罪实施，与预谋犯相比，坚决程度差些；第三，激情犯罪的决意大多是临时起意，出现得快消失得也快，更无坚决性可言。

当然，犯罪行为是一种严重的反社会行为，不仅危害社会，而且犯罪行为或者犯罪后果发生后，对犯罪人也是一个极大的威胁。因此，除了那些临时冲动当即实施犯罪行为的犯罪人或者惯犯以外，大多数犯罪人在决意实施犯罪行为之前都会有一个激烈的思想斗争过程，甚至是长时间的思考和准备。

（五）犯罪的具体准备

犯罪决意下定之后，犯罪主体也未必立即进行犯罪行为的实施，尤其是那些预谋犯罪和有组织犯罪，大多经过相当时间的充分全面的准备，甚至是窥测被害人或者被害目标的动向，以确定最佳的犯罪时机。

犯罪预备是对将要实施犯罪条件的准备，是犯罪决意的客观表露和犯罪行为的开始。它与犯罪决意有着本质区别，犯罪决意仅仅停留在主观的犯罪意图上，并没有付诸行动，一般不认为是犯罪。而犯罪预备或者犯罪准备则不同，是犯罪的开始，根据我国《刑法》第 19 条的规定，应视为犯罪。当然犯罪预备或者准备仅仅存在于一定类型的犯罪当中，即故意犯罪，过失犯罪并无预备可言。犯罪准备常常表现为如下过程：

1. 准备犯罪工具。
2. 学习和实验犯罪技术、方法和手段。
3. 收集犯罪情报，包括观察踩点、打听询问、收集资料及有关情况等。
4. 排除实施犯罪的障碍，如事先换锁、开门窗等。
5. 建立犯罪组织、网络犯罪人员。
6. 制订犯罪计划和方案。
7. 行动前的安排、部署和分工等。

① 许章润．犯罪学（第二版）[M]．北京：法律出版社，2004：92.

（六）犯罪行为的实施

犯罪行为的实施，也称为犯罪行为的实现，是指犯罪主体通过实施具体的危害行为加害于被害对象的一种行动过程。

犯罪行为的实施一般均受原定计划的支配，一旦犯罪目的达到，犯罪行为即达终点。犯罪动机得到满足，犯罪决意也随之消灭。如果犯罪行为实施没有成功，犯罪主体有可能继续寻找机会，再次实施犯罪。

至于犯罪主体采取什么样的方式实施犯罪行为，则要受到其年龄、职业、性别、体力、思维方式、周边环境和机遇等条件的限制，甚至受到情绪、技能、习惯行为方式和意志的影响，犯罪动机和犯罪行为之间没有一个固定的模式，甚至同一个犯罪动机也不一定采取同样的犯罪行为方式。另外，犯罪动机与犯罪行为之间有时可能会出现循环往复的现象。①

综上所述，在生理因素的作用下，犯罪心理形成、犯罪动机的形成、犯罪决意的形成以及犯罪准备和犯罪实施等阶段会形成一个整体的犯罪过程或者链条。

---

① 李晓明．犯罪学[M]．北京：中国人民公安大学出版社，2012：150.

第三章　犯　罪　人

“唯物主义的社会学者把人与人之间一定的社会关系当做自己研究的对象，从而也就是研究真实的个人，因为这些关系是由个人的活动组成的。”①犯罪是由具体的人实施的。要预防和治理犯罪，就必须要研究犯罪行为的主体——犯罪人。根据犯罪行为与犯罪人之间的这种因果联系，对犯罪人进行全面研究，就可以在总结个别人的犯罪行为产生的原因和性质的基础上归纳整理出产生犯罪的一般原因从而说明因犯罪人的特殊变化导致犯罪程度、犯罪结构、犯罪特性和犯罪动态的变化规律。挖掘和把握住这些规律性，就会使我们在同犯罪现象作斗争中由盲目、被动性，走上自觉、主动。犯罪预防在很大程度上表现为对于犯罪人的预防。现代犯罪学始于对犯罪人的研究，并从研究犯罪人中发展起来。关于犯罪人的情况及其本质的认识，对于整个犯罪学研究及其理论体系的建立都具有基础性意义。

第一节　犯罪人的概念

一、各国学者对犯罪人概念的表述

各国学者从不同的角度对犯罪人进行了广泛而深入的研究，对究竟什么是犯罪人也有各自不同的观点。

(一)刑事法律意义上的犯罪人概念

这种概念，实际上等同于各国刑法上对犯罪主体的界定。以意大利刑法学家贝卡里亚为代表的刑事古典学派认为，人之所以成为犯罪人，在于他实施了刑法所规定的犯罪行为，行为是识别犯罪人的标志，而刑法对犯罪行为的规定则是识别的前提和基础。当代美国一些学者将犯罪人定义为“违反刑法，应受刑事处罚之人”，“犯罪人是被逮捕并被起诉和判刑的罪犯”、“是被刑事法庭宣判为罪犯的人”。法国犯罪学界持“古典犯罪人”观点的人认为，犯罪人就是实施了刑法所规定的犯罪行为的人。依照这种观点，犯罪人的构成在于行为人实施了刑法所规定的、具有社会危害性的、因而应受刑罚惩罚的行为。这实际上是从客观的行为出发来认定犯罪人。前苏联有些学者认为，“犯罪人，即犯有法律所禁止的、应负刑事责任的危害社会行为的人，应当理解为同外部条件和情况结合在一起影响其犯罪行为的社会属性的总和”。②

我国许多学者也从刑法学的角度出发对犯罪人作了界定。例如，《刑法学辞典》上将犯罪人定义为：“实施法律所禁止的、应负刑事责任的危害社会行为的人。”有些学者认为，“犯罪人是具有刑事法律意义特征和犯罪心理学特征的自然人”。其中，“法律特征包括刑事

① 列宁全集(第1卷)[M]. 北京：人民出版社，1984：384.

② [俄]B. K. 茨维尔布利等主编，曾庆敏等译. 犯罪学[M]. 北京：群众出版社，1986：122.

责任年龄、刑事责任能力、危害社会的行为；心理学特征则是指，从行为人的心理过程、个性倾向等心理学角度所表现出的犯罪人特殊心理”。可以看出，这些论述一般是从人的社会性角度出发，根据刑法中有关犯罪主体的概念演化而来。①

（二）社会意义上的犯罪人概念

从社会意义这一角度出发，有些学者将犯罪人概念的外延加以扩大。例如，美国一些学者认为犯罪人就是“违反行为规范，危害社会之人”。法国一些持现代犯罪人观点的学者认为，犯罪人是具有反社会精神状态或犯罪精神状态的人，而犯罪仅仅是这些精神状态的一种外在表现形态。依照这种观点，危险的内在人格或精神状态是犯罪人质的规定。可见，这种观点是以行为人的主观心理态度作为认定犯罪人的标准，若用于司法实践中，则可能导致随意司法，其科学性是很值得怀疑的。其特点是概念的范围广泛，它将具有一般违反社会规范、具有越轨行为的人都包括在自己的研究范围内，因而便于全面研究犯罪的原因；缺点是容易混淆罪与非罪的界限。

（三）标签理论中的犯罪人概念

认为犯罪人就是被贴上“犯罪人”的标签并被公开认定为罪犯的人。这种观点摆脱了以往的从刑事法律或行为的社会危害性的角度对犯罪人作界定的传统方法。他们认为，犯罪是一种法定情形，是立法机关针对某些人的行为所设定的，是法律标定的结果。而犯罪人就是被贴上“犯罪人”的标签，并被公开认定为罪犯的人。美国的坦南包姆、贝克尔等是这种理论的倡导者。H. W. 垦内尔和 J. D. 赫希尔在其所著的《犯罪学原理》中给犯罪人下的定义即是“犯罪人是被社会上掌握法律与政治大权之人贴上犯罪人标签，并被作为一种社会事实予以承认的人”。②

根据这一标准，犯罪人是一种纯粹主观定义的结果，因为犯罪人是否被认定，其标准不是客观行为，也不是行为人的主观心理态度，而在于社会有权者的主观解释。这就意味着在不公正的社会中，可能会出现没有违法者被认为是犯罪人，而已违法者却不被看做是犯罪人的情况。这种观点在一定程度上揭示了资本主义社会的弊病，但也因其浓厚的主观唯心色彩而无法揭示犯罪人的本质属性。

二、犯罪人的概念和特征

犯罪人是指实施了违法犯罪行为以及其他严重社会越轨行为，应受法律和道德责罚的自然人和法人。作为犯罪学意义上的犯罪人，是针对一种社会现象而提出的一个科学术语，其最终目的是为了分析犯罪原因和规律，提出犯罪控制对策。

犯罪学中的犯罪学概念要从以下几个方面来把握：

（一）犯罪学意义上的犯罪人不同于刑事法律意义上的犯罪人

刑事法律意义上的犯罪人，又被称为犯罪主体，一般是指具备刑事责任能力，实施犯罪行为并且依法应受到刑罚惩罚的人。犯罪学意义上的犯罪人的外延均宽于刑法学中的犯罪概念和犯罪人概念。

1. 刑事法律意义上的犯罪人，必须是具备刑事责任能力的人

刑事责任能力是指行为人辨认和控制自己行为的能力。辨认能力是指一个人对自己行为

① 魏平雄．犯罪学[M]．北京：中国政法大学出版社，1989：70.

② Henry W. Mannle and J. Darid Hirschel. Fundamentals of Criminology，1988，8.

的性质、意义和后果的认识能力。控制能力是指一个人按照自己的意志支配自己行为的能力。对于一般公民来说，只要达到一定的年龄，生理和智力发育正常，就具有了相应的辨认和控制自己行为的能力，从而具有刑事责任能力。但是，在出现疾病的情况下，辨认自己行为的性质、后果的能力与自我控制的能力也可能分离。只有辨认和控制自己行为的能力都具备，才属于有刑事责任能力。因年龄、精神状况等因素而不具备刑事责任能力的人，不能成为刑事法律意义上的犯罪人。而犯罪学意义上的犯罪人，既依据刑事法律的规定，又不完全受刑法规定的限制。不仅包括具备刑事责任能力和达到刑事责任年龄的刑法所规定的犯罪的人，而且包括实施犯罪或危害社会行为的精神病人和变态人格者，达到送交工读教育或少年收容教养年龄、实施了违法犯罪行为或者越轨行为的未成年人。

2. 刑事法律意义上的犯罪人，必须是实施了犯罪行为的人

而犯罪学意义上的犯罪人，则不仅包括实施了犯罪行为的人，也包括实施一般违法行为的人，甚至还包括具有不良行为的人。那些不属于法定犯罪的其他严重违法和越轨行为，其发生的原因和心理机制与法律意义上的犯罪行为不存在质的区别；从病源学上讲，精神病以及变态人格的发生与法律意义上的犯罪行为的发生在文化背景上可能具有同源性，因而，犯罪学理论中关于社会改革和预防犯罪的建议对于防止和减少精神病人以及变态人格者的出现，同样适用。犯罪学中的犯罪人不仅包括触犯刑律应受刑罚处罚的刑事法律意义上的犯罪人，而且包括一定范围内实施违反治安管理行为以及某些其他行政、经济、民事违法行为的人或者实施了吸毒、卖淫、通奸、同性恋、乱伦等越轨行为应受法律和道德责罚的人。

3. 刑事法律意义上的犯罪人，必须是依据刑法规范应受到刑罚惩罚人

而犯罪学意义上的犯罪人，则不仅包括应受刑罚惩罚的人，也包括应接受教育改造及其他矫治措施的人，还有其他虽然没有受到处罚却应当受到处罚“实际的”危害行为人，比如没有被揭露的“白领犯罪”和各种没有受到处罚的有社会越轨行为的人等。行为人在实施危害社会的违法犯罪行为之后，到被采取矫治措施矫治好之前，被认为是犯罪人。行为人只要实施了危害社会的违法犯罪行为，不论其是否已被逮捕、起诉、判刑或是否已被采取其他矫治措施，均不影响其犯罪人身份的构成。犯罪学中的犯罪人，不仅包括经正当审判或者行政程序而受到一定处罚的“已决犯”，而且包括尚未受到追究的“未决犯”。

刑事法律意义上的犯罪人，是应对其犯罪行为承担刑事责任的主体；而犯罪学意义上的犯罪人，则是为了分析犯罪原因、规律及其防治措施而提出的一个科学术语，只能用于犯罪学的研究。“犯罪人”概念较之刑法学上的“犯罪主体”概念在外延上已有所扩展，这种扩展是由犯罪学的学科性质和特点所决定的，即犯罪学不是一门规范法学，它的任务不是进行规范注释和探讨法的适用，而是采取一种批判性态度，对现实社会以及现行法律和司法制度加以审视和批判，并就社会政策和法制建设等问题提出设想和建议。因此，犯罪学在犯罪以及犯罪人等概念的使用上不可能也无必要因循于刑法规定。在概念的内涵和外延的解释方面后者更灵活一些，范围更广泛一些。

(二) 犯罪人是外显的反社会行为的实施者

没有实施违法犯罪行为，就不成其为犯罪人。犯罪人首先是实施了某种危害社会行为的人，行为应是犯罪人定义的基本出发点。这里所谓危害社会的行为，应做广义的理解。它既包括实质的刑法意义上的犯罪行为，也包括一般的违法行为，还包括那些类似刑事犯罪的越轨行为以及某些不良行为。这些行为共同之处即都是一种违反某种社会规范的行为，差别只是在所触犯的规范层次上，有些是法律规范，有些则是基于社会的道德、习俗而形成的一般

规范。由于行为人的这种违规性行为，而使社会遭受各种程度不同的危害。①

实施了反社会行为，是“犯罪人”这一特定身份的“外在标志”。不能用某些生物学或遗传学方面的个人特征去说明和解释犯罪，将某些人看成是先天或内心注定要实施犯罪的“犯罪性个人”。龙勃罗梭的犯罪人类学派的犯罪人概念是生物性的，“天生犯罪人”②的观点，无疑应当抛弃。只有实施了外显的反社会行为，即严重破坏社会法律秩序、伦理秩序以及政治秩序的行为，是“犯罪人”这一特定身份的“外在标志”。只有根据人的行为，才有可能涉及行为人的心理状态，也才有可能对犯罪人进行认定。如果没有这一“外在标志”，即使某个人在内心充满了反社会情绪，也仍然不能被称为“犯罪人”。

（三）犯罪学意义上的犯罪人既是具体的又是抽象的

1. 犯罪学意义上的犯罪人是具体的

对犯罪人的研究是“对社会中的人的研究的个别情况”。③ 犯罪行为同我们社会中极大多数成员的行为有着质的区别。犯罪人的特征是他的行为带有社会危险性，这就必须弄清楚个人的哪些特点与形势的影响结合起来导致实施犯罪，以及这些特点是怎样形成的。构成具体个人本质的社会特质是同人的社会意识的性质和水平以及他的社会观点和全部内心精神世界的性质联系着的。④ 说它是具体的，是指它具有一系列生理学、心理学和社会学特征并是可加以经验描述的具体的犯罪行为人。在犯罪学中，犯罪人是一个供科学“解剖”的标本，可以被具体化或者分解为有关生理、心理和社会学特征的一系列经验数据和资料，这些经验数据和资料的总和，或者说由这些经验数据和资料所描述的犯罪人，是犯罪现象的内容之一。对评价个人有着重大意义的是个人对各种社会价值和现实的各个方面，对社会、社会的思想和准则，对劳动、公民的义务、集体、家庭和其他周围的人们以及对自己等的一系列态度。构成信念、思想、一系列价值和动机的最深刻、最明了、最稳定的态度表现着个人的倾向性。

犯罪学家不是“一般地”对个人的特性感兴趣，而是“具体到”：这些特性是促成犯罪行为的，还是阻止犯罪行为的。应从精神上、心理上的消极特点的产生及其转变为个人的倾向性和动机，以及将个人纳入反社会行为的角度，来彻底研究个性的形成。总的来说，只有在对个人的一切社会属性及其表现、它们的相互关系，包括肯定的社会属性和否定的社会属性的“比重”进行研究的基础上，才能对个人作出正确的结论。正是根据个人属性的总和、它们的结构和相互关系，才得出关于犯罪人的最完整的认识，这在很大程度上有助于理解犯罪行为，恰当地评价犯罪行为及其原因与动机，从而针对个别情形和一定类型犯罪行为制定出预防和改造措施的原则。

2. 犯罪学意义上的犯罪人又是抽象的

犯罪本身，按其实质是一种社会现象。它不可能用个人的个别特点加以说明。“一个人

---

① 康树华主编．犯罪学论[M]．北京：北京大学出版社，1994：134.

② 龙勃罗梭的犯罪人类学理论就认为有生来注定必然要犯罪的人。他在解剖意大利监狱的大盗维莱拉的尸体时，发现该犯头颅的枕骨部，有一个明显的凹陷处，他把它叫做枕骨中窝，其位置与低等动物该处的一样。接着，龙勃罗梭又针对死刑犯做了一系列的实验，最终得出结论认为，罪犯的天性是一个返祖的人，身上再现了原始人类和低等动物的惨忍本能。在龙勃罗梭看来，犯罪人就是由遗传本能决定必然要犯罪的人。

③ 参见 A. A 盖尔岑仲．刑法与社会[M]．莫斯科：莫斯科法律书籍出版社，1970：139.

④ 马克思恩格斯全集(第1卷)[M]．北京：人民出版社，2008：270.

的发展取决于其他一切人的发展。”①“人的本质并不是单个人所固有的抽象物，实际上，它是一切社会关系的总和。”②说它是抽象的，是指对它可加以一般抽象和概念性把握，这种一般抽象和概念性把握在经验研究的基础上进行，反过来又对经验研究具有指导作用。

犯罪人是具有某种特殊犯罪心理的人。行为人的危害行为不是无缘无故产生的，它同行为人的心理特征、个性倾向有至关重要的联系。犯罪人区别于正常人的一个重要方面就在于他的反社会的精神状态（又称犯罪精神状态）和反社会的人格。这种犯罪心理可能表现为不理解和不愿意接受并服从社会生活的共同准则不愿意将社会规范的约束视为其生活的正常组成部分；也可能表现为对社会公德、公共习惯的蔑视，并公然与之对抗并破坏它。但是，值得强调的是，这种反社会的精神状态不是先天的，而是在后天各种因素影响下逐步形成的。犯罪学上使用所谓“检查组类”研究个人。这是指将犯罪人的行为符合我们社会要求的人的组类材料进行对照比较，以便查明犯罪人总的有些什么样的“变动”和“变形”。

上述属性的结构和内容要求更详细地加以研究，并分门别类进行分析。但是，必须先确定犯罪学上研究犯罪人的等级。可以分为三个基本等级：单个的，就是具体犯罪主体；组合的，就是犯罪人的不同类别和类型；概括的，就是犯罪人的一般概念。按照上述每一个等级总括的概念，犯罪人的特征的范围和内容将是不同的。具体的犯罪人的概念要比可以把该犯罪人归入的那个类别（类型）犯罪人的概念包含着更多的特征，因为后者按其实质是对个别人的许多个性和特点进行某种抽象的结果。同时，在某种意义上说，有些类别的犯罪人（如杀人犯、放火犯）的概念要比具体犯罪人的概念深刻，因为它包含了此类犯罪人最典型的社会特点和社会属性。所以，在解决犯罪学预测、规划和拟定预防的基本方法的任务时，这种概念有着特别重大的意义。犯罪人的一般概念所拥有的只是最低限度的特征的总和。这些最低限度的特征是一切犯罪人所固有的，并表现为实施了具有危险和应受到刑事处罚的行为。

分等级的研究方法有助于区分对犯罪人的犯罪学研究的任务、范围和方法。当区分以下各项研究：（1）解决犯罪原因、犯罪人分类、预防犯罪体系和措施有效性的标准等犯罪学的理论问题；（2）分析犯罪状况的方法和实际部门同犯罪作斗争的措施；（3）订立规划和组织某个地区、部门或个别组织在一定范围内同某个犯罪现象或某种类别犯罪作斗争；（4）消除具体犯罪的原因和条件，进行个别预防。

（四）犯罪人既包括自然人，也包括法人

过去，我国的刑事立法和传统刑法理论对法人能否成为犯罪主体的问题持否定态度。1987 年 1 月的《海关法》和 1988 年 1 月全国人大常委会关于惩治走私罪和关于惩治贪污罪、贿赂罪的两个补充规定中，开始承认法人可以成为走私、行贿、受贿等几种犯罪的主体。在 1997 年刑法修订以前，我国刑法理论界长期存在法人能否成为犯罪主体的争论。修订后刑法明确地肯定了法人犯罪的存在。

犯罪人既包括自然人，也包括法人，但是犯罪学中的犯罪人研究始终是以犯罪自然人为基本标本的。其原因之一是法人犯罪行为最终须由自然人来策划和实施。关于犯罪自然人的结论同样适用于犯罪法人。但是，犯罪法人有区别于犯罪自然人的独有特征，犯罪学也应当予以适当的注意和揭示。如此做法将拓宽犯罪学研究的领域，丰富犯罪学研究的内容，有利于犯罪的预防和治理。

---

① 马克思恩格斯全集（第 8 卷）[M]. 北京：人民出版社，2008：515.

② 马克思恩格斯全集（第 8 卷）[M]. 北京：人民出版社，2008：5.

第二节　犯罪人的本质属性

犯罪学是认识人以及社会的一个独特视角。人来源于动物，并且迄今还带有动物性即自然属性的一面。“人来源于动物界这一事实已经决定人永远不能摆脱兽性，所以问题永远只能在于摆脱得多些或少些，在于兽性或人性的程度上的差异。”①作为自然界的产物，人具有生物性的特征，人是从动物进化而来的，人既脱离了兽性，又没完全摆脱兽性。“兽性”和“人性”分别是指人的自然属性和社会属性。“人性应该是感性与理性的互渗，自然性与社会性的融合。这种统一不是二者的相加、凑合或混合，不是‘一半天使、一半魔鬼’，而应是感性(自然性)中有理性(社会性)，或理性在感性中内化、凝和、积淀，使两者合二为一，融为一体。② 这也就是说，在人的任何行为和活动中，都将同时包含着人的生物性因素和社会性因素这两种因素的共同作用，二者交融互渗，很难截然区分。

一、自然属性

人类是怎样的一种存在？并且应该是怎样的呢？人作为一种生物，必然受生物规律的制约，他可以被视为自然界物质运动的一种高级形式，化学进化到一定阶段所出现的被称为生命的物质。在生物分类学上，人属于脊索动物门—脊椎动物亚门—哺乳纲—灵长目—人科，在这一点上，人与其他动物相同，无法摆脱自然界及其必然性。作为生物的人，自我调节功能、自我复制功能和选择性反应三者缺一不可，它们的相互结合与联系建构了生命系统，使人在生物学规律的作用下，实现着孕育、出生、成长、繁殖、衰老、死亡的生命过程。虽然人的主体性认知使人类具有凌驾于万物之上的优越感，但作为一种生物，人类一方面受生物自然法则的制约，适应于自然规律；另一方面受具体个人的生物存在制约，顺应于生理现实，并作为生物体实现与自然环境的适应过程。人类发展的自然选择和生物进化，使人具有了由生物性属性产生的第二个特征，即适应性。同时，由于遗传的作用，生物的人可以表现出不同的生理基础，这种差别不只反映在个体身上，还反映在不同人种甚至不同民族之间。③ 人类作为一种动物，并具有种种本能的欲望。④ 需求指人的需要与诉求，是人的本能反映。人的本能通常包括食欲、性欲、自卫、繁衍、交往等五种生理本能。这些既是人心理活动产生的基础，也是人的行为条件。“推动人去从事活动的一切，都要通过人的头脑，甚至吃喝也是由于通过头脑感觉到的饥渴引起的，并且是由于同样通过头脑感觉到的饱足停止。”⑤

意大利实证派犯罪学坚持“生物人”假设，以自然科学方法对犯罪人及其犯罪原因进行实证性研究，提出了带有明显的遗传决定论色彩的“天生犯罪人”论等犯罪人类学和犯罪生物学观点，并进而主张通过矫正和治疗来实现对犯罪人的特殊预防。实证派犯罪学者高尔认

① 马克思恩格斯全集(第20卷)[M]. 北京：人民出版社 2008：100.

② 李泽厚. 批判哲学的批判——康德述评[M]. 北京：人民出版社，1979：423.

③ [美]小拉什·多兹尔. 仇恨的本质[M]. 王江译. 北京：新华出版社，2004：137.

④ [英]汤因比、[日]池田大作. 展望二十一世纪——汤因比与池田大作对话录[M]. 荀春生、朱继征、陈国梁译. 北京：国际文化出版公司，1985：1.

⑤ 马克思恩格斯全集(第4卷)[M]. 北京：人民出版社，2008：288.

为人类每一个癖好都可归因于某一部分大脑，而某一特殊癖好的发展也可以从相应部分颅脑的构造识别出来。按照这一理论，每一种感情、每一个癖好，无论是好的还是坏的，都可以在头盖骨上找出特定的“隆起部位”。然而，高尔从来没有想过要将犯罪人描述为一个退化者。它实际上是一种依据劳弗森、费鲁斯、卢卡斯、莫雷尔、德斯宾、汤姆森、尼科尔森和维尔吉利奥等人的研究而提出的思想。龙勃罗梭坚信在犯罪人身上发现的特定生理特征现象提供了将罪犯作为一种人类学类型对待的基础。他所说的特征主要包括：头盖骨或面部不对称，头部较小，耳朵形状异常，没有胡须，面部肌肉神经质收缩，凸颚(即颚骨)的伸长、突出和倾斜，瞳孔大小不一致，鼻子扁平或畸形，前额后塌，脸过长，颧骨过分发达，眼睛与头发呈灰色。这些特征中没有一个是永恒不变的，然而，通过对犯罪人与非犯罪人进行比较，可以证明在前者中它们的发生率较高。①

20 世纪 70 年代，一些学者提出了犯罪人具有遗传学所揭示的染色体异常现象，他们认为这些人身上，在第 46 号染色体下还有多余的 47 号染色休“Y”。一些学者断言，这些人预先就有使他实施暴力性犯罪的因素。而另一些学者则认为，这些人倾向于过流浪生活和纵火。许多资产阶级学者还提出了种族主义的论断，认为“染色体的犯罪人”在某些种族尤为广泛。苏联所进行的重点抽查的研究表明，在犯罪者和实施社会危险行为的精神病患者中间，染色体异常现象的普及程度相当于 0.3%。而且，这些异常在多数情况下，是在确认是无责任能力的人身上发现的。所获得的数字证明：没有根据把染色体异常现象看作是犯罪的原因。②

犯罪分子实施犯罪行为，体现了其对于法律所要保护的价值的否定，对于法律规范的蔑视。这种否定和蔑视的态度体现了犯罪行为实施者的价值倾向和行为选择。这要求犯罪行为的实施者需要有价值判断能力和行为的选择能力。刑法明确规定对于没有辨认和控制能力的精神病患者和未成年人，由于辨认和控制能力的缺失而无需为自己的行为负刑事责任。古典派犯罪学坚持“理性人”假设，因而以思辨的方式对犯罪行为作出自由意志论的解释，进而主张通过刑罚报应或者刑罚威慑来实现对犯罪的一般预防和遏制。只有当犯罪行为不完全是被迫的时候，或者说并非是被遗传或环境所决定的时候，社会和国家才有理由追究犯罪人的法律或者道义责任，这种追究以及随之而来的种种矫正措施才可能是有效的。如果生物性的缺陷使人们丧失接受并遵守法律的要求和自觉控制自己行为的最低必要水平的能力，那么他就被认为是无责任能力的人，而他的社会危险行为则不认为是犯罪。可见，由于生物性原因而产生的行为不包括在古典派犯罪学的概念之中，因为它缺乏犯罪的要件——罪过。

但是，不被追究刑事责任的人，不是不被犯罪学研究的人。犯罪学中犯罪人的外延是要大于刑法学的。刑法在规定精神病患者因为没有罪过而不构成犯罪的同时规定了在必要情况下对精神病患者的强制医疗制度。刑法在规定了 14 周岁以下的未成年不负刑事责任的同时，规定了其监护人的管理和教养义务。在特定的情况下，不负刑事责任的未成年人的监护人可能构成不作为的犯罪。生物性的病变或者缺陷，能导致行为人不受到刑事处罚。但是，处于社会秩序的维护考虑，这部分没有受到刑事处罚的人，会受到社会给予的特别的关照，这种关照可能是疾病的治疗，也可能是人身自由的限制，以实现对于社会正常秩序的维护和具有

---

① [意]加罗法洛. 犯罪学[M]. 北京：中国大百科全书出版社，1996：72~73.

② [苏]B. K. 兹维尔布利、H. Φ. 库兹涅佐娃和 Γ. M. 明科夫斯基. 犯罪学[M]. 曾庆敏等译. 北京：群众出版社，1986：116~117.

生理缺陷人的人权保障。在犯罪学中，犯罪人是不要求要有罪过的。从这个意义上讲，生物性因素可以直接导致犯罪。所以，精神病患者以及不满14周岁的未成年人也是犯罪学的研究对象。这部分人的生物属性占据统治地位，可以与一般的人相分离考虑。

以上所述的是极端的，根本不要求相关人员负刑事责任的情形。对于需要负刑事责任，或者由于生理上的缺陷，需要负部分刑事责任的人而言，犯罪人不是一个可以被简单在犯罪行为发生之前就可以被分离的一个群体。个体遗传方面的特点、生理素质、大脑神经系统类型①等生物性偏离因素，对一个人的心理和行为是有一定影响的。没有完全丧失责任能力的精神病人，或者14到16周岁之间的未成年人。他们的危害社会行为可以构成犯罪，但可以从轻和减轻处罚。我国刑法规定了对于过失犯罪处以相对较轻的处罚。限制刑事责任能力人是有一定的辨认和控制能力的，这种辨认和控制能力可以避免其实施犯罪行为，因此其在实施了犯罪行为时，需要受到刑事处罚。生物性的偏离，能够促进受不良环境影响的人的消极特性的形成，并影响冲突形势的产生。这部分人不能被作为当然的犯罪人看待，有区别地对待教育和交往能够抵消可能产生的生物性偏离的后果。

与动物的生理特征不同，人是社会化的动物，人的素质、神经系统的类型、身体发育特点、甚至疾病等，都是长期在人类的社会生活实践中演变、发展的，要受到社会因素的影响②。人虽然有着某种生物遗传本能和冲动，如饥饿本能、性本能等，但就人的独特性来说，真正能够将其与其他动物区别开来并决定其行为方向的是人的社会属性。人的基本需要以及人的本性是“中性的”，人的破坏性以及那些恶毒或残酷的行为是基本需要受到挫折或威胁而出现的继发性相反应性的后果。③人类产生以来，人的生物性特征变化很小，很慢，但人的犯罪行为和社会犯罪现象却变化很大，很快。这表明犯罪人的生物性不是主要的，它只不过作为条件来影响犯罪。

所有致力于某一罪犯生理研究的人都不得不得出这样一个结论，即罪犯是一种被分离出来的人。主张“先天犯罪论”、“遗传决定论”等，都是把生物性因素的作用过分突出了。人不是生下来就是犯罪分子，而是在一定条件下才变成犯罪人的。在犯罪这种社会行为中有个人所共认的突出特点，即集中表现出对法律所保护的道德价值采取了有意识的否定态度，也即对法律所规定的禁令采取藐视或对抗的态度。陷入犯罪的不是特定的人群或种群，同时，任何已经实施犯罪行为的人也都有重新向善、回归社会的可能。在严重影响个人整个品质和他诸如天资、情感、身体健康等特性的形成过程时，生物属性“只是打下一个底子，只是对个人的某些特点的强度发生作用，它并不涉及意识内容的质的方面。这些方面是由人参加社

---

① 美国的心理生物学家主要研究脑细胞、神经系统和心理过程之间的关系。犯罪心理学家认为罪犯，尤其是暴力罪犯都是心理变态者，这些心理变态者的攻击性、危险性和反社会性很强，他们对自己的行为不加思考而且对他人漠不关心。这种心理变态形成的原因是多方面的。其中很重要的一个方面是生物学方面的，汉斯·艾森克等人认为心理变态者的神经系统与外界环境绝缘，这些人难以调整，特别能够忍耐痛苦，只寻求强烈的身体刺激。还有的犯罪心理学家认为心理变态与自主神经系统失调有关，自主神经系统调节与情感有关的身体活动，并且可以通过心率、血压、呼吸、肌肉张力、瞳孔大小以及皮肤电阻等来测定；也有人认为心理变态是由于边缘抑制系统功能失调引起的。这两种观点都认为心理变态者对于正常人感觉兴奋、紧张和恐吓的刺激反应不强烈，对各种惩罚的反应也不强烈。

② 比如，我们很明显地感到现在的小孩子长得快、聪明、成熟得早，这是社会发展长期影响的结果。

③ 马斯洛．动机与人格[M]．北京：华夏出版社，1987：第6章、第9章．

会历史活动的过程决定"。① 生物性偏离对行为的影响是通过个人的社会属性间接地表现出来的，这种影响只是推动或者限制导致犯罪行为的直接原因的出现，这种作用要通过心理活动作为媒介。生物性方面对犯罪人的影响只涉及某些特征，如强度、速度的改变等，并不涉及犯罪人的意识及其内容，因此只起某种条件作用，对犯罪人来讲是非主要的。相反，社会性方面对犯罪人的个性、社会意识、不良品德等起决定作用，具有改变质的意义。这种影响实际上主要表现在实施某些暴力犯罪、过失犯罪、未成年人犯罪、精神病人和累犯所实施的犯罪机制。对于其他犯罪来说，根据对犯罪原因、动机机制的大量的调查研究结果，生物属性没有什么实际意义。社会性与生物性相对犯罪人而言，处于不同层次、不同水平的作用地位。

二、社会属性

人固然有着某种生物遗传本能和冲动，但就人的独特性来说，真正能够将人与其他动物区别开来并决定其行为方向的，是人的社会属性。分析犯罪人的本质特征，首先要对人的基本属性进行认识。所以，我们要先考察一般人的社会属性，再考察犯罪人的反社会性。

(一) 人的社会属性

正是由于社会的存在，每个具体的个人生活在不同的社会环境中，扮演不同的社会角色，受制于不同的社会关系，经历不同的社会化过程，实现不同的社会化结果。长期以来，我们一直将社会性称为人的最本质的属性。

1. 群体性

"一个人的发展取决于和他直接或间接进行交往的其他一切人的发展，彼此发生关系的个人的世世代代是相互联系的，后代的肉体的存在是由他们的前代决定的，后代继承着前代积累起来的生产力和交往形式，这就决定了他们这一代相互的关系。"②任何个体只要存在于社会环境中，都必然受制于各种社会关系，任何个体既是关系的构成成分，也是关系的影响成分。人的社会性意味着不存在完全为所欲为的个体，我们在社会现实中的任何行为都要受到各种关系的限制，受调整关系的各种规范的制约，在实现个人目的时无法忽视关系，比如血缘关系、人际关系、责任、角色地位、权利义务等；不同的关系结构对个体而言有着不同的意义，任何个体行为都是与某一社会关系交互作用的结果；人一生的发展，无非是在建立、维持、解构、加入各种不同的社会关系，并由此实现个人的使命。

2. 学习性

法国学者堵尔德于 1890 年所著的《模仿规律》一书认为，(1)人们先接触密切，便可以互相模仿；(2)低劣者模仿优越者；(3)若两个互相排斥的东西同时流行，其中一个将被另一个取代。他认为，犯罪也是由这些模仿规律所支配。"跟任何其他物种相比，人类的生存更有赖于习得的行为模式。人类没有这样一种本能，即通过遗传而确定如何去具体行动的指令。"③人降生以后是十分无能而软弱的，必须经过漫长的学习过程即社会化过程才能获得独

---

① 杜比宁．人的发展中的生物因素和社会因素[J]．哲学问题，1977(2)：56.

② 马克思恩格斯全集(中文版，第 3 卷)[M]．北京：人民出版社，2008：515.

③ 社会学基础：观点、方法、学说[M]．孟还、卢汉龙、费涓洪译．北京：上海社会科学院出版社，1986：2.

立生存的能力。“我们创造了文化，文化反过来又造就了我们。”①学习理论是行为理论的一个分支，遵循有关模仿规律。行为理论认为人的行为是通过学习得来的，正常的行为是这样，异常的行为也是如此。

人的个体存在及其亲身经历和社会生活经验，对个人的成长也发生影响，这一切都是在学习、劳动、生活与人际关系间形成的联系和关系的具体内容所决定的。人在这种环境中由于教会的普遍联系，彼此发生影响，外部社会因素决定其内心精神世界，而成为个人的重要组成部分，他根据自己的思想反映社会现实的各种表现，形成自己的人生观和价值观，决定了他在具体场合对其行为的选择。美国的塔德·萨瑟兰和伯吉斯·萨瑟兰，他们提出了“不同接触”理论，在被分化的不同社会组织里，犯罪是通过接触犯罪的行为而被学得的。而且其学习过程的大部分是在通过与亲近的人的交往中进行的，也就是说，一个人走向犯罪的欲望、动机、态度及犯罪技术等，受接触犯罪者的程度制约。因此，在许多违法行为多发地区，由于同犯罪分子的接触机会多，学习犯罪的机会也多，因此，发生犯罪的可能性就很大。

美国的心理学家文伯特·班度拉提出了犯罪的社会学习理论，他认为犯罪行为，尤其是暴力行为不是与生俱来的。而是通过行为模式化这样一个过程学习得来的。在现代化社会中，人的行为一般通过三个渠道模式化，一是家庭成员的影响，这种影响最重要；二是周围环境的影响；三是大众传播媒介的影响。此外，行为者的行为模式还可以通过对自身犯罪行为或错误行为结果的经验而形成，这是一种强化学习。也就是说，通过体验行为的不同结果，个体逐渐地熟谙了在何种场合下应做何种反应和采取何种相应行为。班度拉还认为，犯罪行为的模式并非只凭经验获得，还受人的神经生理机制的影响，它限定反应的类型和受影响的速度。学习理论否认犯罪是行为人心理或心理气质异常的产物，而是后天与人交往，相互影响形成的。所以，人不存在所谓攻击性本能，人的攻击行为是学习来的。

3. 理性、自我意识和自由意志

犯罪人不仅具有本能和直觉，而且具有理性、自我意识和自由意志。“通过实践创造对象世界，即改造无机界，证明了人是有意识的存在物……通过这种生产，自然界才表现为他的作品和他的现实。”②人所特有的明辨善恶、自我省察和自决自律的能力，使人成为自主的、有为的和有道德的人，在环境制约面前人们有能力按照自己的意志作出相对自由的选择。人们的种种欲求总是要在理性的“过滤”和监督下，并通过一定的方式(即文化)来得到满足，而不再是本能的赤裸裸的表达。

人类活动的动力源泉总是向有利于人的方向流动。所谓有利，就是为了得到自然的选择和认可，这种根本上的利益，就是人的目的。同时，我们依据社会、自然、条件、情境等情形调节或抑制自己的欲望、行为本身，都是以某一目的或愿望为中心的，没有目的性的行为是不存在的。从根本上看，作为生物的人，有适应环境保障生存与发展的目的，同时也有改造环境使生活质量不断提升的目的；作为社会的人，有适应社会以及提高自己，通过自我实现应对社会关系的目的；作为思想的人，有通过调节生物需要，判断外部环境，使自己能够更好地适应环境，使环境能够最大程度上服务于自己的目的。可以说“人类的心理是一个适应性的系统”。它根据目标选择行为，使其适应特定的场合、特定的情境。而不同的目的，

① [美]伊恩·罗伯逊. 社会学(上册)[M]. 黄育馥译. 北京：商务印书馆，1991：69.

② 马克思恩格斯全集(中文版，第42卷)[M]. 北京：人民出版社，2008：96~97.

直接影响行为社会后果的差异，虽然人的具体目的千差万别，但它并非是由生物性决定的必然性结果，而是由先天生物学基础和后天社会环境在已经建构的心理与行为基础上，在个体与情境的相互作用过程中逐步建立起来的。在思想人的层面上，个体之间在上述内容方面不仅有所差别，还在交互作用的过程上有很大区别。

把个人的发展寄托于同他直接或间接进行交往的其他一切人的发展之上，势必严以律己奉公守法，遵守社会公德，始终同社会一起前进，时时受到国家法律的保护；反之，把自己的发展凌驾于其他一切人的发展之上，他就会经常同社会处于尖锐对立的地位，为行一己之私，不惜与他人冲突，结果则可能触法犯罪，成为犯罪人。

(二)犯罪人的反社会性

人的本能以及类似于本能的某些基本需要、人的某些生理因素是“中性的”，它们只能以社会文化因素以及人的个性心理因素为中介而发生作用，它们对于犯罪行为的影响仅仅在于人的肉体存在为人的行为以及心理的发生提供了物质基础，预设了发展潜力。在犯罪行为的发生中真正活跃并起直接推动作用的，是社会文化因素以及人的个性因素。犯罪现象、犯罪的种类、犯罪行为的具体因素是社会性的，犯罪人不是生来就是的，而是在具体社会条件作用下才逐渐形成的。

犯罪人的反社会性，是指犯罪人的人格所呈现出的与社会规范和价值准则相悖的品质或者倾向。与亲社会性相反，反社会性是一种恶的、破坏性的人格品质，它是犯罪人选择反社会行为(包括犯罪行为)的内部驱动力量，因而又称“主观恶性”或人身危险性。犯罪行为是犯罪人具有严重反社会性的外部呈现和外在标志。

犯罪人实施的犯罪行为是一种严重的反社会行为，是个人同社会“关系恶化”、相互抵触和彼此的要求发生冲突的结果。家庭教育和生活的缺陷而导致的早期人格的不健全；学校教育或职业培训的不鼓励而导致的初次社会化的障碍；经济、文化、宗教、居住等环境产生的不良影响，使得一些人具有不同于常人的思维方式和行为方式，特别容易从事反社会行为，他们这些人感受不到良心的谴责，对痛苦的反应不强，而且不考虑未来。

犯罪人的反社会性蕴含于犯罪者人格的整体结构之中。犯罪人的人格也称犯罪个性，这是一种严重的反社会人格。犯罪人的反社会性不是指也不完全取决于犯罪者人格结构中的某一种或某几种单个因素的性质，而是取决于具有一定特质的各种人格因素的综合配置，并且表现为这种综合配置的整体倾向。没有固有的犯罪人格，不能完全从原因论的因果关系来解释犯罪人格与犯罪行为之间的联系。犯罪人的标志是他的犯罪行为，而不是他的人格特征。犯罪人的人格结构是一个反社会性与亲社会性的混合体，两种倾向相融而不可分①，并结合特定的外界环境而影响犯罪人的行为选择。从犯罪学理论意义上讲，犯罪人格的研究日显重要。大量的研究表明，人格的偏颇与恶变，对犯罪行为会产生很大的影响；因此，揭示犯罪人格特征，能促进犯罪预测和预防、罪犯改造等工作。实际上，要具体列出犯罪人格结构的一切特征是不可能的。关键是要揭示犯罪人格结构中助长犯罪行为的人格特征，犯罪人反社会性的征表有：

---

① 46岁的覃某是广西南宁人，大他7岁的妻子黄某于2014年底在医院查出了子宫癌。覃某2015年4月出狱后，为赚钱给妻治病，买来汽车干扰器和解码器，来到主城区专门盯着高档车实施盗窃。据他交代，2012年他因盗窃被判刑，4月出狱后重操旧业赚钱给妻治病。目前，警方核实的案件有8起，涉案价值二十余万元。被抓后，覃某对警察表示非常愧疚。

1. 具有错误的信念体系

信念体系，是指人的世界观、人生观、价值观等系统的观念形态。犯罪人理想、信念来源于人的需要，一旦形成，它对人的需要内容、满足需要的手段起着调节作用。个人的价值观，包含着个人对各种社会价值和道德价值以及现实的各个不同方面的态度，这直接关系到个人对待法律的原则、要求和法律保护活动的态度。

犯罪人的理想、信念具有以极端个人主义为核心的特征。对现存社会持极端的否定或敌视态度，接受与社会主流文化相对立的亚文化甚至反文化。不承认这些或那些规定社会成员正当行为的原则(如按劳分配、尊重他人的权利和合法利益等)或者只在实现个人目的范围内承认这些原则；曲解一系列标志着道德价值概念的内容(如友谊、同志间相互帮助等)；以利己主义的个人目的出发确定价值的等级。

犯罪人对待法律以及法律保护活动关系上，一般对规定禁止他们所实施的某类(某些类①)犯罪和给予否定性评价的准则和规范采取无所谓的、藐视的或否定的态度。还有一个有代表性的特点，差不多每个再次被判刑的人都认为对自己的刑罚是过分严厉的。由于具有错误的信念体系，犯罪人对现行社会制度、规范和价值准则会产生强烈的、自觉的对抗或敌视态度，会更加主动地实施反社会行为。在犯罪人的反社会的理想、信念、世界观的支配下，犯罪人的犯罪活动会更加疯狂，更加顽固。理想、信念、世界观低级、畸形发展的需要使动机也具有低级和畸形发展的特点。在犯罪人需要基础上发展形成的犯罪人的兴趣具有低级性、不道德性、不稳定性等特征。他们无视法纪、伦理观念混乱、道德水准低，具有及时行乐的幸福观，损人利己的价值观，亡命称霸、自我显示的英雄观，无政府主义的自由观，亡命江湖的友谊观和低级下流的乐趣观等。

2. 具有歪曲的需要结构或者需要的满足经常处于挫折状态

人的基本需要以及人的本性是“中性的”，人的破坏性以及那些恶毒或者残酷的行为是基本需要受到挫折或威胁而出现的继发性和反应性的后果。② 心理学家认为人类在社会中的需求大致可分为两个层次，低层次的需求(物质和生理的需求)，包括饥饿、口渴、呼吸、睡眠、休息、温度、性欲以及回避痛苦与危险等；高层次的需求(社会和精神的需求)，包括爱情、占有、承认、探索、成功、独立、自我实现、名誉、地位、财产等。正常的需求并不构成违法犯罪行为，在正常欲求受到妨碍时，谋求不正当的补偿性满足的行为就成为违法犯罪行为。另外，当谋求优越(个人的名誉、地位、财产)而对他人进行侵害时，也会发生犯罪行为。犯罪人的个人需要常与社会需要处于对立的状态之中，不可能在合法范围内得到满足，因而满足需要的方式具有明显的反社会倾向。

犯罪人的需要是犯罪活动产生的原动力。犯罪人的动机、兴趣等都是需要的变形，它们的范围和程度是对社会有害的和不合理的。犯罪人的动机具有低级天然动机主导化，高级社会动机时形发展的特点。个体的低级天然动机包括人的觅食动机、性动机、探索动机。个体的高级社会动机包括人的交往性动机和威信性动机。个体活动时可以有多种动机起作用，但各种不同的动机所起的作用有所不同。那种最强烈、最稳定的动机，称之为主导动机。犯罪人动机体系中，天然动机最为强烈、稳定，贪图物质享受的物欲动机，追求性刺激的性动机以及好奇心强烈的探索性动机，成为了经济犯罪、性犯罪的重要的内心起因。部分犯罪人物

---

① 一般情况下，犯罪人对于非其犯罪领域内的规范是遵守的。

② [美]马斯洛．动机与人格[M]．许金声、程朝翔译．北京：华夏出版社，1987：第6章、第9章．

质欲望强烈，对一切现存的物质享受都有极高的占有欲，为得到自己所追求的物质享受可不顾名誉、地位、伦理、道德、纪律、法律。因此，可以说犯罪人动机体系具有天然低级动机主导化的趋势。犯罪人的这类动机呈现畸形发展的特点。在实施贪利罪、贪利性暴力罪、暴力罪、流氓罪和过失罪中间，在成年犯和未成年犯中间，在累犯和初次被追究刑事责任的人中间，他们的需要、兴趣和要求是很不相同的。但是犯罪人满足自己的欲望而不管这些欲望是否合法和可能的要求，用自私自利个人主义来评价这些或那些行为的许可性而公开地或秘密地蔑视和破坏社会公认准则。个人需要层次低级、畸形发展，原始的生物需要多于社会性的需要，低级的物质需要多于高级的精神需要。在犯罪需要基础上发展形成的犯罪人的兴趣具有低级性、不道德性、不稳定性等特征。

3. 自我意识发展欠缺具有不良的性格和情感特征

自我意识发展欠缺。具体表现为以自我为中心或者过于自卑；良心、同情心、羞耻感、责任感、法律意识等内在的自我价值准则很不成熟；自我控制能力缺乏。由于自我意识发展欠缺，他们往往会陷入一种“自我迷失”状态，既不清楚自己的社会定位，又难以对社会及外部环境作出正确的反应和评价，因而难以适应社会。具有不良的性格特征。如高度内倾或高度外倾、冷漠孤僻、自私残暴、虚伪狡诈、贪婪无耻、爱慕虚荣、意志力差等。

以自我为中心。美国的艾孔在其《任性的青少年》中指出，每个孩子起初都是以自我为中心，要求“直接的原始的本能满足而不顾其周围世界”。孩子按正常过程长大，逐渐领悟到这种行为是不能接受的，如果在情感结构中出现障碍，孩子就会长期处在以自我为中心状态。这意味着天生的欲望没有被抛弃，至多是被压抑，致使这些欲望在这种背景下潜伏下来等待机会爆发而获得满足。这种状况被称为“潜在的罪错”，遇到刺激时它就会变成“外在的罪行”。

过于自卑。希利及其妻子希朗纳对少年违法犯罪行为进行了多年的调查，于1936年得出结论：违法犯罪行为来源于“不能得到满足的愿望与欲求的表现”，出现所谓的情绪障碍，即由于本人的素质、家庭、环境等原因，而处于情绪不正常的状态。关于违法少年的情绪体验与情绪特征，主要有：在爱情关系中不能得到满足的那种强烈感情；由于自我表现的愿望，自我满足在儿童期受到损害而产生的异常愿望，以及青春期的冲动和愿望等受到妨碍所引起的深刻感情：在家庭、学校、交友、体育运动等方面出现的强烈不适应感和自卑感；对于家庭的不和谐，以及对于双亲在控制和管制管教中的错误所引起的强烈不满感；对亲兄弟姊妹的嫉妒感，自己被当做继子看待的感情；由于内心深处感到受压抑所引起的不幸、委屈的罪责感。儿童克服自卑感可以通过获得成就与争取优胜的强大力量来完成，但是如果在家庭中存在异常的条件——如娇生惯养或受忽视等，就会在人的一生中染上不适应感和自卑感。

对挫折的忍耐性差。人在根据某种需求发生有目标的行动时，由于内在的、外部的障碍，需求的满足受到妨碍的状态，称之为挫折。在这种情况下，由于需求的强度、障碍的强度、本人的性格等诸种因素的相互牵制和影响，会产生种种反应。处于同样的受挫折的情况下，每个人作出的反应并不相同。有的人能不诉诸不适当的反应方式，而有的人却不能，这就是个人的忍受挫折的能力，也就是对挫折的忍耐性。理想的状态是不做惩罚性反应，不把攻击指向任何方面，而将它局限于小限度或完全忽视它。由于性格上的缺陷，犯罪人往往选择不合理的或进攻性的解决办法，把不满的原因归咎于自己，非难、损伤自己；或者把愤怒指向别人，用身体的、语言的方式对他人进行攻击；或者产生挫折固着反应①，这种反应会导致“无目的的犯罪”，如无目的的放火和杀人。

选择性障碍。个人的心理内部存在着互不适应的“这样或那样”的对立需求，而这种需求处于对立状态时，被称之为心理性冲突。勒温把这种冲突分为下列三种类型：“接近——接近”型，在遇到两个都具有诱惑性的目标时，处于艰难选择的状态。“回避——回避”型，对两个都不愿去接近的目标，而又必须选择其一，为此而感到困惑的状态。“接近——回避”型，一个目标同时具有正负两种吸引力的状态，也就是既要达到有正吸引力的目标，又必须避过有负吸引力区域的状态，例如，某人虽然很想获得不属于自己的财产，但又担心其结果会被捕治罪。因本人内部的原因或外部的障碍，心理上的冲突未获得解决，继续保持下去，以致陷入强烈的痛苦状态，甚至造成不安、恐怖和悲惨的结局。

犯罪人的情感特征，是指犯罪人对外界刺激肯定或否定的心理反应特征，如快乐、愤怒、悲伤、恐惧、厌恶、悔恨等特征，个人的感情特性是由体力、神经活动的平衡性和变动性(气质)、感觉的灵敏性、易受刺激的程度、对各种刺激因素和形势反应的强度与速度、心绪的稳定性和多变性等组成的。犯罪人的情感具有低级性、情境性、易变性、激情性，应激性、偏执性和情感倾向性倒置等特征。犯罪人情感过程的特征表现为；(1)情感低级庸俗；(2)情感不稳定，易冲动，自控能力差，外倾明显，易感情用事等，尤其是青少年最为突出：(3)情感明显二极分化，即在正确方向上自卑，在错误方向上自负；情感不稳定，喜怒无常；(4)情感异常冷酷，缺乏同情心，把自己的快乐建立在别人的痛苦之上。

4. 不良行为方式或生活形式的习癖化

生活方式是一个内容相当广泛的概念，它包括人们的衣、食、住、行、劳动工作、休息娱乐、社会交往、待人接物等物质生活和精神生活的价值观、道德观、审美观等，这些方式可以理解为在一定的历史时期与社会条件下，各个民族、阶级和社会群体的生活模式。在一定的历史时期与社会条件下，生活和行为方式违背了常理、伦理与价值观、道德观、审美观甚至与相关法律法规相左即是不良生活和行为方式。

吸毒。随着城市的日益现代化，吸毒者越来越多。吸毒者大多数骨瘦如柴，身无分文，受到社会歧视，是一种严重不良的生活方式。

长期进入网吧玩网络游戏。网络越来越普及，通过网络进行游戏的网络游戏已大众化。不少青年长期沉迷于网络游戏不能自拔，而进入网吧则是最好的选择，虽然政府已严禁网吧接受未成年人，但一些网吧贪图利益，依旧让未成年人进入网吧，导致许多青少年受害。

赌博成瘾。赌博是用钱物作注以比输赢的一种消极的娱乐活动。当今社会，越来越多的人在工作闲暇之余喜欢和朋友同事三五成群，一起打麻将打扑克。往往有很多人深陷赌博的诱惑，从而无法自拔。那些沉迷于赌桌上输赢于一线之间的赌徒们，往往到最后一贫如洗债台高筑，更有甚者，倾家荡产，妻离子散。赌博成瘾是一种严重不良的生活方式。

酗酒。现在社会进步大，发展也快，人们的生活节奏也极速加快，生活压力也很大，有些人受不了金钱的压迫，每日以酒消愁，以醉抗压，导致家里不和，妻离子散的。随着城市化建设脚步的不断前进，越来越多的人选择汽车这种高速快捷的代步工具作为自己出门的首选方式，但随之而来的交通安全问题也是文明社会永远存在的一个问题。特别是酒后驾车，

① 挫折固着反应，个体在其心理发展过程中，由于所遭受的挫折，而使得心理发展产生停顿。与固着相关的，是偏执性的固着行为，指个体反复做某种无效的动作，尽管反复多次毫无效果，仍然继续，而不能以其他更适当的行为所取代。

危害极大，无论是对自己还是对他人，都是一种极其不负责任的社会行为，是所有人都应该引以为戒的，目前有关部门不断加大对酒后驾车的打击力度，但这种现象仍络绎不绝，是一种典型的严重不良生活方式。

小偷小摸。江苏启东刚满 16 周岁的陈某，从小跟着奶奶长大，8 岁就开始小偷小摸，逐渐养成了偷窃的习惯，心里常常有非常强烈的想占有别人东西的冲动，一天不偷东西就难以入睡。后来父母多次教育，但是奶奶总是以孩子小不懂事为由纵容。长大后他来多次入户盗窃数额巨大，公安机关考虑到陈某系未成年人，对其应以挽救教育为主，他决定对陈某采取取保候审强制措施，孰料取保候审一个月内竟又五次入户盗窃。

个人的行为及其一切社会生活实践是衡量他品质的标志和标准。这就是说，对犯罪人的判断，不仅要根据被询问人(父母亲、同事、熟人)的意见和评价，而且要根据对被调查人在较长时间内的行为的具体事实综合作出评价。

5. 犯罪人的认识特征、智力因素和犯罪能力

犯罪人的认识特征，是指犯罪人在感觉、知觉、记忆、想象、思维等认识过程中对犯罪心理形成和犯罪行为发生的作用特征。犯罪人的认识能力低，观察对象主要是畸形需要所指向的对象，对事物及其发展规律的理解和预见带有严重的片面性和表面性；对道德、纪律、法律规范的认识普遍低下，守法意识淡薄，过高估计自己的力量，过低估计专政机关和人民群众的力量，存在侥幸心理。

犯罪智能因素就是犯罪实施所凭借的智能。列入智力素质的有：智力发展水平、知识范围、生活经验等。国内外许多研究表明，智能低劣者的犯罪率，通常高于智能正常者，许多少年犯、成年犯的智商都低于常人。与智能低劣者最有关系的犯罪是放火和性犯罪。由于智能低劣者不仅容易冲动，而且缺乏对后果的考虑，一旦激起就会随意地纵火。从性犯罪看，由于智能低劣，到成年后难以通过正常的恋爱和婚姻来获得性的满足，又缺乏法律和道德意识，因此在性冲动支配下会发生性犯罪行为。但智能优异者并非不实施犯罪，只是他实施犯罪不同于智能低劣者而已。许多犯罪如诈骗罪、证券犯罪、计算机犯罪等，智商低者是难以实施的。由于思维周密、善于思考等特点，因而实施犯罪时往往先有周密的计划，同时在千方百计消除犯罪痕迹，使犯罪行为不易被发觉。不过，智商高低不同对犯罪确实具有不同的影响，智商低者容易爆发冲动性的情绪，以致造成对社会的(道德的和法律的)标准和善恶的理解发生困难，这很容易导致犯罪，而高智商者，多能抑制冲动和情绪的爆发，但他们往往能够周密地策划实施犯罪活动。

犯罪能力是犯罪人智能结构的一个重要因素，它与犯罪人的知识经验、技术等有密切联系，包括身体的自然力、大脑的智力、工具、技术和行为的操作能力、对环境的适应能力等。犯罪行为总是借助于犯罪能力来实施的，犯罪能力又是通过犯罪行为来表现的。犯罪能力的强弱，对犯意和犯罪决意及犯罪实施会有不同的影响。一般犯罪能力是实施任何犯罪行为的必备条件，即刑事责任能力①。但犯罪是各种各样的，不同种类的犯罪实施需要相应的

---

①　刑事责任能力是指行为人辨认和控制自己行为的能力。辨认能力是指一个人对自己行为的性质、意义和后果的认识能力。控制能力是指一个人按照自己的意志支配自己行为的能力。对于一般公民来说，只要达到一定的年龄，生理和智力发育正常，就具有了相应的辨认和控制自己行为的能力，从而具有刑事责任能力。但是，在出现疾病的情况下，辨认自己行为的性质、后果的能力与自我控制的能力也可能分离。只有辨认和控制自己行为的能力都具备，才属于有刑事责任能力。刑事责任能力的规定见中华人民共和国刑法第 17 条。

特殊犯罪能力，这种能力只是实施某种犯罪行为所必备的条件。如盗窃犯罪，需要有进行扒窃或抢窃等行窃活动能力；暴力犯罪，需要具备个体的自然力和使用各种工具、器械发出力量的能力；诈骗犯罪需要有掩盖真相、伪装行骗的能力。犯罪经历的不同也会影响犯罪能力的差别，这是因为犯罪能力是在具体的犯罪活动中形成和发展的。通常，累犯和惯犯的能力要比初犯和偶犯强。犯罪人个性对犯罪能力有一定的影响；同时，犯罪能力也反映着犯罪人个性的某些特征。

犯罪技术虽受犯罪能力的影响，但又不等同于犯罪能力。犯罪能力是掌握犯罪技术的前提，而犯罪技术的形成和使用又会促进犯罪能力的发展。犯罪技术主要有下列几种：(1)隐蔽技术。犯罪人为了顺利实施犯罪行为和逃避刑罚的惩罚，就需要隐蔽技术。(2)实施暴力的技术，包括使用工具、器械和枪支弹药等的技术。(3)行骗技术，如故作姿态、弄虚作假、掩盖真相、骗人上当等。(4)伪造技术，如伪造供应票证、国家货币和公文印章等。(5)专业技术，指与职业有关的较高级的技术。如密码盗号技术。在现代科学技术发展的条件下，犯罪技术也有进一步的发展，这也给我们的侦查和防控工作带来巨大的挑战。

犯罪人的各种特点是互相联系和互相依存的。上述仅是关于犯罪人属性的一个初步的、粗略的描述。这些属性并不能概括犯罪人的全部情况。在评价犯罪人时，不允许将犯罪人特征的作用绝对化。个体对信息加工并作出反应的过程，受制于以往信息选择、存储的制约，充分表现了思想人的能动性和选择性。由于每个人具有不同的物质、生物基础，成长于不同的社会化环境，也就必然出现不同的心理活动和结果。法律要求在评价犯罪人时，要以案件的情节为基础。行为人所实施的犯罪及其动机(贪财、复仇等)和其他特征(如残酷性)，可能同犯罪人的固定的精神上的特性及其价值观等相符。它们也可能与犯罪人的这种特性不符，对该人没有代表性，而是附带情形引起的偶然表现。弄清楚所实施的犯罪在多大程度上同犯罪人的实际精神特征相符合或不一致，这是在具体场合和综合分析时研究犯罪人的一项很重要的任务。正确地确定犯罪的原因和条件，在很大程度上取决于这项任务的解决。犯罪人的情况是错综复杂的，我们的任务是尽可能地揭示犯罪人的一般特征，从而为认识犯罪发生、发展的规律和预防犯罪奠定基础。

人是自然属性和社会属性的统一融合，人的自然属性包含了人的本能和基本需要；从原初的意义上讲，人性基本上是"中性的"，它非善非恶或者相互渗透；从实践意义上讲，人在后天既可能发展成善的，也可能发展成恶的，是善是恶取决于其成长的条件和社会化程度；人的本能和基本需要也是"中性的"，人的恶行包括犯罪行为不能归因于人的本能和需要；把犯罪问题和人性联系在一起并且将其归因于人性恶的做法，原本就是错误和毫无实际意义的。

第三节　犯罪人的分类

犯罪人分类是基于一定目的和标准对犯罪人进行类型划分的过程和结果。这一意义上的犯罪人分类概念又包含着两个层次的内容，即对犯罪人加以鉴别、归类的过程和这种过程的结果(犯罪人类型的确立)。

每一个犯罪人都是特定的个人，他只有一整套的特性。这些特性的具体内容是多种多样的，各不相同的。但是，这并不排除将全部犯罪人分成某些类别的可能性。这种分类的基础是最重要的一些特征的统一或者以其中一个或几个特征为标志来进行划分。对犯罪人类型的分析和归类是研究主体根据犯罪人的某些相似性而进行的人为抽象。它有助于对犯罪现象和犯罪原因的认识。如果舍去犯罪人分类去探讨复杂的犯罪现象，势必导致现象罗列，条理不清，影响对犯罪本质的认识和理解。通过对各类型犯罪人的研究，可以更好地把握各种犯罪现象，从而有助于探索深层次的犯罪原因；建立科学的犯罪人类型体系，有利于犯罪调查统计工作的进行和对现时犯罪状况加以精确描述；通过对犯罪人的分类，我们可以针对具体的不同犯罪人类型提出切实有效的犯罪控制对策；科学的犯罪人分类，在矫治犯罪人，对犯罪人进行改造和感化方面也有着重要的作用。犯罪人的分类研究也有利于科学的犯罪学体系的建立，因为犯罪人的分类——犯罪类型的划分——犯罪学体系的建立是一个有机联系的系统。因此，应按照建立具有我国特色的科学的犯罪学体系的需要，构思犯罪人的分类。

一、国外学者划分的犯罪人类型

(一)意大利学者的犯罪人分类

在犯罪学的诞生之地意大利，犯罪学家们从犯罪学诞生之日起就试图对犯罪人进行分类。最早进行这种分类的，首推龙勃罗梭。他将犯罪人分为五类：(1)天生犯罪人，即出现了原始和野蛮的生物返祖现象，生来就具有犯罪倾向的人；(2)精神病犯罪人，即白痴、低能人、妄想狂、忧郁症患者及有痴呆、酒精中毒等症状而实施犯罪者；(3)本性有犯罪倾向的人；(4)激情犯罪人，当事人在某种外界因素刺激下因心理失衡、情绪失控而产生的犯罪行为；(5)偶然犯罪人，因某种偶然原因(主观或客观的)而导致其实施犯罪行为的人。

他认为，前三类是真正的犯罪人，后两类在精神和生理上与正常人无甚区别，只是在一定环境下实施犯罪的人。龙勃罗梭的学生菲利将犯罪人分为五类：(1)天生罪犯；(2)惯犯；(3)偶然犯；(4)激情犯；(5)精神病犯人。加罗法洛对于上述分类提出了异议①。加罗法洛以犯罪人的行为有无反道德性将犯罪人分为自然犯和法定犯②，其中自然犯又分为：(1)典型罪犯或谋杀犯；(2)暴力犯；(3)缺乏正直感的罪犯；(4)色情犯。加罗法洛的分类方法

---

①　他认为菲利的分类没有科学基础，而且缺乏普遍性和精确性。事实上，根据人类学观点，可以说惯犯并不存在。如果犯罪习惯来自于遗传天性，那么习惯性罪犯就是天生罪犯；另一方面，如果这些习惯是由于榜样的力量或环境的影响而获得的，那么他便只能是偶然犯罪人。因此，习惯性罪犯既非人类学分类也非病理学分类。试图区分天生罪犯、习惯性罪犯和激情罪犯同样没有人类学证据。首先，所有罪犯在某种意义上都是天生罪犯，在另一种意义上又是偶然罪犯。所有罪犯都具有一种犯罪倾向，这种倾向并非外部环境的作用，而是某种存在于个人的精神组织、情感和思维方式中的东西。另一方面，也有某些环境影响阻碍了文明人情感的发展。并且产生了反常的本能。这种本能尽管不是遗传的，却仍然根深蒂固。其次，罪犯是天生如此还是由于后来获得了反常本能才变成这样？除非他是精神病人，在其犯罪中起决定作用的影响永远是某种外部事实。而且，如果他不具有犯罪倾向，无论条件如何，他永远也不会犯罪。假设我们有可能找到偶然犯罪，就等于将那些只在表面上是犯罪而在道德上并非犯罪的行为与犯罪相混淆。类似的思考同样适用于激情罪犯。如果驱动他的是一种反社会的激情，如贪婪，那么他就应归入天生罪犯；如果驱动他的是某种病态激情，如性虐待狂，那么他就应属于精神病犯罪人一类；相反，如果驱动他的是一种并非反常的激情，如爱、嫉妒或荣誉观，那么我们如何去区分激情犯与偶然犯或机会犯呢？而且，任何一种激情都可能立即导致天生罪犯的行为。正如贝内迪克特所说，先天性倾向既不受条件的影响也不受激情的影响。而且我们可以补充一点，条件或激情永远是决定某种犯罪行为的因素。引自[意]加罗法洛．犯罪学[M]．耿伟等译．北京：中国大百科全书出版社，1996.

②　自然犯，即实施了违反人共有的怜悯，诚实道德情绪行为的人；法定犯，即实施了法律规定为犯罪的行为的人。后李斯特、阿沙芬堡、古鲁列，日本的前田信二郎沿用了这一标准。

综合了刑法的罪名和犯罪原因两个方面，分类的标准不统一。

(二)德国学者的犯罪人分类

德国学者李斯特早期将犯罪人分为机会犯罪人和状态犯罪人。状态犯罪人是指犯罪性已成为固定的、继续状态的犯罪人，其中又可分为能改善和不能改善的两种。后期他又将犯罪人分为：(1)正常竞争能力不足的犯罪人；(2)怠惰与愚昧性犯罪人；(3)社会不良状态的犯罪人；(4)恶癖性犯罪人；(5)社会条件缺乏的贫困性犯罪人；(6)社会环境风土造成的犯罪人。在李斯特等人倡导下于1889年成立的国际刑事学会，根据改善的可能性，将犯罪人分为：(1)瞬间性犯罪人，有改善可能的犯罪人；(2)因个人原因而适应法律规范的能力明显减弱的犯罪人，属于改善困难的犯罪人；(3)已无法适应正常社会生活的犯罪人、属于改善不可能者，阿沙芬伯格依据犯罪行为，将犯罪人分为：(1)偶发犯罪人；(2)激情犯罪人；(3)机会犯罪人；(4)预谋犯罪人；(5)累犯；(6)常习犯；(7)职业犯。李斯特早期的分类着眼于犯罪人的可矫正性。后期的分类从犯罪原因的角度对于犯罪人进行分类。国际刑事学会对于犯罪人的分类是对于犯罪可矫正性的细化。阿沙芬伯格的分类标准并不统一，综合了犯罪原因、犯罪的主观方面、犯罪的可矫正性等诸多的标准进行。

(三)法国学者的犯罪人分类

法国的犯罪学家们认为，犯罪学中犯罪人概念首先包含个别意义上的犯罪人、类别意义上的犯罪人与一般意义上的犯罪人。同时，根据刑法学中重罪、轻罪、违警罪的分类，他们又将犯罪人分成了重大罪犯、一般罪犯与轻微罪犯三种。这种分类方法是从刑法角度对于犯罪人的分类。

查尔斯·安德森将犯罪人人格状态进行了分类，以此对应不同犯罪人：(1)不正常人格和精神病患者；(2)非犯罪人格，即在外部世界面前保持绝对完整，从不觉得被外部世界所承认与评判，也从不为外部世界所欺骗的人格；(3)临时犯罪人格，如偶犯；(4)亚犯罪人格、如遵循一定的原则，为了某种政治目的而实施犯罪的政治犯、革命犯；(5)真正犯罪人格，或称纯粹犯罪人格。这种分类方式照顾了犯罪原因、犯罪的外在表现、犯罪的罪名(刑法角度)，放在一起对于犯罪人进行划分，标准不统一。

另一学者木切利在《他们是怎么成为罪犯的》一书中也提出了自己的分类：(1)假犯罪人，如各种精神病人，痴呆或发育不全者；(2)真正犯罪人，即那些表面上看其人格似乎正常，实际上社会道德观念已经变坏的犯罪人。这种犯罪人的分类标准考虑到了刑法上的刑事责任能力，划分标准是统一的，因而具有周延性。但是犯罪人的判断是根据行为，如何确定“人格正常而实际上社会道德观念已经变坏”，过失犯是否也属于道德观点变坏的情形？这种表述略显武断。

(四)美国学者的犯罪人分类

帕森斯将犯罪人分为六类：(1)精神病犯罪人；(2)天生犯罪人；(3)惯犯；(4)职业犯；(5)偶犯；(6)激情或偶然事件所致的犯罪人。德莱姆将犯罪人分为三类：天生犯罪人、惯犯、一次性犯罪人。谢弗根据罪犯的“人身倾向性”，将犯罪人分为偶犯、职业犯、变态犯、惯犯、确信有罪犯五类。亚伯拉罕森将犯罪人分为“突发性”犯罪人和“顽固性”犯罪人两大类，其中，“突发性”犯罪人又分为情境犯、联想犯和偶然犯三种；“顽固性”犯罪人分为神经病患者(犯罪人)、精神变态者(犯罪人)和精神病患者(犯罪人)三种。美国肯尼迪青年中心则利用了库埃伊的分类：(1)未被社会化的精神异常的违法者；(2)具有神经机能病偏差的违法者；(3)不适应的——未成熟的违法者；(4)被社会化了的——亚文化的违法者。

这些的分类受到意大利学者的影响，从犯罪发生的原因(“人身倾向性”)对于犯罪人进行分类。

美国是犯罪学研究的理论大国，许多犯罪学家都提出了自己的犯罪人分类。克莱纳德和库英尼将犯罪人分为八种；实施侵犯人身的暴力犯罪者；侵犯财产的偶然犯罪者；实施渎职罪的人；实施政治犯罪的人；破坏公共秩序的犯罪者；实施“一般”犯罪的人；参与有组织犯罪的人；职业性罪犯。这种分类方式是以刑法规定的罪名为基础的分类。

吉邦斯根据犯罪人的“角色”和“职业”特征，列举了20类犯罪人：职业盗窃犯，职业“重”罪犯，半职业财产犯，幼稚的伪造支票犯，机动车盗窃犯——“纯粹为了取乐而偷汽车兜风者”，财产犯(一次刑事犯)，贪污犯，白领罪犯，职业“附带违法者”，侵犯人身犯，精神变态攻击犯，法定强奸犯，攻击性强奸犯，暴力性罪犯，非暴力性罪犯，乱伦犯，男同性恋犯，吸毒犯，下等地区嗜酒狂，非职业的商店盗窃犯。这种分类以刑法规定的罪名为基础，综合了犯罪的原因、犯罪主体的社会角色、犯罪的外在表现形式等因素的分类。

(五)日本学者的犯罪人分类

前田信二郎根据社会生态学理论将犯罪人分为五类：贫民窟型，无赖型，白领层型，病理型，市民型。另一学者高桥根据处理方法，将犯罪人分为：精神障碍型(医学的处遇)，精神薄弱型(按一般精神薄弱型处遇)，发生特异犯罪的特殊型(集中个人心理治疗)，单独攻击型(早期助个人心理治疗)；集团攻击型(对地区社会做工作以及采取集团的心疗法)，一次性集团型(忠告、促使其参加健康集体，收入收容机关)，一次性单独攻击型(社会内生活指导)、性犯罪集团违法型(短期收容进行教训性的集体疗法)，汽车盗窃型(集体心理疗法与家庭疗法)，单独盗窃型(在收容所进行集中的个人心理疗法，培养其劳动习惯)，集团盗窃型(在收容所内，通过集体相互影响，以劳动和娱乐进行治疗)，嗜毒、癫狂等非社会型(个人心理疗法、忠告、参加社会活动)。这种分类一个明显的特点就是将犯罪人作为一种特殊的社会病人来研究和采取相应措施。日本学者还对今后的犯罪人类型研究作了预测，并提出几种重点类型：(1)非社会型，表现为漠视社会规则，以自我为中心；(2)反社会型，表现为参加犯罪集团，对社会无责任感；(3)亚文化共鸣者型，表现为忠实于自己所属的集团，易受人们相互关系的影响；(4)状况性犯罪者型，表现为易发生突发行为；(5)犯罪前科型，表现为具有犯罪史和熟练的犯罪经验。日本学者在对犯罪人进行分类时，更多的关注犯罪的矫正和原因的分析。

(六)前苏联学者的犯罪人分类

前苏联学者B. K. 茨级尔布利等人在其著作《犯罪学》中提出了前苏联学者对犯罪人分类的两种标准，并作了具体的分类。1. 以反社会目的和动机在个人机制中的地位，以及相互的价值观和精神心理特性的发展程度和稳固程度，可将犯罪人分为五类：初次实施轻微犯罪的；初次实施严重犯罪的；初次犯罪，但以往有不道德表现和违法行为的；两次以上犯罪的；特别危险的累犯。2. 以个人犯罪行为的反社会目的和动机的性质及内容为标志，将犯罪人分为四类：以否定、蔑视态度对待人身及其重大利益的；具有违背社会主义按劳分配原则的贪利倾向的；以自我为中心的个人主义态度对待各种社会制度和要求，对待公民、职务和家庭义务的；以轻率而不负责任的态度对待各种社会制度和要求，不履行自己应尽义务的。①

① 康树华．犯罪学通论(第二版)[M]．北京：北京大学出版社，1996：174~177.

对犯罪人类型的分析与归划，是研究主体根据犯罪人的某种相似性而进行的人为抽象。任何犯罪人的类型都只是从某一个角度进行的对具体犯罪人的某种抽象，而现实中的某个具体犯罪人可能有多个不同的特征，如他既可能是贪利型的，又是智能型的犯罪人，这是犯罪人本身的复杂性的必然反映。不论按照何种标准进行犯罪人分类，都应当遵循合于目的、具有可操作性、涵盖面尽可能广，尽量做到穷尽和不可再分的要求。日本犯罪学家山根清道在其主编的《犯罪心理学》一书中，将分类标准概括为八种：(1)根据犯罪经历；(2)根据身体、生理诊断；(3)根据精神诊断；(4)根据人格形成过程；(5)根据动机决定；(6)根据行为机制；(7)根据社会病理的立场；(8)与处遇相联系。在研究犯罪人的分类时，首先要确定分类的标准，因为仅从一个标准是无法穷尽犯罪现象或无法达到犯罪学研究的目的的。

二、犯罪人的一般分类

对犯罪人进行分类，首先要确定分类的标准。分类的标准，取决于它所服务的目的。在刑法上通常是把所犯罪行为的社会危险性以及与此相联系的犯罪人的危险的性质和程度来划分犯罪人的。这种分类有助于正确地单独确定个人的罪名和刑罚。刑法对犯罪人分类的目的是为了解决犯罪人的刑事责任，因而它可以根据犯罪种类分为杀人犯、强奸犯、盗窃犯等；也可以根据故意犯罪的不同情况分为预备犯、未遂犯、既遂犯和中止犯等。犯罪学中的犯罪与犯罪人的概念是一种实质意义上的概念，它不同于刑事法律中形式意义上的概念。犯罪学对犯罪人分类是为了分析犯罪原因，掌握不同犯罪的特点及演变规律，进而采取有针对性的预防和矫治措施，犯罪学中犯罪人的类型与刑法学中犯罪人的分类既有联系又有区别。我们在分析、归纳犯罪人的类型时，可以参考和引用刑法学中犯罪人的分类，但却不能局限于此。犯罪学对犯罪人的分类固然要以刑法的分类为依据，但是，由于划分犯罪人类型的标准是多元的。犯罪人的年龄、性别、人格类型、婚姻状况、受教育程度、社会阶层、犯罪生涯(既往犯罪情况)等，都可以作为犯罪人分类的标准。因此，就犯罪学而言，举凡符合犯罪学研究目的的犯罪人类型划分，不论是基于生物的标准还是基于社会的标准，是自犯罪人出发还是自被害人出发，均有其存在的合理性。

目前，尚不存在一种统一的犯罪人分类的综合性分类标准。我国的学者借鉴外国的研究成果根据我国的现实情况出了一些有价值的犯罪人分类方法。

(一)以犯罪的生物、生理标准划分

龙勃罗梭在研究犯罪学的时候就根据犯罪人的生物性而提出了天生犯罪人的学说，该学说过分地强调人的生物性而被后来的学者们批判。犯罪人的生物性对于犯罪人的犯罪行为并不起直接和决定性的作用，但是却可以对犯罪人犯罪的原因、方式、矫正难度产生影响，因此有以犯罪人的生物、生理标准对于犯罪人进行分类的必要。根据这一标准，可以把犯罪人分为男性与女性罪犯(罪)、少年犯、青年犯、中壮年犯和老年犯。

1. 以性别为标准分为男犯与女犯。男女由于生理、心理的不同，在犯罪原因、犯罪手段、犯罪类型及犯罪后的态度方面多有不同。进行男女性分类研究，对于考察犯罪人的性别特征、不同性别的犯罪与社会进步、婚姻家庭制度的变革等方面的关系，以及对于采取有针对性的预防犯罪以及改造措施，具有一定的意义。

2. 以年龄为标准可以分为青少年犯罪人、壮年犯罪人、老年犯罪人。由于年龄的差异，这三类人在实施犯罪的动机、原因、犯罪的类型及犯罪手段和犯罪后接受矫治的态度等均不

相同。对其进行分类研究，有利于认识、预防和减少犯。如青少年犯易实施激情犯罪，且可塑性较大，对之适用教育、保护性的措施，较之重刑惩罚，更有利于这一类犯罪的预防和这一类犯罪人的改过自新。

(二)以犯罪人实施犯罪的手段划分

以犯罪人实施犯罪的手段为标准，可以把犯罪人分为暴力犯与智能犯罪。

1. 暴力犯一般直接侵犯公民的人身权利，使被害者身体或精神受到一定侵害，其犯罪的社会危害性和犯罪后果比较严重，所以一直是各国法律惩罚的重点。

2. 智能犯罪是指凭借权力地位、特殊职业、专门知识、经验或技术等实施犯罪，如利用计算机犯罪、利用生物科学犯罪、诈骗犯罪等。智能犯罪特别是经济犯罪、金融犯罪，是现代社会中极需认真研究和对付的一类犯罪现象。随着科技的进步，高科技日益渗入社会生活，犯罪人利用自己的专门技术、特殊职业或利用现代高技术进行智能犯罪已不是个别现象。由于这种犯罪的隐蔽性和日益巨大的社会危害性，我们必须引起高度的警觉。

(三)以犯罪人主观心理状态来划分

人之所以犯罪，既不是天生的，也不是客观环境所直接决定的。就是说犯罪意识固然来自客观事物的刺激，但是否实施犯罪，最终还是决定于他自己的主观决意。谁也不能强迫谁去犯罪。犯罪的改造成为新人，条件是重要的，最终也还有赖于他的回心转意。因此，我们认为对犯罪人的分类，应以其始发犯意的动机与原因为根据。

1. 根据实施犯罪时的情绪状态，可分为预谋犯与激情犯。预谋犯，即有预谋，有计划而实施犯罪的人。如反革命，故意杀人、抢劫、强奸等。所谓“激情犯罪”，在西方犯罪学中被认为是一种“挫折攻击型”犯罪，而在中国，激情犯罪的概念可以更加宽泛，一般被认为是当事人在某种外界因素刺激下因心理失衡、情绪失控而产生的犯罪行为。其侵害手段残酷，涉及面广，危害性严重。此类案件有着共同的基本特征，当事人通常品德修养较差、文化层次较低、经济收入微薄、心理品质脆弱等；从性格特征上讲，当事人往往比较内向或比较偏执；从年龄阶段讲，当事人以不谙世事、缺乏自控能力、情商较低而智商尚可的中小学生居多。

2. 以犯罪人实施犯罪的需要倾向或动机为标准进行的分类，可分为淫欲型犯罪人、贪利型犯罪人、游戏型犯罪人。这种分类有利于对犯罪动机、犯罪原因、犯罪规律和犯罪特点的研究。游戏型犯罪人常以追求享乐、寻求刺激为犯罪动机，把杀人、行凶、盗窃等视为一种充满刺激的游戏。如行车抛物，投绳套人，造成严重危害的犯罪人。因而，其在犯罪动机、犯罪原因方面不同于传统的犯罪人，给预防和治理带来了新的课题，应当引起犯罪学界的重视和关注。

(四)以犯罪人反社会性的强度为标准划分

在实践中，都知道有“作恶成习的”和“偶然的”这两种完全不同的犯罪人类型。毫无疑问，还存在着“中间的”种类。在研究制定各种区别对待的预防活动的法律和组织原则时，这种区别对于犯罪人的分类是很重要的。除了所实施的犯罪这个重心之外，犯罪的情况、犯罪中的作用以及实施犯罪前的行为(如社会肯定的、不稳定的、不道德和违法的行为等)都是说明个人反社会倾向程度的标志。从犯罪人格中反社会性强度的角度划分，可把犯罪人分为初犯、偶犯、再犯、累犯与惯犯。

1. 初犯是指初次实施犯罪行为的人，由于是第一次实施犯罪，犯罪的习癖尚未形成，可改造性较大，再犯可能性相对较小。

2. 偶发犯，即没有预谋，因偶然的事实，如恐怖、挑拨、诱惑、贫困等，促成其犯罪者。① 相当于“机会犯”，这样的犯罪人之所以实施犯罪，存在一定的客观原因或条件，例如一些顺手牵羊的盗窃案件的行为人，往往是利用了某些客观上的条件②。如果条件不具备，犯罪行为未必发生，一旦这些条件丧失，再次实施的可能性也较小，当然，不排除某些人因偶尔尝到甜头，而再次甚至屡次作案。

3. 再犯，指犯罪分子重新犯罪，再犯可以分为一般再犯和特殊再犯。一般再犯的概念较累犯广泛，不受刑期是否执行完毕的限制，也不受时间条件的限制。再犯的社会危害性大，故可以酌情从重处罚。有的国家法律规定再犯是一种加重责任的情节。中国没有一般再犯的规定，但是有特殊再犯的规定。特殊再犯是指因特定犯罪而被判处过刑罚，又犯特定相同类别之罪的犯罪分子。中国《刑法》第365条规定，因走私、贩卖、运输、制造、非法持有毒品罪被判过刑的，又犯本节规定之罪的，从重处罚。可见特殊再犯是法定的从重处罚情节。

4. 累犯，累犯是指受过一定的刑罚处罚，刑罚执行完毕或者赦免以后，在法定期限内又被判处一定刑罚之罪的罪犯。累犯分为一般累犯和特别累犯两种。累犯是一种再犯罪的事实，对累犯从严惩处，是当今世界各国重要的刑罚裁量制度之一。

5. 指以某种犯罪为常业，或者以犯罪所得为其生活和挥霍主要来源，或者犯罪已成习性，在较长时间内，反复多次地实施某种危害社会行为的犯罪，如“以赌博为业”的常业犯和“惯窃”、“惯骗”的常习犯。常业犯，又称常业惯犯，即以某种犯罪为职业，经常进行某种犯罪活动。常习犯，又称常习惯犯，即已形成某种犯罪习性，并可能以犯罪所得为主要生活来源或挥霍来源。经常犯罪而屡教不改的罪犯。

这些犯罪人的犯罪心理、犯罪手段、犯罪的社会危害性以及矫治难度在多数场合下各有不同，需分别加以研究，采取相应的对策。其中，再犯、累犯与惯犯等重新犯罪者，具有犯罪经验，其社会危险性和矫治难度均大于前两者，是各国刑法打击的重点。初犯的年龄、初犯与再犯的关系、遏制重新犯罪等，成为各国犯罪学研究的重点课题。应当指出的是，犯罪学中的累犯与刑法规定的累犯概念是有区别的，它的范围较宽，凡是多次犯罪者都可称之为累犯。

除此以外，还有其他一些分类标准和方法，如以犯罪人的精神状态是否正常为标准，分为常态犯罪人与精神异常犯罪人。③ 从犯罪人社会阶层的角度划分，可分为蓝领犯罪人和白领犯罪人。④以犯罪人的组织形式为标准，分为个体犯罪人、团伙犯罪人、集团犯罪人与法人犯罪人。值得注意的是，以上的分类并非是完善的、无缺点的，其中有交叉和重合，也有删略与遗漏。有关犯罪人类型的研究正方兴未艾，有待更深一层次的探索与研究。

---

① 张甘林．犯罪科原论[M]．台北：台湾汉林出版社，1985：14.

② 如哈尔滨有两个中学生15岁的许某和14岁的王某一日到同学家中玩，恰遇同学家中没有大人，只有一个比他们还弱小的同学的9岁小弟弟在家，他俩顿时萌发犯罪念头，共同用尼龙绳将其同学小弟弟勒死，抢得现金54元潜逃。

③ 常态犯罪人是指神志正常健全、具有辨认和控制自己行为能力的人。因缺乏普通的社会意识而陷于犯罪者。精神异常的犯罪人是指缺乏辨认和控制能力，精神状态不正常的犯罪人。将这两类犯罪人加以区别，有利于对后者采取有针对性的治疗和监护措施，预防此类犯罪的发生。

④ 这是根据我国社会主义市场经济的发展现状，借鉴外国的分类而提出的新的类型划分。白领犯罪是美国犯罪学家萨瑟兰在1945年提出的观点，主要指具有相当社会地位和经济地位的人(例如大公司的经理、政界官员)，在其职业活动中谋取不法利益的犯罪行为。这种犯罪通常是一种上层社会成员的犯罪行为，故在西方又称“绅士犯罪”。

第四章　犯罪被害人

有犯罪就必然存在着犯罪的被害问题。早期的犯罪学研究很少涉及被害人问题，随着犯罪学研究的深入推进，随着对犯罪行为发生要素的全面思考，犯罪学家认识到无论是在犯罪的发生(犯罪原因)，还是在犯罪的防控过程中，被害人都是不可或缺的角色，对犯罪被害人的研究为进一步认识犯罪现象、犯罪的进程，提出有效的犯罪防控对策提供了新的视野。迄今犯罪被害人的研究日臻成熟，包括但不限于以上内容，已经发展成为一门学科，在刑事领域中极大推动了被害人权利的提升。

我国的被害人研究分为两大部分：一是台湾犯罪学家，他们对犯罪被害人问题的研究较早，二是内地学者，对犯罪被害人问题的研究开始于20世纪80年代。近年来，学者们从理论和实践上对被害人问题开展广泛的研究和论证，对被害人的特征、分类、被害原因、被害人与加害人的关系、被害预测和预防以及被害人补偿立法等进行了深入的分析和研究，促进了我国被害人学研究的发展。由于早期的研究者们更注重研究被害人与犯罪人之间的互动关系，所以很多犯罪学教材都将犯罪被害人的研究作为犯罪原因的一部分，本教材也延续了这一做法，主要介绍犯罪被害人现象的一些基本理论。

第一节　犯罪被害人的概念

被害人（victim）一词，源于拉丁文中的victima，其原意是表示：(1)宗教礼俗仪式上对神的祭品；(2)因他人行为受伤害或阻碍的个人、组织、道德秩序或法律秩序。后来在理解“被害人”时，凡是因外力而遭受损害或承受不利后果者，都可称之为受害人或被害人。如果将因任何原因而遭受伤害、损失或陷入困境的人，包括犯罪被害人、自然灾害的受害者、意外事故的被害人、疾病被害人以及其他各种被害人看做广义的被害人，那么作为其中一部分的犯罪被害人可以看做狭义的被害人。犯罪被害人的概念似乎是水到渠成了。问题是，在以犯罪人为中心而构建的刑法理论和刑法典中，犯罪被害人的地位和作用长期被忽视，直接表现为犯罪被害人的概念在刑法中没有明确规定。所以犯罪学在对犯罪被害人研究之初首先厘清概念的具体范畴无疑非常重要。

一、与犯罪被害人概念相关的问题

我们认为对几个问题的思考会对犯罪被害人概念的形成有帮助。

(一)犯罪被害人中的“犯罪”

犯罪学研究被害人的目的是为了充分保护被害人权益，促进司法效率、司法的人性化与公正，以及实施被害预防，这一目的区别于刑法学的研究目的。犯罪学研究的犯罪是刑法学和社会学中对犯罪的界定基础之上产生的，有着比刑法学中的犯罪更为广泛的行为体系，所以犯罪学中的犯罪被害人应该是犯罪学意义上“犯罪”的承受者。

这个界定可能产生的问题包括：第一，如果我们以刑法规定的犯罪为起点，就可以官方统计资料判断犯罪水平和发展趋势。然而，官方犯罪统计资料在确定犯罪水平和发展趋势方面具有明显的缺陷，造成"犯罪暗数"的存在。在官方统计之外，还存在大量的犯罪被害人未予以举报的犯罪。第二，延伸到其他层次的犯罪的数量，我们连官方统计都依靠不上，尤其是涉及一些随着社会发展而产生的越轨行为的状况。

这一思考启发我们充分意识到犯罪现象的量的方面的认识是十分困难的，但是这并不成为我们驻足不前的借口，相反的，让我们意识到非官方犯罪统计的重要作用，借助其可以客观全面反映犯罪的被害人方面的情况。

(二)犯罪被害人与刑事(犯罪)被害人的关系

对于被害人的概念，由于研究角度的不同，会出现犯罪被害人和刑事(犯罪)被害人两种称谓。前者是从犯罪学意义上的犯罪出发，将被害人定义为犯罪学意义上的广义的犯罪行为侵害的被害人；后者则是从刑事法律的规定出发，将被害人定义为刑事犯罪中的被害人。这两种界定是学者们基于不同的研究目的、不同的理论基点上而形成的不同认识，两者并无对错之分。在进行被害人的刑事法治研究时，往往采用刑事被害人的概念，当进行犯罪学事实学方面的研究时，则往往采用犯罪被害人的概念。

不过，在目前的研究中，由于更侧重被害人的诉讼权利、被害人援助、被害补偿等方面，以及从刑法学的角度对被害人的责任、被害人承诺等内容进行研究，所以学界更多的还是以刑事犯罪的被害人为研究对象。

(三)犯罪被害人中的"被害人"

在确定被害人的概念时，还涉及这一概念的外延问题。就世界范围有关被害人学的著述来看，成为被害人学研究对象的被害人有广义和狭义之分。广义的被害人包括本意上的一切被害人，从被害主体上讲，包括国家、机关、企业、事业、团体、个人等；从被侵害的利益上说，包括国家利益、社会利益、公共利益、团体利益和个人利益等。

在我国有关对被害人进行专门探讨的文献中，专家、学者们都毫无例外地赞同狭义的被害人概念，即在未特别说明的情形下，犯罪学中所指的被害人，是指合法权益遭受犯罪行为侵害的人。初始阶段，犯罪学仅仅研究暴力犯罪的被害人，范围很狭窄。后来研究范围逐步扩展到其他类型的犯罪被害人。随着被害人学研究的深入发展，犯罪学学者们不仅研究被害个人，而且开始研究被害法人甚至社会被害问题。自然人、法人、国家是被害人已得到多数学者的认同，但对于社会以及抽象的道德、法律秩序是否可以纳入被害人学的研究范围，则存在较大争议。

(四)直接被害人与间接被害人之争

这个问题看起来好像是对被害人类型的划分，但是在确定被害人范围时却是一个非常关键的问题。直接被害人毫无疑问是研究的对象，间接被害人就成为争论的焦点。因为考虑到"将犯罪行为危害后果的间接担受者会让被害人的范围漫无边际，不利于保护真正的被害人，不利于刑事诉讼的进行，还会导致扩大加害人的罪责，侵害加害人的一些正当权益，不符合我国刑法罪刑相一致的原则①"，所以有些学者持"直接被害人观"。这一争论并非解决不了，只有当间接被害人没有任何限定条件时，被害人范围才有漫无边际的可能。如果对间接被害人予以限制，这种研究对进一步提高刑事司法的公正与效率以及密切公众与刑事司法

① 王建民．被害人概念及其分类[J]．政法论坛，1989：1.

机关间的关系有着重要意义。

对"被害人"的定义应当结合被害人研究发展的方向，以及可能设立的犯罪被害人救济制度和被害预防的实际情况考虑。

二、犯罪被害人的概念

通过对上述问题的分析，犯罪被害人可以界定为"犯罪行为所造成的被害后果的承受者"。

具体地说，犯罪学中的被害人包含了以下几层含义：

第一，被害人是遭受了一定的损失或损害者，他的合法权益的损失表现为物质和精神两个方面。是否确已被害，是区分真实的被害人和虚假的被害人的标准。确已被害，承担了犯罪行为所造成的损失或损害，是构成被害人身份的第一要件；

第二，被害者是危害结果的直接或间接承受者。直接或间接，均属于危害结果的承受者，共同承担了犯罪行为所造成的损失；

第三，被害人是犯罪行为的侵害对象或犯罪行为所侵害的社会关系的主体。被害人受侵害的途径包括侵犯人身的犯罪，如伤害、虐待、杀人等，此时被害人与犯罪对象重合；另外还包括侵犯有形的物质实体或无形的非具体的权益犯罪，如盗窃和诽谤等，前者侵害的对象是某种财产，被害人应该是财产的所有者，后者侵犯的是非具象的人格尊严、名誉权，就不能说被害人是"犯罪行为所侵害的对象"，所以阐释为"犯罪行为所侵害的社会关系的主体"适宜。但是无论犯罪侵害对象是否为被害人自身，危害后果都是由被害人承担的；

第四，从外延来说，既然肯定被害人是受害结果的承受者，则一切遭受犯罪侵害而承担危害结果的人，均属被害人。因此，被害人的外延包括自然人、法人以及一定条件下的国家与社会整体本身，抽象的制度、信念等。当然，目前的研究主要还是围绕自然人展开的。

三、研究被害人的意义

被害人学对犯罪与被害的现象、被害性及犯罪人与被害人的互动进行深入的分析。研究被害人是社会发展的需要，对于完善犯罪综合治理具有重要的意义。

（一）被害调查有助于客观准确地评估犯罪水平和趋势，科学揭示犯罪现象

准确地评估犯罪水平和趋势是制定犯罪对策的基础。在犯罪被害人调查出现以前，官方统计资料是判断犯罪水平和发展趋势的唯一依据。然而，官方犯罪统计资料在确定犯罪水平和发展趋势方面具有明显的缺陷，造成"犯罪暗数"的存在。在官方统计之外，还存在大量的犯罪被害人未予以举报的犯罪。通过对被害人的调查研究，可以发现犯罪的暗数、被害人在地域上的分布、各种类型犯罪中被害人的情况、易受侵害的被害人情况等。这样就能够全面地了解犯罪的真实现状，真正掌握一个国家或地区犯罪的水平和发展趋势及犯罪现象的各方面规律，为正确地制定打击犯罪与预防犯罪的对策奠定真实、可靠的基础。实践证明，犯罪被害人调查是各国研究和解决犯罪黑数的有效手段。

（二）分析被害原因有助于全面认识犯罪的发生过程和犯罪原因的深入研究

犯罪包括犯罪人、被害人和犯罪行为三个要素。犯罪被害人和加害人在犯罪过程中总是处在相互对立而又相互作用的状态。被害人自身的特性，被害人在犯罪过程中的言论、表情和行为等，对犯罪行为的实施与否、完成与否以及犯罪的危害程度，具有直接的影响。因此，要全面地了解与认识犯罪的发生过程及其原因，切合实际地认识具体的犯罪现象，仅仅

研究犯罪人及其行为是远远不够的，而必须在研究犯罪人及其行为的同时，也要研究被害人及其在犯罪行为实施过程中的表现，研究被害人的特性和行为对犯罪生成过程的促成或抑制功能。只有这样，才能更加全面客观地认识犯罪，也才能采取更加有效的犯罪对策。

（三）有助于刑事司法的进展

1. 在刑事审判实践中，人们往往只重视对犯罪人方面罪行的调查，而有意无意地忽视或不重视对被害人方面的调查。在这种调查中，重要的是查清犯罪事实，而对为什么会产生这种犯罪事实的研究颇少。事实上，在一些场合，被害人无责任或者责任很小；在另外一些场合，被害人应负的责任与犯罪人等同甚至被害人可能就是真正的罪犯。虽然有时也考察被害人的责任大小，但在量刑中却又忽视了被害人对犯罪行为应当承担的责任，这就影响了刑罚的合理性和准确性。所以，为了正确适用刑罚，教育和改造罪犯，查清被害人对犯罪发生是否有责任以及责任大小，是非常重要的。对被害人问题的研究，也正是为了从理论上和实践上说明被害人是否应当对犯罪和被害负责，区别其有无责任和责任大小，以便对犯罪人正确定罪量刑。这就说明，研究被害人对刑事审判的合理性和公正性能提供帮助，成为正确判决的客观依据。

2. 被害人在犯罪过程中所遭受的物质上的损失或精神上的伤害，如果在刑事诉讼的结果中得不到最低限度的补偿，被害人往往会采取个人复仇乃至犯罪的方式来寻求自我补偿。因此，在刑事诉讼中，犯罪被害人的权益应当受到高度的重视和充分的保护。随着被害人学的产生和发展，被害人的损害补偿问题引起学者和各国政府的重视。一些国家相继制定了专门的被害人补偿法，有的国家还针对刑事判决往往不足以补偿犯罪被害人所受损失的现实，对犯罪被害人，由国家代替加害人来补偿犯罪行为给其造成的物质损失，帮助其恢复正常的社会生活。总之，加强对被害人权利的研究，确认被害人在刑事审判和诉讼活动中的法律地位，有利于保证刑事诉讼的公正，提高公民对刑事司法机构的信任程度，促进法治的实现。

（四）有助于完善预防犯罪的对策体系

被害人学产生之后，从另一个角度提出了预防犯罪的对策，即预防犯罪被害。被害预防强调通过个人和社区消除招致受害的因素而预防被害，进而预防犯罪。这类措施具有最大限度地调动预防犯罪的主体参与预防的潜能。提倡预防犯罪，人们常常意识不到自己的责任。而提倡预防被害，则人们会意识到如果不积极预防被害，自己就有可能受到犯罪侵害。这样，人们通过预防被害而减少了自己遭受犯罪侵害事件的数量，也就减少了犯罪的总量，实现了预防犯罪的目标。

第二节　犯罪被害人与犯罪人之间的关系

在被害人学产生之前，在犯罪学界，基本上将犯罪人与被害人相割裂，认为在犯罪的发生中，犯罪人始终处于主动地位，被害人则是完全被动的。被害人学产生后，“应当将犯罪与被害置于社会互动过程中加以研究，明确在犯罪的发生及其控制的社会过程中，加害与被害双方都是作为主体而进行着各自的活动并融入互动过程中的①”观点逐渐为研究者接受，相关的研究陆续增多。

① 许章润．犯罪学(第二版)[M]．北京：法律出版社，2004：144.

一、早期的研究

被害人与加害人(即犯罪人)的关系已为很多学者所研究，有人认为被害人与加害人的相互关系，在犯罪活动的全过程中，总是处于动态关系。

早在20世纪40年代初，德国学者汉斯·冯·亨梯认为，被害人与加害人的相互关系是“互补的合作者”。在加害者和被害者，杀人者和被杀者，欺骗者和受骗者之间，经常会观察到一种真正的相互关系。在许多案例中，是被害人诱惑了犯罪人，被害人通过各种手段，诱使犯罪人攻击他。只认为犯罪人是积极主体，而被害人是消极客体，还不能说明他们之间实际存在的相互关系，因为在被害者被害时存在着一种积极因素。按照亨梯的观点，甚至在很多场合被害人“影响并塑造了”对他的犯罪。他说：犯罪活动和被害人之间的勾结是犯罪学的一个基本事实。当然，这并不意味着犯罪活动和被害人之间达成了协议或故意犯罪或被害，但彼此确实存在着互动关系，互为诱因①。

1968年美国犯罪学家斯蒂芬·谢弗在阐述他的“能动责任”概念时便已指出：行为责任是一个变化性的概念，对它的解释是特定时代的社会、文化和政治条件的真实反映……刑事责任的概念经常会表明，权力结构中统治集团的社会关系和意识形态。许多犯罪并不是碰巧发生了，而被害人的疏失、被害人的主动促成行为或是挑衅行为都会对犯罪的发生作出贡献……潜在的被害人对于预防自己的被害即预防犯罪，也负有一定的责任。在一定意义上，被害人有责任不去引诱他人实施犯罪②。

在70年代末，德国犯罪学家汉斯·约阿希姆·施奈德和美国犯罪学家斯蒂芬·谢弗甚至认为“无被害即无犯罪”。认为“某人或某物注定要受到侵害、危害或破坏，罪犯也有招致自己被害的可能性”。但问题在于，“谁实际上确已成为某罪的被害人取决于社会和个人的犯罪或被害的过程，在这种过程中，无论是罪犯还是被害人都没有被特别标明或不标明”③。

被害人学的创始人门德尔松则进一步认为，所有的被害人都对自己的被害亦即犯罪的发生负有责任。被害人的作用虽然有从首先使用暴力到仅有一些引诱性的语言等各种不同的情况，但如果没有被害的作用就不可能产生罪犯与被害人这一刑事关系，因此，门德尔松称被害人与加害人的关系是“伙伴”关系，提出了著名的“刑事伙伴”范畴。

这种“刑事伙伴关系”，分别体现在以下层层递进的若干关系之中：对应共存关系，二元原因关系，刺激反应关系，被害转化关系，互塑、共塑关系，彼此作用关系，归责可能关系，刑事对立关系等。在上述几种关系中，主要是从犯罪学、被害人学的角度，分别就互动主体、互动原因、互动动力、互动机制、互动趋向、互动结果、互动责任几个方面，揭示出互动关系的基本层次、基本含义和具体内容；刑事对立关系旨在最后从刑法学、刑事诉讼法学的角度，就刑事对立关系方面揭示出互动关系的本质所在。因此，上述几种关系具有层层递进、不断深入的相互联系，同时又基本反映了双方间互动关系的全貌④。

---

① ［德］汉斯．约阿希姆．施奈德．国际范围内的被害人［M］．许章润，译．北京：中国人民公安大学出版社，1992：3~5.

② ［德］汉斯．约阿希姆．施奈德．国际范围内的被害人［M］．许章润，译．北京：中国人民公安大学出版社，1992：3~5.

③ ［德］汉斯．约阿希姆．施奈德．国际范围内的被害人［M］．许章润，译．北京：中国人民公安大学出版社，1992：5.

④ 魏平雄．犯罪学［M］．北京：中国政法大学出版社，1998：195~203.

综上所述，被害人学产生之前的犯罪学家们在研究犯罪问题时，主要关注的是主观意志、客观罪行、刑事责任和罪犯的处遇、社会防卫以及对于犯罪的威慑和阻遏等问题，直至被害人学产生，被害人在犯罪的发生和控制过程中的作用和地位问题才得到全面的重视和审查，揭示出犯罪人和被害人的关系是相互作用和相互转化的互动关系。

二、被害人与加害人的互动关系

互动关系是被害人与犯罪人关系研究的最初内容和重点内容。互动论从辩证唯物主义的发展观出发，认为犯罪人与被害人之间是既相互依存，又相互影响和相互作用的关系。

(一)被害人与犯罪人的互动模式

被害人与犯罪人的互动模式，是指被害人与犯罪人各自以其被害原因或加害原因为作用力，相互影响、彼此互动，对推动互动进程共同发挥作用的模式。互动模式从互动的动力方面揭示了双方用力的二元性、缺一不可性，因而具有“互动动力论”的意义。

对互动模式的理解主要体现在以下几方面：

1.“被害”与“犯罪”均是动态概念

二者首先都属于一种运动的过程，均有其动态的发展进程，而不只是一种静止的“量”或静止的“结果”，二者的动态进程体现了双方间彼此作用的关系。

2. 被害人与犯罪人均是积极主体

在互动过程中，并非只有犯罪人才是行为的积极主体。就被害人而言，他们不只是犯罪行为的消极客体，他们在“被害前”、“被害中”和“被害后”，均可成为积极主体，分别对预防被害、避免或减轻被害、防止再次被害等发挥积极作用。

3. 双方是以“互相影响、彼此作用”的方式推进其互动过程的

二元互动的作用力，不仅表现为互动过程发生之前各自原有的被害原因或加害原因，还包括互动过程中各自新增加的被害原因或加害原因。

(二)被害人与犯罪人互动模式的类型

从临床研究来看，被害人与罪犯互动的具体形态一般表现为以下四种模式。

1. 可利用的被害人模式

这种模式也称为“单向利用”加害模式，即犯罪人单方面地利用被害人某些无意识的致害因素实施其犯罪行为或者被害人是在自己毫无察觉的情况下实施了某些令犯罪人感到系属诱惑的行为的作用模式。这种模式基本上涵括两种互动形态。一是被害人毫无责任，也没实施任何具有引诱或者暗示性质的行为，而纯粹因为自身的生理或者社会因素，以致被害。二是被害人的行为可能激起加害者的机会心理，而被害人自己对此并不自觉，也毫无引诱或者挑逗对方的用意。事实上，纯粹因为加害者一方感觉到或者错误地肯定被害人具有“可利用性”，从而强化了自己的加害犯意，才导致犯罪的发生。

这种模式的最大特点在于被害人无意于或根本没有意识到自己行为的诱惑性或过失性，在一种自己并不自觉自省的情境下被罪犯“利用”而成为被害人。因此，这种互动模式中，其被害人的责任较小，甚至没有责任。

2. 被害人推动模式

这种模式也称为“单向诱发”模式，这是指被害人一方首先实施了具有激化、推动作用的某些行为，从而诱发加害人对其实施犯罪行为的作用模式。在这一模式中，被害人因实施了某种或某些行为而促使、诱引罪犯实施了针对自己的犯罪行为，犯罪行为不过是对于被害

人推动行为的一种还击或不够恰当的反应。其发生恰好是被害人的行为在当时一定条件下合乎规律的结果。被害人的推动行为包括诱引、挑衅、辱骂、殴打等足以刺激对方不适当地采用侵害行为作为反应的行为，在这一模式中，被害人负有相当程度的责任。在该模式所适用的犯罪类型上，除了传统的杀人、伤害等犯罪，经济犯罪和职务犯罪也可以得到解释。

3. 冲突模式

这是指双方均实施了加害行为又均有被害状态、并发展到一方最终被害为止的作用模式。在这种模式中，犯罪人与被害人之间曾经有过相当长时期的社会互动关系，并在互动过程中常常互换角色，即出现被害人易位现象。互动的结果，使得在一定程度上可以说双方既是加害人又是被害人，而共同构成一个不断冲突着的并发展到一方最终被害为止的社会互动过程。这是一种建立在被害基础上的社会互动的有利和不利因素均达到最大程度的模式。这一模式中，很难分清双方的责任更不能以最终的互动结果来确定谁是加害者谁是被害者。在家庭暴力和邻里间的冲突中常存在该类模式。

4. 斯德哥尔摩模式①

斯德哥尔摩模式，是指被害人基于生命、安全、前途、声誉等方面的严重威胁而出现了创伤性的心理倒退，从而使其与犯罪人之间的关系由敌对转为融洽的一种“不打不成交”的特殊的作用模式，又称“变敌对为融洽”模式。这是一种极其特殊的被害人与加害人之间的互动模式，体现了彼此作用关系的错综复杂性。其特点是被害人与加害人之间彼此产生了赞赏、喜爱的情感并结成融洽、友好的关系。被害人以一种非常态的方式来对待和认识犯罪人和被害过程。但这种模式并不意味着抹杀了互动过程的加害与被害的性质和界限，更不等于加害者免于罪责或为抹杀受害者互动过程的作用提供了事实依据，而是反映了互动的错综复杂性。人质、祭祀仪式上的虔诚信徒、被殴打的妇女以及其他遭受了长期身体和精神上虐待的人，有时会表现出这种倾向。

研究被害人与犯罪人的互动关系，对于我们正确认识被害人在刑事诉讼中的法律地位，完善被害人要求恢复原状和赔偿损失的合法权益的理论与具体途径，具有重要启示意义。

三、犯罪人与被害人的角色转化（换）

被害人与犯罪人之间的角色转换，是指在一定条件下被害人转化为犯罪人，或者犯罪人转化为被害人的现象。

在犯罪人与被害人的互动中，被害人推动模式中的犯罪人和被害人发生了角色互换，即被害人向加害人的转化和加害人向被害人的转化。这种互动中的转化往往限定于同一犯罪事件中，但是有一些情形中，被害人角色转化的指向对象并非原有的施暴者，而是其他个体或群体。这样的一些转化说明转化并不局限于互动中的转化，所以有必要在互动关系之外探讨转化关系。

（一）犯罪人与被害人的角色转换形态

1. 正向的角色转化

① 这一模式起源于1973年斯德哥尔摩发生的一起银行抢劫案。在这起抢劫案件中，两名恐怖分子将银行4名雇员扣押在银行金库内，令人惊讶的是在这与世隔绝的6天内，人质中的一名女性竟然与一名恐怖分子产生了爱情。此后，把被害人与加害人之间由开始的敌对、冲突转为积极地结成联盟情况统称为斯德哥尔摩模式。

这种被害人向加害人转化的形态是广受研究者关注的一种角色转化形式，也被称为被害人的"恶逆变"，指被害人在其合法权益受到犯罪行为侵犯后，在不良心理的支配下和其他因素的推动下，导致的被害人的逆向变化。也就是说，被害是继而发生的攻击行为的直接促成因素和必要条件，被害人向犯罪人转化周期不尽相同，包括代际转换、中长期转换和即时转换。

由被害人状态转变为犯罪人状态的例证是大量存在的，特别是在以下案件中，角色转换现象尤为突出，如因受虐待而杀死虐待她的丈夫的妻子，在儿童时代曾受虐待而其本身具有虐待性的父母，在孩童时期曾受到性骚扰的或性攻击的强奸犯或其他型犯罪。这种转化形态说明被害人与犯罪人在一定程度上具有同质性并重叠。所以这种转化也可称为被害人与犯罪人相互的转化。严重的被害经历与犯罪经历可能存在相关性，被害的经历对个体关于法律和社会态度产生影响，被害感会驱动其针对特定的或不特定的目标进行带有报复性和补偿性的犯罪，因此被害人与犯罪人就成为了同一个体的两个侧面，这两种角色并不固定，同一个人可能相继或同时由一个角色转变为另一个角色。

2. 逆向的角色转化

这是指犯罪人向被害人的转化。这种现象是产生于人们的侵害和攻击行为导致或促成自身死亡，或者其掠夺性的、非法的、不诚实的行为是其自身被害的促成因素。当然其被害不仅得不到法律保护，还要受到法律制裁。

当代多学科的研究结果表明，被害与犯罪、被害人与犯罪人之间并不是截然对立的，在特定的情境、特定的个体和特定的社会关系中具有明显的逆转的可能性。

（二）犯罪人与被害人之间转换的机制

被害与犯罪之间、被害人与犯罪人之间的联系，取决于内在的作用或影响机制。被害之所以与犯罪具有一定的因果联系，或者被害人之所以向犯罪人转化，其原因在于，被害通过特定的个体或群体与犯罪发生直接或间接的联系。这主要包括以下三个方面的内容：

1. 被害可能是受害人暴力行为的直接起因。被害对于犯罪作用的最直接的、最典型的影响，就是直接导致了被害人的暴力行为的产生。由于报复动机是被害经历所产生的重要后果之一，因此，当报复是暴力的一个关键组成部分时，被害在暴力犯罪中作为原因要素的重要性变得相当明显。事实上，有理由相信报复是暴力的最普遍的动机，没有根据的暴力不是普遍情况而是例外。在多数情况下，暴力是不满的表现和对攻击、伤害、挑衅的反应。在绝大多数案例中，杀人是对某种受害形式的反应或者是相当过激的反应，在以攻击行为对抗攻击行为、以暴力对抗暴力的情况下，加害者与受害者的角色简单地逆转了。最初的侵害者变成受害者，最初的受害者变成了侵害者。在这种情况下，标签的使用不是给予最初的角色而是最终的结果。

2. 被害经历可能是产生暴力犯的间接原因。人是社会的产物，人们经常提及由于其社会经历而变得坚强或平和，因而，犯罪学理论应重视这种经历在违法犯罪行为的起因中所起到的作用。探讨犯罪与被害之间的关系，应当强调生活经历对于违法者在罪犯的态度和行为的塑造作用。暴力犯产生的过程之一就是残忍化的过程，即被害经历或他人的虐待对他们以后的生活过程产生了持久和深刻的影响。"被虐儿童综合征"①的循环性特征即表明了儿童

---

① ［美］安德鲁·卡曼．犯罪被害人学导论(第六版)［M］．李伟译．北京：北京大学出版社，2010：233.

时期经常被殴打的人，长大成为父母之后也会对孩子实施过分的体罚。另一个过程是麻木的过程。例如，曾目睹或参与战争恐怖行为的人常具有麻木不仁的现象。这种经验可能说明了他们生活的其余部分的态度和行为。残忍化、麻木、报复、学习、模仿、认同加害者，有助于解释由被害者向加害者转化的心理机制。受害人的个体或群体抵制受害人角色的心理增强了他们的被害感和对加害的暴力反应。近年来一些国家女性犯罪，特别是针对男性暴力的增长，在一定程度上与这种增强了的被害感相联系。

3. 对“被害感”的反应可能是被害人向犯罪人转化的理性基础。对犯罪人的临床研究表明，犯罪人所认为“不公平”的实践数量，远远高于非犯罪人。并且违法者对这类不公正(加害)事件的反应通常更持久、更频繁并更加具有暴力色彩。在被害与犯罪之间所观察到的联系是出人意料的。无论被害是直接的还是间接获得的，是实际的还是想象的，是个人的还是共同的，“已经成为被害人”这一意识不仅为犯罪提供了诱因和借口，还提供了必要的合理性和中立性，从而使潜在的犯罪人可能克服任何正式的和非正式的社会控制，包括道德抑制和刑法威慑等。这些动机和借口能够把被害人转化为一个毫无怜悯之情的加害者。个人或群体还可能从一起或多起他人实际被害的事件中，不仅产生了具体“被害感”，或许还会有不公的情绪以及与任何特定事件均无关的模糊感，这就可能进一步影响社会控制的水平。受害者对被害的反应具有不同的方式。其中，一些人会使对被害的暴力反应外化，另一些人则会使暴力倾向保持在内心。而被害者是否通过伤害他人或自身作出反应，取决于大量的变量，包括年龄、性别、社会团体、文化习惯等。

(三)被害化

一般观念认为，犯罪行为的实施过程是犯罪化过程与被害化过程的有机统一。其中，被害化过程是指个体从非被害人成为被害人或被害人受到的“被害程度进一步加深”的状态或过程。在研究被害人角色转化时，被害人并非一蹴而就成为犯罪人，被害程度深化的被害化过程是难以回避的一种现象，因此“被害化”(victimization)目前已经成为被害人学的核心术语。

1. “被害化”的特点

被害人所受到的伤害绝非通常认为的仅仅犯罪直接带来的物理性伤害，而是一个多角度、长期性、多元加害主体的渐进式和阶段化的复杂过程。第一，被害化不仅是指被害人的身体受到的物理性损伤或其财产遭受的物质性损失，更包括人格权意义上的人格尊严受损，以及心理学意义上的精神折磨和心理伤害。第二，被害化并非仅指犯罪行为时被害之状态，更可能涵盖犯罪后长期之被害过程。第三，造成被害化的主体绝非仅仅是犯罪人。犯罪人是造成被害化的前提和主要原因，是首次被害的催生者。但是当犯罪行为被追究之后，加深的被害化进程(二次、三次被害)是由其他主体诱发的。这包括刑事诉讼中警察、检察官、法官等相关主体，也涵盖了媒体、亲戚朋友等社会因素。

2. 被害化的三个阶段

犯罪学按照被害化的性质及减轻被害化的对策不同，将其划分为三个阶段。

首次被害(Primary Victimization)，是指因为受到犯罪的直接侵害而遭受的身体物理性损害、财产的物质性损失以及心理的精神性损伤。首次被害在犯罪时即已经发生，事后减轻被害程度的方式多通过民事救济和国家补偿手段。

二次被害或再次被害(Secondary Victimization)，是指在首次被害之后，由于负面的社会或群体反应而造成的对被害人的进一步侵害。这些负面的社会或群体反应包括亲戚、朋友羞辱性或冷漠的表达，媒体对案件的公开反复重现，以及公权机关对被害人进行的强制性被害重述。其中刑事司法程序所造成的“被害人的二次被害”尤为显著，已成为二次被害的主要形式。在刑事司法制度中，二次被害现象有种种表现：警察为尽快侦破案件强迫被害人反复重述被害过程、对被害人陈述的怀疑、检察官和辩护人在庭审中对被害人受害过程反复地公开再现与质疑、刑事诉讼各方对被害人“揭伤疤”式的采证质询。本该充分伸张正义的刑事司法过程之所以成为二次被害的“重灾区”，是传统刑事司法制度长期忽视被害人权利导致的后果。自从国家垄断刑事追诉权之后，追诉犯罪并施加刑罚便成为刑事诉讼的主要目的，被害人就一直居于类似于证人的诉讼程序中的辅助地位。刑事司法进程中的二次被害和司法程序后的精神创伤，会进一步延伸被害人的被害化状态。

第三次被害(Tertiary Victimization)，是指前两次被害化的力量加之于被害人之后，使得被害人产生自我否定、自我谴责和摧残的心理障碍，形成自我伤害的心理趋势，更在极端情形下由于心理愤恨、扭曲而转化为犯罪人(恶逆变，前述的正向的转化)，进而受到第三次伤害。第三次被害的理论说明，被害化有可能是一个长期的过程，并不会随着刑事司法程序的终结而终结。因此，刑事程序后的被害人保护处遇措施同等重要。

3. 被害化研究价值

被害人学的最初研究发现表明，如果对被害人缺乏关切、被害人权利未能得到妥善之保护，被害人第一次受到的犯罪侵害不仅得不到弥补，反而会继续受到第二次(再次被害)和第三次被害(程序后精神损伤)，被害人将可能成为被害标签诱导犯罪或干脆转化为犯罪人，而这些都将会进一步助长犯罪之发生。被害化研究提示我们，降低被害人的被害化程度，不仅需要建立国家刑事被害人补偿机制、增加被害人诉讼权利保护，更需要建立专门的包括社会力量在内的被害人救助机构和组织。考虑多次被害的可能性，在诉讼程序之外对被害人这种弱势群体进行倾斜性保护，是一个社会系统工程。

四、被害人与犯罪人的责任分担关系

所谓责任分担关系，是指被害人与犯罪人在“犯罪-被害”过程中对被害的发生、犯罪的实施之原因方面的道义责任具有分担关系。

对被害人行为感兴趣的早期犯罪学家着迷于责任分担的讨论，这种讨论风靡了被害人研究的最初几十年，涌现出大量的理论和研究。赞成犯罪是互动过程的学者们的必然结论就是具体的犯罪被害人参与问题。总体上说，责任分担关系是对被害人与犯罪人的责任进行比较分类的，具体可分为三大类，即完全无责任的被害人、有责任的被害人、负完全责任的被害人，其中，还可将第二类的有责任的被害人进一步划分为罪责小于加害人的被害人、罪责等同于加害人的被害人、罪责大于加害人的被害人三种关系。

值得注意的是，这是一种道义责任分担关系而非双方对犯罪人所犯之罪的刑事责任具有的分担关系。

五、生活方式反映出的被害人和加害人之间的关系

20 世纪 70 年代末期，有关被害人与犯罪人生活方式的研究在被害人学中占据了一席之地，并且由各国的犯罪调查证实了其理论的强大和广泛适用性。与解释被害人和犯罪人之间存在互动关系的初衷——站在谴责被害人立场揭示犯罪如何产生，正确认识被害人在刑事诉讼中的法律地位，完善被害人要求恢复原状和赔偿损失的合法权益的理论与具体途径——不

同，这些理论和调查更加平和中立，探讨了社会发展、有犯罪倾向的个体、盗抢机会的增加等要素之间的联系，落脚在个人如何改善生活方式以避免被害的问题上。

(一)生活方式理论和日常活动理论

生活方式理论是美国犯罪学家辛德朗等人创立的。生活方式指个体或社会群体在日常活动中分配时间和精力的稳定模式，主要包括职业活动和休闲活动。生活方式理论(life style)强调了犯罪不是与被害人无关系无秩序地发生着，被害人的生活方式很大程度上决定了其与潜在犯罪人接触的量和质，左右着其遭遇被害的可能性。那些与家庭成员以外的人相处时间过长的人和较多停留在暴露的公共场所的人更容易受到侵害。

日常活动理论(routin activity)则将被害人的生活方式和犯罪人的生活方式皆纳入视野，认为同时具备有潜在的犯罪人、适合的犯罪目标、缺乏监视者三个要素，犯罪就可能发生。日常活动理论的倡导者是美国犯罪学家科恩和费尔森，此理论比生活方式理论更加注重犯罪人和被害人在日常生活方式中的共通的部分，从而显示了该理论对犯罪人和被害人关系的深刻理解。

日常活动理论提出警惕性高的人应该采取措施使他们看起来防范良好而且财产也是看管严密，这样，怀有犯意的小偷就会到别处寻找猎物。但是，按照犯罪转移理论的核心观点，即使犯罪对象加强了防范，犯罪数量并不会真正下降，犯罪活动只是被替代了。当犯罪发生转移，犯罪人也会随之转向，如果犯罪分子抱定决心要实施犯罪，而且在时间、地点、目标和策略上足够灵活，对一些人来说被害风险会降低，而对另一些人来说则会升高。具有被害防范意识的个人采用被害预防策略事实上会使其他警惕性不高、无力采取反抗措施的人处于危险之中，被害会在空间上、地域上、时间上或是社会上重新分配。被害预防只是将负担转移到他人身上，从而减轻了警惕性高的人及其财物所面临的风险。

日常活动理论主张通过减少犯罪机会，以改善居民生活方式，作为预防被害的对策。但是，这并非真正的犯罪预防，犯罪预防的目的是降低所有人面临的风险。

(二)同质群理论

同质群理论(equivalent group)是从生活方式理论派生出来的一种理论。该理论认为，作为侵害人的犯罪人，与被害人一样，属于具有相似价值观的集团，具有相同的特性。该理论强调了这样的一种可能性，某些被害人与加害人之间享有共同兴趣、参与共同获得、具有相似或是重叠的生活方式。即，过着高风险生活方式的被害人是不应该被同情的。

根据这一理论，犯罪人从他们自己圈子里选择对手，把熟识的人甚至以前的朋友作为被害人，坚持或参与某些有极高伤亡概率的犯罪亚文化极大地增加了被害的风险。被害人被看做“可攻击的对象”或是“容易捕获的猎物”，因为他们自己牵涉在违法活动之中，这堵上了他们向官方寻求帮助的路子。

许多杀人案件可以证明加、被害双方来自重叠的社会群体。大部分加害者和许多被害人在他们一决胜负之前，都触犯了法律。从各类型的杀人案件均可以看出，不是所有的被害人均是完全无辜，遵纪守法的，他们自己并非清白无瑕，被邪恶的杀人者无理由地选为作案目标。最明显的说明重叠生活方式的例子包括被害人和加害人都参与绑架勒索、帮派斗争或是贩卖毒品的活动。

通过一些调查我们可以了解更多犯罪人和被害人之间关系的一些信息。例如，美国《统一犯罪报告》的报告指南要求警官对发生在其辖区内的每一宗杀人案都要填写一份《杀人案补充报告》。由此得到的《杀人案补充报告》数据库提供了被害人的年龄、性别和种族等信息，如果嫌疑犯被捕，则还包括被告人的年龄、性别、种族、武器、动机以及与死者之间的关系等信息。被害人和杀人者之间的具体关系可以分为三大类别：二者是同一家庭(无论是核心家庭还是大家庭)的成员；熟识关系、邻里关系或悲剧发生前是密友(包括男朋友和女朋友)；或者二者在犯罪发生前完全陌生。根据20世纪90年代到2004年警察的调查数据，在所侦破的案件中，由朋友或熟人造成的死亡是最为常见的情况(约29%到38%)。每年来自同一家庭的一位成员杀死另一成员的案件占到12%~14%；由陌生人制造的杀人案约占到12%~15%。由于未破获的杀人案件占据了35%~45%，前述的三种关系各自的比例未必反映事情的本来面目，但是就已破获的案件来说，非常有利于说明杀人案件的特定模式——“不要和陌生人说话”在杀人案件中不适用。但是，如果考虑到许多未被侦破的案件可能由陌生人比如说抢劫者实施的，那么这将是一种可怕的情形，因为要防范陌生人的攻击更为困难。①

20世纪80年代后期，美国暴力犯罪猖獗，全国范围内与“毒品有关”的杀人案使许多人丧命。死亡人数在1989年达到高峰，大约是1400人。与毒品有关的致死性决斗情形包括：敌对贩毒者之间的你死我活的竞争(抢夺地盘的斗争)；买卖双方的冲突(由于价钱高、欠款、毒品内容而引起的争吵和围绕毒品质量高低的欺骗招数等)；抢劫毒贩或是杀人案的大部分。1985年大约20%的杀人案(警方确定犯罪动因的案件)和毒品有关(验尸官确定被害人受到毒品影响，在犯罪现场发现违禁物品或是随身物品痕迹，或者死亡发生在毒品吸食地，例如“射击场”或是“毒品交易所”)②。

第三节 被害人的类型

被害人分类是根据一定的目的和原则，按照不同标准对被害人所作的群属划分。对被害人分类，应结合犯罪行为性质、被害人受害程度、被害人生理心理特征、被害人所处的社会环境特征、被害人在被害过程中有无过错和过错之大小等方面的综合因素来进行，从而有助于我们探求被害的真正原因，确定侵害和被害双方责任的大小及过错程度，为预防犯罪与被害提供有效的方法，为准确定罪量刑提供有力保证。

我国的犯罪学者们从不同角度按各自的标准对被害人的类型进行了广泛的研究。一般来说，被害人的类型有以下几种分类方法。

一、根据犯罪性质分类

犯罪的性质是由犯罪人的行为特征和该行为所侵害的客体的性质决定的。一般地说，按此标准可将被害人分为以下几类。

1. 暴力性犯罪的被害人

暴力性犯罪一般是指杀人、伤害、抢劫、强奸等带有暴力性质的犯罪行为。暴力性犯罪的被害人就是指在暴力性犯罪或其他性质的犯罪中，加害人实施暴力行为而使其生命和身体

① [美]安德鲁·卡曼. 犯罪被害人学导论(第六版)[M]. 李伟，译. 北京：北京大学出版社，2010：75~77.

② [美]安德鲁·卡曼. 犯罪被害人学导论(第六版)[M]. 李伟，译. 北京：北京大学出版社，2010：111.

遭受残废或严重伤害的被害人。这类被害人在所有被害人中所占的比例极大，受害的程度最为严重。

2. 财产犯罪的被害人

财产犯罪是指侵害国家、集体和公民个人财产的犯罪行为。这类犯罪包括抢劫、盗窃、诈骗等犯罪行为。凡因上述犯罪而遭受财产损失的法人和自然人都是财产犯罪的被害人。这类被害人所占比例最大。

3. 性犯罪的被害人

性犯罪主要是指侵犯他人性权利的犯罪，如强奸、强制猥亵等。这类犯罪行为往往带有暴力威胁、引诱、欺骗行为。凡因这类犯罪而使其性权利受到侵害的人，都可称为性犯罪的被害人。

4. 经济犯罪的被害人

经济犯罪是当前最严重的犯罪，它使国家经济秩序遭受严重损害，受害的主要是企业法人。

除此之外，还可以根据犯罪性质划分出其他类型的被害人。社会生活的变迁会产生新的犯罪类型以及被害人类型，这样的发现是犯罪学对刑法学的贡献之一。值得注意的一点是，警察机构在划分犯罪类型时使用的分界线决定着统计数据中的不同类型犯罪的数量。例如，如果一名儿童被引诱进轿车后受到性侵害，数小时后被丢弃，那么实践中很可能为归档方便将案件归类为性犯罪而不经意忽略了诱拐(暴力犯罪)这个已经发生的事实。所以尽管根据犯罪性质划分犯罪类型是刑法学所擅长的，犯罪学界仍可以更清晰地划定类型之间的分界以反映犯罪的本来面目。

二、犯罪被害人的人口统计学特征分类

犯罪被害人的人口统计学特征，是指犯罪被害人的人口统计变量的表现。这些人口统计变量一般包括性别、年龄、婚姻状况、受教育程度、职业、经济收入等方面，但是被害人在上述诸方面的特征，因犯罪类型的不同而有所差异：

(一)犯罪被害人的人口统计学特征

1. 犯罪被害人的性别特征。根据各国的统计，除婚姻家庭方面的犯罪、强奸罪以及其他性犯罪外，多数类型犯罪尤其是暴力犯罪的被害人在总体上以男性居多。尽管女性对暴力犯罪的恐惧甚于男性，但主要是由于女性对强奸犯罪的恐惧以及对家庭暴力的恐惧，而非由于暴力犯罪的被害人女性多于男性。根据 1996 年、1999 年、2002 年天津市调查统计资料，男性被害人的比重高于女性被害人，分别是 48.9∶22.8，53.8∶19.8，68.8∶20.9①。

2. 犯罪被害人的年龄特征。在我国，被害人集中在 18~45 岁的中青年段②，其中又以 25~35 周岁阶段的被害人相对集中③。

3. 犯罪被害人的婚姻状况。在西方国家，未婚者的被害率高于其他婚姻状态的人群。我国的研究结论与之不同，绝大多数的犯罪被害人是已婚者。

---

① 其余情况为男女都有的被害人和不清楚。见周路．当代实证犯罪学新编——犯罪规律研究[M]．北京：人民法院出版社，2004：252.

② 王牧．新犯罪学[M]．北京：高等教育出版社，2005：202.

③ 周路．当代实证犯罪学新编——犯罪规律研究[M]．北京：人民法院出版社，2004：252.

4. 犯罪被害人的受教育程度。在我国，受教育程度与被害风险出现了两头小、中间大的特征，即被害人主要集中在小学、初中、高中三个层次，其中又以初中文化水平的被害人被害风险最大，小学以下、高中以上被害风险较低①。

5. 犯罪被害人的职业特征。我国司法部预防犯罪研究所1994年的调查显示，农民在被害人中所占比例最高，其次是工人，军人和公务员所占的比例最低②。

6. 犯罪被害人的经济收入特征。西方国家犯罪被害人研究显示，暴力犯罪被害人的经济收入与被害风险呈反比，即收入越高，被害的可能性越小。盗窃犯罪的被害人也呈现类似的特征。

（二）按被害人人口统计学特征进行的若干分类

1. 未成年被害人。儿童和少年因年幼无知，缺乏防备能力，容易成为拐骗、奸淫、报复杀人等犯罪的被害人。侵害者可能是陌生人，也极有可能是亲属、熟人，甚至是父母。其中一些案件很容易成为隐案，若干年后才被揭露出来。即使侵害者被逮捕，案件的诉讼程序较之于普通案件要面临更多特殊的问题，所以未成年被害人是需要特殊予以关注的一类被害人。

2. 女性被害人。女性体弱，自我防卫能力差，又在生理上处于性被动地位，容易成为暴力犯罪、性犯罪行为的被害人。这是犯罪学和被害人学一直关注的一类被害人。

3. 老年被害人。老年人年迈体弱，多有一定的财产，自我保护能力差，容易成为盗窃、抢劫、杀人和伤害等犯罪的被害人。

4. 智能低下或精神上有缺陷的被害人。智能低下者由于缺乏理解力、自制力、判断力、观察力，易成为各种犯罪侵害的对象；精神异常者则因为知觉、情绪、意志不正常，较正常人容易被害。

三、按被害人在犯罪形成动态过程中有无责任进行分类

无责性被害人和有责性被害人划分的意义在于以被害人的责任性质为入手点寻求有责性被害人的被害因素，以采取有针对性的被害预防措施；此外，还在于通过区分被害人与犯罪人的责任大小和性质，为公正的司法裁判和被害赔偿提供依据。

1. 无责任过错被害人

这是一种“理想型被害人”，这类被害人是指对于使自己受害的犯罪行为的发生没有任何道义或法律过错的被害人。首先，这种无责任的被害人在整个犯罪过程中处于一种全被动的地位，其被害完全是因为偶然的原因或他人的原因引起的。其次，这种被害人无论从心理上还是从生理上讲，本身均不具有被害的特征，纯粹是偶然地被犯罪者纳入了犯罪的情势之中。再次，这类被害人无法预见和制止犯罪行为的发生也无法有效地防止犯罪结果的发生，更没有诱惑犯罪发生的任何举止。

2. 负有一定责任的被害人

负有一定责任的被害人，即对自己被害结果的发生，具有一定的过错，本身实施了违法行为或违背道德、违反纪律或其他社会生活规范行为或过失行为，而这些行为的实施与侵害者犯罪行为的发生有一定的直接关系者。根据责任的大小可以分为以下几种情况。

① 康树华、张小虎．犯罪学[M]．北京：北京大学出版社，2004：160.

② 康树华、张小虎．犯罪学[M]．北京：北京大学出版社，2004：160.

(1)罪责小于加害者的被害人。也就是说，犯罪行为的发生主要罪责在于加害者一方，但被害者一方的不当行为和心理状态程度较轻，犯罪事件是否发生和被害结果主要取决于犯罪人的个性特点、主观恶性或其他外部条件，即犯罪行为的发生具有一定的偶然性，或者被害结果主要是由被害人意志之外的原因决定的。在这种情况下，被害人的某种不良行为或不道德行为，虽不决定犯罪行为的发生，但它可能成为诱发犯罪行为的主要因素和条件。如果没有这些因素或条件，犯罪发生的可能性较小或者不发生。此类被害人包括无意过错的被害人。它是指由于被害人疏忽大意、粗心马虎、盲目乐观等主观过失性行为，使加害人得以乘机作案从而招致被害。

(2)被害人的罪责等同于犯罪人的罪责。这种情况多发生在团伙斗殴和互相伤害的流氓犯罪中。参与的人既可能是罪犯，也可能是被害人。而流氓犯罪的真正受害者是社会公共秩序。

(3)被害人的罪责大于加害人的罪责。被害人具有很大责任，一般包括被害人积极制造冲突或对后果完全放任，被害人的行为与犯罪行为之间往往具有直接的因果关系，作为一个主要的原因而导致犯罪事件发生和被害后果的可能性非常大，对外界其他条件的依赖性相对较少。被害人在这一程度的责任主要表现为积极的挑衅或制造事端，严重刺激犯罪人，进入非常危险的情境，故意进行违法或犯罪行为侵犯犯罪人的利益，参与明显对犯罪具有传导作用的犯罪活动。

3. 负有完全责任的被害人

这种被害人是真正的犯罪者，是指犯罪人在实施犯罪的过程中，受到被害者的反抗(正当防卫)而被害。

负完全责任的被害人源于本杰明·门德尔松对被害人的划分。在他看来，负完全责任的被害人包括首先动手进行攻击的被害人、被害妄想者以及伪装被害的虚假被害人。显然这三种被害人都不是真正的犯罪被害人，首先动手进行攻击的被害人并非被害人，而是犯罪人。被害妄想是一种心理疾病，虽然没有被害事实发生，被害妄想者坚定地怀疑他人要伤害自己，如果他们是被害人的话，也是疾病被害人，非犯罪被害人。伪装被害的虚假被害人是基于某种目的，谎称自己被害，而没有被害事实发生。当代西方的一些研究认为负有完全责任的被害人，从定义上来讲，根本不是真正的被害人，他们没有遭到犯罪人的侵害，而实际上是以别有用心的被害人面貌出现的犯罪人。在财产犯罪中，伪被害人通常要么从私人保险那里获得赔偿或是虚构损失从政府那里得到救助的人。他们提出虚假理赔要求，其行为本质上是在诈骗。伪被害人的动机不只是金钱利益，一些人假装被害人可能是为了掩饰真相，例如，赌输了薪水的丈夫可能会告诉妻子和警察他被抢了。① 所以，把负完全责任的被害人作为被害人的一种分类在很大程度上超出了犯罪被害人的概念和犯罪被害人学的研究范畴。

对被害人责任的研究实质上也是从事实的另一端揭示犯罪人的行为及罪责问题，在司法层面上，对被害人的责任研究有利于更公平公正地对犯罪人进行定罪量刑，对犯罪人有个客观而真实的评价。而对于犯罪学而言，对被害人责任的研究必然有利于提高犯罪预防的效力，从“有责改之，无责加勉”入手，做好犯罪预防工作。

---

① [美]安德鲁·卡曼．犯罪被害人学导论(第六版)[M]．李伟译．北京：北京大学出版社，2010：130.

四、按被害人受害程度和性质分类

1. 被剥夺生命的被害人。因杀人、伤害抢劫、强奸和其他犯罪而造成死亡的被害人。这是受害程度最深的一类被害人。

2. 受到严重伤害的被害人。包括身体受到严重伤害、残疾、失去生活能力的被害人，以及因犯罪行为使其精神、名誉人格受到严重损害的人。

3. 受一般损害的被害人。这类被害人虽受到损害，但情节一般或轻微，所受损害不大。

4. 无损害的被害人。虽然犯罪行为已经发生，但由于各种原因而使本应受到损害的被害人，避免了损害的发生。例如犯罪自动中止或犯罪行为受阻而未能完全实施。

五、按被害人心理特点进行分类

1. 抑郁型被害人。心理抑郁的人，一般对生活中的许多事都漠不关心，因而对可能发生在自身的危险无察觉，不仅容易被害，而且有时还往往因厌世而自杀。

2. 贪婪型被害人。贪婪者因贪图自身利益而失去理智分析判断，因而容易被别人算计而成为诈骗罪的对象。

3. 轻浮型被害人。轻浮的女性，思想肤浅，态度随便，容易成为性犯罪的被害人。轻浮的男性，则容易遭受伤害、恐吓等行为的侵害。

4. 孤独型被害人。孤独者往往在精神上有可乘之机，尤其是孤独的女性。

5. 暴君型被害人。暴君性格的人，其权力欲、支配欲强，一意孤行，容易引起怨恨而被害。

6. 轻信型被害人。因轻信而疏忽大意，易遭诈骗、盗窃、性侵犯的损害。

六、按犯罪被害人被害的可能性向现实性转化的过程分类

可分为已然犯罪被害人和潜在犯罪被害人。这种划分的意义是为了区别针对两类被害人的预防措施。已然犯罪被害人是指被害已成为事实的犯罪被害人。潜在犯罪被害人是指处于被害临界状态，具有现实被害的危险性，已经或正在陷入犯罪被害情境之中，但犯罪被害后果尚未表现出来，只处在隐形之中的犯罪被害人。

实践中，进入司法系统或者社会救助系统的基本是已然被害人，被害人学和犯罪学研究的主要是这样一些被害人。对于已然被害人我们主要的应对措施是通过公正的裁判、恰当合理的刑事赔偿、被害补偿和被害服务，降低犯罪行为带来的危害后果，避免被害人的恶性转化和重复、多次被害。

潜在的被害人，又称为状态性被害人、生来性被害人，他们或是有受害的现实可能性，或是由于本身的性格、素质或行为的某些倾向性而具有持续性的、现实可能的潜在被害倾向者。对于潜在被害人则是改变、防范其被害因素和条件，减少和避免犯罪行为的发生。针对潜在被害人的预防是被害前预防，符合犯罪学预防为主的思想，这种分类让我们看到，以潜在被害人为对象的被害预防比针对已然被害人的预防更加具有积极作用。

七、按犯罪被害人被害的真实性分类

可以划分为真实的犯罪被害人和虚假的犯罪被害人。真实的犯罪被害人是指确实遭受了犯罪侵害，并承受了损失或损害的犯罪被害人。根据报案与否，又可将其分为已知的犯罪被

害人和未知的犯罪被害人两种。

虚假的犯罪被害人是指并未被害或尚未被害，却故意声称自己遭受了犯罪侵害或虚拟遭到了犯罪侵害的人，分为善意型和恶意型两种。前者是因为记忆有错误或对法律误解造成的；后者是嫁祸于人，逃避罪责，怀有不正当企图而谎报被害的犯罪被害人。

八、根据被害人被害倾向性的有无分类

可以划分为状态性被害人和机会性被害人。状态性被害人即潜在的被害人。机会性被害人，是指并非因为自身的性格、素质或行为的某些特点或者倾向而受害，而是纯粹因为某种偶然的、突发的不幸事件而受害者，被害人本身对此并无任何被害的倾向性和受容性。

这种划分，一方面是为了区别针对二者的预防措施，对于状态性被害人是改变、防范其被害因素和条件，被害人在被害预防中发挥的作用更突出些；机会性被害人则强调国家、政府的职责，如加强公共场所的安全防范，强化公民社会公德教育等，国家、政府职能部门应担当更为积极、重要的角色。另一方面，由于机会性被害人对被害的发生没有责任，国家更应当对其提供合理补偿和服务，以弥补由于政府失责对被害人造成的损害，帮助其尽早恢复被害损失。

这种划分更多的是一种学理上的区分，因被害的突发性和偶然性，对与机会性被害人认定的依据，并不等于实体法上对于相关责任的认定标准，更非相关责任人的免责依据。

有的学者将被害人分为共同被害人与个体被害人；复合被害人与单一被害人；无名的被害人与有形的被害人；习惯性被害人与非习惯性被害人；积极的被害人与消极的被害人；人为环境的被害人、技术环境的被害人、社会环境的被害人、贫穷的被害人等。还有的学者根据被害人同犯罪的关系将被害人分为三种：特定被害人、非特定被害人、偶然被害人。

被害人分类的研究需要随着时代、社会、犯罪、司法制度的变化发展而发展变化，从目前的实际状况来看，我国学者对被害人分类的研究是比较深入而全面的，为犯罪被害人的研究提供了较为充分的视角。

小结：早期的被害人研究是对犯罪现象认识的深入，学者们意识到被害人这一群体对犯罪的生成同样作出贡献，因此需要对被害人的概念予以界定和分析。早期以犯罪人和被害人的“刑事伙伴”关系为代表的理论研究具有较强的谴责被害人色彩，且欠缺实证性。被害人研究逐渐纠正立场理解犯罪人和被害人的互动，且不局限于二者之间的关系，引入了社会发展带来的变动因素，拓宽了二者关系研究的方向和渠道，发掘了各种新型犯罪被害人。对被害人的研究可以平衡刑事司法中的各种关系，也有助于更加全面地认识犯罪现象和犯罪原因。

第五章　犯罪主要类型

犯罪是一种具有严重社会危害性的社会和法律现象，它是伴随着社会经济、政治、文化等人类文明而存在的各种消极因素综合作用的产物。为了深入认识犯罪现象和有效地预防犯罪发生，完全有必要对其进行类型化研究。

犯罪类型是对构成犯罪的诸多元素进行归纳、概括和抽象形成的模型，是深刻认识和研究犯罪现象的一种方法。具体而言，犯罪类型是借助一定标准和模式把社会中存在的犯罪现象进行归类，将不同类别的犯罪进行区分后类型化的结果。借助于对犯罪现象类型的划分可以深入地探究犯罪行为、犯罪现象和犯罪人的性质、内容及其特点，更好地探究犯罪背后的深层次原因，更好地了解犯罪的现状、规律、犯罪发展态势并进行预防，也有利于对国家、社会发展过程中的立法、司法、刑事政策的状况进行反思和改进。

在犯罪类型的划分上，西方犯罪学者按照不同的类别和标准进行了阐述。最早关于犯罪分类的研究始于古希腊的医学家盖仑，他将犯罪人根据气质划分为：易怒的犯罪人、迟钝的犯罪人、残忍的犯罪人、忧郁的犯罪人。1764 年，著名的古典犯罪学派犯罪学家、刑法学家贝卡里亚在其著作《论犯罪与刑罚》中指出“评价犯罪的标准是它对社会的危害性”。据此标准贝卡里亚将犯罪划分为三种类型：第一种是直接破坏社会或者使它的代表者死亡的犯罪；第二种是侵犯公民人身安全、生命、财产和荣誉的犯罪；第三种是触犯法律规定的公民普遍遵行的规范的犯罪。这样的分类正是根据犯罪行为对于社会的侵害程度不同对犯罪现象的分类。

此后，随着医学科学的发达使得对于犯罪的类型化研究重点转向犯罪人的生理学范畴。著名的犯罪人分类还当属龙勃罗梭在《犯罪人论》(1876 年) 一书中作出的分类。他将犯罪人分为生来犯罪人、激情犯罪人、精神病犯罪人和偶然犯罪人。而他的学生菲利进一步把犯罪人分为精神病犯罪人、天生犯罪人、偶发犯罪人、激情犯罪人。加罗法洛根据道德低劣程度和性质把犯罪人分为自然犯(delitto positive，natural crime)和与之相区别的法定犯(delitto legale，legal crime)，其中自然犯包括谋杀犯罪人或典型的犯罪人、缺乏正直的犯罪人或不尊重别人财产的犯罪人、暴力犯罪人、色情犯罪人四种类型。当然，西方犯罪学学者也有根据其他标准进行分类，比如根据犯罪形成特点进行划分，犯罪案件公开程度等标准进行划分，美国学者贝克等人根据犯罪模式的划分方法也不失为一种好的探索……

总而言之，犯罪类型的划分标准没有固定统一的模型，根据研究的方向和侧重点的不同可以对犯罪类型进行不同的划分，其类型化后的结果所体现出的不同形态也反映了对犯罪现象研究的不同视角。我国学者也对犯罪类型的划分有自己的观点：有的学者以刑法学视角借助犯罪构成对犯罪现象进行划分，并赋予其犯罪学的意义；还有学者认为犯罪学中的犯罪分类应当以犯罪原因为标准；也有的学者认为犯罪学中的犯罪分类应当以行为人作为研究重点；也有学者认为“以犯罪需要——犯罪动机——犯罪行为方式与手段——犯罪目的”这一整体性标准进行分类来分析犯罪过程，并据此划分犯罪类型①等。可以说犯罪学研究的视角没有固定的统一的模式，根据需要可以有不同的犯罪分类标准。在实践中，为了研究或者其他的需求，有时又往往以两个或更多标准同时对犯罪进行分类。② 在本章中我们根据犯罪类型以犯罪时间、空间、犯罪人、犯罪行为、被害对象③作为类型划定的要素选取了几种主要的犯罪类型进行介绍，其中包括未成年人犯罪、有组织犯罪、网络犯罪、贪利型犯罪、暴力犯罪和无被害人犯罪。

第一节　未成年人犯罪

未成年人犯罪是以犯罪人的年龄段作为研究犯罪类型的一种划分，与之相对的是成年人犯罪。从行为构成犯罪的本质上说，与其他年龄段的犯罪没有本质区别，之所以将未成年人犯罪单独进行研究，是因为未成年人犯罪在责任的承担上与成年人犯罪有所不同，如果说年龄是衡量一个人心理和生理是否成熟的标准的话，一定年龄段以下的犯罪人由于心理和生理不成熟而不具备承担刑事责任的能力。在研究犯罪时，未成年犯罪也因为其行为和主体的特殊特征以及内在特点和规律不同而决定了其有着相应的研究价值。

一、未成年人犯罪的定义

根据我国民法对于成年人的规定，18 周岁以上的公民是成年人，具有完全民事行为能力，根据《未成年人保护法》第 2 条的规定："未成年人是指未满 18 周岁的公民"，我国现行刑法第 17 条规定：已满 16 周岁的人犯罪，应当负刑事责任。已满 14 周岁不满 16 周岁的人，犯故意杀人、故意伤害致人重伤或者死亡、强奸、抢劫、贩卖毒品、放火、爆炸、投毒罪的，应当负刑事责任。在我国，犯罪学上未成年犯罪一般有广义和狭义之分，广义的未成年人"犯罪"是"delinquency"，可以翻译为"罪错"、"恶行"、"违法"……这个词最初产生时与未成年人的"越轨行为"、"违法犯罪行为"有关……因此这种行为对于成人就是"crime"，对于未成年人就是"delinquency"。④ 狭义的未成年犯罪人是指刑法规定的应该对自己的行为承当相应刑事责任的未成年人，即实施了违反刑法规定应受刑罚处罚行为的 14~18 周岁的未成年人。广义的未成年犯罪关注与刑法之外的未成年人在犯罪学意义上的犯罪行为，而狭义的未成年人犯罪则是在刑法框架下研究对于法律上的犯罪行为的研究。

二、未成年人犯罪的现状及其特点

(一) 未成年人犯罪的现状

20 世纪 50 年代到 70 年代，我国未成年人重新犯罪率很低，一般不到 5%，到 20 世纪 80 年代，重新犯罪率上升到 10%左右，近些年来，未成年人重新犯罪率不断上升，有些地方达到 15%，甚至 20%左右，个别地区超过了 50%。⑤

---

① 周路．当代实证犯罪学新编[M]．北京：人民法院出版社，2004：293.

② 王牧．新犯罪学[M]．北京：高等教育出版社，2005：243~244.

③ 周亮，徐绫泽．论类型学研究范式在犯罪学中的应用[J]．时代法学，2008(5).

④ 王牧．新犯罪学[M]．北京：高等教育出版社，2005：283~284.

⑤ 唐树华．当代中国热点与新型犯罪透视[M]．北京：群众出版社，2007：57.

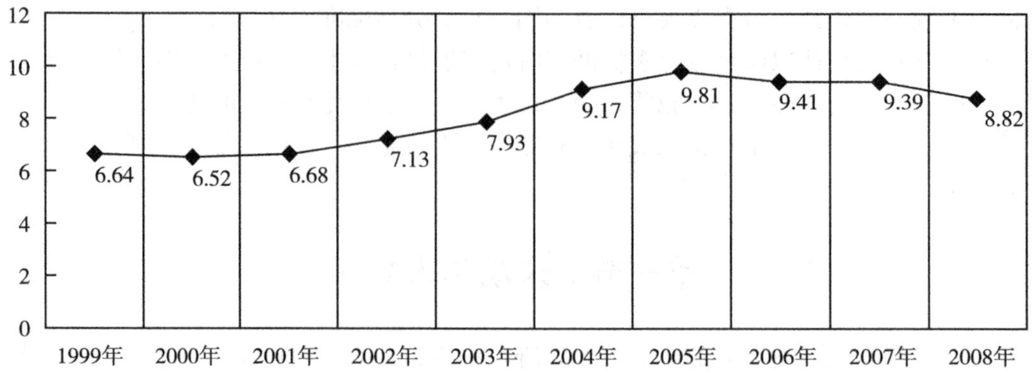

图1 1999—2008年全国法院判处未成年人犯罪占刑事犯罪的比率

据统计，十一五期间(2005—2010)，全国法院判决的青少年罪犯五年间增长12.6%，其中未成年人犯罪数量增加更加突出，五年内增长68%，青少年犯罪总数占全国刑事犯罪总数70%，而未成年犯罪占整个青少年犯罪70%。① 近几年，未成年犯罪数量略有下降，2012年人民法院共判处未成年人罪犯63782人，同比下降5.20%，连续4年呈现下降趋势，而同期全部刑事案件罪犯数量同比上升了11.67%。未成年人犯罪情况走势图在全部未成年生效被告人中，故意杀人罪上升7.17%，故意伤害罪下降9.50%，强奸罪上升0.50%，抢劫罪下降14.53%，盗窃罪上升5.45%，敲诈勒索罪下降6.44%，聚众斗殴罪下降9.55%，走私、贩卖、运输、制造毒品罪上升1.56%。未成年人罪犯所占比例继续下降。2012年判处占全部罪犯的比例中，最高为10.10%(宁夏)，最低为2.64%(山西)，除广东(7.41%)以外，经济较为发达的地区，如江苏、浙江、北京和上海等地的未成年人罪犯比例趋中，集中在3%~5%。的未成年人罪犯人数占全部刑事罪犯的5.44%，同比下降了0.97个百分点……

(二)未成年人犯罪新特点

从犯罪主体来看：

1. 未成年人犯罪的犯罪人的平均年龄呈减小趋势。中国预防青少年犯罪研究会近日完成了《2013年我国未成年犯抽样调查分析报告》。报告显示，我国未成年人犯罪低龄化现象显著，未成年人犯罪时的年龄以14岁、15岁、16岁的居多，其中14岁未成年人犯罪比例明显上升。

2. 未成年人犯罪文化程度偏低。从下图来看初中未毕业或初中毕业②犯罪人所占数量60%以上。未成年犯罪人的低学历化是一个不容忽视的问题。

3. 未成年女性犯罪人增多。根据一些城市的调查研究，未成年女性犯罪人的数量有所增加，根据广州市某区检察院2009年至2011年未成年女性犯罪案件进行调查，该院在这三年期间内共办理了青少年犯罪案件403件，共719人，其中未成年女性犯罪37件，共52

① 内蒙古日报．中国未成年人犯罪呈上升趋势 辍学生比例过半．中国新闻网，http://www.chinanews.com/edu/2011/04-08/2959718.shtml.

② 操学诚．我国未成年人犯罪动向的数据报告[J]．法制网．http://www.legaldaily.com.cn/bm/content/2010-09-01/content_2268588.htm.

人，分别占青少年犯罪案件9.2%和7.1%，其中2009年5件19人，2010年10件19人，2011年12件13人，犯罪案件数呈上升趋势。未成年女性犯罪数量呈不断上升趋势凸显了未成年女性保护存在的不足，值得关注。①

4. 农村未成年犯罪人比例高于城市。“从未成年犯居住地区情况看，在我国，未成年犯的居住地区主要在农村，样本统计表明，未成年犯在不同居住地区所占比例情况不同，其中，乡村为48.8%，城乡接合部为18.2%，商业居民区12.8%，集镇居民区为10.8%，工业居民区为5.2%，机关学校区为2.3%。从统计可以看出，居于首位的是乡村，达到48.8%，接近二分之一，这是与我国以农村人口为主的结构状况相联系的。排在前三位的是乡村、城乡接合部、商业居民区，三者的总和达79.8%。城乡二元化结构在我国由来已久，导致收入水平、教育质量与生活条件等差异十分明显。由此，往往对未成年人的教育成长产生不同的影响。从近五年的未成年人犯罪情况来看，城市未成年人的犯罪率相对较高。但在趋势上，农村未成年人犯罪率却呈上升趋势，仅2008年就高达59%。②

从犯罪类型来看：

未成年人犯罪类型以贪利型犯罪、暴力犯罪、性犯罪为最主要类别，并在犯罪类型上呈多元化趋势。中国预防青少年犯罪研究会有关人员介绍，我国未成年人犯罪所涉及的常见罪名主要是抢劫罪、强奸罪、故意伤害罪、盗窃罪、故意杀人罪、贩卖毒品罪、诈骗罪、抢夺罪、寻衅滋事等罪名，近几年又涉及一些新的罪名，例如：危险驾驶罪，生产、销售不符合安全标准的食品罪，强迫劳动罪等。2008年10月到2009年3月，课题组选取北京、湖北、贵州三地的未成年犯管教所选取1000名在押未成年犯人进行抽样问卷调查。从下表也可以得到印证，未成年人犯罪的类型抢劫、故意伤害、强奸和故意杀人，合计已占未成年人全部被调查犯罪的83.4%，无疑是占比最多的犯罪。

实施的主要犯罪③

	频数	百分比	有效百分比	累计百分比
有效　盗窃	85	8.8	8.8	8.8
抢劫	567	58.7	58.8	67.6
抢夺	34	3.5	3.5	71.2
诈骗	2	0.2	0.2	71.4
敲诈勒索	7	0.7	0.7	72.1
强奸	79	8.2	8.2	80.3
故意伤害(含致人死亡)	125	12.9	13.0	93.3

① 李红琳．当前未成年女性犯罪特征、原因及防范对策——以广州市某区为例[J]．法制与社会，2012(23).

② 侯春平．现阶段我国未成年人犯罪基本问题分析[J]．法制与社会，2014(1).

③ 张远煌，姚兵．中国现阶段未成年人犯罪的新趋势——以三省市未成年犯问卷调查为基础[J]．法学论坛，2010(1).

续表

	频数	百分比	有效百分比	累计百分比
寻衅滋事或聚众斗殴	9	0.9	0.9	94.2
故意杀人	33	3.4	3.4	97.6
贩卖毒品	6	0.6	0.6	98.2
其他	17	1.8	1.8	100.0
合计	964	99.8	100.0	
缺　　失	2	0.2		
总　　计	966	100.0		

从犯罪的行为来看：

1. 未成年人犯罪的团伙性特征明显。据不完全统计，2003 年以来，共同犯罪一般占未成年人犯罪总数的 70%，个别地区甚至达到了 80%以上。目前一些地方已经出现了未成年人模仿黑社会帮会，建立未成年人帮会的情况。据调查，1793 名未成年犯中，“有过组建或加入黑社会性质组织想法”的 632 人，占 36.03%；“已经加入黑社会性质组织”的 147 人，占 8.38%；“没有组建或加入黑社会组织想法”的 975 人，占 55.58%。①

2. 未成年人犯罪再次犯罪率明显增多。

实施犯罪的次数统计②

	频数	百分比	有效百分比	累计百分比
有效　就一次	411	42.5	43.1	43.1
不止一次	396	41.0	41.5	84.6
很多次	147	15.2	15.4	100.0
合计	954	98.8	100.0	
缺　　失	12	1.2		
总　　计	966	100.0		

3. 未成年人犯罪的突发性、随机性较强。由于未成年人在心理和生理上尚未完全成熟，其辨认和控制能力比成年人略差，行为容易冲动，易于迎合，易于依附，这导致未成年人激情犯罪和偶发性犯罪的情形多发。

三、未成年人犯罪成因

未成年人犯罪的成因非常复杂，深入探究其犯罪原因必须综合社会、家庭、个人等多方

① 操学诚．我国未成年人犯罪动向的数据报告[J]．法制网．http：//www.legaldaily.com.cn/bm/content/2010-09-01/content_2268588.htm.

② 张远煌，姚兵．中国现阶段未成年人犯罪的新趋势——以三省市未成年犯问卷调查为基础[J]．法学论坛，2010(1).

面因素进行把握，结合国内外学者研究和司法实务调查，未成年人犯罪的原因主要有以下几种：

（一）外在原因

1. 社会方面原因。意大利犯罪学家、犯罪社会学派创始人菲利就主张犯罪多因理论，其“三元论”，他认为犯罪从总体上看是一种社会现象，其原因是人类学因素、自然因素和社会因素引起的，而犯罪的社会因素在这三种因素中所起的作用最大。未成年人犯罪是社会发展不良反应的映射，社会宏观领域的问题会在抵抗力较差的未成年人犯罪上加以体现，未成年人所在国家、区域的经济、政治、文化因素会通过多种渠道发生作用。凯特勒在其著作中阐明了犯罪的社会原因，提出了“社会制造犯罪、犯罪人只是社会制造犯罪的工具”的著名论断，他认为，社会内部包括着未来各种犯罪的病菌，每一种社会制度都预先准备好了作为它的体制的必然结果的犯罪的数量和选择，因此，社会在一定程度上为犯罪的产生创造了条件，而犯罪人只不过是实行犯罪的工具。①

2. 家庭和学校教育方面的原因。家庭是未成年人的第一学校，是未成年人性格、习惯、人格品质形成的初始地，承担了对于未成年人的大部分教育和培养的工作，但是由于许多家庭的不完整导致教育关爱缺失、家庭不良越轨行为的反面示范、教育和管教不当等原因，对于未成年人的健康成长造成了第一手的伤害，也为其走上犯罪道路埋下伏笔。学校也是对于未成人健康成长的重要屏障，如果学校教育缺失，或者未成年人过早离开学校进入社会，学校对于未成年人的监管和教育就会缺失可能导致未成年人犯罪的一大重要原因。

3. 网络、媒体和亚文化、黄赌毒等不良影响。当今社会，社会层级分化明显，主流思想、行为模式影响源多元化。一些非主流的思想、行为和意识形态伴随着科技、文化迅猛发展，利用网络和媒体以及人口的大范围流动快速传播，其中不乏暴力亚文化、黄赌毒等不良文化和扭曲的越轨的行为形态，这些对于未成年人的诱惑和支配增加，导致未成年人迷失在其中不能自拔。而这些社会的丑恶现象往往伴随着暴力、色情等越轨行为和犯罪现象。

（二）内在原因

1. 未成年人心理和生理的不成熟，自身的抵抗力、判断力、选择力和意志力较弱。未成年人正处于身心成长的特殊阶段，对于外在的影响不能正确的认知和辨别，容易在思想上走向极端，在行为上难以加控制，特别是未成年特有的叛逆心理和逆反心理以及渴望独立的心态都容易促使未成年人行为越轨和走向极端。

2. 差别交往和模仿理论导致未成年人犯罪。根据萨瑟兰的差别交往理论和班杜拉的学习理论，未成年人在成长和交往的过程中，后天的学习和交往的人群起到重要的影响，其学习的榜样和模仿的对象在其成长的过程中也起到了至关重要的作用。如果在未成年人的教育和管教上缺失，那么畸形的示范作用就会影响到未成年人的心理和行为，对于未成年人的犯罪将起到反面的催化作用。

四、未成年人犯罪预防和治理对策

结合未成年人犯罪的原因、特点和其现状，使我们认识到未成年人犯罪这一现象的出现是复杂的、综合性作用的结果，其在预防和治理上也要借助多方面的力量，作为一项系统工程进行对待。我们认为至少应当做到以下几点：

---

① 吴宗宪．西方犯罪学[M]．北京：法律出版社，1999：87.

第一，社会层面的宏观治理。李斯特说过，最好的社会政策就是最好的刑事政策。经济发展政策上，加大力度扶持贫困地区的发展，消除贫困和两级分化趋势，关注弱势群体，其中也包括贫困、偏远、落后地区的未成年人群体，完善各项经济救助和奖学金的制度，在经济原因上尽量减少未成年人犯罪几率。社会政策上在教育、卫生、医疗和法律救济途径上对于未成年人单独予以考虑，在政策方面完善未成年人的各项生计、发展方面的问题。在立法和司法上，进一步体现出对于未成年人地位、处遇的优化，使得未成年人在法律层面得到保障。

第二，加强对于家庭、学校、社区的责任建设，举合力打造未成年人生长的直接环境的健康和安定，对未成年人聚集地周边的社会治安加大综合治理力度以还未成年人一片蔚蓝的天空。

第三，广泛推广和强化社会主义核心价值观教育，营造未成年人成长全过程的行为规范教育、理想教育、品格教育。预防和减少未成年人犯罪要从早抓起，从小抓起，从娃娃抓起。在未成年人的心灵深处牢固树立和形成真善美美好愿景，培育和养成未成年人文明乐善的行为习惯、积极向上的人格品质。

第二节　有组织犯罪

一、有组织犯罪的概念

有组织犯罪是一个舶来词汇，英文是 Organized Crime。对于有组织犯罪的确切定义，可谓众说纷纭，没有统一、确切的定义，英国《牛津法律大词典》这样解释有组织犯罪，是指“为达到目标以犯罪手段进行的有计划的犯罪活动”。世界上最著名的黑手党的故乡意大利这样定义黑手党，《意大利刑法典》第 416 条第 3 款：“当参加集团的人利用集团关系的恐吓力量以及从属和互隐条件，以便实施犯罪，直接或间接实现对经济活动、许可、批准、承包和公共服务的经营或控制，为自己或其他人取得不正当利益或好处，意图阻止或妨碍自由行使表决权，或者意图在选举中为自己或其他人争取选票时，该集团为黑手党型集团。”1991 年国际刑警组织第一届反有组织犯罪国际研讨会将有组织犯罪界定为“任何企业或群体以获取利润为主要目的而从事连续的、有时是跨国的不法行为。”鉴于此定义没有包括“以暴力手段实现群体目的”的含义，国际刑警组织反有组织犯罪处对“有组织犯罪”又作了如下界定：“任何具有有组织的控制结构的、通过不法活动获取钱财为其主要目的的、通常以恐怖活动和腐败活动的经济来源为生的群体。”①

2000 年 12 月在意大利巴勒莫召开的联合国打击跨国有组织犯罪会议，会议通过了《联合国打击跨国有组织犯罪公约》(《巴勒莫公约》)，其特别突出和鲜明的一点是明确地规定了有组织犯罪集团的概念，对于国际社会打击跨国有组织犯罪具有重要的推动作用。该《公约》第 2 条(a)款规定，有组织犯罪集团“系指由三人或多人所组成的、在一定时期内存在的、为了实施一项或多项严重犯罪或根据本公约确立的犯罪以直接或间接获得金钱或其他物质利益而一致行动的有组织结构的集团”。

---

① 计永胜．国际刑法学界关于有组织犯罪的最新研究动向[J]．中国法学，1997(4)．

我国大陆对于有组织犯罪研究起步较晚，对于有组织犯罪的内涵和外延以及与国际有组织犯罪的定义和刑法上罪名与国际接轨等问题上也颇具争议，学术界在定义“有组织犯罪”的观点大概有三种，一是最广义说，这种学说认为有组织犯罪就是指三人以上故意实施的一切有组织的共同犯罪或者集团犯罪活动。二是广义说，该说认为有组织犯罪是指三人以上有一定组织形式、主要犯罪成员基本固定、社会危害性大、反侦查能力强的集团犯罪组织所实施的犯罪活动。它包括黑社会性质的组织所实施的犯罪活动和普通犯罪集团所实施的犯罪活动两种情况。三是狭义说，该说认为有组织犯罪实际上就是指黑社会组织所实施的犯罪活动。

1992年10月，我国大陆官方对于有组织犯罪的正式文件出现，公安部第一次提出黑社会性质的组织(犯罪团伙)的6个特征：

1. 在当地已形成一股恶势力，有一定势力范围；
2. 犯罪职业化，较长期从事一种或几种犯罪；
3. 人数一般较多且相对固定；
4. 反社会性特别强，作恶多端，残害群众；
5. 往往有一定的经济实力，有的甚至控制了部分经济实体和地盘；
6. 千方百计拉拢腐蚀公安、司法和党政干部，寻求保护。

以上六个特征，成为当时和此后相当一段时间内中国警方界定黑社会性质犯罪组织的标准，在实践中发挥了积极的作用。

在刑法的范畴内，1997年修订的《刑法》第294条，第一次在刑法上规定了组织、领导和参加黑社会性质组织罪、入境发展黑社会组织罪和包庇纵容黑社会性质组织罪。《刑法》第294条第2款所规定的黑社会组织专指境外的黑社会组织。2000年12月4日最高人民法院审判委员会根据刑法有关规定，通过了《关于审理黑社会性质组织犯罪的案件具体应用法律若干问题的解释》(以下简称《解释》)。《解释》认为《刑法》第294条规定的“黑社会性质的组织”，一般应具备以下特征：

1. 组织结构比较紧密，人数较多，有比较明确的组织者、领导者，骨干成员基本固定，有较为严格的组织纪律；
2. 通过违法犯罪活动或者其他手段获取经济利益，具有一定的经济实力；
3. 通过贿赂、威胁等手段，引诱、逼迫国家工作人员参加黑社会性质组织活动，或者为其提供非法保护；
4. 在一定区域或者行业范围内，以暴力、威胁、滋扰等手段，大肆进行敲诈勒索、欺行霸市、聚众斗殴、寻衅滋事、故意伤害等违法犯罪活动，严重破坏经济、社会生活秩序。

上述司法解释同时明确规定，“港、澳、台黑社会组织到内地发展组织成员的，适用刑法第294条第2款的规定定罪处罚”。最高人民法院司法解释对于黑社会性质组织诸特征的把握持严格的立场，尤其强调用“保护伞”将一般的犯罪集团与黑社会性质组织加以区别。

2002年4月28日，全国人民代表大会常务委员会对《刑法》第294条第1款规定的“黑社会性质的组织”作出了立法解释。根据该解释，“黑社会性质的组织”应当同时具备以下特征：

1. 形成较稳定的犯罪组织，人数较多，有明确的组织者、领导者，骨干成员基本固定；
2. 有组织地通过违法犯罪活动或者其他手段获取经济利益，具有一定的经济实力，以支持该组织的活动；

3. 以暴力、威胁或者其他手段，有组织地多次进行违法犯罪活动，为非作恶；欺压、残害群众；

4. 通过实施违法犯罪活动，或者利用国家工作人员的包庇或者纵容，称霸一方，在一定区域或者行业内，形成非法控制或者重大影响，严重破坏经济、社会生活秩序。

我国刑法修正案(八) 将全国人大常委会关于《中华人民共和国刑法》第 294 条第 1 款的解释对“黑社会性质组织”特征的规定上升为法律，即形成刑法第 294 条第 5 款规定。①

可见，我国大陆刑法对于有组织犯罪的定义采取的是介于广义的定义和狭义定义之间，主要存在形态是犯罪集团犯罪和黑社会性质组织犯罪。

二、我国有组织犯罪的现状及特点

从历史上看，中国的有组织犯罪历史并不短。从明末清初开始，中国社会就存在着各种形态的秘密教门、秘密会党、会道门和帮派，其中有的帮会组织在性质上就属于有组织的犯罪形式。尤其是到了 20 世纪 30—40 年代，借“民国之乱”，有组织犯罪的发展形成了高峰期，一些帮会组织逐渐演变成规模庞大的黑社会组织，最为著名的如旧中国上海滩的青帮红帮等。这些黑社会组织从其组织结构、行为方式、组织规模、暴力程度、经济实力、对政治的渗透等方面看，都达到了有组织犯罪的高级形态。

新中国成立后的前 30 年间，有组织犯罪基本绝迹，当时间进入到 20 世纪 80 年代初，中国原有的社会结构开始出现重大改变，随着境外黑势力在社会开放条件下的渗透和本土黑势力的逐渐滋生和发展，中国又不得不面对这一已经绝迹 30 余年的高端犯罪形式。90 年代初是中国有组织犯罪进入快速发展期的重要转折点，进入 21 世纪后的最近 10 年有组织犯罪的总体发展迅速。2005 年公安部组织专门调查得出的基本结论是，涉黑犯罪已进入活跃期，社会危害不断加重，也正是基于对有组织犯罪发展态势的这种判断新一轮的全国“打黑除恶”专项活动自 2006 年 2 月开始一直持续到现在。② 官方披露的信息表明，2000 年 12 月至 2003 年 4 月，全国共铲除各类恶势力团伙 1.4 万个；2006 年至 2009 年三年“打黑除恶”专项行动中，共打掉恶势力团伙 1.3 万个；而最新统计数据是：自 2006 年 2 月全国开展“打黑除恶”专项斗争以来，共铲除恶势力 2.4 万多个，也即从 2010 年 1 月到 2011 年 9 月的一年多时间内，全国打掉的恶势力又增 1.1 万个。

据中国“打黑办”副主任、公安部刑事侦查局副局长廖进荣最新透露，从 2000 年 12 月持续到 2003 年 4 月的第一次全国“打黑除恶”专项斗争，共打掉涉黑组织 600 余个，而 2006 年开始持续到现在的“打黑除恶”专项斗争，全国共打击涉黑组织 2131 个，年均查获涉黑组织 426 个；扣押的涉黑涉恶总资产已达数百亿元。③

我国有组织犯罪除了具备有组织犯罪组织的一般组织性、纪律性、暴力性和经济的攫取性等特征之外还由于特殊性生长环境从而具有其自身特点：

---

① 黑社会性质的组织应当同时具备以下特征：1. 形成较稳定的犯罪组织，人数较多，有明确的组织者、领导者，骨干成员基本固定；2. 有组织地通过违法犯罪活动或者其他手段获取经济利益，具有一定的经济实力，以支持该组织的活动；3. 以暴力、威胁或者其他手段，有组织地多次进行违法犯罪活动，为非作歹，欺压、残害群众；4. 通过实施违法犯罪活动，或者利用国家工作人员的包庇或者纵容，称霸一方，在一定区域或者行业内，形成非法控制或者重大影响，严重破坏经济、社会生活秩序。

② 张远煌．中国有组织犯罪的发展现状及立法完善对策[J]．法治研究，2012(2)．

③ 康树华．中国大陆黑社会性质组织与国外黑社会比较研究[J]．法学杂志，2004(4)．

第一，在组织结构上，体现出犯罪团伙——犯罪集团——黑社会性质组织的层次不同，由低级向高级逐步进化的演变形态，各个阶段的特征明显。

第二，我国有组织犯罪的数量和有组织犯罪个体的规模呈增大趋势。有组织犯罪在我国大陆经过了改革开放的特殊时期，由于法治的不健全和经济分配方式等宏观方面的不良土壤的滋养，加之我国特有的人文、价值观念、亚文化氛围，有组织犯罪呈高发趋势。与此同时，由于经过原始资本积累和对不法财产的洗钱和资本运作，很多犯罪集团和小规模的涉黑组织已经规模庞大。2013 年，四川原四川汉龙集团董事局主席刘汉涉嫌组织、领导、参加黑社会性质组织以及故意杀人、故意伤害等 21 项罪名被检方提起公诉。此案中共有 9 条命案，其中 5 人是遭枪杀。刘汉是闻名四川的亿万富豪，涉足房地产、矿产、建筑等多个领域，坐拥 400 亿资产。正如 2009 年中央政法机关《办理黑社会性质组织犯罪案件座谈会纪要》中提到：我国黑社会性质组织犯罪仍处于活跃期，犯罪的破坏性不断加大，犯罪分子逃避法律制裁的行为方式不断变化，向政治领域的渗透日益明显，对人民群众的生命、财产安全，对经济、社会生活秩序和基层政权建设都构成了严重威胁。

第三，我国有组织犯罪组织政治领域渗透性逐步增强，“合法外衣”及盈利手段逐步增多。青岛聂磊黑社会犯罪集团很具代表性，该案牵连出的涉黑警察多达数十人，其中不乏聂犯直接培养起来的派出所所长和特警大队长，这些腐败警员不仅带着警用步话机直接参与作案，而且还帮助聂犯逃避惩罚。① 还有许多黑社会性质组织的首要分子本身就担任人大代表政协委员，“黑老大”刘涌是沈阳市人大代表和区政协委员；鱼肉乡里八年的黑恶首领祝三英是抚顺市的区人大代表；敛财逾千万的黑恶头领胡世洪是荆州市政协委员；唐山黑社会老大杨树宽身披优秀民营企业家、唐山市政协委员的外衣…… 另一方面，在获取高额利润手段上，黑社会性质组织不断翻新手腕，除了传统领域的黄赌毒等方式外，合法公司的掩护下其从事的领域不断扩大，金融、商贸、资源能源、高利贷、房地产等领域。

第四，跨区域化和国际化趋势显现。随着国外、境外的黑社会组织的渗透活动加剧，国际和区域间经济、文化的联系增加，大陆地区许多不断发展壮大黑社会性质组织开始向外另拓新的空间和合作伙伴，勾结国外、境外的黑社会组织，它们利用各种形式进行合作和交流，呈现区域化、国际化的发展趋势。

三、有组织犯罪产生原因

第一，社会原因。有组织犯罪在我国大陆的产生消亡和死灰复燃很有说服力，社会的制度变迁带来的各种形态存在的组织、构成和群体，其中有健康的机体，也有社会阴暗面的存在形式——有组织犯罪，社会发展的空白地带和相关管理的弱化，以及社会阶层的区分必然带来有组织犯罪生存的土壤，主流社会不能进行社会阶层和财富的正常流动和分配也可能使得主流社会的意识形态和掌控能力大大减弱，这也促使人们通过非常规的手段获取财富和地位。

第二，经济原因。如果说社会层面的原因是有组织犯罪诞生的土壤，那么经济的原因就是有组织犯罪的血液，正是依靠对于高额经济利润的攫取使得有组织犯罪得以成长和壮大，经济利润是目的的同时又成为有组织犯罪的获取更大利益的手段。

第三，文化原因。暴力亚文化、色情文化、一夜暴富神话和对于金钱的崇拜都是造成人

① 参见 2013 年 10 月 27 日《中国青年报》。

民脱离主流社会进入“under world socity”(黑社会组织)的原因，媒体和网络对于反面典型的宣传在某种意义上也促使有组织犯罪变为现实，加之有组织犯罪高发的地区和国家特有的人文和传统，使得有组织犯罪的社会认同加深。

四、有组织犯罪的预防和治理

首先，在社会领域加强相关制度建设，在社会的正常流动和财富的分配上加大调整力度，使得人们在社会层面能创造机会的平等和社会底层往上层流动的氛围。在社会转型的社会里要加强对于弱势群体的人文关注和制度保障，使得社会转型期的不公和漏洞得以及时弥补。加强基层组织机构建设，完善民间团体的相关吸纳功能，使得主流社会制度和吸引力加大。

其次，在经济领域，加大立法和对于各种经济制度的理顺和修补，使得有组织犯罪的血液得以切断，对于有组织犯罪的保护伞要加大处置力度，使得其无伞可护，从制度层面切断有组织犯罪和经济领域、政治领域人员的联盟。

再者，主流文化的宣扬和旧传统坏思想的摒弃并驾齐驱，利用媒体和其他宣传手段在社会各个层面进行宣扬，对于暴力亚文化、黄赌毒等丑恶文化要从未成年入手进行教育，宣传正面文化和主流文化，减少不良文化的侵袭。

最后，加大国际、地区合作，学习有关国家和地区对于有组织犯罪的打击方法，加大刑事立法和相关经济的立法，加大对于有组织犯罪的打击力度，使得有组织犯罪及其上下游犯罪得以根除。

第三节　网络犯罪

一、网络犯罪的定义

网络犯罪与计算机的出现密不可分，计算机是 20 世纪最为伟大的发明之一，计算机的出现深刻地改变了人们的生活，它的应用领域从最初的军事科研应用扩展到社会的各个领域，已形成了规模巨大的计算机产业，带动了全球范围的技术革命，由此引发了深刻的社会变革，而计算机网络的出现使得计算机技术以更加强大的生命力飞速发展，现如今已经成为信息社会中必不可少的工具。而伴随其带来巨大便利和效率的同时，利用计算机网络实施的犯罪行为也如同幽灵一般潜入计算机网络的世界。那么什么是网络犯罪呢？网络犯罪是利用计算机网络作为载体进行的或者以计算机网络作为犯罪对象而实施破坏网络系统和信息的犯罪行为。计算机网络犯罪本质上是一种利用计算机网络实施的犯罪现象，其属于利用高科技成果实施的犯罪高级形态，与发生在社会实体空间的犯罪相比还有其特有属性。这使得计算机网络犯罪更加显著地具有研究意义和现实意义。

二、网络犯罪的特点

第一，网络犯罪的智能化较高。美国犯罪学家萨瑟兰在分析计算机犯罪时提出，才智和现代技术工具的结合有产生犯罪的可能性。由于计算机网络在高科技和智能的环境下诞生，因此从事此类犯罪的人必须是掌握一定计算机科学技术知识，熟知计算机网络弱点的人员。

第二，犯罪的隐蔽性和侦查的复杂性。由于网络犯罪发生在特殊的空间、地域，犯罪行为的持续的时间往往极为短暂，犯罪行为不易被察觉，犯罪利用网络的虚拟空间致使犯罪现场不特定化，其犯罪行为发生地与犯罪结果发生地往往不在同一地点。这对于犯罪的发现和侦查极为不利，犯罪证据的获取和固定尤为困难。因此，此类案件的犯罪黑数较高，破案率较低。

第三，网络犯罪具有传播性和较大的破坏性。计算机网络的伟大之处就在于将地理上间隔较远的地区、国家和城市通过虚拟空间进行连接，加强了人们的联系，但是如果网络世界一旦遭受侵害，其扩散力也是极其迅速和猛烈的，一个服务器或者一个网站后台可能存在成千上万的客户，一个网络“病毒”可能通过网络使得不计其数的计算机终端遭到侵袭；此外，存在其破坏力也是相当巨大的，2013 年美国战略与国际研究中心发布报告称，因网络犯罪活动给全球造成的经济损失每年高达 5000 亿美元，同时网络犯罪还可能导致 50.8 万个美国人失业。

三、网络犯罪的成因

网络犯罪的成因具备犯罪行为和犯罪人的共性，由于特殊性质使之也表现出一定的独有的成因：

第一，理性选择理论下的网络犯罪。理性选择犯罪理论认为，不同的人视不同的情境和整体环境，会有不同的途径而造成损失或犯罪，但总以最少工夫的路径去达成。并且其中包含了两个影响人们犯罪的情境特性：

1. 标的物接近的可能性(Access)。标的物越容易接近，那吸引力就会越高，因为犯罪所要花费的工夫越少，而吸引力高又容易接近的标的物就更容易引起罪犯的兴趣。

2. 标的物的吸引性(Attraction)。标的物的吸引力越大，让行为人犯罪的可能性也就越高。① 该学说在解释为何有人能从事此类犯罪时较有说服力，网络在其特殊的空间内具备机会成本较低，收益较大，而侦查的隐蔽性和智能型的特点也使得网络犯罪成为一种容易达成目的的手段。

第二，黑客亚文化使然。由美国学者 Cohen 于 1955 年所提出的犯罪亚文化理论加以修正而来，该理论认为网络使用者在网络社会中独自形成其特有的规范与价值体系，但这一规范与价值体系与一般社会的规范与价值体系互相冲突，因而形成偏差或犯罪行为。如网络中存在着黑客独有的亚文化，黑客原本代表着高技术、高智慧，是一种正面的象征。②

第三，抑制理论最早源于 1945 年，由 Beelcy 所提出，并于 1969 年由 Reckiess 发扬光大。该理论认为网络社会尚在形成中，相关规范及价值体系尚处于摸索阶段，少部分网络使用者自传统社会规范束缚中解放，因新的价值规范尚未形成、缺乏有效的监督、训练等机制，以致产生许多犯罪及偏差行为；然而大部分网络使用者却能与周遭环境力量相互调和，如透过自我的控制、良好的自我概念、高度的挫折容忍力和责任感以及降低紧张和舒解压力等能力的管理，不仅能善加利用网络所带来的便利性，更不致产生犯罪，这种内在与外在抑制力量的相互影响，将是决定网络使用者犯罪强弱的因素。③

① 尼尔·巴雷特．数字化犯罪[M]．郝海洋译．沈阳：辽宁教育出版社，1998.

② 卓翔．网络犯罪若干问题研究[D]．中国政法大学博士学位论文，2004.

③ 卓翔．网络犯罪若干问题研究[D]．中国政法大学博士学位论文，2004.

四、网络犯罪的预防与治理对策

第一，完善相关立法，使得网络空间得以有效规制。网络世界的行为不同于现实世界的人们的行为，其内在运行和体系运转有特殊性和开放性特点，其更新和发展的速度也大大超越人们的预见性，所以，网络世界的丛林必须及时地得以规制和约束，立法者要及时将网络虚拟世界的越轨行为对应现实世界的立法加以更新和修改，使得网络世界有法可依、有规可循。

第二，加大技术和相关研究，完善监管措施。网络犯罪在很大程度上是利用了监管者或者网络本身的漏洞进行犯罪，因此，从技术上堵住犯罪人的可乘之机，在监管和技术上进行加强还是可以亡羊补牢甚至未雨绸缪的。

第三，加大区域、国际间的配合协作，使得网络犯罪人无处可逃。网络犯罪的跨国、夸区域性决定了其侦破和发现的难度，因此，各个国家和地区要加强合作交流，共享相关数据和资源，在互联网的世界制定其特殊的地域管辖和协作机制，防范和打击网络犯罪。

第四节　贪利性犯罪

一、贪利性犯罪概念

最早提出贪利性犯罪这一概念的是原苏联的一些犯罪学家，如茨维尔布利、库兹涅佐娃、明科夫斯基等。他们认为，贪利性犯罪就是以贪利为目的，非法侵犯社会财产或者他人财产的行为。并把这类犯罪具体划分为以下五种：①

1. 利用职务地位盗窃社会财产；

2. 在企业、机关、团体工作中无权支配该单位的财产或者从事辅助业务的人盗窃社会主义财产；

3. 不相干的人偷窃财产；

4. 抢劫或抢夺财产；

5. 诈骗财产。

《中国百科大辞典》对于贪利性犯罪是这样定义的：以非法侵占公私财产为主要目的的各种犯罪行为的总称，在不同的历史时代和社会时期均在犯罪结构中占主要地位，是犯罪学研究的主要犯罪类型之一。此类犯罪的危害不仅在于其直接产生的财产损失，同时表现为对其他社会成员的腐蚀作用。

我们认为，贪利性犯罪是以非法占有为目的，不法获得财产性利益而实施的犯罪行为总称，这种划分是便于犯罪学对以不法获利为动机的犯罪研究的一种归类。在我国，贪利性犯罪可以将刑法中破坏社会主义市场秩序罪、侵犯财产罪、职务犯罪中的贪污贿赂型犯罪以及其他以不法获利为目的的犯罪归为此类。

二、贪利性犯罪的特点

我国改革开放以来，随着生产力要素被不断激活，商品经济迅速发展，经济的主导作用

---

① 康树华等．犯罪学大辞书[Z]．兰州：甘肃人民出版社，1995：300.

日益显现，但是随之而来的是人们对于财富的过度追求和贪利性犯罪，逐步成为一个社会性的问题，其具备以下特点：

第一，贪利性犯罪持续高发，手段不断翻新。我国到现在为止已经经历了几次犯罪的高峰，当下正经历新中国成立以来第五次犯罪高峰，犯罪的总量和犯罪类型都在不断更新，同样，贪利性犯罪作为最为常见也是作为转型期社会最容易面对的犯罪类型同样在我国得到印证，贪利性犯罪的数量居高不下，手段不断翻新，涉及的群体也在不断蔓延，许多贪利性犯罪如诈骗犯罪、金融犯罪的形式和手段随着经济的发展和经济领域的扩大对传统生活方式的改变而不断衍生、滋长并翻新。

第二，贪利性犯罪与其他类型犯罪相互交叉，相互作用的现象明显。贪利性犯罪在本质上是对金钱和财富的一种不法的获取，但是为了达到目的会采取一些非法的手段去达到目的，比如使用暴力手段、采取集团犯罪以及网络犯罪等形式，这就使得贪利性犯罪在犯罪的方式和手段上和其他类型的犯罪交叉混合，互为手段和目的的情形。

第三，高科技领域、虚拟空间以及新型财产性利益成为贪利性犯罪进军的新天地。随着科技的日新月异和虚拟世界的不断发展完善，一些非传统的财产和财产性利益成为贪利性犯罪想要攻克的主战场，知识产权、虚拟货币、电子支付、无体物资产等新型财产成为贪利性犯罪追逐的目标。

第四，贪利性职务犯罪不断蔓延。利用特殊主体的身份，如国家工作人员、管理掌控一定资源和具备一定便利条件的职务人员利用职务之便，侵吞窃取国家、集体的财物依然较为普遍，2014 年，最高人民检察院检察长曹建明在“两会”上作最高人民检察院工作报告时指出，全年共立案侦查贪污贿赂、渎职侵权等职务犯罪案件 37551 件 51306 人，同比分别上升 9.4%和 8.4%。突出查办大案要案，立案侦查贪污、贿赂、挪用公款 100 万元以上的案件 2581 件，涉嫌犯罪的县处级以上国家工作人员 2871 人，其中厅局级 253 人、省部级 8 人。此类犯罪与体制机制的不完善以及监管的不利具有直接关系，有的甚至形成了“以贪养官，以官享贪”的恶性循环。

三、贪利性犯罪的原因

如果对于贪利性犯罪的原因进行深入探究的话，我们可以从历史唯物主义史观的角度进行分析，从原始社会过渡到到奴隶社会之后，直至再到阶级社会，甚至更为高级的社会主义社会，都是消灭不了贪利性犯罪的，因为随着生产力水平的提高，剩余产品的出现使得原始社会的分配方式发生改变，与之相对应的货币、商品、私有的观念以及私有制一并衍生出来，因此，物质水平的差异，分配方式的不均化都会导致贪利行为的出现，由于社会主义社会的物质发展水平也不是高度发达，即使进行平均的分配也不可能杜绝贪利性行为发生，于是贪利性犯罪就成为吸附在商品经济以及生产力水平不高度发达的一切社会形态之上。以我国贪利性犯罪为例进行分析，现阶段的中国经历了从计划经济到市场经济的转型蜕变，由原来生产力要素被高度压制到被极度激发的转变，旧有的体制、机制以及观念都遭到市场经济前所未有的冲击和洗涤。贪利性犯罪具备以下成因：

首先，经济、法律制度层面原因。贪利性犯罪作为一种与市场经济伴随的产物，某种意义上可以说是一种生产力不发达社会的衍生品，但是从经济制度和法律制度上来看具有其必然性。以我国现阶段的贪利性犯罪为例，我国自 20 世纪 80 年代实行对内改革对外开放的政策以来，在刺激经济制度的转轨方面可谓用心良苦，无论是立法权的下放还是对于分配方式和对于微观层面市场经济个体的各种政策支持，在打破原有经济体制的破冰之举可见一斑，但是，市场经济制度的突然建立和过度的对于市场要素的刺激很容易使得新旧体制之间的摩擦和碰撞加强，转型的剧烈性带来的不仅仅是商品经济的繁荣，也带来了投机行为、“黑金”现象和各种非正常牟利的途径和手段；市场经济首先是法治经济，也就是说，市场经济的发展得益于市场主体在合理、公平的规则下进行运行和竞争，如果在规则没有完善的前提下展开竞争，则必然是一种混乱和无序的状态，比如我们现在微观经济中出现的各种突破社会规则和道德底线的获利行为并不是市场经济本身带来的恶梦，而是制度和法律的缺失之下的必然结果。

其次，政府主导经济转型和社会运转的弊端。我国市场经济的建立是由政府主导、在行政机关引领和参与下，甚至有时在政府身先士卒的背景之下建立起来的。这种模式自然是由一个大而强的政府进行推动和干预，按照预定的程序和进度按部就班地进行转型，这样的模式按照自上而下的，循序渐进地进行，从而减轻了社会震荡，在可控的环境下进行转轨。但是，政府既当裁判员又当运动员，切身参与经营的行为对于平等市场竞争是一种变相的破坏，因为平等的市场主体首先要做到政治地位的平等，没有哪个主体可以和国家的身份或者政府的身份相抗衡。政府推进型的市场化在到达一定阶段后就会出现阻力，这种阻力很大程度上来自政府本身，因为政府作为推动者和市场化的获利者地位不可能永远协调，一个成熟和完善的市场是排斥一个强大和全面的政府的，也就是说，政府的干预越大，触及的利益越多，市场经济的要素就不能正常地流动，反过来就会制约其发展。此外，经济体制的改革培育的是平等市场主体关系和权利主导意识，这种关系和意识必须在政治体制和公民权利上得以体现，经济体制的转型如果不能很好地带动政治体制改革，公民是否拥有政治地位的前提就是由“财富决定论”，那么在这样的经济体制下各阶层个体会想尽方法进行牟利，利用“丛林法则”发展壮大甚至不惜使用犯罪手段。在做大做强之后，再利用经济上形成的庞大身躯蚕食其他弱小的个体，或者，利用攀附于力量更强大的主体，比如公权力拥有者或者与其他更强大的经济实体结为联盟，进一步攫取更大的利益。这是对于垄断企业获利和权力寻租结合“投机资本”的最形象的比喻了，这也是贪利性犯罪的重要原因。

此外，心理原因以及伦理方面原因也是贪利性犯罪的原因之一。

四、贪利性犯罪预防

首先，经济制度和法律制度方面的完善。市场经济首先应当是规则之治，各种力量博弈和角逐的前提是制度的完善和规则的明确。如果说我国市场经济带有先天不足的弱势，那么后天的制度和法律的滞后就是现阶段各种症结的根源所在。在中共十八届三中全会会议上，经济体制改革被确定为全面深化改革的重点，其中，完善产权保护制度、国家对于各种所有制经济产权和合法利益的保护，以及保证各种所有制经济依法平等使用生产要素、公开公平公正参与市场竞争、同等受到法律保护，依法监管各种所有制经济和对于国有企业的改革和完善都是说明我国政府对于制度建设的反思和完善已经提上日程。只有从制度和法律上进行保障，才能将市场主体间竞争变成为真正意义上的良性竞争，从而堵住贪利性犯罪的制度之失。

其次，理顺政府和市场的关系，在制度层面增加权利，限制权力。市场经济的创始人济学家亚当·斯密在《国富论》中提出的自由经济理论。最初的意思是，个人在经济生活中只考虑自己利益，受“看不见的手”驱使，即通过分工和市场的作用，可以达到国家富裕的目的，市场会以它内在的机制维持其健康的运行。其中主要依据的是市场经济活动中的经济人理性原则，以及由经济人理性原则支配下的理性选择。这些选择逐步形成了市场经济中的价格机制、供求机制和竞争机制。这些机制就像一只看不见的手支配着每个人，自觉地按照市场规律运行。我国实行的是宏观调控下的市场经济，那么就得严格的约束政府边界和权力，发挥市场主体的能动作用，使得市场经济下的自然人和法人在政治地位和经济竞争中充分享有平等性并充分暴露在法律和市场经济的规则之下，使得各种投机性、贪利性的动机和目的从根本上得以整治。

此外，伦理道德的缺失需要长期的法律治理、社会氛围、教育和舆论的合力才能达到，要发挥民间自治组织、行业协会、民间团体机构在行规、业规，社会环境改进方面的作用，从细小之处慢慢改良，见微知著，循序渐进。

第五节 暴力犯罪

一、暴力犯罪的概念

暴力犯罪是最为古老，最为原始的犯罪类型之一，西方学者一般把它与财产犯罪合称为传统犯罪。在犯罪学史上，最早提出暴力犯罪概念的是意大利的犯罪学家加罗法洛。他在1885 年出版的《犯罪学》一书中，把犯罪人区分为自然犯罪人和法定犯罪人两种，认为暴力犯罪是自然犯罪的一种，并称这种犯罪是人类社会永恒的现象。① 之后犯罪学对于“暴力犯罪”的研究逐步深入，“暴力”的内涵和外延也逐渐扩大，美国犯罪学家纽曼教授提出了三种暴力的定义：②

1. 身体力量的使用。由于身体力量的使用而导致他人或财产受到伤害或损害。这是最广泛也是最常被用于有关暴力行为的定义，但由于该定义显然要求攻击者与其对象需有面对面或身体的接触，而排除了许多的暴力行为(如用枪向被害人射击)，是其不足之处。

2. 自然的暴力。由于自然力量，如风、雨、火灾或地震等所产生的暴力。

3. 个人感觉或行为的强烈感受。这一定义和第一个定义合并，就可以被认定为是个人传给被害者和旁观者激烈的感受，透过行动而造成伤害和损害。

而刑法学者们对于暴力犯罪的侧重点则集中于“暴力”作为一种犯罪的手段和达到目的的方法的意义，例如，日本学者即认为暴力犯罪是指伴随行使暴力的犯罪，典型的如强盗、暴行、伤害等。所谓暴力，包含暴行以及威胁行使暴行。③。我国刑法中对于“暴力犯罪”的提法出现在刑法第 20 条第 3 款关于正当防卫的规定中：对正在进行行凶、杀人、抢劫、强奸、绑架以及其他严重危及人身安全的暴力犯罪，采取防卫行为，造成不法侵害人伤亡的，不属于防卫过当，不负刑事责任。第 81 条第 2 款不适用假释的情况以及刑法分则的诸多条款中出现了“暴力犯罪”、“暴力性犯罪”和“暴力手段”等字眼。④ 我国学者目前根据暴力犯罪的对象和程度大致可以分成几类：

---

① 加罗法洛．犯罪学[M]．耿伟，王新译．北京：中国大百科全书出版社，1996.

② 张小虎．犯罪论的比较与建构[M]．北京：北京大学出版社，2006.

③ [日]日本犯罪学研究会．犯罪学辞典[M]．东京：日本成文堂，1982：497.

④ 肖吕宝．“暴力”的内涵及其犯罪形态的认定[J]．刑事法杂志，2006(3).

1. 广义的暴力犯罪。广义意义上的暴力基础是不法行为对人的身体行使有形力或物理力，这种暴力的对象可以是人也可以是物，不要求暴力直接针对被害人的身体，并且它包含了所有程度的暴力可以是一般殴打、轻微伤害，也可以是最严重的故意杀人、故意伤害，而且并不要求达到直接抑制被害人反抗的程度。

2. 最狭义的暴力。最狭义意义上的暴力是对人的身体行使的非法有形力或物理力，对象上只针对人施实暴力，在一定程度上要求足以压制对方反抗这样的程度。

3. 狭义上的暴力，这种暴力在对象上也只针对人，而不包括对物，但在暴力程度上要比最狭义的暴力要轻。①

我们认为，现代犯罪学意义上的暴力犯罪应当与传统意义上的暴力有所不同，是指行为人采取物理或者化学上的作用力攻击他人，对他人身体或者财产造成损害，危害社会的行为。物理意义上的暴力可以称为显性暴力；化学意义上的暴力可以称为隐性暴力，如利用危险物质实施的破坏性行为。

二、暴力犯罪的特点

第一，主体方面特点。

1. 暴力犯罪实施的主体以男性为主。暴力犯罪实施主体大多为男性，因从生理学和心理学角度，男性生理特征下有体力和意志力等原因的支持，而女性犯罪人多数属于帮助犯或者在一定有利条件下实施或者针对女性受害者实施暴力犯罪。

2. 总体文化层次较低。1999 年 11 月至 2001 年 2 月，针对某监狱在押犯抽样问卷显示：抢劫罪文化程度：小学及以下 16.53%，初中 66.12%，高中 10.74%，专科及以上文化程度占 6.61%；强奸犯小学及以下 30.77%，初中 55.77%，高中 10.58%，专科及以上 2.88%。②

3. 多以青壮年的中青年为主。中年和青年人在体力较为强壮，精力上较为充沛，具备从事暴力犯罪的生理条件，中青年人易冲动，不易控制性情，容易使用暴力解决问题也是一个重要原因。

4. 暴力犯罪“三多”现象明显。在暴力罪犯中，流动人口、无业人员和农民较多，所占比例较大。抽样调查显示，20 世纪 90 年代以来，流动人口犯罪数量直线上升，其在重大暴力犯罪案中比例较高。

第二，行为方面特点。

1. 行为的凶残性、恶劣性特点。暴力犯罪相比于其他类型的犯罪，其行为具有明显的攻击性和对于身体、财产的破坏性，很多案件，例如马加爵案件、邱兴华案、福建南平郑民生袭击幼童案件等，对于公众的心理和道德底线都造成极大冲击。

2. 团伙实施犯罪的数量占比增加。以团伙以及涉黑性质实施暴力犯罪的犯罪组织和团伙实施暴力犯罪的方式日益增多，其对于社会的危害程度也是较之单独实施犯罪的案件更加难以侦查，受害人的数量和人身、财产损害程度也更严重。

3. 与贪利性犯罪结合的倾向性较多。暴力犯罪实施的目的，有很大一部分是为了不法获利，因此其以暴力作为非法占有的手段进行实施。

---

① 刘霞，刘晖．暴力犯罪之暴力论[J]．山东教育学院学报，2007(4).

② 张小虎．当代中国社会结构与犯罪[M]．北京：群众出版社，2009：229.

第三，类型特点。按照暴力犯罪的动机为标准分为：贪利性暴力犯罪、流氓型暴力犯罪、报复型暴力犯罪、恐怖型暴力犯罪、义愤型暴力犯罪。① 按照其社会危害程度大小，可以分为：严重暴力犯罪和一般性暴力犯罪。按照被暴力犯罪侵害的犯罪客体可以分为：危害国家安全的暴力犯罪、危害公共安全的暴力犯罪、侵害公民人身和财产安全的暴力犯罪、侵害公民财产权利的暴力犯罪、侵害公共管理秩序的暴力犯罪。

三、暴力犯罪的成因

暴力犯罪从类型上来看，有的是贪利性暴力犯罪、有的是报复型暴力犯罪等，单纯的没有其他动机的暴力犯罪的典型较少，从暴力犯罪发生的内在诱因上，西方犯罪学者的答案有两种。第一种是本能论。这一学说以佛洛伊德和康德、洛伦茨等人为代表。他们认为人类攻击是先天遗传的，或者说是人类的一种本能。第二种是学习理论，以斯金纳、班杜拉为代表的"挫折—攻击"理论，以及另一派的"模仿理论或者社会学习"理论。②

这些理论都是暴力犯罪的可能原因之一，当然再结合社会因素以及法律、经济等综合因素来看待暴力犯罪这种与人类伴随时间最长、最难以根治的犯罪类型。

四、暴力犯罪的预防与治理对策

第一，加大立法对于暴力犯罪的打击力度，完善刑事法律法规，使得暴力犯罪及其变种无处可藏。

第二，司法刑事政策上对于暴力犯罪的强制措施、处遇措施等都要严且厉，对于暴力犯罪露头就打。

第三，在社会政策上，对于制度层面完善分配、救助和对于弱势群体的帮扶，完善教育、医疗、就业等社会福利和基本保障措施，打击暴力亚文化传播渠道，切断暴力思想来源。

第六节　无被害人犯罪

一、无被害人犯罪概念

我们说犯罪是一种具有社会危害性，刑事违法性和应当受到刑罚处罚的行为，而在犯罪学中犯罪的概念比较抽象，与刑事违法性无直接关系，完全由社会危害性确定，因此其犯罪边界具有弹性。③ 也就是说，犯罪学中研究的犯罪的概念比刑法中犯罪行为的外延要广。我们刑法研究的犯罪的本质是行为对法律所保护的重要的生活利益的侵害，即对具体法益的侵害，而犯罪学领域内将犯罪的边界加以拓展，认为犯罪是具有危害社会性应予以制裁的行为，包括刑法规定的犯罪以及一般违法行为和不良社会行为等否定性评价行为。其中就包括无被害人的犯罪，"无被害人犯罪"(Victimless Crime)滥觞于美国学者埃德温·舒尔，他认为"无论人们是否有强烈的需要，主要成年人之间根据其意志积极交换的行为，是为了不为

① 张远煌．犯罪学[M]．北京：中国人民大学出版社，2007：151.

② 王牧．新犯罪学[M]．北京：高等教育出版社，2005：260.

③ 董玉庭．三种语境下的犯罪概念[J]．学术交流，2010(7)：60~66.

社会承认并被法律所禁止的物品和服务，即可构成无被害人犯罪。”①从形式上看，无被害人犯罪是指没有被害人的犯罪；从实质上看，无被害人犯罪是指保护法益不明的犯罪。一般认为，无被害人犯罪主要包括赌博、卖淫、乱伦、自杀、安乐死、堕胎、吸食毒品、酗酒、流浪、高利贷等。②

二、无被害人犯罪的特点

第一，无被害人犯罪的显著特点就是其隐秘性。由于无被害人犯罪是法律所禁止的行为，其没有明显的受害方，其行为发生在私生活范围内，所以犯罪的黑数较大，不易对其进行控制和发现。

第二，具有较高的反社会特性。之所以称之为无被害人犯罪，是因为其行为是与社会主流道德观念和行为有较大落差，其行为对于社会秩序造成较大的破坏从而具备了较大社会危害性。

第三，行为具有一定普遍性。由于无被害人犯罪罪行是被害人和犯罪人双方认同，并且自愿交换的行为，所以这些行为的被害人认为双方是在平等基础上进行的利益的自愿交换者，其具备较广泛的社会基础和认可程度。所以，这样的行为在一定意义上具有一定的普遍性。

三、无被害人犯罪产生的原因

无论是国内还是国外，在一定历史时期的特定阶段内，法律的规制毕竟只是各种社会规范的一种手段，而道德的约束和伦理的规范也占有一定的地位，而且这种以法律为主导和底线，其他规范形式并存的社会评价体系将长期存在。于是，在法律和道德的规范既有重合的部分，也有冲突的部分。例如在中世纪时期的欧洲将认为会搅乱天道神理的自杀定罪很重，而中国并没有将自杀当做犯罪。只要有道德、伦理、宗教的存在，就会出现许多法律或者其他规范所不容许的行为出现，这些行为有的被刑法所规制，有的游走于刑法和其他法律的边缘，有的徘徊在法律之外受其他准则的制约。因此，犯罪圈的划定，罪与非罪的界限是随着社会的发展和进步不断变化的。20 世纪五六十年代，欧美国家在民权运动的推动下，掀起了一场刑法“脱伦理化运动”，反对道德高度刑法化和刑法高度道德化，提出要去除刑法的道德层面，将刑法中的纯道德部分剔除。因此，无被害人犯罪出现的原因是规范之间并存的结果。

四、无被害人犯罪的趋势

无罪化趋势是无被害人犯罪的发展趋势：

第一，刑法对于人权保障机能的选择。价值冲突是法存在的前提条件之一，法的功能就在于最大限度地防止价值冲突中价值丧失与损耗。在任何一个社会中，价值冲突都是普遍存在的，而最根本的价值冲突就是个人价值和社会价值的冲突。面临这样一个价值冲突，首先就存在一个价值选择问题。刑法就面临这样一种选择，强调刑法的人权保障机能，在一定程度上意味着社会保障机能的弱化，突出刑法的社会保护机能，则在一定程度上意味着人权保

---

① [美]乔治·P. 威尔逊. 国家干预和无被害人的犯罪[J]. 法学译丛，1987(3).

② 黄京平，陈鹏展. 无被害人犯罪非犯罪化研究[J]. 江海学刊，2006(4).

障机能的弱化。①

第二，刑法谦抑性原则给无被害人非犯罪化提供了合理化依据。根据刑法的谦抑原则，如果要规定某一行为是犯罪，必须满足相应的条件：在社会上大多数人认为该行为会给社会带来显著的威胁；对该行为处以刑罚正是刑罚的目的所在；或者抑制该行为不会禁止对社会有利的行为；不存在取代刑罚而处理该行为的适当的方法等。②

第三，国家刑罚权的适用考量与司法资源的有限性的矛盾。国家刑罚权的行使来自公民的权利授权，当公民对于某种犯罪行为的正面认可已经到达一定程度之后就不可以再动用国家刑罚进行追究了，这也牵扯到司法资源的配置要与公民的权利范围对于行为的认可有关。总的趋势就是限权和权利自由，因此无被害人犯罪或多或少将无罪化处理。

① 陈兴良．走向哲学的刑法学[M]．北京：法律出版社，1999：111.

② [日]大冢仁．刑法概说(总论)[M]．冯军译．北京：中国人民大学出版社，2003：24.

第三编　犯罪原因论

第一章　犯罪原因概述

第一节　犯罪原因的概念

犯罪学起源于对犯罪原因的研究，犯罪原因是犯罪学的基本范畴，甚至有学者认为没有犯罪原因论，就不存在犯罪学。犯罪原因的概念更是犯罪学研究最基本、最首要的问题之一。毫无疑问，研究犯罪原因对于推动犯罪学的理论和实践发展具有重要意义，

一、犯罪原因的概念

一直以来，犯罪原因都是犯罪学研究的重点。理论界将犯罪原因与犯罪的关系界定为哲学上的原因与结果的因果关系，但不同的学者对犯罪原因的概念持不同的观点。纵观过去四十年的理论研究和实践发展，犯罪原因的概念主要有以下几种主张：犯罪根源说、犯罪因素说、犯罪现象说、犯罪原因条件区别说、犯罪系统说和犯罪原因关系说。

1. 犯罪根源说，盛行于20世纪80年代，认为犯罪原因是指产生犯罪的根源，将犯罪原因等同于犯罪根源。犯罪根源是指对犯罪的产生和发展具有根本作用的最深层的终极原因。犯罪根源说是从社会最深处探寻犯罪根源，是这个社会之所有存在犯罪现象的根本原因。犯罪根源说存在较大的缺陷。从内容上看，犯罪根源只是犯罪产生的原因之一，未包含犯罪产生的其他原因，将犯罪原因的概念限定在犯罪产生的终极原因层面，在一定程度上缩小了犯罪原因的概念范畴，缺乏一定的合理性和科学性。从形式逻辑上看，犯罪根源与犯罪原因是两个既不同又相互联系的概念，犯罪根源是犯罪原因的属概念、下位概念，犯罪原因是犯罪根源的种概念、上位概念，犯罪根源无论如何也只能成为犯罪原因的一个层次，犯罪根源说将犯罪原因等同于犯罪根源，混淆了两个概念之间的种属关系。因此，现今甚少将犯罪原因概括为犯罪根源。

2. 犯罪因素说，将犯罪原因定义为引起犯罪产生的各种因素，认为犯罪原因是指能够引起犯罪现象产生的各种主客观因素，这些因素在现实生活中客观存在并且能够为人所克服、改变、避免。犯罪因素说有其合理性，指明犯罪原因是现实生活中客观存在的，具有客观性，并且包括主观因素和客观因素两个方面。但它的不足在于没有认识到犯罪原因的系统性和动态性。通常情况下，单一的犯罪因素并不能引起犯罪的发生，犯罪的产生需要多种犯罪因素的相互结合，综合各种犯罪因素构成一个犯罪原因系统。再有，犯罪原因并不是静止不动的，它在促成犯罪的过程中相互作用、整合和分化。

3. 犯罪现象说，从现象的角度来界定犯罪原因，认为犯罪原因是指对犯罪结果具有引起、影响作用的诸多现象。还有人认为，犯罪原因是指在特定环境里能够引起犯罪产生的各

种因素和抑制犯罪产生的各种因素相互作用，前者的合力大于后者的合力之差的现象和过程。① 犯罪现象说从哲学的角度来阐述犯罪原因的概念，犯罪原因是指引起犯罪结果的现象，犯罪结果是指由犯罪原因引起的现象，二者是引起与被引起的因果关系。但犯罪原因不是简单的哲学层次上的能够引起犯罪结果发生的典型意义上的原因，而是一个极其复杂的包含了引起犯罪结果发生的原因、条件及其相关因素的罪因系统。②

4. 犯罪原因条件区别说，是从狭义的角度来定义犯罪原因，将犯罪原因和犯罪条件作出明确划分，认为犯罪原因是指对犯罪的产生、存在和变化起决定作用的因素，而犯罪条件是指对犯罪的产生、变化和存在仅起到影响作用的因素。起决定作用的因素对犯罪的功能远远大于起影响作用的因素。犯罪原因与犯罪条件的区别有两点：二者引发犯罪发生的作用程度不同，犯罪原因能决定犯罪的产生，而犯罪条件自身并不能产生犯罪，它只是与犯罪原因联系在一起，保证犯罪原因发生作用；犯罪原因是从因果关系上得来的，而犯罪条件是从非因果关系上得来的。也可以说，犯罪原因是犯罪产生的直接原因，犯罪条件是犯罪产生的间接原因，二者相互作用导致犯罪的发生。明确区分犯罪原因和犯罪条件，有助于深入认识到二者在功能作用方面的不同。但是，犯罪原因条件区别说并没有很大的实践操作价值。在研究具体犯罪案件时不易区分何为犯罪原因，何为犯罪条件，且对侦破案件并没有很强的实际作用。

5. 犯罪系统说，又称系统因素说，目前在犯罪学界占主导地位。犯罪系统说将犯罪原因看做一个系统，引起犯罪发生和变化的各种因素按其作用层次和作用机制构成的系统便是犯罪原因。犯罪系统说是从全面的、动态的、相互联系的角度来界定犯罪原因，将构成犯罪原因的各种因素看做一个整体，在这个整体中，各种犯罪因素被划分为不同的层次，因素之间既相互联系又存在主次区别。犯罪原因本身就是一个复杂的多元的系统，是各犯罪因素按其作用层次和作用机制构成的系统，犯罪系统说避免片面认识犯罪原因。

6. 犯罪原因关系说，认为犯罪原因就是犯罪产生、存在和变化中的因果关系，包括静态关系和动态关系。犯罪原因关系说突破了研究犯罪原因概念的传统视角，以一个全新的、关系的视角来界定犯罪原因，注重哲学上的因果关系在犯罪学领域的运用，同时从静态和动态两个方面来研究犯罪原因。但是，犯罪原因关系说并没有超越现有的研究对象，其实质只是因果关系在犯罪原因论中的具体表现。

综上可见，人们一般是从两种不同的角度上来概括犯罪原因的概念。一种是从广义的角度来界定犯罪原因，称为“广义的犯罪原因”或者“总体犯罪原因”。犯罪因素说、犯罪现象说、犯罪系统说、犯罪原因关系说都可称为“广义的犯罪原因”。广义的犯罪原因是与犯罪现象或者犯罪结果相对而言的犯罪原因，包括引起犯罪现象或者犯罪结果发生的全部要素。另一种是从狭义的角度界定犯罪原因，称为“狭义的犯罪原因”或者“部分犯罪原因”，犯罪根源说和犯罪原因条件区别说都是“狭义的犯罪原因”。狭义的犯罪原因是与犯罪结果和其他因素相对而言的犯罪原因，狭义犯罪原因是广义犯罪原因的一部分。通常所说的犯罪原因指的是广义的犯罪原因。

上述六种有关犯罪原因的概念，每一种观点都是从不同的角度来定义犯罪原因概念，每一种观点都存在优缺点，其中，犯罪系统说是最科学、最合理的一种观点。它从广义的角度

---

① 宋浩波、郝洪奎．犯罪学[M]．北京：中国人民公安大学出版社，1997：114.

② 张小虎．中国犯罪学基础理论研究综述[M]．北京：中国检察出版社，2009：128.

定义犯罪原因概念，且将其看做一个系统，是当前犯罪学界的主流观点，也是本书中所持有的观点。犯罪原因是指引发、促成和影响犯罪现象或者犯罪结果的各种犯罪因素按其作用层次和作用机制构成的系统，具体包括社会原因(宏观社会因素和微观社会因素)、个体原因(性别因素、年龄因素和心理因素)、自然原因(时间因素、空间因素、城市与农村)等。

二、犯罪原因的特征

犯罪原因的特征是犯罪原因的本质反映，是犯罪学研究的重要理论问题。了解犯罪原因的特征，找出犯罪原因的共性，对于深入认识犯罪原因，探寻犯罪发生规律具有重大作用。犯罪原因具有如下特征：

1. 犯罪原因的客观性。犯罪原因具有客观性，引发、促成和影响犯罪现象或者犯罪结果的各种犯罪因素是客观存在的，不以人们的意志为转移，引起犯罪的各种因素与犯罪结果之间的联系是一种客观实在的、内在的、必然的联系。犯罪原因的客观性体现在两个方面：第一，构成犯罪原因的各个犯罪因素是客观的。第二，犯罪原因与犯罪结果之间的联系是客观的。

2. 犯罪原因的潜伏性。犯罪原因的潜伏性，是指犯罪原因平时潜伏在社会生活和个体心理之中，在环境因素的刺激下表现出来，并且推动犯罪现象的发生。引起犯罪现象的各个犯罪因素潜伏在环境中，有的犯罪因素潜伏程度深，不易为人们觉察。例如，行为人由于不健全的家庭生活环境性格孤僻，平时寡言少语，心理不健康，在受到外部刺激时易发生过激的犯罪行为。而有的犯罪因素潜伏程度浅，平时就以犯罪行为倾向或者易发生犯罪的漏洞、隐患等形式出现。如行为人手脚不干净，经常偷盗近亲属钱财，不久后盗窃他人机动车被抓获，以盗窃罪追究其刑事责任。

3. 犯罪原因的时间顺序性，是指犯罪原因先于犯罪结果而存在的特性。从时间上来看，作为引起犯罪结果产生的犯罪原因必须是那些在犯罪结果产生之前就已经存在的原因，在犯罪结果发生之后出现的原因，都不可能构成犯罪原因。犯罪原因在前，犯罪结果在后，任何犯罪原因都必然存在于犯罪结果之前。引发、促成和影响犯罪的各种因素相互作用，才产生犯罪结果。犯罪原因与犯罪结果二者不可能于同一时间出现，它们之间必然存在时间差。因此，犯罪原因具有时间顺序性。

4. 犯罪原因的复杂性，是指犯罪原因系统中各种犯罪因素和作用机制是错综复杂的。犯罪原因是由各种各样的犯罪因素按其作用层次和作用机制所构成的系统。犯罪原因包含许多各不相同的犯罪因素，例如社会因素、经济因素、政治因素、家庭因素、年龄因素、性别因素、时间因素、空间因素等。一般情况下，单一的犯罪因素很难引起犯罪现象的产生。对于任何犯罪现象或者犯罪结果而言，往往是多种犯罪因素共同作用才得以出现。不同的犯罪因素在引起犯罪方面具有不同的作用或者是影响力，同一犯罪因素在不同的具体犯罪中所起的作用也存在不同。犯罪原因的复杂性，不单指犯罪原因系统中各种犯罪因素是复杂的，罪因系统内部各种因素的作用机制同样也是错综复杂的。

5. 犯罪原因的系统性。所谓系统性，即犯罪原因是多种犯罪因素综合作用而构成的系统，并且多种犯罪因素是按作用层次而有机排列组合成的一个系统，而不是杂乱无章地堆砌的。犯罪原因包含宏观社会因素、微观社会因素、性别因素、年龄因素、心理因素、空间因素、时间因素等多种因素，这些诸多犯罪因素有机结合而形成一定的犯罪原因结构。犯罪原因是一个复杂的系统。现代犯罪研究可以达成共识的是，已经揭示出的各种犯罪原因中还没有一个可以说是必然产生犯罪的或是独立产生犯罪的，故而犯罪单一原因的理论是难以令人信服的，因为它不能摆脱这样的逻辑悖论：如若某一因素是犯罪的唯一原因，那么，其他因素势必要被排除，然而，事实上没有任何一个原因能替代促成犯罪的其他因素。① 了解犯罪原因的系统性，有助于我们将犯罪原因作为一个系统进行研究，避免认识的单一性和松散性。

6. 犯罪原因的层次性。所谓层次性，是指犯罪原因是有层次的，各种犯罪因素在犯罪原因系统中所处的地位和对犯罪发生所起作用的程度和范围均有不同。犯罪原因是各种犯罪因素按其作用层次和作用机制构成的系统，各个犯罪因素在罪因系统中是有层次的。例如，根据犯罪原因因素在犯罪发生过程中所起的作用程度，可以将犯罪原因因素划分为四类：犯罪根源、犯罪原因(狭义的)、犯罪条件和犯罪相关因素。还可根据犯罪原因的作用范围，可以将犯罪原因划分为犯罪现象原因、犯罪类型原因和具体犯罪原因。认识犯罪原因的层次性，全面了解哪些犯罪因素是决定性的，哪些犯罪因素是影响性的，哪些犯罪因素是相关性的，各个犯罪因素处于不同的层次和地位，对犯罪的发生具有不同的作用。

7. 犯罪原因的动态性。犯罪因素的变化必然导致犯罪因素对犯罪所起作用的变化。因此，犯罪原因的动态性，不但体现在各个犯罪因素的存在状态是变化的，还体现在各犯罪因素对犯罪结果的作用是变化的。犯罪原因并不是静止的，它是一种动态现象。引起犯罪的多种因素相互作用，呈现出一种连续的动态过程，犯罪原因作为一个系统是不断变化着的。造成犯罪原因动态化的主要原因在于社会变迁。社会的变迁导致包括社会结构和社会功能在内的整个社会环境不断改变。犯罪社会原因是犯罪原因的一个重要组成部分，且社会环境深深影响着犯罪原因的其他因素。因此，随着社会的变迁，各个犯罪因素随之变化，整个犯罪原因系统随之变化。犯罪原因各因素是动态发展、不断变化的，人们在分析犯罪原因时，应从动态的视角出发。

8. 犯罪原因的差异性，是指在不同犯罪中，引起犯罪发生的犯罪原因各不相同。这里的“不同犯罪”指的是单个的具体犯罪行为。司法实践活动中，犯罪现象复杂多变，引发犯罪的原因也是千差万别。一种犯罪因素在本起案件的发生过程中可能起主导作用，而在另一起犯罪案件中所起的作用可能微乎其微，不同的案件犯罪原因具有差异性。例如，有人为了生存需要实施抢劫行为，有人为了追求刺激实施抢劫行为，有人为了报复社会实施抢劫行为等。际上，实施犯罪的每个个体和个体所处的环境充满了差异性，这也就导致了每个人的犯罪原因充满差异性。引发犯罪的原因在一定程度上可能具有相似性，但是绝对不能说导致犯罪发生的所有犯罪原因是相同的。

三、研究犯罪原因的意义

犯罪原因是犯罪学研究的中心环节。深入认识犯罪原因的概念和特征，对于探寻犯罪发展规律，预防和控制犯罪，指导立法和执法活动，丰富犯罪学理论内涵具有重要意义。

1. 研究犯罪原因有助于探寻犯罪发展规律。犯罪学起源于对犯罪原因的研究，从而扩展到犯罪现象和犯罪预防等，犯罪原因是犯罪学研究的基础。犯罪的发生离不开犯罪原因。犯罪原因与犯罪结果(犯罪现象)是引起与被引起的关系，二者密不可分。现代社会，犯罪现象繁复复杂、多种多样，只研究犯罪现象而舍弃犯罪原因是不科学的，是片面的，是肤浅

① 刘文成．犯罪学[M]．北京：群众出版社，2001：125.

的；只有深入研究犯罪原因，从犯罪原因的角度分析犯罪现象，才能深刻认识犯罪现象所蕴含的内容，抓住犯罪现象的本质，从而使人们更加科学的认识犯罪，掌握犯罪发生的规律。

世界是变化发展的，任何事物都有其自身的发展规律，犯罪也有其变化发展规律。世界是相互联系的，犯罪原因与犯罪现象之间存在着本质的、必然的内在联系，要想探寻犯罪的发生规律，必然要全面认识犯罪原因，掌握二者之间的内在联系。我国正处于改革开放的深入阶段，社会矛盾突出，犯罪行为必然会呈现一些新情况、新特点，研究分析造成该种犯罪行为的成因，有助于人们正确面对犯罪现象，掌握犯罪发展规律，了解犯罪趋势，准确有效地同犯罪行为作斗争。

2. 研究犯罪原因有助于预防和减少犯罪。犯罪学研究的归宿在于预防和减少犯罪，事后惩处不如事前预防，事前预防才能尽可能减少犯罪的发生。研究犯罪原因有助于提高人们预防犯罪的能力和水平，有利于将犯罪控制在一个科学、合理的水平之上，因此，认识犯罪原因是有效预防和减少犯罪的重要前提和必要保障。研究犯罪原因有利于人们深刻认识犯罪发生规律，准确预测犯罪。犯罪虽是一种复杂多变的社会现象，但也有其客观发展规律，全面正确认识犯罪原因，掌握犯罪发生规律，预测犯罪发生趋势，从而采取相应的犯罪预防决策和活动，预防和控制犯罪的发生。

深入研究犯罪原因，科学认识犯罪发生规律，面对现阶段导致犯罪发生的主要犯罪原因，针对性地采取事前预防活动，努力消除导致犯罪发生的隐患，减少犯罪发生的数量，降低犯罪的社会危害性，将犯罪控制在一个正常的、合理的范围内。通过对犯罪原因的有效干预，降低犯罪的发生率，达到显著的预防犯罪的效果。研究犯罪原因，了解各个犯罪因素对引起犯罪发生所起的作用程度，从而建立起与之相对应的犯罪预防体系和网络，削弱各致罪因素的作用力，从而减少犯罪的发生。

3. 研究犯罪原因有助于指导立法和司法活动。通过犯罪原因的研究，客观认识到犯罪是一种十分复杂的社会病症，是各方面综合作用的产物，虽不能从根源上彻底消除，但可从不同方面采取多种措施，通过预防犯罪和惩治犯罪达到缓解犯罪的社会效果，其中完善国家立法就是重要手段之一。研究犯罪原因，全面深入了解犯罪问题，可以指导国家立法活动使其更为科学、有效，使整个法律规范体系更有利于打击犯罪、预防犯罪。了解犯罪的成因，才能设置相应的惩罚措施，从而起到适度的强制和教育作用，避免恶法横生或者纵容犯罪。同时，还能促进、指导社会性法律的制定，例如对青少年犯罪的研究促使《青少年保护法》的出台等。

犯罪原因的研究，不但能指导国家的立法活动，更在实践活动中指导着公检法等部门的司法活动。公安机关可以借用犯罪原因研究成果，及时探寻犯罪分子实施犯罪行为的原因，深入了解犯罪分子的心理活动，有目的、有手段地审讯犯罪分子，从而及时侦破案件，提高工作效率。人民检察院可以借用犯罪原因研究成果，揭示犯罪分子的犯罪缘由，及时向有关部门提出预防犯罪的司法建议。人民法院可以借用犯罪原因研究成果，在定罪量刑时适当考虑犯罪分子的主观恶性程度，从而准确地适用刑罚，准确地酌定刑期。

4. 研究犯罪原因有助于丰富犯罪学理论内涵。在很长一段时间内，犯罪学即是犯罪原因学。至今，犯罪原因仍是整个犯罪学研究的基础，犯罪学理论中必然包含大量的犯罪原因内容，并且引导整个犯罪学的发展。西方犯罪学学派林立，理论上标新立异，但多缘于对产生犯罪的原因的不同理解，例如从社会角度探寻犯罪原因，则形成犯罪社会学论，从心理机制探寻犯罪原因，则形成犯罪心理学，从经营理念探寻犯罪原因，则形成犯罪经济学派，更多的理论，如文化冲突论、内分泌失调论、模仿论、不同接触论等，均是究其犯罪原因而提出的。① 犯罪原因研究的深浅与犯罪学的发展具有密切联系，只有深入探讨和大量研究犯罪原因，才能促进犯罪学的科学发展，丰富犯罪学理论内涵。

第二节　犯罪原因的结构

结构，英语称为“Structure”，是指组成整体的各部分的搭配和安排。犯罪原因的结构是指对各种犯罪因素进行排列组合，形成相对稳定的组织方式和构成关系。犯罪原因是指引发、促成和影响犯罪现象或者犯罪结果的各种犯罪因素按其作用层次和作用机制构成的系统。犯罪原因本身就是一个有层次的系统。理清犯罪原因的结构，将犯罪原因分类，不但有助于认识各犯罪因素在犯罪原因系统中的地位和作用，避免概念混淆不清，从而科学、规范、条理地研究犯罪原因，更有利于犯罪原因在司法实践中的应用。

犯罪原因内部是异常复杂的。不同的学者从不同的角度出发，建立各自不同的犯罪原因结构。根据犯罪原因各因素犯罪发生过程中所起的作用程度，可以将犯罪原因划分为犯罪根源、犯罪原因(狭义的)、犯罪条件和犯罪相关因素四部分。根据犯罪原因的主客观性质，可以分为犯罪主观原因和犯罪客观原因。根据犯罪原因的作用范围，可以将犯罪原因划分为犯罪现象原因、犯罪类型原因和具体犯罪原因。

一、犯罪根源、犯罪原因、犯罪条件及其犯罪相关因素

在犯罪学领域，最普遍、最盛行的犯罪原因划分标准是，根据犯罪原因各因素在犯罪发生过程中所起到的作用程度，分为犯罪根源、犯罪原因(狭义)、犯罪条件和犯罪相关因素。

1. 犯罪根源。所谓犯罪根源，就是引起犯罪发生的最根本原因，处于犯罪原因结构的最深层次，是“原因中的原因”。与其他犯罪原因不同，犯罪根源具有终极性，探讨的是犯罪现象的源头，即犯罪产生的终极原因是什么，这种对犯罪原因终极性的要求，是其他犯罪原因所不及的。犯罪根源处于犯罪因果关系链条的最后环节，存在于社会最深层，是犯罪现象之所以产生的决定性因素。同时，犯罪根源虽然决定着犯罪的产生和存在，但并不是犯罪产生的直接原因，需要同其他犯罪原因结合才能产生犯罪现象，对犯罪的发生和变化具有间接影响，这就是犯罪根源的间接性。除此以外，犯罪根源还具备相对性和现实性。

犯罪根源在现实社会中表现的并不明显，犯罪根源与个人的具体犯罪并无直接联系，它制约着整个犯罪现象的存在和发展，犯罪根源存在，整个犯罪现象就存在。因此，研究单一犯罪现象并不容易探知何为犯罪根源，这就需要从整个社会的犯罪现象总体出发，深入探究犯罪根源的具体内容。有关犯罪根源的具体内容，不同的学者具有不同的观点。目前，最具代表性的观点有三种：一是私有制或者阶级斗争；二是人固有的本能或者人的劣根性；三是社会生产方式的矛盾运动。

第一种观点认为，私有制或者阶级斗争是犯罪产生的根源。这种说法具有一定的合理性。人类由原始社会进入阶级社会，私有制产生，社会划分为不同的阶层，阶级矛盾突出，为犯罪现象的出现提供了肥沃的土壤。但是，这并不能认定私有制是产生犯罪的总根源。私有制或者阶级斗争是犯罪产生的原因，但并不是“终极原因”。在人类进入阶级社会之前，

---

① 刘文成．犯罪学[M]．北京：群众出版社，2001：127.

原始社会虽不存在犯罪，但也有与阶级社会中的犯罪并无本质区别的“社会危害行为”。原始社会不存在私有制和阶级斗争，“社会危害行为”仍得以出现，这说明私有制或阶级斗争并不是犯罪产生的根源。没有私有制或阶级斗争，犯罪仍存在，私有制或阶级斗争的存在与否，并不能从根源上影响犯罪的产生和消灭。

第二种观点认为，人固有的本性或者人的劣根性是犯罪根源。人类的进化过程非常漫长，也并不彻底，人性中还保留了一些固有的不良本性或者劣根性，这就是人类社会之所以产生犯罪的根源所在。人本性中固有的不良品质驱动人类去犯罪，并最终决定犯罪的发生与否。不可否认，人的某些不良本性或者劣根性在引发犯罪方面所表现出来的消极作用非常明显，但是，其中的某些本性也是推动人类社会前进的重要动力，推动了人的进取，促进了社会进步，并且也不能肯定伴随着人类进化的继续，不良本性或劣根性的消失会导致最终意义上犯罪的消灭。①

第三种观点认为，犯罪的根源是社会生产方式的矛盾运动。马克思主义的基本原理告诉我们：人类的生产方式是整个社会结构最“隐蔽的基础”和变化的根本动因。物质生活资料的生产即社会生产方式是历史发展的主要动因，它体现为生产力和生产关系的互动过程。一部人类社会发展史证明了不同社会形态下，生产力与生产关系的矛盾是社会的最基本矛盾。适应是相对的，矛盾是永恒的，一切生产关系的根本变革，都是二者矛盾运动的结果。犯罪的根源就是社会生产方式中的生产力与生产关系的矛盾运动。矛盾是运动发展的，不同的时期，犯罪形态各不相同，犯罪原因也各具差异，但犯罪得以产生的根源是固定不变的，社会生产方式的矛盾运动是不同社会时期犯罪共通的终极原因。

2. 犯罪原因。此处的“犯罪原因”，是指狭义上的犯罪原因。犯罪原因是犯罪原因系统结构的重要组成部分，能直接引起犯罪现象的产生，并对犯罪的存在和变化发展起决定作用。犯罪原因的特征在于直接性和关键性。犯罪原因是犯罪现象产生的直接动因，对犯罪的发生具有直接影响。同时，犯罪原因对犯罪的发生具有关键作用，决定犯罪的产生和变化发展。根据犯罪原因存在的情况，可以将犯罪原因分为犯罪社会原因和犯罪个体原因。

犯罪社会原因，又可称为社会性犯罪原因，是指引发犯罪产生的各种社会性因素，主要包括政治、经济、文化、社会管理和人文环境等因素。从宏观和微观两个角度分析，宏观的社会犯罪因素主要有政治因素(政治制度、政治腐败、政治动乱等)，经济因素(经济发展状况、贫富差距、就业状况等)，文化因素(习俗、风尚、道德、文艺、大众传播、生活方式等)和其他宏观因素。微观的社会因素是指个人具体的学习、工作、生活环境，它更为直接地影响着犯罪的发生，主要有家庭因素(家庭教育、家庭结构、家庭成员之间的关系等)学校因素(教育内容、教育方法、师生关系、同学关系、学校周边环境等)，社区因素，职业因素等。

犯罪个体原因，又称为个体性原因，是指犯罪人本身存在的，促成犯罪现象出现的各种因素，主要包括生理因素和心理因素。生理因素包含性别、年龄，心理因素包含情绪、情感、需要、气质 、性格、精神障碍、人生观、价值观、道德观、法律意识等。生理因素和心理因素之间并没有必然的联系，但不同性别、不同年龄阶段的人，由于社会经历各异，心理发展程度不同。犯罪人的生理状况影响犯罪心理的形成，并为其提供物质基础。

3. 犯罪条件。犯罪条件是指有利于犯罪产生的各种因素，这些因素对犯罪的形成和发

① 韩振兴．对犯罪根源认识的再思考[D]．吉林大学法学院刑法学，2007.

展并不起决定作用，主要是围绕犯罪原因，促进、便利、加强和保证犯罪原因发生作用，主要包括犯罪的时间条件、犯罪的空间条件、犯罪的工具条件、犯罪的侵害对象。时间、空间、犯罪工具、犯罪对象的状况是否处于一种最佳的状态，对犯罪分子是否实施犯罪行为以及能否既遂具有很大的意义。犯罪时间即犯罪人实施犯罪行为的时间。犯罪空间即犯罪人实施犯罪行为的地点。犯罪工具是犯罪人实施犯罪行为而使用的一切工具，如枪支弹药、管制刀具、机动车辆、药品等可以对犯罪对象造成损害的工具。犯罪的侵害对象是指犯罪人实施的犯罪行为所指向并侵害的人财物。在不同种类的犯罪案件中，犯罪人在犯罪时间、犯罪空间、犯罪工具、犯罪对象的选择上各不相同，即使是犯相同的罪犯罪人的选择也不可能完全相同，犯罪人总是根据自身所处的实际情况选择最有利于实现犯罪既遂的时间、地点、工具以及侵害对象，在预谋犯罪中最能体现这一点。应注意，在这四个犯罪条件中，犯罪工具和犯罪的侵害对象并不是所有犯罪的必要条件，某些情况下即使不存在犯罪工具或者犯罪对象也能成立犯罪，只有犯罪的时间条件和犯罪的空间条件才是犯罪发生的必备条件。

犯罪条件虽不能直接引起犯罪行为，但是可以影响犯罪行为的实施情况，对犯罪行为的具体方式、犯罪行为所造成的危害程度、犯罪行为的进行过程等都会发生影响。犯罪的时间条件、犯罪的空间条件、犯罪的工具条件、犯罪的侵害对象是影响犯罪发生的四大犯罪条件，他们与犯罪原因相结合共同引起犯罪的发生，并影响犯罪发生的具体情况。任何犯罪的产生都离不开犯罪条件，犯罪条件促使犯罪原因发生作用，不具备犯罪条件，犯罪原因不可能转化为犯罪行为，而只能停留在动因状态，犯罪条件相当于实验中的催化剂，是犯罪发生不可或缺的辅助因素。

4. 犯罪相关因素。犯罪相关因素是指除犯罪根源、犯罪原因、犯罪条件以外，对犯罪的发生有一定影响的因素，主要是气象、昼夜等因素，包括气温、风速、风向、气压、相对湿度、阴晴天、昼夜等指标。犯罪相关因素并不是犯罪发生的必备因素。犯罪相关因素不存在，犯罪行为仍旧会发生，犯罪相关因素的存在只会对犯罪产生一定程度的影响。在整个犯罪原因结构中，犯罪相关因素对犯罪发生所起的作用程度最小，而且不直接作用于犯罪的发生，往往通过某些中介转化对犯罪产生影响。

应注意，在犯罪根源、犯罪原因、犯罪条件和犯罪相关因素共同组成的犯罪原因系统结构中，四者之间存在着内在联系。犯罪根源与犯罪原因一样，对犯罪的发生与存在起着决定性作用，不同的是，犯罪根源揭示的是犯罪存在的社会最深层次原因。而犯罪条件和犯罪相关因素只是间接对犯罪发生次要作用，二者只是在作用程度上稍有差别。

二、犯罪主观原因和客观原因

根据犯罪原因的主客观性质，可以分为犯罪主观原因和犯罪客观原因。

(一) 犯罪主观原因

从意识、思想、抽象的角度探究犯罪原因。犯罪的主观原因是指促使犯罪人犯罪的个人的主观的因素，主要包括犯罪倾向、犯罪观念、犯罪意志、犯罪习惯、犯罪人格和犯罪过失等方面：①

1. 犯罪倾向。犯罪倾向是一种犯罪的心理倾向。犯罪倾向的形成主要是由于社会压力和自己心理忍受力之间的失衡。即在巨大的社会压力之下，个人心理失衡。其正常的出路应

① 卜安淳．论犯罪的主观原因[J]．江西警官学院学报，2011(1)．

该是合理调节自己的心理，正确认识社会压力，释放自己的心理负荷，以达到心理的重新平衡，但如果自己不善于心理调节，又缺乏家庭、学校或社会的及时的心理帮助，心理失衡的个体就可能：(1)被社会外部压力压垮，由心理失衡而生理失衡，从而患上疾病，或精神失常，成为精神病人，或患上器官性疾病，严重的会失去生命；(2)自我摧残，自伤，自残，严重的甚至自杀；(3)反抗社会，残害他人，走向违法犯罪。最后这种情况也就是形成犯罪倾向。

2. 犯罪观念。犯罪观念是一种反社会观念。反社会观念就是与现行正统社会观念指导下形成的社会规范严重不一致的观念。在反社会观念支配下的言行，就是反社会的言行。但现代社会强调言论自由，所以，现代社会的反社会的言论，一般情况下，是不被认定为犯罪行为的。但经常散布反社会言论的人，实际上具有反社会观念，而这种反社会观念很可能指导人实施反社会行动，反社会行动往往会构成犯罪。因此，具有反社会观念的人很可能会犯罪。所以，这种反社会观念，我们可以称之为犯罪观念。

3. 犯罪意志。意志是人自觉确立目的、选择行为方式、克服困难、排除障碍、控制行为性质和发展方向，使目的内容具体展开并最终实现的心理内容。人的犯罪意志与一般意志没有太多的不同，其最大的特点就是其确立的目的和选择的行为方式具有犯罪性。那么人为什么会自觉确立一个具有犯罪性的行为目的，选择一个具有犯罪性的行为方式呢？除犯罪倾向和犯罪观念之外，主要的原因应该是出于仇恨、妒嫉、贪婪或残忍。

4. 犯罪习惯。复仇会成为一种习惯，为了复仇而杀人，杀人行为多了，也会形成习惯。同样，残忍、嫉妒和贪婪也会成为习惯。贪官往往一路为官一路贪。当今的许多贪官都是现任上出纰漏，以往的职任上查罪行。

5. 犯罪人格。犯罪人格是一种异常人格。人格异常的程度不同，其社会表现也各有不同。异常程度不深的基本上过着正常的生活，只有与他最接近的人才会发现其怪癖；异常严重者则事事都违抗社会习俗而且溢于言表，并难以适应正常的社会生活。人格异常过于严重则很有可能导致犯罪。

6. 犯罪过失。犯罪倾向、犯罪观念、犯罪意志、犯罪习惯和犯罪人格都应该属于故意犯罪的心理内容。过失犯罪中没有这些心理内容。在过失犯罪中，犯罪人并不希望危害结果发生，也不是有意识地放任危害结果的发生，他只是在自己的行为中应当预见可能发生危害社会的结果，由于疏忽大意而没有预见(疏忽性过失)，或者虽已预见但轻信能够避免，以致发生危害社会的结果(自信性过失)。

(二)犯罪客观原因

有部分学者将犯罪客观原因直接定义为除主体原因以外的各种犯罪因素，把犯罪主体原因(即犯罪个体原因)全部排除在外。这种定义方式混淆了犯罪主观原因、犯罪客观原因与犯罪个体原因和犯罪社会原因的划分标准，将犯罪主观原因等同于犯罪个体原因。犯罪主观原因与犯罪客观原因的划分标准是犯罪原因的主客观性质，犯罪个体原因中的心理因素具有主观性，而生理因素则具有客观性。因此，上述两种概念具有一定的不合理性，应将犯罪个体原因中的生理因素囊括在内。此外，犯罪客观原因还应包含犯罪的自然原因，即时间因素和空间因素。

犯罪客观原因是指犯罪主观原因以外的客观犯罪因素，主要包括政治因素、经济因素、文化因素、家庭因素、学校因素、社区因素、生理因素、时间因素、空间因素以及其他因素。具体内容如下：

1. 政治因素。政治是国家为维护自身的统治地位而建立起的权力控制运行系统，包含国家机器、国家意识形态、社会制度、政治路线、方针、政策以及国家机构的运行机制等。政治是犯罪客观原因中一个非常重要和活跃的因素，犯罪作为一种社会现象，其产生、变化和发展与政治因素有着密切的联系。

2. 经济因素。经济基础决定上层建筑，犯罪现象作为上层建筑的一种，深受经济因素的影响。经济因素的发展变化必然会对犯罪现象产生直接或者间接的影响，例如，中国改革开放，经济快速发展，且贫富差距过大，引发人们对物质的渴望和追求，心理不平衡，犯罪增多，创犯罪率新高；经济的发展带动科技的进步，出现各种智能犯罪等。经济因素是对犯罪现象起决定性作用的因素。

3. 文化因素。广义上的文化是指人类在社会历史发展过程中所创造的物质财富和精神财富的总和。人是文化的载体，犯罪是人的一种行为选择。人类行为是文化的产物，犯罪人的犯罪行为是文化的一种消极产物。一定的文化模式、文化背景决定了人的行为模式及其特点。犯罪人之所以实施犯罪行为，体现的正是他在一定文化模式下所具有的观念价值。

4. 家庭因素。家庭对每一个人都有很深的影响。在人真正进入社会，参与社会活动之前，家庭是主要的生活环境。家庭环境的好坏对个人的需要、气质、性格、人生观、价值观等的形成具有很大的意义。良好的家庭环境有助于塑造身心健康发展、遵纪守法、远离犯罪的公民，而病态的家庭环境往往更容易催生犯罪分子，尤其是青少年犯罪问题。

5. 学校因素。学校是有计划、有组织地进行系统教育的组织机构。学校教育是由专职人员和专门机构承担的有目的、有系统、有组织的，以学生的身心发展为直接目标的社会活动。学校的教育活动影响学生的成长和发展。如果学校教育规范，教育内容全面，教育方法适当，学习风气正，师生关系、同窗关系融洽，学生能够德、智、体、美、劳全面发展，抵制不良因素的腐蚀。反之，则增加了其犯罪的可能性。

6. 社区因素。社区是指若干社会群体或社会组织聚集在某一个领域里所形成的一个生活上相互关联的大集体，是社会有机体最基本的内容，是宏观社会的缩影。每个人都实实在在的生活在社区当中，社区与人们生活密切相关。社区环境的好坏对社区人员的心理和行为有着重要的影响。当社区不良因素增多，违法犯罪行为盛行时，整个社区人员的守法意识降低，违法犯罪意识增强，犯罪行为增多。

7. 生理因素。生理因素属于犯罪个体原因范畴，主要包含性别和年龄两种。犯罪是具体的人实施的严重危害社会的行为，它必然或多或少的要受到犯罪人的生理因素的影响。犯罪人的生理因素，即性别、年龄，在犯罪类型、犯罪对象、犯罪手段的选择上具有不可忽视的影响力。例如，老年人身体机能衰退，很少实施暴力犯罪。

8. 时间因素。也可称为“犯罪的时间条件”。犯罪人犯罪时，多会选择一个有利于实施某种犯罪行为的时间点。犯罪的时间因素多会影响犯罪类型等。例如，晚上是抢劫犯罪案件的频发时间点。

9. 空间因素，又可称为“犯罪的空间条件”。犯罪人犯罪时，多会选择一个有利于实施特定犯罪行为的空间点。犯罪的空间因素也会影响犯罪类型等。

应当明确，犯罪主观原因和犯罪客体原因各自在产生犯罪行为过程中的地位、作用，哪一个是犯罪产生的首要原因。认清主、客观原因在犯罪产生过程中的地位问题，不但有助于犯罪学理论研究，对司法实践活动也有重要的指导意义。有关主、客观原因在犯罪产生过程中的地位问题，学界主要有以下几种说法：“主观说”、“客观说”、“折中说”(“主客观原因并列冠军说”)、“说不清说”、“双因交互，异况各论说”。“主观说”、“客观说”、“折中说”(“主客观原因并列冠军说”)、“说不清说”，虽具有一定的合理性，但“双因交互，异况各论说”更加符合现今的司法现状。它主张主、客观原因在犯罪产生过程中的地位没有统一模式，对主、客观原因在犯罪产生过程中的地位需要具体情况具体分析。

三、犯罪现象原因、犯罪类型原因与具体犯罪原因

根据犯罪原因的作用范围，可以将犯罪原因划分为犯罪现象原因、犯罪类型原因和具体犯罪原因几种。

1. 犯罪现象原因。犯罪现象是指某一国家或地区在一定时期内所有犯罪的总和，它可以通过犯罪数量、犯罪结构、犯罪动态变化加以衡量。犯罪现象原因是指对某一国家或者地区的整体犯罪现象都具有引起、促成和影响作用的犯罪原因。对整个犯罪发生作用的犯罪原因，往往是那些影响面广泛、影响力巨大并且会维持一定时间的社会现象与过程，例如，社会制度的重大变化、经济状况的普遍性恶化、影响面广泛的自然灾害、整个社会风气的变化等。犯罪现象原因的出现和变化，对整个国家或地区的犯罪都会产生重大或者明显的影响作用。①

例如，2008 年，美国由于次贷危机再次引发经济危机，甚至波及世界其他国家和地区。在经济危机下，美国白领工人失业人数迅速增长，失业率急剧上升，就业困难，生活压力大，白领工人犯罪数量开始大幅增加，在犯罪人员结构中的比例上升。同时，暴力犯罪案件和财产犯罪案件增加，社会总体犯罪数量上升。这就是美国经济状况的普遍性恶化对美国犯罪现象的基本影响。

深入研究犯罪现象原因，有利于从整体上控制和预防犯罪。犯罪现象原因探寻的是引发、促成和影响某一国家或者地区整体犯罪现象的原因，对整体犯罪现象具有深远作用，了解哪些是犯罪现象原因以及它们是如何作用于犯罪的，国家或者地区可以及时、针对性地采取各种防控措施，有目的地调节社会犯罪总量、犯罪结构和犯罪动态变化，从而，在整体上控制和预防犯罪。

2. 犯罪类型原因。犯罪类型原因是指对某一类犯罪具有引起、促进和影响作用的犯罪原因。犯罪类型原因是对具体犯罪原因认识上的深化，其任务是在具体犯罪原因的基础上，进一步揭示出各种不同犯罪类型的特殊原因。有关犯罪类型的分类，存在多种的不同的分类方式。根据犯罪次数的不同，可以划分为初犯和重新犯罪或者再犯罪；根据犯罪行为方式的不同，可以划分为单独犯罪和有组织犯罪；根据犯罪侵害客体的不同，可以划分为政治犯罪、经济犯罪、暴力犯罪、性犯罪等；根据犯罪主体的不同，可以划分为青少年犯罪、老年人犯罪、女性犯罪等。

从犯罪类型的社会构成来看，每一特定的犯罪类型都包含四个方面的构成要素：年龄构成、性别构成、社会身份构成和社会分布构成。犯罪类型原因系统是要进一步揭示出不同犯罪类型的犯罪人的不同特点和特殊原因。犯罪类型不同，年龄构成、性别构成、社会身份构成、社会分布构成也不尽相同，各有其特殊性。② 例如，青少年犯罪与老年人犯罪在年龄、性别、社会身份、社会分布四个构成要素方面有着明显的差别。

---

① 张远煌．犯罪学[M]．北京：中国人民大学出版社，2007：193~194.

② 万宁．犯罪类型原因系统的逻辑构成[J]．贵阳师专学报(社会科学版)，2000(3).

探知不同犯罪类型的成因主要是从犯罪人的生理因素、心理(意识)因素、社会环境因素这三个要素入手。研究具体犯罪原因时也会重点考察上面三个因素，但考察的只是单个犯罪行为人的生理、心理及其所处的社会环境，而犯罪类型原因系统是在单独个体考察的基础上，进一步整合某一特定类型的犯罪人的犯罪原因。

深入研究犯罪类型原因，对于准确认识了解和科学干涉预防某一类型的犯罪，具有重要的指导意义。例如，在深入研究女性犯罪的原因之后，恰当、正确地处理女性犯罪问题，制定出与之相对应的刑事政策，适当调整社会管理机制，采取应对措施，有效干预和预防女性犯罪，从而减少女性犯罪的数量和其对社会、对家庭、对女性本身的危害性。

3. 具体犯罪原因。具体犯罪原因，也可称为“个案犯罪原因”，是指对某一具体犯罪行为具有引起、促成和影响作用的犯罪原因。不同种类的犯罪行为具有不同的犯罪原因，即使是同一种类的犯罪行为也具有各不相同的犯罪原因。例如，抢劫行为，有人是为了满足自己的生存需要迫不得已去抢劫他人财物，有人是为了追求犯罪的刺激感、兴奋感，也有人是为了报复社会，故意扰乱正常的社会生活秩序。有的具体犯罪原因比较简单，单一的犯罪因素作用于犯罪行为，有的具体犯罪原因非常复杂，多种犯罪因素综合作用于犯罪行为。

深入研究具体犯罪原因，具有重要的价值。首先，研究具体犯罪原因是研究其他原因的重要基础。具体犯罪原因的研究，可以为研究犯罪现象原因和犯罪类型原因提供必要的事实依据和重要的方法借鉴，只有在具体犯罪研究的基础上，才能对其他犯罪原因进行科学的研究。其次，深入研究具体犯罪原因有助于恰当处理具体的犯罪人。犯罪原因的不同，表明犯罪人的主观恶性和人身危险性有区别，因此，深入研究具体犯罪原因，有助于准确认识犯罪与犯罪人，有助于具体犯罪和犯罪人进行区别对待和恰当处理。①

应当注意，犯罪具体原因、犯罪类型原因、犯罪现象原因在犯罪原因结构中有其逻辑顺序。犯罪具体原因在三者中处于基础性地位，是整个犯罪原因系统结构的逻辑起点。犯罪类型原因就是犯罪具体原因与犯罪现象原因之间的中间环节——逻辑中介。犯罪现象原因是犯罪原因结构中的逻辑终点。犯罪类型原因是对犯罪具体原因在认识上的深化，犯罪现象原因是对犯罪类型原因在认识上的再次深化。

---

① 张远煌．犯罪学[M]．北京：中国人民大学出版社，2007：195.

第二章　犯罪的社会原因

第一节　犯罪的社会原因概述

一、犯罪社会原因的概说

对犯罪发生具有影响的社会原因与犯罪的个体因素相对应的概念体系范畴，它是指与犯罪发生相关并且能够对个体实施具体犯罪行为起到促发、引导作用的各种外界的影响要素。个体实施某一个行为，是其所有外部影响与力量综合作用的结果，也是其内部个体因素接受外部影响并进行反映的结果。人类是自然的生理存在，这决定了个体必然生活在自然环境中；同时，个体也有其生存的社会环境。人类的社会环境，是人基本活动的中心和生存依托。社会环境的产生发展都受社会生产力水平的制约，社会原因的不同，人类的行为也有不同。犯罪学所研究的犯罪社会原因，是以个体为中心进行展开的。有学者认为，个体之间虽然是彼此独立的存在，但个体的存在仍然需要以彼此之间的联结为基础。从发展犯罪学的角度来看，个体在进入青春期后与父母的联结减弱，而同时未能发展其他方面联结，以及无法再度联结者，都易于发展成为犯罪的个体。

二、犯罪社会原因的特性

犯罪社会原因特性的基本含义是指除了一般意义上犯罪原因应当具有的因果性、关联性和时间顺序性等之外，同犯罪原因系统结构中的其他因素相比较，犯罪的社会原因之所以有所区别的不同之处。犯罪社会原因有以下特性：

(一) 犯罪社会原因的普遍性

犯罪社会原因的普遍性特点主要是指对于任何犯罪的发生，相关社会因素所施加的具有原因意义的影响和作用总是普遍地存在着。因此，犯罪的社会原因对于各种具体犯罪行为的发生都发挥着这样或那样的属于原因范畴的作用。犯罪社会原因是罪因系统结构中基本的甚至是主要的组成部分。

(二) 犯罪社会原因的客观性

犯罪社会原因的客观性主要是指导致犯罪发生的各种社会因素在其基本的方面都是非人为因素的客观现象或过程，特别是相对于犯罪行为人个体来讲，这些因素都是其主观意志以外的事实存在。当然，这也并不排除在犯罪的社会原因之中不可避免地存在着人在社会客观事务中的种种作用，但是这些作用只在社会客观因素的前提之下或范围之内才有意义。

(三) 犯罪社会原因的系统性

犯罪社会原因的系统性与其普遍性紧密相关，它主要是指对个体犯罪普遍产生作用的多种多样的犯罪社会原因之间的相互联系和相互作用。这种联系和作用一是使犯罪社会原因中的各种因素表现出一种层次性，这种层次性包括其对犯罪发生所具有的从远而近、从宏观到微观、从直接到间接的作用等；二是使犯罪社会原因中的各种因素呈现出一种动态性，即犯罪社会原因中相关因素的运动过程。

(四)犯罪社会原因的间接性

犯罪社会原因的间接性主要是指其对个体犯罪产生的作用形式不是唯一的和直接的，而是通过犯罪发生的其他原因特别是犯罪发生的个体原因的作用来实现的。这也正是为什么在相同的社会因素的作用下，此人犯罪而不是彼人犯罪、此时犯罪而不是彼时犯罪的机理所在。然而，我们绝不可因此而推导出犯罪社会原因非决定性因素的结论。

总之，犯罪社会原因的特性是相对的，从不同的角度会产生若干相应的认识。研究这些特性的目的在于充分认识犯罪产生的必然性和预防、减少犯罪的艰巨性与长期性，同时进一步明确犯罪治理的社会对策，使国家对犯罪的认识和处理逐步走上科学的轨道。

三、犯罪社会原因的内容

虽然同为个体之外的对犯罪发生具有影响的社会原因，但是仍然可以进行具体的细分。以其存在范围和对个体影响的深度和广度来区分，可以分成微观与宏观社会因素两个方面。

微观社会环境奠定了个体社会化的基础，也是形成人的意识、个性以及犯罪倾向的主要场所。对家庭、学校、社区工作环境等微观社会环境与犯罪发生之间的关系进行研究，就显得十分重要。

具体个体所处的微观社会环境，是在社会整体大环境中的个别存在方式与表现内容。作为整体的社会环境是各个具体微观要素所共同构成的共同体，也是各个微观要素所发挥作用的综合表现。宏观社会因素所影响的内容并不具有个别性，所以无法解释具体个体实施犯罪的原因与动机；而微观环境则能够体现出不同个体实施犯罪的大致区别与联系。宏观方面的具体因素包括一个社会整体的政治因素、经济因素、文化因素等方面的要素；而犯罪的微观社会因素则是指相对具体的对促发犯罪个体实施犯罪行为的相关要素，主要包括社区因素、学校因素以及家庭因素等不同的影响要素。

不同的社会原因对犯罪具有不同程度的影响。具体说来，宏观社会原因对犯罪的影响，主要体现在宏观的犯罪形态与特征的变化上；而微观方面原因的影响，则主要针对具体个体的犯罪类型与诱发原因上。

犯罪的宏观原因具有整体性的特征和一般性的特征，还具有相同性的特征，因而只能进行宏观方面的比较与分析。而且，这些宏观方面因素的整体共同影响着社会构成的各个方面，每一个体都会受到它们不同程度的影响；而微观因素则具有相对独立性、特定性与差异性，是指从不同个体所处的社会环境来看，每个人有不同的家庭、学校、工作与社区环境，这些具体的生活、学习环境对犯罪的产生和发展变化也起着十分重要的作用。

在犯罪原因的揭示上，宏观社会原因所影响的内容并不具有个别性，所以无法解释一个个体实施犯罪的原因与动机，而微观环境则能够体现出不同个体实施犯罪的大致区别与联系。宏观方面的具体因素包括一个社会整体的政治因素、经济因素、文化因素等方面的要素。

微观因素中的不良因素具有相对直接的污染性、诱惑性、刺激性与趋势性，微观不良因素的直接熏染，会使个体逐渐形成不良品质，甚至内化为不良人格。因而，微观因素对于个体实施犯罪更具有驱使性，而各种微观因素共同构成了宏观因素。虽然生活在不良微观因素中的个体并不必然导致实施犯罪，但是对于每一具体个体的犯罪，均可以分析出不良的微观因素的明显作用。

第二节　犯罪的宏观社会因素

一、犯罪的政治因素

政治作为一个权力、控制、功能系统，是个体存在、集合与活动的空间。对于整个社会来讲，政治方面的因素，是决定国体与政体的宏观角度的分析，具体来说包括政治方面的诸多不同的组成与要素。犯罪的政治因素，就是指政治活动中存在的导致犯罪发生的因素。一般认为，犯罪的政治因素应当包括社会阶层构成、社会稳定状况以及上层的政治、法律制度等因素。

从整体上来说，一定意义上的所有犯罪都是危害国家的越轨行为，因为它们都触犯了国家的法律，危害国家的安定。但具体来说，本处所讨论的对犯罪发生影响的政治因素主要包括各个阶层之间政治冲突对犯罪的影响、政治体制弊端对犯罪的作用以及国家政策失误对犯罪的推动与促进作用等几个不同的主要部分。

(一)政治冲突与犯罪

社会是各个阶层的存在方式，各个阶层之间在政治领域的主张与表现主要体现在政治的冲突上。各阶层在政治上的利益冲突，构成了政治冲突方面的主要内容，并因而对犯罪起到促发与催生作用。阶级、阶层是一个以经济划分的政治概念，它揭示的是人们在社会中一定的经济地位和基于该经济地位所形成的社会阶层关系。根据马克思主义的观点，犯罪是阶级斗争的产物，但并不能够将阶级斗争、阶级冲突等同于犯罪。尤其在现阶段之内，不具有阶级斗争性质的犯罪，成为当今社会犯罪的主体。

不同阶层对于社会的期待与要求有不同的表现，而且这些表现在正常的领域内进行诉求与反应就构成了正常的政治活动，而在矛盾不可调和的时候，则往往容易以阶级冲突的方式达到各自的要求。从根本层次上来说，阶级冲突是社会矛盾的本源，也是诱发犯罪发生的最根本原因。

(二)政治腐败与犯罪

政治腐败是指政治系统中政治阶层的部分成员所奉行的价值和行为，背离了系统的功能目标。其主要表现为：权力主体利用公共权力牟取私利，既包括合法权利的非法扩张与滥用，又包括对超出政策法规界限的物质利益的非法攫取和侵犯，其实质是将公共权力异化为私有权力。这种被异化的权力成为犯罪滋生的温床。我国目前的腐败现象主要表现为：(1)奢侈浪费，生活糜烂。一些权力主体慷国家之慨，大肆挥霍公款、公物，追求排场阔气，公款吃喝，公款旅游，公款送礼，挥霍无度。在社会上造成极其恶劣的影响。(2)以权力干预经济，牟取非法利益。一些人利用权力资源经商。大发横财，有的甚至凭借一纸批文、一张发票，就能转眼成为百万、千万富翁。目前已出现了所谓的“官僚倒卖集团”。(3)以权谋私，花样不断翻新。一些人利用手中掌握的权力购买高级轿车，违章超标建造楼堂馆所，或利用公款装修私房，在子女、亲属的升学、招干、升迁、调动、出国、调资、进城等问题上谋求特殊照顾；有的假公济私，私款公报，巧立名目，吃拿卡要，巧取豪夺。(4)贪污受贿，权钱交易。改革开放以来，政府官员贪污受贿的腐败现象日趋严重，有些人利用权力贪污、索贿受贿，大肆敛财；有些人甚至与黑社会组织勾结，以权钱交易编织关系网。特别严重的是，近年来高级干部的腐败问题非常突出。据报道，2003 年中国有 13 位中央和地方的党政领导人受到查处，其中有省委书记、省长、部长和银行行长。他们所犯的罪行几乎都是受贿罪，有的被判死刑，有的被判处 10 年以上有期徒刑。如：2004 年 1 月，中国四大国有商业银行之一的中国银行原行长收受了北京某广告公司 115 万元人民币的贿赂款，被判处 12 年有期徒刑；2013 年，原铁道部部长刘志军因受贿和贪污巨款被判无期徒刑。

（三）阶级状况与犯罪

阶级状况对犯罪的影响和作用可以从以下方面进行分析。首先，对阶级因素的理解。阶级因素的现实作用表现在两个方面，或者说阶级状况的现实含义主要包括两个方面：一部分人的阶级、阶层或利益集团与另一部分人之间在经济上存在一定的剥削关系，这种剥削除了直接的对其劳动的占有之外，更多的是一种现实的经济状况的差异；一部分人与另一部分人之间在政治上存在一定的统治关系。其次，阶级结构的划分来源于对现实社会矛盾的分析。中国社会已经宣布作为阶级的剥削阶级和被剥削阶级已不存在，因而现实社会作为阶级对立的社会矛盾也不存在。这是事物的基本方面。在此基础上，从犯罪原因研究的角度看，阶级因素与犯罪的产生之间仍然具有内在的必然联系。问题的关键在于对阶级现象认识和分析的出发点的确立是基于阶级的统治政权，还是基于现实的社会矛盾。特别是在新的经济体制下，阶级因素上述两个方面的基本含义是否在社会中现实地存在着，这种存在的社会政治意义和犯罪学意义是什么，等等。只有在对这些问题作出科学回答的基础上才有可能明确阶级问题对犯罪的实际作用和影响。而这些问题的根本却在于人们对利益的占有和利益的社会分配。由此而论，阶级的实际状况并不取决于人为地宣布或规定。而是取决于现实的社会物质条件，即取决于社会存在。再次，在关于犯罪原因的认识中，不能机械地把阶级因素在犯罪发生中的作用和影响局限于显具“阶级性”、“政治性”的犯罪，比如“反革命”犯罪或“国事罪”等。从犯罪的阶级本质上讲，犯罪就是一种“孤立的个人反对统治关系的斗争”。

二、犯罪的经济因素

经济因素是人类赖以生存、发展的最基本的物质因素。影响犯罪的经济因素，是指存在于社会经济制度和社会生产活动当中的，能够影响犯罪现象产生和发展变化的各种经济性致罪要素。

犯罪学的历史发展过程中，社会经济因素与犯罪的关系问题向来就是最受关注的，属于犯罪原因研究中的一个传统论题。今天，发展经济已经成为一个世界性的话题，但是犯罪行为对于经济发展的破坏作用也有目共睹。探寻犯罪的经济因素，能够为预防犯罪提供前提基础。

一般认为，作为一种社会现象，犯罪必然要与社会中的各方面因素发生相互作用。其中，经济因素作为物质生活的基础，决定和影响着人们的各种行为。犯罪行为是个体在从事社会活动中的一种行为选择，也同样受到社会经济因素的重要影响。经济与犯罪的关系。就是社会的经济结构、经济状况、经济制度等经济因素与犯罪现象的产生、发展和变化的关系。

犯罪的经济因素虽然可以从宏观上进行解析，即犯罪的经济形态与经济制度等方面因素对犯罪的影响作用；但更主要的内容则体现在微观层次的方面，就是对犯罪现象的产生和发展起到重要影响作用的一些具体的经济因素。这些具体的经济因素属于宏观经济因素中的某一个环节或者方面，与宏观经济因素所起的深层次、内在、根本性的作用不同；微观因素则往往起到直接的、具体的作用。

(一)经济制度与犯罪

社会经济制度的内容十分广泛，其中具有普遍意义和决定作用的是所有制的形式，它决定着社会的政治制度，决定着人们的社会政治经济地位，因而也决定着人们的思想意识和价值原则，决定着各种社会关系的性状，等等。

所有制形式是由社会生产力的发展水平以及基于这种发展水平而形成和建立起来的人们的思想觉悟等共同决定的。所有制对犯罪的影响作用主要的就是来自于发生在它们之间的若干不相适应的情形。马克思主义认为，作为共产主义初级阶段的社会主义时期的公有制是以生产力水平的极大提高、社会物质财富的极大丰富和在此基础之上形成的人们思想觉悟的极大提高为前提和基础建立起来的。“完全”的公有制的建立和实行必须具备上述各种条件才能有利于社会生产力水平的不断提高，有利于社会的进步与发展。否则，如果所有制的确立脱离了当时社会的物质生活条件，违背了社会发展的客观规律，就会妨碍生产力的发展，就必然要受到应有的惩罚。比如，在公有制条件下，要求社会财富极大丰富，实现了人们对物质和精神需求最大限度的满足——按需分配，以至于人们的“私有”观念失去了存在的必要、可能和实际意义，客观上完全地形成了“我的”即“他人的”、“私有的”即“公有的”这样一种社会存在。在此基础之上，社会主义的公有制才能真正地建立起来并有利于社会的进步与发展，才能实现这种公有制本身所具有的无比优越性。否则，国家所(公)有也好，集体所(公)有也罢，这种对公有物质的占有和支配最终都必须通过一定的代表人物或集团来实现，于是只能产生于一定的物质生活条件的人们的思想觉悟对公有制本身的存在及其实际状况便产生了某种决定性的影响。当然与此同时，更具意义的是建立于上述基础之上的社会政治制度等因素所产生的根本性影响。如果说在特定的历史条件下，比如经历了大革命的洗礼之后，人们的思想觉悟产生了无产阶级革命领袖列宁所描述的那种变化与飞跃，公有制的实行可能在某种程度或一定时间内可以不同程度地不完全受制于这种必需的物质生活条件的话。那么，从根本上讲，物质基础的决定作用并没有改变和动摇。正是基于这种客观实在，中国正确地实行了除公有制之外多种经济成分并存的所有制形式。这是问题的一个方面。

问题的另一个方面在于多种经济成分并存的所有制形式——并非人类社会发展的完美的经济制度——对犯罪的发生会产生内在的多种经济成分并存的多元形态的所有制，即既有全民或国家所有制经济，又有劳动群众集体所有制经济，还有劳动者个体经济、私营经济以及中外合资、中外合作经济和外商独资经济。这种多种经济成分并存的所有制形式适应了中国社会的生产力发展水平和建立在这种生产力发展水平基础上的人们的思想觉悟及其对物质生活的要求，是尊重客观规律的正确选择。同时，这种所有制形式也不可避免地与犯罪的产生之间存在着广泛而普遍的因果联系。它对犯罪产生的作用和影响主要表现为：①国家对各种不同所有制形式的经济实行不同的政策。有着不同的管理和监督、指导模式。不同所有制形式的经济主体在自我约束方面也形成了相应的各不相同的机制。对物质利益和最大利润的追求在不同所有制的经济主体之间自然形成多种多样的方式和方法。其中必然存在合法的和非法的以及犯罪的等若干不同的具体情形。这也是不以人的意志和愿望为转移的。多种所有制形式经济单位之间的往来，特别是全民或集体所有制与其他所有制经济之间、国内经济与国外经济之间的往来。为某些犯罪尤其是经济犯罪提供了适宜的土壤。这种土壤得以形成和存在的机制就在于利益驱动。比如在相当普遍存在的不同经济成分间的“挂靠”与“融合”中，大量的国有或集体资产被侵蚀，也正是这些利用“挂靠”和“融合”之便的非国有或集体经济的主体，在经济活动和经济往来中，通过经济合同等手段进行经济诈骗、制造销售假冒伪劣商品、走私贩私、行贿受贿、侵占公有财产等犯罪活动，严重地破坏了社会经济秩序，给国家和集体经济造成了难以估量的经济损失。不仅如此，这些以经济犯罪为基本形式的犯罪活动所产生的社会危害，除了其可以计算的直接经济损失外，更重要和更根本的是“非物质性损失甚至超过经济损失：普遍的不信任感和公共道德沦落”。各种私有经济的存在和发展必然导致剥削和贫富悬殊加剧，由此将造成一系列相关的社会问题，这些因素都是产生犯罪的温床。从这个意义上讲，马克思主义关于私有制是产生一切犯罪的根源的学说在这个范围内得到了现实的体现。

(二)经济发展水平与犯罪

经济发展与犯罪的关系，是犯罪学家们长期以来注重研究的热点与难点问题之一。在我国社会经济结构发生深刻变化和经济高速增长的今天，加强对该问题的探讨显得更有意义。

经济发展的速度或水平对犯罪的影响涉及两个既有联系又有区别的方面：一是经济发展与犯罪的数量和比例的增减变化；二是经济发展对犯罪结构的影响。由于经济发展引起犯罪结构的变化（经济犯罪数量、种类的增加和犯罪人构成的变化）具有必然性，因此无须对这一问题多费笔墨，这里仅就经济发展的速度(水平)与犯罪的关系加以论证。

关于经济发展与犯罪数量的关系问题，理论界有较大的争论，但归纳起来主要有两种观点：一种是“正相关论”，一种是“负相关论”。

“正相关论”认为，经济增长与犯罪增长之间存在着密切的关系。即伴随着经济的发展，犯罪数量也会相应增加。“正相关论”又包括以下理论：

一是“同步增长论”。该理论认为，犯罪与经济发展是不可避免的伴侣，是现代社会永恒的象征，“犯罪率甚至在某种程度上标志着现代化的程度”。19 世纪意大利学者波莱蒂就认为，福利、工业、商业的增加等所有物质繁荣的进步都会带来犯罪数量成比例的增长，因为前者增加时，必然对后者产生刺激，因此，犯罪的增长只是物质繁荣的一种表面现象。我国不少学者认为，“在一定历史时期内的一定生产力的发展阶段，经济发展必然伴随着犯罪现象和犯罪率的增长”。即社会经济与犯罪之间存在着同步增长的必然趋势。

二是相对增长论。该理论认为，“在经济发展过程中，由于缺乏管理经验和管理制度上的不完善，在一定时间、范围和条件下，某些犯罪可能会相对增加，但这种增加只是暂时的、局部的。随着经济的发展，人们管理经验的不断积累，犯罪不但不会再增加，反而会因发达的经济和人们的认识水平、认知能力及生活水平的提高而减少并得到有效的控制”。

三是“代价论”。该理论认为，犯罪的增长是现代化进程中经济发展和社会进步所必须支付的代价，但同时又强调：“代价并不是无条件的。不是不附加任何前提的”，“经济对犯罪升降的影响不是直接感应式的，而是通过诸多中介环节，通过它的发展所引起的社会结构性、连锁性变化而间接地对犯罪产生影响。这种影响可能是消极的，也可能是积极的”。事实上，目前我国犯罪的激增，毫无疑问是这种经济发展所导致的结果。反过来说，不付出这种代价，经济可能无法发展。

四是“正负效应论”。该理论认为，经济发展和社会变革对社会治安的近期效应而言，正、负效应兼而有之，但整体上呈现负效应突出的态势；而从远期效应上看，则呈现正效应突出的态势。有学者还进一步论述道，中国目前的社会改革给社会治安状况带来的负效应是可以逐步减弱的，是非本质的方面；而现代化带来的正效应则会逐步增强，这才是本质的方面。

"负相关论"认为，经济发展不仅不会导致犯罪率上升，相反还会为遏止犯罪的增长提供有利的条件。

加罗法洛是最早否认经济发展与犯罪同步增长的代表人物之一。他在对法国1826—1878年和意大利1863—1879年间经济快速增长与犯罪波动的对比研究后认为，犯罪的增长与社会活力的增加不成比例，并且由于掌握知识者和经济活动的增加以及普遍的社会完善必定会增加犯罪的阻力。他还说："经济秩序惯常发生的波动可能会带来一种犯罪形式的增长，但是这种增长会被另一种犯罪形式的减少所补偿。因此，这些波动是特定犯罪的可能性原因。"即是说，在经济发展的同时，尽管经济犯罪会增加，但这种增加又会在一定程度上被其他犯罪的消退所抵消，从而使犯罪现象在总体上遵循着"饱和法则"——就像一定数量的水在一定温度下就会溶解为一定数量的化学物质一样，在一定的自然和社会环境中，总会发现一定数量的犯罪。

我国的一些学者认为，在社会主义制度下，犯罪伴随着社会主义现代化的不断发展会呈现出不断减少的趋势。他们在总结我国苏南、绍兴地区社会稳定发展的成功经验后认为，在我国社会主义商品经济发展的过程中，由于市场经济还未发育成熟，某些犯罪、特别是经济犯罪案件可能会在一定时期内有明显的增加，但只要全社会都来关心社会治安综合治理，不断提高专门机关的工作效率，犯罪案件逐步减少、逮捕人数额降低的局面一定会到来。"经济发展，社会治安稳定"的目标是完全能够实现的。

(三)个体经济状况因素

个体经济状况其实并不属于犯罪的宏观经济因素，而是个体行为现象的构成因素，将犯罪理解为个体行为的构成因索的整合往往更有利于探寻犯罪个体方面原因。具体说来，与犯罪发生关系的个体经济水平主要包括贫困因素对犯罪产生的影响；以及失业与犯罪的关系等不同的内容。

贫困与犯罪的关系十分密切。对此马克思主义经典作家曾经有过精辟论述。而且就包括中国在内的世界各国的情形来看，贫困仍然是一种重要的犯罪促发因素。贫困人口包括绝对的贫困人口与相对的贫困人口。无论任何一种贫困人口，都对犯罪的发生有着直接的影响。以目前的情形来看，当农村与城市的贫困顽症还没有彻底治愈时，犯罪现象也无法得到彻底的根治；因为失业而导致的绝对贫困以及因贫富差距过大而导致的相对贫困，与犯罪的关系最为密切。

犯罪学界长期关注绝对贫困与犯罪之间的必然联系，而相对贫困与犯罪之间的联系，也渐渐开始进入犯罪学者的视野。相对贫困，即贫富差距悬殊超出了人们的心理承受能力，给人们造成严重的心理上的不平衡感，引发了严重的社会心理失衡。当前中国心理失衡最严重现象主要存在于青年农民和城市下岗职工。随着城市化和市场经济的快速发展，涌入城市的流动人口和城市失业人口相结合，构成庞大的城市贫困群体和社会心理失衡群体，形成对社会稳定和社会治安的严重威胁。也是犯罪的主要隐患所在。

在城市化与现代化的过程中，个体经济的状况会促发个体以实施侵犯财产犯罪去获得物质上的满足，也会因出于对社会的不满而实施暴力犯罪。但是在个体经济因素静态内容中，能够探寻到一般性的规律与特征；而在动态的发展过程中，相对贫困感也会对个体产生一定的刺激与影响，并进而实施犯罪。

尤其是外来人口以及城市化过程中产生的新居民，他们和原来的城市居民相比处于被剥夺的状态，而且为前所未见的物质财富所包围，他们向往现代化进程中的果实，所以往往容易导致侵犯财产的犯罪，也会发生暴力型犯罪。

三、犯罪的文化因素

所谓犯罪的文化因素，是指触引、促发主体实施犯罪，从而与犯罪现象具有因果关系，作为构成主体生存与活动的外部文化背景的诸因素。具体包括犯罪与文化之间的一般性联系，传统与现代文化对犯罪的影响，以及亚文化与犯罪之间的关系等几个方面。

(一)文化因素对犯罪的影响

文化的生成与发展具有自发性，同时也是外界不断引导与作用的结果。所以，在不同的时代，文化有着不同的表现，具体内容也各不相同。不同的文化背景，对犯罪的影响也有不同的表现。犯罪的具体内容，随着文化背景的差异而表现出不同的特色。

文化中，既有主文化与亚文化之分，也有形式文化与实质文化之别。一种文化制度的发展与传播，关键是通过多数个体的接受与发展才能发挥影响；而且，个体在具体文化因素影响之下，会发生不同的反应，受到不同程度的作用，产生不同的问题。

犯罪作为一种社会法律现象，总是由一定社会的物质生活方式决定的，是社会生活中诸种矛盾的综合反映。文化是社会共同观念的总结，共同观念的核心部分经过技术性处理，就会转化为社会规范，并有可能形成法律。刑法所规定的具体犯罪，都是社会价值观念的反映，同时也塑造着社会文化的基本形态。犯罪其实不仅是一种客观的存在，同时也是观念的产物，观念的发生与判断，主要来自我们文化的给养与土壤。文化对犯罪的特殊意义还有其他方面的表现，即文化是影响犯罪的深层次因素，文化因素的影响具有超越一定时空范围的效力。较之政治与经济因素，文化因素则渗透到了人的精神世界，决定着社会成员的思维定势，并表现为一定社会或民族的共同的生活方式，加之文化潜移默化的特性而形成诸多前后相继的传统，其对犯罪的影响就更显持久性，即使社会的经济形势或当政者的政策发生了变化，文化仍然在相当长的时期内一如既往地规定着犯罪的原因、动机和手段。

犯罪作为一种社会法律现象，总是由一定社会的物质生活方式决定的，是社会生活中诸种矛盾的综合反映。犯罪行为总是受到一定的思想意识和价值观念所支配，是行为人犯罪心理和意识的外化，而思想意识和价值观念本身就有其文化内涵。因此，从一定意义上来说，犯罪亦是一种文化现象，是特定社会各种消极文化综合作用的产物。研究犯罪行为的发生机制，必须对犯罪与文化的关系进行深入探讨。

(二)传统文化因素与犯罪

1. 价值观的扭曲导致犯罪

传统文化与现代文化的冲突使人们的价值观念迷乱。重义轻利是我国传统文化价值观念的核心，它劝告人们淡泊名利，温良恭俭让，“兼相爱，交相利”，“己所不欲，勿施于人”，“己欲立而立人，己欲达而达人”。长期以来，我们也进行了全社会范围内的集体主义、利他主义的教育，这些价值观念对于净化社会风气、协调人际关系、促进社会进步，无疑具有重要的意义。但是，将其推至极端，完全漠视个人价值，则其片面性也是明显的。淡泊名利在客观上有可能使得人们轻视物质利益，碌碌无为，丧失上进心和进取心；极端的利他主义则导致对个人价值、个人作用的贬低，进而达不到其应有的效果。

2. 自由观的扭曲导致犯罪

我国的传统文化是亲专制、反民主、反平等自由的。以“三纲五常”为顶峰的尊卑等级观念和身份制度不仅使中国几千年的封建政治形成了严重的官僚主义、一言堂和家长制的作风，并且长期地禁锢人们的思想与行为，窒息了自由平等观念的产生。“五四”以来知识界的新文化运动和全民性的反封建礼教，为中国社会带来了自由平等的新观念。但是封建的宗法等级观念，在一些地区，尤其是农村影响甚广。滥用私刑、族规、妨碍婚姻自由、拐卖妇女、虐待妻子等犯罪的发案率日渐上升。

3. 生活与消费观念的扭曲导致犯罪

我国的传统文化主张清贫修身、克勤克俭、厉行节约。应当说，这在任何社会都是一种美德。但是，如果走向极端，泯灭一切物质欲望和消费观念，则会在客观上抑制生活水平的提高和社会生产的发展。社会主义的生产以最大限度地满足人民日益增长的物质生活和精神生活需要为目的，因此我们鼓励正当的、与个人收入水平相适应并不断提高的生活和消费观念。而随着社会经济的发展和改革开放的深化扩大，资产阶级“拜金主义”、“享乐主义”等腐朽思想乘虚而入，传统文化的生活和消费观念受到了冲击，导致一些人的生活与消费观念扭曲。在个人收入不能满足其极度膨胀的物质欲望时，有的人便以非法的甚至犯罪手段获取物质财富，从而走上犯罪生涯。近年来出现的贪污、受贿、盗窃、抢劫、诈骗、走私、贩毒、赌博、卖淫犯罪，绝大多数都直接源于这一原因。甚至危害国家安全犯罪、劫机劫船犯罪，其犯罪动机也大多是由于生活与消费观念的扭曲所致。

(三)现代文化因素与犯罪

1. 现代文化对传统文化的冲击在犯罪中的作用

在过去比较封闭的时代里，几代人享受一种文化，拥有相同的价值观念和取舍标准；但改革开放后，一代人享受多种文化，拥有不同的价值观念，甚至许多腐朽没落的西方资本主义的价值观念也大量涌入并影响到许多人。毫无疑问，深化经济改革和政治改革必然会带来文化的变革。但有些人或是盲目地不加选择地全盘认同西方追求物质至上的价值观念，或是极端地全盘否定传统文化精华，摒弃了数千年的优秀文化及人生观、价值观，因而造成了认识上的混乱。这种错误的价值观直接被少数社会成员所接受，通过各种人际交往而传播流行，并逐渐被更多的社会成员认知认同，形成恶性膨胀。

2. 现代信息发达对犯罪的影响

在当今电子信息时代，现代文化的大众传播行业空前发达、繁荣，对于文化信息的传播、大众文化的形成和社会经济发展都起着巨大的积极作用。但是，传媒的发展如果无序化，则必然会带来一系列严重的消极后果，在其影响下，社会发展史上沿袭了数千年的崇宗法、重道德的儒家文化受到冲击，各种思潮形成新的漩涡，动摇了传统的文化观念。尤其是青少年，他们具有追求新的精神生活和物质生活的强烈愿望，并有积极自觉的认知态度，但由于尚处在身心发展的不成熟阶段，如果家庭成员的文化观念和认知态度出现偏差，就会直接影响到青少年社会心理的正常发展，甚至诱发犯罪。

3. 大众传媒中的不健康文化对犯罪的影响

大众传媒内容具有具体性和形象性，容易使人不加分析地全部接受。书刊、影视、录像等，往往是以鲜明的题材，复杂曲折的情节，借助强大的艺术感染力，影响每一个读者和观众。影视、录像都有丰富的声、色、情，一旦传媒行业出现问题，提供不健康的、渲染色情和暴力的甚或反动的文化产品，则其消费者就会自觉或不自觉地受到直接影响。同时，大众传媒的传播效果具有暗示性，容易使人产生模仿行为。传媒所使用的语言、文字、形象、动作以及其他传播方式，一般都具有强烈的暗示模仿效果。另外，传媒在表现上还具有一定的渲染、鼓动性。一些不健康的文化窗口正是在宣泄性欲、物欲、攻击欲等方面大作文章，以求最大限度地刺激欣赏者的感官。

（四）亚文化因素与犯罪

亚文化是一个外来词，又称“次文化”、“副文化”。其含义是与社会主体文化相对抗的或游离于社会主体文化之外的一套价值观念和行为模式所体现出来的社会意识形态，是相对于主文化而言的凡是与本民族、本地区的生产方式不相适应的非大众文化。如已过时的或初生尚未成型的未经社会上多数人认同的文化，都属于亚文化的范畴。具有某种亚文化特征的个体所组成的群体是“亚文化群体”。由于亚文化是一种与社会主体文化相对立的文化观念，信奉亚文化的个体往往会产生违反社会主体文化观念的各种越轨行为。其中包括被社会文化主体标定为违法犯罪的行为。

亚文化的表现是多种多样的，如犯罪暗语，犯罪亚群体及其规则、禁忌和仪式，纹身，以及与犯罪有关的手势、图像等非语言符号等。

犯罪亚文化与犯罪同步产生和发展，同人类历史一样悠久而古老，并因地域、民族和历史的差别具有不同的形式与特色，反映了犯罪亚文化群体自我认同的需要及其客观上具有自卫功用的属性。

亚文化是一种文化变异现象，或者是文化的自发现象，同时这种变异的文化又能影响犯罪行为的产生。当然，人类的文化从单一性转向多元性发展，已成为不可阻挡的趋势，在不同的文化之间，以及文化的发展与快速进步之间，都可能发生根本性的变化与进步，产生不同的亚文化，同时也可能对犯罪的发生具有一定的影响。从社会学的结构功能角度来分析，则犯罪亚文化一般具有如下特征和功能：培养与塑造叛逆性与反社会功能；对犯罪个体起联结与同化功能；并形成观念的畸形与产生自卫功能。

自改革开放以来，我国亚文化现象发展非常迅速，这其中既有其特定的现实原因，也有经济方面的影响因素。其中不乏具有特殊意义的亚文化现象，这些亚文化对犯罪个体实施犯罪行为具有特殊的影响，目前存在于社会生活中的亚文化是促使一些人违法犯罪的重要原因之一。在亚文化群体中，个体的价值观念、行为准则与社会的要求大相径庭，为了个人的利益，他们往往不惜对抗社会法律规范，进行各种违法犯罪活动。

从年龄角度来说，不良亚文化对青少年的影响是最为剧烈的，因为青少年时期，辨别能力差，容易受到其他因素的诱惑从而加入亚文化群体。其次，帮派亚文化以及地域亚文化等特殊亚文化群体也会对个体产生深远的影响。

第三节　犯罪的微观社会因素

一、犯罪的社区因素

社区是由在临近空间生活的个体所形成的基本社会结构单位，是除了家庭、学校和工作场所以外的个体社会化的重要场所。社区的含义，并不能够简单理解为一个单纯的地理概念或者行政区划，而是一群有良好互动关系，并在这个互动基础上发展出来的人际网络和正式或非正式的组织，换句话说，不仅包括地理上的整合，也包括精神上的融合。实际上，社区是构成社会整体的“微单元”也是相对于社会整体的一个“小社会”。社区具有人口、政治、经济、文化、生活方式等项社会构成的基本要素。

“社区”的存在目的与要旨，是集合社区内之共有资源，来面对各种问题乃至于共同寻求更好的“群居生活”。在现代社会，个体独立生活能力获得空前提高，因此，社区更多地表现为精神和文化要素对个体犯罪的影响。社区组织之中，个体受一定社会规范的调节，进行一定的社会活动；社区中的个体彼此产生互动，结成一定的社会关系；而且，社区中的个体对自己所在的社区有情感、心理、文化和习惯等方面的认同感，进而形成社区的内聚力。社区环境对个体人格的形成具有重要的影响，同时也是个体之间进行相互学习与熏染的重要空间范畴。个体的社会化过程，总是在家庭、学校、社区及其所参与的各种社会组织的环境中模仿、学习、接受并养成一定的行为方式与习惯。因此，社区环境对行为人的塑造作用不可忽视。

社区同时也是个体与社会之间发生联系的桥梁和中介，是宏观社会环境对个体发生作用的重要媒体，是人们生活的基本环境之一，特别是随着现代化程度的提高，社区在人与人之间的联系与交往中发挥着越来越不可忽视的作用。社区环境的质量状况与犯罪的产生之间有着十分密切的内在联系。一般认为社区可以分成“城市社区”、“农村社区”和介于二者之间的“集镇社区”。具体来说，社区主要包括如下的具体形式：诸如街道、厂区、学校、居民小区、村落或者集镇等。对街道、村落或者集镇社区环境的研究具有直接意义，其中街道社区又是关键的内容。

根据目前的研究成果，城市社区对犯罪有直接的影响。城市社区有利于犯罪分子实施犯罪，城市社区为犯罪人孕育犯罪的地理环境，而且城市社区也可诱发犯罪分子的犯罪动机和沾染犯罪习气，因而在城市社区进行综合预防也是一种行之有效的犯罪预防制度。

社区因素，有时也被理解为邻里因素，但二者并不完全同一。社区因素是指个体实施犯罪所具有的家庭、学校之外的微观方面的影响因素。社区方面的因素是比家庭、学校更为宏观的外部影响因素，社区中可能对个体犯罪发生影响的因素主要包括邻里因素与社区环境中的不良因素。

(一)邻里因素

家庭既是社会的构成单元，也是社区的组成部分，家庭之间的交流就是指邻里关系，中国古话有“远亲不如近邻”的说法，表明了邻里关系对于家庭生活以及个体的重要影响。

和睦的邻里关系不仅仅有利于工作、学习和生活，对于个体的健康成长能够起到促进与帮助作用；而且对于形成良好的健康人格，针对具体犯罪行为的实施也能起到很好的制约作用。反之，如果邻里关系过于冷漠，甚至经常发生矛盾、对立或者仇视，则对个体也会发生消极的影响；邻里之间的矛盾，甚至直接可以引发犯罪。

此外，良好的邻里关系能够起到互助作用，同时能够发挥维护社会治安的功效，起到社会教育、管理的作用。相反，不良的邻里关系则会对犯罪起到诱发作用。例如不良的邻里风气、不良的邻里关系以及邻里成员不良的品行是导致违法犯罪行为发生的直接诱因，而且冷淡疏远的邻里关系会给犯罪人造成可乘之机。

(二)社区人文环境因素

社区因素是个体生存与生活的相对微观的环境，也是相对具体的影响因素。个体在生活过程中，除与家庭成员之间发生各种联系与关系之外，社区、邻里生活还是其中的重要组成部分。

社区的影响因素，主要包括亚文化的形成与发展。社区之内，可以发生超越家庭的影响因素，也可以包括家庭影响的因素。现代化的社区，不仅仅应当包括良好的设施与物质环境，还应当包括健康良好的人文环境。如果在一个社区内，社会中积极的道德规范和行为规则能够得到社区成员之间的普遍承认和奉行，则有助于对个体人格的健康发展起到强化的作用。反之，如果社区成员所认同的社会规范与行为准则与社会的期待以及主流文化严重违背的话，则会对个体的人格形成产生消极的影响，甚至直接将社区变成违法犯罪的基地。

社区中不良风气，导致对违法和犯罪行为缺乏舆论压力以及钳制手段，而且有时还会提倡违法以及犯罪行为的实施，导致社区内违法犯罪行为风行，久而久之，必然会对生活在其中的个体产生不良的影响。而且，社区中的不良交往，不仅会诱使违法犯罪动机的产生，还容易形成以地域关系为联结的犯罪团伙。此外，社区中存在的不良娱乐场所以及其他复杂的公共场所，对个体违法行为的产生提供了直接的空间支持。

二、犯罪的学校因素

我国的现代化事业有力地促进了教育的发展，使9年义务教育得以普及，从而为控制和预防未成年人犯罪创造了良好的条件。但是，我国教育体制上仍存在着许多问题，其中最为严重的：教育内容不全、教育结构缺陷、教育制度缺陷、教育方法不当、大量的辍学人数等问题。

（一）教育内容不全

教育内容不全，德育被严重忽视。如有的学校用智育课冲击政治课和品德课，使受教育者政治觉悟极低，识别能力差，道德观念偏移，法制观念淡薄。其次，学校的思想政治工作薄弱，对学生中存在的无政府主义思潮和自由化倾向以及其他形形色色的歪风邪气，不注意及时纠正、教育和帮助，对这些现象缺乏正确、健康的引导机制。再次，在教育内容上应根据青少年生理、心理成长的特点和规律，使文化学习与爱国主义、革命传统、文明礼貌、遵纪守法等教育融为一体；在课程设置上要适时地开设文明礼貌、道德法律、生理卫生等课程使每一个青少年都能获得健全的教育。但是，由于我国教育单轨制的消极影响，只重智育，不重德育，使得学生在人生观形成时期精神营养不良，导致学生的社会化障碍和人格畸形，从而在其面对诸多诱惑时，极易堕落。

（二）教育结构缺陷

社会对其成员的教育应该是一个完整的体系。当这一体系的某一环节、某一机构出现了问题或存在缺陷时，必然影响到社会成员的正常社会化。社会对其成员的教育体系可以纵向分为学校教育、家庭教育、社会教育。现实中学校之间的道德、理想、前途教育相互脱节，没有形成一个统一的、连续的思想品德教育体系。而学校教育与家庭教育、社会教育又相互脱节，学校、家庭、社会中缺乏联系和合作，学生在学校所受到的思想品德教育往往在家庭和社会中被否定。如某一少年犯王某由于和老师发生争执而逃学30多天，学校不仅没有与家长联系，而且给了留校察看的处分也不通知家长。王某每天背书包离家，家长认为他去上课，其实他在社会上结识了曾因偷窃而被该校开除的上届同学，参与结伙盗窃，直至被捕时，老师和家长还蒙在鼓里。另一种学校教育与家庭教育脱节的形式是某些学校只重视学生的知识教育，把学生的思想道德教育和其他方面的教育完全推给家长。有些学校的班主任动不动就把家长找来开会训示，完全无视学生在成长中，学校和教师的主导性作用。甚至连学生的学习都要家长负责督促。可见，学校、家庭、社会的相互脱节和矛盾，是导致学生品德缺陷的重要原因。

（三）教育制度缺陷

有学者认为，学校教育制度上某些环节的缺陷，也是影响学生的德、智、体全面发展的一个原因。首先，学校片面追求升学率，只教书不育人，只抓智育，不抓德育、体育，结果是，孩子从上学那天起，就像进了战场，冲锋陷阵，“站起一人，倒下一片”。一路上留下了无数的失败者。在这样一根指挥棒下，中学的教育内容、教育方法、班级设置、校风等都受到影响，正如有的学者所指出的那样，如果一个国家正在成长中的青少年绝大多数都将成为“失败者”，都有一种人生“失败感”，那么它将给这个社会带来什么？这些青少年成年后会出现什么状况？这一点非常值得深思。其次，为追求升学率，人为分出慢班、快班、高中低班等级别，被编入慢班的学生受到学校、家庭和社会的歧视，自尊心、自信心和上进心都受到严重损伤，成为学生中孤立无援的群体，对学校和老师失去信任，甚至产生强烈的抵触情绪，于是，学生产生自暴自弃，“破罐子破摔”的心理，结果使差生更差，使单差生变成双差生。他们厌学、混学、逃学、滋事生非，甚至以能越轨而自豪。这种搞快慢班的做法，早已被实践证明绝对不利于青少年的正常社会化。近年来，这种情况正在逐渐被纠正，但在某些学校仍然存在。最近，网上公布的中学生李金川自杀事件与学校的“快慢班”有直接关系。据某省少年犯管教所的调查表明，72%的少年犯在校时就是备受冷落的“慢班”学生。再次，在商品经济大潮的冲击下，教育也染上了铜臭气。一些学校、个人把知识的传授变成商品买卖，唯利是图，在社会中造成了极坏的影响，在学生纯洁的心灵上抹上阴影。李金川自杀事件，反映出学校和个别老师的不良行为。如办复习班大量圈钱，有的学生因违纪被劝退的请客送礼后也没事了。

（四）教育方法不当

要么过于简单粗暴，要么过于复杂凌乱。不成系统不科学的教育方法，给学生造成诸多压力和负担。目前，在我国大部分学校中仍未改变过去的教学内容单一、教育方法枯燥的教育模式，实行灌注式教育，即“填鸭式教育”。有的学校由于过分追求升学率，不但不注重学生兴趣爱好的培养，反而遏制学生的课外兴趣，在学校中分优劣等，在年级中分快慢班，实施“淘汰式教育”等。另外，目前在我国，“惩罚式教育”仍有一定的“市场”。某些学校对学习成绩较差或者有违规行为的学生，缺乏耐心的教育和引导，动辄予以调转班级、转学、留级，甚至是体罚，打击学生的自信心，降低学生的学习兴趣，对学生人格造成严重的不良影响。这些不当的教育方法导致在校学生心理受到不同程度的影响，反社会性日益突出。

（五）学生流失严重

教师常常把给高分看成是证明他们教学效果的证据，是为年轻人打通高中乃至大学之路的手段，甚至把学生成绩、升学率与教师的工资、奖金、职级和福利待遇直接挂钩。分数膨胀的现象还蔓延到了小学和中学。在我国，教育仍然主要为那些拥有财产的精英所拥有或者是给那些善于考试者提供进入精英阶层的机会。通常这一选拔过程开始于初中，高中毕业以后，成绩最低的三分之一的人被送到职业学校，其他的人则根据考试成绩，进入到两年或四年的专科学校和大学。不少学校单纯追求升学率，重智育、轻德育，重课堂教育、轻社会实践的现象比较严重，重视对尖子生的培养而忽视学习成绩差的学生的现象普遍存在，两极分化倾向严重，学生整体素质不高。有的教师不懂得、不善于根据未成年人的生理、心理、智力特点进行教学和做思想政治工作，而是采用简单的说教、训斥甚至罚款、体罚等侵害未成年人合法权益的方法来管理学生。部分学校对学生逃学、抽烟、酗酒、早恋、打架斗殴、拉帮结伙等问题熟视无睹，学校不仅没有成为教育的主阵地，反而成了“大染缸”。有些学生在学校没有打好思想品德基础，道德水准低下，组织纪律和法制观念淡薄，对各种不良思想、社会诱因的抵御能力十分脆弱，很容易成为社会消极因素的俘虏，并走上犯罪道路。有的学校责任心不强，把差生视为“包袱”，冷嘲热讽，甚至采取劝退、开除等形式将其推向社会。这些流失生离开学校后，由于多数人不到就业年龄，即使达到就业年龄也难就业，便成为社会上的闲散人员，处于“家长管不了，学校不愿管，社会没法管”的“三不管”状态。导致这些未成年人自暴自弃，成为违法犯罪的后备军。据对某市的调查，流失生犯罪率比在校生高 15 倍以上。流失生的存在，直接导致了青少年犯罪的增加，导致了青少年犯罪的不断低龄化。如果认为辍学主要是些惹是生非的男孩和早孕的女孩的陈旧观念并不准确，学生的辍学可能因为贫困、歧视、学习成绩等原因，尽管他们确实占了总数的 40%。而且，如果说教育是进入主流社会的途径，那么缺乏教育便是一条毫无前途的死路。今天的辍学者将会成为明天的失业和遭受贫困的成年人。当学校和学生彼此放弃时，不只是个人受害，整个社会都将受到经济上的损失。

希利和布隆纳曾经把逃学旷课比作不正当行为的前期症状，认为是“犯罪幼儿园”的活动。这种认识可能是正确的。因为事实上有报告说，通常每学年的授课日数越多，不正当行为率就越低。总之，如果能在学校里受到教育和约束，那么违法行为就会减少。当然，学校不仅是传播知识的地方，也是学生与老师的人格直接接触的场所，是所谓提高人格教养的地方。所以，认为学校对培养学生的人格具有重大的影响，是理所当然的。然而，作为人格形成的主要场所的学校，也是有其客观局限性的。如果把学生应有的人格培养完全寄托在与老师之间的人格接触上，那也是十分困难的，而且国家在这方面也未做过投资。所以。还不如说，周围社会环境的影响才是十分重要的。因此，不妨认为，在学校期间犯下违法行为的机会是比较少的，或者只是由于在学校期间不易被发觉而已。

三、犯罪的家庭因素

家庭为人出生以后第一个所接触的社会，也是一个人身体及人格成长之地。人自婴儿至成年，在家庭经过相当长之时间，因在家庭中之种种体验，往往对于个人的人格与个性之形成有决定性之影响，若想了解一个人的性格，观察其家庭即可略知一二。

儿童时代是最富依赖性和可塑性的阶段，他们正是在这种以家庭为中心的环境里发育和成长的。父母是子女的第一任教师，家庭是孩子的第一个学堂。苏联著名教育学家马卡连柯说过：“儿童成为怎样的人，主要取决于 5 岁前对他的培养，5 岁前没把孩子教育好，那么将来不得不重新教育”，中国也有“三岁看大，七岁看老”，“养不教，父之过”的古话，说的是相同的道理。孩子形成什么样的人格、人生观，有的父母对于子女的教育问题可以说是殚精竭虑、如履薄冰。家庭的教育起到潜移默化的至关重要的作用。所以，家庭中父母的道德品质和日常的生活习惯与举动，对儿童的违法行为以及成年后的走向犯罪具有很大的关系。

(一)家庭作用

一般正常的家庭，具备下列三个作用，能使其子女在身体及精神方面获得适当的发展。

1. 供给衣食住等基本生活需要

也就是给予儿童经济的安定，尚无谋生能力的儿童，须在父母保护之下，获得生存上所需之营养，在家庭里的种种给予，并非为了何等利害关系或功利的打算，而是因为他是自己的子女。易言之，系基于血亲关系之纯爱的供给。若家庭经济贫困，生活紧张，家长的不良习气都会影响子女，成为子女犯罪的激发和刺激因素；家庭经济富裕，父母若对子女宠爱无度，便会造成子女好逸恶劳，骄奢放纵，缺乏自控能力，从而进行犯罪；家庭破碎、解体，子女失去父爱、母爱，得不到家庭的温暖，过早地涉足社会，也容易使孩子染上恶习，成为流氓犯罪分子。

2. 培育正常的人格与情绪

家庭中父母对子女充足的爱，可使儿童之性格及情绪获得正常之发育。喜、怒、哀、乐、憎恨、同情等情绪反应之正常性，须有爱的环境以培育之，尤在尚未能自己独立之幼儿时期，本能的具有爱人与被人爱之需求，爱他人同时为他人所爱之互爱关系亦在无形中可培养儿童活泼、天真、可爱、顺从等良好性格。最纯洁而伟大的互爱关系，莫过于家庭中父母子女间之爱。故若儿童在幼小时，失去能真正爱自己者，或所爱的对象，则其互爱本能不能获得满足，及失去安全感，情绪之正常发育受到阻碍，容易形成固执、反抗、猜疑、孤僻等病态(异常)的性格，成为犯罪的主观原因基础。

3. 训练生活习惯及基本社会性

也就是给予儿童社会化之训练，家庭为一小型社会，儿童在家庭中与父母、兄弟、姐妹过着共同生活，在此共同生活中，学习顺从一般社会习惯及与他人共同相处之道，例如，他人权利、财产之尊重，是非之辨别、礼貌、谦让、宽恕、忍耐等基本的做人道理，人若在家庭中未经过适当的社会化训练，则将来踏入社会后，不能顺利的适应社会而容易进行犯罪。

(二)家庭教育问题

而在现实中，导致未成年人犯罪率居高不下的基本原因不外乎是缺乏基本家庭教育，或父母教育不当，而家庭教育不当是未成年人犯罪的最主要、最直接的诱发因素。据有关调查的统计数据表明，未成年人犯罪中81%的犯罪其主要原因属于家庭教育不当，其中属于娇生惯养的占30%，属于简单粗暴的占14%，属于放任自流的占18%，属于重智轻德的占16%，属于教唆引导的占3%。家庭教育不当的主要原因是，家长素质低，难以给予子女正确的教育和指引。表现情形主要有以下几点。

1. 亲情过剩

亲情过剩，俗称溺爱。即父母让孩子在家中处于中心地位而百般宠爱。对其在物质生活和精神生活上的任何需求均无条件地满足。如此日积月累，促使子女养成骄横、任性和以自我为中心等不良个性品质。从某种角度说，这种纵容的态度，直接鼓励了孩子的犯罪心理。

2. 亲情谈漠

亲情淡漠，即父母不喜欢不愿意教育子女，或在感情上不重视子女，对子女放任自流。一般有两种情况：(1)父母毫无社会责任感，对子女感情淡漠，不履行教育子女的义务；(2)父母教育子女无方，因而丧失信心而索性不管。

3. 偏激教育

一般表现为父母对子女要求过高，致使教育子女的手段过于严厉。所谓“望子成龙”，但又缺乏具体的科学的教育手段，当孩子达不到自己的期望水平时，往往“恨铁不成钢”，采取粗暴的教育方式对待孩子，使孩子感到家庭里没有温暖，心灵遭受创伤，子女往往对家庭产生恐惧心理，或是对父母教育产生逆反心理。

4. 家庭暴力

家庭暴力虽然不是教育行为，但在家庭教育中往往以“棍棒下出孝子”为由，被用于教育子女。这种非法的、简单的粗暴行为很容易使子女产生恐惧感，而失去基本的判断能力。子女会在暴力环境中慢慢习惯暴力，并形成以暴力解决问题的错误思维，产生暴力倾向。

（三）家庭结构问题

萨瑟兰认为，凡是出现违法少年的家庭，大多具备以下一个或两个以上的条件：

(1)家庭的其他成员是犯罪者，或者行为品德不端者，以及吸毒者；

(2)父母一方或双方是死亡者、离婚者，或是被遗弃者；

(3)父母愚昧无知，或者是知觉上有缺陷者，以及因病而不能管教者；

(4)父母态度专横、偏爱过度，或者过分干涉，或者是严厉、放任、嫉妒者，以及家庭居住条件过密并与同居亲友不和者；

(5)人种与宗教不同，习惯各异，或者是养子以及收容单位的养育者；

(6)失业，工资收入低，以及在共同劳动中受经济压迫者等。

家庭对于个人之重要作用如上所述，它对于防止个人犯罪，具有相当之力量。学者对于青少年犯罪者所做之家庭调查报告，均证实犯罪者是因缺乏正常家庭所应具之某种功能，说明家庭环境对儿童、少年犯罪之影响。

第三章　犯罪的个体原因

第一节　犯罪的个体原因概述

在相同的外界环境下，有的人实施犯罪，有的人不实施犯罪，有的人实施彼种犯罪行为，有的人实施此种犯罪行为，要解释这一现象，就需要从犯罪的个体，即犯罪人本身入手。不同的犯罪人，不论是生理上还是心理上都存在许多的差异，这些差异在犯罪过程中起着重要作用。

一、犯罪个体原因的概念和特征

犯罪个体原因，又可称为犯罪主体原因，是指引起犯罪行为产生的一切个人方面的因素，主要包括影响犯罪的心理因素和生理因素两部分。这一概念包括两方面的内容：(1)犯罪个体原因存在于犯罪个体之上，区别于犯罪社会因素存在于社会环境之中。但是，由于犯罪个体状况是在先天遗传基础与后天社会环境塑造的互动中逐渐形成的，因此，犯罪个体原因与犯罪社会原因联系密切。(2)犯罪个体原因包括生理因素和心理因素，不同于刑法上的犯罪主体的内容。刑法上的主体包含自然人和法人两种，只要求考察年龄、辨认能力和控制能力，看是否满足犯罪主体刑事责任能力，有时还要求具备一定的特殊身份。

犯罪个体原因的特征主要表现在以下方面：

1. 犯罪个体原因具有综合性。犯罪人是社会中的人，个体的内在因素与社会的外在因素共同作用于犯罪人，因此，犯罪个体原因既有自然属性又有社会属性。犯罪生理因素中的性别、年龄是自然性质的事物，性别、年龄等生理特点是人作为一种高等动物不可避免的属性；犯罪心理因素诸多内容是社会客观现实的反映，但反映社会客观现实从根本上说又是人脑的机能，而人脑反映社会客观现实的机制和机能很大部分是生物性的现象，具有相当性的自然属性。① 犯罪人并不能离开社会单独存在，社会环境对犯罪个体原因的形成，尤其是犯罪心理因素具有深层次地影响。例如，由于社会政治的腐败和社会待遇的不公，犯罪人产生反社会的情绪、情感；由于社会风气不正，拜金主义和享乐主义盛行，社会道德水平整体下降，犯罪人产生对金钱、物质的需要。犯罪人的生理、心理除受先天遗传因素影响，后天的社会环境更是起着至关重要的作用，犯罪个体原因具有社会属性。因此，犯罪个体原因既有自然属性又有社会属性，具有综合性。

2. 犯罪个体原因具有直接性和决定性。犯罪个体原因是犯罪原因系统结构中的重要部分，是犯罪人之所以犯罪的内在原因。犯罪个体原因与犯罪行为之间在因果关系上表现为一种直接性，犯罪个体原因直接作用于犯罪行为，而且对犯罪的发生具有决定性作用。意识支

---

① 魏平雄等．犯罪学教材[M]．北京：中国政法大学出版社(第二版)，2003：293.

配行为，犯罪人实施犯罪行为是由犯罪人的意识支配的，如果犯罪人不存在犯罪心理，他就不会实施犯罪。再者，无论是犯罪政治因素、经济因素、文化因素等宏观社会因素，还是家庭因素、教育因素、工作环境等微观社会因素，最终都会体现在犯罪人的身心和行为之上。最后，犯罪行为的实施主体是犯罪人自己，犯罪人的生理因素和心理因素不得不对犯罪行为产生直接性和决定性的作用。

3. 犯罪个体原因具有主观性。除了一些可测量的生理变量，比如血压、脉搏、染色体和DNA等，犯罪个体原因体系中的大多数要素，比如个体复杂的心理活动，特别是观念因素，都是主体的个人体验和感受，具有主观性、描述性和抽象性特征，难以用数据或者图标予以具象化和数量化。即便进行一定程度的数量化，收集到一些数据，但是，其来源和根据也是主体自身的表述，人具有浓郁的主观色彩和个体特征。① 犯罪个体原因具有很强的主观性，尤其是犯罪心理因素。

二、犯罪个体原因的内容

犯罪个体原因包含两大因素：生理因素和心理因素。

1. 生理因素主要包含年龄、性别。年龄，是影响犯罪的生理因素之一，不同年龄阶段的人，犯罪率、犯罪特征等各有不同。例如，青少年的犯罪率居首位，中青年次之，老年人的犯罪率最低；青少年犯罪的类型主要有财产犯罪、暴力犯罪和性犯罪，多是团伙作案，且具有突发性、随意性，中青年多是职务犯罪，具有预谋性，老年人犯罪中的激情犯罪较少，暴力犯罪也不常见，大多具有非暴力性，且被害人绝大多数为弱势人群。性别，是影响犯罪的另一生理因素，由于男女两性在生理特征和心理特征方面的不同，二者在犯罪率、犯罪类型、犯罪方式等方面也存在很大差异。例如，男性犯罪率远远高于女性犯罪率，男性犯罪人数远远超过女性犯罪人数；男性多为暴力犯罪、危害公共安全犯罪、智能犯罪，而女性多为财产犯罪、性犯罪，还有少部分暴力犯罪(多是故意伤害犯罪)；男性犯罪多是激情犯罪，多采取暴力手段，且具有公开性和主动性，而女性犯罪多具有预谋性，激情犯罪较少，具有低暴力性或无暴力性，且具有隐藏性和被动性。

2. 心理因素主要包含情绪、情感、需要、气质 、性格、精神障碍、人生观、价值观、道德观、法律意识等。情绪是指那种与机体需要(如食物、新鲜空气、性、避开威胁生命的情景等需要)是否获得满足相联系的最简单、最低级的体验。情感是指人对现实的对象和现象能否适合人的需要和社会要求而产生的复杂而高级的体验。需要是指人对内外环境的客观需要在脑中的反映。它常以一种“缺乏感”体验着，以意向、愿望的形式表现出来，最终导致成为推动人进行活动的动机。气质是指与人的生物学素质有关的，不依活动目的和内容为转移的典型的、稳定的心理活动的动力特性，主要有粘液质、胆汁质、抑郁质、多血质四种典型的气质类型，不同气质类型的人，犯罪行为模式不一。性格是一个人在对现实的稳定的态度和习惯了的行为方式中表现出来的比较稳定的人格特征，表现了人们对现实和周围世界的态度，并表现在他们的行为举止中。精神障碍指的是大脑机能活动发生紊乱，导致认知、情感、行为和意志等精神活动不同程度障碍的总称。人生观是指对人生的看法，也就是对于人类生存的目的、价值和意义的看法。价值观是指人们在认识各种具体事物的价值的基础上，形成的对事物价值的总的看法和根本观点。道德，是以意识形态为基础的人们在共同生

① 许章润．犯罪学[M]．北京：法律出版社(第二版)，2007：261~262.

活中的行为准则和规范。道德观是人们对这种意识形态的看法，属于社会伦理的范畴。法律意识是人们对于法和有关法律现象的观点、知识和心理态度的总称。

三、犯罪个体各个因素的关系

犯罪个体各因素之间并不是孤立的，而是相互联系的，共同作用于犯罪行为。具体表现为：(1)生理因素内部各因素相互联系。性别因素和年龄因素不是单独作用于犯罪行为，二者互相联系，共同影响犯罪行为。例如，男性青少年犯强奸罪，既有性别因素，又有年龄因素。(2)心理因素内部各因素相互联系。情绪、情感、需要、气质 、性格、精神障碍、人生观、价值观、道德观、法律意识等心理因素是相互影响的。例如，犯罪人性格的形成既有后天环境的影响作用，又有先天气质的遗传作用；犯罪人的人生观、价值观影响道德观、法律意识，错误的人生观、价值观会造成犯罪人社会道德水平低下，法律意识薄弱，不能严纪守法，反之亦然。(3)生理因素和心理因素相互联系。任何一起犯罪都不会只存在生理因素或者心理因素，单独具备生理因素或者心理因素并不能导致犯罪行为的发生。只有犯罪生理因素，而不具备犯罪心理因素的话，行为人缺乏实施犯罪行为的主观能动性。只有犯罪心理因素，而不具备犯罪生理因素的话，行为人缺乏实施犯罪的客观性。

犯罪个体各因素之间虽是相互联系的，但并不要求每一个犯罪行为具备所有的个体因素。犯罪生理因素和犯罪心理因素会作用于犯罪行为，但这并不代表所有的生理因素和所有的心理因素一起作用于每一个单独的犯罪行为。例如，有的犯罪人不具备精神障碍的犯罪心理因素。再者，犯罪个体原因中的各个因素的作用不是相同的，在犯罪过程中，有的作用大，有的作用小，有的起主要作用，有的起次要作用，而且随着犯罪行为的不同各个因素的作用也会发生相应的变化。例如，在家庭暴力犯罪中实施者多数为男性，在卖淫犯罪中实施者多为女性，性别因素这类犯罪中所起的作用较大。

第二节 性别与犯罪

社会有男性和女性共同构成。由于计划生育政策的影响，中国男女比例略有失衡，第六次全国人口普查显示我国男女比例为 104.9 : 100。男性自始就是实施犯罪行为的“主角”，男性犯罪是研究犯罪现象的重点对象，而对有关女性犯罪的研究则很少涉及，近年来才对女性犯罪研究加以重视。男性和女性无论是生理、心理方面还是工作、生活、社交等方面都存在重大区别，男女两性的行为模式差别很大，进而导致了男女犯罪上的差异也很大。

一、性别与犯罪率

以宁波市判决犯罪人性别差异为例，从 2003 年至 2012 年男性犯罪人数依次为 7736、10806、11639、12992、13485、14387、13800、12824、15143、18530，占全部判决犯罪人的百分比依次为 95.9%、95.9%、95.9%、96.2%、95.7%、95.7%、94.6%、93.0%、93.7%、91.3%；从 2003 年至 2012 年女性犯罪人数依次为 324、465、494、519、606、796、782、969、1021、1755 ，占全部判决犯罪人数的百分比依次为 4.1%、4.1%、4.1%、3.8%、4.3%、5.2%、5.4%、7.0%、6.3%、8.7%。从上述统计数据可以发现，宁波市男性犯罪人数、犯罪率远远高于女性犯罪人数、犯罪率，但是，女性犯罪率不断呈上升趋势。宁波市男女犯罪率的司法现状是全国范围内男女犯罪率现状的一个典型缩影。在我国，男性犯罪率一直居高不下，远远高于女性，但近年来，女性犯罪率不断上升。

(一)男性犯罪率

纵观古今中外，男性绝对是实施犯罪的“主角”，男性的监狱数量也远远超过女性监狱数量。男性犯罪率高于女性犯罪率普遍适用于世界各国犯罪的实际情况。在社会犯罪中男性几乎“一统天下”，男性是犯罪的绝对主导，女性仍处于次要的地位。受改革开放的影响，经济迅速发展，社会结构发生变动，我国犯罪的群体结构也发生了调整，两性的犯罪情况出现变动，但这并没有动摇男性犯罪的主导地位。

改革开放前，女性犯罪人数占犯罪总数的2%左右，男性犯罪人数占犯罪总数的98%左右。男性是犯罪的绝对主体，男性犯罪率远超女性犯罪率。改革开放后，社会整体发生变化，女性犯罪数量逐渐上升，男性犯罪数量占犯罪总数的比例虽有所下降，但仍保持在90%左右，男性犯罪率仍居于高位。

男性犯罪率远高于女性犯罪率的主要原因在于：

1. 从身体特征的角度分析，在一般情况下，实施犯罪行为除需要智力外，还需要体力。男性的身体多强壮有力，便于实施犯罪行为，而女性天生比男性柔弱，力量小，不利于犯罪行为的实施，即使产生犯罪的意图，在面对无法达成目标的前提下，有很大的可能性放弃犯罪。因此，男性犯罪率远远高于女性犯罪率。

2. 从性格特征的角度分析，男性天生充满血性，遇事容易冲动，富有攻击性。而女性更擅长于忍耐，这也是现今许多家庭暴力不得浮出社会表面的重要原因之一。再有，女性性格细腻，更注重处理邻里关系、同事关系、朋友关系、亲属关系等人际关系，减少矛盾纠纷的发生，注重矛盾的升级，及时处理好人际关系问题。因而，男性比女性更容易实施犯罪行为。

3. 从伦理学的角度分析，通常情况下，女性的道德感、自尊感、羞耻感要远远高于男性，更容易受社会道德和法律规则的约束，无论是在思想上还是行为上顾虑比较多。一旦成为犯罪分子，在工作、生活方面都会受到歧视，而女性犯罪人的受歧视感更是强于男性。因此，女性更为慎重，不会轻易实施犯罪行为，而男性顾虑较少，更容易实行犯罪行为。

4. 从社会学的角度分析，犯罪是犯罪人与受害人之间发生的社会性行为，犯罪人参加社会活动的机会越多，与他人接触的可能性越大，就越容易产生矛盾，进而引发犯罪。女性贡献给家庭的时间远远多于男性，相应的参与社会活动的机会比较少，而男性则恰恰相反，因而男性犯罪率更高。

(二)女性犯罪率

从世界范围看，女性违法犯罪人数增加，女性犯罪率上升是不可改变的大趋势：美国联邦调查局公布的2002年度调查报告显示，本年度在美国犯罪率与以前相比大致保持平衡、略有上升的情况下，女性犯罪呈上升趋势。在全国发生的1190万凶杀、强奸、抢劫、盗窃、打架斗殴等案件中，遭到逮捕的女性人数占总人数的23%，比1993年增长14%多。1953年，大约12个被逮捕人犯中有1名女性；而在1974年，每4.7个被捕人犯中就有1名女性；1966年到1977年，女性严重犯罪案件增加了80%，而男性刑事案件只增加了35%；1980年至1987年，女性受刑人增加了111%，从13402人增加到28314人，入监的女性增加率超过男性。在日本，1977年以前，女性少年犯罪占男性少年犯罪的7%~8%，1977年后，上升到20%；日本女性犯罪在整个刑事犯罪中的比率1968年为11.6%，1975年为16.9%，1985年为19.5%；少年犯罪人由1976年占7%，上升为1987年的13.8%。

近年来，受社会环境的影响，女性走出家庭，更多的参与到社会生活中，与之相对应，女性犯罪数量逐渐增加。虽然无论是数量上还是比例上都远不及男性犯罪，但女性犯罪率处于增长状态。改革开放前，女性犯罪人数占犯罪总人数的2%左右，之后，女性犯罪人数逐年上升，女性犯罪人数占犯罪总人数的比例达到10%左右，最高年份甚至超过10%，接近20%。

女性是社会的弱势群体，不会轻易走上犯罪的道路。女性犯罪率的持续上涨，让女性犯罪现象得到重视。调查研究表明，女性犯罪率的上升主要是由于以下几个方面：

1. 社会的转型。当前我国正处于社会转型的特殊时期，全面深化改革开放，工业化进程加速，社会飞速发展。女性由于自身条件的限制，在当前激烈的社会竞争中明显处于劣势，就业受到歧视，失业比例明显高于男性，且男女工资水平失衡，社会资料分配不均。在高消费、高生活水平极度渲染的社会环境下，女性对物质的占有欲望膨胀，期望过上奢侈的物质生活。在凭借自身条件和自身努力，通过合法途径不能满足其畸形物质需要时，部分女性选择"捷径"而走上犯罪道路。

2. 不良的社会环境。现今社会，婚外情、包二奶、非法同居等现象屡见不鲜，致使无数家庭陷入危机，众多女性深受其害。这种不良的社会现象会给女性带来有很大的心理伤害，容易造成女性心理失衡。部分女性过于重视婚姻、重视感情，当受到丈夫、爱人的背叛时，往往会深陷其中，得不到解脱，甚至会将爱转化为报复或者仇恨心理，进而选择极端的解决方式。实际生活中，有不少女性在家庭破裂之时疯狂报复丈夫，甚至于杀害自己的丈夫。

3. 家庭暴力。一些女性长期遭到丈夫的虐待、毒打，向社会有关部门求助，并不能得到很好的解决，诉求无门，在忍无可忍的情况下，女性多采取伤害、杀人等违法犯罪行为，通过自己的方式来保护自己免受家庭暴力。同时，在充满家庭暴力的环境下成长的女性，性格较异常，在发生争端时，情绪易失控，易采取极端手段。

4. 家庭教育的失败。在对女性犯罪的调查中不难发现，绝大多数女性犯罪的父母教育方法失当，过于极端。过分溺爱孩子，只要孩子要求的就办到，造成孩子极端自大，不顾他人感受，自私自利；或是对孩子过于严厉，手段粗暴，动辄打骂，造成孩子极端叛逆；或是不管不顾，放任其自由发展，造成孩子缺乏管束，没有教养，容易误入歧途。这三种教育方式都不是良好的家庭教育模式，不会对孩子的人生起到很好的引导作用。

二、性别与犯罪类型

由于性别差异，男女性两性所实施的犯罪类型各有所侧重。男性犯罪多集中在杀人、抢劫、强奸、重伤等这些与男性的体力、智力相当的暴力犯罪中，而女性犯罪则恰恰相反，多为非暴力犯罪，如盗窃、诈骗、贩毒、卖淫、重婚、伪造、投毒等，一般都是一些不需要太多体力的软性犯罪和消极性犯罪。台湾学者林纪东在《刑事政策学》中将女性犯罪类型划分为三类：第一类，女性几乎完全不发生的犯罪，为强盗、强奸、恐吓、强制猥亵等；第二类，女性犯罪数甚少的犯罪，如逃脱、暴行、伤害、骚扰等；第三类，女性犯罪率甚高的犯罪，为放火、失火、杀婴、遗弃、堕胎等。我国司法实践中，男性多为暴力犯罪、危害公共安全犯罪、智能犯罪；而女性多为财产犯罪、性犯罪，还有少部分暴力犯罪，多是故意伤害犯罪。

(一) 男性的犯罪类型及原因

1. 暴力犯罪。暴力犯罪是传统犯罪，我国暴力型犯罪数量占整个犯罪总量大部分，其中男性在暴力型犯罪实施领域占绝对主导地位。目前，暴力型犯罪向着低年龄阶层发展，男性青少年暴力型案件增多。故意杀人、故意伤害、抢劫、强奸是典型的暴力型犯罪。1997年我国刑法分则对暴力犯罪规定了三种方法：(1)规定“暴力”为犯罪构成的要件，如暴力危及飞行安全罪、暴力干涉婚姻自由罪等。凡构成该类犯罪必须实施暴力手段，否则不构成该类犯罪。(2)规定以暴力或者暴力相威胁为犯罪构成要件，如抢劫罪。表明该类犯罪既可直接以暴力手段实施，也可通过胁迫手段，即以暴力相胁迫加以实施。(3)罪名本身已经包含暴力手段的，如故意杀人罪、伤害罪等，不必再对该类犯罪规定以暴力手段实施。可以认为刑法分则中暴力犯罪或者暴力性犯罪的术语，是对以暴力和暴力威胁实施犯罪这一特定情形的概括，不能简单地把暴力犯罪等同于分则若干罪名的总和。①

2. 危害公共安全犯罪。危害公共安全犯罪以不特定多数人的生命、健康和重大公私财产安全为犯罪对象，具有很大的社会危害性，其中有部分罪本身就是暴力犯罪，例如劫持航空器罪、劫持船只汽车罪、暴力危及飞行安全罪、放火罪、爆炸罪等。危害公共安全犯罪可以分为五种犯罪：以危险方法危害公共安全的犯罪；破坏特定设施、设备的犯罪；实施暴力、恐怖活动的犯罪；以枪支、弹药、爆炸物、危险物质为对象的犯罪；过失造成重大责任事故的犯罪。这五种犯罪，危险系数比较大，对胆量和体力要求较高，除个别适合女性实施的犯罪行为外，如投放危险物质罪，更适合男性。例如，破坏特定设施、设备的犯罪，通常情况下，男性对特定设施、设备的认知能力比女性要强，更懂得如何破坏。

3. 智能犯罪。随着科学技术的日新月异，人们进入了信息社会，进入了全球化时代。但是技术进步是把双刃剑，给人们创造福祉的同时，也给人们带来负面影响，犯罪手段越来越先进化、科技化、智能化，智能犯罪也在急剧增长，严重危害人们的生命财产安全。智能犯罪主要有以下四种：计算机犯罪、高端欺诈犯罪、窃取秘密犯罪和假冒伪造犯罪。这四类犯罪要求犯罪行为人具有较高的智商，并且熟练掌握相关的专业知识，采取高智能的犯罪手段，利用各种高科技设备实施犯罪行为。在我国，女性犯罪人的文化水平普遍低于男性犯罪人的文化水平，智能犯罪的行为人绝大部分是男性，这主要是因为男性更为理性，更容易掌握高端技术。不可否认，我国高端科技人才的主力军是男性，在这一点上限制了女性在智能犯罪方面的活动领域。

(二) 女性的犯罪类型及原因

1. 财产犯罪。财产犯罪是指以财产为犯罪目的的犯罪，是女性犯罪的主要类型之一。社会经济快速发展，社会分工发生变动，女性得到解放，活动范围也从家庭扩展到社会的各个方面，不再是“大门不出，二门不迈”的封闭状态，女性更多地参与到社会生活中去。经济的发展唤醒了女性的金钱欲望，拜金主义、享乐主义更是大肆横行，当正当手段获取的钱财不能满足当前的消费需求时，许多女性不惜以身试法，知法犯法。女性财产犯罪的种类众多，包括盗窃、诈骗、生产销售伪劣商品、走私贩卖吸食毒品、拐卖妇女儿童、贪污、受贿、挪用、职务侵占等，主要的财产性犯罪包括盗窃和贩毒两种。

湖北省调研报告显示，女性犯盗窃罪人数上升明显，到2009年，女性盗窃犯罪已经占

---

① 张小虎．犯罪学研究[M]．北京：中国人民大学出版社，2007：247.

到女性犯罪的24.32%，居各项犯罪之首。2011年北京某法院审理的265件贩毒案件中，81件涉及女性被告人贩毒，占比达30%以上。2013年1月至8月间，上海某区法院在刑事审判中，女性犯罪数量最多的案件类型是盗窃案，走私、贩卖、运输、制造毒品案和非法持有毒品案，其中盗窃案件增速较快，与前一年同期相比案件数量翻倍。人们普遍认为女性善良、柔弱、单纯，容易放松警惕性，部分女犯正是利用这种心理来实施盗窃行为。由于女性的生理特征和心理特征，女性轻而易举就能得手，并且危险系数要远远小于抢劫，是女性财产型犯罪的首选。同样，贩毒也比较适合女性。贩毒行为具有隐藏性，不能暴露在光天化日之下，女性贩毒比男性贩毒更容易隐藏，不易发现，便于携带和贩卖毒品，尤其在某些涉及"黄赌毒"的娱乐场所，女性贩毒人员不在少数。

2. 性犯罪。性犯罪通常被认为是一种典型的与社会规范不协调的社会越轨行为。人类的行为，除了夫妻之间的性行为外，还有三种不同程度的性行为：第一层次，违反社会道德规范的性行为，例如，恋爱过程中的性行为，这种行为要受到舆论的谴责，但是并没有触犯法律，不属于违法犯罪。第二层次，属于违法的性行为，如婚外性生活，卖淫等。第三层次，属于触犯刑律的犯罪行为，如强奸，轮奸等，对这种性行为要追究刑事责任。与一般的女性犯罪行为相比，女性性犯罪主要有两大特点：阶段性，女性实施性犯罪行为与其年龄大小息息相关，实施此类犯罪的女性大多数在年轻貌美阶段，在她们的年龄达到一定界限后一般会自动终止其犯罪行为；隐蔽性，性犯罪是为大众所鄙视、斥责和法律禁止的一种丑恶现象，许多女性在从事性犯罪时普遍采取隐蔽的方式，隐蔽犯罪地点、犯罪时间、犯罪形式、犯罪身份等，因此难以被揭露。

近年来，由女性实施的性犯罪数量不断增加，一些地区的调查表明，女性性犯罪是女性犯罪活动中最突出的一种犯罪行为。性犯罪已经成为我国女性违法犯罪的基本类型，并且社会上发生的不少刑事犯罪或多或少地与女性性犯罪有关。女性性犯罪的增多，除了女性自身的因素外(如文化素质偏低，性意识错误，兴趣低级，自我控制能力差，以淫求富、以淫为荣等)，主要是社会大环境的影响。对外开放后，随着境外大量资本和技术被引进，境外的文化和生活方式也随之涌入，社会上出现大量不良性信息。这些腐朽、低级的性文化，刺激人们的感官，诱发内心的情欲，很容易使一些缺乏道德、法制观念的人和意志薄弱者产生性犯罪行为。同时，社会文化娱乐场所大量增多，社会控制范围扩大，而政府对社会控制的意识和手段又比较落后，致使一些经营者为追求利润，非法经营而实施性犯罪。

3. 暴力犯罪。暴力型犯罪多是由男性实施，女性犯故意杀人、故意伤害、抢劫、绑架、投毒、纵火、聚众斗殴等暴力犯罪很少，但是这并不代表没有，女性故意伤害案件是女性犯罪类型中的一个重要组成部分。湖北省调研报告显示，故意伤害、毒品犯罪是女性犯罪的高发类型，2009年，故意伤害及毒品两项犯罪案件数量、涉案人数相加均超过女性犯罪案件数量、涉案人数的24.01%。新疆生产建设兵团第七师中级人民法院，2010年至2013年判处的女性犯罪案件中，故意伤害案占案件总数的42.86%。

女性犯故意伤害案件的主要原因在于：第一，夫妻感情不和，经常发生家庭矛盾，家庭不和睦，家庭关系不稳定，夫妻双方常常大打出手；第二，家庭暴力，部分女性在家中没有话语权，经常受到丈夫的谩骂和毒打，本着"家丑不可外扬"的心态一忍再忍，最后忍无可忍时，女性会奋起反抗，伤害丈夫；第三，邻里纠纷，邻居之间相挨，相互交往，必然会发生利益纠纷或者产生口角，双方互不退让，邻里双方矛盾升级，出现打架状况。

三、性别与犯罪方式

男性和女性在生理和心理上都存在许多的不同，二者在犯罪方式上也表现出很大的差异。

(一)男性的犯罪方式

1. 男性的犯罪手段多具有暴力性。男性在实施犯罪行为时，多采取暴力手段，暴力手段是男性犯罪最常见的手段。这与男性的生理特征和心理特征具有密切的联系。男性是力量的代表，实施犯罪行为时，多采取有利于自身条件的手段，以期达到犯罪目的，同时，男性往往不如女性细腻，行事方法比较粗暴，习惯用拳头解决问题，与女性相比，男性身体蕴含更多的暴力因子，日常生活中耐心不足，易暴躁，倾向于使用暴力处理问题，在犯罪领域也有相应的表现。男女两性在选择犯罪手段时具有明显区别。调查显示，男性故意杀人案件多采取暴力手段，而女性故意杀人案件暴力程度很低，多采取投毒等无暴力性或者暴力性低的手段。暴力犯罪是传统犯罪，在我国犯罪总量中占很大比例，其中暴力犯罪的绝大部分属于男性暴力犯罪，犯罪手段具有暴力性。

2. 男性犯罪多是激情犯罪，具有突发性。男性容易冲动，做事情不考虑后果。男性是一种比女性更为单纯的生物，往往事后发生重大损害后果才产生后悔之心。从犯罪意图的产生到转化为犯罪行为，男性并不需要太多的时间思考要不要做，甚至有时犯罪意图产生的当下即付诸于实际行为。由于男性的性格因素，激情犯罪并不在少数。近年，校园故意杀人、伤害案件频频发生，犯罪人多为男性，并且激情犯罪居多，其实被告人与受害者之间并无深仇大恨，很大原因在于在校男性情绪激动，不懂得适当控制、忍耐，只考虑当下情况，为了泄愤、解气，不计后果，犯下大错，给他人和自己带来巨大伤害，事后后悔已不能补救。女性擅长算计，擅长迂回，而男性思想比较简单，情绪起伏大，忍耐性差，易冲动，许多男性犯罪具有冲突性，属于激情犯罪。

3. 男性犯罪多具有公开性。由于性别的差异，男女两性的犯罪类型具有很大的差别，进而影响男女犯罪人的行为方式。男性多暴力犯罪，而女性多财产犯罪、性犯罪，不同的犯罪类型，犯罪行为的实行方式也不同，例如，男性暴力犯罪中的抢劫罪和女性财产犯罪中的盗窃罪，二者之间的行为方式具有很大差别，一般情况下，抢劫罪是在光天化日之下实施，不要求秘密进行，而盗窃罪本身就要求行为人秘密窃取他人财物，很难具有公开性。再者，男性暴力犯罪多具有泄愤的动机，且激情犯罪居多，预谋性不强，犯罪人在实施犯罪过程中考虑得较少，一般很少在意犯罪行为实施的场合是否隐秘。

4. 男性犯罪多具有主动性。男性天生比女性更具攻击性、主动性。为了获取钱财，主动实施盗窃、抢夺、抢劫、诈骗、侵占、贪污、受贿等行为；为了泄私愤、报复他人，主动实施伤害、杀人等行为；为了满足自己的性欲，主动实施强奸、猥亵等行为。男性犯罪绝大部分是主动犯罪，很少是被动犯罪。男性的忍耐力很差，当对自己周边情况不满时，就会积极主动寻求解决方式，有人会采取合法手段，有人则采取非法手段。男性犯罪数量占整个犯罪总数的绝大比例，远远超过女性犯罪数量，这充分说明男性对犯罪更具积极主动性。

(二)女性的犯罪方式

1. 女性的犯罪手段多具有低暴力性或无暴力性。女性在实施犯罪行为时多选择暴力程度低的犯罪，犯罪手段多具有低暴力性或者无暴力性。女性在体力方面天生不如男性，在体力上处于弱势，因此，很少实施暴力犯罪，往往“扬长避短”，主要实施财产犯罪和性犯罪等暴力程度低或者无暴力性的犯罪。女性根据自己的身体状况，利用自己的有利条件(如外表柔弱，看起来危险系数小，单纯善良等)实施各种与其“身份”相适应的犯罪，如犯盗窃罪、诈骗罪等，但很少实施抢劫等暴力系数高的犯罪。再者，女性暴力犯罪多是故意伤害犯罪，犯罪对象主要是家人、朋友，犯罪手段低暴力化，远远不及男性故意伤害案件的暴力程度。

2. 女性犯罪多具有预谋性，激情犯罪较少。俗话说“女人心，海底针”。女性天生比男性有计谋，懂心机，在实施犯罪行为时，计划周密，虽然犯罪数量没有男性犯罪量大，但女性犯罪既遂率远远大于男性犯罪既遂率。女性在选择犯罪时，多是经过深思熟虑，考虑周全的，无论是犯罪方式还是犯罪对象统统都要确定好，尤其是实施财产犯罪时，在选择被害者的过程中，女性犯罪人不但要考虑自己该采取什么样的犯罪方法以实现犯罪目的，还要充分考虑犯罪对象的行为方式和心理特征，这点在女性盗窃和诈骗犯罪中有明显的体现。女性激情犯罪数量很少，绝大多数的激情犯罪属于暴力犯罪中的故意伤害案件和故意杀人案件。

3. 女性犯罪多具有隐藏性。女性选择的犯罪种类导致女性犯罪多具有隐藏性，不易被司法机关发现和查处，例如性犯罪和毒品犯罪。性犯罪不但是为社会大众所不耻、众人斥责的一种社会丑恶现象，更是法律所明文禁止、严厉打击的犯罪种类。我国各地时不时开展“扫黄”行动，严厉查处各种性犯罪，再有，女性受社会道德的约束，面对社会大众的歧视态度，普遍采取隐藏的方式进行性犯罪活动。毒品犯罪一直是司法机关重点查处的犯罪行为，其法定最高刑更是直至死刑，属于重罪重刑，女性犯罪人为获取高收益，逃避法律制裁，更是采取隐藏的方式进行毒品活动。女性比男性擅长隐藏情绪，同样也擅长隐藏犯罪，因此，女性的犯罪行为更具隐藏性。

4. 女性犯罪多具有被动性。女性在现实社会中属于弱势团体，女性犯罪有相当比例属于“逼近犯罪”、“情面犯罪”。女性暴力犯罪案件中的犯罪有很大部分是被动犯罪，由于受到伤害而犯罪。家庭暴力是女性被动犯罪的最主要的原因之一。有些女性没有经济来源，在家庭中没有地位，经常遭受丈夫的打骂，丈夫凌驾于妻子之上，随便打骂。女性在遇到家庭暴力，最初的容忍都是源于“家丑不可外扬”的心理，可当这种侵害积累到一定程度，忍无可忍时，便采取伤害或杀人的方式进行“反抗”。再者，女性财产犯罪案件和性犯罪案件中有部分也是被动犯罪，由于受到欺骗、盲从而犯罪。

5. 女性犯罪多具有逆变性。所谓逆变性，主要包括两方面的含义：一是女性在初次犯罪遭受刑罚之后，自尊心严重受损且较难恢复，犯罪后的改造难度明显大于男性，往往会再次犯罪；二是具有加害人和受害者二重性，女性在成为加害者之前大部分都是受害者，在遭受侵害时得不到社会救助，在不良心理的支配下和其他因素的推动下，导致女性受害人的逆向变化，由受害人向加害人方向转化，例如，有的女性则是在长期遭受家庭暴力且得不到救助后，忍无可忍时奋起反击，杀死施暴者就是她们的最好选择。

出现这一现象的原因，除了与女性犯罪的预谋性较强之外，主要是由于女性的自尊感一般较男性强烈而又脆弱，而刑事责任的追究意味着对行为人不良人格的最严厉的社会谴责，因而在刑事制裁下，女性自尊感的丧失远比男性更甚，这就在相当程度上动摇了女性改恶从善和追求新生的原动力。同时，不容忽视的一个社会现象就是，女性犯罪人受到的社会歧视也往往比男性更为重。①

① 张远煌．犯罪学原理[M]．北京：法律出版社，2008：297.

6. 女性犯罪多具有欺骗性。在女性财产犯罪案件中，除盗窃、贩毒等多发案件外，诈骗犯罪也是女性财产犯罪的重要组成部分。与盗窃相比，诈骗行为的危险系数较小。她们通过骗取他人的信任获得较大数额的钱财。女性诈骗犯罪的典型代表是以“恋爱结婚”之名行诈骗之实。女性诈骗犯为骗取钱财，假装与被害人恋爱甚至结婚，掌握被害人的家财后，乘机窃财逃跑。除“骗婚”这种诈骗手段外，其他欺骗性的手段也层出不穷。诈骗这种行为，不需要暴力手段，风险小，犯罪所得数额大，只需花言巧语即可，很适合女性，成功率很高，因此，女性多实施诈骗行为，犯罪多具有欺骗性。

第三节　年龄因素与犯罪

有关年龄阶段的划分，不仅仅国内外划分标准不同，我国内部也存在不同的划分方法。有的采取五分法，划分为童年(0~6)、少年(7~17)、青年(18~40)、中年(41~65)、老年(66以上)五个年龄段。有的采取三分法，划分为未成年人、成年人和老年人三个年龄段。为便于犯罪学的研究统计，进行如下划分：14~25为青少年时期；26~59为中青年时期；60及60以上为老年时期。不同年龄阶段的人，人生阅历、社会环境不同，生理、心理发展状况不同，人的行为方式必然不相同。犯罪行为作为人的一种特殊行为，当然与犯罪人的年龄有着密不可分的联系。犯罪人的年龄与行为之间具有特定的关系，不同年龄阶段的犯罪人实施的犯罪行为各异。

一、年龄与犯罪率

在青少年、中青年、老年这三个年龄阶段中，青少年犯罪人数与全国犯罪人数的百分比远远超出青少年人数与社会总人口的百分比，青少年犯罪率居于首位；中青年犯罪人数与全国犯罪人数的百分比粗略持平于中青年人数与社会总人口的百分比，中青年犯罪率次之；老年犯罪人数与全国犯罪人数的百分比远远低于老年人数与社会中人口的百分比，老年人犯罪率最低。

(一)青少年是犯罪高发年龄段

青少年犯罪一直是全国刑事犯罪的重要组成部分，占刑事犯罪案件数量的较大比例，犯罪率更是远远高于中青年犯罪率和老年犯罪率。根据第五次人口普查数据(2001年)，全国总人口为1242612226，其中青少年人口为241931050，占总人口数的19.5%。而据最高人民法院统计，1995年至2000年全国青少年犯罪情况为：1995年青少年犯罪人数占全部刑事犯罪人数的57.5%；1996年青少年犯罪人数占全部刑事犯罪人数的59.4%；1997年青少年犯罪人数占全部刑事犯罪人数的58.9%；1998年青少年犯罪人数占全部刑事犯罪人数的39.3%；1999年青少年犯罪人数占全部刑事犯罪人数的36.7%；2000年青少年犯罪人数占全部刑事犯罪人数的34.5%。虽然青少年犯罪人数占全部刑事犯罪人数的比例有所下降，但是青少年犯罪人数与全部刑事犯罪人数的比例远远高于青少年在社会总人口中的比例，说明青少年犯罪发生率一直居高不下。

根据第六次人口普查数据(2010年)，全国总人口为1332810869，其中青少年人口为263129115，占总人口的19.7%。而据统计，2007年至2011年全国法院审理青少年犯罪情况为：2007年青少年犯罪人数为316397，刑事案件判决生效总人数为933156，占判决生效总人数的33.9%；2008年青少年犯罪人数为322061，刑事案件判决生效总人数为1008677，占判决生效总人数的 31.9%；2009 年青少年犯罪人数为 302023，刑事案件判决生效总人数为 997872，占判决生效总人数的 30.3%；2010 年青少年犯罪人数为 287978，刑事案件判决生效总人数为 810074，占判决生效总人数的 35.5%；2011 年青少年犯罪人数为 282429，刑事案件判决生效总人数为 1051638，占判决生效总人数的 26.9%。青少年犯罪人数相对稳定的保持在判决生效总人数的 30%左右，而青少年在社会总人口中的比例远远低于这一犯罪比例，因此，青少年是犯罪高发年龄段。

造成青少年犯罪率居高不下的主要原因在于：

1. 不良的社会环境。经济的发展和社会的进步是一把双刃剑，在提高人们生活水平的同时，也改变了原有的社会环境。拜金主义、享乐主义等不良社会风气潜移默化地腐蚀着青少年的心理，侵蚀着正确的价值观和人生观，诱发青少年实施犯罪行为。青少年正处于性格逐步成熟的阶段，容易受外界环境的影响。在这个物质性的社会，容易受金钱利益的驱使，追求物质享受，不惜铤而走险，走上犯罪的道路。还有，网络的普及化更是促使了青少年犯罪。现今，我国的网络管理机制不健全，网络环境不健康，存在大量的黄色、暴力信息，具有很强的毒害性，诱使青少年犯罪。再有，社会成员之间的联系越来越便捷，提高了青少年之间交叉感染犯罪的可能性。

2. 学校教育的失衡。学校教育应当是综合性、素质性教育，培养全面性发展的人才。但是，如今的教育方式具有一边倒的倾向，只重注学生的学习成绩，倡导"只有学习好才是硬道理"的教育理念，片面追求升学率，为提高升学率无所不用其极，甚至于重点培养"好学生"，主动放弃对学习成绩差的学生的教育职责，导致部分学生因为缺乏管束，不断堕落，直至走向监狱，学校成为学生犯罪的推动力之一。在中国的部分高中，学校按学习成绩将学生划分等级，成立"快班"和"慢班"，这是典型的歧视待遇，不利于学生自身的发展。学生之所以接受教育，不仅仅是为了获取知识，更重要的是学习如何做人。学校教育失衡，忽视对学生道德素质的培养，不关注学生的心理健康问题，由小积大，最终铸成大错。

3. 家庭教育的偏差。家庭是孩子的第一所学校，父母是孩子的第一任老师，家庭教育对青少年性格的塑造和道德品质的形成具有重要影响。据调查显示，多数青少年犯罪者的家庭教育模式存在偏差。良好的家庭教育有助于青少年的身心健康发展，错误的家庭教育很容易导致青少年身心不健康。教育孩子是一门学问，并不是一件简简单单的事情，要注重教育手段的适当性。我国父母教育孩子往往采取两种极端的方式：溺爱型，这种教育方式容易造成孩子自私自利，不顾他人感受，为达目的不择手段；粗暴型，有些父母习惯用暴力解决孩子问题，手段粗暴，长期生活在暴力之下的孩子遇到困难或问题时，也惯于使用暴力。与正常家庭教育下长大的孩子相比，这两种家庭教育方式下成长的孩子行事比较极端，更容易犯罪。

4. 青少年自身原因。青少年时期是一个较为敏感的年龄阶段，他们正处于性格塑造阶段，生理、心理还未发展成熟，意志力相对较差，控制能力相对较弱，受道德、纪律、法律规范的约束力相对较弱，而且刚刚从家庭、学校逐步走向社会，自身的社会经历还不够丰富，人身阅历比较少，辨别是非能力差，认识能力低，对事物的理解和认知带有一定的片面性、表面性，容易受到外部各种诱惑的吸引和外界不良环境因素的影响，加之情绪高涨，做事冲动，往往不顾法律和道德的约束，放纵自己走上违法犯罪的道路。

(二) 老年人是犯罪低发年龄段

2001 年我国第五次人口普查数据显示，60 岁及以上的人数为 129977856，占社会总人口的10.5%。2010年我国第六次人口普查数据显示，60岁及以上的人数为1776480705，占社会总人口的13.26%。国际上通常把60岁以上的人口占总人口比例达到10%，或者65岁以上人口占总人口的比重达到7%作为衡量一个国家或地区是否进入老龄化社会的标准。显然，我国早已进入老龄化社会。由于生活、医疗水平的提高，人的平均寿命延长，我国老年人的数量正在激增，老年人的犯罪数量绝对是有增无减。但是，老年人犯罪人数占整个刑事犯罪人数的比例并没有上升，2001年至2011年，老年人犯罪人数占刑事犯罪总人数的比例保持在2%左右，中间略有浮动而已，远远低于老年人在社会总人口中的比例。尽管我国进入老龄化阶段，但老年人的犯罪率并没有上升，一直处于低犯罪率阶段。

老年人处于犯罪低发年龄段主要原因在于：

1. 社会活动的减少。中国的退休年龄为：男性60岁，女性55岁。除个别情况外，在全国范围内执行此标准。60岁以后，老年人基本已经离开原有的工作单位，在家安度晚年，每天的日常生活范围很有限，主要是家庭、公园、菜市场三点一线，很少有机会参与社会活动，人际关系比较简单，生活平静，与他人发生矛盾纠纷的可能性小很多。职场是各种人际关系的集中营，是人们参与社会活动的主要场所，退休在家，远离复杂的人际关系，直接避免各种社会矛盾的产生，减少犯罪的发生几率。

2. 身体的衰退。老年人的典型特征就是“老”，即老化、衰老的意思，这种衰老不仅仅体现在身体的外形上，更是体现在身体内部的各个机能方面。老年人头发变白，语言缓慢，耳聋眼花，手脚不灵活，动作迟缓，反应迟钝，体力逐渐下降，出现运动障碍等是老年人的外形特征。同时，老年人身体内部的各个机能退化，身体器官出现老化、坏死，抵抗能力减弱，容易引发各种疾病。老年人内外的身体衰退，导致老年人没有能力去实施一些需要活动灵活或者体格健壮的犯罪行为，例如，暴力型犯罪等，在一定程度上减少了老年人的犯罪机会。

3. 心理的成熟。到了老年阶段，一个人的人生阅历已经相当丰富，对社会的认识已经成熟、定型，心态平和，情绪稳定，不易冲动，自我控制能力和约束能耐明显增强，具备了正确处理矛盾纠纷的能力，思考问题更为理智，而且，老年人一般有家有室，其中有部分还有不错的社会地位，绝大部分的老年人是想好好安度晚年的，即使部分老年人存在犯罪意识，也会综合考量犯罪的成本和收益，当他们发现犯罪成本远远大于犯罪收益时，会主动放弃犯罪。

二、年龄与犯罪特征

(一)青少年的犯罪特征及其原因

1. 青少年犯罪的类型主要有财产犯罪、暴力犯罪和性犯罪。有资料显示青少年犯罪类型依次排列是：盗窃、抢劫、强奸、伤害、绑架等。其中抢劫和盗窃发案率最高占75%左右，是当前青少年主要犯罪类型。不少青少年追求高端奢华的生活方式，好逸恶劳，为满足自身的生活需求，不择手段，实施盗窃、抢夺、抢劫等财产犯罪。再者，青少年实施暴力犯罪与这一年龄阶段的好斗心理和强健的体格密切相关，20岁左右的青少年好胜心强，做事冲动，体内的暴力因子活跃，再加之有利的身体条件，因此，更倾向于暴力犯罪。最后，青少年性犯罪之所以在全部性犯罪数量中占很大比例是因为，青少年时期正是对世间万物充满好奇和探索精神的年龄，为满足内心的好奇和性欲实行性犯罪。近些年来，还出现了新类型犯罪，如涉毒、涉枪、赌博、网络诈骗等犯罪日渐增多。

2. 青少年团伙犯罪多。在青少年犯罪案件中，团伙犯罪占青少年犯罪总数的60%左右。青少年以一定的特征如地域、性格、年龄、同学等形式形成一个个的团伙，经常聚在一起，形成附和，共同实施犯罪行为，有时团伙都是实行犯，有时团伙区分实行犯、帮助犯。团伙犯罪比单独犯罪的危害性要广，且发展趋势强。俗话说："近朱者赤，近墨者黑。"青少年犯罪团伙聚集在一起，很容易相互影响，彼此学坏，交叉感染。团伙犯罪居多的主要原因在于处于这一年龄阶段的青少年社会经验少，缺乏足够的经验和智力来实施犯罪行为，单独作案往往难以成功，因此，为达到既遂目的，他们多结伙作案，相互依存、相互帮助、相互利用、相互壮胆，增加安全感。再有，青少年正处于受教育的关键阶段，多数身处学校，学校这种教育结构便于青少年犯罪者相互联合，进而形成犯罪团伙。

3. 青少年多存在从属犯罪、无知犯罪。由于思维尚不成熟及社会经验的不丰富，青少年容易成为成人犯罪时控制的对象，并且青少年由于对好坏的识别能力差，在作案时处于一种死心塌地的从属地位。典型的就是在犯罪人实施犯罪行为时，帮助犯罪人"望风"，事后获得少量钱财。除从属犯罪外，还存在部分青少年无知犯罪。这一类的青少年罪犯缺乏最基本的常识，实行犯罪行为时，根本没有认识到自己的行为是犯罪行为，甚至入狱后，对自己的罪行仍不能有一个清醒的认识。这主要是因为该类青少年极度缺乏学校和家庭的正规教育和人生指引，不懂法，不辨是非，认识不到自己的错误，例如，甲(19岁)因吸毒急需大量钱财来购买毒品，情急之下，在自己亲奶奶房间盗取6000元，该种行为已经成立盗窃罪，但是甲认为自己偷拿奶奶的钱没什么大不了，根本不是犯罪。

4. 青少年犯罪动机具有突发性、随意性。青少年的犯罪动机往往比较简单，其目的单一，随意性强。一般地说，较少有预谋，没有经过事前的周密考虑和精心策划，常常是受到某种因素诱发和刺激，或一时的感情冲动而突然犯罪。这种突发性行为反映了青少年情感易冲动，不善于控制自己。青少年心理发育不成熟，占有欲强、好激动、自控能力差。往往因为一句不好听的话、一件不顺心的事，就临时起意，盲目动手而为之。他们的动机比较单纯，有时甚至表示出正常人无法理解的某种奇特的变态心理。有时青少年违法犯罪活动并没有十分明确的动机和目的，他们凭着所谓的"重感情，讲义气"，互相庇护，情绪化行为较多。据公安部门调查，大多数青少年参加聚众斗殴是"为朋友两肋插刀"，为所谓"义气"而大打出手，根本不知道受害者是什么人。青少年犯罪动机具有很强的突发性和随意性。

(二)中青年的犯罪特征及其原因

1. 中青年的犯罪类型除杀人、伤害、抢劫、强奸等暴力犯罪外，贪污、受贿、渎职犯罪增多，职务犯罪在中青年的犯罪类型中占很大的比例。职务犯罪是一种特殊的犯罪类型，指国家机关、国有公司、企事业单位、人民团体工作人员不尽职责，滥用职权或者利用已有职权假公济私，侵犯公民人身权利、民主权利，破坏国家对公务活动的规章规范，致使国家和人民的利益遭受重大损失的行为。职务犯罪的主体更是不同于一般犯罪主体，具有身份要求，主要包括四类人员：国家机关工作人员；国有公司、企事业单位中的国家工作人员；人民团体中的工作人员；受国家机关、国有公司、企事业单位、人民团体的委托管理、经营国有财产的人员。具备上述身份的人在入职时必须满足年龄、学历、国籍、身体健康等方面的要求，到法定年龄时要退休，这就限定了上述工作人员的年龄范围，中青年成为国家工作人员的主力军，比其他年龄阶段的人有更多的机会来实施该类犯罪。因此，中青年多职务犯罪。

2. 中青年犯罪多具有预谋性。在这一年龄阶段，随着年龄的增加，人的心理机能不断上进，智力发展到最佳状态，能进行逻辑思维和作出理智的判断，具有独立解决问题的能力。情绪趋于稳定，有能力延缓对刺激的反应，控制力、自我约束力增强，能根据自己所处的客观情境来调节自己的情绪，防止恶化。心智的成熟、情绪的稳定、控制力的增强是中青年典型的性格特征。这一性格特征决定了中青年的犯罪多具有预谋性。不同于青少年犯罪犯罪动机的突发性和随意性，中青年在遇到矛盾纠纷时，多数能有效控制自己的情绪，激情犯罪较少，大部分犯罪都具有预谋性，如中青年在实施故意杀人、伤害或者其他暴力犯罪时，往往是经过周密的谋划、详细的准备，更为理性地实施犯罪活动。

(三)老年人的犯罪特征及其原因

1. 从犯罪类型来看，老年人犯罪中的激情犯罪较少，暴力型犯罪也不常见。以性别分类，男性老年人一般实施的有猥亵、强奸、诈骗、盗窃等犯罪行为，其中性犯罪占有相当大的比例，而女性老年人实施盗窃行为居多。我国早已进入老龄化阶段，人们的平均寿命在延长，加之老年人生活的孤独，男性老年人对性欲较以前有更多的需求。但是，在传统的社会观念和其他不利因素的约束下，男性老年人的需求得不到满足，尤其是丧偶或者离异的单身男性老年人，致使男性老年人实行猥亵、强奸等犯罪行为。再者，由于体力和脑力的衰退，老年人从社会获取工作的机会很小，导致收入减少，当没有社会来源后，老年人只能实施一些适合自身条件的盗窃或者诈骗行为，满足生活需求。

2. 从犯罪手段来看，大多具有非暴力性。进入老年期后，老年人生理机能衰退，或多或少存在着运动障碍，行动不便，体力不足，这些因素决定了老年人所实施犯罪行为时，很少选用暴力手段或者以暴力相威胁。他们往往采取具有智能性以及间接性的犯罪手段，如教唆、诱骗、包庇等行为。同时，老年人心智成熟，性格稳定，阅历丰富，所以老年人犯罪手段多表现出很强的隐蔽性、间接性和智能性等特点。

3. 从犯罪对象来看，被害人绝大多数为弱势人群，以妇女和儿童为主体。当老年犯罪人实施犯罪行为时，需要直接面对被害人，为了减轻犯罪的难度，到达犯罪目的，此时犯罪对象选择多为体力上的弱势群体。如在猥亵、诱奸、强奸等性侵害犯罪中，犯罪人往往把妇女、儿童和智障或某些精神疾病的人作为侵犯对象。老年人在体力上远远不及青少年和中青年，攻击力相对较弱，这就限制了老年人犯罪对象的范围，为避免体力上的弊端，往往多以妇女、儿童等弱势群体为老年人的犯罪对象。

4. 从犯罪主体来看，老年犯罪人一般多为孤寡老人，多数文化层次较低、不懂法。人是社会性的动物。马克思曾说："人的本质并不是单个人的抽象物，实际上，它是一切社会环境的总和。"①进入老年时期，老年人并不能很快适应生活方式、社会地位的转变，尤其是孤寡老人，随着身体状况的衰退，疾病的困扰，心里的空虚、寂寞无人诉说，得不到排遣，内心忧郁沮丧、郁郁寡欢，在偶然因素的刺激下，很容易导致孤寡老人的犯罪。研究表明，丧偶、离异等单身老人的犯罪率远远高于家庭结构健全的老人，尤其是在性犯罪方面。再者，文化水平低、不懂法是老年人犯罪的主要原因之一。长期以来，我国文化教育、法制教育的重点一直放在青少年身上，老年人尤其是偏远农村地区的老年人，文化水平低，法律意识淡薄，这样的老年人更容易走向违法犯罪的道路。因此，老年人的犯罪主体多为孤寡老人，多数文化水平低，不懂法。

---

① 马克思恩格斯选集(第一卷)[M]. 北京：人民出版社，1972：18.

三、初犯年龄与再犯率

(一)再犯率、再犯的概念

再犯率，是指犯罪人再次或者重新犯罪的概率。所谓再犯，是指犯罪人初次犯罪受到刑事处罚后再次犯罪受罚的情形，包括入监狱执行刑罚的犯罪人在监狱执行期间或者刑满释放出监狱后再次犯罪，还包括社区矫正人员、假释人员在社区矫正、假释期间或者解除社区矫正、假释期间届满宣告刑罚执行完毕后再次犯罪，这是广义上的再犯。狭义上的再犯就是指刑法规定的累犯，是指受过一定的刑罚处罚，刑罚执行完毕或者赦免以后，在法定期限内又犯被判处一定的刑罚之罪的罪犯，包括一般累犯(因故意犯罪被判处有期徒刑以上刑罚的犯罪分子，刑罚执行完毕或者释放以后5年之内又故意犯罪的，但是过失犯除外)和特殊累犯(因犯危害国家安全罪、恐怖活动犯罪、黑社会性质的组织犯罪被判处刑罚，在刑罚执行完毕或赦免以后的任何时候再犯上述任一类罪之人)。最广义上的再犯是指两次或者两次以上实施犯罪，至于犯罪人是否受过刑事处罚，在所不问。犯罪学上一般都是使用广义上的再犯。

(二)我国再犯率的现状

据2012年公布的数据，我国共有监狱680多所，在押罪犯160多万名，监禁率为10万分之120左右。全国监狱系统工作坚持惩罚与改造相结合，以改造人为宗旨，把教育改造罪犯作为中心任务，完成上百万犯罪分子的扫盲和义务教育工作，绝大多数罪犯刑满释放后成为具有一定文化知识和劳动技能的守法公民，罪犯改好率一般在90%以上，刑满释放人员的重新犯罪率保持在8%左右的低水平。从这个角度来看，我国再犯率处于相对较低的水平。但是，实质上我国的再犯情况并不乐观，甚至处于堪忧的状态，除记录在案的再犯分子外，还有许多未抓捕归案的再犯分子，威胁着整个社会的安定。

(三)初犯年龄与再犯率的关系

初犯年龄是指犯罪人初次犯罪受到刑事处罚时的年龄。犯罪人受到刑罚后是否还会再次犯罪，这要受社会生活环境和犯罪人自身状况多方面的影响。其中，犯罪人的初犯年龄也是影响犯罪人再犯的间接因素之一，二者是呈反比例的相对关系，犯罪人的初犯年龄越小再次犯罪的可能性与危险性就越大，再犯率就越高；犯罪人的初犯年龄越大再次犯罪的可能性与危险性就越小，再犯率就越低。这一规律，不但适用于中国实际的司法状况，也同样适用于其他国家。据日本法务省2011年版《犯罪白皮书》显示，跟踪犯罪少年在出少年院(教养所)后动向的调查发现，有约4成在25岁以前受到过罚金以上的刑事处分。

初犯年龄与再犯率之间存在如下关系：

1. 犯罪人初犯年龄越低，刑罚执行完毕出狱后的时间就越长，犯罪人再次犯罪的机会就越大，再犯率就越高。两个犯罪人实施相同或者不同的犯罪行为，假设法院判处相同种类、相同期限的刑罚。在人的寿命较为平均的前提下，刑罚执行完毕后，初犯年龄低的人比初犯年龄高的人有更多的时间、更多的机会来再次实施犯罪行为。例如，20岁的李某和66岁的刘某都因盗窃罪被判处4年有期徒刑，刑满释放后，李某24岁，刘某70岁，在正常情况下，排除不确定因素的影响，李某的犯罪时间远远多于刘某，李某再次犯罪的可能性也明显高于刘某，再次犯罪的几率要大很多。

2. 犯罪人初犯年龄越低，其对犯罪人的心理影响和生活影响就越大，犯罪人再次犯罪的可能性就越大，再犯率就越高。犯罪人的初犯年龄越低，犯罪行为的处罚后果对犯罪人的影响就越大，尤其是未成年犯罪人。未成年人正处于心理发展不成熟的阶段，需要接受学校正规的教育，需要家长的正确引导，需要社会各方面的实践和锻炼，只有这样才能培养出身心健全的人才。而未成年犯罪人的收监执行打断了对未成年人正规的教导，尽管我国明确区分未成年人和成年人的监禁制度，建立专门的未成年犯管教所，对未成年人一贯给予特殊的保护，采用与未成年人相适应的管教原则及方法，符合未成年人的特点，以学习文化和生产技能为主，但这并不能改变其对未成年人的消极影响。刑罚的执行给未成年人心理造成阴影，刑罚执行期间得不到良好的教育和正常的人际交往，出来后刑事的污点更是阻碍了他们正常的上学、就业，处处受到歧视和限制，丧失了某种权利和资格，给其生活带来极不利的影响。在某种程度上，这种消极的心理影响和生活影响诱使他们重新走向犯罪道路。成年人犯罪后，也会对其心理和生活产生种种不利的影响，但是，成年人的心智已经成熟，能更好地处理自己的问题，吸取犯罪的教训，再次犯罪的可能性要小于未成年人。

第四节 犯罪的心理因素

犯罪的心理因素与犯罪密切相关，本节重点阐述了犯罪心理的概念和特征，情绪、情感、需要、气质 、性格、精神障碍、人生观、价值观、道德观、法律意识等心理因素与犯罪的关系。

一、犯罪心理的概念和特征

(一)广义和狭义之分

犯罪心理有广义和狭义之分。广义上的犯罪心理，是指与犯罪行为的发生、发展有因果关系的各种心理因素的总称。它不仅包括支配和影响犯罪人实施犯罪行为的心理因素(如紧张感、罪恶感、动机斗争、对犯罪行为重新决策等)，而且还包括犯罪人预备犯罪时的心理因素(如确定犯罪动机、犯罪目的、制定犯罪计划)和犯罪后与犯罪有关的心理因素(如对是否达到犯罪目的的评价、对作案时心理体验的回味、犯罪行为结果的心理反馈，以及逃避打击、改恶从善的心理因素等)。狭义上的犯罪心理，仅指支配和影响犯罪人实施犯罪行为的各种心理因素的总称。狭义上的犯罪心理实质上相当于刑法学的罪过心理。本节持狭义的犯罪心理观点。犯罪的心理因素不同于犯罪原因的其他因素，有其自身特征，是犯罪人实施犯罪行为必不可少的犯罪因素，所有的犯罪行为都是犯罪人在犯罪心理的支配下实施的，且犯罪原因的其他因素多数是通过影响犯罪人的心理活动而发生作用。

(二)特征

犯罪心理具有明显的特征，具体如下：

1. 犯罪心理的隐蔽性。犯罪心理在转化为外在的犯罪行为之前是无形的，看不见、摸不到的，是人们的内心活动，他人很难看清、识别。同时，犯罪人为了顺畅地实施犯罪行为，逃避法律的制裁，千方百计地掩盖其犯罪心理。因此，犯罪心理具有隐蔽性。

2. 犯罪心理的层次性。导致人犯罪的心理非常复杂，并非所有的犯罪心理都能达到有意识、有明确目的的状态。这之中，有进入意识层面的心理活动；还有模糊或并未清楚地进入意识范畴的心理活动；甚至还有自己从未意识过的心理内容。具体而言，有的犯罪是个人精心准备的一次行动；有的犯罪则是个人的一时情绪冲动；有的犯罪是个人某种恶习的必然表现；有的犯罪则是个人说不清的生理反应；还有的犯罪可能是以往生活经历中所受强烈刺激的滞后反应。①

3. 犯罪心理的结构性。犯罪心理各要素不是孤立地存在和孤立地起作用，而是有机地、稳定地组合在一起，构成犯罪心理结构。在犯罪心理结构中，各组成要素有机地组合在一起，相互争斗，相互制约，并以此推动犯罪心理结构的变化，导致犯罪行为的发生。犯罪人在准备和实施犯罪行为过程中，其犯罪心理结构中的每个心理因素都在积极活动着，发挥着各自不同的作用，使犯罪心理结构成为一个由多种因素所构成的多层次、多难度的机能系统。②

4. 犯罪心理的社会危害性。犯罪行为是严重违反道德规范和法律规范的社会行为，具有极大的社会危害性。犯罪行为是犯罪心理的外在表现形式，犯罪心理是犯罪行为的内在行动基础，支配着行为人的犯罪活动，犯罪心理同犯罪行为一样具有社会危害性。当犯罪心理转化为犯罪行为时，将对社会人员的生命、健康和社会公私财物造成重大损失，破坏社会的安定团结，阻碍社会发展的脚步。同时，不利于行为人的身心健康发展。

二、情绪、情感与犯罪

情绪是指伴随着认知和意识过程产生的对外界事物的态度，是对客观事物和主体需求之间关系的反应，也可以认为是针对内部或外部的重要事件所产生的突发反应。情绪每个人都会有，心理学上粗略地把情绪分为四大类：喜、怒、哀、乐。这四类是最普遍、通俗的情绪，当然如果细化还会有许多微妙的情绪如嫉妒、惭愧、羞耻、自豪等。人的情绪具有两极性，表现为积极的和消极的、紧张的和轻松的、冲动的和平静的。《心理学大辞典》中认为："情感是人对客观事物是否满足自己的需要而产生的态度体验。"相对于情绪而言，情感较为稳定而深刻，是指人对现实的对象和现象能否适合自身需要而产生的一种复杂而高级的体验，包括道德体验和价值体验两个方面，具体表现为爱情、幸福、仇恨、厌恶、美感等。本节重点阐述不良、消极的情绪、情感和不稳定、易冲动的情绪、情感与犯罪的关系。

1. 不良、消极的情绪、情感与犯罪。人是社会性动物，参与各种社会活动，不可能完全满足当事人的心理要求，必然会产生不公、厌恶、怨恨、嫉妒、失意、失望、伤心、悲痛等不良、消极的情绪、情感。这些不良、消极的情绪、情感对犯罪的发生具有极大的影响，它们在人的内心长期积累，导致心态严重失衡，当这种情绪或者情感积累到一定程度时，在其他外部因素的刺激下，很容易诱发犯罪行为的发生。因此，不良、消极的情绪、情感具有很强的社会破坏力。司法实践中，有部分犯罪人的犯罪行为就是在长时间的不良、消极的情绪、情感的聚集下产生的。

根据美国精神病学家希利和他的妻子布朗纳的研究，下列不良、消极的情绪、情感容易引发犯罪行为：(1)在爱情关系中不能得到满足的那种强烈情绪；(2)由于自我表现的愿望，特别是由于儿童期自我满足受损而产生的异常愿望以及青春期的冲动和愿望受到妨碍而引起的不满情绪；(3)在家庭、学校、交友、体育运动等方面出现的强烈不适应感和自卑感；(4)对家庭的不和谐以及对双亲在控制和管教中的失误引起的强烈不满感；(5)对兄弟姐妹的嫉妒，被作为继子对待的受歧视感；(6)基于根深蒂固的内在心理冲突而产生的被压迫感；(7)对幼年时期违法行为有意识的或无意识的罪责感等。

---

① 李玫瑾."犯罪心理"辨析[J].中国人民公安大学学报(社会科学版)，2006(4).

② 宋晓明等.犯罪心理学(第三版)[M].北京：中国人民大学出版社，2009：36.

2. 不稳定、易冲动的情绪、情感与犯罪。情绪不稳定、易冲动的人的犯罪比例要远远高于情绪稳定、理性的人。这类人遇到问题不能用合适恰当的方法解决，很容易感情误事。这在未成年犯罪中表现得最为明显。他们正处于青春期，性格还未完全定型，情绪变化多端、不稳定，时而高兴，时而发怒，加上自控能力弱，易冲动，情绪爆发时，毫无顾忌，凶残粗暴，很容易产生激情犯罪，多具有突发性。

三、需要与犯罪

需要是指人对内外环境的客观需要在脑中的反映。它常以一种“缺乏感”体验着，以意向、愿望的形式表现出来，最终成为推动人进行活动的动机。任何需要都有明确的对象，总是指向某种东西，且随社会历史的进步而不断发展，一般由低级到高级、简单到复杂、物质到精神、单样到多样。

根据不同的划分标准，可以把需要分为不同的种类。按需要的起源划分，可以把需要划分为生理需要和社会需要。生理需要是指保存和维持有机体生命和种族延续的需要，包括维持有机体内不平衡的需要，回避伤害的需要，性的需要等。社会需要是指人们为了提高自己的物质和文化生活水平而产生的社会性需要，包括对知识、劳动、艺术创作的需要，对人际交往、尊重、道德、名誉地位、友谊和爱情的需要，对娱乐消遣、享受的需要等。按需要的对象划分，可以把需要划分为物质需要和精神需要。物质需要是指人对物质对象的需要，包括对衣、食、住有关物品的需要，对工具和日常生活用品的需要。精神需要是指人对社会精神生活及其产品的需要，包括对知识的需要、对文化艺术的需要、对审美与道德的需要等。一般情况下，犯罪人的需要结构是不合理的，生理需要和物质需要占主导地位，他们盲目地追求生理上的“快乐和刺激”，追求物质上的享受，精神追求极度匮乏，践踏社会公共道德和法律规范要求。可以说，大量的犯罪动机都是由过度的生理需要和物质需要为基础而产生的。

美国心理学家马斯洛把需要分为五个层次，即生理需要、安全需要、归属与爱的需要、尊重的需要和自我实现的需要。他认为，人的需要从低到高有一定层次性，都由低层次向高层次发展的。层次越低的需要强度越大，人们优先满足较低层次的需要，再依次满足较高层次的需要。

1. 生理的需要与犯罪。人类是一种高级动物，想生存，首先要满足人的生理需要，这是人类最原始、最基本的需要。当人的生理需要不能通过正常的社会生活得到满足时，常常会通过实施违法犯罪行为来获取。例如，为了奢侈的生活，满足自身的物质欲望，实施盗窃、抢夺、抢劫、侵占、诈骗、走私、贩毒、绑架、渎职、贪污、受贿等犯罪行为；为了满足自己的性欲，实施强奸、强制猥亵侮辱妇女、猥亵儿童等犯罪行为。

2. 安全的需要与犯罪。安全需要是人最基本的生存条件之一，只有确保自身的安全，才能进行其他的社会活动。在实践中，处于安全的需要而实施的犯罪非常多见。例如，有的人不堪忍受他人的长期虐待而杀死对方；有的人处于自身和他人安全的考虑，大义灭亲，将作恶多端、危害乡里的逆子杀死；有的为了达到报复杀人的目的而又不被发觉，就雇凶杀人；还有的人则为了怕罪行暴露而杀人灭口等。①

3. 归属、爱的需要与犯罪。归属，本意上指归于、属于某种事物，这里主要是指归属

---

① 康树华，张小虎．犯罪学(第三版)[M]．北京：北京大学出版社，2012：149.

感。爱也是一种感觉，可以分为亲情之爱、友情之爱、手足之爱、恋人之爱。归属和爱并不像我们身边的具体事物那样有形有色、易于感知，但它却客观地存在并影响着人的行为表现。例如，为了给孩子一个好的生活环境，受到好的教育，父母实施盗窃、抢劫、诈骗等犯罪行为来获取钱财；为了好朋友免受刑事处罚，在其犯罪后窝藏或者销毁证据；为了给兄弟报仇，将他人打成重伤等。这些都是为了爱、为了归属而实施的犯罪行为。

4. 尊重的需要与犯罪。尊重是指敬重、重视。人的内心里都渴望得到他人的尊重。有的人为了获得他人的尊重无所不用其极。例如，一些女性实施盗窃、贩毒等犯罪行为，就是为了获得钱财，满足自己的虚荣心，希望成为他人羡慕和尊重的对象。也有的人在自尊心受到损害后，产生嫉妒、报复的心理。例如，有人在受到他人的侮辱和谩骂后，自尊心受挫，半夜趁其不备，将其杀死。

5. 自我实现的需要与犯罪。自我实现是指人发挥自己的潜力，表现自己的才能，当人的潜力充分发挥并表现出来时，人们会感到最大的满足，这就是自我实现。自改革开放以来，社会提供更多的机会让人们施展自己的才能，实现自己的人生价值，但是，也造成一部分人不能认识到自己的能力，盲目自大，不切实际，急于实现自我，而不考虑现实状况，这种人很容易在实现自我的道路上走向犯罪。

四、气质与犯罪

气质是指与人的生物学素质有关的，不依活动目的和内容为转移的典型的、稳定的心理活动的动力特性。人的气质是有明显差异的，这些差异属于气质类型的差异。最早对气质加以分类并给予细致的描述，被后人接受认可的，是古希腊著名的医生希波克拉底对气质的分类。他认为，体液即是人体性质的物质基础，人体中有四种性质不同的液体，它们来自于不同的器官。其中，粘液生于脑，是水根，有冷的性质；黄胆汁生于肝，是气根，有热的性质；黑胆汁生于胃，是土根，有渐温的性质；血液出于心脏，是火根，有干燥的性质。人的体质不同，是由于四种体液的不同比例所致。罗马帝国时期著名的生物学家和心理学家盖伦从希波克拉底的体液说出发，认为气质是物质(或汁液)的不同性质的组合，创立了人类气质类型的理论。四种典型的气质类型沿用至今：粘液质、胆汁质、抑郁质、多血质。俄国生理学家、心理学家、医师、高级神经活动学说的创始人，高级神经活动生理学的奠基人，巴甫洛夫根据神经活动的强度、均衡性和灵活性等特征，从中找出四种最主要的气质类型，即安静型、兴奋型和抑制型、活泼型。这四种气质类型与上述四种相对应。

尽管气质并无本身并无好坏之分，但由于气质对人的情绪、认识、行为发生过程和行为方式具有影响作用，因而，不同的气质的犯罪人在犯罪行为过程中也具有不同的特点：

1. 粘液质(安静型)。这种气质的人稳重，不随意反应，考虑问题全面；安静，沉默，善于克制自己；善于忍耐；情绪具有稳定性，不易激动，不易发脾气，不易外露；注意力稳定而不容易转移，外部动作少而缓慢。当长期受到压抑和挫折时，在外界因素的刺激下，也会爆发。因此，多实施贪污犯罪或者报复性犯罪。

2. 胆汁质(兴奋型)。胆汁质的气质特征是外向性、行动性和直觉性。坦率热情；精力旺盛，容易冲动；脾气暴躁；思维敏捷，但准确性差；情感外露，但持续时间不长；情绪易激动；反应迅速，行动敏捷。这类型的人不足是缺乏自制性、粗暴和急躁、易生气、易激动。在日常生活中，多实施暴力犯罪、激情犯罪或者突发性犯罪。

3. 抑郁质(抑制型)。郁抑质的人神经类型属于弱型。抑郁质的人为人小心谨慎，思考透彻，在困难面前容易优柔寡断。一般表现为行为孤僻、不太合群、观察细致、非常敏感、表情腼腆、多愁善感、行动迟缓、优柔寡断，具有明显的内倾性。多实施盗窃、诈骗犯罪。

4. 多血质(活泼型)。多血质的气质特征是活泼好动，善于交际；思维敏捷；容易接受新鲜事物；可塑性高；情绪兴奋性高，变化多样；情感容易产生，容易变化和消失，容易外露；体验不深刻。多实施强奸等性犯罪或者某些智能犯罪。应当注意的是，人的气质具有复杂性，在实际生活中具有单一典型气质类型的人占社会总人口的比例很少，绝大部分人是混合型，以某种气质类型为主，同时兼具其他气质类型的某些特征，如以多血质为主粘液质为辅，或以多血质为主胆汁质为辅，或以胆汁质为主多血质加粘液质为辅等。因此，在研究气质类型与犯罪的关系时，不能以偏概全，要充分认识气质类型的复杂性。

五、性格与犯罪

性格是一个人在对现实的稳定的态度和习惯了的行为方式中表现出来的比较稳定的人格特征。性格表现了人们对现实和周围世界的态度，并表现在他们的行为举止中。它表现一个人的品德，受人的价值观、人生观、世界观的影响。性格是气质在后天的社会环境中逐渐形成的，它既有来自于本身的因素，同时也具备着相应的环境影响，尤其是早期的家庭教育方式。因此，从这个角度分析，性格是可以改变的，但是“江山易改，本性难移”，需要大量量变之后的质变作用。

由于每个人所处的社会环境不同，先天的气质不同，形成了各种各样类型的性格。人的性格分为很多类型。根据知、情、意三者在性格中何者占优势，把人们的性格划分为意志型、情绪型和理智型。根据个体独立性程度，把人们的性格划分为独立型和顺从型。根据人的心理活动倾向于外部还是内部，把人们的性格分为外向型和内向型。还可以按人们的血型、人际关系、价值观对性格进行分类。

性格本身有好坏之分，一般情况下，犯罪人是存在性格缺陷的，是不健康的性格。犯罪人的性格特征主要表现在以下几个方面：(1)在对待现实的态度上，表现为对国家、社会、集体缺乏责任感，对待他人冷漠无情、嫉贤妒能、损人利己，对待学习和工作墨守成规、好逸恶劳、奢侈浪费，对待自己骄傲自大，唯我独尊，自暴自弃。(2)在性格的意志特征上，其行为虽有明确的目标，但却常常与社会要求相悖，对自己的行为不能以社会道德和法律规范进行调节、控制，侥幸冒险心理强，任性而鲁莽，忍受挫折的能力差，攻击性强，报复心重。(3)在性格的情绪特征上，一般表现为情绪突发性强、波动性大、难以控制、易受感染，心境变化多端、喜怒无常。(4)在性格的理智特征上，一方面表现为对社会和人生片面、扭曲的认识，对社会规范的无知和偏见，对自我能力的错误估计；另一方面表现为从事违法犯罪活动的经验丰富，计划周密。①

性格的形成深受后天环境因素的影响，如家庭环境(如家庭气氛与家长的教育观念、教育态度等)、学校教育环境(如师生关系、同学关系、教育方式等)、社会环境(如社会风气、大众传媒等)等，先天遗传的气质我们无法改变，但可以通过后天的培养形成良好的性格，远离犯罪，降低社会的犯罪率。

① 康树华，张小虎．犯罪学(第三版)[M]．北京：北京大学出版社，2012：157.

六、精神障碍与犯罪

精神障碍指的是大脑机能活动发生紊乱，导致认知、情感、行为和意志等精神活动不同程度障碍的总称。我国精神障碍分类与诊断(第三版)(CCMD-3)将其分为以下十类：器质性精神障碍；精神活性物质或非成瘾物质所致精神障碍；精神分裂症和其他精神障碍；心境障碍(抑郁症)；癔症、应激相关障碍、神经症；心理因素相关生理障碍；人格障碍、习惯和冲突控制障碍、性心理障碍；精神发育迟滞与童年和青少年期心理发育障碍；童年和少年期的多动障碍、品行障碍、情绪障碍；其他精神障碍和心理卫生情况。精神障碍不但导致个人社会功能下降，扰乱人的理性，还会使正常的社会关系遭到破坏，威胁社会安定—精神障碍者受精神障碍的影响而犯罪。近年来，精神障碍者的犯罪问题在我国日益严重。此处重点探讨精神分裂症、心境障碍、人格障碍与犯罪的关系。

1. 精神分裂症与犯罪。精神分裂症的普遍特征是，患者的思维、情绪和知觉严重受损，并导致社会退缩，从言语中就可以反映出他们的思维和认知功能紊乱，与现实不符。精神分裂症有五种典型症状：妄想、幻觉、语言紊乱、明显的行为错乱、不适当的情感。精神分裂症是最容易被人们与“疯狂行为”联系在一起的一种精神障碍。精神分裂者多具有暴力倾向，暴力犯罪率要远远高于正常人，常常发生杀人、伤害、放火等严重危害社会治安的暴力犯罪。当然，也存在少部分的非暴力犯罪。

2. 心境障碍与犯罪。心境障碍，又称抑郁症，心情抑郁是心境障碍的特征症状，对许多的事物丧失兴趣，不关心周围的世界，一味地伤心绝望，随着症状的加重，心境障碍者甚至会产生自杀的想法和行为。同时伴随着精神运动迟滞，记忆力减退，难以集中注意力，与他人交流少，行动缓慢，时常焦虑不安等现象。心境障碍者多实施盗窃行为、杀人及其他暴力行为。心境障碍者实施盗窃行为并无经济上的目的，多是为了缓解自身的焦虑感。而杀人行为多是在极度抑郁的状态下受到重大刺激才实施的。

3. 人格障碍与犯罪。人格障碍是指明显偏离正常且根深蒂固的行为方式，具有适应不良的性质，其人格在内容上、质上或整个人格方面异常。人格障碍分为反社会型、边缘型、自恋型、表演型、分裂型、偏执型、回避型、依赖型、强迫型等。反社会型人格障碍又称“悖德狂”，这种人道德观念薄弱，自我中心，极端自私自利，仇视社会，具有强烈的反社会性，为报复社会伤害别人，从而触犯法律，构成犯罪。这种人有一个特点：惩罚无法改变他们的行为。反社会型人格障碍者受到惩罚时，并不能抑制不良行为，改邪归正，弃恶从善，而是逃避惩罚或破坏奖惩机制。因此，反社会型人格障碍者常常会针对公安、司法人员进行犯罪。边缘型人格障碍，这类人情绪不稳定，做事冲动，容易失控，不计后果，多激情犯罪或者突发性犯罪。惩罚过后，遇到相同的事件，还会情绪失控，犯下大错。所以，边缘型人格障碍的犯罪往往是累犯、惯犯。自恋型人格障碍者常以救世主自居，主动承担起除暴安良、改造社会的使命，对社会的阴暗面恨之入骨，采用各种方式，包括非法的手段予以打击，从而构成犯罪。依赖型人格障碍者的特点是自身没有主见，凡事习惯依赖他人，通常情况下不会主动犯罪。表演型人格障碍者的特点是好表现，喜欢引人注目，暗示性高，为了引起别人的注意，有时会有一些出格的表现，包括犯罪。而强迫型人格障碍者和回避型人格障碍者则很少犯罪。

七、人生观、价值观与犯罪

人生观是指对人生的看法，也就是对于人类生存的目的、价值和意义的看法。价值观是指人们在认识各种具体事物的价值的基础上，形成的对事物价值的总的看法和根本观点。一方面表现为价值取向、价值追求，凝结为一定的价值目标；另一方面表现为价值尺度和准则，成为人们判断事物有无价值以及价值大小的评价标准。改革开放后，经济飞速发展，人们生活质量大幅度上升，但是，以个人为本位的人生观、价值观逐渐取代以社会为本位的人生观、价值观，传统的优良观念被人们丢在脑后，逐渐遗忘，人们越来越追求奢华的生活方式，追求物质的享受，拜金主义和享乐主义在社会横行。

所谓拜金主义，就是盲目崇拜金钱，把金钱价值看作最高价值，一切价值都要服从于金钱价值的思想观念和行动，认为金钱是万能的，是衡量一切行为的标准。拜金主义在资本主义之前就存在，在资本主义社会则成为资产阶级普遍奉行的道德准则和人生信条。而享乐主义表现为个人欲望享受上的贪得无厌和行为上的自由放纵。享乐主义认为，人生的最高目的和全部意义在于追求和满足个人的生活享受。以追求个人享受为生活的最大目标，全然不考虑他人，甚至选择牺牲他人来满足个人享受。

拜金主义与人的全面发展相背离，人降低成为金钱的奴隶。一个社会如果一切以钱至上，整个社会就没有了精神支柱，成为一个物欲横流、自私自利、人情冷漠的社会，成为一个向"钱"看齐的社会。拜金主义的大肆蔓延，造成人们对金钱的贪婪，从而不满足于现状，采取各种合法的、非法的手段来获取金钱，甚至不惜走向犯罪的道路。享乐主义更是腐化了社会风气，降低了社会的道德水平，侵蚀了人们的内心，滋生了社会腐败，造成大量财产型犯罪。

在金钱与物质享受的引诱下，部分国家工作人员背离了国家的信任，大肆贪污、受贿、挪用公款、滥用职权、徇私枉法，利用手中的权利进行"钱权"交易；青少年实施盗窃、抢夺、抢劫、诈骗、敲诈勒索、绑架等犯罪行为获取钱财，追求物质享受；部分女性为满足自己的虚荣心，不择手段，出卖肉体与灵魂，实施贩毒、卖淫、盗窃、诈骗等犯罪行为。拜金主义和享乐主义的盛行滋生了更多的犯罪行为，尤其是以公私财产为犯罪对象的犯罪。

八、道德观与犯罪

我国当前面临的根本危机是道德危机。许多人的道德底线已荡然无存。整个社会陷入一种信仰崩溃和道德失范的混乱状态。道德沦丧的典型表现是：利欲熏心、假冒伪劣、冷酷无情、善恶颠倒、麻木不仁等。食品安全案例可以说是道德沦丧的典型。生产者、销售者不顾消费者的生命健康，生产、销售假冒伪劣产品、有毒有害食品，为追求利益不惜走上犯罪的道路。国人在食品中完成了化学扫盲，从大米中认识了石蜡，从火腿中认识了敌敌畏，从咸鸭蛋、辣椒酱里认识了苏丹红，从火锅里认识了福尔马林，从银耳、蜜枣里认识了硫磺，从木耳里认识了硫磺酸。三鹿又让同胞知道了三聚氰胺的化学作用。司法实践中，"瘦肉精"案例、"地沟油"案例、"假白酒"案例更是屡屡发生。

例如，2011 年 10 月 31 日下午 5 时 30 分，在广东佛山南海黄岐镇广佛五金城，两岁的小悦悦在家门口的巷子里玩耍着，一辆迎面驶来的面包车猛然加速，将悦悦撞倒卷到车底。司机停了一下车，又加油门开走了，后轮再次从悦悦身上碾过。两名路人先后路过均对倒地的悦悦不理睬，接着悦悦被一辆小型货柜车再次碾压。之后 5 分钟往来的十余个路人均不闻不问。最后，经多次抢救无效身亡。2010 年 10 月 20 日 23 时，药家鑫驾驶红色雪佛兰小轿行驶至西北大学长安校区外西北角学府大道时，撞上前方同向骑电动车的张妙，后药家鑫下车查看，发现张妙倒地呻吟，因怕张妙看到其车牌号，以后找麻烦，便产生杀人灭口之恶念，遂转身从车内取出一把尖刀，上前对倒地的被害人张妙连捅数刀，致张妙当场死亡。杀人后，药家鑫驾车逃离现场，后被判处死刑立即执行。这两件事的发生让人们切实感受到世界的冷酷无情和麻木不仁，视生命为儿戏。这已经不是简单的刑事案件，更是体现了社会道德的沦丧。

九、法律意识与犯罪

法律意识是人们对于法(特别是现行法)和有关法律现象的观点、知识和心理态度的总称。包括对现行法的理解、解释、态度和情绪；对自己和他人权利、义务的认识；对人们行为的合法性的评价；以及人们关于法的知识和修养等。随着新中国的成立，社会主义法律体系逐步建立，加之长期的普法教育使我国人们的法律意识不断加强。但是，由于我国幅员辽阔，普法教育不能深入到社会各处，加之上千年传统封建思想根深蒂固的影响，我国人们的法律意识还未达到社会主义法治的基本要求，法律意识较为淡薄，法对人的约束力和强制力还有待加强。

人们法律意识淡漠，很容易引发犯罪行为。有的人虽然知法懂法但并不守法，对法律的严肃性和约束性认识不足，仗着自己权势大或者有后台，以为自己可以超越法律，逃避法律制裁，凌驾于法律之上，无所顾忌地实施犯罪行为，例如，许多国家工作人员或者其家属不将法律放在眼中，利用自己或者亲属手中的职权，大兴贪污腐败之实。有的人熟知法律但不尊重法律，利用法律的漏洞，千方百计钻法律的空子，进行各种犯罪活动，例如，明知我国实施产权保护制度不健全，还故意实施各种侵犯知识产权的犯罪。还有的人对法律愚昧无知，不了解法，认识不到自己行为是违反法律的行为，例如，村长私设公堂利用私刑处置村中有重大恶行的村民，还以为自己的行为是为民除害，匡扶正义。

尤其是在贫困的偏远农村地区，农民法律知识欠缺，对法律的认识程度不足。由于环境的闭塞和司法资源的不足，农民不懂法、不用法，对于法律知识了解有限，即使有所了解也只是停留在很肤浅的层面上，甚至了解的根本就是错误的信息。农民法律知识欠缺导致的直接结果就是法律观念淡漠，“惧法厌讼”现象严重。发生重大纠纷时，农民很少采用法律途径解决，多数选择私了、调解等方式，缺乏寻求法律保护的主动性，法律并没有发挥其应有的作用。

第四章　犯罪的自然原因

犯罪学研究中不仅研究社会环境与犯罪，而且也研究自然环境与犯罪，因为社会环境与自然环境有着密切的关系。任何一种犯罪都是在特定时空领域内发生的，犯罪从一开始就与自然环境有着密切的联系。所谓自然环境是指人类活动所依赖的各种自然条件的总和，它主要包括地理环境、气候、季节、其他自然资源等。有学者认为，自然环境不仅指气候、地理与时间等，也包括人类生存环境。就特定个体而言，则是先天既定的生存环境，如“城市死角”、交通工具与设备、村落结构乃至亭阁楼台等人类后天构建而转而变成先天既定的社会性遗留物。就具体的犯罪而言，犯罪的产生与实施可能借助也可能受制于自然条件，而且犯罪现象往往会因循季节、气候的更替而出现有规律的起伏，在不同的地理环境中，犯罪也会呈现出与其适应的特点。在自然条件下社会活动的规律，还会影响到犯罪人对具体行为方式的选择，可见系统分析犯罪的自然原因，对我们有效地防范犯罪，具有重要的意义。

第一节　时间因素对犯罪的影响

犯罪之规定及犯罪状态都具有时间特性。从大的方面而言，在文化背景不同的历史条件下，犯罪自然有其相应的历史特征；即使在文化背景大致相同的同一国家或地区的不同时期，犯罪也具有鲜明的时代特征。有关这方面的比较研究，对于了解犯罪现象随着社会、经济及文化条件而演变的历史过程是必要的，这同时也构成了对未来一段时间内的犯罪进行宏观预测的重要基础。但基于犯罪行为的实施一般都具有较明显的时间选择性，在不同的季节和不同的时刻，犯罪率和犯罪的类型有所区别，因此探讨犯罪的时间变化，则更吻合犯罪研究的应用目的。

一、季节与犯罪

总的来说，不同的季节气候条件一般不会影响犯罪总数，但它对犯罪类型却有着一定的影响。大体上，财产方面的犯罪，如盗窃、强盗、欺诈，其犯罪高发期一般在秋季到冬季之间；尤其过年、过节之时，金钱流通量大，易发生财产型犯罪，如冬季在城市和农村环境中入室盗窃发案较其他季节都要高许多。暴力的犯罪，如杀人、伤害、侮辱等，以及性犯罪，则在春季到夏季之间最多。春夏季节，人们户外活动时间长，为犯罪行为提供了一定的条件。春夏季节，气温较高。人的情绪易受刺激，人与人户外接触机会较多，人际纠纷发生的可能性变大，伤害、侮辱等暴力犯罪也存在增多的趋势。如我国传统的盗窃犯罪多发生在“月黑风高”之时，“偷雨不偷雪，偷风不偷月”成为不少惯盗分子总结出来的要诀。这表明气候条件是制约犯罪人作案心理的因素之一。

国外犯罪学研究中也认为，侵犯财产罪在冬季较多，春、夏季性犯罪更为突出。根据美国 1990 年 7 月的一篇报道说，七八月份是美国暴力活动最多的月份，强奸、杀人案件此起彼伏，比其他月份都多。台湾地区的犯罪统计资料表明，盗窃案多发生于9时至10时之间，伤害案多发生于18时至19时之间，杀人案多发生于21时至22时之间。人们早就注意到暴力活动与天气炎热之间有联系，但人们至今仍不知这种联系原因所在。根据实地调查及实验室的研究材料，科学家们正在寻求这些问题的答案。各类型犯罪与季节之关系如下：

1. 性犯罪的季节性特点

强奸、轮奸、群宿群奸等犯罪率，在其一年的十二个月中增减的情形与暴力犯罪的季节性明显相同。在春季至夏季较高，冬季较少，最多发生在6、7、8几个月，11月到次年2月最少。季节导致性犯罪原因主要有二：

(1) 春季至夏季之间气温上升，人的性欲容易冲动。谚语有云"春草萌发，春心波动"说明人在春暖花开季节里，男女性爱方面要求特别强烈。生理学证实，人在春夏之间性欲最为强烈。这和许多低级动物在这期间也进入"交配期"相同。那么，人在春夏季节里，产生性冲动而不能有效控制自己的可能性最大，性学家研究表明，人在5至7月间，也就是春季和夏季之间，怀孕率最高。当然人的生理随季节变化本身所具有的周期性，仍是促使人产生性冲动的主要基本动因。

(2) 春夏季装束简便，暴露身体部分较多。春季和夏季，一般地区气候适宜，人在经历了冬天的严寒，心理生理都有一种情窦开放的欲望，春夏更是女性展示"美"的时候，她们服饰简便，现代装束使身体裸露较多，在客观上对男性的性欲起到了刺激作用。从另一个方面看，夏季简易装束客观上为强奸犯罪者实施犯罪行为提供了便利条件。许多强奸犯罪与季节有密切关系。

2. 暴力犯罪的季节特点

从浙江省公安厅的调查研究中可以看出，暴力犯罪每年7—8月份是犯罪率的高峰，2月份是犯罪率的低谷，全年中的1、2、3月犯罪率偏低，3月份之后开始上升，直到7—8月份达到顶峰，在7—9月份出现暴力犯罪高峰期。暴力犯罪表现出的规律性是冬季发案率减少，夏季发案率上升，所以暴力犯罪与季节气候有明显关系。形成暴力犯罪呈季节性状态的原因主要有二：

(1) 夏季气候炎热，温度高，人的情绪受高温刺激。生理上容易出现烦躁不安，情绪波动大，容易激动，对周围环境往往产生不耐烦的情绪，冷静思考的克制力减弱，非常容易激化纠纷，恩怨相报，使得殴斗、伤害、杀人等暴力行凶事件产生。因而，许多人认为，像武汉、南京等城市的人，在夏季里性格急躁，易于生怒，街头巷尾免不了许多争执斗殴事件发生。

(2) 夏季日照时间长，昼长夜短。为人类户外活动提供了时间上的便利。夏季人们需要的生活费比冬季少，生意容易兴隆，就业容易，赚钱的机会比冬季多。这些条件促使人们在空余闲暇时间里，逛娱乐厅、酒吧、影院、戏场等，花钱饮酒寻乐。因色相和酒而引起的寻衅滋事大量增加，这些都是导致暴力犯罪产生的条件和诱因。

3. 财产犯罪的季节特点

这里的财产犯罪主要指盗窃、抢劫、诈骗、敲诈勒索等犯罪，或与财产有关的其他犯罪，包括以营利为目的的伪造罪、非法捕鱼罪、非法狩猎罪等。财产犯罪与对人身的犯罪在季节上恰好相反，财产犯罪多发生在冬季，财产犯罪的发案率高峰期是12月，11月、1月、2月次之，2月后开始下降，3月到9月变化不明显，如盗窃、抢劫犯罪表现尤为突出，每年

11 月、12 月是发案最高时期。造成财产犯罪的季节特点原因如下：

(1)11—12 月在我国是大节日到来的前夕，人们按传统观念都有储备金钱欢度春节的习惯，在目前贫富悬殊差别越来越大，物欲刺激的驱使下，有人为满足自己欲望奢求，加之法制观念薄弱，铤而走险，走上犯罪道路。

(2)随着冬季来临，少数人为御寒取暖，衣食住行所困，外面谋生寻找工作机会又不如春夏季节，而冬天物资资料需求又比其他季节大，在形成极大反差的情形下，所以，增加了为生活所迫走上财产犯罪的人数。

(3)冬季夜长昼短，户外活动机会相对减少，盗窃等财产犯罪受控机会相对减少，长夜也为这些犯罪夜间作案提供了充裕时间，这也是冬季多发盗窃犯罪的原因。

二、时刻、社会周期与犯罪

犯罪的产生往往具有时刻或社会周期特征。犯罪行为具有较明显的时间选择性，这既涉及社会相关因素，更涉及与自然因素的关联性。犯罪的时间选择性，不仅表现在季节、月份不同导致犯罪率的差异上，而且表现在昼夜中犯罪行为的不同时间选择上。此外与社会周期、自然周期等相关联。

1. 昼夜周期与犯罪

(1)犯罪率的昼夜差异性。白天和黑夜对犯罪的发生具有不同的影响，一般而言，犯罪人作案易多选择于黑夜，致使黑夜的犯罪率高于白天。有学者认为，是因为夜间的社会控制相对削弱，作案易于隐蔽，易于逃脱，易于得逞。有学者认为，就犯罪与犯罪者而言，夜幕为屏激发和怂恿了其内在的侵害冲动和胆量，并在客观上形成使犯罪得以掩护的外在条件。就被害与被害人而言，由于夜间处于休息和疲惫状态，警觉疲怠、抵抗力减弱，而常常陷入疏于、怠于防备或无法防备的被害情境，为犯罪者提供了趁虚而入的机会。就社会环境而言，此时亦属防备力量与外在制约因素减弱或中止的状态。

(2)犯罪的易发时间。有学者曾对重庆市某区的盗窃发案时间作过调查，其调查的时间分布结果有三个特点：社会发生罪案比单位多；社会白天发生罪案比夜晚发生多出近 1 倍；单位内部发生罪案晚上比白天多至近 2 倍。另据 20 世纪 80 年代末一项关于杀人、伤害、抢劫、强奸、盗窃、诈骗六类犯罪案件全国性调查统计：杀人、伤害、抢劫、强奸、盗窃犯罪案件的高发时辰为 18—24 时；而诈骗犯罪案件的高发时辰则有别于其他犯罪，是早晨 7 时至上午 12 时。低发时辰的表现：除抢劫犯罪、杀人犯罪无低发时辰之外，伤害、强奸、诈骗、盗窃四类犯罪案件的低发时辰为深夜零时至早晨 6 时。

2. 社会周期与犯罪

社会周期是指人类活动出现的与自然节律相一致的循环往复的活动时段。既然犯罪主要是一种社会性的行为，当然随社会周期的更替而变化。有学者指出，根据人们的社会活动的规律，某些特定的日期与大中城市中某类犯罪率的变化有明显关联。在我国城市生活中，由于实行周末双休制，重要节日的假期已经延长到一周，甚至 10 天，使得人们有了更多的社会性接触机会，其中社会冲突的概率会大于传统的单调的假日生活方式，导致越轨行为增加，行为摩擦导致拳脚相加等；同时，节假日期间城市盗窃和抢夺案普遍呈上升趋势。一般来说，单位发薪时期的前后也是某些犯罪的高发期。民工潮在一定程度上会影响到某一地区发案率的高低，而在民工潮逐步平息之后，犯罪率会有所下降，并趋于稳定。在周期性活动规律的经济变化，也会在其某一时段内影响整个犯罪率的变动幅度。

3. 发案数与犯罪规律

有学者通过对某县刑事和治安案件的发生数据分析得出。一些犯罪在每个月内发案也呈现出规律性变化，若将每月分为上旬、中旬、下旬(按阴历算)三个阶段，一般是上旬发案最多，下旬发案相对较少。而盗窃案件则以中旬发案最少；在一周内以周末(星期五、六、日)居多，总发案数的70%左右，特别是盗窃案件的发案尤其如此，占同类案件数量的75%左右；一年之中，农忙时间大致是在春耕、麦收秋种、秋收冬耕的近5个月里。在此期间各类案件数量明显下降，据近几年的数字显示，农忙时节的农民犯罪发案数仅占全年发案数的20%左右，而农闲时节则相对发案率比较高；农民犯罪在一天的24小时内，也存在着一定的发案规律，杀人、抢劫、强奸案件发生在夜间的相对较多，而伤害、诈骗案件多发生在白天。

第二节　空间因素对犯罪的影响

一、地理环境对犯罪的影响

地理环境包括地埋位置、地形、地势、地区环境等因索。犯罪现象发生的规律表明，犯罪分子往往会利用不同的地埋环境来进行犯罪活动，而且不同种类的犯罪对环境条件有着特殊的依赖性要求，表现出一些明显的犯罪环境规律。水泊梁山有利于造反者盘踞，黄泥冈则有利于打劫者作案。前者四面环水，一山险要；后者人烟稀少，满山松林。江洋大盗在湖泊江河的水面打劫，剪径的毛贼专在偏僻的小道上作案。这是犯罪者对于不同地埋地形条件的不同利用。地理的不同会造成物产的不同，物产的不同也会造成犯罪形态的不同。林区多盗伐林木案，渔区多破坏水产案，牧区多盗窃牛羊案。这是不同的地理特点促发不同的犯罪。抢劫、拦路强奸等犯罪大多数发生在偏僻的地方；流氓斗殴、伤害案件则多发生于城市的舞厅、酒吧等公共娱乐场所等。之所以会如此，是因为特定的环境有利于特定的犯罪行为的实施。反过来看，犯罪人也只有利用特定环境的条件才能实现其犯罪意图。实践中往往表现出环境对犯罪的发生有一定的选择性，即特定的环境中容易出现特定种类的犯罪。

二、特殊区域环境对犯罪的影响

特殊区域是指在一定空间范围内容易滋生犯罪的某些局部自然地理和人文地理环境。如人造区域环境，包括人造森林、人造湖泊、人工河流、村镇或城市社区的各种建筑、生活设施、立交桥桥洞、地下过道、地下停车场、地铁以及贫民窟、公园、流动人口聚居地等特殊空间。这些空间因其特殊的地理因素，不仅有利于作案，而且为社会力量难以控制的空间，遂常常沦为案件多发地带。还有商店、市场、旅馆、车站、码头、体育场馆、影剧院等经贸繁荣、人员流动频繁的空间，铁路、公路、航空、港航、海上和火车、城市公共汽车等交通工具内，亦常易发生盗窃、抢劫、流氓滋事等越轨行为，出现“车匪路霸”型的犯罪活动。

讨论犯罪与区域环境的关系，还要考虑到建筑物内部结构，包括：电梯间、转角、厕所、窄小的胡同或者里弄等室内环境那样的区域环境。郊野的废弃厂房内的暴力残杀是影视剧中的常见镜头，这不仅是艺术家的想法，也基本上符合生活的真实。

第三节　城市与农村犯罪比较

一、城市犯罪的特点

1. 犯罪的集聚性

与乡村相比，城市有着多得多的犯罪机会，犯罪在城市的集聚在所难免。当今城市空间结构复杂，人口分布稠密，管理状况混乱，居民的作息规律不定，邻里关系淡漠，人际关系复杂等，为犯罪提供了许多便利的机会。城市经济发达、财富集中、信息畅通、居民富裕，对犯罪人有很大的诱惑。城市夜生活丰富、交通便捷、治安管控覆盖率低等为犯罪带来了时空条件。例如各类居民小区，门户相对封闭，不相往来，上班时间人去楼空，无人守望；老城区技防、物防设施落后，门窗不严紧，攀爬也方便；城乡结合部人员复杂，建设环境杂乱，社会管理薄弱；单位及商业网点夜间防控力量弱、防护设施不全；各种车辆随处停放、毫无防备……这些客观上都为犯罪提供了多方面的可乘之机，正因为如此，与乡村相比，城市一直是吸引犯罪的巨大“磁场”。

城市作为区域的政治、经济、文化、交通、信息中心，人流、物流、财流枢纽，以及发展要素的配置总部，高度集中了区域经济资源、社会资源、人力资源和信息资源。然而城市既是发达之地，也是矛盾纠结和矛盾冲突的漩涡，更是治安不安定因素的集中之地。与乡村相比，城市是名副其实的犯罪“高发区”。犯罪率、发案绝对数、发案比例等都远远高于乡村地区。城市犯罪类型多样，犯罪人构成复杂，犯罪性质更为恶劣。造成危害更为严重，负面影响更为广泛。而且随着城镇化进程的加快，犯罪率呈上升趋势，犯罪在城市的集聚效应会进一步凸显。

2. 犯罪的经济性

侵财型犯罪发案率居高不下。由干城市是企业、商业、金融、服务、运输等行业、场所高度集中和消费高度集中的地方，财、物的高集聚、高密度、高流动是城市的固有特征，所以，城市必然成为“侵财型”犯罪的主要集聚地。非法攫取社会与他人财物为目的的犯罪居高不下，盗、抢、骗尤为突出，特别是伴以暴力的侵财犯罪十分严重，武力抢劫银行、珠宝行、机动车、行人，入侵商厦、居所杀人劫财，绑架人质、勒索财物等，对社会安定构成极大的威胁。其他非暴力案件，例如诈骗、扒窃、偷盗，制造、贩卖假货，制造、贩卖、使用假币等，同样对社会危害极大。这类案件多数是跳跃式作案或反复作案，作案目标选择钱财汇集的特殊空间和量广面大、易于得手及销赃的物品。团伙犯罪和黑社会性质犯罪的原始动因大多是“侵财”。随着城镇化的快速推进，财富在城市大量集聚，追逐利益的“寄生型”犯罪人就会大量滋生，而且往往采取有组织的结伙作案。受经济利益的驱动，流氓恶势力也会沆瀣一气，他们巧立名目、动辄打杀、强取豪夺、欺行霸市、制造事端、敲诈勒索、鱼肉百姓，最终由单纯的侵财型犯罪发展成多样性犯罪——犯罪成为黑社会形成的组织基础和经济基础。

寻租型犯罪引人瞩目。快速城镇化必然促使大规模的城市建设。这是一项耗资巨大的社会系统工程。房地产开发、基础设施建设以及城市空间的拓展、城市形象的丰满、产业结构的升级调整等都需要投入巨额的资金，占用大量的土地。在土地使用权的出让、转让、拍卖、抵押、划拨、有偿使用，以及房屋建造、基础设施和公用事业的建设所引发的巨额贷款、融资等方面，国家给予的优惠政策使地方政府具有较宽松的运作环境。上级政府垄断格局被打破，形成了“谁投资、谁所有，谁经营、谁得益”的多元化竞争机制，权钱交易的土壤就会滋生所谓“寻租型”犯罪。大量事实表明，权钱交易导效大量的犯罪行为，白领犯罪、法人犯罪、单位犯罪、职务犯罪等腐败案件防不胜防，大批涉案公务人员、领导干部纷纷落马。权钱交易破坏了市场秩序，为不正当竞争提供了可能，国有资产大量流失，投机取巧者一夜暴富，充当“寻租者”的国家公务人员成为暴发户。

3. 犯罪的社会性

过剩型犯罪量大面广，在我国长期计划经济体制下被隐形化了的农业剩余劳动里，追随着城镇化浪潮而涌进城市，融入城市工商业者或普通民工队伍。大量利余农业劳动力进入城市，无疑会对城镇待业青年、下岗职工的就业和再就业造成巨大压力，导致城市出现大量的过剩劳动力。过剩劳动力的集聚使城市的就业环境日益恶劣，当那些文化素质差、技术水平低且缺乏竞争力的过剩劳动力被无情“过滤”下来后，因生计无着，就有可能铤而走险，走上犯罪的道路。这种犯罪称为“过剩型”犯罪，其特点是犯罪量大且面广。另外，还有一些东部沿海地区和其他发达地区的被城镇化“洗刷”了泥土气息的农民，以及普遍存在的城市近郊因“土地流转”而彻底脱离农业的“失地农民”，他们没田种，文化素质不高，没有创业技能，属于怀揣失地补偿金的“失业者”。这些人大多居住在城中村、城乡结合部，有致富的欲望却没有致富的门路，他们看不上收入不高而又辛苦的工作，也没有能力积聚原始资本，充当新的开拓者，结果形成另一种类型的过剩劳动力。长时间的赋闲在家、脱离社会，过剩的精力无处发泄，要么堕入犯罪泥淖，要么为他人犯罪提供便利，引发了一连串的社会治安问题。

激化型犯罪防不性防。快速城镇化引发的政治、经济与文化领域的巨大的社会变革，会激发各种利益矛盾与冲突，这是正常现象。在这个过程中不断暴露的问题，例如：建设用地的划拨问题、拆迁与再建问题、规划的制定与修编问题、不同经济政策的衔接而带来的利益格局调整问题。以及企业亏损、兼并、破产、职工下岗、失业保障等问题，可能会引发影响政治稳定和社会安定的群体性事件。如果处理不好，矛盾被“激化”，群体性事件的参与者或自发或被煽动而作出越轨、违法行为，例如妨害公共秩序、毁坏公私财物、暴力对抗司法等。同时，在处理群体性事件时，政府有关部门和人员也有可能情绪被“激化”。不正当行为、过分过度行为除了会进一步激化矛盾外，本身即已违法，严重者同样会沦为犯罪。城市居民个体也会因矛盾“激化”而引发冲突甚至是违法犯罪。婚恋纠葛、钱财往来、代沟隔膜、邻里摩擦、遗产风波、上下级关系、劳资纠纷等现象，均为快速城镇化中城市社会变革的副产品，稍有失控，就会酿成事端。甚至人心浮躁、情绪波动等精神层面的东西也会使一点小事成为冲突的导火索。值得注意的是，社会变革中城市传统的大家庭观念逐渐消失，家庭功能逐渐弱化，离婚率逐年升高，单亲子女越来越多。他们失去家庭温暖。感情受到创伤，可能形成性格变异、精神压抑、自我封闭等心态异常，更容易出现矛盾“激化”状况。这是我国城市近年来犯罪主体低龄化、犯罪手段成人化、犯罪性质严重化、犯罪现象复杂化的原因之一。

4. 犯罪的时代性

现代型犯罪危害严重。城市是现代化高科枝和信息的主要接收点和集聚地。随着城镇化的推进，我国以高新技术为核心的现代化产业体系得到全面发展与进步。但同时，以高新技术、高强智能为手段的现代型犯罪也应运而生。例如计算机犯罪、网络犯罪、电子信息犯罪、远程犯罪、金融犯罪、跨国犯罪、智能集团犯罪等，充分体现了城市犯罪的时代性。此类犯罪不受时间、空间的限制，作案手段即时、便捷，作案目标的针对性很强，作案过程的隐蔽性很强，给社会带来的危害相当严重。特别是随着计算机技术的广泛应用，犯罪手段更加现代化，与计算机网络有关、运用计算机技术犯罪的案件大大增加，“黑客”入侵要害部门和利益部门的案例大大增加。同时，随着经济全球化时代的到来，出现了以技术性犯罪为重要特征的全球性新的犯罪浪潮，国际恐怖组织、黑社会势力等活动猖獗，跨国走私毒品、走私军火、贩卖人口、制售伪钞等严重刑事犯罪明显增多，同犯罪斗争的国际性特点更加突出。

堕落型犯罪广泛蔓延。随着对外开放的不断扩大，西方文化对中国的影响越来越深，一些不良文化要素侵入中国大地。随着思想禁锢的不断解放，新中国成立后早已绝迹的剥削阶级的腐朽、丑恶现象也沉渣泛起。部分人经不住生活中四方光怪陆离现象的刺激，道德观念、价值标准沦丧。染上不良恶习，为城市犯罪积淀了新的土壤。在拜金主义支配下的一些服务业者与娱乐业者迎合这些“时尚”需求，为卖淫嫖娼、包养二奶、贩毒吸毒、赌博诈骗、地下钱庄等各种违法犯罪活动提供便利的场所与条件，形成所谓城镇化的“罪恶陷阱”。更令人担忧的是，堕落型违法犯罪现象还可能滋生更为恶劣的大案要案，抢劫杀人、买凶杀人、报复杀人、贩卖人口、国际贩毒，甚至危害国家安全等大量案例的背后，都有犯罪人腐化堕落的人生轨迹。然而，一些部门对这种现象带来的危害没有足够的认识，为了片面追求经济发展速度和利益，不注重精神文明建设，甚至为了提升地方经济利益，明目张胆地在开发区、度假区、娱乐区、旅游区等纵容涉及黄赌毒的非法经营项目，使这些丑陋现象在城市的角角落落明目张胆地蔓延。

5. 犯罪的地域性

不同区位城市的犯罪问题各有特点。我国地域空间广大，城市数量多，不同区垃城市的自然条件与人文条件差异很大，可以说没有两个区位条件完全一样的城市。其中自然条件差异主要表现在位置、气候、地质、地形、土壤、水文、自然资源、生态环境等；人文条件差异主要表现在经济、社会、文化、交通、科技、乡村腹地、区域政策等。城市犯罪问题都深深地打上了区位背景的烙印，表现在犯罪率高低的差异，犯罪类型和犯罪手段的差异等。

不同地带城市的犯罪问题有明显差异。我国北方城市与南方城市相比，犯罪的地带特色十分明显。就侵财型犯罪而言，直截了当、不加掩饰的拦路抢劫或长途交通车辆的持枪抢劫等恶性案件，发生在北方的几率明显高于南方。就涉及毒品的犯罪而言，南方地区湿、热的气候条件适宜于毒品原料作物罂粟等的生长，且又临近东南亚这个世界性的制毒、贩毒中心，涉毒案件多为种毒、制毒和较大批量的贩毒以及吸毒等，属“毒源”型犯罪。而北方城市的毒品大多是从南方流入的，吸毒和小批量的转手贩毒是其主要表现形式。就涉及文物的犯罪，北方地区古代文明积淀深厚，地上、地下的宝贵文物一直是犯罪人垂涎的目标，因此抢劫馆藏文物和盗掘古墓文物的犯罪活动比较猖獗。而文物到手后，却大多流向南方，经倒卖或落入个人收藏，或携出境外流入他国，倒卖文物案和非法携文物出境案屡见不鲜。发生于七朝古都开封的“9・18”博物馆特大文物失窃案中，犯罪人的活动和公安人员的侦破都是循着从北向南的轨迹进行的。除南、北方城市之间的差异外，其他如东、中、西部地带城市之间，山区与平原城市之间，交通沿线与非交通沿线城市之间，犯罪的差异也很明显。我们不是“地理环境决定论”者，不会把地理环境（包括区位条件）当做影响城市犯罪唯一或决定性的因素，但不同地带城市的犯罪问题带有明显的地域特征，却是个不争的事实。

二、农村犯罪的特点

农村社区是人类社会最早出现的社区形式，一个个村落就是由从事农业生产活动为主的居民所组成的区域社会。由于农业生产劳动需以宽广的土地为基本条件，而农作物的生长又受气候等自然条件的限制，具有季节性和周期长等特点，因此对农村社区社会生活产生重大影响，从而也作用于农村社会生活中的犯罪现象。

从 20 世纪 80 年代初我国改革开放以来，农村社区打破闭锁状态，农村商品经济的发展推动了生产力的发展，人际关系，价值观念，生活方式等已经和正在发生变化。随之，犯罪现象也日益突出起来，严重地影响着农村的经济发展和社会进步。一般来看，农村社区犯罪率南方高于北方，沿海高于内地，平原高于山区。

农村社区犯罪的类型，主要有两种。一是财产犯罪，二是性犯罪，盗窃、抢劫、诈骗和流氓、强奸犯罪比较普遍和突出。此外，伤害、杀人犯罪也时有发生。农村社区还出现拐卖人口等新的犯罪类型。

据全国第四次人口普查数据，1990 年我国农村人口(不包括城镇)已达到 8.33 亿多，占全国总人口的 73.56%。如此庞大的人口基数，无疑决定了农村犯罪案件在绝对数上超过城市犯罪，而农村地域广阔，人口稀疏，闭塞落后，居住分散，组织薄弱等社区特点，易于被利用于进行犯罪活动。80 年代以来农村犯罪率上升，是社会从封闭、落后、传统向开放、文明、现代化转变过程中的伴生现象，而且具有复杂多变的，涉及经济、政治、文化等方面的社会原因，具体分析如下：

1. 商品经济的发展促进了中国农村的发展，但是，中国农村商品经济是建立在几千年小农传统之上的，小农经济的狭隘、自私和短视，使农民在一个时期中，将商品经济仅仅理解为“发财”，他们学会了“交换”，但是还没有具有商品经济发展所必须具有的职业道德，出现大量为发财而不择手段的违法犯罪行为。

2. 农村经济发展缓慢，农民家庭贫困，许多学龄儿童难以受到良好的家庭教育和完整的学校教育，个人社会化受阻，社会适应困难，大量成为文盲、法盲，有的连起码的生活技能都没有。与农村经济不发达相联系，文化生活十分贫乏，以致低级、庸俗甚至迷信、反动的封建文化乘虚泛起而诱发犯罪。

3. 传统文化与法文化控制的失控导致农村犯罪的发生。传统文化在农村具有深远的影响。上千年古老伦理、道德、族规、民俗同现今的法律、政策、制度以至领导者的权力意志混合交融在一起，编织成一个特殊的农村社区控制体系。它控制着农户和农民的思想、心理和行为。农民世世代代因袭着传统文化，在一些地区法律的力量还没有传统文化的制约力强大，具有国家强制力的国家法律远没有在农村扎下根来，它使得农村中，尤其是农村青少年普遍缺乏法律意识。

4. 农村特殊地理环境对犯罪的影响。农村地域广阔，地形复杂。一些自然地理环境，如山林、河网，庄稼地等，犯罪分子实施犯罪时可以加以利用。农村社区人口密度大大低于城市，也往往造成犯罪分子的侥幸心理，增强犯罪动机，犯罪也容易得逞。

5. 农村社会控制不力。不仅传统习俗和道德观念以及父母教诲等非正式约束机制日渐减弱，而且农村体制改革后基层政权等社会组织的社会控制力也趋于松散。担负打击犯罪活动重托的政法队伍人数少，素质不高，经费不足，技术装备落后。由于小农经济的自私、狭隘，一些农民面对犯罪活动以冷漠态度处之，遇到不法侵害也不敢反抗等多种因素综合作用，造成对农村社会犯罪的控制减弱。

第四编　犯罪预防论

第一章　犯罪预防的一般原理

第一节　概　述

一、犯罪预防的概念

犯罪预防是针对社会中犯罪现象及其产生原因而采取的预防犯罪行为发生的各种措施和方法的总称。犯罪学研究从犯罪现象及其特点，到犯罪原因，再到犯罪预防，层层深入递进，构成了犯罪学研究的完整逻辑体系。其中，犯罪预防是犯罪学及整个犯罪科学的最终归宿，被誉为犯罪科学理论的皇冠。① 但对于犯罪预防的概念，学者基于不同的视角或立场等原因，历来有不同的观点。一般而言，分为狭义的犯罪预防和广义的犯罪预防。

广义的犯罪预防，泛指一切预防和防止犯罪的活动。一切有利于维护社会安宁秩序和避免行为人实施危害社会行为的活动，都可以称之为预防犯罪。广义犯罪预防的观点由来已久，自犯罪预防思想产生以来，直到20世纪80年代，各国犯罪学者几乎都从广义的角度界定犯罪预防，把与犯罪作斗争的一切方法和手段均包括在预防之列，使犯罪预防成为“包罗一切”的庞大理论和实践体系。② 在我国，广义的犯罪预防概念长期以来受到学者的肯定，犯罪预防被定义为：综合多种社会力量，运用各种手段和措施，通过消除或减少诱发犯罪因素的途径，有效地防止、遏制和减少犯罪及重新犯罪的措施体系；在实践中，发动各种力量，运用多种手段对犯罪进行综合治理，是我国一项基本刑事政策。③ 据此，广义的犯罪预防将预防视为“一切预防活动”，包括犯罪发生前的预防，还包括在犯罪发生中和犯罪发生后的惩罚与教育改造措施等；包括由专门的国家公检法等机关进行的有利于遏制犯罪的措施，还包括由一般社会组织、群众或个人实施的防范犯罪的活动。

广义的犯罪预防的概念，虽然反映了犯罪原因的复杂性和多层次性的特征，有利于从宏观上运用多种手段，调动一切社会力量来预防犯罪，但其存在过于宽泛化、空洞化的问题，不利于犯罪预防的专业化和专门化；并且将犯罪发生中和犯罪发生后的惩罚措施也视为犯罪预防有悖于“预防应事先进行”的逻辑，存在混淆预防、惩罚和矫治等概念界限的问题。由此，狭义的犯罪预防概念应运而生。

相对于广义的犯罪预防，狭义的犯罪预防仅指在犯罪发生之前的预防。一般认为，首先明确提出这一概念的是1982年欧洲部长理事会有关犯罪预防的第837号建议案，该建议案把基于刑罚之确定及执行的惩罚性及威慑性预防排除在预防范畴之外，并将犯罪预防只视为

---

① 魏平雄等．犯罪学教科书[M]．北京：中国政法大学出版社，1998：262.

② 董士昙、刘琪．犯罪预防理论与实践[J]．江苏警官学院学报，2005(3).

③ 董士昙、刘琪．犯罪预防理论与实践[J]．江苏警官学院学报，2005(3).

实现刑事政策的一种手段，而与刑事政策的其他手段相区别，如对犯罪受害人的援助，对犯罪人的重新社会化、非刑罚化以及个性化的治疗，扩大剥夺自由刑的替代措施等。①。此后，这一概念思想得到许多学者的认同，提出了一系列狭义的犯罪预防概念。颇具影响的是1986年比利时学者提出的概念："犯罪预防，是指国家、地方组织及社会团体，通过消除或限制致罪因素及其对孕育着利于犯罪机会的物质及社会环境的恰当管理，以达更好地控制犯罪的目的而采用的一种手段。"②

狭义的犯罪预防概念将犯罪发生后(包括犯罪发生中)的预防排除在犯罪预防的概念之外。应该说，这一概念还原了犯罪预防"事先预防"之本义，事实上犯罪后的惩罚等措施往往是伤害巨大且代价昂贵的，是一种"不得已的恶"，将它们排除在犯罪预防的概念之外，也有利于人权保障和现代社会的文明。对某一犯罪而言，一旦犯罪已经发生，事实上就不可能再预防犯罪；犯罪发生后，就涉及对该犯罪行为人的惩罚、教育改造和矫治等活动，虽然在现代法治理念中，这些活动也可以视为一种犯罪预防的需要，但这主要是一种针对再次犯罪的预防③，将其视为犯罪预防有偷换"犯罪"概念之嫌。而且，狭义的犯罪预防并不否定广义犯罪预防概念在预防手段或力量上的综合性、全面性等优点，狭义的犯罪预防概念所排除的主要是犯罪后的惩罚性措施，这些措施本身是犯罪的后果，并非排除公检法等专门国家机关作为犯罪预防的主体，事实上，这些专门的国家机关除依法追究犯罪的法律责任外，还在日常工作中扮演着重要的预防犯罪的角色，如普法宣传教育等。

在此意义上，本书赞同狭义的犯罪预防概念。所谓犯罪预防，是指国家、社会或个人采取各种方法和措施，以减少或消除导致犯罪形成的原因和条件，从而予以预先防范犯罪发生的一系列活动。

二、犯罪预防的特征

犯罪预防概念具有如下几点特征：

首先，犯罪预防的主体是国家、社会和个人。国家主体的犯罪预防即官方预防，主要表现为包括公安机关、人民检察、人民法院、司法行政机关在内的国家行政机关进行的犯罪预防；社会主体的犯罪预防即社会群众组织、民间团体进行的犯罪预防，常见的如学校预防、社区预防等。此外犯罪预防还包括个人预防，即公民个人为预防犯罪而采取的各种预防措施。

其次，犯罪预防的目的是为了减少或消除犯罪形成原因而预防犯罪。犯罪预防旨在防止或避免犯罪，但现实上其不可能直接针对犯罪本身进行，而从逻辑上犯罪预防是通过减少或消除犯罪的原因而实现的，即犯罪预防是以对犯罪现象及其原因的准确认识、科学分析为基础的。在理论上，犯罪的产生是由于社会上存在着一定的犯罪原因与条件。对犯罪原因而言，现实社会既有导致所有犯罪的一般原因，又有针对不同犯罪的不同原因，即便是对同一种犯罪，又因为社会的发展变迁、具体环境等的差异而存在不同的原因结构。因此，预防犯罪离不开对犯罪现象及其原因的调查研究和科学分析，犯罪预防同样强调"对症下药"，离开犯罪原因的犯罪预防，无疑是毫无根据的盲目预防，难以真正地预防犯罪。

① 张远煌．犯罪学原理(第二版)[M]．北京：法律出版社，2008：438.

② 张远煌．现代犯罪学的基本问题[M]．北京：中国检察出版社，1998：258.

③ 无论是特殊预防，还是一般预防，相对该一犯罪，都是预防再次犯罪意义上的犯罪预防。

最后，犯罪预防的措施具有综合性。即具体的犯罪预防的措施和方法并不是确定和唯一的，而是多种多样、千变万化的，表现为一种高度综合的措施体系。这是因为现实的犯罪情况是纷繁复杂的，如何采取合理有效的措施来预防犯罪是一个复杂的具体问题，犯罪原因的多元化、现实社会环境的多样性，必然对应着犯罪预防上的多样化。这要求我们，一是犯罪预防的原则性和灵活性，在遵循犯罪预防基本原则的同时应注意具体问题具体分析，针对不同的犯罪预防情形，采取不同的犯罪预防措施和体系；二是犯罪预防措施可能是某一简单有效的应对之措施，更可能是由不同措施或方法组成的复杂的综合体系。对某一犯罪的预防，也许某一种措施或方法即可奏效，而对另一犯罪的预防，则可能需要综合多种社会的力量，运用多种方法来预防犯罪。

三、犯罪预防与犯罪控制

值得注意的是，有的学者还提出了“犯罪控制”的概念，“犯罪控制(crime control)是指在犯罪行为发生后或过程中采取的不使犯罪行为继续发生或再次发生，并防止犯罪现象的数量和质量超出正常范围(或曰社会所能容忍的范围)的硬性措施和手段”。① 张小虎教授认为：“犯罪控制，是指基于犯罪条件的揭示，由国家与社会采取各种措施与方法，致力于减少、消除犯罪发生的致罪因素，对于个体犯罪现象以及社会犯罪现象，予以限制与遏制的一系列活动。”②同时，学者还比较分析犯罪预防和犯罪控制存在着较大的区别。③ 概而言之，此外的犯罪预防是狭义的犯罪预防，指在犯罪发生前的预防活动和措施，在犯罪预防策略上是以减少和消除导致犯罪的原因而预防犯罪，而犯罪控制着眼于犯罪虽未发生但处于即将发生的临界状态或犯罪已经发生而正在进行但尚没有结束、造成严重后果的阶段，在策略上针对社会上犯罪发生的条件加强管控以预防犯罪，如果说犯罪预防是“治本”意义上的预防，犯罪控制就是“治标”意义上的预防。

对此，笔者认为，犯罪预防和犯罪控制的区别是基于区分犯罪的发生阶段、犯罪的原因与条件等而提出的。区分犯罪预防和犯罪控制自有一定的道理，有利于构建和完善犯罪预防的理论体系，但应该说，现实的犯罪情况是复杂多样的，要准确区分犯罪发生阶段或犯罪的原因与条件等，恐怕是非常困难的，而且存在着操作性的困境；而实践中将犯罪控制视作犯罪预防也不存在大的问题，虽然犯罪已经发生，但如果及时采取有效的措施制止了犯罪的继续发展、恶化，并没有造成严重的社会后果的情形，人们通常也可以视之为犯罪预防。

在此意义上，本书并没有区别犯罪预防与犯罪控制，犯罪预防包括着犯罪控制的内容。

第二节 犯罪预防的意义

人类社会有犯罪，就有犯罪预防。面对犯罪给人类社会带来的严重危害，提前预防犯罪发生的思想自古有之、影响深远，犯罪预防是人们针对犯罪活动所普遍采取的一种态度和策

---

① 许章润．犯罪学(第三版)[M]．北京：法律出版社，2007：301.

② 张小虎．犯罪预防和犯罪控制的基本理念[J]．河南省政法管理干部学院学报，2008(1).

③ 许章润教授主编的《犯罪学》概言犯罪预防与犯罪控制的根本区别在于，前者是对犯罪的积极避免和主动出击，后者是对犯罪的被动防守和事后处置。张小虎教授的论文，具体从基础特征的差异、阶段特征的差异和目标特征的差异三个方面详细论述了二者的区别。

略。现代社会犯罪预防更是受到立法、司法及政府行政管理机关的高度重视，并创造了一系列有关犯罪预防的对策理论。犯罪预防意义重大，今天现代社会人权保障、法治观念深入人心，强调犯罪预防有其重大的必要性和可行性。

一、犯罪预防的必要性

现代社会犯罪预防有其重大的必要性。犯罪预防是减少和消除犯罪活动，保障人民群众生命财产安全、构建和维护正常社会秩序的根本途径。其必要性主要体现在以下几点：

1. 犯罪预防的必要性首先源于犯罪自身的存在。犯罪是一种严重危害社会的行为，这构成了犯罪预防必要性之根本。如学者所言，犯罪已经成为威胁、困扰和破坏人类生产、生活与安全的严重社会问题，进入20世纪以来，犯罪正成为世界性公害，它对人类的威胁，特别是在物质上和精神上所造成损害，已大大地超过了战争；美国因犯罪每年给经济造成的损失高达上千亿美元，大大超过了美国全年军备开支，更大大超出美国全年文教和卫生事业的开支，至于犯罪所造成的人身伤亡，更加惨重；据统计，美国平均每14分钟就有1人被害，美国大街上每100小时被杀的人数要比海湾战争期间100小时战死的美军多3倍。① 犯罪不仅对善良公众的生命健康、人身自由及人格尊严等权利造成赤裸裸的侵害，而且对社会和公众的财产权利、物质利益等造成巨大的损失。

一直以来，犯罪为人们所深恶痛绝。例如，一旦发生一些严重的人身伤害或重大财产损失犯罪，人们也习惯于称其犯罪行为罪大恶极、十恶不赦。在人类社会的早期，对这些严重的犯罪行为，无一不动用严酷甚至野蛮血腥的刑罚予以惩罚，除了专制统治的因素，其中不乏对犯罪严重危害的报应思想，此所谓“不杀不足以平民愤”。犯罪是一种社会恶行，不仅给案件受害人造成了重大的损失，而且也会对正常社会生活的安宁和秩序造成严重的破坏。如果犯罪得不到有效地预防和控制，任其发展，必然会导致现有稳定社会生活的难以为继，导致现有统治秩序的土崩瓦解。在此意义上，犯罪究其本质是一种社会恶害，这种恶害在现代社会往往表现出更广泛更严重的社会危害，因此必然要求对犯罪予以预防。

2. 犯罪预防的必要性是犯罪“预防为主惩罚为辅”思想的必然要求。如上所述，犯罪是一种恶害，千百年来，各种令人毛骨悚然的恐怖犯罪时有发生，犯罪给人们的生命财产等权利造成了严重的侵害，破坏了人们安宁的社会生活。如何应对犯罪？人类社会早期相当长的一段时间内占主导思想地位的是报应主义，即对犯罪行为“以血还血、以牙还牙、以眼还眼”。这种思想注重在事后的报应惩罚，强调对犯罪行为的惩罚，即使谈到犯罪预防，也是通过严刑峻罚的威慑作用来实现其犯罪预防，其结果必然是导致严酷的重刑主义和出于维护统治秩序需要的罪刑擅断主义。在近代资产阶级革命中，启蒙思想家们对封建社会残酷的刑罚制度进行了无情的揭露和批判，提出的“自由、平等、人权保障”等思想深入人心，并由此奠基起了现代社会的法治思想。在此之中，刑罚从过去的以报应为观念基础的惩罚转向犯罪预防，形成了“双面预防”和“特殊预防”的思想观点。应该说，相对事后对犯罪行为的惩罚，犯罪预防为主的思想更符合现代社会的法治精神，更体现现代社会的人权保障。这表现在：一方面犯罪惩罚总是一种伤害和痛苦，往往会剥夺行为人一定的权利，毕竟刑罚是一种不得已的恶，而且还可能存在一定的负作用，如有观点就认为死刑可能会助长社会的残忍心理；而犯罪预防主要通过在犯罪发生前采取一些性质较柔和的社会管控手段或措施以避免犯

① 康树华．论犯罪预防[J]．中国刑事法杂志，1999(1)．

罪行为的发生。另一方面，犯罪惩罚思想是以追究犯罪人的责任为核心而构建，而犯罪预防重在分析导致犯罪发生的社会环境和个人原因，以采取合理的措施预防犯罪，不仅关注犯罪人的因素，还强调社会上的致罪因素。

我国司法实践长期以来十分重视犯罪预防，并形成了“预防为主惩罚为辅”的应对犯罪的基本思想。这种思想可以追溯至我国古代就有的“慎刑”思想，慎刑即对犯罪应慎重地适用刑罚。应对犯罪强调的是在犯罪发生之前的预防，采取各种合理的措施以防患于未然。20世纪70年代末期，随着我国青少年犯罪问题日益突出，1979年6月中共中央批转的《关于提请全党重视解决青少年违法犯罪问题的报告》就提出了青少年犯罪以预防、教育为主，以惩罚为辅。该报告要求必须实行党委领导……来加强对青少年的教育；要求在党委领导下，把宣传、教育、劳动、公安、文化等部门及工会、共青团、妇联等各方面的力量统一组织起来，通力合作，着眼于预防、教育、挽救和改造，积极解决青少年违法犯罪的问题，同时也指出对极少数严重刑事犯罪分子必须依法予以惩办。① 究其原因是源于青少年犯罪的特殊性，虽然犯罪青少年实施了严重危害社会的行为，但由于其处在青少年阶段而对犯罪行为的认识和控制能力弱于一般人，因此应以预防犯罪为主惩罚为辅。即预防青少年犯罪不应通过严厉打击，刑罚威慑以遏制其违法犯罪，达到预防犯罪的目的，而应当科学地认识与分析青少年的人身、心理特点，立足于教育和保护，才能最大化地发挥预防青少年犯罪的效能，保护青少年的健康成长。事实上，不仅青少年犯罪而且所有犯罪，都应当以预防为主、惩罚为辅。我国社会治安综合治理的提出，就是司法实践“预防为主惩罚为辅”思想的体现，社会治安综合治理坚持预防为主，要求把预防工作作为社会治安综合治理工作最基本的立足点和出发点，注重减少、消除或管控导致危害社会犯罪行为的具体社会原因和条件，从而减少和预防犯罪行为的发生。由此，预防是治理犯罪的最根本途径和最理想的措施，坚持犯罪预防为主惩罚为辅，构成了犯罪预防之重要的必要性。

3. 犯罪预防的必要性是维护社会稳定的应有需要。犯罪预防与社会稳定紧密相连，因为犯罪的状况直接影响到一个社会的稳定与否，谈及社会的稳定性问题往往使人们联想到犯罪，而且“犯罪乃社会稳定之大敌”，② 诚如恩格斯所言“蔑视社会最明显、最极端的表现就是犯罪”。③

当前处于社会转型时期的我国社会稳定，显然并不是指社会的绝对静止和不发生变化，而是指社会生活的动态平衡，表现为社会正常生活秩序、社会安宁、和谐和有序的状态。一般而言，社会稳定包括政治局势稳定、经济形势稳定、文化思想稳定和社会秩序稳定，犯罪行为之严重的社会危害性就体现在对这些方面社会稳定的干扰和侵害。这要求我们从广义上理解社会稳定，不能把社会稳定等同于政治稳定，即不仅在新旧社会变革时期应重视预防犯罪维护社会稳定，而且在我国社会主义现代化建设时期，也不能忽视预防犯罪维护社会稳定问题。事实上，当前我国正处于错综复杂的社会转型时期，正经历着广泛而深刻的社会变革，各种社会矛盾冲突问题呈现高发态势，致使各种社会稳定形势面临着严峻考验。一是国家工作人员以权谋私、贪污受贿等腐败现象屡禁不止，严重玷污了国家工作人员的形象、破

① 张远煌．犯罪学原理(第二版)[M]．北京：法律出版社，2008：554.

② 李希慧、杜国强、廖焱清、贾济东．犯罪、社会稳定与刑事政策的关系初探[J]．华侨大学学报(哲学社会科学版)，2003(1).

③ 马克思恩格斯全集(第1卷)[M]．北京：人民出版社，1960：16.

坏了干群关系，影响了社会稳定；二是市场经济竞争激烈，工人下岗失业、贫富两极分化严重，致使低收入阶层产生严重的不平衡感；三是改革开放以来，城市流动人口日益增加，在繁荣和活跃了城乡经济的同时增加了社会不稳定的因素；四是近年来少数民族地区民族主义、极端宗教势力和分裂势力相互勾结，实施恐怖主义犯罪的情形时有发生，给人民群众的生命财产权利造成了重大损失，影响到了社会稳定。凡此种种，激化了社会矛盾、引发了犯罪，也最终影响了社会稳定。而社会稳定之于我国现代化建设意义重大，社会稳定是一切社会生活得以正常进行的必要前提条件，当前我国正面临着合理协调改革、发展与稳定三大社会主题的难题，我们要在改革和发展的推进中实现政治和社会的长期稳定，是我们进行现代化建设所追求的社会环境目标。邓小平同志曾有精辟的论述："中国的问题，压倒一切的是稳定，没有稳定的环境，什么也搞不成，已经取得的成果也会失掉。"①犯罪作为影响社会稳定的大敌，犯罪预防无疑具有特别重要的必要性。

4. 犯罪预防的必要性还在于社会主义文明建设的需要。现代社会，犯罪预防以防范和避免犯罪的发生，减少、消除犯罪行为对社会的严重危害，维护社会的稳定，是犯罪预防的直接面向及其功效；而进一步看，犯罪预防也是现代社会文明的应有之义。

一方面，犯罪预防比犯罪惩罚更能体现社会的文明状况。人类社会应对犯罪的实践本身就是衡量和评价社会文明的重要指标。随着资产阶级启蒙运动，到18世纪末19世纪初，人类社会在犯罪应对上日益走向理性，惩罚越来越有节制，"惩罚愈益成为刑事程序中最隐蔽的部分"，"在现代司法和执行司法者中有一种羞于惩罚的气氛"，而"心理学家和辅助道德矫正的公务员的数量急剧增多"。②在此之中，人类由野蛮社会走向文明社会。孔子曰："不教而诛谓之虐"，我们对待犯罪理应事先进行教化，采取合理的措施进行犯罪预防，行为人在此基础上仍然实施犯罪行为，才能对其进行惩罚。现在法治发达国家社会文明，与其高度重视犯罪预防是分不开的。

另一方面，犯罪预防的实施，有利于促进和保障我国的社会文明建设。文明是人类社会所创造的财富，一般将其分为物质文明和精神文明，犯罪预防对于现代社会物质文明和精神文明的建设都具有重大的促进和保障作用。社会主义物质文明建设是解放和发展生产力，主要表现为物质生产方式和经济生活的进步、物质的丰富及财富的积累，人民社会生活水平的提高。搞好犯罪预防，就可以为物质生产和经济发展提供一个稳定安宁的社会环境，保障其合法拥有的物质财富，使人民群众安居乐业，从而促进和保障物质文明建设的不断发展。试想在一个社会，犯罪频繁发生，杀人越货、谋财害命的事司空见惯，又怎么能够教人们安心于社会生产，又如何保存物质财富的创造与积累？社会主义精神文明建设又包括思想道德建设和科学文化建设，思想道德建设基本任务是坚持爱国主义、集体主义、社会主义教育，加强社会公德、职业道德、家庭美德建设，引导人们树立建设中国特色社会主义的共同理想和正确的世界观、人生观、价值观，简而言之即理想建设、道德建设和纪律建设的结合。科学文化建设就是要为整个民族的科学文化素质和现代化建设提供智力支持和保障，要求教育发达、科学昌明和文化繁荣等。在犯罪预防中，通过思想道德的教化、培养纪律规范意识、科学文化教育等方式以减少、消除和避免犯罪，自然也构成了社会主义的精神文明建设的重要内容。

---

① 邓小平文选[M]. 北京：人民出版社，1993：284.

② [法]米歇尔·福柯. 规训与惩罚[M]. 刘北成、杨远缨译，上海：三联书店，2003：9~10.

二、犯罪预防的可行性

犯罪预防的可行性问题，主要是犯罪能否被预防或犯罪能否被消灭、禁绝的问题。在我国，很长一段时间里，犯罪预防并不存在可行性的问题，人们朴素的思想相信所有的犯罪都是可以预防的，如果我们对犯罪采取了科学的防范对策，犯罪就是可以消灭的。在这种思想的指导下，新中国初期经过的陆陆续续的教育改造运动，基本消灭了“黄赌毒”和黑社会等违法犯罪现象，曾出现“路不拾遗、夜不闭户”的良好社会环境。从 20 世纪 80 年代之前流行的犯罪预防口号“净化社会、减少犯罪、最终消灭犯罪”，也可窥见一斑。但事实上人类社会犯罪从来就没有完全被预防或消灭过。应对犯罪预防，尽管世界各国政府都投入了大量的人力、财力进行研究和预防，但实际收效甚微，并没有有效地解决当代世界犯罪泛滥的问题。在我国，随着改革开放、新旧体制的激烈转轨，犯罪数量上升明显。自 1984 年以来，我国的年均立案率就以 29%左右的速度增长，其中严重恶性犯罪猛增，进入 90 年代后，刑事犯罪的上升趋势更加迅猛，犯罪的绝对数量和相对比率都大为增加，犯罪的社会危害性也日趋严重并呈现出有组织化、技术化、智能化的发展趋势。① 其现实状况难免让人对犯罪预防的可行性或有效性产生怀疑。从犯罪学理论上看，亦有不少否定犯罪预防可行性的思想。犯罪实证学派创始人龙勃罗梭经过长期的对罪犯的观察，提出了“天生犯罪人论”，将犯罪的原因主要归结于个体的生理和心理的因素，既然犯罪源于人的生物本能和遗传因素，自然得出事前的预防对犯罪行为的影响微乎其微、犯罪不可预防的结论；以法国社会学家迪尔凯姆为代表的社会学者，则将犯罪看作是一种正常的甚至是有益的社会现象。还有的人称之为“犯罪有益论”。

如何看待犯罪预防的可行性呢？首先如上所述，犯罪预防是极其必要的，其次应注意犯罪预防中可行性的特殊性问题。即犯罪是可以预防的，其主要依据如下：

1. 犯罪规律的可知性，为犯罪预防提供了科学依据。马克思主义哲学告诉我们，世界是物质的，物质是运动发展的，运动的物质是有规律的，一切事物及其规律是完全可以被认识的。犯罪现象虽然错综复杂，变化万千，但它毕竟是客观存在的事物，同其他事物一样，都有着其自身发生、发展和变化的规律，其规律是可以认识的，也能够掌握和控制的。只要人们透过犯罪的现象、特点及其行为表征的手段、方式的变化轨迹，便能寻找出犯罪发生、发展的规律，就能采取有效的对策措施，预防和减少犯罪的发生。犯罪现象发展的历史和人类社会治理犯罪的斗争历程，均表明犯罪现象是有规律的，其规律是可以认识的，犯罪预防是可以实现的。在犯罪规律的认识上，我国学者还提出了犯罪的“消长律”、“同步律”、“因果律”等，为现阶段的犯罪预防和控制提供了坚实的、可靠的理论依据。

2. 现代社会各种管理制度的不断完善，为犯罪预防提供了可靠的保障。犯罪虽然是由人实施的行为，犯罪人的因素自然构成了犯罪的主要原因，但同时社会管理对于预防犯罪的发生具有重要意义。社会管理是政府和社会组织为促进、维护、保障社会系统协调运转而进行的各种管理活动，主要表现为对社会系统的组成部分、社会生活的不同领域以及社会发展的各个环节进行组织、协调、监督和控制的过程。现代社会，国家政府都十分重视对社会进行科学合理的管理，社会管理的基本任务，主要是协调社会关系、规范社会行为、解决社会

① 李希慧、杜国强、廖焱清、贾济东．犯罪、社会稳定与刑事政策的关系初探[J]．华侨大学学报(哲学社会科学版)，2003(1)．

问题、化解社会矛盾、促进社会公正、应对社会风险、保持社会稳定等方面。在此意义上，构建和完善现代的管理工作，就是加强对犯罪的预防。我国国家性质是建立在生产资料公有制基础上的社会主义国家，国家、社会集体与个人的利益构成了一个有机的整体，这有利于国家组织领导、统一协调，动员全社会的力量，加强社会管理，采取针对性的措施，预防和减少犯罪的发生。21 世纪以来，为更好适应现代社会的快速发展，我国政府又掀起了声势浩大的社会管理改革和创新运动。2004 年 6 月党的十六届四中全会提出要“加强社会建设和管理，推进社会管理体制创新”，2007 年党的十七大报告提出要“建立健全党委领导、政府负责、社会协同、公众参与的社会管理格局”，将社会管理纳入更完备的体系性框架之中。2009 年底全国政法工作电视电话会议又将“社会管理创新”与“社会矛盾化解、公正廉洁执法”联系起来，将三者作为国家的重点政法工作。2011 年 9 月中共中央又将“社会治安综合治理”更名为“社会管理综合治理”。加强和创新社会管理，建设中国特色社会主义社会管理体系，已经成为现在我国社会的一个重要主题，而社会管理制度的不断发展与完善，必将在我国犯罪预防中大有作为。在犯罪社会学思想中，社会因素才是真正决定犯罪发生的因素，包括犯罪人自身，则是其社会化不良的结果，可见，社会管理对于犯罪预防的重要性。一个社会管理良好的社会，肯定是社会秩序井然、社会关系和谐、社会公正和安宁稳定的社会，自然是犯罪预防良好的社会。

3. 现代科学技术的发展，为犯罪预防创造了强有力的手段。科学技术作为第一生产力，极大地推动了社会经济的发展和人们生活水平的提高，这为从根本上减少和控制犯罪创造了条件。社会经济的发展不仅为提高人的科学文化素质奠定了物质基础，而且也为社会预防犯罪提供了先进的物质、技术手段。特别是以电子计算机为代表的现代科学技术，更是极大地促进了犯罪预防由可能性向现实性的转化。现代社会要有效地预防和控制犯罪，就必须占有大量翔实的信息资料并掌握先进的犯罪预测工具。现代通信技术和电子计算机设备为收集犯罪信息，分析、贮存信息，建立犯罪信息库创造了现实条件，使科学的犯罪预测由可能变成了现实，从而能够准确有效地预防犯罪。同时，闭路、电子监控设备的发展也为技术预防创造了有利条件，增强了社会控制和防范能力。此外，现代生物科学技术(如 DNA 技术)的发展为揭露犯罪提供了更为科学的依据，进一步提高了刑罚的威慑力，制约了一些具有侥幸心理的潜在犯罪者规避惩罚的企图，有效地发挥了犯罪的一般预防和特殊预防的功能。

4. 国际性犯罪的合作与交流，为犯罪预防提供了有利的国际条件。现代犯罪的一个显著特征是犯罪日趋国际化，这种态势随着全球化进程的加快而日益明显。但这同时也促成了犯罪预防与控制的国际合作。联合国多次呼吁并具体组织落实国际范围内的打击、预防犯罪的国际合作事宜，先后成立了一系列国际刑事司法机构和地区性犯罪预防机构，如国际海牙法庭、国际刑警组织等。其中，国际刑事警察组织于 1914 年 4 月在摩纳哥召开的第一次国际刑事警察会议上正式成立。我国于 1984 年 9 月被接纳为国际刑事警察组织的正式成员国。该组织的宗旨是：追捕罪犯，挫败犯罪阴谋，交流经验技术，分析国际刑事犯罪活动的主要趋势，保证和促进各国刑事警察当局尽可能开展广泛合作，建立和发展有助于预防和镇压普通犯罪的各种制度。近年来，为了打击国际恐怖主义，我国与有关国家、世界其他国家加强了双边、多边国际合作，并取得了显著的成效。2002 年 6 月 16 日，中、俄、哈、吉、塔、乌六国在上海举行的峰会上签署了(打击恐怖主义、分裂主义和极端主义上海公约)；该公约不仅对恐怖主义作出了明确的界定，而且还建立了切实可行的部门合作机制，成为地区间国际反恐合作的典范。可以看出，国际社会的有效合作、相互交流，为打击和预防犯罪提供了有利的条件。

第三节　犯罪预防的基本原理

一、犯罪预防的方针

方针是指引导事业前进的方向和目标。犯罪预防的方针，是在纷繁复杂的犯罪预防工作实践中指导与规范犯罪预防活动的，以保障犯罪预防顺利进行和取得良好效果的指导方向和目标。众所周知，在现实社会中，由于各种犯罪现象纷繁复杂、千变万化，其犯罪原因又极为复杂多样，使得犯罪预防工作相应地较为复杂，涉及社会生活的诸多方面而呈现出一幅广泛联系的社会“系统工程”的景象，因此需要一定的方针予以指导和规范。事实上，我国学者高度重视研究和提出科学的犯罪预防的方针，先后提出的主要方针有：新中国初期形成的“专门机关与群众路线相结合”方针①，“打防并举，标本兼治，重在治本”，“打防结合，以防为主”的方针，“两手抓，两手都要硬”方针，“社会治安综合治理”方针，“多元”方针即上述方针的结合，等等。这些犯罪预防的方针，无疑都是当时预防犯罪实践工作的提炼与总结，对于犯罪预防起到了指导意义上的保驾护航。应该说，从当前我国犯罪预防的实践来看，犯罪预防的方针是“社会管理综合治理”。

社会管理综合治理，其前身即“社会治安综合治理”，2011 年 9 月 16 日，中央社会管理综合治理委员会第一次全体会议将“社会治安综合治理”更名为“社会管理综合治理”。所谓社会管理综合治理，是指在党委、政府统一领导下，在充分发挥政法部门特别是公安机关骨干作用的同时，组织和依靠各部门、各单位和人民群众的力量，综合运用政治的、经济的、行政的、法律的、文化的、教育的等多种手段，通过加强打击、防范、教育、管理、建设、改造等方面的工作，实现从根本上预防和治理违法犯罪，化解不安定因素，维护社会治安持续稳定的一项系统工程。

我国社会管理综合治理的思想，古已有之，其明确提出并制度化，还是在 20 世纪 70 年代末 80 年代初总结“十年”动乱的教训，不断完善社会管理的实践中正式提出的。“十年”动乱结束之后，我国社会治安形势并没有根本性好转，反而由于历史遗留的问题，各种社会矛盾与社会问题因改革开放政策的实施而日益恶化、严重，其中青少年违法犯罪现象异常突出。因此，1979 年 6 月，针对这种青少年犯罪率明显上升的情况，中宣部、教育部、文化部、公安部、国家劳动总局、全国总工会、共青团中央、全国妇联八家单位联合向党中央提出《关于提请全党重视解决青少年违法犯罪问题的报告》，报告中提出：“必须实行党委领导，全党动员，书记动手，依靠学校、工厂、机关、部队、街道、农村社队等城乡基层组织来进行教育。全党都来重视关心青少年的工作，把它作为一项重要的政治任务，抓紧抓好。”同年 8 月，中共中央批转了这个报告，并在批转通知中明确指出：“从现在起，各级党委都要把加强对青少年的培养教育，包括解决其中极少数人的违法犯罪问题，放在重要议事日程上来。主要领导同志要亲自过问，党委分管青少年工作的同志，要督促、帮助共青团组织把这一项工作认真抓起来。还要统一组织宣教、政法、财经等部门和工会、妇联等人民团

---

① 这是在我国新中国成立初期，总结长期的司法实践工作提出并付诸实践的公安政法工作的方针，也是由毛泽东同志提出并倡导的方针。

体齐心协力，有计划有目的地进行调查研究，及时交流情况，总结经验，按照各自的职责范围，努力做好工作，切切实实抓出成效来。”中共中央的《通知》进一步肯定了八家单位《报告》中的综合治理思想，指出解决青少年的违法犯罪问题，必须实行党委领导，全党动员，依靠学校、工厂、机关、部门、街道、农村社队等城乡基层组织和全社会的力量；绝不能就事论事，孤立对待，而应当同加快经济发展，加强思想政治工作，健全民主与法制，搞好党风、民风，狠抓青少年教育等工作结合进行。这是最早见于中央文件中的有关社会治安综合治理的思想。

随后，1981年5月中央政法委召开京、津、泸、穗、汉五大城市治安座谈会，明确提出了将综合治理作为犯罪预防的方针及其实践模式(即“全党动手、实行全面综合治理”)；接着，1982年《中共中央关于加强政法工作的指示》、1989年全国政法工作会议等有关指示、规范文件又进一步地阐发和完善了社会治安综合治理的思想。乃至1991年3月2日第七届全国人民代表大会常委会第十八次会议通过了《关于加强社会治安综合治理的决定》，同月底，中共中央决定成立中央社会治安综合治理委员会，作为协助中央、国务院领导社会治安综合治理工作的常设机构，标志着我国的综合治理的总体思路和战略已经成熟，社会治安综合治理工作在全国范围内普遍开展。进入21世纪之后，2001年9月，中共中央、国务院下发了《关于进一步加强社会治安综合治理的意见》，2002年11月中办、国办转发了《中央综治委关于加强社会治安防范工作的意见》，2005年10月中办、国办转发了《关于深入开展平安建设的意见》。2011年，中共中央又对社会治安综合治理作出了重大调整，将其更名为“社会管理综合治理”，将综合治理的领域从社会治安扩大到了社会管理，强调充分发挥政法部门特别是公安机关骨干作用，同时在原中央社会治安综合治理委员会40个成员单位的基础上，综治委增加了11个部门为成员单位，下设办公室和若干专项组。这些由中共中央、国务院和全国人大常委会发布的通知、意见与决定，不断丰富和发展了社会管理综合治理的内容，使之更加具体化，更有操作性，也使我国社会管理综合治理工作做到了有法可依，有章可循，走上了规范化和科学化的轨道。

社会管理综合治理的基本任务，是在党委、政府的统一领导下，在充分发挥政法部门特别是公安机关骨干作用的同时，组织和依靠各部门、各单位和人民群众的力量，综合运用政治的、经济的、行政的、法律的、文化的、教育的等多种手段，通过加强打击、防范、教育、管理、建设、改造等方面的工作，从根本上预防和治理违法犯罪行为，化解社会不安定因素，保障社会治安持续稳定，为社会主义的改革开放和现代化建设创造良好的社会环境。社会管理综合治理的工作要求，各级党委和政府都要把综合治理提到重要议程，健全社会管理综合治理的领导机构和办事机构，定期研究部署工作；各部门、各单位齐抓共管，形成“谁主管谁负责”的局面；各项措施落实到城乡基层单位，群防群治形成网络，广大群众法制观念普遍增强，敢于同违法犯罪行为作斗争。

社会管理综合治理的工作范围，主要包括：打击、防范、教育、管理、建设和改造六个方面。详述如下：

1. 打击。打击是综合治理的首要环节，是落实综合治理其他措施的前提条件。打击是指公安、检察、法院以及监狱等国家司法机关依照有关法律，揭露和证实违法犯罪行为，适用并执行刑罚及其处罚，以实现对违法犯罪人惩罚与改造的目的。在我国司法实践中，长期以来，为遏制社会现实中违法犯罪行为的快速上升，刑事政策奉行“严打”政策，强调从重从快严厉打击违法犯罪行为。“严打”政策虽在一定时期预防违法犯罪见效快、效果显著，但同时备受质疑。随着我国社会主义和谐社会建设理念的提出，2005 年，党中央将“严打”刑事政策调整为“宽严相济”的刑事政策，明确将惩办与宽大相结合，“该宽则宽，该严则严，宽严相济”。现代社会，宽严相济刑事政策意义重大。“严打”刑事政策反映的是一种从重从快严厉打击的司法理念及机制，而“宽严相济”刑事政策要求，司法实践集中有限的司法资源打击重大暴力犯罪、有组织犯罪、恐怖主义犯罪等，对于较轻微的违法犯罪行为则实行宽松的刑事政策，以节约司法资源，更好地教育改造违法犯罪人。

2. 防范。防范是指通过事先采取各种有效措施，使违法犯罪人难以实施违法犯罪行为，以避免国家、集体、个人财产和人身安全遭受到不法侵害的一项综合治理工作。大力加强防范工作，是减少各种违法犯罪活动和维护社会治安秩序的重要积极措施。要根据社会管理防范目的和实际情况等因素，积极探索不断完善，从主客观两个方面开展防范工作。一方面，要从思想上高度重视社会管理防范工作，对违法犯罪行为做到“未雨绸缪”，防患于未然；并要在实践中不断加强和完善思想政治道德等工作，引导人民群众树立以“八耻八荣”为主要内容的社会主义荣辱观。另一方面，要在实践工作中，广泛发动和组织群众，采取各种防范措施，消除不安定因素和不安全隐患，特别是要大力疏导调节各种社会矛盾和民间纠纷，正确处理人民内部矛盾，避免矛盾激化，要加强机关、学校、企事业单位内部的安全保卫工作和技术防范措施。要广泛组织职工、群众，积极协助人民警察，加强城乡治安联防，健全群防群治机制并充分发挥民兵维护社会治安的作用。对人民群众同违法犯罪分子斗争中依法采取的正当防卫，司法机关应坚决给予支持和保护。

3. 教育。教育是指通过对社会成员进行思想道德教化、行为引导，从提高人的素质入手，预防和减少犯罪，创造良好的社会治安秩序的教育活动。搞好社会管理和预防犯罪的根本问题在于加强教育，特别是要加强对青少年的教育。这是维护社会管理的战略性措施。当前，要认真进行坚持四项基本原则和反对资产阶级自由化教育，持续开展“五爱”教育和“四有”教育，反对极端个人主义和无政府主义，要在全体公民中继续广泛深入、扎扎实实地开展普法教育和各种形式的法制宣传教育，进一步提高全民的法律意识，增强护法、守法观念。学校教育重在育人，要重视学生的品德教育。宣传、文化、艺术、影视、出版等部门和单位要把社会效益放在第一位，多出健康有益的精神产品，剔除文化垃圾。共青团、工会、妇联要与单位、街道(乡村)、学校、家庭紧密结合，加强对青少年的政治思想教育，尤其是做好后进青少年、轻微违法犯罪青少年的教育挽救工作。基层党政组织和公安派出所要落实对刑满释放、解除管教人员的帮教安置工作。

4. 管理。管理是指通过加强各方面的行政管理工作，堵塞犯罪空隙，减少社会管理问题，建立良好社会秩序的一种活动。加强各方面的行政管理工作，是堵塞犯罪空隙，减少社会管理问题，建立良好社会秩序的重要手段。当前要突出抓好各项社会治安管理工作，特别是要加强对流动人口的管理，加强对旅店、废旧物品回收点、舞厅、录像放映点等特种行业的管理，文化市场和出版物的管理，集贸市场的管理和金库、重要物资仓库等要害部位的管理。

5. 建设。建设是指针对社会秩序中的问题及综合治理工作的任务，所进行的组织建设、制度建设以及有关法律法规建设。加强基层组织建设和制度建设，是落实综合治理的关键。各级党委和政府必须认真贯彻中央有关指示精神，抓紧整顿建设好城乡基层组织，特别是要加强以党支部为核心的村级组织建设，使综合治理的各项措施落实到基层，落实到群众中去。要建立健全各种治安防范制度特别要普遍推行各种形式的综合治理责任制，加快制定和完善综合治理的法律、法规。

6. 改造。改造是指针对已构成犯罪并被判处刑罚的罪犯和实施了轻微违法犯罪行为但尚不够追究刑事责任的违法人员的教育改造活动。改造工作是教育人、挽救人、防止重新犯罪的特殊预防工作。监狱和惩处机关要努力克服困难，坚持“惩罚与改造相结合，以改造人为宗旨”和“教育、感化、挽救”的方针，进一步提高改造质量。要继续实行改造工作的“向前、向外、向后延伸”，动员全社会都来参与、支持改造工作。劳动部门要按照国家介绍就业，自愿组织起来就业和自谋职业相结合的就业方针，积极妥善地安排刑满释放、解除劳教人员就业。企事业单位在招工时，对刑满释放、解除劳教人员应与城镇待业人员一视同仁，不得歧视。

总之，上述6个方面的工作环环紧扣，相辅相成，缺一不可，不能有所偏废。要坚持打防并举，标本兼治，重在治本的原则，切实落实综合治理的各项措施。

二、犯罪预防的体系

体系即一定范围内或同类的事物按照一定的秩序和内部联系组合而成的整体。犯罪预防的体系，是指有关犯罪预防的措施方法按照一定的内在联系组合而成的对策体系。人类社会不同历史时期，基于不同的犯罪原因观与历史需要情况，曾形成了不同的犯罪预防体系。我国古代社会礼教思想盛行，反映在犯罪预防体系上形成了“以礼教为主，以刑罚为辅”的预防体系，在重视礼仪道德教化的同时，强调以行政机构和制度为保证，实行严刑峻法。在近现代的西方国家，犯罪学者十分重视对犯罪现象的实证调查研究，提出了法律预防理论、心理学——生物学预防理论、社会预防理论、条件预防理论、犯罪被害预防理论和综合预防理论，等等。这些思想都在一定程度上发展和丰富了犯罪预防的体系，推动了犯罪预防体系的科学化与合理化。在预防实践中，“多数西方国家的犯罪预防体系都是由警察、法院和矫正机构组成的。警察预防和侦查犯罪，法院对犯罪进行审判，矫正机构对犯人进行矫正，防止他们重新犯罪”。①

如前所述，自新中国成立以来，我国长期在预防犯罪实践中奉行的是综合治理体系。预防犯罪实践是以公安政法机关为核心，根据不同的对象，采取不同的方式，实行不同的政策。具体而言：第一，对于已经实施了危害社会犯罪行为的罪犯，依法实行监狱惩罚和教育改造。第二，对于已满14周岁不满18周岁的未成年犯罪人，设立少年犯管教所。第三，对于有违反治安管理行为的人，实行治安处罚。第四，对于有轻微违法犯罪行为，屡教不改的在校学生，组织工读学校，实行工读教育。第五，对于有一般违法行为或者轻微犯罪行为，需要教育巩固的人，依靠全社会力量实行社会帮教。第六，对于日常民事纠纷、人与人之间、人与社会之间的矛盾进行民事调解。② 我国犯罪预防体系着重强调了政法机关的预防犯罪的作用，将不同程度的危害社会行为予以类型化并对之采取不同的预防犯罪的对策措施。这与我国社会管理综合治理的思想是紧密相连的，也成为了社会管理综合治理的主要组成部分。现代社会，犯罪现象及其原因复杂化、多元化，由此犯罪预防必然对应的是社会管理综

① 张智辉等. 比较犯罪学[M]. 北京：中国人民公安大学出版社，1992：388.

② 值得注意的是，对于已经实施犯罪行为，但情节较轻或者年龄较小可以不予刑事处分或不予追究刑事责任的人，曾经的做法是实行劳动教养，随着2013年12月28日第十二届全国人民代表大会常务委员会第六次会议通过了《关于废止有关劳动教养法律规定的决定》，劳动教养制度被正式废止。

合治理，要求广泛动员各种社会力量，适用多种手段方法，减少和消除导致犯罪发生的不安定因素以预防犯罪行为的发生。

应该说，犯罪预防的措施体系取决于所要预防的犯罪(即未然之罪)的预防需要，所采取的预防措施能够有效地防范犯罪的发生。首先，任何犯罪的发生无外乎是主观原因和客观原因的结合。由此，在主观原因上即对应着犯罪的心理预防，客观原因即社会的原因，不以人的主观意志为转移的原因，对应着犯罪的社会预防。其次，从犯罪的发生来看，任何犯罪的发生都存在一个从量变到质变的规律，犯罪行为人一般是从不良行为到违法行为再发展到犯罪行为的运动轨迹。① 预防犯罪应注重层次性预防观念，即针对行为人行为失控和社会管理失控的状况，采取防范、管理、制裁与惩罚改造不同的专门性预防措施，以实现从一般社会管理控制易致罪因素，到对已表现有越轨违法行为的人进行制裁、惩戒，再到对已实施犯罪的人通过惩罚的方式教育改造。这也是当今美国犯罪预防实践奉行的主流预防思想，即三级预防体系。② 由此分别对应的是社会预防、治安预防和刑罚预防。综上，犯罪预防的体系应该是由社会预防、心理预防、治安预防和刑罚预防所组成的有机整体。其中，社会预防和心理预防对应着三级预防体系的第一层次预防，治安预防和刑罚预防分别构成第二和第三层次预防。

1. 社会预防。社会预防是分析犯罪产生的社会原因和条件，采取针对性的合理措施预防犯罪。社会预防是一项极其庞大的系统工程。它主要通过不断的社会变革和社会改造，使各种社会制度不断发展和完善，国家上层建筑日趋完善，使现实社会中存在的一些致罪因素或不安定问题得到解决。人们常说“一个好的制度，能让坏人变好；而一个坏的制度，则能让好人变坏”。良好的社会制度可以为社会生活创造一个良好的环境，预防犯罪的发生。社会预防的范围极其广泛，可分为宏观的社会预防，如各种经济、政治、文化等方面的犯罪预防和微观的社会预防，如家庭预防、学校预防、社区预防等。

2. 心理预防。心理预防通过宏观的精神文明建设和微观家庭、学校和社区教育，培养社会公民的健全人格和自身修养，预防犯罪心理的形成，消除犯罪的内在动因。现代社会，犯罪预防是一种主观见之客观的过程。一般来说，在犯罪心理结构中，犯罪的需要是犯罪心理形成的基础因素，犯罪的动机是导致犯罪行为的动力因素，而决定犯罪心理发展变化方向的，是一个人的人生观和世界观。如果用正确的人生观、世界观支配人的心理，人的行为就会朝着健康、有益的方向发展；反之，如果用不正确的人生观、世界观支配人的心理发展，人的行为就会朝着犯罪的方向发展。因此，进行犯罪心理预防，就必须首先从培养树立正确

---

① 魏平雄等．犯罪学教科书[M]．北京：中国政法大学出版社，1998：345.

② 美国三级犯罪预防体系，与预防疾病的公共卫生模式相似，第一层次的预防是发现各种孕育犯罪的环境和机会，加以改善和控制。这是一般性预防。主要措施是：“环境设计、邻里照看、一般威慑、私人保安和就犯罪和预防犯罪进行的教育。”第二层次的预防是鉴别潜在的罪犯和犯罪高发区域并进行早期干预。主要措施是：鉴别和预防潜在的罪犯，以便早期干预；发现犯罪高发区，进行社区预防；对轻微违法人员实行转处以及通过家庭和学校解决潜在犯罪者的问题。第三层次的预防是防止已经犯罪的人员的再犯。主要措施是：逮捕、起诉、监禁、治疗和矫正等活动。力图通过运用刑罚惩罚的方式剥夺罪犯再犯能力，矫正和治疗防止再犯以及对罪犯产生具体的威慑作用。上述三个层次的预防相互作用，形成一个预防犯罪的体系，具有任何一个层次预防所不具备的整体预防效果。(详见魏平雄等．犯罪学教科书[M]．北京：中国政法大学出版社，1998：342.)

的人生观、世界观入手。① 犯罪心理预防的重点是：进行政治思想教育、道德品质教育、法制观念教育，培养、教育和树立正确的人生观、法制观和道德观；对心理具有严重缺陷的危险行为人，采取矫正性治疗措施。

3. 治安预防。治安预防是指公安机关对于社会上具有违反治安管理行为的人所采取的专业防范措施。这是继社会预防之后的第二道防线。对于那些越过社会防线，实施违法行为但还不构成犯罪的人，给予一定的治安处罚，可以有效地制止和预防其违法行为的进一步发展，维护社会秩序；对于社会面的管理控制，可以及时发现违法犯罪活动，及时采取措施，防患于未然；对于危险物品的管理和控制，可以避免重大、恶性事故或案件发生；对于淫秽物品、卖淫、吸毒、赌博、封建迷信等社会丑恶现象的打击和取缔，可以消除犯罪的诱发因素。总之，筑起治安预防这道防线，对于稳定社会秩序，挽救失足者，预防和减少犯罪具有重要意义。

4. 刑罚预防。刑罚预防，也称刑事预防或司法预防，它是指国家通过各级司法机关，对刑事犯罪分子予以追究刑事责任，发挥刑罚的惩罚、威慑和改造教育功能，从而遏制犯罪的专门性活动。这一活动，包括立法机关对刑事法律的制定与公布、警察和检察机关对犯罪的侦查与公诉、法院和监狱对刑罚的量定和执行等具体阶段的内容。刑罚预防包括一般预防和特殊预防两个方面。一般预防表现为，通过惩罚罪犯，威慑社会上不稳定分子，使其不敢以身试法；通过刑法公布、法制宣传、公开判决等形式，教育公民自觉守法并勇于同犯罪分子或犯罪现象作斗争；通过对犯罪分子的惩罚来抚慰被害人及其亲属，以免产生冤冤相报的情形。特殊预防表现为，通过刑罚惩罚，使罪犯不敢重新犯罪，通过剥夺其人身自由或生命权利使之不能犯罪，通过改造教育使其不重新犯罪。

刑罚预防是典型的事后预防，这种事后预防又具有特别重要意义。有了这种事后预防，与上述的事前预防—社会预防、心理预防和事中预防—治安预防，配套成龙，则可以构成犯罪预防的完整体系，借以收到预期的防范效果。

三、犯罪预防的基本原则

犯罪预防的基本原则，是指在犯罪预防活动中必须遵循和坚持的基本准则和基本要求。犯罪预防是一项复杂的系统工程，在其实施过程中必须以一定的基本原则为指导，将基本原则与预防实践活动紧密结合起来。

关于我国犯罪预防的基本原则有哪些？目前主要的观点有：一种观点认为犯罪预防的基本原则有：(1)专门机关与全民参与相结合原则；(2)标本兼预原则；(3)早期预防原则；(4)系统性原则；(5)法制(或法治)原则。一种观点提出犯罪预防的基本原则为：(1)物质文明与精神文明建设相结合的原则；(2)治标预防与治本预防相结合的原则；(3)专门机关与群众路线相结合的原则；(4)系统化原则；(5)法制原则。

应该说，这些观点都是基于我国犯罪预防的实践而形成的较好总结，基本上反映了犯罪预防这一复杂而专门活动的特性；而且学者们的观点在一些主要内容的表述上，完全一致，如标本兼治、群众路线、系统化和法治原则等。本书基本认同学者已有的观点，但认为一些有关基本原则的表述及其内容有待完善；我国犯罪预防基本原则的提出，应当与我国长期犯罪预防实践、犯罪预防“社会管理综合治理”的基本方针以及我国的历史文化传统等因素联

① 康树华．论犯罪预防[J]．中国刑事法杂志，1999(1)．

系起来。首先，从犯罪预防主体看，犯罪预防应当遵循“依靠群众、发动群众”的群众路线这一优良传统，而既然2011年调整后的“社会管理综合治理”提出“在党委、政府统一领导下，在充分发挥政法部门特别是公安机关骨干作用的同时，组织和依靠各部门、各单位和人民群众的力量”，由此形成的犯罪预防基本原则是“以专门机关为主的全民参与原则”。其次，在犯罪预防活动中，标本兼治原则①、早期预防原则、系统性原则，这些原则理应属于犯罪预防的基本原则，也是蕴含在我国“社会管理综合治理”中的基本要求。最后，在犯罪预防的保障上，法治原则，是现代社会法治建设的基本要求和应有之义。这些犯罪预防原则，详述如下：

(一)以专门机关为主的全民参与原则

以专门机关为主的全民参与原则，是指犯罪预防工作，在充分发挥政法部门特别是公安机关骨干作用的同时，组织和依靠各部门、各单位和人民群众的力量，形成全社会全民预防犯罪的强大合力。一方面，在犯罪预防工作中，我们不仅要依靠公安、检察、法院、监管等部门，而且要调动社会各界和人民群众的力量，让全社会都参与到犯罪预防中去；另一方面，犯罪预防工作应当以专门的公、检、法、司为主体，这是犯罪预防的专业性所决定的，同时预防犯罪也是这些专门机关的重要职责所在。

专门机关，即我国司法体制中的公、检、法、司等部门，它们处于与违法犯罪行为进行斗争的第一线，担负着维护社会生活秩序和保护人民群众生命财产安全的崇高使命，是犯罪防治的核心力量。长期以来，我们十分重视专门机关的犯罪预防，依靠司法部门的打击犯罪、惩罚及教育改造来预防犯罪。这种专门机关的犯罪预防，虽然对于减少和消除犯罪确实起到了积极的作用，但囿于专门机关“打击犯罪”的主要角色定位，其预防犯罪是一种“亡羊补牢式”的事后预防。对已经发生的罪(已然之罪)，固然不能再称其为犯罪预防，但对于犯罪人可能再次实施犯罪(未然之罪)，可以称之为犯罪预防。因此，预防犯罪也需要特定的专门机关转变观念，改变过去“重打击惩罚而轻教育改造”的重刑主义流弊。同时，现代社会的犯罪是一种极其复杂的社会现象，涉及社会生活的方方面面，已经超出了传统公检法司等部门的管辖领域，由此，犯罪预防应坚持群众路线，“全党动员，全社会参与”，才能形成犯罪预防的合力，构筑起犯罪预防的网络体系。犯罪预防虽然是以专门机关为主，但同时应当广泛发动社会的力量，积极参与到犯罪预防之中。俗话说，“防人之心不可无”，每个个人也是犯罪预防的主体，有责任和义务进行犯罪预防，包括防范自己的被害预防和防范社会他人的犯罪预防，积极参与同违法犯罪行为作斗争。只有这样，才能有效地挤压犯罪的空间，使犯罪分子无藏身之地。

(二)标本兼治原则

标本兼治原则，即治标预防和治本预防相结合，是指在犯罪预防工作中，既要重视揭示犯罪发生的直接现实原因，采取有力的措施，从治标意义上预防犯罪的发生；又要重视深入研究并掌握犯罪发生的基本规律、特点及根本原因，采取合理的措施，实现从根本上预防和治理犯罪。治标作用于事物的表面现象，治本作用于事物深层次的本质，二者相合是我们解决问题的一项基本原则，也是预防犯罪应当遵循和坚持的基本原则。

① 标本兼治原则，即治标预防与治本预防相结合的原则。之所以应称“标本兼治”，是因为预防犯罪的过程，从社会管理的视角看就是社会治理，通过良好的社会治理来预防犯罪。反过来，“标本兼治”已经蕴含犯罪预防之义。

在犯罪预防中，治标预防是解决现实的犯罪问题，通过控制和消除犯罪实施的条件、机会和情景因素等预防犯罪发生的。治标预防，可谓是就犯罪去解决犯罪问题的一种现实防治措施，主要表现为政法公安机关的日常防范管理工作以及对犯罪行为的惩罚、打击措施。而治本预防解决的是长远的犯罪问题，是针对犯罪产生的基本原因而采取的防治措施。① 现代社会的犯罪预防应当是二者的辩证统一，不可偏废，无论治标预防还是治本预防，都各有所长也各有所短且长短处形成互补，理应将二者有机结合。治标预防重视现实的犯罪预防问题，一般通过严厉打击、威慑等手段，能在较短时间内起到预防犯罪的作用，但却没有从根本上解决犯罪的问题，没有真正对潜在的罪犯进行教育改造，一旦预防工作有所松动或社会环境发生变化，相应的犯罪仍会死灰复燃。治本预防虽有利于从根本上预防犯罪，但存在时效长的问题，很难在短时间内起到良好的犯罪预防效果。二者犹如对疾病的西医与中医的治疗模式，西医强调对症下药，治疗起效快且效果明显，却难免存在“头痛医头、脚痛医脚”的弊端，中医强调全面施治，但效果缓慢。因此，我们应当将二者有机结合起来，现代社会对犯罪的预防应当是标本兼治。

(三) 早期预防原则

早期预防原则是犯罪预防的应有之意，要想达到良好的犯罪预防效果，自然要求越早越好，未雨绸缪、防患于未然。早期预防原则是指犯罪预防工作宜早不宜晚，宜先不宜后，争取将工作和措施做到前面和早期，做到防患于未然，达到事半功倍的良好效果。

犯罪早期预防意义重大，我国长期的犯罪预防实践都高度重视早期预防。在古人所说“小时偷针，大时偷金”，“勿以恶小而为之，勿以善小而不为”等脍炙人口的俗话中，都包含着犯罪早期预防的思想。要在违法犯罪行为尚未发生、尚未显现端倪，就采取有效地措施以预防犯罪，即犯罪预防越早越好。(当然，“早期”是一个相对的概念，过早地对行为人采取犯罪预防措施也可能存在不当干涉公民自由权利的嫌疑。)

从现代社会的犯罪预防实践来看，早期预防要求必须充分认识家庭和学校早期教育的重要性，将少年儿童的早期智力开发教育与良好生活习惯、个性品质的养成教育有机地结合起来，尤其应注意少年儿童和青春期的社会化教育，为个体今后的进一步发展打下一个良好的基础。否则，一个人如果从小就沾染上种种不良恶习，具有人格缺陷，那么在今后的生活道路上就会面临着更多的风险，稍有不慎就可能陷入犯罪的深渊。因此，要有效预防犯罪的发生，必须从早从小抓起，实施犯罪的早期预防。

(四) 系统性原则

犯罪预防是一个极其复杂的系统工程，由不同具体的犯罪预防措施或方法构成的整体，自然要求遵循和坚持系统性原则。所谓系统性原则，是指犯罪预防措施应该遵循和符合系统原理，建立科学、高效的犯罪预防系统工程。归根结底，这是由于犯罪原因的多样性和复杂性所决定的，应对复杂多样的犯罪原因体系，就需要构建系统性的犯罪预防。

系统论的核心思想是建立一定结构形式联结构成的具有某种功能的有机整体，其基本思想方法是把所研究和处理的对象当作一个系统，分析系统的一般模式、结构和功能，研究系统要素间的相互关系和变动的规律性，并优化系统观点解决问题。据此，遵循犯罪预防系统性原则，就要求在犯罪预防的实践工作中注意以下两个方面：一方面，犯罪预防必须具有整体性。唯物辩证法认为世界上一切事物都不是孤立存在的，而是和周围其他事物相互联系着

① 魏平雄等．犯罪学教科书[M]．北京：中国政法大学出版社，1998：310.

的，就是一个普遍联系着的有机整体。犯罪预防同样如此，我们应当充分发挥犯罪预防的整体性功能，考虑到涉及犯罪预防问题的一切领域和因素，并尽可能地把一切措施有机结合起来，充分发挥各措施之间的整体、综合效用。另一方面，犯罪预防应重视其系统内部各项预防对策、措施、手段之间的层次、结构关系，做好系统内部协调性工作，保持其系统内部各要素之间及系统与外部环境之间信息交换和彼此联系。为此要呼吁并促使国家和政府建立起一个有效的组织机构，真正在实践中将犯罪预防系统中的各部门各要素有机协调起来，并保证彼此之间的信息联系，从而使犯罪预防体系不再是一种纯理论建构，而真正以理论指导实践，发挥理论应有的指导功能。

（五）法治原则

众所周知，现代社会是法治社会，而法治社会强调一切社会管理活动，包括犯罪预防，都必须依法进行，要树立尊重和保障人权的基本观念。因此，法治原则理应成为现代社会犯罪预防的基本原则之一。犯罪预防的法治原则，是指犯罪预防必须建立在完备的法律制度的基础之上，使预防工作法治化。

事实上，我国犯罪预防遵循法治原则是新中国成立犯罪预防实践经验教训的总结，法治原则具有重大的意义。在相当长的一段时间内，我国的犯罪预防过于理想化，以“消灭犯罪”为口号，奉行的是“严打”刑事政策。由于“严打”强调从重从快严厉打击，以至于在司法实践中难免存在一些不合法、不合理的情形，造成了许多冤假错案，严重侵犯了公民的合法权利。而且，其预防犯罪的效果也是饱受质疑的。① 预防犯罪遵循法治原则，必须坚定地反对“人治”，不论“人治”措施怎么合理，都必须要有法律作依据，受到法律原则精神的制约。因为犯罪预防最终要落实到对行为人的控制与防范，将涉及对行为人的人身自由和其他权利的约束。对此必须通过法律进行调整，以确保犯罪预防措施及其活动符合法律规范，防止非法限制和剥夺公民的人身自由和合法权利。

要做到这些，一是要加强立法，制定较为完备的犯罪预防专项法规，全面规范和调整犯罪预防过程中出现的各种社会关系；二是要加强犯罪预防的法制监督，使犯罪预防工作真正做到有法可依、有法必依、执法必严、违法必究，从而使犯罪预防走上良性循环的轨道；三是必须加强犯罪预防队伍的组织建设，建立健全一支高素质的犯罪预防队伍，这是提高犯罪预防的组织保证；四是大力开展法制教育和犯罪预防教育，运用多种形式，促使广大人民群众知法、守法，自觉地维护法制秩序，敢于同各种违法犯罪做斗争，不断增强自身的防范能力，最大限度地减少被害的机会，以便形成良好的犯罪预防环境。

① 虽然这一政策在短时间内取得了较为明显的预防效果，一旦结束，犯罪率又迅速上升并沿着原来的轨迹连年上升。

第二章 犯罪预测

第一节 犯罪预测的概念、特征、类型和原理

预测是对未来不确定事件的推测和预见，或者说是对未来不确定事件作出符合未来出现的基本情况的估计。预测研究涉及领域非常广泛，但犯罪预测只是预测领域中的一个领域。其目的是掌握未来犯罪状况、动态、原因、结构、特点，为制定正确的预防犯罪对策及控制犯罪所采取的措施提供科学的依据。因此，犯罪预测是以现存的犯罪状况、结构为对象，对未来影响犯罪的原因、条件等的变化趋势所做的分析和测定。它是对未来犯罪发展趋势的一种探索，其目的在于制定相应的对策，采取有针对性的措施，以达到预防和控制犯罪的目的。

一、犯罪预测的概念

所谓犯罪预测，就是指利用预测学的原理和技术，根据历史和现实犯罪的形势及影响因素，对未来可能发生的犯罪状况、原因、条件、结构及其变化趋势进行科学的测定。

预测是对未来不确定事件的推测和预见，或者说是对未来不确定事件作出符合未来出现的基本情况的估计。

预测研究涉及领域广泛，犯罪预测只是预测领域中的一个领域，其目的是掌握未来犯罪状况、动态、原因、结构、特点，为制定正确的预防犯罪对策及控制犯罪所采取的措施提供科学的依据。犯罪预测是以现存的犯罪状况、结构为对象，对未来影响犯罪的原因、条件总的变化趋势所作的分析和测定。

犯罪预测数推测未来不确定的犯罪状态和结构变化的认识活动。预测的结果能否实现，一方面取决于犯罪现象本身的发展进程、人们控制犯罪发展趋向的把握程度及犯罪发展是否受偶然因素干扰的状况；另一方面取决于人们认识犯罪的能力。人们能否把握犯罪原因、条件的内在联系和发展变化规律，这是犯罪预测能否接近未来实际的关键。

犯罪预测，绝不是人们的主观臆测，而是根据过去和现在的客观实际资料，运用统计学、逻辑学和数学等科学的知识和方法，探求犯罪发展变化规律，预测未来，即从已知或假设推测未知。在正确的理论指导下和深入调查的实践基础上，进行科学的分析，揭示犯罪原因、条件、相关因素之间的内在联系及其活动的规律性，估量和预见犯罪状况、结构类型和发展变化趋势。在历史上，比利时统计学家科特勒(又译作凯特莱)于 1829 年运用概率论“不仅以惊人的准确性预算出了后来 1830 年在法国发生的犯罪行为的总数，而且预算出了罪行的种类”①，给犯罪预测树立了光辉典范。

---

① 马克思恩格斯全集(第 8 卷)[M]. 北京：人民出版社，1961：579.

分析过去和现在的犯罪统计资料，是犯罪预测的基础。过去和现在的犯罪统计资料，虽然只是对过去和现在情况的反映和记录，同时，某种犯罪的发生因素，也不完全规定未来一定会产生那种犯罪，但由于其存在具有相对独立性和其改变具有缓慢性，一定的犯罪主客观因素在一定条件下和一定范围内，仍要在一定时间里发生作用，所以，必然影响未来的犯罪情势。因此，进行犯罪预测就要把立足点放在对过去和现在犯罪统计资料的研究和分析基础之上。

二、犯罪预测的特征

第一，现实性。犯罪预测立足于现实基础之上，对现实的犯罪资料、犯罪形势、治理犯罪的经验、特定时期的犯罪发展变化的规律及可能发生的征兆，进行观察分析和判断，作出测定。

第二，示导性。任何科学的预测都是为人们展示和前瞻未来的，目的是让人们预先了解所预测的事物未来发展将要出现的情况，以便采取超前的应对态度或决策，争取主动。

第三，结果的可变性。决定预测结果的变量很多，而且还处在不断的动态变化之中，所以很容易导致预测结果的变化，这是预测结果可变性存在的原因。

第四，复杂性，预测的复杂性是由预测的特殊性决定的，同时也是由犯罪原因多样性引起的，因而给预测带来很大的难度。

三、犯罪预测的类型

犯罪预测按照不同的标准，可根据时空条件、内容范围和预测目的的需要，进行不同的分类。

(一)从规模上，可分为宏观犯罪预测和微观犯罪预测

宏观犯罪预测是从制定宏观预防和控制犯罪政策的需要，对犯罪总体的发展趋势所做的预测。这种预测一般由犯罪的专门研究机构或决策机关组织进行，以便从整体上把握未来犯罪的发展趋势和变化规律，为宏观决策提供依据。如全国性的犯罪预测和大区域性的犯罪预测等。

微观犯罪预测是从采取局部预防和控制犯罪措施的需要，对影响局部社会环境及部门本身业务活动的专项或多项预测，如城市的犯罪预测、农村的犯罪预测、社区的犯罪预测、单位的犯罪预测等。这种预测一般由实践部门及其研究机构组织进行，以便从微观上把握和控制犯罪，为社会的整体防范提供条件。在实践中，宏观犯罪预测具有全局性指导意义，而微观犯罪观测在一定意义上是宏观犯罪预测的基础和组成部分。

(二)从性质上，可分为定性预测和定量预测

任何现象都是质与量的统一，犯罪现象也不例外。结合使用定性预测与定量预测，对犯罪现象的预测将会更加精确。

定性预测是指根据犯罪的性质、特点、过去和现在的状况等，对未来犯罪进行非量化的趋势分析和推断的一系列工作过程。其目的一般是判断犯罪所处阶段和发展趋势等。

定量预测是指通过建立数学模型、应用统计方法、利用电脑技术，对犯罪进行量化分析，对犯罪的未来发展趋势进行预测和推断的过程。其目的在于对犯罪情态和趋势有一个直观的、量化的描述，它依靠的是客观数据而不是主观判断，较之定性预测更为准确。

(三)从形式上，可分为综合预测和单项预测

综合预测，是指对犯罪的众多项目或内容进行的全方位、多角度、多方法的预测。它是制定社会防范总体规划的前提。单项预测，是指对某一类犯罪进行的单个方面、单种方法和专门问题的预测。它是制定具体防范方案的依据。

(四)从状态上，可分为静态预测和动态预测

静态预测是指依据长期稳定的因素进行的固定状态下的犯罪预测。如利用较为稳定的犯罪统计数据对某一类型的犯罪进行预测等。

动态预测是指依据不稳定的因素进行的滚动式监视预测。如对刑满释放犯进行的跟踪调查预测等。

(五)从对象上，可分为社会预测和个体预测

社会预测，是指以整个社会为研究对象进行的对未来犯罪情态、趋势和发展规律的预测。即通过对社会的政治、经济、文化、法制等各个方面进行研究，推测犯罪发展的走势。社会预测有助于对犯罪现象的整体研究，有利于从社会角度去探讨犯罪原因、预测犯罪变化趋势。

个体预测，是指以某个个体为对象进行的犯罪可能性预测。它通过对具有犯罪倾向的个人生理、心理、家庭环境、社会环境等诸多方面因素进行考察，推断该人未来是否犯罪、犯罪的种类和程度，以做到有的放矢、早做预防。

(六)从时间上，可分为短期犯罪预测、中期犯罪预测和长期犯罪预测

短期犯罪预测，是指对未来1~2年的犯罪情态、趋势和变化规律的预测其目的在于依据犯罪预测结论制定、实施犯罪防控的具体方案与措施。短期预测时间短，实战性强，整个预测过程几乎处于临战状态，因此，宜细不宜粗，要求预测及时、决策果断、反应迅速、效果明显。短期犯罪预测易把握、变差小，是一种在实践中经常采用的预测方式。

中期犯罪预测，是指对未来3~5年的犯罪情态、趋势和变化规律的预测。其目的在于着手制定或调整犯罪防控中心和打击重点，宜粗细兼顾，宏观部署与微观安排要配合适中，一般可与国家五年规划同步实施。

长期犯罪预测，是指对未来十年及以上时间范围内的犯罪情态、趋势和变化规律的预测。其目的是为久远的犯罪防控计划、防控措施提供科学依据。长期犯罪预测是根据战略需要进行的预测，因此只是粗略地描画未来犯罪可能出现的发展趋向，宜粗不宜细，并大多与国民经济的长远规划同步进行，以保证国家各种计划的顺利实施。

四、犯罪预测的原理

犯罪现象是一种社会现象，它的产生、变化和发展，具有一定的规律性。准确认识这种规律性，须以一定的原理是犯罪预测活动的认识基础，它阐述预测主体所以能够运用各种预测方法，对未来犯罪发展趋势作出估计的道理，具有指导意义。预测原理主要有可知性原理、因果关系原理、连续性原理、质量互变原理和类推性原理等。

(一)可知性原理①

人能否认识客观事物的本质？这是近代哲学争论的一个重大问题。马克思主义哲学首先坚持唯物主义可知论，认为世界是可以被认识的；同时，它坚持能动反映论，认为认识是主

① 参见魏平雄等．中国预防犯罪通鉴[M]．北京：人民法院出版社，1998：288~289.

体对客体的能动反映。

犯罪作为一种社会现象，必然有其特殊的存在状态与规律，并且这些状态上规律能够通过科学的研究证明。可知性原理是科学认识世界的理论基础。犯罪预测是一种创造性的认识活动，它主要不是凭经验而是依据科学理论，以可知性原理和唯物辩证法为指导，把握事物的内在因果关系，推断事物的发展趋势。

根据可知性原理，要正确地进行犯罪预测，首先需要占有大量的反映客观实际的材料。我们掌握的材料越多，越真实，就越有可能揭示犯罪的本质和规律。其次，要认真学习犯罪心理学。人的行为受心理支配，一个人有了犯意，心理活动就会外化，许多行为就会异常，我们将这种主客观表现结合起来进行分析，就可以正确认识和把握犯罪活动的规律。

(二)因果关系原理

在哲学上，“原因是产生某种现象的现象，是造成某种结果的条件”。因果关系是揭示客观世界中普遍联系的一种基本形式。即事物之间存在着一种引起和被引起的、前后相继的、彼此制约的关系。犯罪现象因果关系是个体犯罪主体犯罪行为的产生原因与行为结果的因果关系，是客观现象作用于主体个人，导致主体产生犯罪心理，再外化为犯罪行为而产生危害社会的结果。

在宏观上，犯罪是一种社会现象；在微观上，犯罪是一种人的行为。因此，犯罪现象的产生有其深刻而复杂的社会原因和个体原因。社会原因，从社会结构角度观察，包括生产力与生产关系的矛盾，经济基础与上层建筑的矛盾，社会意识领域的矛盾。从人的生存活动空间角度观察，社会原因因包括家庭原因、学校原因、社区原因；个体原因，包括心理和人生观诸多因素。因果关系原理是揭示犯罪原因和犯罪结果之间相互依存和相互制约关系的理论基础。作为一种结果的未来犯罪现象，肯定是由现实的原因引起的。因此，我们可以把对未来结果的探知，转化为对以上现实原因的认识和对未来犯罪趋势、状况、特点的预测。可以说，因果关系原理是犯罪预测的前提，只有正确认识犯罪现象中的因果关系，我们才能科学地进行犯罪预罪预测。

(三)连续性原理

任何事物都有一个过去、现在和未来的发展过程。在此过程中，事物保持其质的规定性同时又遵循一定的规律，并在一定条件下反复出现，此即事物的连续性原理。

连续性原理是从过去和未来的延续性概括出来的，过去和未来之间的延续性有四种：一是存在的延续性，即随着时间推移事物的不变性。它反映物质世界中的许多东西长期存在，基本不发生改变。二是变化的延续性。当某种事物发生变化时，变化可能会持续一段时间。三是模式的延续性。许多变化都遵循着某种模式，随着时间的推移，相同的模式会一再发生和重复出现，从而为进行预测提供了可能。四是因果关系的延续性。变化源于先前的条件或原因，这种关系经久不变，按照这种联系的关系，一旦特定条件相同或符合，就可以预测某一事件的发生。因此，犯罪现象发展的连续性，表明犯罪是按照它本身固有的规律性存在和变化的，只要规律赖以存在的条件不变，合乎规律性的现象就必然重复出现，而且未来的发展趋势同过去、现在已经发生的发展变化，不会毫无关系。在预测中运用连续性原理，要注意两个问题。第一，要求预测目标的历史发展数据所显示的变动趋势具有的变化带有较大的偶然性，就不宜用连续性原理进行预测。第二，要注意分析同预测有关的客观条件及其在未来的期限内可能发生变化的情形。任何事物都会发生质的变化，也都会在发展过程中出现中断和转折，不再按照原来的发展趋势延续下去。因此，在预测中，不仅要找出事物的演变规律，还要注意分析预测期内影响事物发展变化的一切条件的变化状态，以便判断原来的演变规律是否仍然在起作用，否则，预测就会出现失误。①

（四）质量互变原理

辩证唯物主义认为，任何事物都是质和量的统一。质和量的统一称为“度”。“度”是事物保持自身质的稳定性所能容纳的量的变化范围、幅度。量变在“度”的范围内不会改变事物的性质，一旦超过“度”的范围，就会发生质的变化，任何事物又都是变化和发展的。

量变与质变的辩证关系表明，事物的发展都要经历量变和质变两种状态，这两种状态相互渗透、相互转化。同样，任何一种犯罪现象都有一个从量变到质变的过程，为此，我们完全可以在犯罪形成的量变阶段加以控制，把犯罪消灭在萌芽状态，预防犯罪的发生。否则，若犯罪人的第一次犯罪得逞，根据质变必然引起新的量变的原理，其犯罪欲望会得到强化，会从偶犯向惯犯方向发展，从一般犯罪到严重犯罪方向发展。②

根据质量互变原理，量变质变是必然的。根据这种必然性，我们可以认识到犯罪现象的产生有一个渐进的过程，我们的任务就是找出其规律性的东西，提高认识和预测犯罪的能力。

（五）类推性原理

类推性原理是依据客观事物之间存在某种类似的结构和发展模式，对未来某个预测目标的结构、模式进行类推。这种类推既适用于同类事物之间，也适用于不同事物之间。例如，对财产犯罪发生率趋向的预测，即可参考国内外不同地区财产犯罪发生率趋向加以类推，也可参考同财产犯罪相近的罪种发生率的趋向加以类推。

在同属类犯罪之间和不同类型犯罪之间可以从某个已知的犯罪现象类推到需要预测的犯罪现象上去，是因为它们之间往往具有某种相似性。这种相似性是由于它们之间的结构、发展模式相近表现出来的。如果参物之间没有相似性，就无法以某种事物类推另一种事物。利用样本推断总体，就是因为样本同总体在结构上具有相似性。

在犯罪预测中运用类推性原理，首先要弄清用来类推的犯罪之间是否存在相似之处。因为愈相似，类推预测的效果愈好，如果无相似之处，就无法类比和类推。

（六）现象反映本质原理

首先，现象和本质是对立的。现象和本质有明显的差别。现象是事物的外在方面，是表面的、多变的、丰富多彩的；本质是事物的内在方面，是深藏的、相对稳定的、比较深刻、单纯的。因而现象是可以直接认识的，本质则只能间接地被认识。

其次，现象和本质是统一的。主要表现在以下几个方面：

1. 两者是相互依存的。现象是本质的现象，本质是现象的本质。也就是说，本质只能通过现象表现出来，现象只能是本质的显现，它们之间是表现和被表现的关系。任何一方离开了另一方都是不能存在的，实际的存在总是现象与本质的对立统一。

2. 两者是相互蕴含的。本质寓于现象之中，这是非常明显的，因为现象是整体，本质是现象的一部分，尽管是根本性的部分。反过来，本质也包含现象，因为现象尽管是多种多样的、纷繁复杂的，但毕竟是由本质决定的，早已潜在地包含于本质之中。

3. 现象与本质是可以相互转化的。本质变现象应理解为本质表现为现象。某一具体的

① 参见宋浩波．犯罪学新编［M］．北京：中国人民公安大学出版社，2003：237.

② 参见魏平雄．中国预防犯罪通鉴［M］．北京：人民法院出版社，1998：293.

人无疑是本质与现象的统一体，但其本质也在不断地表现出来，即不断转变为现象。现象与本质的相互转化，正是感性认识与理性认识相互转化的客观基础。①

现象与本质的辩证关系告诉我们，现象是本质的反映，是反映事物变化规律的具体体现。犯罪现象的各种外部特征都反映了某些本质规律，如果说个案、个体所表现出来的个别特征具有特殊性，那么大量外部特征的共同点就反映了共性，是本质的反映。统计分析就是基于对大量数据与现象的分析而得出的结论，反映的是本质属性。当然分析现象时应注意区分真相、假象与错觉，尽量减少干扰。

(七)可控性原理

可控性原理，是指预测的犯罪现象未来发展趋向和进程是可以控制的。人们在客观规律面前，如果不想陷入盲目被动，就要充分发挥主观能动性去认识它，努力创造条件去利用它。因此，人们可以控制预测目标，使其按照自己所希望的方向发展。对于原本可预测的未来犯罪，可以通过有意识地控制，使其不确定性变小，尽可能利用可控因素，即利用不确定性较小的变量，推测所要预测的犯罪趋势。同时，还要重视对有关方针、政策和规划的研究，判断它们对犯罪趋势可能产生的影响。在运用具体预测方法时，也要同可控因素的分析密切结合。

第二节　犯罪预测的内容、方法和步骤

一、犯罪预测的内容

犯罪预测是为防控犯罪服务的。因国家政法部门与犯罪作斗争的对策和防控措施具体要求不同，其对犯罪预测内容的侧重也不相同。

(一)预测犯罪指数总量及其构成的变化趋势

即预测案件发生率、发生量及其发展方向。这方面的预测主要反映一定时期全国或局部地区犯罪总形势的变化。

(二)预测犯罪原因、条件的变化趋势

例如，对城市犯罪的主要原因和条件、农村犯罪的主要原因和条件、性犯罪的主要原因和条件、青少年犯罪的主要原因和条件、团伙犯罪的原因和条件的预测；社会不良风气的发展变化趋势及其对犯罪的影响，文化冲突、环境变化、经济发展、政策实施、人口发展与流动等对犯罪产生的影响等的预测。

(三)预测犯罪结构的变化趋势

犯罪结构是指根据犯罪学原理对犯罪进行分类确定的比例关系。它是评定各种犯罪社会危险性和组织犯罪预防活动的依据之一。表现犯罪结构的数据主要有重罪和轻罪的对比、故意罪和过失罪的对比、各种类型犯罪的对比、未成年人犯罪和成年人犯罪的对比、常见罪和新型罪的对比、集团犯罪和个体犯罪的对比、犯罪区域分布的对比、不同居民区域之间犯罪分布情况的对比等。

(四)预测犯罪手段的变化趋势

犯罪手段是随着犯罪人的教养、文化水平以及科技的发展而不断变化的。每当科学文化

① 孔幼真．现象和本质的辩证法[M]．福州：福建人民出版社，1984.

有了明显的进步，犯罪人也会不失时机地加以利用。例如，交通工具的现代化、通讯器材的现代化都被犯罪人所利用；计算机网络犯罪等高科技犯罪，更是在全球猖獗蔓延。

(五)预测犯罪在一定时期内的社会危害性程度

即预测一定时期内犯罪造成社会财产直接和间接损失的总量及造成人身伤害和死亡的趋势。

(六)预测社会治理犯罪的能力

即预测治理犯罪的社会机构、设施、人员、装备、国家的投入、社会组织的配合，等等。

犯罪预测的目的是为预防和控制犯罪，为维护正常的工作和生活秩序，为公民的安居乐业、社会的安定与和谐所制定的政策提供科学的依据，因此，犯罪预测的内容涉及各个层次和领域。

(一)犯罪总量与趋势预测

犯罪总量可以是整个社会或者某一地区各种类型犯罪的总量，也可以是个别类型犯罪的总量。

改革开放初期，封闭了30年的国门刚刚打开，资本主义的糟粕伴随着先进科学技术一起涌入我国，我国意识形态领域受到强烈的冲击；市场经济在摸索中前行，已有的经济结构被打破，新的经济体系尚未完全建立；对于流动人口的管理、商品市场的管理等还没有经验；法律体系初步建成，有待完善；“文革”中反潮流、无政府的遗毒还未得到根治等问题，都使得犯罪总量呈迅速上升趋势。党中央在分析形势后，预测造成治安状况混乱的主要因素一时难以消除，犯罪总量还将进一步上升，1983年8月25日，中央作出《关于严厉打击刑事犯罪活动的决定》，严厉打击严重经济犯罪和严重危害社会治安的犯罪，遏制了犯罪的发展态势。2009年1月公安部开展的严厉打击整治发票犯罪专项行动，以及2011年1月江苏公安厅开展的涉车犯罪专项整治行动等无一不是在总量预测后作出的决定。

(二)犯罪原因和条件预测

犯罪预测方法多样，不仅可以预测犯罪总量变化，还可以通过分析犯罪案件或违法事件引发原因的权重，分析外部条件对违法犯罪事件形成的影响程度，预测犯罪原因和条件的变化趋势，从而预测相关犯罪行为的变化趋势。

以群体性事件为例，在分析引发原因，计算诱因权重，预测主要诱因发展状况后，2005年2月19日，胡锦涛在中央党校举办的“省部级主要领导干部提高构建社会主义和谐社会能力”专题研讨班上发表重要讲话，全面阐述了构建社会主义和谐社会的时代背景、重大意义、科学内涵、基本特征、重要原则、主要任务等，全面启动和谐社会建设。2006年6月22日国务院第431号令修订了《信访工作条例》，对于密切党群干群关系，发挥人民群众的积极性、主动性和创造性，解决人民群众的实际问题，特别是热点、难点问题，保护人民群众的利益，扩大党的群众基础，维护社会稳定，促进改革的深入和经济的发展，加强党的执政能力，巩固党的执政地位，具有重要意义。胡锦涛的讲话，以及新《信访工作条例》的出台等一系列措施，从根本上缓解了群体性事件的诱发因素，群体性事件上升曲线于2009年出现了“拐点”。

(三)犯罪时空预测

犯罪时空预测是指预测犯罪时间和犯罪地点。对于一类罪犯或犯罪团伙，他们的作案手法几乎不变，因此，通常将作案手法基本相同的案件并案侦破。并案增加了犯罪现场的信息，为预测犯罪热点时空奠定了基础。

在西方，犯罪活动具有随时间规律件变化的现象最早受到了犯罪学家的注意。在20世纪初期，犯罪学家Lombroso通过统计犯罪数据发现，侵财类犯罪在夏季的发生率较高，而人身侵犯类犯罪在冬季发生率较高。他将之归结为夏季人们穿着较少，财物不易隐藏，增大了被抢劫的风险，而冬季人们容易聚集在室内从而增大了发生口角进而发生人身伤害的风险。在空间上，由于城市中人口、财富、建筑等分布的不均匀性，从而对罪犯的吸引有所不同，其直接的表现就是城市中某些地区的犯罪率较低而有些地区的犯罪率异常偏高。犯罪时空方面的预测已有一些研究报道，清华大学陈鹏等人根据犯罪活动是由罪犯主体、受害主体和警察主体在时间和空间上出现交集而产生的日常活动理论，通过模拟三种主体在一定时空条件下的运行就可得到犯罪活动的时空分布，建立了时空犯罪热点预测模型。①

（四）犯罪心理倾向预测

犯罪心理是影响和支配行为人实施犯罪行为的各种心理活动或心理因素的总称。犯罪心理是犯罪行为的内在动因和支配力量，犯罪行为是犯罪心理的外部表现。人都有以最小的付出换取最大收益的倾向，从这点出发，人人都有产生犯罪心理的土壤。但有人犯罪，有人守法，关键是犯罪心理倾向的严重程度。如果犯罪心理倾向在法律意识可以控制的范围内，则此人守法；反之，违法。通过测量或评价个体的犯罪心理倾向性，可以预测此人违法犯罪的可能性。

早在20世纪20年代，对假释后重新犯罪可能性进行预测时就产生了《犯罪预测表》。进入21世纪以来，《犯罪预测表》主要用于刑满释放人员的危险性评估预测和青少年犯罪方面。青少年犯罪预测方面，常把盲从、任性、自私、懒惰的个性特征，不切实际的收入理想，偏差的道德信念或价值观等个性倾向作为犯罪的预测因子进行预测，收到一定效果。②

（五）犯罪手段预测

新型犯罪手段出现后，在其传播扩散的过程中具有一定规律性，可以根据其规律性，对扩散速度进行预测。

1987年在北京破获一起利用3张扑克牌，以赌牌的形式实施诈骗的犯罪案件。在相距北京1000公里之外的某中等城市的公安局长敏锐地意识到，根据以往新型犯罪手段扩散到本地区的规律，预测半年后此类犯罪将在本地区出现。于是，半年后该地区加大了在长途汽车站、火车站便衣警察巡查力度。不出所料，不久在长途汽车站早晨06：00—08：00，出现了一个以赌牌形式实施诈骗的犯罪团伙。由于这一团伙刚到此地，人生地不熟，对便衣警察不了解，给警方的取证带来便利。警方两周时间就摸清了该犯罪团伙的所有成员、分工职责、作案方式、实施步骤、涉案金额等相关的人证、物证抓捕时机已经成熟，一举打掉了这一犯罪团伙。

（六）潜在犯罪类型趋势预测

犯罪类型变化趋势预测不仅可以预测该犯罪类型的变化趋势，而且还可以预测潜在的犯罪类型变化趋势。以江苏为被拐妇女儿童的“接受地”案件变化趋势为例。2006—2008年江

---

① 陈鹏，疏学明，袁宏永等．时空犯罪热点预测模型研究[J]．系统仿真学报，2011，23(9)：1782~1786.

② 郑瑞琴，黄志强．青少年犯罪预测和预防探析[J]．湖北社会科学，2002(9)：100~101.

苏接受拐卖妇女儿童案件分别为18起、26起和51起，呈迅速上升趋势。① 江苏作为被拐妇女儿童的"接受地"之一，接受拐卖妇女儿童案件的迅速增加，必然存在妇女儿童"失踪地"失踪案件的迅速增加。然而"接受地"和"失踪地"相关案件的变化趋势恰恰相反，"失踪地"案件每年平均却以10%的速度递减。两地相反的趋势预示着"失踪地"打击拐卖妇女、儿童案件工作的不力，于是《中国反对拐卖妇女儿童行动计划(2008—2012年)》出台。在随后的几年中，全国拐卖妇女儿童立案起数每年按照40%的速度上升，与2006—2008年江苏拐卖妇女儿童案件立案起数上升幅度完全吻合。

(七)犯罪预测其他内容

1. 犯罪结构变化趋势预测。它是以犯罪结构为预测内容，预测重罪和轻罪的比例、故意罪和过失罪的比例、未成年人和成年人犯罪的比例、团伙犯罪和个体犯罪的比例、常住人口和流动人口犯罪的比例等。

2. 犯罪危害程度预测。它是对某犯罪手段或犯罪形式，在特定地区、特定时段，对社会所造成的直接危害和间接危害程度的预测。

3. 犯罪控制力量的预测。它是对政府执法机构、社会组织或社会整体防范、控制、应急处置和打击犯罪能力的预测；对某项防范或打击措施实施效果的预测；对设备投入、技术改造效果的预测，等等。

二、犯罪预测的方法

犯罪预测的方法，是指在取得相关信息的基础上，对犯罪预测目标进行定性和定量的分析，借助各种预测技术和手段，推断和测定犯罪发展变化趋势的总称。由于犯罪现象复杂多变，目前常用的预测方法繁多且各有优劣，因此，预测人员在较为全面可靠的资料和信息基础上，根据个案要求，选择和运用具体的预测方法，便成为犯罪预测活动能否顺利进行的关键。犯罪预测方法很多，常用的有下列几种：

(一)经验判断法

经验判断法，是预测者凭知识、经验和综合分析能力，或借助集体智慧、经验及请专家协助进行预测的方法。

经验判断法从个人直观判断方法上来说，主要有相关推断法、对比推断法和比例推断法；从运用集体经验推断的方法来说，有意见交换法、意见测验法和意见汇总法；专家预测法是运用集体经验推断法的一种表现形式。

经验判断法的优点是，经验来自实践，具有一定的科学性且简便易行。其缺点是在运用定量分析时，精确性不足，同时由于直观判断受预测者心理、情绪影响，容易产生主观片面性，具有较大的局限性。

(二)资料预测法

即通过充分占有同预测对象有关的资料并对其加以分析、运用，预测未来犯罪趋势的一种方法。其基本环节为资料的获得、资料的分析和资料的运用。

运用资料分析预测法的前提是掌握可靠的资料。预测者要通过多种渠道，尽量全面、准确、翔实地占有同预测对象有关的资料，并对其进行系统梳理、专业研判、正确运用，否

① 江苏省统计局，国家统计局江苏调查总队．江苏统计年鉴2007—2009[M]．北京：中国统计出版社，2007—2009：表12~16.

则，预测方向就很可能出现偏差甚至错误。

(三)因素分析法

因素分析法是一种常用且较为客观、可靠的预测方法。其在承认犯罪现象受很多复杂因素制约的前提下，从中找出制约犯罪的产生、变化和发展的重要相关因素，以作为对犯罪态势进行犯罪预测的预测因子，并通过对这些预测因子与犯罪相关性的分析，确定预测因子与犯罪的相关系数，从而测定各该预测因子的预测能力。而后，再根据各预测因子所起作用的大小及其变化，预测犯罪的发展趋势。

运用因素分析法预测犯罪，关键是要确定制约犯罪产生、变化、发展的预测因子及其预测能力。这可通过对各种因素与犯罪的相关性和相关系数的分析获得。所谓相关性，是指两种或两种以上数列彼此相随的变化趋势。数列间的这种相关性可分为三种，即正相关、负相关和零相关。正相关，是指一种数列的增加，同时伴以他种数列之增加；负相关，是指一种数列的减少，同时伴以他种数列之减少；零相关，是指一种数列的增加或减少，不引起他种数列的变化。相关性是通过相关系数来表达的，相关系数就用以表示两种事物相关程度与方向的适当数量。相关性愈大相关系数就越高，反之，则相关系数越低。① 通过因素分析法，不仅可以预测犯罪的未来态势，而且还可以根据对预测因子相关系数的分析，从预测因子中挑选出长期起作用的因素和暂时起作用的因素；强相关因素、一般相关因素和负相关因素；容易控制的因素以及阻止犯罪发生的因素，以为刑事政策的制定提供科学的依据。

除以上预测方法外，常用的还有德尔斐法、趋势外推法、网络预测法、调研预测法等。但无论采用哪种预测方法，所有的犯罪预测都要注意两个问题：确定制约犯罪的各种因素变量；收集全面准确的数据和信息。

三、犯罪预测的一般步骤

(一)确定预测目的、内容和对象

预测对象包括特定的地区、个人或群体以及犯罪类型、方法、手段等。因人的精力有限，预测对象要进行选择。预测对象的选择，应抓住带有倾向性、全局性的目标，否则就会失去意义；预测目的是希望通过犯罪预测达到某种结果；预测内容是预测对象在特定时间内的变化趋势。确定预测对象、目的和内容是犯罪预测的最初步骤。

(二)收集、研判数据和资料

预测目标确定后，即可以其为中心收集相关资料，为以后的研判与分析奠定基础。收集资料时要注意对主观、客观方面的事件、案例、数据等的全面收集。在此过程中，常常需要多次反复调研、补充收集某些资料，因此，要有不厌其烦的工作韧性。同时，收集资料时不能以个人感情和主观意识为主导，要以科学的精神全面、准确地收集各种资料，保证收集的资料与客观事实相符合。

资料收集完毕后，还要对其进行分析研判，以便寻找出犯罪现象与社会影响间的内在联系，分析犯罪现象形成与发展变化的主客观原因，从而获得解决问题的途径和方法，并提出新问题。

(三)选定预测方法和技术

选择什么样的预测方法，是依据预测目的、占有资料情况、对预测准确度的要求以及该

---

① 参见魏平雄．中国预防犯罪通鉴[M]．北京：人民法院出版社，1998：303.

犯罪现象产生过程、发展变化的特点等决定的。但由于犯罪现象的复杂性和引起犯罪本身原因的多样性决定了应该尽可能综合运用几种方法进行预测，以取长补短，提高预测的可靠性。

(四)适时修改完善预测结论

任何事物都是不断变化发展的，预测结论也并非一成不变。随着社会的发展，根据犯罪态势和有关变量的变化，预测者需要不断适时修改、补充、完善相关结论，以做到与时俱进，真正有助于决策与执行部门打击犯罪的方向正确、措施得力。

综上，在犯罪预测活动中，各环节前后衔接、缺一不可，但全面、准确、及时地获取犯罪信息资料，是各个工作环节的核心，是整体科学预测工作的前提与基础。为此，犯罪预测一般应遵循以下原则：

第一，客观性原则。这是犯罪预测工作中最为重要的一项原则。因为犯罪预测的核心问题就是要在整个工作过程中始终坚持和保持其客观性。否则，预测大厦将因根基不牢而倾于一刻。

第二，系统性原则。即用系统论的思想、方法和观点去指导整个犯罪预测工作。犯罪本身是一个极其复杂的大系统，它受到来自社会各个方面的制约和影响，只有用历史的、全面的和系统的观点来看待问题，才能搞好对犯罪问题的深入探讨和研究。

第三，连续性原则。即指犯罪预测的整个工作过程必须具有连续性。因为在一定时期内，犯罪是一种持续发展的现象，不会中止或间断，如果人为地将其割断，势必会影响预测结论的准确性。

第四，定性研究与定量分析相结合的原则。

辩证唯物主义认为，任何事物都是质和量的统一。一事物在具有质的规定性的同时，无不具有量的规定性。在犯罪预测活动中，定性研究是对未来犯罪性质的分析与判断，定量分析是对未来犯罪趋势及过程的描述和表达。犯罪预测的实践证明，单纯地采用定性或定量法分析问题，往往存在着较大弊端。二者结合使用，优势互补，才能取得最佳的预测效果。

当然，由于犯罪现象的极度复杂性，在犯罪预测中，单纯使用某一种或两种预测方法，效果往往并不理想甚至出现大的偏差，因此，预测时还应注意预测方法的交互使用原则，即针对犯罪预测的具体项目，交互使用各种方法，才能使预测结论相互印证、互为补充，保证预测结论的准确、可靠。

犯罪预测过程较为复杂，不同的研究对象、不同的预测方法，预测过程不尽相同。尽管如此，仍存在具有共性的一般规律，即准备、实施、验证和交付四个预测活动阶段。

(一)准备阶段

1. 选课题。犯罪预测首先要确定预测的方向或选题。预测的选题有两个来源，一是自己选定，二是上级或政府部门指定。对于社会治安管理者，需定期做未来犯罪情况的定性预测，以了解变化趋势。对于难以定性预测的犯罪类型或需要精细预测时，进行定量预测。社会治安管理者自我选题是日常管理工作的一部分，是岗位职责的要求，理应成为课题来源之一。上级指定课题一般是为了解决实际问题，而自身难以完成，需要借助系统内其他力量或社会力量来完成的课题，它通常目的明确，针对性强，需要认真地研究和定量预测。

2. 选方法。犯罪预测方法的选择通常根据课题的需要、目的、性质、规律、范围、准确度以及可利用的资源、信息等条件。前述四大类犯罪预测方法的选择相对简单，但具体方法的选择往往需要根据初步运算结论，比较后才能确定。如非线性回归分析方法，有多种函数模型可供选择。使用不同的函数模型，将得出不同的结论和相关度。一般首先根据实际数据连接线的形状，初步选择函数关系，再进行初步运算，主要依据相关系数对函数模型进行取舍，最后确定函数式。

3. 选人员。犯罪预测涉及基础数据、资料、信息等的收集，运算以及验证过程涉及人员较多，需要选定人员、确定工作内容，并形成一定的组织结构。人员和组织结构的选择首先依据课题要求，其次考虑预测方法、初步结论的验证方式和活动经费的数量。犯罪预测人员一般由领导组织人员、信息收集和调查人员、预测专家、运算辅助人员、公关人员和其他人员共六部分人员组成，形成既分工明确，又“分工不分家”，团结协作的有机体。

4. 选地点。按照调查研究方法选取“样本”，对于宏观预测通常不是全面调查，而是按照一定的规律选定有代表性的“调查点”。“调查点”的代表性，应与课题目的、性质匹配，在条件允许的情况下扩大“样本”量。预测初步结论得出后，尤其在防控措施对犯罪控制效果的预测方面，需要进行验证，验证地点和方式也是事先应考虑的内容。验证相当于“试点”，初步结论难免有错误与不足，为了减少影响面，验证地点或范围宜小不宜大。①

（二）实施阶段

1. 调查与信息采集。按照预测目的，全面收集相关材料。相关材料分为两类，一类是表观材料，如犯罪数量、类型、手段、形式和危害程度，以及从过去到现在的变化过程；另一类是成因材料，是表观材料产生或引发的原因，以及反映各原因之间相互联系的材料。调查是获取预测基本材料的重要手段，它不仅可以收集表观材料，还可以通过观察、谈话、问卷、访问等方法，了解成因材料。网络也是获取预测基本材料的重要手段，它成本低，范围大，新鲜度高，信息来源丰富，越来越受到材料采集者的青睐。

2. 信息研判。用于犯罪预测的信息应该是真实的信息，虚假的信息会干扰预测的结果，因此，在信息处理前需要对所采集的信息进行研判。网络信息丰富，但虚假成分较多，采集的信息应以官方网站所提供的信息为主，非官方网站作为补充信息的来源。对采集的非官方网站信息应寻找信息源头，或经多方印证，并防止“三人成虎”的倾向，以确认信息的真实性。调查材料也存在虚假问题，即使排除调查人员的弄虚作假，也很难排除材料提供者的弄虚作假行为。调查人员所提供的材料必须注明材料来源、途径、时间、地点和经手人、证明人。信息的研判主要根据信息来源和途径等情况，通过对比分析判断材料真伪。对于错误数据的判别与剔除，一般根据数据处理中的“3β 检验法”②进行剔除。

3. 建立预测模型。预测发展到今天，已积累了较为丰富的经验，使部分预测类型形成了固定的模型选择范围。对于固定的模型范围，首先需要遴选。不一定只有唯一结果，因为在最终结果出现之前，很难确定何种模型是最佳模型：应当平行运行相近模型，分析预测结果，确定模型种类。还有一部分模型属于“探索性”模型，它需要针对具体的预测对象增减参数，修改相关数，有时甚至会搭建新架构，形成新模型。对这类模型，需用以往的数据或状况验证它的正确性，进行可靠性分析，并组织专家进行评估，最终确定预测模型。

4. 运算或推测。模型确定后，实施运算前，应再次考察所采集的数据、材料是否完全符合所选模型的要求，或调整数据形态和结构，以满足模型运算的要求。在条件允许的情况下，平行运算三次，以保证运算过程的正确性，同时对运算结果进行误差分析，了解可信度。

---

① 戚春霞．暴力和犯罪预测[C]．首届中青年心理卫生学者学术研讨会论文集，2006.

② 史静涛，周智海．海洋站数据质量控制技术探讨[J]．海洋技术，2011(1)：114~117.

(三)验证阶段

模型运算或推测的结果不能直接交付使用，需进行验证，以发现问题，修正预测过程中的缺陷和错误，最大限度地保障预测结果的正确性。验证通常有两类，一类是理论验证，另一类是实践验证。理论验证主要有以下几个方面：

1. 灵敏度验证，对于不同的预测模型，数据的变化对运算结果的影响程度并不相同。有些数据改变 10%，其结果变化不大，但有些数据改变 10%，运算结果变化巨大。由于数据实际采集过程中有部分数据是一个取值范围，对于取值范围的情况下所取的具体数值对运算结果的影响程度应当考虑。数据呈取值范围的情况不占少数，因为不少数据的获取存在误差，在调查“样本”的处理过程中又往往会扩大这一误差，最终形成的数据实际上是一个数值范围。在数值范围中的取值属于“自由裁量”，平均值并非唯一的选择，还应考虑整个数值的分布情况。无论数值范围内如何取值都应考察所取数值对结果的影响程度——灵敏度。①

2. 相互验证。用相近的其他预测方法和模型实施运算或推测，比较预测结果。例如，遴选出的最佳预测模型是灰色理论模型，但回归分析也应该得到近似的结果，如果结果相差甚远，很可能是在某个环节上出现了问题。无论是灰色理论的问题，还是回归分析的问题，找出问题，解决问题，结果的可靠性才会得到提升。

3. 对比验证。用他人的同类结果进行对比验证。对比验证也存在两种情况，一是相同模型结果的对比验证，即查阅相同预测模型他人的研究报道或报告，在考虑两者运算条件差异的基础上，分析两者结果的一致性。二是类似地区预测结果的对比验证。各地区对本地区未来的犯罪状况都应该有预测，虽然地区不同，预测结果也会存在差异，但作为类似地区，不会出现较大差异。

4. 专家验证。邀请本课题组以外的专家，利用现有数据、材料、信息进行预测，考察结果的一致性。不同的专家视角、思考方式可能不同，但最佳模型和最佳预测结果只有一个。如果产生分歧，或许能发现问题的所在，完善预测。

实践验证是指选择其他类似地区的犯罪相关材料进行犯罪预测，考察结果的准确性。由于遴选出的最佳模型是从课题所选地区的犯罪相关材料得出的结论，再用课题所选地区的犯罪相关材料，有时不能发现模型选择和运算过程中的问题。把课题所选地区产生的预测模型和方法运用于其他类似地区，隐去最后一年(或一段时间)的犯罪相关材料，用其他时段的犯罪材料遴选模型，实施运算，用最后一年(或一段时间)的数据验证预测结果的正确性。如果预测结果与事实不符，则对原有模型进行修正，重复上述步骤，直至获得理想结果。

(四)交付使用阶段

将通过各种验证的犯罪预测模型和运算方法，交付社会治安管理机构。如果某社会治安管理机构准备验证课题所作出结论的正确程度，则应当保持该机构的社会管理方式、执法力度等各种影响犯罪的因素不变，以一个完整的运行周期的结果去考察预测的效果。但多数情况下，课题的选择或发放是为了使用，是为了制定控制犯罪的对策，或者课题本身就是关于某对策控制犯罪能力的预测，这都可以通过对策的实施考察其实际效果，用实际使用效果验证课题所确定的犯罪模型和运算方法。

---

① 于永强，黄耀，张稳．华东地区农田土壤有机碳动态模拟研究——模型的验证与灵敏度分析[J]．地理与地理信息科学，2006(6)：83~88，93.

第三章　犯罪的社会预防

一切预防犯罪的活动从广义上讲都是社会性的活动，都可称为犯罪的社会预防。但犯罪学界一般认为，预防犯罪是一个极其复杂的系统工程，因此有必要进行适当的划分，但划分又不是绝对的。本章所讲的犯罪的社会预防是相对于刑罚预防、情境预防等而言的，但它们之间的区分又并非泾渭分明，常常会有交叉重叠。社会预防是国家和社会针对犯罪现象产生的社会原因所采取的一系列社会措施的总称，其目的在于以优良有序的社会环境保障社会健康发展。

第一节　犯罪社会预防概述

一、犯罪的社会预防的概念

对于犯罪的社会预防思想可追溯至犯罪实证学派学者们的主张。犯罪实证学派的代表人之一——意大利学者菲利认为，“一个人或许有天生的犯罪倾向，但他如果处在良好的环境之中，就可能到死也不违反任何刑法法则和道德规范”。①“人之所以成为罪犯，并不是因为他要犯罪，而是由于他处于一定的自然和社会条件之下，罪恶的种子得以在这种条件下发芽、生长。”②菲利的犯罪原因观是三元论——人类学因素、自然因素和社会因素。菲利作为犯罪社会学派的代表人，特别重视社会因素对犯罪生成的作用，认为社会原因是导致犯罪发生的主要原因。在社会因素方面，菲利认为犯罪属于一种社会疾病，对它的防治可以适用于卫生医疗机构防治人体疾病相同的规则，即“通过改变最易改变的社会环境，立法者以改变自然环境及人的生理和心理状况的影响，控制很大一部分犯罪，并减少相当一部分犯罪”。③菲利发展了一套以“刑罚替代措施”或保安措施为核心的犯罪预防学说，包括经济领域、政治领域、科学领域、立法和行政领域、教育领域，并指出：“刑罚替代措施的目标不是使所有重罪和轻罪犯都不可能发生，而是在任何特定的自然和社会环境下都力争将它们减少到最小的数量。”④德国刑法学家、社会学家李斯特更是把社会预防的作用推到了极致，他认为“最好的社会政策就是最好的刑事政策”，好的社会政策将有助于从本源上预防犯罪。因此，要想预防犯罪，必须针对产生犯罪的广泛的社会原因采取犯罪对策，科学地制定预防目标，采取不同的社会改良措施。

伴随着犯罪社会学的发展，各种犯罪社会学理论随之出现。西方的犯罪社会学理论包括社会结构和文化理论（社会经济结构与犯罪、社会结构理论、紧张理论、文化越轨理论）、

---

① Enrico Ferri：“Criminal Sociology”，Project Gutenberg，E-text 1996，pp. 59-60.

② 恩里科·菲利．实证派犯罪学[M]．北京：中国人民公安大学出版社，2004：171~172.

③ 恩里科·菲利．实证派犯罪学[M]．北京：中国人民公安大学出版社，2004：184.

④ 恩里科·菲利．犯罪社会学[M]．北京：中国人民公安大学出版社，1990：95.

社会进程和社会化理论(社会化与犯罪、社会学习理论、社会控制理论、社会反应理论)、社会冲突理论(社会冲突、批判犯罪学和恢复性司法理论)和发展理论(犯罪生命历程理论和潜在犯罪特质理论)等①，以上理论虽然侧重点各异，但无不是从社会视角探寻犯罪生成的原因，视野开阔，对世界各国制定犯罪对策影响深远。

犯罪的社会预防是指“通过制定和执行合适的公共社会政策，避免和解决社会存在的种种弊病如种族歧视、失业、贫富不均、教育不公、机会和资源的不公平分配等问题，消除、限制容易滋生犯罪的社会条件，从而达到预防犯罪发生的综合性犯罪预防方法”②。犯罪的社会预防具有广泛的参与主体和极其丰富的内容，各种社会组织和部门实施的各种犯罪预防活动都可囊括其中。犯罪的社会预防标本兼顾，重在治本，可以起到防患于未然的作用。社会预防的性质主要表现为以下几点。

第一，社会预防是一种积极的治本的预防。社会预防的作用不在于对犯罪行为进行事后的惩罚和控制，而在于从根本上消除犯罪现象赖以产生和存在的社会原因和条件，使得犯罪的土壤不复存在。刑罚预防和治安预防就像是对机器故障的大修和人体疾患的治疗，社会预防则像是对社会机器的精良设计和全面养护，可以有效地减少其故障的发生几率。

第二，社会预防过程实质上也是社会自我调整和完善的过程，其各项具体措施并非为专门对抗犯罪而设计。各项社会预防措施实施的目的是促使整个社会健康、和谐、有序、良性发展，预防和减少犯罪仅仅是其一个从属目的。社会预防的这一性质体现了一个重要事实，即“预防和减少犯罪与社会发展的必然要求是一致的，与社会发展进程是同步的”③。

第三，社会预防的核心目的是创造一个完善、健康、和谐的社会，提供一个能够抑制犯罪和其他消极现象的宏观社会环境。社会预防过程与社会管理、社会规划、社会改革在很大程度上是相互一致并彼此重合的，社会预防的内容实际上囊括国家经济建设、政治建设和文化建设的方方面面的方针、政策和措施。

二、社会预防的特点

(一)预防主体多元化

社会预防的主体既包括国家的行政机关，也包括企事业单位、社会团体、基层组织，还包括公民个体，涉及面广泛，参与者多元。司法预防基本上是国家本位主义，尤其是以刑事司法机关为预防主体，但社会预防注重从社会本源上防治犯罪，其主体理应是社会各方都参与的联合体。

(二)预防内容广泛性

犯罪现象和犯罪原因的复杂性决定了社会预防政策内容的广泛性。社会预防的内容既包括大如政治、经济、文化、教育等方面的国家政策、区域性政策，又包括小如家规、校训等微观层面的规章制度和无形规范。

(三)预防手段综合性

受社会预防主体多元化、内容广泛性的影响，其预防的手段、方法也必须具有多样性、广泛性和综合性的特点。具体来说，社会预防既应该有政府的行政行为，也应该有一般企事

① Larry J. Siegel: Criminology, Wadsworth Publishing Company, 2009.

② 崔海英. 情境预防本体理论解读[J]. 净月学刊，2014(6).

③ 衣家奇. 犯罪学[M]. 长沙：湖南大学出版社，2005：278.

业单位的办事行为，还包括社区、家庭乃至个体的预防行为；既有强制性的行为，如政府的行政政策、命令等，也有自愿的自主行为。在犯罪的社会预防中，既有政府实施法律的行政手段，也有政治、经济、文化、教育等各种手段，还要结合当前国内的现实情况，实施相关的预防措施。为达成社会预防犯罪的最佳预防效果，各种预防手段、方法措施之间不能相互矛盾或冲突，而应该和谐、统一和相辅相成。

（四）预防目的明确性

犯罪的社会预防的目的具有明确的方向性，就是利用社会政策的方法，从根本上有效地预防和控制犯罪，维护社会的稳定与发展。社会预防就是通过多种措施的综合运用，主要预防具有潜在犯罪危险的人实施犯罪，使其"不想犯罪"，并促进相应配套社会制度日臻完善。

第二节　犯罪社会预防的功能和局限性

一、社会预防的功能

社会预防的功能，就是社会预防措施所应当具有的客观效用。社会预防功能的真正发挥便意味着预防犯罪这一主观目的的实现。

（一）社会建设功能

社会预防的社会建设功能，是指社会预防措施对其所处社会政治、经济、文化的建设、发展与完善有着积极的影响和促进作用。首先，社会预防的社会建设功能是由社会预防的终极目标所决定的。社会预防的最直接目的是抑制、减少和消除犯罪现象和犯罪行为，而犯罪的减少和消除有利于社会的政治、经济、文化的建设和发展，有利于社会的和谐与稳定，这也是犯罪的社会预防所要达到的终极目标。其次，社会预防的许多措施和社会建设的内容都是一致和统一的，如社会政治体制和经济体制改革，社会和经济发展规划，传统文化的传承和发扬等，既是社会建设的内容也是犯罪的社会预防措施。社会预防要达到减少犯罪社会诱因，缓解社会矛盾的目的，就必须对原先不适应社会发展的政治、经济体制进行改革，对经济和社会发展作出科学、合理的规划，对民族传统文化大力弘扬。最后，社会预防内容中有些"堵塞性"手段，实际上是对犯罪行为的预防，对整体经济运行和社会建设起着保驾护航的作用，如对污染环境、非法开采、瞒报谎报企业重大事件等违法犯罪行为的制裁措施，其最终目的是保障和促进社会的正常发展。总之，社会预防措施的最终目的蕴涵在社会建设之中，而社会建设的快速发展又为犯罪的社会预防提供了良好的社会环境条件和坚实的物质基础，在客观上又促进了社会预防工作的开展，二者相辅相成，共同促进。

（二）社会整合功能

社会整合（social integration）功能，是指通过社会预防措施的实施，使社会成为一个具有共同价值和凝聚力的完整体系，增强公民对社会共同价值的遵从和顺应。具体而言，社会整合就是"调整或协调社会中不同因素的矛盾、冲突和纠葛，使之成为一个统一的体系的过程或结果。在这个过程中，社会各相离而有关系的单位，通过相互顺应，遵守相同的行为规范，而达到团结一致，形成一个均衡的体系"。① 社会整合的相反过程是社会解组（social

① 李健华，范定九．社会学简明辞典[Z]．兰州：甘肃人民出版社，1984：257.

disorganization)、社会失范(anomie)和社会解体(social disintegration)。社会解组、社会失范和社会解体是产生社会问题包括犯罪问题的主要社会原因，社会整合的任务就是避免社会出现解组、失范或解体。

社会预防措施的社会整合功能表现为犯罪预防与社会整合的双向互动：犯罪现象在社会整合中得到避免和克服，因而犯罪预防要求社会整合；反过来，基于犯罪预防而采取的社会行动，又促进了社会整合。例如，通过政治体制改革，加强民主与法制建设，加强廉政建设，实现制度整合，可以增强人民群众对党和政府的拥护与信任感，从制度上消除社会解组或解体的隐忧；通过道德与文化建设以及社会规范的确立和完善，实现文化整合和规范整合，可以促使人们信守社会共同价值准则缓解文化冲突带来的社会震荡；通过制定科学的国民经济和社会发展规划以及适当的公共政策，可以从政策上消除产生问题的可能性，还可以提高人民群众的物质文化水平，使人民群众意识到社会主义制度的优越性，增强中华民族的自豪感；通过对阶级关系、利益分配关系和人际关系的适当调整，实现结构整合，可以减缓不同社会阶层之间的冲突和对立等。

社会预防措施欲达成社会整合功能，使社会具有共同价值，成为一个具有凝聚力的完整体系，必须做到以下几点。首先，通过立法机构对法律的制定，行政部门对行政行为的规范，使全社会形成共同的社会价值取向，增强对社会共同价值的遵从和顺应。其次，通过对违法犯罪行为的惩罚和打击，使社会成员改变可能导致违法犯罪行为的价值取向和错误的思想观念，接受和认同正确的即共同的价值观念。再次，通过宣传、教育和大力弘扬符合社会进步发展的共同价值，抑制影响阻碍社会进步发展的错误的价值取向，使社会成员统一思想，使全社会形成遵循和顺应社会共同价值的良好社会风气。最后，通过缓解社会矛盾，减少犯罪现象，提高社会成员的物质文化生活，使每个人能够幼有所育、老有所养，使社会成员增强对共同社会价值观的认同感。

(三)社会控制功能

社会控制是指社会为了保证其成员遵守社会规范，维护社会秩序，而施之以个人或群体的影响和制约。社会控制可以分为正式控制和非正式控制。前者指由政府、警察、法庭等官方机构依据法律赋予的职权而进行的制度化控制，后者则指凭借舆论、禁忌、礼仪、习俗等形式进行的非制度化控制。

社会预防与社会控制之间是一体两面、相互助推的关系。犯罪的社会预防要求进行社会控制，社会控制则可以期待通过防范犯罪和越轨而得以实现。二者之间的密切联系具体表现在：首先，社会预防体系中的某些措施(如行政执法部门的行政执法活动以及有关行政法规)本身就是社会控制手段的主要组成部分。具体内容也有相同或相似之处，如政府部门的行政管理活动、法律部门的立法及司法活动，既是社会预防的重要措施，也是社会控制的重要手段。其次，作为社会预防主体的国家和政府、社会组织、社会群体，都是超越个体的社会控制力量，它们通过组织管理、纪律约束、法律强制、舆论谴责等形式制约着个人，使个人遵从社会规范。再次，社会预防通过各项具体措施和手段的落实，直接影响社会个体的价值取向，使社会共同价值为个体内化，进而转化为个体进行自我控制的内在动力。

(四)社会化功能

社会化功能是指社会预防措施对社会成员的个性形成与发展具有积极影响。这主要表现在两个方面：一是通过实施一系列社会预防活动和措施，能够缓解社会矛盾，减少犯罪现象，改善社会生存和发展的环境，并有助于人们个性的发展和形成，进而可以创造一个为个体所能适应并有利于个性发展的社会微观环境和宏观环境。二是社会预防措施具有一种传递社会价值和实现社会教育的功用，通过这些措施，可以将社会价值和规范传授给社会成员，使这些价值和规范内化为个人人格的核心。

(五)社会心理调节功能

社会心理调节功能，是指社会预防措施可以起到的慰藉、缓解、调适群体及个体的情绪、需要、矛盾以及心理冲突的作用。衡量社会预防措施是否科学、合理、有效，它的社会心理调节功能表现如何，便成为一个十分重要的标准和尺度。良好的社会预防措施总是能够起到缓解社会矛盾和心理冲突的作用，在一定程度上调适个体或群体的情绪与需要，这些措施才能够真正起到预防犯罪的作用。例如，一项新出台的社会政策，不但公正透明，而且能够为社会心理所接受，它就可以起到避免社会矛盾出现或激化，从而减少反社会行为及犯罪行为发生的作用。

二、社会预防的局限性

与正式的司法反应相比，社会预防措施虽然调动了社会各方力量积极参与，覆盖面更广，但它也有自身的局限性。

其一，社会预防没有司法权力做后盾，缺少强制性。社会预防手段毕竟不是正式的司法反应，应对措施中缺乏司法制裁性手段。制度的推动需要保障，没有保障性的预防措施更多的只能依靠参与者自身的积极性，一旦某一环节出现问题，整项制度难以为继。正式的司法手段因为有国家强制力的保障，能对参与者的心理带来权威感和威慑力，促进措施落到实处。因此，社会预防必须与司法预防等相互配合，共同发挥作用。

其二，社会预防的参与者之间的协调和配合很难保证。社会预防的本意是形成全方位预防犯罪的网络，达成“群防群治”的局面，但实际上社会预防的参与者众多，部门不同，职责各异，很难分出精力应对专业性的犯罪预防工作。再加上一些部门和个人不重视该工作的实施，多管齐下变成了“谁都不管”，社会预防只流于口头上的宣传。另外，社会预防强调共同参与，重在各项措施的衔接，但在实践运行中，部门利益的协调，职责分工的划分涉及方方面面的内容，很难在短期内完成。更何况，一旦一个诱发犯罪的因素消除不了，犯罪就会发生，其他预防工作的效果也会大打折扣。因此，社会预防工作的实效难以保证。

其三，社会预防对于那些极端犯罪、特殊犯罪难以发挥作用。社会预防理论的提出要归功于犯罪社会学派的贡献，但这种理论是建立在社会因素是诱发犯罪的主要原因的基础上的，一旦这一根基出现例外，则这种预防手段的作用很难实现。现实中犯罪发生的原因多种多样，新的犯罪社会学派也在不断更新犯罪原因理论，对于非社会因素导致的犯罪，社会预防措施就丧失了针对性，出现了“非对症下药”的情况。有些犯罪的发生并非行为人仇视社会或受到社会现象的刺激，而是犯罪人拥有犯罪倾向性的危险人格①，人格具有预测行为的

① 危险人格是李玫瑾提出的一个概念，是指对他人或社会具有威胁与危害倾向的一种人格现象的总称。危险人格并不一定达到犯罪程度，只是达到违法程度或具有犯罪的潜在的犯罪可能性。李玫瑾进而把危险人格分为反社会人格、犯罪人格和缺陷人格。反社会人格又称反社会人格障碍，特指在个人行为中普遍存在无视和侵犯他人权益的模式。犯罪人格是在基本社会化生存的进程中的未成年个体因生活所迫而以不择手段方式生存的一种异常人格现象。缺陷人格是指由于人格形成时期抚养方式过于宠溺而造成的人格方面的严重缺陷，致使其成年后出现持久性的社会适应障碍与行为问题。参见李玫瑾．犯罪心理研究：在犯罪防控中的作用[M]．北京：中国人民公安大学出版社，2010：45~62.

作用，具有犯罪危险人格的人一旦遇有合适时机就会爆发，导致反社会行为和犯罪行为的发生，而不以社会因素中有无适合犯罪的土壤为条件。有些犯罪则属于加洛法罗界定的“法定犯”，这种行为原本并不违法，只是一般的不符合社会规则的行为，后来由于政策的调整，该行为被犯罪化，应该说是“立法”制造了此类犯罪，对于此类犯罪社会预防也无法发挥其应有的功效。

其四，犯罪的社会预防的长期性和艰巨性特点注定其收效比较迟缓。社会问题的发现和最终解决是两回事，中间往往需要一个过程，有时是漫长的过程。不少诱发犯罪的社会原因具有深层次复杂因素，针对这些犯罪的社会对策有些已经涉及制度改革问题，而制度改革可谓“牵一发而动全身”，不仅需要配套措施的及时跟进，同时还要上至决策层、下至社会大众的普遍支持，非短期内能够完成，一旦完成，其效果也是持久的。犯罪的社会预防要想做得好、做得实，需要跳出刑事法律的视野，改革社会的方方面面，而这些都需要长远规划，逐步落实。司法预防可以做到“发现一起案件处理一起案件”，将措施逐项落实；但社会预防却是一个长期的工程，其长期性和艰巨性的特点决定其收效比较迟缓，对犯罪所起的预防作用是间接性的，不可能短期内一蹴而就。

第三节　宏观的犯罪社会预防

社会预防可以分为宏观和微观两个层面，二者是根据社会预防活动和措施的不同层次、不同的对象范围进行的划分。本节阐述宏观社会预防。所谓宏观社会预防是指以社会整体为预防范围实施的具有宏观性、基础性、综合性和全局性的犯罪预防活动，其目的在于创造一个能够最大限度地抑制和克服犯罪现象的宏观社会环境。宏观社会预防主要是国家围绕着社会发展和建设这一核心所进行的种种组织和管理。这种组织和管理活动在为国家政治、经济、文化等各项事业提供一个良好的发展环境的同时，也必然促使社会犯罪预防体系形成良性循环。

一、制度建设预防

（一）社会制度的一般含义

人类社会形成于人类理性的交往实践过程中。“人类的相互交往，包括经济生活中的相互交往，都依赖于某种信任。信任以一种秩序为基础。而要维护这种秩序，就要依靠各种禁止不可预见行为和机会主义行为的规则。我们称这些规则为‘制度’。”①所以，社会的制度化就是人类社会的基本理性特征。所谓社会制度，就是为了满足社会发展的客观需要，在特定的历史和现实条件下形成的社会关系。以及与此关系相联系的社会活动的规范体系。社会制度既是由一系列相关的社会规范构成的，也是相对持久的社会关系的定型化。关于社会制度的含义可以从三个层次来理解。一是社会总体宏观制度，即社会形态，如资本主义制度、社会主义制度；二是社会建设发展中不同领域里的中观制度，如经济制度、法律制度等；三是作为具体的社会行为模式的微观制度，如考勤制度、审批制度、惩罚制度等。这里所讲的制度建设预防是从社会制度的中观角度来理解的，即在坚持社会主义制度的基础上，研究如

① ［德］柯武刚（Wolfgang Kasper），史漫飞（Manfred E. Streit）. 制度经济学：社会秩序与公共政策［M］. 韩朝华译，北京：商务印书馆，2000：3.

何通过民主政治制度建设、经济制度建设和法律制度建设来预防犯罪现象的滋生。

一般来说，这种社会制度具有如下社会功能：

1. 行为导向功能。由于社会制度是相对持久的社会关系的定型化，所以它可以通过权利和义务系统确定人与人之间的关系，为人们提供恰当的思想和行为模式，使其较快地适应社会生活，以避免个人与个人、个人与组织以及个人与社会之间的矛盾和冲突。

2. 社会整合功能。作为规范体系的社会制度具有协调社会行为、调适人际关系、发挥社会组织的权威影响、清除社会运行的障碍以及建立社会正常秩序的功能。

3. 传递与创造文化的功能。社会制度的运行保存并传递了人类的发明、创造、思想、信仰、风俗、习惯等文化内容，使之世代沿袭，推广普及。同时，社会制度还促进文化的累积与继承，推动人们不断创造新的物质文明与精神文明。

应当注意的是，在特定的历史环境下，社会制度也具有一定的负效应。当社会经历了高速发展之后，已经建立的种种具体制度常常代表社会上的传统行为模式，容易产生刻板、僵化的倾向，不易随时代的发展而及时变迁，从而使得社会制度对个人行为和社会的发展产生一定的阻碍作用。因此，不断改革社会制度，加强制度建设是保障社会整体持续良性运行，防止犯罪现象滋生的必然要求。

（二）通过加强民主政治建设来预防犯罪

民主政治制度是掌握国家权力的统治阶级利用掌握的国家权力实现社会管理的制度体系。从民主政治制度建设层面预防犯罪，主要是通过一系列的改革措施，着力克服种种政治弊端，建立健全民主、公平、廉洁、高效的社会权力控制系统，以此减少犯罪发生的可能性。我国社会主义基本制度有着自身的优越性，它符合大人民群众的根本利益，而且有助于抑制犯罪的发生。但是，在这一基本制度下的一些具体制度环节中，还存在着一些重大弊端和缺陷，如党政干部的选拔制度、权力分配制度和权力监督制度等。这些制度方面的缺陷，在严重影响社会主义制度优越性充分发挥的同时，也成为滋生犯罪的制度性根源。因此，加强民主政治制度建设就是要围绕“执政为民”的理念，加强社会权力控制机制的建设，就是要进行社会管理体制的改革和完善。这不仅是社会主义社会自我完善的重要形式，而且是预防犯罪的重要措施。

加强民主政治制度建设，必须做到以下几点。首先要建立健全国家党政机关内部的民主工作机制，各级党政机关实际掌握着管理社会、进行各种资源调配的权力。任何权力的行使都存在着在运行中膨胀、变异的危险，必须建立健全科学、民主的工作机制。其次，要建立有效的监督制约机制。良好的权力监督制约机制是防止权力膨胀和异化的有效手段，必须从监督机制的种类上、运作上、权威性上进行全方位的建设，以此形成以党内监督、行政监督、法律监督和社会舆论、社会群众监督为内容的立体监督体系。最后，要广泛进行党纪、党风、党性教育。在社会深刻变革时期，广泛开展有针对性的党纪、党风、党性教育，净化、纯洁党组织，既是提高党的执政能力的重要手段，也是预防人民公仆走向人民对立面的重要措施。

就现阶段而言，加强民主政治制度建设所针对的主要预防对象就是腐败犯罪。腐败现象本身不仅直接威胁着国家的政治安全，而且对其他犯罪具有强烈的刺激、诱发和暗示作用。同时，腐败还是其他犯罪最有力的保护伞。可以说，通过制度建设着力治理腐败犯罪，就抓住了治理整个犯罪的“龙头”。

近年来经济学人就腐败遏制提出了很多颇有见地的主张，值得重视。汪丁丁认为，遏制腐败应当考虑下列基本步骤：培育不依附于任何政治势力的社会中间阶层；在此基础上促进能够沟通社会各阶层的“公共空间”出现；在公共领域内扶植独立于政府的民众舆论；通过舆论监督与法律运作对腐败分子进行制裁。其次，需要考虑反腐败的具体措施：建立政府与公众就腐败的对话渠道；收集数据与案例，甄别腐败发生程度与发生路径；在调查研究基础上由跨学科委员会制定各行政部门行为规范；设立公共基金用以雇佣专业调查人员对举报案件以及反腐败部门可能的违法行为调查，发行专门面对公众的免费刊物披露基金使用及工作情况，赞助建立独立于权力机构的各种举报中心，旨在反腐败的互联网、热线电话等。盛宇明认为，目前中国社会腐败泛滥主要是经济制度上存在较多的腐败供给源和对腐败的强烈需求。上述主张中舆论监督的强化在当今信息化时代尤为重要。强化的舆论监督不仅意味着媒体能够对腐败行为评议，可以对腐败行为、事件或相关人的充分和彻底曝光，而且意味着媒体具有的和应有的自由，包括设立自由、发表言论自由。舆论监督的强化可以使更多的腐败行为与相关事实曝光，有助于专门机关发现腐败案件线索，促进并监督专门机关依法查处案件，从而遏制可能的腐败。腐败防控的根本方法仅仅用遏制是不够的，还应当着眼于治理产生腐败的土壤，即通过逐步转变社会结构，限制国家权力，促进社会权力的发育和发展，从而在根本上预防腐败的发生。

（三）通过完善经济制度，优化经济体制来预防犯罪

经济制度和经济体制虽联系紧密，但并非完全相同。经济制度是指占主体地位的生产关系的总和。在我国现阶段，虽然存在着个体经济、私营经济和外资经济等非公有制经济，但公有制是主体，是社会主义经济制度的基础。经济体制是经济制度的具体实现形式，是指人们在经济活动中，各种经济规则、经济法规、经济的组织制度和监控制度的总和，是社会关系在各个经济领域的具体体现。

马克思主义认为，物质生活的生产方式制约着社会生活，一切社会现象都可以从与其相适应的社会经济生活中找到根据，犯罪现象也是如此。因此，预防犯罪也必须着眼于社会经济生活，通过完善经济制度、优化经济体制来消除或抑制诱发犯罪的经济因素。

首先，不断完善适合我国发展现实的市场经济体制。改革开放后的经济体制改革使我国发生了深刻的变化，社会许多方面都取得了明显进步，但犯罪现象也随之明显增长，这是社会转型期不可避免的现象。现阶段之所以经济领域中的犯罪现象大量滋生，很大程度上与经济体制方面的缺陷有着直接的关联。因此，在社会主义条件下，不断完善适合我国现实的市场经济，不仅是促进经济又快又好发展的需要，也是有效预防犯罪的需要。

其次，明确政府在市场经济环境中的角色和地位，落实政府的真正职责。长期以来，政府在计划经济体制中形成了直接干预经济活动的习惯。在市场经济条件下，政府应是市场经济建设的宏观指导者，并为市场经济建设提供服务和保障，而不是具体经济活动的参与者。不合理地干涉，甚至控制市场主体的生产经济活动，既不利于形成公平的市场竞争，也不利于调动市场主体的能动性、积极性。

再次，建立健全合理、公正的利益分配制度。在经济建设中必须处理好效率和公平、先富和后富、经济效益和社会效益的关系，确保利益分配的公正、合理。分配制度的不合理是诱发、导致犯罪发生的主要原因之一。贫富差距的无限扩大不仅使一些贫困阶层成员迫于生计走上违法犯罪道路，而且还会使社会中下阶层成员形成仇富、仇视社会的亚文化现象。这种现象一旦形成，不仅会使犯罪剧增，还会使社会自身发展的基础受到严重威胁。

最后，切实保护公民的私有财产所有权。从经济学角度讲，任何人都是有理性的经济人，受经济利益原则的支配，获得经济利益是人从事社会活动的根本目的。切实保护公民的私有财产所有权不仅能够充分调动公民创造合法财富的积极性，而且对稳定社会关系具有重大作用。

(四)通过加强法律制度建设来预防犯罪

法律制度是国家用以调整社会关系，管理经济发展以及其他社会公共事务的法律、法规和制度的总和。在法治社会，法律制度是国家借以管理社会的常规手段，也是处理社会矛盾和冲突的标准模式。法律是社会生活的调节器，是人们行为的规范准则，完善的法律制度是社会完善的标志，同时也是实现社会整合、预防和控制犯罪的重要措施。通过加强法律制度建设来预防犯罪，其要义在于，在尊重法律的基础上理性立法和司法，尽可能避免法律制度本身促成犯罪的负功能，以此充分发挥其应有的预防犯罪的正功能。

首先，要完善立法。法律制度的完善并不意味着它必然走向繁苛，而是意味着法律制度在体现社会公平和正义要求的前提下，部门齐全、赏罚适度、疏密有致。

其次，要完善执法。执法是国家法律指导、调节社会生活的具体方式。执法状况直接影响到社会化公众对法律的认可和信仰，影响着法律平息纠纷、化解冲突和预防再犯的社会效果。因此，要加强执法队伍的组织建设、业务建设和廉政建设；做到执法的规范化、程序化、制度化和人性化；消除现实中存在的执法不严、执法不公、粗暴执法等现象，真正做到不仅在形式上执法，而且在实质上执法。

再次，充分利用法律资源，增强法律的实效性。尽管我国已经制定并颁布了为数不少的法律法规，但我国现有法律资源并未得到合理、充分的利用，法律规范的司法化程度不高，众多的法律制度并未起到调整社会生活、解决社会矛盾的作用。

最后，加强法制宣传和教育。应该以人民群众喜闻乐见的方式，开展广泛的法制宣传教育。公众法律意识和守法观念的形成不仅会强化其自觉遵守法律规范的意识，而且会增强其维护自身合法权利的意识，并由此激发出与犯罪现象作斗争的觉悟和勇气，提升其与犯罪现象作斗争的能力。

二、社会政策预防

社会政策是国家和(或)执政党制定的，旨在协调社会关系，避免或解决社会问题，保证经济与社会平稳、均衡发展的方针、原则和计划的总和，包括经济政策、人口政策、社会保障政策、文化教育政策、民族政策等多个方面。

(一)社会政策与犯罪预防的关系

在当今世界上，社会政策被认为是关于国家与公民的个人福利之间的关系。对于公民来说，社会福利是国家、社会应尽的责任，是每个公民应享受的权利。如何从犯罪学的角度，尤其是从犯罪预防的角度来理解社会政策的本质属性，是一个重要的认识问题。社会政策可以理解为政府层面对公民的社会支持，而政府层次的社会支持对于预防犯罪具有积极意义。以国家福利支持为例，通过对不同国家杀人犯罪率的比较分析，萨瓦雷南（Savolainen）发现，那些高福利国家几乎不存在因受经济不平等因素而发生的杀人犯罪。迪弗伦佐(DeFronzo)在一项针对美国39个大城市的研究中发现，对贫困家庭的公共援助水平与杀人、强奸以及盗窃等犯罪率之间存在着密切的联系①。

---

① Uberto Gatti，Richard E. Tremblay，“Social Capital and Aggressive Behavior”，Eur J Crim Policy Res，13，2007，p. 236.

首先，社会政策是国家政策，表达的是国家的政治目的，反映的是国家对社会发展的价值观念。国家制定社会政策的基础是对精神文明建设与物质文明建设的认识与把握。如果认识正确，社会政策就会起到促进社会进步、化解社会矛盾的作用；反之，则会有害于社会进步，激化社会冲突，甚至导致社会对抗。

其次，社会政策的基本目标在于协调社会关系，解决或避免社会问题，保证社会协调发展。社会的整体运行状态始终是社会政策关心的重点，这决定了社会政策的内容和目标的多元化和多层次。

再次，犯罪预防是社会政策目标的重要组成部分。由于产生犯罪的原因是多种社会因素，因此，制定的犯罪预防社会政策也需要是多方面的，以期共同发挥作用，有效防控犯罪现象的发生。

最后，刑事政策也是社会政策的重要组成部分。因此，刑事政策的制定既应建立在科学的犯罪原因认识论的基础上，又要注意与其社会政策之间的协调，如此才能真正发挥出有效预防和打击犯罪的实际功效。

(二)社会政策的犯罪预防功能

社会政策是国家组织管理社会的重要手段和必要保证，对于犯罪预防有着重要的影响和决定作用，社会政策的犯罪预防功能表现在：

首先，社会政策通过调整社会关系、解决社会问题来预防犯罪。社会政策的正确与否将直接影响社会秩序的稳定与否。进入工业化社会以来，西方国家出现了大量的社会问题，如城市贫民问题、住房问题、就业问题等，为了应付和解决这些社会问题，政府不得不陆续出台大量的相关政策(即社会政策)。社会政策的制定目的在于解决社会问题，协调社会关系。然而从历史经验和客观现实来看，它犹如一柄“双刃剑”，好的社会政策总是有助于社会问题包括犯罪问题的解决，发挥社会政策的预防犯罪功能；坏的社会政策则可能导致社会问题的发生或恶化，不但不利于预防犯罪，反而可能激化社会矛盾，诱发出大量新的犯罪。犯罪问题以及其他社会问题的发生或增多，总是与相关社会政策的失误或者滞后有着一定的关系，反过来，这些社会问题又必须通过对相关政策的调整或废除来加以解决。

其三，社会政策通过有效的社会管理和社会控制来预防犯罪。社会政策是以国家政权为后盾的社会管理措施体系的组成部分。它通过国家权力的运行机制对社会生活进行干预和组织，并由国家强制力来保障政策目的的实现，具有绝对的权威性。正因如此，推行和实施社会政策就表现出明显的国家强制性，如果需要，它完全可以以法律的形式作出规范性表达和更具体的落实措施；它的覆盖面极广，所有社会成员和社会群体的行为都会受社会政策的强力干预，并接受其调整或指引。在这样的情形下，贯彻正确的社会政策，就会促进社会的稳定和形成一体化的局面，社会整体上也具有了抑制社会动荡、抵抗违法犯罪现象的巨大能力。

其四，社会政策通过社会价值导向与价值整合来预防犯罪。社会政策体现了国家决策的价值取向与价值判断。反过来，这些社会政策又影响整个社会的价值取向与价值判断。由于社会政策可以凭借国家权力而推行，由其表达出的价值取向代表着社会价值的主流观念与发展趋向，所以社会政策对社会价值准则的确立、取舍或整合有着十分重要的导向与影响作用，甚至会直接影响到社会道德状况。因此，推行良好的社会政策能够促进正确的道德观、价值观的形成，促进社会物质文明与精神文明的建设，从根本上有助于防止犯罪的发生。

就预防犯罪而言，社会政策的价值优于刑事政策。社会政策可以治本，刑事政策只能治标。刑事政策是国家用来对付犯罪的专门手段，其主要目的和作用是通过对犯罪行为的事后打击、惩罚和矫正来实现对犯罪的特殊预防和一般预防。除此之外，它不能对产生犯罪的原因和条件有所触动。有的学者甚至认为，刑罚不仅不能威慑犯罪，有时还会产生负作用甚至制造犯罪，如犯罪人经过监狱的“历练”留下的犯罪烙印使得刑释人员再犯率很高，监狱成了制造罪犯的工厂。犯罪预防的实践表明，单凭刑罚或刑事政策根本不可能有效地预防犯罪。如果不采取适当的社会政策消除犯罪原因和条件，刑罚和刑事政策对于犯罪的威慑作用只能是短暂的，它会随着时间的推移和犯罪者的“刑罚耐受力”增强而逐渐衰减甚至消失，那种暂时被遏制住的犯罪增长势头还可能重新出现，甚至趋于恶化。社会政策的基本目的和作用在于调整社会关系，以避免和减少社会问题的发生，这些社会问题往往是诱发犯罪的深层次原因。

（三）具体社会政策的犯罪预防功能

社会政策的调整对象决定了其内容是十分丰富的，以下就具体社会政策的犯罪预防功能进行简要分析：

1. 社会保障政策

社会保障既是市场经济平稳运行的基础，也是社会和谐稳定的基础。社会保障制度具有调节收入分配、维护社会公平、保障社会成员的基本人权和社会权利、促进社会团结与和谐等方面的作用，是其他制度难以替代的。社会保障制度作为一项社会制度，可以有效防范和应对社会风险，预防和化解社会矛盾，对于社会预防犯罪具有极其重要的意义①。当前社会保障体系改革应该更多地强调中央政府的责任，以实现公平性、统一性和前瞻性②。

社会保障政策常常被看成是一张“安全网”，最底层的“社会救助”，也就是中国的“最低生活保障制度”，简称“低保”。这层安全网刚刚架在贫困线之上，目标是切实保障贫困人口最低标准的生活水平，并确保每一个社会成员在任何情况下都不至于跌落到贫困陷阱中。因此，社会救助或最低生活保障制度也常被称为“最后的安全网”。中间一层是“社会保险”，这层安全网常常被当成现代社会保障制度的“主干”。社会保险的目标是当劳动者，当然有时也包括其被赡养人，在这些人遭遇老年、疾病、失业、工伤、生育、伤残和死亡等社会经济风险时，保障其基本生活水平。最上面的一层安全网称为“社会福利”，社会福利的目标旨在提高全体社会成员的福利水平，使有需要的人得到相应的照料性或便利性的社会服务。社会保障政策的发展与完善，对稳定社会秩序意义重大，而社会秩序的稳定、人民生活的保障也对预防犯罪具有积极的作用。

2. 社会分配政策

犯罪学的研究表明，贫困与犯罪有着天然的联系，马克思在评述《“模范国家”比利时》一文中指出：“犯罪行为也‘随着赤贫现象的增长而增长’。”③德国社会学家和刑法学家李斯特也认为，“社会贫困是培养犯罪的最大基础”。绝对贫困者对于社会，或者容易形成一种边缘化的行为方式，或者容易采取一种抵触性的态度；而相对贫困者对社会更容易持抵触性的态度，从而降低社会的整合程度，增大社会动荡的可能性④。

---

① 程琦．论社会保障与社会预防犯罪[J]．犯罪研究，2008(3).

② 陈文辉．关于完善社会保障体系的思考[J]．中国金融，2007(7).

③ 马克思恩格斯全集(第三卷)[M]．北京：人民出版社，1995：522.

④ 辛科．社会政策预防犯罪的依据——以犯罪学为视角[J]．山东警察学院学报，2009(2).

分配政策对社会秩序、社会心理的平衡有重要作用。现实中许多犯罪现象的背后都隐含着社会分配不公的深刻原因，分配不公、贫富分化易引起严重社会心理失衡，进而诱发违法犯罪。在利益分配问题上，国家和社会必须防止出现利益分配不公的现象，坚持效率与公平兼顾的原则。一方面，社会分配要与社会经济发展水平相适应，防止出现过度分配或分配不足；另一方面，更要注意避免在分配中造成不合理的贫富差距，导致社会阶层的不当分化，因为社会阶层的不当分化将会对社会稳定带来极大的隐患。

社会保障体系方面要特别注意对弱势群体予以特别保护：一是进一步完善社会保险制度体系，具体包括失业保险、基本养老保险、医疗保险及工伤保险等；二是进一步完善社会救助体系，建立农村最低生活保障制度，建立社会救助资金统筹统管机制等；三是进一步完善我国弱势群体利益诉求制度建设，如改革和完善选举制度、信访制度、听证制度及法律援助制度等①。

3. 就业政策

从某种角度来讲，犯罪是一种对机会的限制与封锁的自然反应。对绝大多数人来讲，就业是取得安定有保障的生活的唯一机会，没有就业机会就意味着生存、发展机会的丧失，而当生存受到威胁的时候，任何人都可能采取非正常的手段来谋生。犯罪学研究表明，失业与犯罪存在着因果关系。长期失业，不能承担社会劳动者的正常社会角色，成为不被社会正面认可的无业游民，会使人陷入绝境，思想迷茫，不满情绪严重，心理失衡，进而产生仇视社会心理。长期失业必然带来经济收入的不稳定，使生活陷入经济困境。失业又有大量时间可以挥霍，正如西方谚语“idle hands are the devil’s workshop”（无所事事的人的手是罪恶的工厂）所表达的——无事生非，闲则生非②。空闲也为其不良交往创造了条件，在不良朋辈的影响下，很容易偏离正常社会轨道，走上违法犯罪道路。失业不仅会对失业者个人产生消极影响，而且会对失业者的家庭产生影响。

从我国目前情况看，庞大的就业人口、快速的经济转型、割裂的劳动力市场、严峻的权益保护问题都预示着我国存在着巨大的就业问题。从传统的角度出发，大龄下岗工人、刚毕业的大学生、农民工等是就业政策关注的重点对象。因而，政府就业政策的完善，尽可能地减少失业人口数量，对预防犯罪具有重要的意义。

4. 教育政策

犯罪学研究表明，受教育程度高低与犯罪有一定关系。教育是提高人口素质的最基本途径，接受教育是一个人社会化的主要方法；同时，教育也是社会发展和社会稳定的动力。我国自古以来就有着优良的教育传统，但改革开放后的我国教育出现了严重偏差，不仅不同地区的教育水平差别巨大，而且教育中高分低能、社会责任感不强、义务观念淡薄、人际交往能力差等社会化障碍现象普遍存在。这种现象的大量存在，不仅意味着未来的社会建设者可能难以担当继往开来的重任，而且意味着潜在犯罪人群大量增加的可能性。一个人文化程度太低或没有上过学，就得不到符合道德规范的教育，所以更容易接受不良思想，处理问题和解决问题的能力也差，生活中遇到问题就很可能以偏执、极端的方式去解决，一个极端的方式就是犯罪。相反，如果一个人所受的教育程度较高的话，文化知识可以在一定程度上减少

---

① 汪明亮．以一种积极的刑事政策预防弱势群体犯罪——基于西方社会支持理论的分析[J]．社会科学，2010(6)．

② 曹立群，任昕．犯罪学[M]．北京：中国人民大学出版社，2007：133.

消极影响。同时，良好的教育可以为人提供良好的工作环境和安全的生活环境，使人容易接受积极的社会规范，培育抵制犯罪的能力。因此，教育政策是预防犯罪的重要环节。国家应当制定科学的教育政策，来引导、规范教育事业。成功的教育是充满义务的教育，是平等、无差别的教育，是真正追求人的素质全面提高的教育。只有这样的教育才是社会发展的真正动力，才能为防止受教育者陷入犯罪泥淖作出巨大贡献。

三、社会道德预防

道德是人类在历史的长期生存实践中逐步形成的，依靠社会舆论、传统、习惯和内心信念来维系的，以善恶为基本评价标准，调整人们相互之间关系的行为规范。它是人类社会最原始、最直接、最普遍适用的行为规范。道德生存成了人类社会最重要的生存方式。如果说法制是国家有意结成的维系社会完整的秩序之网，那么道德就是由历史凝结而成的社会黏合剂。

道德对于人类社会的重要之处在于：它是维系社会存在和发展的最基本的规范体系。没有道德规范，整个社会就会分崩离析。诸如政治、法律、宗教信仰等人类社会不可或缺的规范种类也是建立在道德规范基石上的。道德观念如同血液一样存在于人们的意识之中，并引导人们的言行和选择。有什么样的道德观，就会有什么样的政治、法律和宗教信仰、作为社会上层建筑的基本内容，道德规范是人们把握现实世界的一种特殊方式，对人类的社会生活有着多种功能和作用。

1. 道德规范的评价功能。道德是人们在长期共同生活中对事物、事件以及行为等现象形成的是与非、善于恶、美与丑、真与假的基本意识判断，这种意识判断有相当的稳定性，并可世代相传。因此，当道德规范内化为人的意识观念时，就会产生评价自己和他人行为的功能，成为人们生活中最基本的是非、善恶判断标准。

2. 道德规范的导向功能。由于道德规范中存在着人们关于社会生活的共同价值观念，是社会生活的共同价值基础，所以它有助于人们正确认识和选择自己的行为，在生活中起到引导人们去主动适应社会现实的作用。优良的道德有助于把人们的力量和智慧凝聚到高尚的共同目标上来，并营造出良好的生活氛围和发展空间。

3. 道德规范的调节功能。人们在共同生活中难免会形成种种矛盾和冲突，难免引起心理上、情绪上的变化，焦虑、不满、怨恨等情绪就可能随之产生。这些情绪如果不能得到及时、有效的缓解和消除，就有可能使人产生过激行为，对社会造成危害。道德规范有助于人们在一些繁杂的道德境遇中迅速作出道德评价和合乎道德要求的行为选择，有助于人们主动调节自己的心理状态，并使之由不适应、不平衡向适应、平衡转化，从而建立起新型的人际关系，保持和促进社会的稳定与发展。

4. 道德规范的控制功能。道德依靠社会舆论的压力、传统的模范效应、个人内心的信念等力量，对社会中的每一个人都会形成内在的控制和约束作用。这种控制和约束作用构成了一个人的自律机制，使人不会肆意地实施不道德行为。所以，道德规范是保持社会稳定，促进全社会各方面协调发展的重要保证。它可以未雨绸缪，把各种错误的思想倾向消除在发生之前；可以增强道德主体的自觉意识，提高全社会应对各种突发事件和抵御风险的能力，降低防范危机的成本，减少社会震荡。

（一）道德观与犯罪

犯罪学中，无论是探讨犯罪原因，还是研究如何预防犯罪，都离不开对道德的研究。这是因为在对违反道德行为的研究中，可以找出犯罪行为产生和演变的规律。道德观念是个体内在的主观意识，人的一切行为都有其深刻的道德因素。道德与犯罪有着密切的关系，“道德的式微是导致当前我国犯罪率上升的重要因素，道德式微与犯罪上升存在正向变量关系”①。在很长一段时期之中，道德因素甚至一度替代并遮蔽了人们对影响犯罪的其他因素的探索，乃至于一言以蔽之，犯罪就是极端不道德行为，犯罪人就是道德极其败坏之人。虽然该结论有失偏颇，但不可否认，道德观与犯罪行为密不可分，在很多情况下它可能是影响犯罪的一个决定性的因素。

关于道德观与犯罪行为的关系，主要表现在三个方面：

1. 道德判断的偏离会直接导致行为失范。道德判断是指个体对于是非的评价，对于他人或者自己行为的道德性质的评价。这种评价将直接影响人们的行为决策，一个人如果缺乏这种评价能力，或者评价的标准错误，就会产生错误的认识，颠倒是非，从而导致行为失范，犯罪行为就是行为失范的极端表现。

2. 道德情感的扭曲可使行为人丧失起码的羞耻感，从而实施非道德行为。道德情感是促使人们将道德认识转化为道德行为的重要力量。但是仅仅具有道德认识，知道善恶并不见得必然直接引起符合道德要求的道德行为。只有当一个人产生向善之心，能在善行中获得情感满足，对善充满向往，并同时对恶行产生羞耻感和厌恶感时，道德认识才能真正指引人作出向善的行为。反之，道德情感的缺失或错位会导致行为人对自己的恶行缺乏羞耻感，道德认识就会与其行为相互背离，甚至还会因为行为人失范情感的作用，扭曲其原有的道德认识。现实生活中经常发生这样的现象：一些人原本是被害人，但却恶逆变成为了犯罪人，如一些拐卖或被强迫卖淫的妇女最后却充当人贩子或组织、强迫其他女性卖淫。这种行为的背后暗藏着其道德情感的蜕变——不再认为贩卖人口或卖淫是不道德行为。

3. 道德失范会导致严重的信念危机。当社会道德状况处于良好状态时，遵守社会道德、符合社会道德的行为会获得道义上的赞赏，行为人因此会获得道德满足感与自豪感。这种正面的道德评价有助于鼓励人们继续按照道德标准行事，从而在道德行为与道德评价之间形成良性循环。反之，如果符合道德的行为得不到社会的应有赞赏，而违背道德准则的不良行为也得不到社会应有的谴责，那么道德评价的功能就会完全萎缩，人们的道德情感也会让位于实际利益的功利计算。“世风日下”、“道德不古”的道德环境，正是犯罪得以不断滋生和犯罪预防难以发挥效能的重要原因。

（二）犯罪的道德预防

重视道德教化在预防犯罪中的作用在我国有着浓厚的思想基础。孔子曾说：“道之以政，齐之以刑，民免而无耻；道之以德，齐之以礼，有耻且格”②。即认为只有用道德礼仪去教化和规范人们，人们才能做到既有羞耻之心，又依社会规范行事。大教育家孟子在《滕文公上》说过一句话：“饮食暖衣，逸居不教，近乎禽兽。”意思是不管生活水平多么高，吃的多么好，穿得多么暖，若不进行道德方面的教育，那么，人将无异于动物。西汉王充也提出“礼者禁于将然之前，而法者禁于已然之后”③，即是主张应当加强道德礼仪的教育，再辅之以刑罚制裁。德国哲学家康德也认为法律调整人们的外部关系，而道德则支配人们的内

① 翟中东. 犯罪控制——动态平衡论的见解[M]. 北京：中国政法大学出版社，2004：193.

② 《论语·为政》。

③ 《论衡·率性篇》。

心生活和动机。这些观点都在强调，道德预防对于犯罪行为来说是一道重要的社会控制阀。

犯罪的道德控制就是通过道德教育和道德实践活动，增强人们的道德意识，以道德来规范、评价人们的行为，形成人与人、人与社会之间的良性互动关系，从而达到防止和减少犯罪的目的。在这方面，应当把握以下几点：

1. 道德教育必须加强家庭教育和学校教育，以青少年道德教育为重点。道德是在潜移默化中形成的，是一个漫长的过程。道德培育应从人的早年开始，青少年有较长时期是在家庭和学校度过的，其中学校应当担负起最为重要的道德培育任务，应当成为青少年道德培育的主战场。学校应根据不同类别、不同年龄段孩子的道德需求，科学地规划道德教育的具体内容和目标，并创造与之相适应的、生动活泼的教育方法，增强道德教育的实际效果。一旦青少年有了较高的道德修养，自然会善辨是非，从善憎恶，远离犯罪。

2. 应当注意到道德对犯罪的预防和控制作用是有限的和适度的，不能过分夸大。首先，要注意的是道德控制的有限性。道德控制侧重于教育感化，靠的是一个人的内在信仰，并由此形成自我约束力。因此，一个人一旦放弃信仰，突破道德良心的自我约束，突破对社会舆论谴责的恐惧，道德对他的约束就会显得苍白无力。在价值多元的当今社会，仅仅依靠道德力量是难以有效维护社会秩序的，完备的犯罪预防体系需要道德、法律和公共权力之间的兼容互补。其次，要注意道德控制的适度性。中国历史上封建礼教对人性的压抑已经为我们提供了历史的镜鉴，近现代心理学研究证明，过分的道德抑制可能会造成人的精神崩溃，如弗洛伊德认为，把人的欲望和创伤性经验压抑至潜意识是神经症的根源，精神分析的治疗方法就是凡属潜意识内的病原都须进入意识之内方能治愈患者①。精神分析的这一发现为道德控制的适度性提供了心理科学上的证明。道德控制的松弛与过度都不利于社会的安定。

3. 正确认识和对待道德规范的矛盾和冲突。在当今文化和价值多元的社会背景下，人与人之间的道德规范、标准的矛盾和冲突在所难免。宽容与理解是解决这一矛盾冲突的唯一方法。应当以不同的道德标准去评价拥有不同道德资源的人的行为。

4. 道德建设是以精神文明为核心的文化建设。文化在社会生活中具有极为重要的功能。对个人而言，文化起着塑造人格，实现社会化的作用；对社会而言，文化具有社会整合和社会导向的功能。积极、健康、向上的思想文化对犯罪具有诱发作用。因此，在道德建设中既应正视文化的多元性，注意正确引导亚文化，又要积极倡导主流文化，大力弘扬先进文化。在社会管理中，还要注意加强文化市场的管理，清洁各种形式的大众传媒，堵塞不良文化的制造和传播环境，努力形成丰富多彩、健康向上的文化环境。

第四节　微观的犯罪社会预防

微观的社会预防是指在相对较小的社会领域内进行的犯罪预防活动。这种预防一般是在同人们生活直接联系的具体社会环境内展开，其主要目的在于消除特定环境中各种可能滋生犯罪的不良因素、机会和条件，创造一个有助于抑制犯罪动机、减少犯罪发生可能性的微观社会环境。微观的犯罪社会预防属于犯罪预防的前沿阵地，具有不同于宏观社会预防的如下特点：一是微观社会预防的针对性较强，所采取的种种手段、措施比较具体；二是它直接指向具体的预防对象，如家庭子女、在校学生或社区等；三是其直接目的就是防范犯罪的发

① ［奥］弗洛伊德．精神分析引论［M］．北京：商务印书馆，2011：217~227.

生。微观层面的社会预防主要包括家庭预防、学校预防和社区预防。

一、家庭预防

在犯罪现象发生的诸多因素中，家庭不良因素是重要因素之一。家庭是社会最基本的组成单元，是人的第一生存环境。它不仅是一个生活单位，而且是一个重要的社会控制机构，发挥着对家庭成员最初的社会化功能。家庭是社会的缩影，社会上的不良风气往往直接反映到家庭生活领域，对家庭成员，尤其是青少年产生一些不良影响。一个人的道德情操、伦理观念、生活态度、行为模式以及规范意识等首先都是从家庭中获得的。良好的家庭环境是一个人健康成长的基本保障，而不良的家庭环境是家庭成员犯罪，尤其是青少年犯罪的一个重要原因。家庭预防的核心在于如何增进家庭的社会化机能，使家庭生活对家庭成员的人格形成和行为模式以及规范意识的养成，产生良好的引导作用。

青少年犯罪在很大程度上与父母忽视对子女的教育或教育方法不当息息相关，每一个问题孩子的背后大都站着有问题的家长，家庭是青少年犯罪的第一道防线。首先应提高家长对子女教育重要意义的认识。子女既是家庭成员，也是未来的社会建设者，培育好子女是家长应当承担的社会责任。所以教育好子女是父母的天职，既是家庭责任的表现，也是社会责任的体现。家庭预防主要从环境预防、教育预防和管理预防三个途径进行①，本章主要以青少年为例对家庭预防进行分析和探讨。

(一)家庭环境预防

家庭是人生存与发展的重要环境之一，家庭环境的影响对其行为的产生、发展具有特殊意义，故优化家庭环境是犯罪预防的治本之策。家庭的环境预防在环境、教育、管理预防三大途径中居于基础性地位，是开展其他预防的基础。家庭环境预防可分为家庭结构氛围、家庭监护状态和家庭教养观念三个方面。

1. 家庭结构氛围

家庭结构是指家庭成员的组成状况，包括家庭成员的数目、辈分、关系、构成等，家庭结构是判断一个家庭情况的重要因素。按照家庭成员的序列和数目可把家庭划分为核心家庭和扩展家庭。核心家庭指的是由父母和孩子两代序列组成的家庭，结构比较简单；扩展家庭则是包括祖辈、父辈、子辈等多个序列，成员数量较多，关系较为复杂。按照家庭完整与否又可分为完全家庭和不完全家庭，完全家庭指父母双方健在的家庭，不完全家庭指那些家庭破裂(如离异、单亲、孤儿以及父母常年分居两地)的家庭。在问题家庭中，家庭结构往往存在以下三方面的问题，即成员结构不完整、经济结构不完整和文化结构不和谐。

(1)成员结构不完整。

家庭结构不完整通常影响着家庭功能的发挥，进而阻碍孩子身心健康成长，形成反社会型人格。不完整的家庭成员结构常常导致家庭功能不全，使孩子无法体会家庭的温暖、亲人的关爱鼓励以及在犯错误时无法得到及时的提醒矫正，容易导致孩子出现性格等方面的缺陷，为其以后走上违法犯罪道路埋下隐患。鉴于此，应从以下三方面尽力维持良好的家庭成员结构：一是提升责任观念和抚养意识，审慎处理和尽量减少离婚等会伤害青少年的事件；二是做好孤儿、单亲家庭青少年等特殊人群的权益保护，使其能感受到社会的温暖；三是进一步完善社会福利工作，社工、志愿者及时介入成员结构问题家庭进行必要的帮助和救助。

① 参见管荣斌，徐肖东．未成年人不良行为防治[M]．南京：江苏教育出版社，2012：159~191.

(2)经济结构不稳定。

经济结构是指家庭成员所从事的工作内容、收入水平、工作地点、工作状态对青少年成长可能产生的结构性影响。经济基础决定上层建筑，家庭经济结构也会影响家庭整体结构的稳定和家庭环境的优劣。良好的家庭经济结构可以使家长有更多时间和精力为青少年成长构筑良好的外部环境，而不良的家庭经济结构会使青少年过早地感受到社会压力和现实问题的困扰。父母因不稳定的经济状况也会将一些负面情绪和不良作风带给青少年，也会在一定程度上影响孩子的心理和人生观、价值观的形成。经济结构的不稳定会导致父母无心无力于子女教育，难以落实细节关爱等教育理念，也难以选择正确的教育态度和教育方式方法。因此，父母在承担家庭收入重担时要注意以下问题：一是维持家庭经济结构的稳定，量入为出，减少赌博、投机行为造成的不良后果；二是注重对家庭教育、保险方面的投资，减少因家庭经济变化对青少年可能造成的影响；三是在经济结构不稳定的情况下，发挥亲子沟通、家庭文化等补救性的防范手段的作用。

(3)文化结构不和谐。

文化结构主要是指家庭的文化素养、心理道德环境以及家庭氛围。作为家庭结构的核心，文化结构是青少年社会化发展的温床，当今社会的主题是和谐，家庭文化结构的协调性尤为重要。如果父母文化素质包括心理道德素质等偏低，家庭结构没有良好的家风做支撑，会直接或间接影响家庭教育管理的方式和水平。中国历史上有很多成功的家训如颜氏家训、曾国藩家训、傅雷家书等。家风是一个家庭在繁衍过程中逐步形成的较为稳定的生活作风、生活方式、传统习惯、道德规范和为人处世之道。未成年时期是社会化的关键时期，家庭作为其最主要的生活场所，家风将为未成年人的信念、习惯、好恶等打上烙印，对其产生重大影响。良好的家风是青少年健康成长的必要条件之一，而利己主义、金钱至上、贪图享乐等不良家风会扭曲青少年的人生观和价值观。

家庭氛围是指家庭成员之间的关系，是家庭文化结构的一部分。家庭氛围是否和谐，影响着孩子对家庭的归属感，家庭归属感强的孩子更易形成自信、自尊、自爱等性格品质，对遏制青少年出现不良行为从而减少未成年人违法犯罪具有积极作用。家庭氛围中，夫妻关系和亲子关系最为重要，其中夫妻关系是核心，亲子关系是保障，对子女的社会化影响很大。夫妻关系和谐融洽是良好家庭氛围的必要条件。夫妻之间的不和会在孩子心灵上留下难以磨灭的痕迹甚至创伤，使孩子缺乏安全感，影响其社会化①。甚至有孩子为逃避父母不和带来的不安全感和被忽视感，转而向社会寻求情感寄托，一些不良少年或群体就乘虚而入，诱导这些孩子走上违法犯罪道路。前苏联教育学家马卡连柯曾说："没有父母的爱培养出来的人，往往是有缺陷的人。"亲子关系淡漠或不佳是不良少年身上的一个明显特征。

推进、保障家庭文化结构的和谐，可从以下几个方面着手：推广"家长学校"，提高父母文化素养，提升家庭整体文化教育层次；推进"家风建设"，构建良好的家庭道德环境；

① "一个孩子要从纯生物的人成长为正常的社会化的人，最基本最普遍的是通过社会学习的过程，孩子在自己家里通过察言观色从父母那里学会了如何处理怒火和暴力。美社会学家罗伊·F. 鲍迈斯特尔曾说，实际上，在家庭暴力的代际转移中，这种学习过程是最重要的了。"近年来，许多研究发现，受虐待的儿童长大后比别人更有可能成为虐待儿童者，经常目睹父母暴力行为的孩子，在自己的婚姻和生活中也更易使用武力手段解决问题。张艳琴. 青少年暴力行为形成的家庭根源及防治措施[D]. 石家庄：河北师范大学，2007：39.

建设“和谐家庭”，营造家庭成员密切沟通的氛围。

2. 家庭监护状态

家庭对青少年的监护状态直接影响着青少年的权益是否能够得到保障，关系到青少年成长环境是否健康有序。不良青少年的家庭监护状态往往存在问题，主要表现在以下几个方面：

(1)留守或流动青少年的监护缺失。

儿童心理学家皮亚杰曾指出，人的发展是机体与环境相互作用的过程，环境对青少年成长的影响十分重要。当前城市流动儿童、农村留守儿童、闲散儿童等“问题儿童”已经受到全社会的广泛关注，尤其是留守儿童问题突显，他们的父母或远离家乡，或忙于生计，根本无力肩负起其本应承担的监护职责。青少年缺乏辨别是非的经验和能力，他们的监护处于缺失或者乏力的状态，极易受到社会不良因素的影响。

(2)被家庭忽略的青少年监护不良。

有部分青少年出现不良行为并非父母不在身边导致的监护缺失，而是父母在身边但监护不力，这些孩子同样存在着严重的监护问题。被家庭忽略的监护不良通常表现为以下几种情况：一是父母常年忙于工作和生计，忽略孩子成长或把教育孩子的责任推向家庭其他成员(如自己的父母)和学校；二是多子女家庭的父母无暇顾及每一个孩子的心理需求；三是父母仅注重物质抚养，忽视对孩子的情感抚养和道德品质的培育。

(3)特殊家庭中青少年的监护问题。

生活在再婚、特困、服刑人员等特殊家庭中的青少年出现不良行为，走上违法犯罪道路的并不鲜见。再婚家庭虽然结构健全，但结构特殊，再婚家庭的孩子要面临更多的感情波折，容易出现性格扭曲和心理异常。再婚家庭因至少有一方非亲生，在孩子监护上就可能存在问题。特困家庭的孩子，一方面父母因经济困难会导致对其的教育方式成问题，另一方面父母迫于生计，无暇也无力对子女实施有力、有效的监管。服刑人员家庭中的孩子，一方面父母等家人服刑使其感到深深的自卑，另一方面，家庭成员的违法犯罪行为本身对其也有一定的侵染作用，甚至有的就是在犯罪父母的教唆和支持下走上了犯罪道路。服刑人员家庭中的孩子因父母等家庭成员服刑，一般也得不到良好、有效的家庭监管。

综上所述，在留守、流动、单亲、再婚等问题家庭中，青少年的家庭监护极易受到忽视和侵犯，青少年往往因监护缺失或不良而受到环境影响而产生不良行为。家庭必须重视青少年的监护状态，在时间、精力的分配上更多的顾及青少年的成长需求，切实担负起应尽的监护责任。

3. 家庭教养观念

家庭教养观念就是父母对孩子采取的教育养护的态度、方式和方法。对父母教养方式的分类，不同的学者有不同的分类。美国学者鲍姆·林德(Baum Rind)把家庭教养方式分为三种基本类型：权威型、专制型和放纵型。我国学者于志涛和冯维将违法犯罪青少年父母教养方式分为溺爱型、矛盾型、忽视型以及拒绝型。在目前的家庭教养观念中，以下三种在很大程度上影响并限制了家庭功能的正常发挥。

(1)极端教养观念的弊端。

大部分学者把父母的教养方式分为“民主型、专制型、拒绝型和溺爱型”，后两种极端化教养方式存在诸多弊端，并与少年不良行为有着极大的联系。溺爱型教养方式容易导致孩子形成叛逆或自闭依赖的性格；拒绝型教养方式则容易使孩子形成自私冷漠的性格。不良少年的父母采取的教养方式大都简单而粗暴，存在极端化倾向。极端化的教养观念和方式容易导致未成年人形成不良行为习惯和人格，而正是这些不良习惯及人格是直接导致青少年出现不良行为的重要内在原因。

(2)软暴力处置观念盛行。

家庭软暴力是指家庭成员在家庭教育中实施了直接暴力之外的精神虐待，包括冷漠、斥责、讽刺、侮辱人格的语言。家庭软暴力对青少年的危害同硬暴力一样不能忽视。医学专家研究发现，家长经常对孩子进行斥责，容易使孩子出现焦虑、紧张、自卑、退缩、反应迟缓等不良心理反应。儿童期虐待容易导致孩子形成冲动和攻击性人格，早年遭受家庭冷暴力容易导致孩子形成自卑、抑郁的性格和反社会人格，成为青少年期乃至成人期出现不良行为的导火索。“人最害怕的不是惩罚，而是遭到拒绝。”①有人甚至认为，“把人孤立起来是对人的最严厉的惩罚之一”②。父母的拒绝、冷漠、疏离等态度都会为孩子的发展造成负面影响，甚至会潜伏下来成为一种隐性炸药，一旦遇有不良刺激，这种累积的不良情绪就会爆发。

(3)缺乏必要的求助观念。

中国家庭在难以处理子女教育问题时，缺乏必要的求助观念。对孩子出现不良行为，家庭采取的各种防治措施无效时，家庭应该有及时向外部环境寻求帮助的观念。家庭应经常同学校、社区、专业教育机构、青少年保护机构等取得联系，寻求必要帮助，形成无缝衔接和防治合力。

(二)家庭教育预防

家庭的教育预防是指家庭通过教育手段预防青少年不良行为的活动和过程。教育是家庭的核心功能之一。家庭教育对青少年“生活技能的掌握、社会规范的接受、生活目标的确立、社会角色的养成等社会化内容”具有重要影响③。家庭的教育预防通过义务教育、情感教育、道德教育和行为教育，着力解决青少年不良行为产生的思想根源。家庭的教育预防在家庭预防中居于核心地位。

义务教育。家庭必须把青少年的九年制义务教育作为强制任务并做好以下工作：切实保障未成年子女接受义务教育，不因任何理由使其辍学；保障未成年子女按时就学，保质保量地接受义务教育；尽己所能促进未成年人正常升学。

情感教育。对子女的抚养除物质抚养外，更为重要的是情感抚养。很多家庭重智育轻德育、重物质轻情感，爱的抚育匮乏。情感教育缺失容易导致青少年缺乏家庭情感支持，缺乏家庭凝聚力而使其与家庭生活脱轨。美国心理学家谢弗说：“在他们生活的这一段时间(青春期)，父母给孩子最贵重的礼物就是自尊。要不断的安慰他们，指出他们有吸引人的地方。让他们知道，并不只是他们自己有困惑的感觉。要反复不断地向他们做出承诺，你随时准备倾听他们的忧虑并回答他们的问题。”④要加强情感教育，家长要做到：保证夫妻双方或至少一方有充足的时间和精力从情绪、情感上关爱孩子；加强情感教育在家庭教育中的比重，健全孩子的内在情感；引导孩子形成基本的健康情感，对他人和生命有基本的尊重。要

① [美]弗洛姆．为自己的人[M]．孙依依译．北京：三联书店，1998：142.

② [英]普林格尔．儿童的需要[M]．禹春云等译．北京：春秋出版社，1989：87.

③ 黄教珍，张停运．社会转型期青少年犯罪的心理预防和教育对策[M]．北京：法律出版社，2008：146.

④ 王晓虹．中美家庭教育的差异比较[J]．辽宁教育行政学院学报，2006(1).

特别重视母亲对孩子情感抚养的重要性，公安大学教授李玫瑾强调孩子在依恋期内(12岁以内)父母尤其是母亲要对其进行心理抚养(含情感抚养)，不要让孩子离开父母①。著名教育家福禄贝尔也曾说过："国民的生命与其说操在当权者手中，不如说握在母亲手中。"②

道德教育。家庭的道德教育不仅是要将社会的基本道德规范、行为准则灌输给孩子，更重要的是要启发他们的道德良知，形成正确的道德判断和道德评价，使其行为符合基本的道德标准。美国杰出的政治活动家、卓越的科学家——本杰明·富兰克林曾说："没有一样东西能像道德一样使人发财致富。"③因而，富兰克林的美德和他在事业上所取得的成就一样，永载史册，留芳百世④。要想做好孩子的道德教育，父母首先要加强自身的道德修养，身教重于言传；深入浅出，以事明理，提高孩子的道德认知；多让孩子参加帮助老弱病残、公益活动等道德实践。

行为教育。中国传统的君子观、西方的绅士教育都十分强调日常行为习惯对个体发展的重要性。良好的行为习惯往往能在一定程度上影响青少年的心理与人格，家庭应从小加强对孩子的行为教育和习惯的养成。在《论语·尧曰第二十》中，孔子曰："不知礼，无以立也。"意思是说不懂礼仪就无法立足于社会。在《荀子·修身》中，荀子认为："人无礼而不生，事无礼则不成，国无礼则不宁。"⑤在英国小学四年级开设行为礼仪课，内容主要包括："心情要开朗，不说愤恨的话，不找别人的缺点；知道自己，不骄傲，也不羞怯；要谦虚谨慎；要有自尊。"⑥家庭的行为教育要重视日常生活的引导作用。父母作为孩子的第一任老师，第一"重要他人"，其言行举止、价值观都能对孩子产生重要影响。身教甚于言教⑦。"家庭中家长的言传身教对子女的思想具有潜移默化的示范作用。"⑧

(三)家庭的管理预防

家庭的管理预防是指家庭运用家庭管理手段预防和矫治青少年不良行为的活动和过程。家庭管理预防包括健康管理、课业管理、娱乐管理、金钱管理、交往管理、激励管理和矫正管理等内容。

健康管理。健康管理是父母或其他监护人对青少年起居作息、饮食、内务卫生、心

---

① 李玫瑾．犯罪心理研究——在犯罪防控中的作用(修订版)[M]．北京：中国人民大学出版社，2010：230~231.

② 胡艳辉．家庭功能不足与未成年人犯罪研究[J]．湘潮(理论版)，2007(2).

③ [美]本杰明·富兰克林．富兰克林自传[M]．青岛：青岛出版社，2004：119.

④ 我国香港首富李嘉诚也以其道德高尚而赢得了他人生的成功，他特别重视诚信，"一个有信用的人，比起一个没有信用、懒散、乱花钱、不求上进的人，自必有更多机会"。"我深刻感受到：资金，它是企业的血液，是企业生命的源泉；信誉、诚实，也是生命，有时比自己的生命还重要！"这是李嘉诚给年轻人的忠告，同时也是他的座右铭。由此可见，诚信对一个人的重要性，诚信是一笔财富，人与人之间，只有真诚相待，才能够获得朋友，才能够得到别人的支持。参见：诚信为李嘉诚带来一笔财富[EB/OL]，http：//finance. qq. com/a/20121122/005366. htm，2012-11-22。

⑤ 意思是说做人没有礼节就不能生活，做事没有礼节就不能成功，治国没有礼节国家就不能安宁。

⑥ 陈立思．当代世界的思想政治教育[M]．北京：中国人民大学出版社，1999：148.

⑦ 央视曾经播出过这样一则公益广告：一个贤惠的儿媳，不顾一天的劳累，给婆婆张罗着洗脚，这一切被幼小的儿子看在眼里，竟也效仿妈妈的样子，为妈妈打来了洗脚水。当孩子端着一盆水说"妈妈洗脚"，我们无不为这传神的一幕所打动，难道还有比这更生动的家庭道德教育吗？

⑧ 邱伟光，张耀灿．思想政治教育学原理[M]．北京：高等教育出版社，1999：155.

理健康等身心状况的控制和管理。有效的健康管理为青少年科学合理地开展其他活动提供了保障。

课业管理。课业不良往往导致青少年厌学逃学，是行为不良的开端。家长应加强对孩子的课业管理，教育引导其科学有效的学习，提升课业成绩。课业管理不当直接影响着家庭教育的质量，激励的重要手段不在强制打压或物质利益，有效的沟通和指导往往会起到事半功倍的效果。

娱乐管理。游戏是孩子的天性，许多青少年走上违法犯罪道路都是其娱乐方式方面出了问题，如上网成瘾，迷恋酒吧、歌舞厅等，正是在这些娱乐活动中其不良交往加深，逐渐滑入犯罪的深渊。家庭的娱乐管理应重点做到：上网有度；禁止出入酒吧、歌舞厅等娱乐场所；始终牢记安全第一。

金钱管理。金钱是一把双刃剑，既是天使也是魔鬼。许多犯罪的青少年都是在金钱上有强烈的欲望，不会管理，挥霍无度的人。父母要教育孩子正确看待金钱，合理管理金钱，合理消费，不贪图金钱带来的物欲满足。我国目前有相当一部分青少年没有形成正确的价值观和理财观念，甚至有的青少年是消费主义一族①。有些青少年的犯罪行为就是畸形消费主义价值观作祟的结果。

交往管理。不良交往是青少年犯罪和再犯的一个非常重要的预测因素。家庭应引导孩子正确选择交往对象、科学处理交际关系和妥善解决交往问题，交往管理不是限制而是保护。

激励管理。家长对青少年必要的激励措施是保障其选择正确行为的有效举措。激励方法有满足需要、金钱或实物鼓励、口头表扬、赞美、惩罚等，效果各异。家庭的激励管理不能简单依赖某一种或几种激励，应把激励作为管理内容进行科学调配，切实发挥激励的作用。

矫正管理。对于青少年已经出现了不良行为习惯或不良行为，家庭的矫正管理是对青少年不良行为防治的最后一道防线，是在上述手段无效或效果甚微的情况下的必要手段。家庭矫正管理应做到以下几点：一是积极主动地寻求社会帮助，包括寻求学校老师的帮助，形成家校矫正合力；寻求社区的帮助；寻求心理咨询、未成年人保护组织等专业组织的帮助。二是当不良行为严重到需要专业部门介入矫正时，家庭应做好支持配合工作。三是行为发展和矫正是个渐变过程，家庭要做好青少年不良行为矫正的监督强化工作。

二、学校预防

学校是传授文化知识和行为规范的重要场所，是个体社会化的重要执行者；同时，学校也是一个社会控制机构，对人格的形成与发展有着深刻的影响。所以，在犯罪预防中，学校预防也是一道重要防线。成功的学校教育是防止青少年违法犯罪的重要途径，而失败的学校教育则可能埋下致使青少年犯罪的种子。“因为教育上的错误比别的错误更不可侵犯。教育上的错误正和错配了药一样，第一次弄错了，决不能借第二次第三次去补救，它们的影响是

---

① 消费主义指的是“一种价值观念和生活方式，它煽动人们的消费激情，刺激人们的购买欲望，消费主义不在于仅仅满足‘需要’，而在于不断追求难于彻底满足的‘欲望’。‘消费主义’代表了一种意义的空虚状态以及不断膨胀的欲望和消费激情”。参见王宁．消费社会学[M]．北京：社会科学文献出版社，2001：145.

终生洗刷不掉的。”①为了更好地发挥学校教育在犯罪预防中的功能作用，学校教育必须从以下方面加以改革和完善。

（一）在办学理念上，要把学校教育与社会稳定联系起来

长期以来，我国十分重视发展教育事业，在增加教育投资、实行教育改革、确保义务教育、扩大教育规模等方面进行了许多尝试，积累了很好的经验。如：改革我国教育机构单一化的体制；根据社会发展的现实需要，合理确定各类学校的比例；大力发展各种层次、各种类型、各种行业的职业技术学校，使大批青少年获得升学的机会，并为其将来的就业提供保证。不过，我国历来的传统教育观念认为，学校的使命与职责就是传授知识和智力培养，即单纯的教育功能。这种传统观念目前看来是有缺陷的，学校教育还应当承担起稳定社会秩序的责任。因为，大力发展教育会使学校有足够的数量、时间、空间与能力，将更多青少年纳入其教育的氛围之中，使青少年得到应有的社会化机会。这样不但培养出了更多的各类建设人才，而且也激发了青少年的学习积极性，减少了浪迹于社会中的无事生非及违法犯罪的人数，从而起到稳定社会的作用。

（二）在教育模式上，从应试教育向素质教育转型，推行导向教育和品行教育

长期以来，我国普遍盛行的应试教育模式带来了严重的社会问题，导致学校（尤其是中小学）教育目的错位，极其不利于学生的正常成长。学校教育首先应该是品行教育和道德教育，其次才是文化知识的传授，成才、成功之前首先要成人。教育的目的是人全面素质的培养和提高，而不是应试知识的积累。因此，应当推行导向教育。导向教育就是学校围绕学生全面素质培养的目标，在实施教育时，使每一项教育内容都有明确的目的指向，而非一味地传授学业知识。导向教育的内容主要有：

1. 抓好人生目标导向教育。学校教育中要以爱国主义、集体主义和中华民族的优良传统教育广大学生，使学生树立起正确的世界观、人生观和价值观，引导学生做有理想、有道德、有文化、有纪律的公民。

2. 抓好志趣导向教育。发展学生多样化的志趣，并给予正确的引导和帮助。如根据学生的不同爱好，组织其参加不同的课外活动小组，丰富其精神生活，把学生旺盛的精力和探索精神引导到对科学知识的追求和正当兴趣爱好的发展上来。这既有利于学生生理、心理的健康发展，又减少了学生接触社会不良因素的机会。把精力投入到学习和志趣活动中也是青少年动用自我防卫机制中的“升华”的表现②。

3. 抓好需求导向教育。大力引导学生正确看待和选择物质需要和精神需要，反对不良消费和享受。培养学生自力更生、朴素节俭的生活习惯，帮助他们树立正确的消费观和消费意识。

4. 抓好遵守法纪导向教育。根据国家的普法要求，结合学校治安状况，有步骤地进行法制教育，逐步树立起学生的法制观念和守法意识，做一个守法公民。培养学生敢于同违法

① ［英］洛克．教育漫画［M］．北京：人民教育出版社，1963：2.

② 自我防卫机制是弗洛伊德在19世纪末提出的一个概念，是指个体为了缓解和防治焦虑或愧疚带来的精神压力，由自我应付本我的驱动、超我的压力和外在现实的要求等三个对手的心理举措和防卫手段，用以减轻和解除心理紧张，保持人格结构的平衡，是一种自我保护法。自我防卫机制有十种，升华是其中之一。升华是指把本能的欲望冲动（如性欲）转化到被社会所容许或赞许的目标和对象方面，这是一种最富建设性的防卫方式。参见车文博．西方心理学史［M］．杭州：浙江教育出版社，1998：468～469.

违纪行为作斗争的社会风尚和爱憎分明的荣辱观，并教会学生善于运用法律力量保护自己的合法权益。

5. 抓好性道德导向教育。培养学生正确的性观念、性意识、性道德，以便学生能够遵守人与人之间、两性关系上的准则，防止青春期“性神秘”带来的反作用。

6. 抓好正确交往导向教育。培养学生正确的社会交往能力，以便使他们善于社交、善于表达，形成良好的、积极的、健康互助的人际关系。

（三）开展公平、无差别的学校教育

学校教育是面向全体学生的教育，而不只是面向少数高材生。不能为单纯追求高升学率而放弃或变相放弃对大多数学生的教育，尤其不能放弃对学习成绩较差、品行较差学生的教育，在教育上要体现公平和无差别地对待一切学生。抓好差生教育，促进差生转化，引导差生健康成长，是体现学校教育中犯罪预防效果的典型工作。一些差生由于沾染了不良习气，没有树立起正确的人生观和生活目标，又经常完不成作业导致厌学弃学，转而向不良同伴寻求认同，极易走上越轨道路。处于未成年期的这些学生身心发展俱不成熟，可塑性极强，如果引导及时，教育得法，很容易转入正轨，甚至由后进生变为先进生。所以，学校和教师不得歧视这些学生，更不能轻易劝其退学或将他们开除出学校，而应视情况给予有针对性的帮助和教育，鼓励他们克服缺点，改掉恶习，努力上进。

（四）提高教师素质

教师是人类灵魂的工程师，是人类文明的传播者和建设者，是学校预防犯罪任务的主要承担者。学生能否形成健康的人格，与学校教师的思想品质和业务素质有着密切的关系。

（五）优化学校校风学风

校风学风是治学、育人、做人的风气，是学校的灵魂和气质，也是学校的立校之本。学校作为教书育人的场所，应当是一个整洁、安全、积极向上的环境。优良的校风学风会起到不断激励人上进的作用，而不良的校风学风则会影响学生的学习积极性，甚至影响到正确的学习观、价值观和人生观的树立。优化校风学风应注意以下几点：

1. 应积极引导学生树立正确的学习目的，形成端正的学习观。
2. 学校管理要宽松适度，既有适当的纪律约束，又不至于压抑青少年的天性。
3. 要致力于养成尊师重教、互相信任的师生关系。
4. 确保校园安全，防止校园暴力行为。
5. 创建安全的周边环境。

三、社区预防

社区预防就是以社区为基点，根据不良行为和违法犯罪行为的情况、特点和规律，通过社区组织、社区行动、社区文化，以及改变社会环境等多种途径和方式，从时间、空间和人等多维度对不良行为和违法犯罪行为进行预防、制止和处理的犯罪预防模式。社区预防是预防、遏制和减少犯罪的重要手段和发展方向，是一项复杂的系统工程。社区是社会的基础，是各种社会政策的出发点和归宿，社区治安问题的发生和解决也主要在于社区。如果社区有了良好的治安环境，就有了良好、稳定的社会秩序。

在我国的犯罪预防实践中，社会参与预防是一个成功的做法，在社区预防中，除了传统的做法，还应积极尝试新的方式：

(一) 积极推行社区警务

所谓社区警务①，是指存在于警方和社区之间的一种相互作用的过程，旨在共同发现和解决社区治安问题及其他社会问题，提高社区居民生活质量。其核心内容是改变传统与社区隔离的警务战略，使警务工作的重点向社区延伸，发展与社区群众的伙伴关系，共同承担社会治安管理义务，全面提高社区居民的生活质量。社区警务的实质就是通过警民之间的互动，充分利用社区资源，不断增强社区民众参与社区各项治安管理、预防违法犯罪的意识，凝聚社区的向心力，从而解决社区中的治安问题，再造社区和谐。社区警务的立足点在于社会是产生违法犯罪的根源，因而预防和减少违法犯罪也必须依靠社会。它的工作范围是以社区为主导，以社区为基本单位。

(二) 积极在社区开展社区矫正和帮教活动

社区矫正是指将符合社区矫正条件的罪犯置于社区内，由专门的国家机关在相关社会团体和民间组织以及社会志愿者的协助下，在判决、裁定或决定确定的期限内，矫正其犯罪心理和行为恶习，并促使其顺利回归社会的非监禁刑罚执行活动。社区矫正和在社区中开展对违法犯罪人员的帮教活动，特别有利于预防再犯。在社区内开展对特定犯罪人员的矫治和帮教活动，是我国当前刑事制度改革的重要内容之一，其犯罪预防意义重大。

1. 有利于避免传统监禁刑带来的负面影响。传统的监禁刑以完全剥夺人身自由为方式，对犯罪人进行改造。该方法一方面不可避免地形成人性压制，给犯罪人打上“犯罪人”的烙印，使其犯罪的技能更上一层楼外；另一方面，也会造成社会财富的巨大投入，监禁犯人需要更多的财力和人力投入。然而实践证实监禁环境并不利于犯罪人的改造，尤其是短期的监禁刑往往早就矫正不足，而且更容易产生“交叉感染”，犯罪人的人身危险性不但没有减少，反而可能增加。

2. 社区矫正有利于犯罪人的正常社会化。把犯罪人置于开放的正常社会生活环境中矫正，使其不与社会脱离，非常有利于其改过自新：正常的环境才是培养人适应正常环境的能力的最佳场所。社区矫正模式使犯罪人体验到社会的宽容、人格的被尊重、法律的柔情，从而更容易被感化。同时，开放的矫正也会带来公众与犯罪人之间的相互理解和沟通，从而易于化解矛盾，消除隐患。

3. 社区矫正可以整合更多有效社会资源，增强矫正功效。社区配合有关机关选聘参加矫正活动的人员，制订帮教计划，落实帮教、监管措施等方面，可以提供积极的帮助，使曾有犯罪经历的帮教对象能够迷途知返，避免再次走上违法犯罪道路。

(三) 积极在社区开展社会工作和社会服务

社区是个结构紧密的多功能小社会，充分发挥社会功能，积极开展社会工作和社会服务，能够发挥预防犯罪的事半功倍的功效。

1. 强化邻里看护意识。社区通过推动邻里互助和友善活动，增强居民凝聚力，提高社区成员的整体意识、参与意识和大家庭意识，强化邻里看护的犯罪预防作用。

2. 组织积极向上的社区文化。健康有益的文化生活可以陶冶情操，满足人们的精神需

① 社区警务是西方第四次警务革命的产物，自20世纪60年代以来，盛行全球，对各国警务模式产生了深远影响。20世纪70年代美国休斯顿警察局率先提出回归社区警务后，世界上很多国家如加拿大、英国、法国、澳大利亚及亚洲的日本、新加坡等国家都先后实行社区警务。我国目前在犯罪预防上，也正积极推行社区警务模式，有效地利用社区资源，预防犯罪。

求，提高人们素质的同时减少犯罪诱因。社区应兴办各种文体和娱乐场所，如健身房、图书室、活动室等，创造有利于预防和减少犯罪的社区文化氛围。

3. 积极开展就业指导。一是通过各种形式的文化补习、劳动技能培训，提高待业人员素质；二是帮助待业人员树立正确的就业观，做好就业前的心理准备；三是进行就业登记，通过劳动中介等组织，为待业人员开拓就业渠道；四是有条件的社区可兴办一些经济实体，安排就业，通过就业来安定社会秩序，发挥预防犯罪的作用。①

4. 积极开展其他社会服务工作，如婚姻介绍、扶贫帮残、兴办各项社会福利工作等。

① 张远煌．犯罪学(第二版)[M]．北京：中国人民大学出版社，2011：287.

第四章　犯罪的心理预防

第一节　犯罪心理预防概述

一、犯罪心理预防的含义

犯罪心理预防，是指运用心理学的理论和方法，通过采取适当的预防措施，控制和消除影响犯罪心理形成的相关因素，防止个体产生犯罪心理或弱化其犯罪心理，以达到预防犯罪行为发生的目的。

从犯罪心理预防的含义来看，其包括两方面的内容：一是对某些可能犯罪的人，在准确预测基础上，对与犯罪心理形成相关的因素加以控制和排除，预防其形成犯罪心理；二是对已形成犯罪心理的人，采取必要措施，破除和矫正其犯罪心理，培养其良好的社会适应性，以达到预防其重新犯罪的目的。

二、犯罪心理预防的心理依据

（一）心理的可知性

从心理的实质来看，其是客观现实的反映。而犯罪心理作为人的一种特殊心理也必然遵循心理的一般规律。从犯罪心理的产生来看，其有规律可循，即受主体主客观因素的影响，通过分析影响犯罪心理形成的主客观因素我们可以洞察犯罪心理的产生。此外，在一般情况下，作为犯罪主体而言，其犯罪心理产生之后，在外化为犯罪行为之前，必然有所流露和表现，如言语和行为，通过这些表现，我们可以对犯罪心理的基本情况有所认识和掌握。在此基础上，通过采取相关的手段防止犯罪心理外化为犯罪行为，从而达到犯罪心理预防的目的。

（二）心理的可塑性

人的心理具有可塑性的特点，即其产生之后不是一成不变的，随着时间的推移和条件的变化，心理也不可避免地发生变化。尤其是青少年阶段，人的心理发展不成熟，其可塑性更大。而从犯罪人的年龄来看青少年占有较大的比例，针对其心理具有较强可塑性的特点，可以采取有效措施对其心理施加影响。在其犯罪心理形成之前，消除易转化为犯罪心理的不良心理；在其犯罪心理形成之后，瓦解其犯罪心理结构，弱化其犯罪心理，避免其外化为犯罪行为，从而达到预防犯罪的目的。

三、犯罪心理预防的类型

从不同的角度，可以把犯罪心理预防划分为不同的类型，具体情况如下：

（一）犯罪心理预防与被害心理预防

犯罪心理预防是从犯罪人角度施加的心理预防，以犯罪征兆为线索，针对潜在的犯罪人采取相关手段和方法，对其实施心理干预，避免犯罪心理的产生或者有效地防止犯罪心理外化为犯罪行为，从而避免其成为犯罪人；被害心理预防是指从被害人角度实施的心理预防，主要针对易被害人群加强宣传教育，披露犯罪人的作案手段和方法，提高其识别犯罪人的能力，加强防范意识，防止其成为被害人。

（二）一般犯罪心理预防与特殊犯罪心理预防

一般犯罪心理预防是从宏观角度出发开展的犯罪心理预防，其对象为社会各个阶层的普通群众。通过加强社会主义精神文明建设、创建良好的社会风气、提高人民生活水平、切实解决民生问题等宏观措施，减少犯罪心理发生的几率，从而达到预防犯罪的目的。特殊犯罪心理预防从微观角度出发开展的犯罪心理预防，其对象为易产生犯罪心理的群体，如具有不良心理的未成年人、心态失衡的弱势群体、犯罪心理结构尚未完全消除的刑满释放人员等，通过对其采取针对性较强的措施，来预防其形成犯罪心理，或避免其犯罪心理外化为犯罪行为。

（三）免疫性犯罪心理预防与矫治性犯罪心理预防

免疫性犯罪心理预防的对象为尚未形成犯罪心理的人，通过分析影响犯罪心理形成的相关因素，探究犯罪心理形成的特点和规律，在此基础之上采取相关措施，提高个体对外界不良诱因的抵抗力与免疫力，构筑较为坚固的犯罪心理防线。矫治性犯罪心理预防的对象是已经形成犯罪心理的人，在其犯罪心理外化为犯罪行为之前，采取相关措施，矫正其心理偏差，弥补其心理缺陷，促使其犯罪心理的良性转化，避免其重新犯罪。

四、犯罪心理预防的特点

（一）犯罪心理预防主体的群众性

犯罪现象是一种复杂的社会现象，犯罪心理的形成也受多方面因素的制约，仅从某一角度出发、或者仅依靠司法机关的努力，不可能消除各种犯罪心理诱因，必须要从整体的角度，全方位开展犯罪心理预防工作，即动员社会各部门、各阶层共同构建犯罪心理预防体系。因此，犯罪心理预防的主体不仅要有司法部门的直接参与，还必须要有群众的参与。只有把专门预防与群众预防有机地结合起来，充分调动群众的积极性，形成整个社会对于犯罪行为积极、自觉地抵制和严密的监控，才能获得良好的犯罪心理预防效果。

（二）犯罪心理预防措施和手段的多样性

由于制约犯罪心理形成因素的复杂性及犯罪心理本身的复杂性，决定了犯罪心理预防措施和手段的多样性，即开展犯罪心理预防工作不仅仅依靠心理的手段，还需要采用法律的、政治的、经济的、教育的、文化的、行政的等多种措施和手段。在具体的犯罪心理预防工作中，要根据不同对象的实际情况，选择针对性较强的犯罪心理预防措施和手段。对于已经实施违法犯罪行为的个体，通过采取刑罚、行政及心理矫正的措施，对犯罪个体施加心理上的影响，使其犯罪心理结构趋向于良性的转化。对于已经形成犯罪心理、尚未实施犯罪行为的个体，可以通过法律宣传、说服教育等手段，消除其犯罪心理，使其心理恢复常态。

（三）犯罪心理预防范围的广泛性

从犯罪心理形成的原因来看，其非常复杂，可以归纳为主客观两方面。因此，犯罪心理预防工作的开展也应该从主客观两方面入手。从主观方面来看，犯罪心理预防的对象即包括已经形成犯罪心理的主体，也包括尚未形成犯罪心理的主体。从客观方面来看，凡是可能产生犯罪的各种社会弊端与漏洞，都要设法纠正，并尽可能将其对个体的负面影响降低到最低的限度。对此，要求社会各个部门做好犯罪的防范工作，要在自己的职能范围内尽可能地减少犯罪机遇，使已经产生犯罪心理的个体，因为没有犯罪的机会而不能得逞。这就要求我们深入到社会的各个层面，深入到社会的每一个区域与角落，设计相对完善的犯罪心理预防管理体系。

第二节 犯罪心理预防的功能与内容

一、犯罪心理预防的功能

（一）人格塑造功能

人格又称为个性，它表现为个别差异，是指一个人在先天生理结构基础上，在一定的社会生活实践中所形成的具有一定倾向性比较稳定的心理特征的总和。从司法实践来看，绝大多数犯罪人犯罪心理的形成及犯罪行为的实施与其人格具有密切的关系，即其存在消极人格因素。与犯罪心理密切相关的消极人格因素主要体现在以下两方面：其一，人格障碍，所谓人格障碍是指个体人格在形态和发展上明显偏离特定社会环境的价值体系、文化观念、道德情操、行为规范等而为特定社会所否定的心理表现模式。其二，负面人格特征。具体包括好逸恶劳，说谎，缺乏忍耐性，以自我为中心，自私自利，自制力差，情绪不稳，容易紧张和激动，易发生冲动行为等。这些负面人格特征与犯罪心理形成之间具有密切关系。

在犯罪心理预防的过程中，针对不同的消极人格因素采取不同的手段和方法，对其施加影响。如针对人格障碍采用专门的心理治疗方法，使其得到矫治；针对负面人格特征，采取多种转化方式，使其得到转化。正是因为犯罪心理预防的人格塑造功能，使得个体的人格缺陷得到弥补、负面人格特征得以克服，其人格呈现出健全化的发展态势，进而促使个体在社会化过程中，接受和内化了社会文化、价值体系和权威，并根据这些外在影响和自身理性而进行自我调适和修正，使个体的心理和行为符合社会规范的要求。

（二）心理调节功能

犯罪行为的实施离不开犯罪心理的支配，而犯罪心理的产生与行为主体心理出现偏差关系极为密切。这些心理偏差具体表现为：认知方面的偏差，即认知水平较差或者认知内容错误；情绪情感方面的偏差，即消极情绪情感的产生及失控；意志偏差，即意志薄弱，难以抵御外界不良因素的影响；兴趣偏差，即产生了低级、庸俗的兴趣；性格偏差，即具有非常突出的性格弱点或负面性格特征。此外，从社会心理角度来看，社会运行机制不健全，社会发展相对滞后，公共资源分布不均等，所引发的社会心理失衡，也是诱发犯罪的重要原因。

在犯罪心理预防过程中，针对上述问题采取相关措施和手段给予纠正，在解决社会问题的同时，对个体施加正面的心理影响，以充分发挥心理调节功能。即促进个体形成社会道德感，提高其法律意识，建立起一套内在的自我调节和自我控制机制。使个体能够及时纠正心理偏差，保持心理平衡，从而达到预防犯罪的目的。

（三）社会控制功能

社会控制的概念被定为：社会组织利用社会规范对其成员的社会行为实施约束的过程。犯罪现象是一种特殊的社会现象，其产生和出现与社会控制不力具有密切的关系，如法律制度不健全，会进一步强化犯罪主体的犯罪心理，使其继续疯狂作案，同时也会使其他不良行为主体产生模仿心理，也实施类似的犯罪行为；政府机关相关制度不健全，会使一些腐败分子看到机会，从而实施职务犯罪行为；社区安全防范措施不到位，会使犯罪主体有机可乘，实施违法犯罪行为；弱势群体的合理、合法诉求得不到关注，生存问题得不到切实有效解决，会使其铤而走险，报复社会。

社会控制一词最早是由美国社会学家罗斯提出的，其意为限制人类的动物性本性，控制人追逐私利的行为。可见，社会控制的对象是人的行为，而行为的实施离不开心理的支配。犯罪心理预防则是通过控制人的心理来达到控制行为的目的。通过采取相关的措施和手段，促使个体认可、接受社会规范的要求，建构对社会规范服从的心理，使其在社会化的进程中形成抵制犯罪诱惑的能力，从而达到预防犯罪的目的。

二、犯罪心理预防的内容

（一）矫正畸形需要

需要是人活动的基本动力，犯罪行为的实施与犯罪主体个人需要的畸形发展具有密切关系。具体表现为以下三方面：犯罪主体个人需要恶性膨胀，导致非法欲望的产生和增强；异常的需要居需要结构的优势地位；其个人需要与社会现实处于对立状态。这些畸形需要一旦达到一定强度，就会导致其自我抑制失控，冲破道德和法律的约束，实施违法犯罪行为。因此，要达到犯罪心理预防的目的，则必须矫正畸形需要。具体内容为：抑制不良的个人需要，使其处于合法范畴之内；调整自身的需要结构，使其趋于合理化；促使个人需要与社会现实相一致。

（二）纠正认知偏差

认知决定人的行为选择，犯罪行为的实施与犯罪主体出现认知偏差具有密切关系，而这种认知偏差主要表现在认知水平和认知内容两方面，即认知水平较低，这种情况多见于未成年人；而认知内容则表现为人生观、道德观等方面出现了问题。要纠正认知水平方面的偏差，应该针对未成年人加强法制教育，提高其对违法犯罪的认识，构筑犯罪心理防线。要纠正认知内容偏差应该采取多种手段，使主体树立正确的人生观，摒弃腐朽堕落的人生观；加强道德教育，提高人们的道德水平，充分发挥道德对行为的约束作用，达到预防犯罪的目的。

（三）改变不良的意志品质

意志对人的行为起着自觉地调节作用。犯罪心理的形成与人的不良意志品质有着密切的关系，如果意志薄弱、缺乏自制力，则难以抵御外界不良因素的影响和诱惑，同时也难以克制自身的不良欲望，极易走上犯罪道路。对此，应该改变主体的不良意志品质，通过增强意志力，提高自我控制能力，来抵御外界不良诱因，遏制自身的不良欲望，从而达到犯罪心理预防的目的。

（四）转化消极情绪情感

需要是情绪情感产生的中介，那种妨碍需要得到满足的事物和对象，就会引起否定的态度，产生消极情绪情感，而烦躁不安、愤怒、嫉妒、恐惧、绝望等消极情绪情感，极易导致犯罪心理的产生。这在司法实践中突出表现为两方面，一方面是消极情绪情感积累导致的犯罪；另一方面是激情状态导致的犯罪。对此，应该及时转化消极情绪情感，从而达到犯罪心理预防的目的。

（五）改变负面性格特征

犯罪心理的产生及犯罪行为的实施与行为人的负面性格特征具有密切关系，这些负面性格特征具体表现为：贪图享受，好逸恶劳，自私自利，社会责任感差，虚伪冷酷，阿谀奉承，态度傲慢，有偏见，自卑或自负，固执，行为自制力差，思维偏执，自控性差，易感情用事，报复心、嫉妒心较强，易产生挫折感等。因此，要想达到犯罪心理预防的目的，则必须改变这些负面性格特征。

第三节　犯罪心理预防的基本途径

一、净化社会环境，消除和减少诱发犯罪心理的不良因素

犯罪心理的产生受主客观两方面因素的影响，其是外界不良因素诱发和自我抑制失控相互作用的结果。从心理的实质来看，其是客观现实的反映。个体心理的产生受其所处社会环境中的诸多因素的影响，而这些因素按照性质来划分，包括积极因素和消极因素。当两种性质不同的因素所起的作用不同时，个体心理品质的发展方向则存在巨大的差异。如果积极因素起主导作用时，个体心理就会呈现出良好的发展态势，其行为符合社会规范的要求；如果消极因素起着主导作用时，个体就会形成违法犯罪心理，一旦遇到外界刺激或者违法犯罪机遇，即会外化为违法犯罪行为。因此，净化社会环境，消除和减少诱发犯罪心理的不良因素，是犯罪心理预防的重要途径。对此，全社会都应该积极行动起来，从社会各个角度、各个层面出发，消除隐患，堵塞漏洞，创建一个良好、和谐的社会环境，促进经济良性发展，人民心态平衡，有效预防犯罪。

二、增强人们的心理"免疫力"，构筑坚固的犯罪心理防线

根据哲学中的质量互变规律，犯罪心理的形成也遵循着由量变到质变的发展过程，即犯罪心理的根源在于其是由不良心理演化而来的。不良心理的形成都是一个渐进的过程，其与不良的环境因素有关，是学习他人犯罪经验的结果。只有增强自身的心理"免疫力"，才能有效地防御外界不良因素的侵蚀，控制不良心理的产生，有效避免个体产生犯罪心理。因而，需要构筑坚固的犯罪心理防线。其中，家庭是第一道防线，对于家庭成员特别是子女有不良心理或行为苗头的，其他家庭成员特别是父母应当及时干预，对其进行有针对性地心理疏导、指正和批评教育；学校和工作单位是第二道防线，学校和单位应当制定合理的、行之有效的规章制度并且严格执行，给学生或员工必须遵守法纪的心理暗示，通过表彰先进人物等形式提高人们的思想觉悟；社会是第三道防线，司法部门对违法犯罪现象要给予及时惩处，充分发挥其心理震慑作用；大众传媒应当肩负起引导人们趋善避恶的舆论宣传，从潜意识上教育感化社会大众；社会整体应传递正能量，使人们自发抵御不良因素的影响。

三、关注潜在的犯罪主体，破除其已形成的不良心理或犯罪心理

所谓潜在的犯罪主体是指犯罪可能性较强的主体，从其心理上来看，已经形成了不良心理或犯罪心理。如果不采取相关措施对其施加心理影响，其不良心理极易演化为犯罪心理，犯罪心理极易外化为犯罪行为。这些潜在的犯罪主体主要包括：有明显劣迹行为的人员，接

受过治安处罚的人员，刑满释放人员，经过犯罪心理预测有可能实施犯罪行为的人员。针对这些人员应该采取不同的措施和手段对其施加心理影响，破除其不良心理或犯罪心理。对于有明显劣迹行为的或经犯罪心理预测有可能实施犯罪的人员，应该充分发挥基层组织的作用，社区、家庭和单位应该联合起来，共同努力帮助其消除不良心理或犯罪心理。对接受过治安处罚的人员，公安机关要坚决摒弃一罚了事的做法，注重心理转化，做到处罚和教育相结合之外，家庭和单位也应该充分发挥心理影响作用，使其违法心理得到彻底清除。对于刑满释放人员更要给予高度关注，需要动员各方面的力量对其施加心理影响，以彻底破除其犯罪心理，使其真正回归社会，如家庭对其要给予关爱、邻居要对其给予尊重、有关部门应积极帮助其再就业，切实解决其生存问题，从而避免其因为歧视、偏见、生存危机而旧病复发，重新走上犯罪道路。

四、加强心理健康教育，培养公民健康的心理品质

个体心理健康与否，对其是否能够自觉抵制不良环境的侵蚀有着重要的作用。尤其是在当前情况下，随着生活节奏的加快、社会竞争的日趋激烈、价值观念的多元化等都对个体的心理产生了强烈的冲击，也加剧个体心理健康状况的恶化。在司法实践中，个体由于处理人际冲突能力差而实施犯罪，由于遭受挫折和打击而实施报复社会的犯罪，由于不能合理调整自己的畸形需要而犯罪，因无法控制自身的负面情感而犯罪，人格畸变引发的犯罪，精神病所引发的犯罪，这些犯罪都与主体的心理健康状况密切相关。因此，加强心理健康教育，培养公民健康的心理品质，是开展犯罪心理预防工作的重要手段。通过心理卫生、心理健康知识的学习，消除心理障碍和预防心理疾病的产生；通过心理健康教育，指导受教育者形成正确的自我意识，了解自己、他人和社会，正确对待自己、他人和社会，掌握自我心理调节的方法，提高应付挫折的心理承受能力，增强社会适应性；通过心理健康教育，要促进个体的发展和完善。对此，要进一步重视人们的心理健康问题，加强心理健康教育的宣传力度；加强各级各类学校的心理健康教育工作，及时解决在校生的心理健康问题；规范心理服务业，使人民群众出现的心理健康问题得到及时解决。

五、重视对被害人的心理抚慰，防止其产生恶逆变倾向

犯罪行为会给被害人造成极大的伤害，这种伤害包括身体伤害、财产损失和心理损害。其中身体伤害无论其程度如何，都会引发一定的心理损害；财产损失，也会给被害人带来心理压力和精神痛苦。此外，在犯罪行为发生以后，被害人很可能成为焦点，引起周围人的过度关注，成为他人茶余饭后的谈论话题，甚至受到指责和怀疑，这会导致其心理损害进一步加剧。被害人在遭受到犯罪行为侵害后，其心理损害主要表现为严重的负面情绪和消极心理，具体表现为恐惧、焦虑、愤怒、羞辱、绝望等。这些负面情绪和消极心理如果没有得到及时地自我调节，也没有得到正当途径的救助，极易导致被害人出现心态低迷或心理失衡，其可能会对犯罪行为由怨恨转为认同，模仿实施，甚至产生强烈的报复心理，由被害人转化为犯罪人。这种情况在被害人学领域被称为恶逆变。因而，司法机关在侦破、起诉和审判刑事案件的时，要重视对被害人的心理抚慰工作，由专业人士对被害人开展心理救助，及时缓解被害人的消极心理，减轻其负面情绪，恢复被害人健康、积极的生活态度。有效避免恶逆变的发生，从而达到犯罪心理预防的目的。

六、关注弱势群体，开展社会心理帮扶工作

弱势群体是指那些因自然、生理和社会等原因而在政治、经济和社会地位等方面处于弱势的群体。近年来，弱势群体犯罪呈现出上升趋势，如福建南平郑民生残杀小学生案件、厦门陈水总实施的公交车纵火案，是弱势群体犯罪案件的典型，是弱势群体对社会的强势报复。弱势群体犯罪与其特殊的心理状态具有密切的关系。弱势群体因自身的生理不足、社会层面低下和受教育不高等原因，使他们受到了各种排斥和歧视，所以弱势群体就很难真正融入社会，更难以得到主流文化的认同和接纳，这难免导致其产生扭曲的价值观，出现不满、苦闷、悲观、焦虑、彷徨、甚至悲观厌世等消极情绪，进而出现严重的心理失衡，产生了较强的剥夺感和被遗弃感。在这种情况下，弱势群体为了寻求平等的对待，会采取一些过激的行为，这种过激行为很可能是犯罪。此外，弱势群体的弱势地位时常被强势群体所侵犯，他们寻求帮助的权利难以得到保障，这样他们就会为维护自己的权利而走上犯罪道路。因此，应该关注弱势群体，在解决其合理合法需要的同时，开展社会心理帮扶工作，使弱势群体的心理问题得到解决，消极情绪得到缓解，失衡的心理得到平衡，增强其自身心理调节能力，从而达到犯罪心理预防的目的。

第四节　变态人格及其矫治

一、变态人格的含义及特征

(一)变态人格的含义

变态人格，也称为病态人格、人格异常或人格障碍，是一种人格发展的内在不协调，是在没有认知过程障碍或没有智力障碍的情况下出现的情绪反应、动机和行为活动的异常。中国精神疾病分类与诊断标准(CCMD-2-R)将变态人格定义为：“人格障碍是人格特征显著偏离正常，使患者形成了特有的行为模式，对环境适应不良，明显地影响其社交和职业功能，或者患者自己感到痛苦。”从此可以看出，变态人格者没有智力的缺陷，但在心理方面却存在某种程度的缺陷，如情绪情感、意志品质、道德观念等，日常生活中往往表现为行为怪异，情绪多变，人际交往不良等。

值得注意的是，变态人格的某些特征在正常人日常生活中也有所表现，如暂时性的情绪失调，孤独不爱交往，但与变态人格者不同的是，这些特征症状的出现往往是由于特殊事件的刺激而引起，具有暂时性、不稳固性。而变态心理者，由于其变态人格是长期形成的，所以，其异常表现是持久的、稳固的，并且表现在心理行为的各个方面。

(二)变态人格的特征

1. 无认知障碍，无智力缺陷。变态人格者一般没有认知过程的障碍，也就是说他们具有正常的感知能力，正常的思维能力，智力正常。所以，变态人格者能处理日常生活与工作而无需监护。

2. 情绪情感发育不成熟。情绪情感的不成熟突出表现为情绪极不稳定，易变化，易冲动且易激动，易高涨或低落，自我控制能力较差。有些变态人格还出现情感幼稚低下或者麻木冷酷。因此，变态人格患者往往在情绪激动时发生伤人毁物的暴力攻击行为。

3. 意志品质较差。变态人格者行为动机与目的往往不明确，做事缺乏一定的计划性与

完整性，往往随意而为，虎头蛇尾，并且自制力差，行为受本能欲望与多变情绪支配，往往实施反社会的越轨行为。许多变态人格犯罪者，明知犯罪行为具有伤害性，却无法克制。

4. 对人格缺陷没有自知力，不能吸取教训。正常人都能对自己的行为作出合理的解释，正确判断自身行为的对错，并调整自己的行为与社会环境保持和谐。但变态人格者往往看不到自身的人格缺陷，常将自己的行为过失指向其他人，所以，很难适应社会生活环境。

5. 人格偏离具有相对稳定性，矫正困难。变态人格一般开始于早年，在儿童时期就有所表现，青春期表现更为明显。长期的人格偏离使这种人格畸形变得相当稳定，不易改变，因此矫正困难。但是，一般来说，到中年以后，由于自身阅历、精力体力等原因，这种人格畸形会有所缓解，但遇到不利的环境刺激，也会加深这种人格畸形。

二、变态人格的类型

变态人格在成因上较为复杂，大多数变态人格是在不良遗传素质的基础上，通过后天不良环境因素影响逐渐形成的，这种变态人格称之为原发型人格障碍。但有极少数人格障碍患者是由于某种特殊神经疾病或精神疾病而导致人格异常，这种称之为继发型人格障碍。在犯罪心理学研究中，我们往往采用原发型变态人格概念。变态人格的临床表现较为复杂，根据我国精神疾病分类与诊断标准(CCMD-3)，一般将变态人格分为以下几种类型：偏执型人格障碍、分裂型人格障碍、反社会型人格障碍、冲动型人格障碍、表演型人格障碍、强迫型人格障碍、焦虑型人格障碍、依赖型人格障碍及其他人格障碍。下面是与犯罪关系较为密切的几种变态人格类型。

(一)反社会型变态人格

在所有的变态人格类型中与犯罪联系最为紧密的就是反社会型。反社会人格是指个体在社会行为上具有违反社会规范的倾向，具有为利己目的而伤害别人时永不感到愧疚的异常性格，又叫无情型、悖德型或冷酷型。其主要特征表现为：冷酷无情，缺乏爱心与同情心；道德感缺失，无社会规范，无责任感；对挫折承受力差，并且受挫后会产生暴力攻击行为；不能维持长久的人际关系，易变化；对错误行为没有罪责感与内疚感，不能从错误中吸取教训，处罚无效；自我中心，与他人冲突时，总归咎于别人；总是处于易激怒状态。

我国精神病学界在2001年修订的《中国精神障碍分类与诊断标准》(CCMD-3)(第3版)中，确定了如下的反社会人格障碍的诊断标准：在符合人格障碍总的诊断标准的前提下，18岁以后的问题至少符合下列3项：(1)严重和长期不负责任，无视社会常规、准则、义务等，如不能维持长久的工作(或学习)，经常旷工(或旷课)，多次无计划地变换工作；有违反社会规范的行为，且这些行为已构成拘捕的理由(不管拘捕与否)；(2)行动无计划或有冲动性，如进行事先未计划的旅行；(3)不尊重事实，如经常撒谎、欺骗他人，以获得个人利益；(4)对他人漠不关心，如经常不承担义务、拖欠债务、不赡养子女或父母；(5)不能维持与他人的长久的关系，如不能维持长久的(1年以上)夫妻关系；(6)很容易责怪他人，或对其与社会相冲突的行为进行无理辩解；(7)对挫折的耐受性低，微小刺激便可引起冲动，甚至暴力行为；(8)易激惹，并有暴力行为，如反复斗殴或攻击别人，包括无故殴打配偶或子女；(9)危害别人时缺少内疚感，不能从经验，特别是在受到惩罚的经验中获益。

18岁以前有品行障碍的证据，至少有下列3项：(1)反复违反家规或校规；(2)反复说谎(不是为了躲避体罚)；(3)习惯性吸烟、喝酒；(4)虐待动物或弱小同伴；(5)反复偷窃；(6)经常逃学；(7)至少有2次未向家人说明外出过夜；(8)过早发生性行为；(9)多次参与破坏公共财物活动；(10)反复挑起斗殴；(11)被学校开除过，或因行为不轨而至少停学一次；(12)被拘留或被公安机关管教过。

(二)冲动型变态人格

冲动型也称为爆发型，指刺激与行为反应不相适应的一种变态人格类型。常常对一些微小的消极刺激作出极不相称的过激反应，陷于暴怒和冲动之中，进而实施暴力和破坏行为，或伤人或毁物。但爆发过后在间歇期往往对自己的行为后悔不已，却无法控制再次发作。由于其爆发时比较类似"癫痫"，所以，这种类型也有人称之为"类癫痫性人格"，但并非具有癫痫病性。冲动型变态人格患者往往在发作时多发生暴力攻击行为，并且行为无度，不计后果，即使在间歇期也缺乏必要的忍耐力，紧张不安，易激怒，常引起攻击性暴虐行为，如伤害、杀人、破坏、放火等。间歇期认知正常，能正确认识与评价自己的行为，但仍有一定的精神障碍，常伴有妄想、抑郁、恐惧、焦躁，激惹性高，并伴有智能障碍和个性改变，攻击性倾向明显，常发生严重残酷的危害行为，如杀人、伤害、毁物、纵火等侵犯性行为。个性改变具有两极性：一方面易激惹、凶狠残忍，自我为中心，极端自私自利，好猜疑，记仇报复而又不计后果，常为区区小事造成骇人听闻的惨案；另一方面，又表现为循规蹈矩，过分客气殷勤，温存恭顺，喜欢奉迎。

(三)偏执型变态人格

偏执型又称妄想型，多见于男性。其行为特点常常表现为：(1)对不良刺激如挫折、冲突等过分敏感。(2)对侮辱和伤害耿耿于怀，保持持久的怨恨。(3)多疑，怀疑一切，甚至把中性的和友好的态度歪曲为敌意或蔑视，认为别人搞阴谋。(4)病态嫉妒，对他人成就感到紧张不安因而常寻衅指责。(5)自命不凡，过高估计自我能力，惯于将失败责任归咎于他人。不能正确、客观地分析形势，有问题易从个人感情出发，主观片面性大。(6)人际关系往往不协调，与人相处困难。偏执型人格障碍者往往家庭关系不和睦，偏执型人格者由于其较强的敏感、固执及嫉妒等人格特征而与犯罪行为联系也较为紧密，常发生杀人、伤害、投毒等犯罪行为。

(四)情感型变态人格

又称情绪不稳定型或循环型。其基本特征为：情绪不稳定，或持续高涨，或持续低落，或高涨低落循环出现，喜怒无常。包括三种类别：一是抑郁性人格障碍，患者精神一直萎靡不振，对生活充满悲观情绪，任何事情都认为结局难以预料，显得杞人忧天，过分担心，抱怨命运，易自杀。二是情绪高涨性人格障碍：患者表现情绪乐观，内心充满希望和喜悦，待人热情，好交往，好高骛远，从不感到困难，举止轻浮草率，办事不慎重，有始无终。易实施暴力伤害、暴力杀人行为。三是循环型人格障碍：其情绪障碍介于上述两者之间来回变化，一个时期无故情绪低沉苦恼自卑，一个时期又无故情绪愉快，自命不凡。这种人格类型，行为往往受情绪支配，容易激惹，受高涨情绪支配下的行为往往不顾后果。

(五)分裂型变态人格

又称病理性孤僻。主要表现为：情感淡漠，对人无温情，不体贴，也不发怒，缺乏情感上的交流与沟通；行为孤僻，有社交障碍，缺乏知心朋友；不遵守社会传统习俗，打扮怪异，不重仪表，不重卫生；思维脱离现实，沉溺于幻想；对异性兴趣减弱。这种变态人格症状往往可成为精神分裂症的病前人格基础，可以在一定刺激情境下，产生类似于精神病发作的行为，也可以据此产生犯罪行为，但较少出现。

（六）怪癖型变态人格

怪癖往往指为满足某种特殊内心体验，而出现的顽固反复的行为。对于怪癖型人格者其行为往往可以得到自身的合理解释，但对于常人往往无法理解。常见的怪癖型变态人格有：纵火癖、偷窃癖、谎言癖、赌癖、怪恋癖等。(1)纵火癖，其纵火的理由不是基于一般犯罪人报复嫉妒等动机，而是基于纵火时的特殊心理满足感，甚至是快感。往往对火有特殊的嗜好，明知纵火有严重的危害结果，但却往往无法控制自身的纵火欲望。也有报道某些纵火者在纵火时会产生性快感，偶尔伴有手淫行为。(2)偷窃癖，其偷窃的动机不是占有他人财物，而是受内心无法抗拒的欲望驱使，从偷窃中得到心理的快感，往往享受偷窃过程。所以很多偷窃癖者将偷窃物品又还回主人，目的是进行再一次偷窃；也有将偷窃物品收藏，供自己回味，而不是将物品使用或者转卖。现实的偷窃案件中，也常常发现有偷窃癖的例子，男性多于女性。(3)谎言癖，通过编造谎言来达到心理的某种满足感，往往编织自己的丰富经历，但并非诈骗意图。此种人格往往没有犯罪行为。(4)赌癖，此种人格类型者往往嗜赌如命，不管处于何种经济条件下其赌博行为不会停止，责任感淡薄，无视他人的谴责，因而往往因赌资而实施犯罪行为。(5)怪恋癖，指性爱对象往往指向特殊人群，如一些轻佻、放荡女性，如卖淫女，也有专门针对已婚女性，并且只对此类人才有所兴趣，无法进行正常的恋爱。轻佻女性的行为越放荡，反而越能激发怪恋癖者的嫉妒情绪，投入更多的热情，这种变态的心理越能够得到满足。但是，在与女性交往后往往又要求对方对自己绝对忠贞，所以更容易引发更多的情感冲突，导致情杀、报复伤害等犯罪行为。

三、变态人格的矫治

由于人格的稳定性及对变态人格的实质、产生原因等尚未明了，因此，变态人格一旦形成很难治愈，但是可以采用相关的矫治手段来矫正其异常的心理和行为，这些手段包括药物治疗、心理治疗、外科治疗等，我们侧重介绍心理治疗，其具体方法如下。

（一）认知疗法

认知疗法形成于20世纪70年代，最初由贝克提出。认知疗法有两种基本假设：一是人们的思想和信念对他们的适应不良行为有作用；二是通过改变人的信念、态度或思维，便能改变他们的适应不良行为。简单地说，认知疗法认为个体的认知过程决定了其心境和行为；治疗通过纠正和改变个体的不良认知，继而使个体产生情感及行为的变化，达到改善个体情绪和行为障碍的目的。认知疗法认为个体行为在很大程度上受其想法的控制，可以通过改变问题行为背后的不良想法而改变问题行为。治疗的主要目标是帮助患者理解其障碍的本质与内涵，了解自己怎样制造出了问题行为，通过强化认知功能来改善其道德和社会行为。

变态人格患者的极端化行为与其头脑中的不良观念和非理性想法密切相关，认知技术通过质疑其不良观念或非理性想法，并且提供新观念取而代之。在治疗过程中要求变态人格患者思考哪些观念激发或者强化了不良行为，针对其不良观念的实际情况，提供正确的观念，以改变其非理性想法，从而达到矫治其问题行为的目的。

（二）行为疗法

行为治疗的历史渊源可以追溯到20世纪初行为主义理论的产生。1913年美国心理学家华生发表了一篇题为《行为主义者眼中的心理学》的文章，认为人的行为都是后天得来的，恶习是因为受到奖励而固有，因此，也可以受到惩罚而消退，环境可以改变人。20世纪50年代初，美国心理学家斯金纳等人就开始将行为治疗中的操作条件学习原理，应用到医院患者身上，并首先提出“行为治疗”这一术语。行为治疗学派认为，人的心理的变化，主要表现为人的行为的改变。

行为治疗是通过学习训练矫正行为障碍的一种治疗方法，行为治疗是依据条件反射学说和社会学习理论等行为主义学说为理论基础，运用正负强化、行为训练、系统脱敏等行为技术手段，来矫正来访者问题的一种技术和方法。运用行为疗法矫治变态人格的具体方法主要包括：适应疗法，即通过适应过程降低变态人格患者因为情境的不适应因素而产生的过度反应；厌恶疗法，即通过将变态人格患者不良的行为习惯与某种痛苦体验反复结合以抑制或消除该不良行为习惯；操作法，即当变态人格患者表现出良好行为时给予肯定性的评价和奖励，使自发行为被强化为经常性的自觉行为，当其表现出不良行为时给予否定性的评价和惩罚，使这种行为受到阻抑，变为间断性的偶发行为进而逐渐消退。

(三)精神分析疗法

精神分析疗法是心理治疗中最重要的一种治疗方法，其创始人是奥地利精神病学家弗洛伊德，其理论基础即是由弗洛伊德创立的精神分析学说。精神分析疗法是使求治者在无拘束的会谈中领悟到心理异常的症结所在，并逐渐改变其行为模式，从而达到治疗目的的治疗方式。

精神分析疗法治疗变态人格的原则有两条：一是满足，对变态人格患者的本能欲望给予适当的满足，以减弱其本能冲动，减缓其攻击行为；二是升华，使变态人格患者本能欲望的运动朝向有利于社会的方向发展，使其在有益的活动中发泄自己的多余能量。此种治疗的目的在于让患者对自身形成的变态人格和攻击行为的成因予以觉察和领悟，从而通过自身的努力而促进治疗效果。精神分析治疗的方法主要是自由联想，即要求患者想到什么就报告什么，不要加以选择和掩饰，通过自由联想可以暴露出患者无意识中的内容，通过多次地揭示和解释，治疗患者的心理缺陷和调整心理紊乱以达到深刻的人格矫正目的。

第五章　犯罪的治安预防

第一节　犯罪治安预防概述

在犯罪学研究的视野下，任何一类犯罪的产生总是具有相应的自然、社会、文化等共性的宏观环境因素以及财产状况、心理、人格等微观个体原因。当现实社会中存在着滋生犯罪的菌群和有利于犯罪生成的"温床"时，"消灭犯罪论"在绝对意义上将是空谈。但是这并不是意味着在该社会中犯罪必然发展成足以摧毁现实社会的力量，因为文明社会拥有一种强大的控制力量——公共权力，它虽然不能从根本上铲除犯罪，但也能在一定程度上控制犯罪，使之不至于发展成摧毁文明社会的洪流。运用国家的公共权力实行犯罪控制，是犯罪预防的重要方面。

一、犯罪治安预防的概念与特点

犯罪治安预防是以犯罪的可知性为依据的。犯罪作为以一种人的反社会行为，在现实社会中实际发生的现象，它的发生总要借助于一定的外界条件、通过一定的举动反映出来，总是要在现实社会中留下自己的足迹，总是要受到规律和客观条件的制约。犯罪的治安预防，正是利用犯罪行为这一特点，凭借特殊的公共权力，通过管理、改善和控制可能被利用来实施犯罪或掩护犯罪的环境因素、人的因素、物的因素，来消除、减少犯罪机会，并运用特殊的公共权力寻找犯罪的迹象，阻止可能发生的犯罪。因此，犯罪的治安预防是指以公安保卫等专门的社会控制力量为主体，运用国家赋予的权力，控制犯罪行为实施所需要的或者可能利用的外部条件，发现和制止犯罪行为的实施，防止、控制和减少犯罪行为及重新犯罪对社会的危害的各种社会控制活动及措施。

犯罪的治安预防与犯罪预防的其他措施相比，具有以下特点：

(一)主体的专门性

犯罪治安预防与其他犯罪预防措施相比更具有专门性、针对性，更需要依靠专门的社会力量来预防、控制和减少犯罪的发生。这种专门的社会控制力量，目前在我国，主要是拥有行政处置权的公安机关。我国公安机关是武装性质的治安行政管理机关，其主要任务是预防、惩治违法犯罪，保护公民的合法权益，维护社会、公共秩序，保障社会主义现代化建设的顺利进行。这些任务由各级公安机关的各个部门协同完成。公安机关通过训练有素的专业力量，运用国家赋予的公共权力，对特定对象、特定场所和特定行业采用专门措施进行有条不紊的管理、监督、控制可能被犯罪分子或具有犯罪意图的人利用来实现犯罪的各种外部条件，减少实施和完成犯罪的机会，并利用专门手段，发现犯罪迹象，阻止犯罪行为的实施和完成。因此，犯罪治安预防是一种专业性很强的工作。

公安机关及其各个部门是犯罪治安预防的主体。当然，人民群众也协同公安机关进行治安预防，如在公安机关及其各个部门的指导下、帮助下建立起来的治安保卫部门和治安联防部门。这些治安保卫部门和治安联防部门具体有治安保卫委员会、保安服务公司和治安联防队。特别是近年来，在经济发达地区出现的治安保卫委员会、保安服务公司，是协助公安机关进行犯罪控制的群众性自治组织。如湖南耒阳市公安局，近几年，整合防控力量，发展群防队伍，实现防范工作社会化。把的士司机、摩的司机、物业收费人员、清洁人员、低保人员、下岗职工及居民群众组织起来，共建各类义务性巡逻队 82 支，巡逻队员 567 人。这种群众性社区控制力量与专门的治安行政管理部门的专门力量相结合，是我国犯罪治安预防的特点之一。

（二）对象的针对性

犯罪治安预防是公安机关通过训练有素的专业力量，对特定对象、特定场所和特定行业利用专门手段，发现犯罪迹象，阻止犯罪行为的实施和完成一种专业性很强的预防性措施。所以，它具有很强的针对性，具有明确的施控对象。

任何一种犯罪的生成都要经历一个过程。从犯罪意识的形成到犯罪决意确定；从犯罪行为的准备到犯罪结果的出现，总要经历一个或长或短的运动过程。在犯罪生成过程的任何一个环节上采取相应的、有效的预防措施消除促使犯罪产生的各种原因和条件或限制这些因素发生作用，都可能达到预防犯罪的目的。但是，犯罪治安预防与其他犯罪预防措施不同，它不是针对普遍的社会成员实施的一般性犯罪预防工作，而是带有一般针对性的预防措施。它的目的十分明显，即防止具有犯罪倾向的人实施或完成犯罪。这个目标决定了犯罪治安预防不是泛泛地针对一切人，而是只是针对具有犯罪可能的人；不是针对犯罪产生的原因，而是针对犯罪实施的过程和条件。它的范围尽管可能涉及没有犯罪的人，但是它的出发点并不是要对社会上的一切人采取专门手段进行犯罪治安预防，而是只是要影响那些可能犯罪的人，防止或阻止其实施犯罪。这种具有针对性的预防措施是犯罪治安预防区别于其他犯罪预防措施的重要标志之一。

（三）措施的专业性

犯罪治安预防既然主要依靠拥有行政处置权的公安机关等专门社会控制力量进行的有针对性的犯罪预防。这就决定了治安预防的手段、措施的专业性的特点。因为，公安机关是国家通过专业训练的特别武装力量，具有与犯罪及犯罪人打交道的专门经验与技能，有专业技术装备的支持。犯罪治安预防是公安机关运用训练有素的专业人员，运用国家赋予的特有权力，对特定对象、特定场所、特定行业及特有行为进行的有条不紊的管理、监督、控制，并利用专门的手段与措施，发现犯罪迹象，阻止犯罪的实施和完成。如公安机关从宏观上，设置哨卡、岗亭守“点”，专业巡逻控“线”，社区保安护“面”，形成“点、线、面”相结合的网格化的防控格局；采取“人防、物防、技防”相结合的防范措施；从微观上，针对特种行业建成印章治安管理信息系统、旅店业治安管理系统，通过报警系统抓获逃犯；从而防范、控制犯罪和抓获犯罪嫌疑人。由此可以看出，犯罪治安预防具有很强的专业性的特点。

（四）效果的有效性

犯罪治安预防是在犯罪行为准备到犯罪出现这个阶段上采取的一种专门性的预防措施。所以与其他预防措施相比，犯罪治安预防具有立见成效的特点。比如，公安机关采取的打击假币专项行动，打击吸食、贩卖毒品专项行动、打击卖淫嫖娼专项行动及打击拐卖妇女儿童的专项行动；我国开展的 1982 年、1996 年、2001 年严打活动；等等。这些举措都使得在一定时间、一定区域内的犯罪率明显降低，使犯罪意图受到直接遏制，犯罪人受到直接的控制和处置，这种预防犯罪的有效性，使犯罪治安预防在犯罪治安预防体系中历来都是备受重视的部分。

犯罪治安预防是通过对犯罪实施的外部条件的控制来预防犯罪或惩处犯罪的，如公安机关开展的各项专项行动和各时期的严打活动，它虽然能有效的减少犯罪实施的机会和犯罪成功的几率，但却不能从源头上消除犯罪产生的原因，也不能根本上预防犯罪。由于采用犯罪的治安预防措施使得犯罪发生率降低的这种现象只是暂时的。在没有消除或改善促使犯罪产生的原因的情况下，犯罪治安预防仍然是一项长期的工作，从事犯罪治安预防的人员仍然是一种专业化的社会控制力量。

二、犯罪治安预防在犯罪预防体系中的地位

犯罪治安预防在犯罪预防体系中具有重要地位，是犯罪预防一系列活动中专门性的一项预防措施，是犯罪预防的一个重要方面。犯罪治安预防能使犯罪的嚣张气焰得到有效遏制，从而为进行犯罪的社会预防和心理预防创造必要的条件。犯罪治安预防措施的专业性决定了它的有效性，能使犯罪治安预防具有强大的威慑力量，能在一定程度上消除犯罪行为人的犯罪意念，起到犯罪的一般预防作用。因此对于预防犯罪的目的来说，这是一种极为有效的措施。犯罪治安预防措施做好了，就会大大减少犯罪的发案率。而犯罪率减少了，对于保持社会的安宁、促进经济文化的发展，最终消灭犯罪的社会基础，又是极为必要的。所以，犯罪治安预防在犯罪预防体系中具有不容忽视、不可替代的地位。

同时也应该看到，犯罪预防是通过消除和改善促使犯罪生成的各种因素来防止、减少乃至消灭犯罪的。消除和改善促使犯罪生成的各种因素包含各个方面的工作。例如，消除和改善社会政治生活、经济生活和文化生活中的不合理现象、腐败现象及丑恶现象，以减少或淡化个人与社会之间的冲突，防止生成或促使其改变反社会的生活态度；加强和改善家庭教育、学校教育和社会教育，防止产生或消除犯罪意识；加强治安行政管理和人民调解工作，防止矛盾激化，阻止有犯罪倾向的人实施犯罪行为等。犯罪治安预防是通过对犯罪实施的外部条件的控制来预防犯罪的，它实施了控制的时间、地点有效的减少犯罪实施的机会或犯罪成功的可能，也正是犯罪治安预防的这种外部控制的特点，决定了它不能从根本上消除犯罪产生的原因，所以也就不能从根本上预防犯罪。具有犯罪意图的人完全可以在没有这种外部控制力量的时间、地点实施犯罪行为，造成犯罪治安预防一旦放松，犯罪的发生率又会明显上升。因此，犯罪治安预防不是一项治本措施，犯罪预防不能完全依赖于犯罪治安预防。治本的措施仍在于犯罪的社会预防和心理预防，犯罪预防的最根本的措施还是社会的完善与人的完善。

三、犯罪的治安预防的分类

犯罪治安预防可以根据不同的分类标准划分为不同的种类。下面根据三个不同的标准进行分类。

（一）根据犯罪治安预防的控制对象分类，可以分为对人员的治安预防、对场所的治安预防、对行业的治安预防、对行为的治安预防

对人员的治安预防，是指对社会居民，特别是对违反治安管理的行为人、可疑人员、犯罪嫌疑人、刑满释放人员和社会服刑的人员的管理和控制。对场所的治安预防，是指在犯罪多发场所采取的预防措施，主要是对公共复杂场所、重要地区、道路交通沿线以及街道、居

民区的管理与控制。对行业的治安预防，是指对某些易为违反犯罪嫌疑人所利用的行业进行的管理与控制，如对旅店、印章、典当、旧货、娱乐、公共交通运输等行业的管理与控制。对行为的治安预防，是指对法律、行政法规规定的枪支弹药、管制刀具、易燃易爆、剧毒、放射性等危险物品的行为的管理与控制，对涉及淫秽物品、毒品以及其他违禁物品的控制与查处等。

(二)根据治安预防的措施分类，可以分为一般行政管理预防、公安专业预防、法律措施预防

1. 一般行政管理预防，是指公安机关在治安管理过程中广泛采用的行政指令、行政审批、监督检查和禁止、取缔等措施。如公安机关为维护社会治安而发布的指令、禁止扰乱社会秩序、禁止妨害公共秩序、禁止卖淫嫖娼、禁止毒品、禁止赌博并为此采取的各种措施。

2. 公安专业预防，是指公安机关为违法犯罪而采取的专业性措施。如治安调查、治安巡逻、守望、蹲点、堵卡、当场盘问检查等。

3. 法律措施预防，是指依据法律的规定，对违反治安管理处罚法律规范的行为人采取的治安行政强制措施和进行的治安管理处罚。如强制传唤、强制带离现场、强制隔离、对醉酒的人强制约束、强制戒毒、强制治疗、强行遣回原地、收缴、追缴、扣押，警告、责令具结悔过、罚款、行政拘留、吊销公安机关发放的许可证、对违法治安管理的外国人可以附加适用限期出境或者驱逐出境等。

(三)根据犯罪治安预防的规模分类，可以分为犯罪的宏观控制和犯罪的微观控制

1. 犯罪的宏观控制

犯罪的宏观控制是指针对特定时期对社会生活具有重大影响的犯罪现象，在较大范围内采取的临时性预防措施。如打击吸食贩卖毒品专项行动、打击假币专项行动、打击卖淫嫖娼专项行动及打击拐卖妇女儿童的专项行动等。犯罪的宏观控制是通过较大范围内的统一行动，集中力量对某一领域、某类活动实施重点控制，以防止和制止某一类或某几类犯罪的发生，遏制其增长的趋势。

犯罪的宏观控制具有两个特点。第一是宏观控制对象的单一性；第二是宏观控制措施的临时性。

第一，社会形态中只要有犯罪现象存在，其犯罪的种类不可能是单一的，必然是多种多样。但是不论法制多么完善的国家，也不论国家有多么强大的公共权力，其人力、财力都不可能允许其对一切种类的犯罪同时实行全面控制。犯罪的宏观控制的主要目的是解决某种或某几种对国家、社会造成严重威胁、具有相对多发性、复杂性的犯罪问题，以求集中力量予以遏制，求得社会治安的稳定。因此，宏观控制只能是按照特定时期犯罪形势的严峻程度，针对某一类或者某几类犯罪，重点布置控制力量，并根据这类犯罪行为的特点采取相应的控制措施。这就使宏观控制的对象必然集中在某一类或者某几类犯罪上。所以，宏观控制的对象具有单一性。

第二，犯罪现象总是不断发展变化的。随着社会环境的变化，随着社会经济的发展，特别是随着社会控制力量在某一方面的强化，原来严重危害社会生存和发展的犯罪可能已不再对现实社会构成严重威胁，而另外一些犯罪形式则可能对现实社会构成新的威胁。因此，宏观控制的目标是依据某类犯罪对现实社会构成严重威胁程度而确定的，并不存在永恒不变的宏观控制目标的。所以，宏观控制的目标必然是暂时的。某一时期内，宏观控制目标可能会是这一种类犯罪，而在另一时期内，宏观控制目标可能会是另一种类的犯罪。例如，我国曾经在20世纪80年代把投机倒把行为作为宏观控制的目标，因为在那一时期，社会商品紧缺，投机倒把之风盛行，对社会生活和稳定构成严重威胁，所以，把投机倒把行为作为宏观控制的目标。但在现阶段，我国犯罪的宏观控制目标又放在了打击吸食贩卖毒品、打击拐卖妇女儿童和打击假币行为上，因为这几类行为已经影响了社会治安状况，成为威胁我国社会生活、社会稳定和发展的重大问题。犯罪的宏观控制目标的可变性决定了宏观控制措施也必然发生相应的变化，从而使其呈现出临时性的特点。

2. 犯罪的微观控制

犯罪的微观控制是指在容易发生犯罪的各个局部范围内财务的专门性预防措施。它通过在对犯罪率发生较大影响的某些人、某些场所或某些行业周围开展的经常性的控制工作，防止或制止犯罪的发生。如对有犯罪倾向的人员、刑满释放人员和社会服刑的人员的管理和控制；对公共复杂场所、重要地区、道路交通沿线、以及街道、居民区的的管理与控制；对旅店、印章、典当、旧货、娱乐、公共交通运输等行业的管理与控制。

犯罪的微观控制具有两个特点。第一是微观控制方式的灵活性；第二是微观控制措施的经常性。

第一，犯罪的微观控制可以在较小的范围内实施，具有方便、易行的特点；同时它又可以广泛布点，在较大范围内形成一个有机联系、密切配合的网络，从总体上减少犯罪的发案率和成功率。因此，犯罪的微观控制方式具有灵活性。

第二，犯罪的微观控制的目标不是控制某一类或某几类犯罪的发生，而是控制特定范围内可能发生的各类犯罪(尽管在各类犯罪中也有重点对象)，因此，它不随某一类或某几类犯罪的减少而松懈或结束，而是一项经常性的工作。

犯罪的微观控制主要包括三个方面：(1)对重点人员的管控，是指对有犯罪倾向的人员、刑满释放人员和社会服刑的人员的管理和控制；(2)对重要场所管控，是指在犯罪多发场所采取的预防措施；(3)对特种行业的管控，是指在某些容易被犯罪嫌疑人利用的行业所采取的预防措施。

犯罪的宏观控制和犯罪的微观控制是犯罪治安预防的两个方面、两种类型。它们之间具有密切的联系。宏观控制的目标必须通过微观控制并贯穿于微观控制之中才能实现。离开了微观控制，宏观控制目标难以实现。宏观控制目标对微观控制又具有指导意义。宏观控制目标能够帮助微观控制明确自己在特定时期的工作重点，使微观控制更适应同犯罪分子作斗争的需要。

3. 技术预防

技术预防作为犯罪的宏观控制和微观控制的辅助手段，是指运用现代科学技术研究成果，涉及、利用各种科学技术防范手段，及时发现犯罪、阻止犯罪、制服犯罪嫌疑人的活动。例如运用监测装置预防或发现违法犯罪嫌疑人、运用抗阻装置使犯罪行为不能得逞、运用自救装置遭到犯罪行为的侵害时能够自我救护等。犯罪的技术预防不仅非常实用有效，而且随着科学技术的进步，其应用前景越来越光明、应用范围会越来越广泛。为犯罪治安预防增添更加有效的手段。

本书采取第三种分类标准，根据犯罪治安预防自身特点和客观原因，主要介绍犯罪的微观控制，此外，犯罪的技术预防作为犯罪治安预防的辅助措施，由于其实用有效性等特点也进行主要介绍。

第二节　犯罪治安预防的功能及其原则

一、犯罪治安预防的功能

犯罪治安预防的功能，是治安管理作为开放系统，其整体对外所起的主要作用及正面社会效应。具体体现在以下几方面：

(一)行为规范与导向功能

犯罪治安预防的依据是治安管理法律法规，通过规定人们在治安管理法律上的权利和义务以及治安管理法律规定应承担的责任来调整人们的行为，以达到预防违法犯罪的目的。所谓规范功能，是指通过法律规范的制定、颁布、施行与广泛宣传，让人们必须知道什么是国家赞成的，可以做的；什么是国家禁止或反对的，必须做或不该做的，从而约束自己的行为不越规。此外，预防还通过执法活动，对国会治安秩序的政策、方针、原则制度加以确认，并使之规范化、具体化，便于公安机关和社会成员遵守和实行。所谓导向功能，是指治安管理的法律规范为人们提供了一个维护社会治安秩序和公共安全的行为标准和尺度，具有判断、衡量人们行为的功能。犯罪治安预防具有判断行为有效或合法与否的作用，通过这种评价影响人们的价值观念和是非标准，从而达到指引人们行为的效果。

(二)社会公共安全的维护与保障功能

治安预防的直接目的是防范与控制违法犯罪行为，其根本目的则是维护统治阶级的统治秩序，维护与保障社会公共安全。治安管理的各项工作的落实就在于建立良好的社会生产与生活秩序，使国家具有开展经济与文化建设的客观外在环境，让人们感觉到有安全感，从而更好地生活与工作。对于少数违反治安管理行为的人和已然的治安灾害事故的处罚与处理，其目的也在于恢复社会治安秩序，保障社会公共安全。此外，治安预防工作不仅可以维护与保障国家、集体与个人的财产安全，而且在国家的国际形象的塑造、公民的人身安全的维护等方面，均能起到良好的促进与保障作用。

(三)惩戒与教育功能

犯罪治安预防目的的实现，很重要的一条途径就是通过处罚违法行为人，令其幡然悔过，悬崖勒马而实现的。对不遵守公共秩序、扰乱社会治安、破坏社会管理秩序，妨害公共安全的行为，必须视其情节轻重，给予一定的处罚，才能有效地制止和预防违法犯罪行为。然而惩戒并非最终目的，而是通过采取带有强制性的惩戒，达到教育违法行为人并由此警戒与教育社会其他成员的目的。此外，惩罚本身也是一种特殊教育。

上述三个方面的功能，仅只是治安预防比较显现的或带有个性的功能。对于犯罪治安预防的认识与适用应有一个正确的认识。第一，治安预防是犯罪预防体系中的一个组成部分，是众多犯罪预防方式中的一种，不应夸大其作用或搞错其地位。第二，治安预防的功能范围是有限的。尤其是一种行政性预防措施，因此不应超出其属性，避免造成违法的行政管理与预防、控制的情况发生。第三，治安预防对不断发展变化的社会生活的概括和适应性不可避免地存在一定的限度，应随时调控并注意与其预防措施的协调及整体功能的发挥。此外，在实施犯罪治安预防所需人员素质、精神条件和物质条件不具备的情况下，治安预防的功能不可能充分发挥。因此，应加强公安人员的政治素质、业务素质、智能素质和体能素质。

二、治安预防的原则

(一)依法与科学管理相结合的原则

依法管理就是要求公安机关，必须严格依据治安管理的法律、法规，按照社会主义法制原则进行治安防范与严格管理。科学管理就是要广泛应用现代管理理论，采用现代管理方法和现代科学技术手段，合理使用人力、物力，形成高效率的治安管理机制，最大限度地发挥治安管理的职能作用。为适应同各种违法犯罪活动作斗争的需要，针对当前违法犯罪新动向、新特点及规律，应综合采用现代科学技术手段的方法，建立健全犯罪情报资料库、信息系统、监控系统等计算机系统，提高刑事犯罪和治安案件情报中心的储存、分析、检索等能力，为预防和打击违法犯罪提供保障条件。

(二)保护公共利益与保障个人权利相结合的原则

犯罪治安预防是通过对重点人员、重要场所与特种行业的治安行政管理，来预防、控制犯罪行为实施的机会和成功的几率，从而达到预防和减少犯罪之目的。犯罪治安预防措施的具体实施，必然要对某些个人的活动产生不同程度的影响，或者限制、干预其活动，或者要求其作出或放弃某种行为，或者间接地对其产生某种不情愿接受的影响，这些都可能涉及有关个人甚至单位的权利保障问题。犯罪治安预防应当尽可能地在保障公民和法人的合法权益不受侵犯和正当活动不受干预的情况下进行，即使为了有效地控制犯罪而不得不采取某种行政措施，也应当杜绝行政权力的滥用，避免对个人权利造成不应有的侵犯。特别是在市场经济的大潮中，个人活动的自主程度不断提高，个人权利要求得到更充分的保障。如果无视这种社会现实提出的普遍要求，为了控制犯罪而滥用行政权力，那就会丧失人民群众的支持。

(三)犯罪治安预防与其他犯罪预防措施相配合的原则

犯罪治安预防只是预防犯罪的一种手段，在实践中实施犯罪控制，应当注意与其他措施的配合作用。特别是在对某类犯罪实行宏观控制的场合，采取排除手段减少引起犯罪产生的原因因素，采取威慑手段及时制裁犯罪人，都可以大大提高犯罪控制的实际效果，有效地减少犯罪。即使在微观控制的场合，注意犯罪产生的具体原因，采取疏导手段，做好法制宣传和思想教育工作，同样可以使犯罪治安预防措施得以顺利有效地实施。如果不强调各种犯罪预防措施的相互配合，犯罪治安措施同样难以有效地预防和减少犯罪。

(四)公开管理与秘密工作相结合原则

公开管理与秘密工作相结合，是为实现治安预防目标所采取的两种互相补充、相互配合的手段和方法。公开管理是指治安管理部门依据国家法律和治安管理法规，运用法律和行政手段，进行宣传教育、监督检查、限制、取缔和治安管理处罚等管理活动。秘密工作主要是指只能由公安机关的治安管理部门内部掌握、使用的一些预防违法犯罪的手段。只有公开管理，而无秘密工作配合，治安管理部门就不能全面、及时地了解和掌握社会治安动态；反之，就会丧失对社会面的控制活动，不能有效地维护社会治安秩序。

(五)严格管理与文明管理相结合的原则

严格管理是指建立健全各项治安管理的规章制度和安全保卫制度，全面落实各项安全防范措施，并坚持进行督促检查，发现问题认真查处的管理方法。文明管理是指体现社会主义精神文明，管理讲法度，有利于生产、方便群众的管理方式。要做到文明管理，一是在管理活动中，对待群众态度好，保证不刁、不卡，处罚人不辱人格，言有教、行有德，举止端庄。二是执勤方法得当，不侵犯群众利益。三是积极开展警民共建文明活动，以促使群众积极参加治安活动。

第三节　治安管理

治安管理是治安行政管理的简称。它是公安机关的主要职责。是国家对社会治安的最专门、最直接、最广泛的行政管理，是犯罪治安预防的一项重要措施。治安管理的范围广泛，内涵丰富。涉及社会秩序、社会生活的许多方面，从犯罪治安预防角度讲，主要包括重点人员管控，重点场所管控、特种行业管控及危险物品管控。

一、重点人员的管控

(一) 重点人员管控的概念

重点人员是指那些对社会可能有现实和潜在危害，由公安机关纳入视线，需要进行调查控制和教育改造的潜在违法犯罪嫌疑人员。重点人员管理，是指主要依靠公安机关的力量对有危害国家安全和社会治安的可疑的、有犯罪倾向的人员实施的有针对性的特定治安行政管理。重点人员管理是户口管理的一项重点工作，是治安基层基础工作的重要组成部分，也是犯罪治安预防的重要预防措施。所谓有犯罪倾向的人，主要是指其现实表现表明本人有可能走上犯罪道路、可能实施了犯罪或者可能进一步实施犯罪的人以及可能重新犯罪的人。

(二) 重点人员管控的范围

要对重点人员实施有效管控，应当从以下几个环节做好工作。

1. 对户口的管理

(1) 户口管理的概念。

户口管理是公安机关依法对住户和人口进行登记、调查、统计分析和管理工作。它是以全体公民为管理对象。户口管理旨在熟悉人口情况，掌握重点人口动态，控制社会面，促进社会经济发展和人民群众的安居乐业。它是治安管理的一项基础工作。户口管理，主要包括户籍管理与身份证管理。在中国的犯罪治安预防工作中，户口管理处于基础地位，具有重要作用。

(2) 对户口的管理的内容与意义。

对户口的管理既包括户口登记、户口迁移、户口调查、户口档案、户口统计、人口信息卡片管理等内容的户籍管理，又包括居民身份证的申领、换领、补领、缴销；居民身份证的管理、签发；居民身份证的使用、查验；对违反居民身份证管理行为的处罚等。

户口管理对预防犯罪的作用是多方面的，从犯罪治安预防角度出发，在户口管理活动中，可以了解人口的基本信息，做到对重点人员的了解。确定重点人员，主要是依据其在户口中所反映的信息而显现出来的。因为从户口管理中可以获取公民的以公民身份、亲属关系、法定住址等为中心的住户人口基本信息。户口档案还详细反映居民姓名、性别、出生日期、现在住址、亲属关系等基本信息，同时还有一些本人所受治安行政处罚、刑事处罚、刑满释放、取保候审等方面情况的客观记载。严格户口管理，准确提供这些重要资料，从而可以从中筛选出对犯罪预防具有重要意义的人员，从而可以有针对性地进行重点人员的管控。同时，通过户口管理，也可以为侦查犯罪提供有用的线索，限制和防范犯罪分子的破坏活动。

2. 对流动人口的管理与控制

(1)流动人口概念。

流动人口是指在本人户口所在地之外的地域活动的人员。其中包括在途流动人口和滞留暂住人口。流动人口，从流出地看，是临时外出的人员，包括离开户口所在地较久尚未返回的人员；从流入地看，是临时暂住人员，包括久住未在流入地上户口人员。

改革开放以来，我国的流动人口急剧增多，这既是商品流通领域迅猛扩展、地区之间横向经济联系日益增多、城乡物资人才交流不断扩大的需要，也是全国各地经济发展不平衡和劳动人事政策放宽带来的劳动力合理流动的必然结果。流动人口的急剧增多，在促进社会主义市场经济体制建立，合理配置人才物资源，促进城市建设的发展的同时，也带来了严重的社会治安问题，造成了犯罪持续增长的趋势。

从犯罪学的角度看，之所以在流动人口中存在着较严重的犯罪问题，是因为，第一，流动人口的大量存在，为流窜犯罪分子的犯罪活动提供了较多的可供掩护和藏匿的机会。一些流窜犯罪分子混杂在庞大的流动大军之中，既可以到处作案，又可以以各种身份和理由掩盖其犯罪活动。特别是诈骗、盗窃、抢劫犯罪分子，利用人、财特大流动的环境，四处进行犯罪活动。第二，我国目前的流动人口中有相当一部分是劳动力流动。在农村劳动力向城市劳动市场流动、经济落后地区的劳动力向经济发达地区流动的过程中，那些没有找到合适正当工作的人，其自身的经济状况与该地区的经济生活需要反差很大，极易采取盗窃、抢劫等犯罪手段，以满足其生活需要。第三，流动人口之间以及流动人口与当地人口之间的文化冲突容易导致人们在交往中的各种矛盾，处理不当，容易引起暴力性犯罪。因此，对流动人口的管控成为犯罪预防、控制的不可忽视的方面。

(2)对流动人口的管理与控制。

对流动人口的管理，主要目标是及时发现混杂在流动人口中具有犯罪倾向或者犯罪嫌疑人员。对于具有犯罪倾向或者犯罪嫌疑人员，要重点布置警力，进行监督检查，防止其实施犯罪或者再次犯罪。而要做到两点，一方面，从对流动人口的户口管理入手。重点是对在本地区常住的外来人员的管理。要对流动人口进行暂住登记，在普遍登记的基础上，抓好重点调查。这种管理既要依靠旅馆业的登记检查工作了解外来人员的情况，也要依靠各单位内部的治安保卫组织了解滞留在各单位内的外来人员的情况，特别是对于暂住在私人旅馆、出租私房的外来人员，治安行政管理部门应当配备专人进行调查，及时发现、掌握其活动情况，防止和制止其可能实施的犯罪。另一方面，对流动人口进行管理，应当根据本地区的特点，有针对性地开展调查，进行管理、控制。流动人口虽然活动范围广、流动性大，但是往往具有地区性、季节性和职业性的特点。一般应把重点放在治安情况较为复杂的地区，如城乡结合部。重点对象是流浪乞讨、收旧拾荒者、无端频换住址者以及各种形迹可疑者。依据这些特点对重点人员进行管控。

3. 对有犯罪趋向人员的教育与管理

(1)有犯罪趋向人员的概念和范围。

有犯罪趋向的人，通过日常的社会生活或现有证据表明具有实施犯罪可能的人。这些人实际上是在犯罪边缘漫步的人，他们一旦遇到适当的机会，便会走上犯罪的道路，是犯罪的直接后备军。因此，对这些人员的教育和管理，是犯罪治安预防的重要对象。

如何确定哪些人是属于有犯罪趋向的人，是一个十分复杂的问题，也一个十分容易引起争议的问题。我们认为，有犯罪趋向的人是指在社会生活中已经染上了某种不良习性并且已经实施了相应的违法行为，从而表明其有可能实施某种犯罪的人，或者是在社会生活置身于某种矛盾冲突之中有可能实施犯罪行为的人。前者主要包括：①有习惯性偷窃、诈骗、抢夺、敲诈勒索等违法行为尚不够刑事处罚的人；②经常携带凶器出入公共场所或者多次架斗殴的人；③经营业性赌博的人；④经常买卖赃物的人；⑤多次传播淫秽物品；⑥种植罂粟或吸食毒品的人，等等。不包括那些偶尔有类似违法行为但尚未形成不良习性的人和已经长时间停止了违法活动的人。后者主要是指在因为婚姻、恋爱、家庭问题，或者因为邻里纠纷、干群矛盾，特别是因为山林、水利、土地、宅基地或者奖金、工作、待遇、分房、职称等问题处理不当而引起的各种冲突中头脑发热，以至流露出犯罪意念的人。这些人由于不能理智、冷静的思考问题，极易采取暴力犯罪的方式来解决矛盾冲突，所以我们把他们也列入具有犯罪趋向人员之列。但是应当明确，这些人的犯罪趋向是暂时性的，一旦他们能够冷静下来，理智地思考问题，就会打消犯罪念头，而前几种人的犯罪趋向都具有较长时间的持续性。具有上述这两种情况的人不一定就必然会实施犯罪行为，甚至可以说，大多数都不会犯罪，但在这类人群中，实施犯罪的可能性远远大于一般的社会人群，所以应该是犯罪治安预防的重点人群。

(2)对有犯罪趋向人员的教育与管理。

① 对于具有不良习性并且实施了违法行为的人，第一，应当针对他们已经实施的违法行为，依照《治安管理处罚法》的有关规定严肃处理，并在处理过程中进行有针对性的法制教育，要求他们具结悔过。第二，公安机关应当要求其所在学校、单位或基层保卫组织对其进行耐心细致的思想教育工作，帮助他们戒除不良习性，并监督他们是否有违法行为。第三，公安机关应当运用国家赋予的行政管理权，对这类人员进行经常性的检查监督，令他们遵纪守法，控制其不良习性发生的环境和途径，如查禁淫秽物品、加强管制刀具管理、查禁赌场、打击贩毒分子等，减少其走上犯罪道路的机遇；一旦发现其有犯罪迹象，应及时采取有效措施，制止其实施犯罪行为。

② 对于因矛盾冲突而可能犯罪的人，首先，应当进行有针对性的法制教育，使他们冷静下来，然后采取疏导的方法，启发他们正确认识矛盾冲突，引导他们全面考虑解决问题的途径。同时，应当运用公安机关的专业力量，对他们采取临时性的监控措施，防止他们实施暴力犯罪。在这个过程中，公安机关应当及时通过有关单位纠正工作中的失误或者解决引起冲突的有关问题，以便排除产生犯罪动机的客观因素。这是制止因矛盾冲突引起的刑事犯罪的不可缺少的重要环节。

4. 对犯罪嫌疑人员的调查与控制

(1)犯罪嫌疑人员的界定。

犯罪嫌疑人员是指有某种迹象表明其正在实施严重犯罪或者正在为实施某种严重犯罪做准备的人，以及有证据表明其可能已经实施了某种犯罪行为的人并且有可能进一步实施同类犯罪或更严重的犯罪的人。例如，正在筹划劫持飞机、车船或者颠覆列车等活动的人，为重大走私做准备的人，有杀人、放火、爆炸、投毒、抢劫、强奸等犯罪嫌疑的人，进行盗窃、诈骗活动的人，非法制造、运输、贩卖或者盗窃、抢夺、抢劫枪支弹药、爆炸物品及其他凶器的人，流窜作案的人，伪造证件的人，各种犯罪集团的成员，等等，这类人员，由于随时都存在着实施或进一步实施严重犯罪的现实可能，所以具有很大的人身危险性。因此，对这类人员的控制，在整个犯罪控制中具有重要的地位。

(2)确定犯罪嫌疑人员范围。

对犯罪嫌疑人员的控制，首先是及时发现这类人员。发现犯罪嫌疑人员，需要进行大量的调查研究。需要通过隐藏在社会生活中的各种蛛丝马迹来寻找，因此，公安机关应当通过各种渠道搜集这方面的情报，例如，通过110指挥中心，汇集110、119、122报警、电子防盗自动报警、旅馆业自动报警、城市监控系统和平安校园系统信息；然后通过在公安机关指挥中心建立的信息研判处理中心，加强对阶段性、动向性发案情况和治安问题的分析研判，为各个单位、社区加强重点地段、案件多发地段巡逻防控、重点场所治安管理及打击犯罪提供信息保障，通过这些情报发现犯罪嫌疑人员。

公安机关在日常行政管理过程中应重点从以下几个方面寻找发现犯罪嫌疑人员：第一，是在日常的户籍管理和身份证管理工作中，注意发现已经实施了犯罪行为，被有关公安机关通缉、追捕的犯罪嫌疑人或从监狱逃跑的犯罪人。第二，是在对危险物品的管理活动过程中、对违反治安行政管理的人员的调查处理过程中、在对特定行业和特定场所的管理过程中、在对流动人口的管理活动中，注意发现各种有关的犯罪、准备犯罪的信息，追查各种可疑迹象，从中发现犯罪嫌疑人员。第三，是在对已经发生的刑事案件的侦查过程中，利用刑事侦查特有的权力与手段，查明犯罪嫌疑人，务必使其落入法网。第四，是在对犯罪的边缘行为的整治活动中，注意发现犯罪线索，确定犯罪嫌疑人员。如在对吸毒人员、卖淫嫖娼人员的调查处理中，在对追查贩毒、制毒人员，组织、强迫、引诱、容留、介绍卖淫的人员，制作、贩卖、走私、传播淫秽物品的人员的行政处罚中等。应当注意分析各种信息，追查各种可疑迹象发现犯罪嫌疑人员。一旦有迹象表明某人具有犯罪嫌疑，就应运用专门力量，进行重点调查，以便排除或者确认嫌疑人。

(3)对犯罪嫌疑人员的调查与控制。

对稳固嫌疑人员的调查，是一项法律性很强的工作。在没有证据确认之前，调查工作应当迂回进行，以侧面了解为主；必要时可以在不被其察觉的情况下跟踪观察；直接调查应当尽可能地文明、规范、态度温和。在这种调查中应当严格遵守法律，不能侵犯嫌疑人员的行动自由和合法权利。只有在掌握了确凿证据时或者在紧急情况下才可以采取强制措施。对于确实具有犯罪嫌疑的人员，应当及时采取有效的控制措施，制止犯罪行为的实施或防止其造成严重的危害结果。这种控制措施应当因人而异：①对于可能以住宅为犯罪现场或者藏匿犯罪工具或赃物的，可以在掌握嫌疑人员基本情况的基础上，通过某种正当理由如，会同社区工作人员、电业局工作人员、物业工作人员等以水管发生泄流、电线短路、天然气发生泄漏等为由入户观察，以便进一步发现线索，制定控制方案，或者在其住宅附近设立临时观察点，随时掌握其活动情况，实施犯罪，便及时出面制止。②对于活动范围广泛的犯罪嫌疑与其活动范围内的保卫人员相配合，进行各方位观察，形成环环紧扣的观察控制网络，以做到一旦发现其实施犯罪，控制力量便可以随时出现在其面前。③对于有可能流窜犯罪的人员，除在本辖区内跟踪观察之外，当其离开本辖区时应当注意了解其可能的走向，及时通知有关辖区内的治安行政管理部门注意其可能实施的犯罪活动。④对于准备实施重大暴力犯罪的嫌人员，应当运用公安机关专门力量首先查获其准备用于犯罪的危险物品，监视其动向。⑤对于可能是犯罪集团成员的嫌疑人员，应当监视其社交活动，了解其所接触的人员及其相互关系，分析其可能进行的犯罪活动，以采取相应对策。⑥对于可能进行诈骗犯罪的人员，应当适时揭露其真实身份。同时，对于确实有重大犯罪嫌疑的人员，应当适时采取刑事强制措施。限制其人身自由，杜绝其再犯罪的机会；不宜采取刑事强制措施的，则应在必要时采取行政强制措施或其他合法手段，限制其活动范围，阻止其进入可能的犯罪现场，防止其实施新的犯罪。

5. 对刑满释放人员和社会服刑人员的考察与监督

(1)刑满释放人员和社会服刑人员的概念。

刑满释放人员，是指刑罚执行完毕，已经恢复自由，获得释放的人员。社会上服刑的人员是指已经由人民法院判处刑罚但未在监狱服刑的人员，如被判处管制的犯罪分子、宣告缓刑或假释的犯罪分子，以及因特殊原因而监外执行的犯罪分子等。

上述人员经过司法管教部门一定时期的教育之后多数能够悔过自新，成为守法的公民。特别是在我国，对上述人员的改造成功率是相当高的，再实施犯罪行为的概率较低。但他们中也确有一些人，虽然经过教育改造但在重返社会之后还会实施新的犯罪，这类人群的犯罪率大大高于一般社会人群的犯罪率。这是由于，有的人员是在服刑期间，没有真诚悔过，甚至对有关人员或整个社会怀着强烈的报复心理，重返社会后便寻找机会故意实施某种严重犯罪；有的是在服刑期间，由于其他服刑人员的教唆、引诱、感染或接受其传授的犯罪方法，强化了犯罪意识与技能，重返社会后即寻找机会实施各种犯罪；有的虽然在重返社会时具有悔过自新的愿望，但回归社会后无法适应社会；或当某些正常要求不能满足或者工作、生活中遇到某些问题不能及时解决或者受到冷遇歧视时，便会产生自暴自弃的心理，以致重新犯罪。上述人员重新犯罪的，一般都具有更疯狂性、残暴性和狡诈性等特点，对社会的危害性严重。因此，对上述人员防止重新犯罪，是犯罪治安预防的一个重要方面。

(2)对刑满释放人员和社会服刑人员的考察与监督。

① 对刑满释放人员的管控方式是一般的考察监督。因为这些人已经服刑完毕，已经成为享有自由的公民，因而不能也不应采取监狱的监管方式对待他们，而应当尊重他们的公民权利，不妨害他们的正常生活和工作，并对他们在生产、生活中遇到的困难给予必要的帮助，他们克服心理上的障碍，适应社会生活。因此，对他们的管控只能通过日常的治安行政管理进行考察监督，并不限制其自由。这种考察、监督包括三个方面：第一，了解他们在服刑期间的改造情况，考察其思想状况，分析其有无再犯的可能；第二，了解他们重返社会后所处的客观环境，看其是否有利于促使他们巩固改造成果；第三，了解他们重返社会后的社会交际，观察他们的现实表现，尤其应当注意掌握其与犯罪嫌疑人员或其他违法分子的接触情况，分析他们是否可能或正在筹划新的犯罪。

对于在考察、监督中发现的具有再犯可能的上述人员，则应采取必要的行政管理措施，督促其遵纪守法。对由于某些实际问题而产生再犯思想的人，应着重进行合乎情理的说服教育工作，警告其不要再走上犯罪道路。对那些一意孤行，准备实施犯罪的人，则应适时采取行政拘留、重点监视、收缴犯罪工具等措施，使其不致实施或完成犯罪。对于与犯罪集团或违法人员有密切往来的上述人员，应当在监视其活动动向的同时，尽可能地切断他们之间的交往，使其不致共同作案。

② 对社会服刑人员，应当设立专门组织或者指定专人负责进行考察、监督。由于他们不在监狱服刑，没有脱离其犯罪前所处的生活环境，多数人尚未受到充分的教育改造，因而其中一些人在遇有适当机会时也可能再次实施犯罪。对他们进行考察、监督，主要是依据刑法或刑事诉讼法的明确规定直接进行的。因此，对他们的考察、监督也不同于对刑满释放人员的考察，对他们的考察、监督具有法律强制性的特点，社会服刑人员有义务接受考察机关(主要是公安机关)的考察。

对社会服刑人员考察、监督的内容，应当根据他们的不同情况依照相应的法律规定来确定。考察、监督的方法主要是：第一，向他们宣布有关规定，监督他们切实遵守这些规定。

对违反规定的，提出批评并限令改正。必要时可进行一定的管束，甚至限制其一定的行动自由。第二，经常向他们进行法制教育，帮助他们认罪服法，提醒他们不得实施新的犯罪，并在这种教育过程中注意考察他们的思想状况。第三，随时了解他们的活动情况，注意发现他们与其他犯罪分子的联系，以及各种重新犯罪的迹象。对于确实具有再犯可能的，应当通过法定程序，及时回监内服刑。

社会服刑人员在社会服刑期间没有再犯新罪的，刑期届满时应当按照法律规定的程序宣告其服刑期满，并随之解除对他们专门的考察监督工作。对其中没有真诚悔改的，应当像对待刑满释放人员那样继续进行一般性的考察监督工作。

(三)重点人员的管控在犯罪治安预防中的作用

1. 及时发现、预防和制止违法犯罪。

2. 及时教育、挽救违法犯罪人员，从根本上遏制犯罪。

3. 及时为查破各类案件提供重要线索。

4. 及时、广泛收集各类信息，支持各项公共安全工作。

二、对重点场所的管控

(一)重点场所的概念

公共场所，是相对于企事业单位、私人住所等而言的，它是指向社会开放的，供社会成员自由往来并进行社会活动的场所。目前，列入公安机关管理的公共场所主要有：公路、街道、车站、码头、渡口、民用航空站、影剧院、文化馆、歌舞厅俱乐部、公园、游乐场、游览区、游泳场、体育馆、运动场、商场、展览馆、集贸市场等。这些场所具有分布面广，人员构成复杂，人、财、物高度聚集，且流动频繁，社会信息交流量大等特点，容易发生扒窃、诈骗、抢劫、赌博、卖淫嫖娼、流氓斗殴等违法犯罪活动和治安灾害事故。重要场所是指对犯罪的发生和完成具有重要意义从而构成犯罪管控的重要领域的场所。这类场所内的人员之间往往都相互不熟悉具备犯罪得手后迅速逃匿的环境，由于客观上具备有利于犯罪实施的外部条件，所以常常成为犯罪的多发区域。对这类场所进行必要的控制，就可能大大减少犯罪机遇，有效制止犯罪行为的完成。这对预防犯罪来说，无疑具有重要的意义。

(二)重点场所的范围及管控

1. 对相对固定公共场所的管控

(1)相对固定公共场所的范围。

相对固定公共场所，主要是指以下几种公共场所：①公共娱乐场所，如影剧院、舞厅、俱乐部、体乐部、体育场、展览馆、游泳池、公园、风景游览区等；②公共营业场所，如各类商场、餐厅贸易场所、销售性展览会场等；③公共集会场所，如各种永久性或临时性集会场所、大庆祝活动场所等。

从犯罪学的角度看，公共娱乐场所和公共集会场所人多、拥挤，容易出现互相碰撞以致引起打架斗殴、行凶伤人等事件；身临其境的人员容易受到有关活动项目的影响而发生较大的情绪波动，以致被一些人的起哄闹事或制造的紧张气氛所感染，发生严重的扰乱公共场所秩序的事件；一些流氓犯罪分子往往借这种场合侮辱妇女，寻求精神刺激；甚至有人故意使用危险手段在这类场所制造爆炸、放火等严重犯罪。公共营业场所是人员、物资、货币大量集中和流通的地方。比如在商场，人们的注意力往往集中于所要选购的商品上，这就给盗窃、诈骗、抢夺、抢劫等犯罪分子提供了可资侵犯的对象和机会。所以一些犯罪分子往往聚集其间，进行各种侵犯财产的犯罪。有些人往往利用城乡集市贸易场所管理上的漏洞进行各种投机倒把活动，贩卖违禁物品。而某些没有犯罪企图的人，在公共场所的人际交往中，也会因为经不住口角辱骂的刺激，瞬息之间情绪激昂，失去理智，实施伤害、杀人等犯罪。因此，这类场所很容易成为犯罪的多发区域，甚至出现极为严重的犯罪。同时，这类场所的控制不当，往往也会造成拥挤、践踏等重大事件，造成重大事故。如 2014 年 12 月 31 日上海外滩发生的拥挤踩踏事件等。

(2)对相对固定公共场所的管控。

对相对固定公共场所，应当贯彻“以防为主，以快为主”的原则，即着眼于必要的预防性措施，提醒公众提高警惕，减少犯罪机遇，当犯罪发生时快速作出反应，及时制止犯罪，疏导围观群众。

公安机关作为犯罪治安预防的专门力量，应当督促、配合各类公共场所的主管部门加强管理，维护公共场所的正常秩序；在公共娱乐场所和公共集场所，要经常宣传有关的规章制度，教育、提醒在场人员遵守有关规定，维护正常秩序。要制订紧急疏通方案，保证疏通渠道畅通，以便在紧急情况下能有效地组织群众撤离现场；对出入人员复杂的公共娱乐场所，应适当增加治安人员，以便及时发现、有效控制犯罪；在公共营业场所，要随时提醒人们保管好自己随身携带的物品，谨防扒窃、诈骗。对在公共场所发生的各种纠纷和争执，应当及时调解，防止矛盾激化而发生暴力犯罪。

对于经常性公共场所，公安机关应当根据各类场所的特点，选择有利位置，设立固定的观察、控制点，以便全面观察公共场所的人流及治安秩序情况；在人员拥挤的地方要配备流动的治安力量，以便随时发现和制止可能发生的犯罪。对临时性的大型活动场所，在举行活动前，要进行安全检查，发现不安全因素，及时采取有效措施予以解决。

公安机关在公共场所一旦发现犯罪行为，应及时制止、快速、依法取证，在不影响其他群众正常活动的情况下，迅速依法将犯罪分子和有关人员带离公共场所，以便防止犯罪分子趁群众围观之机，借机逃跑或发生恶性事件。遇到群众围观，在疏导群众的同时，将犯罪分子和有关人员带离现场，然后再作处理。

2. 对流动型公共场所的管控

(1)流动型公共场所的概念。

流动型公共场所是指公共汽车、电车、火车、船只、飞机等正在使用中的交通工具以及为之服务的车站、码头、机场等场所。

这类场所除了具有公共场所的一般特点之外，还具有人员流动性强、易现易失等特点，人们随时都可能借助交通工具出现在某个地段或者离开某个地段。从犯罪学的角度看，这在客观上就为某些犯罪分子流窜作案提供了便利条件，使他们可以及时撤离犯罪现场，转移赃物，销毁罪证。因此，在这类公共场所，不仅盗窃(扒窃)犯罪的发案率比较高，而且一些严重犯罪分子也往往混杂其中，逃避通缉逮捕，趁机进行犯罪活动。也有的犯罪分子利用公共交通工具，夹带走私物品、毒品、枪支弹药及其他违禁物品，有的甚至故意在公共交通工具上制造恶性爆炸事件。一些个人和单位，也会通过公共交通工具携带易燃易爆等危险物品，造成重大事故隐患。甚至有些犯罪分子为了满足自己的某种犯罪需要，不顾广大乘客的生命安全，劫持公共交通工具。所有这些，都增加了在流动性公共场所进行犯罪控制的必要性。

(2)对流动型公共场所的管控。

在流动型的公共场所进行犯罪控制，应当做好以下几个方面工作：

① 公安机关与公共交通部门之间应建立起经常性的联系，使之成为制度，互相通报情况。公安机关向公共交通部门及时通报可能出入流动性公共场所的可疑人员，以便及时发现他们。公共交通部门发现可疑人员后，立即向公安机关报案，便于公安机关快速采取行动，控制可疑人员，防止其制造恶性事件。

② 严格执行、不断改善行李包裹的检测制度，防止危险物品被带上公共交通工具或者在车站、码头、机场上留置。特别是要及时发现非法携带武器弹药、爆炸物品进入公共交通场所的人员。采取先发制人的措施，收缴其危险物品，防止其制造恶性事件。

③ 投入必要的反扒盗力量进行反盗窃、扒窃的工作。以震慑犯罪分子，使其不敢在这类公共场所轻举妄动。同时，根据这类犯罪的作案特点和规律，进行重点观察，及时发现和制止犯罪活动。

④ 配备必要的实用的通讯设备。使公共交通工具上的司乘人员或便衣警察能与公安机关之间保持必要的联系，形成开放型的控制网络，以便一旦发现犯罪分子逃离公共交通工具或者需要地面上的公安机关的支援时，能够及时取得联系，防止犯罪行为人得手后迅速逃避、流窜的被动局面。

⑤ 加强对车站、码头、民用航空站及其周边环境的整治，配备必要的治安巡逻和反盗、反扒便衣警察，打击在这些场所存在的犯罪行为人与邪恶势力，创造一个文明、整齐、整洁的环境。

3. 对僻静型犯罪多发区的管控

(1)僻静型犯罪多发区概念。

僻静型犯罪多发区主要指易于发生侮辱妇女、强奸、抢劫、凶杀等犯罪的僻静地段，如河边公园、树丛、暗巷僻道和公园、游览胜地、游乐场等场所。这类场所由于特殊的地理环境，使犯罪分子出入方便，人群稀少，被害人难以得到他人的救助，犯罪不易被人发现，所以往往成为犯罪的多发区。

(2)对僻静型犯罪多发区的管控。

在这类场所实行犯罪治安预防，主要是加强治安巡逻。以巡逻民警为主体、协警、社区保安员为辅助，因地制宜在街面、社区、内部单位等设置必巡点、必巡线、必巡区及必巡场所，做到突出重点、全面覆盖，分片负责、互相衔接，整体联动、快速反应。形成“点、线、面”相结合的网格化的预防体系。在运用现代化的交通工具进行大范围路面巡逻的同时，应当在犯罪多发区布置经常性的、小范围的巡逻人员，以便对这些地区实行重点控制，防止犯罪分子利用这些条件进行犯罪活动。这些僻静地区，特别是公园、游览胜地、游乐场所，应当坚持定时开放，定时清场，以防止别有用心的人利用这些场所犯罪。

对在这类场所进行治安巡逻的人员，应当进行必要的法纪教育和专门知识、技能的训练，使其在执行巡逻任务中既能遵纪守法，抵制犯罪的诱惑，又能机智果断、灵活有效地对付犯罪分子。同时，对治安巡逻人员应当配备必要的通讯工具，建立适当的联络方法，以保证在发现自己不能应付的问题时能够及通知有关人员，取得支援和协助。

三、对特种行业的管控

(一)特种行业的概念和特点

1. 特种行业的概念

特种行业是指在工商业、服务业中，其经营的业务性质和内容，容易被违法犯罪分子利用进行违法犯罪活动，根据国家法律、法规规定，由公安机关对其实行特殊治安管理的行业。也称特殊行业、特行或特业。

根据我国有关法律、法规的规定，特种行业主要包括以下几种：

(1)旅馆业：包括旅社、饭店、宾馆、酒店、招待所、有接待住宿业务的办事处、培训中心、住客浴室、客货栈、车马店、度假村等。

(2) 印铸刻字业：包括印刷、排版、制版、装订、覆膜、复印、打字、制作名片、铸字、印章、刻字等企业或个体工商户。

(3)旧货业：包括旧货市场、废旧金属收购站、信托寄卖业、拍卖行、当铺、报废机动车(船)回收、拆解企业或个体工商户。

2. 特种行业的特点

(1)特殊行业经营的业务性质和内容容易被违法犯罪分子利用进行违法犯罪活动。

这些行业又具有不同于其他行业的一些特殊性，这些特殊性在客观上有可能被犯罪分子所利用。例如，旅馆业作为接待旅客暂住的服务性行业，可以给各种各类人员提供留宿的便利条件，但这客观上也为犯罪分子提供了进行犯罪活动的便利条件。如有的犯罪分子把自己住宿的旅馆作为进行赌博、走私和组织、强迫、容留、介绍妇女卖淫的场所；有的诡称旅馆是自己的“临时办公地点”进行诈骗、招摇撞骗等犯罪活动，一旦犯罪目的达到，即逃之夭夭，使受害人无处寻找；有的犯罪分子以旅馆为落脚地，流窜作案。旅馆业的特殊性，使这些犯罪分子既能以其为藏身之地，又能以其为犯罪之地，并且能够随进随出而不暴露真实住址和身份，因而常被犯罪分子所利用。印铸刻字业作为方便群众生活、为群众服务的行业，具有制造、复制、仿造文字、图案、画面的功能。这种特殊性往往又会被犯罪分子利用来刻制用于犯罪活动的假公章、印制假公文，或进行制造淫秽物品，伪造货币、有价证券等各种犯罪活动。旧货业的工作特点是专门收购、代销各种已被用过的物资。这种行业性质决定了它们能够收存各种物品，这在客观上就使一些犯罪分子有可能把自己通过盗窃、诈骗、抢劫、抢夺、贪污等犯罪手段获得的财、物存放于这类行业之中或者通过这类行业进行销售，因此这类行业容易被窝赃、销赃的犯罪分子所利用。

(2)对特种行业的管理必须依据法律、法规的规定进行。

我国很早就对特种行业进行法律层面的规范，公安机关可以依照《旅馆业治安管理办法》、《印刷行业管理暂行办法》、《废旧金属收购业治安管理法》、《典当业治安管理办法》等法律、法规的规定进行管理。

(3)必须由公安机关依法对特种行业实行治安管理。

公安机关对特种行业的控制，既不是企业经营管理，也不是主管部门的行政管理，而是这些行业在企业上级主管单位和工商行政管理部领导下，公安机关依照法律、法规的规定，同时对其实行的治安管理。

(二)对特殊行业的治安管理

特种行业的管理主要是通过行业本身的管理部门及其上级主管部门的行政管理来实现的。但是，由于特种行业的管理对犯罪控制具有的重要意义，有关法律赋予治安机关对特种行业实行治安管理的权力。

特种行业的治安管理，就是为了维护特种行业的治安秩序，根据发现、控制、预防和打击犯罪活动及其他违法行为的需要而采取的带有一定强制性的行政管理。

公安机关从以下几个方面对特种行业进行治安管理，从而预防、控制违法犯罪行为的发生。

1. 建立必要的规章制度并监督检查其落实情况

(1)落实特种行业开业审批制度。依据法律、法规规定，特殊行业在开业之前，除了必须与经营其他行业一样办理各种开业登记手续外，还必须到公安机关办理申报、备案手续。不论是专营还是兼营，也不论是公营还是私营或者中外合资经营、外资经营，除法律另有规定者外，未经公安机关的批准，都不得开业。公安机关要严格旅馆等特种行业的开业、歇业、转业、合并、迁移、改变名称等的申报、备案制度。

(2)建立健全并严格遵守本行业内部的安全防范制度。特种行业在经营过程中，还必须建立健全并严格遵守本行业内部的安全防范制度。例如，对于旅店业，公安机关应严格旅馆住宿登记制度、财物保管制度、值班巡逻制度等；严格旅店业对旅客在住店时要认真检验其证件，看其证件与登记的身份是否一致。对于印铸刻字业，公安机关应严格其承接印刷证审查、监印监销、承刻验证登记、机密件的监刻、监督销毁制度。特别是承接印刷文件、重要标记和刻制机关、单位印章等，必须交验有关机关的证明文件，机密文件、资料的印刷还必须有严格的保密措施。对于旧货业，公安机关应要求其依照法律、法规建立物品登记、验证、凭证收购、寄卖、物品保管制度，特别是对高档、稀有、贵重物品，工业用废金属材料、成品和半成品等物资以及其他国家控制物资，更要清楚地登记送货人的姓名、单位和住址。

(3)严格遵守情况报告制度。各种特种行业，都必须严格遵守情况报告制度，发现犯罪嫌疑人员或活动，必须及时报告公安机关。特种行业既然是犯罪分子实施犯罪行为、藏身匿迹、窝赃销赃时容易利用的地方，在这些行业中加强情况通报就是犯罪控制的必要环节。公安机关应当及时向特种行业通报社会上发生的犯罪现象和发现嫌疑人员的情况，发动相应的特种行业从业人员注意观察，查找线索，以便发现、掌握和控制罪嫌疑人员及其活动情况。同时，公安机关应当要求各个特种行业及时主动地报告在本行业的业务活动中发现的犯罪嫌疑人员和可疑线索，必要时应派员调查、观察犯罪可疑人员，甄别有关疑点。只有通过迅速准确的情况通报，及时发现和掌握犯罪嫌疑人员和迹象，才有可能及时采取措施，有效控制和预防犯罪。

第一，旅店业在住宿登记、财物保管或发现有人在旅馆内实施卖淫、嫖宿、赌博、吸毒、传播淫秽物品等违法犯罪活动应立即报告公安机关。第二，印铸刻字业，如发现有印刷或委托印反动、淫秽、迷信印刷品和非法出版物，伪造和仿造布告、证明身份的各种证件和机关文件，非法印制机关、团体、军队和企事业单位的信笺、信封、介绍信等违法犯罪活动或发现私刻、伪造、仿造公章印信的违法犯罪活动可疑情况，要立即向公安机关报告，以便及时打击和处理违法犯罪人员。第三，旧货业如发现有可疑人员进行卖赃销赃等违法犯罪行为应立即向公安机关报告。

2. 限制、检查某些业务活动

公安机关可以根据治安管理的需要检查特种行业的业务活动，督促各个特种行业严格遵守有关规定，并在必要时强行限制特种行业从事某种或某一业务活动。例如，在必要的时候禁止其他旅馆接待某个犯罪嫌疑人员或者某类人员，使其不得不到预设的旅馆投宿，以便于了解其活动或者防止其实施某些犯罪活动。又如，在一定时期内，要求某种物品必须由指定的旧货店收购或寄卖，而不准其他旧货店收购或出售，以便于掌握和控制盗窃、转移该类物品的情况。

对于没有遵守有关规定或者不具备必要条件的特种行业，公安机关可以建议其上级主管部门责令其停止整顿或改善经营环境，甚至可以建议工商行政管理部门吊销其营业执照或者限制其经营范围。

对于特种行业，公安机关都有权在必要时候进行安全检查，如，公安机关对旅店业可以经常开展安全检查，查找隐患，堵塞漏洞；严格旅馆住宿登记以及情况报告制度；根据工作需要对旅馆进行查店，查禁在旅馆内卖淫、嫖宿、赌博、吸毒、传播淫秽物品等违法犯罪活动。又如，公安机关对旧货业进行检查时发现可疑人员时，必要时可以布建治安耳目，实行秘密控制，增强防范能力，以发现赃物、控制违法犯罪人员的销赃活动，进而查获违法犯罪分子、重大犯罪嫌疑人。公安机关在进行安全检查时，可帮助特种行业解决安全防范方面的问题。

3. 查处治安案件和犯罪活动

公安机关应当经常深入各个特种行业，通过调查和观察，发现犯罪嫌疑人员或犯罪活动，及时查处治安案件和犯罪行为，做好安全防范工作。特种行业中的工作人员如果发现有人实施违法和犯罪行为的，也应及时报告公安机关。在必要的时候，公安机关应当派员常驻特种行业，调查处理治安案件，发现和制止犯罪活动。特别是对住宿或隐藏于、出入于特种行业的有重大犯罪嫌疑的人员，要及时采取必要的监控措施，防止其危害社会。为此，公安机关应当建立快速反应系统，以便在发现重大犯罪嫌疑时能够了解情况，适时控制犯罪。通过大量的调查取证，证实违法和犯罪行为的存在的，对违法犯罪行为人依据法律进行处理。如果特种行业或从业人员有违反《旅馆业治安管理办法》、《印刷行业管理暂行办法》、《废旧金属收购业治安管理法》、《典当业治安管理办法》等相关法律、法规规定的，依法处理。

公安机关在对特种行业实行治安管理的过程中，应当重视法制宣传教育工作，帮助特种行业中的从业人员提高法律意识，充分调动他们做好安全防范工作的积极性的同时还应当向他们传授有关的治安业务知识和安全防范的基本技能，提高他们发现和控制犯罪的能力。

公安机关工作人员在对特种行业的治安管理工作中，应当模范地遵守法纪，文明执法，不妨碍从业人员的正常工作和顾客的正常活动；应当自觉抵制社会生活中各种丑恶现象、腐败现象对自己的侵蚀，保持廉洁正气。

当前，在市场经济大潮的冲击下，特种行业的治安管理面临着许多新的问题，特别是如何处理好公安机关的治安管理活动与企业为了追求经济效益而千方百计地满足、迎合顾客要求的行为之间的矛盾。动员和保障特种行业的各个单位和从业人员积极配合公安机关及其工作人员的职能活动，是搞好特种行业的治安管理工作迫切需要解决的难题，也是及时掌握犯罪信息、有效控制犯罪活动的一个关键。

(三)特种行业管理在犯罪预防中的作用

在特种行业中，由于来往人员多，成分复杂，流动性大，最容易被违法犯罪人员利用进行违法犯罪活动。一些违法犯罪分子常常利用特种行业的特殊条件进行落脚藏身、偷盗、诈骗、抢劫、伪造证件印章及票证单据、卖淫奸宿、走私、贩毒、印制非法出版物和黄色刊物、匿销赃物、流窜作案等犯罪。对特种行业实行治安管理，能有效地堵塞犯罪分子逃匿和进行违法犯罪活动的发生。公安机关还可以通过对行业经营者和从业人员的安全业务培训和指导，提高他们的治安意识和识别违法犯罪分子的能力，掌握同违法犯罪分子作斗争的本领，在工作中，为公安机关提供有价值的犯罪嫌疑线索，打击各种现行违法犯罪活动，协助公安机关缉拿逃犯，查获现行犯，共同维护特种行业的社会治安秩序，确保其正常经营，减少国家、集体和公民的财产损失，保障公共安全。

四、对危险物品的管控

(一)危险物品管理的概念

危险物品是指具有易燃、爆炸、腐蚀、杀伤、毒害、放射性等性能，在生产、储存、运输、销售、使用等过程中，易引起人身伤害类：民用爆炸物品，包括炸药、雷管、导火绳、非电导爆系统、起爆药和爆破剂、黑火药、烟火剂、瓦斯信号弹和烟花爆竹以及其他爆炸物包括军用手枪、步枪、冲锋枪和机枪，射击运动用的各种枪支，狩猎用的有膛线枪、散弹枪、火药枪，麻醉动物用的注射枪，以及能发射金属弹丸的气枪等；管制刀具，包括匕首、三棱刀、带有自锁装置的弹簧刀以及其他相类似的单刃刀、双刃刀、三棱尖刀；有毒物品，放射性物品及化学易燃品等。

(二)危险物品的管理内容

1. 认真做好危险物品生产经营审批登记工作

为了确保危险物品在生产、储存、运输、销售、使用、销毁等过程中的安全，除需要有关部门审批外，还须由公安机关严格把关予以审批、登记注册。凡不符合安全条件者应予以限制。对未经批准或未领许可证而擅自从事危险物品生产、经营和使用的，要依法查办。

2. 建立严密的安全监督检查制度

公安机关要进行经常性的安全监督检查，检查各单位各项安全管理制度的落实情况及工作人员的安全责任意识，以便及时发现和消除不安全因素。对有重大隐患的单位，应责令其整改或停业整顿，必要时要加以取缔。

3. 收缴散失在社会上的危险物品

危险物品一旦流入社会，对社会治安将构成巨大威胁，如被犯罪分子所利用，后果不堪设想。因此，公安机关应采取措施多渠道、多途径地收缴流散在社会上的枪支、弹药、管制刀具及其他危险物品，严禁个人非法携带、私藏危险物品。

4. 广泛进行安全防范宣传教育

充分运用大众传播媒介和在车站、码头、机场等场所张贴布告等进行危险物品管理规定的宣传教育，提高广大群众安全意识，增强抵制违法行为的自觉性。

5. 依法办事，严肃查处违法行为

对由于危险物品造成的治安事故及其违反危险物品管理的行为，公安机关要及时依法查处，分清责任，给予处罚。对危险物品被盗、丢失和被抢案件，要组织力量查找，迅速破案，以防后患。

(三)危险物品管理在犯罪治安预防中的意义

危险物品本身具有较大的破坏力和杀伤力，如对其管理不善，就可能发生人身伤亡、财产毁损等事故。更为严重的是，危险物品如落入违法犯罪分子手中，往往会成为犯罪工具，被他们用来进行爆炸、凶杀、纵火、抢劫、投毒、劫持飞机和车船等犯罪活动，制造重大恶性案件，这给国家和人民生命财产安全、社会正常秩序带来极大危害。公安机关依法对危险物品实施管理，有助于督促单位严密各项规章制度，确保各环节的安全，有利于查找隐患、堵塞漏洞，防止危险物品被盗、被抢或流散、丢失，这就减少了违法犯罪分子利用危险物品进行破坏的可能性与条件，而能有效地避免重大损失与伤害。这对于维护社会治安，保障公共安全和人民生命财产安全，都具有重大意义。

第四节　技 术 预 防

一、技术预防的概述

（一）技术预防的概念及作用

1. 技术预防的概念

技术预防是指运用现代科学技术的研究成果，设计和利用各种技术防范手段，及时发现犯罪、阻止犯罪、制服犯罪人的活动。犯罪的技术防范是现代科学技术的研究成果在犯罪预防中的运用。针对犯罪手段的智能化而采取的专门性预防措施。这种犯罪预防措施原理是借助各种技术装置，在犯罪分子可能出现的某些特定场合，预先安装某种技术装置，一旦犯罪分子在该场合出现，这种装置便可以自动即时通知有关人员，或者阻止犯罪行为的实施和完成，或者制服犯罪人，从而防止被保护的对象免受犯罪的实际侵害。技术预防的特点是创造出一种一旦实施犯罪即可能被发现、被抓获的环境，使犯罪人或准备实施犯罪的人不得不消除犯罪的意念或停止实施犯罪行为，或者创造出一种使犯罪人即使实施犯罪也无从得手的条件，防止被保护的客体受到侵害，从而在客观上起到防止违法犯罪行为发生的作用。

技术预防在犯罪预防体系中属于一种治标的措施。它的目标是阻止有犯罪意图的人实施犯罪行为，或者阻止已经实施犯罪行为的完成。尽管技术预防对人们的心理也有一定的震慑作用，但毕竟无消除犯罪产生原因。

2. 技术预防在犯罪预防体系中的作用

技术预防虽然不能消除犯罪产生的原因，但它对于减少犯罪的发生率和成功率却是极为有效的。特别是随着现代科学技术的不断发展，技术预防手段在实际运用中的出奇制胜，以及同日益发展的智能化犯罪作斗争的现实需要，使技术预防在犯罪预防体系中的地位不断提高。运用现代科学技术的研究成果，设计更多更好的技术防范装置，对预防、控制、打击各种各类的违法犯罪行为，保障人民生命财产安全和正常生活秩序，具有深远、重要意义。技术预防手段对减少犯罪的作用主要通过以下几个方面体现出来。

(1)能有效地发现、制止犯罪活动，降低犯罪发案率

这主要是技术预防手段可以在罪犯未达到作案现场或违法犯罪行为还未完成时就被发现、被抓获，从而有效地降低发案率，有效地制止一批违法犯罪案件的发生。

(2)提高破案率，从而提高刑罚预防的价值

技术预防手段的使用，使犯罪人能在较短时间内被发现、抓获归案，这就能大大地提高案件的侦破率，使违法犯罪案件真相大白，犯罪嫌疑人受到应得的惩罚。这又会在社会心理上产生重大的作用，使犯罪与刑罚的因果关系得到验证，从而消除部分意图犯罪人的侥幸心理，起到预防犯罪的作用。

(3)通过技术预防手段所特有的威慑作用，从心理上抑制犯罪嫌疑人实施犯罪行为

技术预防手段的使用，使我们有可能在犯罪实施之前或者实施过程中适时出现在犯罪嫌疑人面前，挫败其犯罪企图，而且在抑制犯罪心理方面也具有积极的作用。这也就是犯罪技术预防手段的威慑作用和反馈作用。技术手段的使用大大减少了犯罪分子的作案机会，使他们不敢轻举妄动。技术预防手段的运用，实际上等于在重要场合投入了现实的警力，即使在

没有巡逻和值班人员的场合，报警等装置的存在也足以使知道其作用的犯罪分子提心吊胆。另外，犯罪嫌疑人通过技术预防手段被抓获的信息，必然能对意图犯罪的人在心理上产生强大的威慑力量，使具有犯罪冲动的人在选择犯罪行为时不得不考虑防范技术的作用，而因担心被发觉受到刑事制裁而不敢选择犯罪行为，其中的一部分人会因为无法作案而逐步放弃犯罪意图。技术预防手段在发现犯罪方面的每一次成功，都给那些抱着不被发现的侥幸心理或自信心理实施犯罪的人当头一棒，使他们亲身感受到技术手段的作用。这必然在犯罪的信息反馈中给他们以强烈的刺激，使他们感到犯罪的成功机会不多。这种信息反馈，在其以后的行为选择中必然成为抑制犯罪心理的重要因素。即使那些决意再次实施犯罪的人，这种信息反馈也会加剧其恐惧心理，使他们的行为选择受到一定的限制。

(二)技术预防与犯罪治安预防和刑罚预防的关系

1. 技术预防与犯罪治安预防的关系

技术预防是犯罪治安预防的一种重要补充和辅助措施，它通过现代科学技术，为犯罪治安预防开辟了新的领域，使犯罪治安预防的部门有可能突破人力控制的局限在更广泛的领域更有效地发现犯罪、控制犯罪。有了技术手段的配合，犯罪治安预防就如虎添翼，更能发挥其在同犯罪作斗争中的主动作用。同时，犯罪治安预防手段又是技术预防手段实现其目的的必要保障。没有犯罪治安预防手段的配合，技术预防手段就难以有效地发挥作用。

2. 技术预防与刑罚预防的关系

犯罪的技术预防与犯罪的刑罚预防也具有密切的联系。没有技术手段，许多犯罪就难以被发现，刑罚预防在一定程度上就成了一种空谈。没有刑罚预防措施做后盾，技术预防就失去了应有的威慑作用。而他们的相互配合，便会加重各自的社会心理效应，在发现和制裁犯罪、抑制犯罪心理方面发挥更大的作用。

需要说明的是，现代科学技术在同犯罪作斗争领域的运用，最多的是用于侦查破案之中。侦查破案是犯罪行为实施之后，为了再现犯罪过程，提供刑罚适用的事实根据而进行的诉讼活动。它虽然对于揭露和威慑犯罪具有重要的意义，但是从性质上讲，它毕竟属于对犯罪的事后追究的领域，属于刑罚预防的范畴。

二、技术预防的手段

(一)技术预防的一般原理

犯罪的技术预防是把现代科学技术的研究成果应用于发现犯罪、阻止犯罪和制服犯罪人的斗争实践中。其一般原理，是借助现代科学技术手段扩展人的视听功能和行为功能，使犯罪控制部门能够在没有人员直接进行现场观察的场合及时发现犯罪活动或者增加犯罪成功的难度，或者在没有人员亲自出动的情况下制服犯罪人，保卫预设目标不受犯罪人的侵害。

人类是靠自己的感觉器官了解客观世界的。在自然状态下，客观世界发生的任何一件事物，除非有人亲自感觉到，是不可能为人所知的(推测判断的东西未经任何人的直接经验证明仍然是一个未知数)。尽管人类社会充满着间接经验的东西，但是这些间接经验的东西总是以有人曾直接经验为前提。例如，某人杀死了另一个人，我们虽然没有亲眼看见，但是可以通过亲眼看见人的介绍了解到这一信息。千百年来，无数的犯罪分子都是利用人类感觉器官的这种局限性，选择没有第三人出现的时机和场合实施犯罪，以求不为人知而逃脱刑事制裁的。

随着人类思维能力的提高和科学技术的发展，人们逐渐学会了利用事后发现的痕迹物证来验证可能发生的情况。然而，这种方法也只能在犯罪实施之后进行。要想在犯罪实施过程中就发现犯罪并及时制止犯罪，仍然必须以人的亲眼所见为条件。为此，人们必须根据已经观察或证实了的各种迹象来推测可能实施的犯罪，并预先埋伏或跟踪。这种做法既受到客观条件的限制，又受到人力的限制。

现代科学技术的发展大大扩展了人类的视听功能和行为功能。人们可以在肉眼看不见的物体上通过显微镜观察到各种生物的分布和运动，可以在听觉和视觉难以感知的数万公里之外通过人造卫星观察和记录它的样态和变化，可以在人力所不及的地方通过遥控装置指挥远方的机械运动。这些现代化的科学技术，在社会生产的各个领域发挥着越来越重要的作用，创造了前所未有的生产力。这些科学技术一旦进入犯罪预防领域，也会显示出同样的威力，使犯罪控制部门可以随时了解无人现场监视区域内的情况，在犯罪行为实施时即可观察到其活动情况。

犯罪预防的技术手段，不仅大大扩展了犯罪控制部门的视听功能，增加了发现犯罪的机会，而且为犯罪控制部门利用遥控装置迅速制服犯罪人，阻止犯罪行为的完成，提供了广阔的前景。

(二)技术预防的手段

犯罪的技术预防手段是伴随着科学技术的进步及其在犯罪治安预防领域的应用程度而不断出现、不断发展的。从我国目前的情况看，犯罪技术预防的手段按其作用主要可分为三类：警示手段、抗阻手段和自救手段，与之相适应的技术设备可分为监测装置、抗阻装置和自救装置三类。其中运用最广泛的是监测装置。

1. 监测装置

监测装置是指运用现代科学技术安装的具有告知犯罪活动功能的设备。监测装置主要有报警装置和监视、监听装置两类。

(1)报警装置。

报警装置是指在犯罪主体进入预先设防的场所或者接触预先设防的犯罪对象时，能够即时自动发出报警信号以引起人们警觉的装置。报警装主要用于博物馆、宾馆、金库、仓库等存放物资、现金、文物、汽车等可能成为犯罪侵害对象的贵重物品的场所，也可能用于可能发生犯罪活动的其他场所，如监狱、看守所等特殊场所。随着社会经济、科学技术的不断发展，报警装置也正在进入普通公民的家庭。报警装置的作用在于及时发觉和报告险情，防止犯罪分子进出重要场所或接触贵重物品而实施违法犯罪活动。

报警装置主要有三部分组成：①感测部分，即感知犯罪活动的部分。②信道部分，即传递犯罪活动信号的部分。③报警控制部分，即发出警告信号的部分。

报警装置的工作原理是：当一定的犯罪信息(活动)出现在特定范围，或散布于特定空间，或作用于特定物体，或引起特定变化，或发现特定声响、光亮时，感测部分即将自己感知的一定物理量(如力、重量、位移、振动、冲击波、声响、温度、光束等)转换成相应的电量作为信号输出；信道部分通过现场发送设备将感测部分感知并输出的信号发送给媒质，并通过它传递给中心接收设备；报警控制部分通过信号处理设备迅速处理中心接收设备所收到的信号，并将犯罪的危险信号传递给告警设备，发出特定的声响、光亮或荧屏显示，告诉人们正在发生的犯罪活动。

目前常见的报警装置主要有以下几种：

① 开关报警器：开关报警器是目前使用最广泛的一种点控式报警装置。它一般由前置

开关感应器、开关控制电路、电源电路四部分组成。当犯罪信息作用于某一点时，如当犯罪人开门(窗)时，门(窗)自然接触到感应器，或犯罪分子进入某种场所时触及预设的感应器，前置开关即自动接通电源，引起报警装置进入工作状态，发出警告信号。

② 振动报警器：振动报警器是一种线控式报警装置，它在噪声较大的环境中具有很高的使用价值。它一般由传感器、放大器、整形器和控制报警器四部分组成。当犯罪分子进入一定场所准备实施或正在实施犯罪活动时，其走动或敲打墙壁、门、窗、柜等动作所发出的微弱的振动信号被传感器感应后，传感器即将这种信号传入放大器加以放大，放大后的感应信号通过整形器进行处理后即将犯罪信息输入控制报警器发出警告信号。

③ 声控报警器：声控报警器是一种空间控制式报警装置。它主要用于没有声响信号干扰的场合。声控报警器一般由声电传感器、音频放大器和控制报警器三部分组成。犯罪分子进入预设空间进行犯罪活动时必定会发出一定的声响，如说话、走动、凿墙、翻动物品、与被害人发生冲突等。声控报警器即利用声波在媒质中的传播功能，将声响信号变换成电波信号，并经过音频放大器放大后输入控制装置，发出警告信号。

④ 超声波报警器：超声波报警器也是一种空间控制式报警装置。它一般由传感器(发射传感器和接收传感器)、电振荡器、放大器、信号处理器和控制报警器五部分组成。超声波报警器利用超声波反射的原理，在预设场所发射出超声波，一旦有人体在预设范围内移动，即会出现感应人体移动而反射的超声波。这种超声波放大处理自动输入报警控制装置，即会发出警告信号。声波报警器主要用于密闭的室内，可以形成无死角警戒。

⑤ 感应报警器：感应报警器是一种利用电磁场和电磁波的感应效果设计的线控式控制报警装置。它一般由感应线、平衡电桥、振荡器、放大器、整流器和控制报警器等部分组成。当犯罪人员或车辆进入预设区域时，便会引起预设的感应线之间电容量或电磁场分布的变化，平衡电桥和振荡器便会感应这种变化，并通过放大、整流输入控制报警器，发出警告信号。这种报警装置具有安装简便、灵敏度高等特点，但也易受环境因素如温度、湿度等的影响。

⑥ 微波报警器：微波报警器是一种空间控制式报警辕置。它一般由微波发射源、混频器、放大器、信号处理器和控制报警器等部分组成。通过微波发射源向设定空间发出微波信号，当设定地区出现移动目标时，便会引起微波信号的反射，反射波被混频器收集并通过放大器放大和信号处理器的处理，再传给控制报警器发出警告信号。当微波报警器适用于室外时，就必须预设一个微波发射机向预设区域发射微波信号，然后才能通过微波接收机报告危险信息。

⑦ 激光报警器：激光报警器是一种线控式报警装置。它一般由两大部分组成，即激光发射机和激光接收机。当犯罪人进入预设的警戒区域时，激光发射机和接收机之间的激光光束便会被遮挡，从而在接收机的光电感应器中引起感应。这种信号通过放大处理被输入控制报警器，便会发出警告信号。

⑧ 红外报警器：红外报警器是一种线控式报警装置。它利用人身体的红外辐射向人们提供犯罪分子穿过预设防线的信息。被动红外报警器是利用人身自身的红外辐射与预设空间环境物体红外辐射之间的辐射差，捕捉犯罪人进入预设场所时所引起的该场所红外辐射的变化，报告犯罪信息。主动红外报警器则通过预先安装在预设空间的主动红外发射机发出脉冲波形成红外光束，当犯罪人进入预设场所时，人体自身的红外辐射对预设红外辐射的遮挡便立即反映在主动红外接收机的光电感应器中并通过放大处理，发出警告信号。

⑨ 视频报警器：视频报警器是一种空间控制式报警装置。它将电视摄像机所控制的空间视场作为背景储存于报警装置内，一旦有犯罪分子闯入视场空间，其背景的亮度就会发生变化，从而产生报警信号。这种信号经过转换，发出警告信号。

(2)监视、监听装置。

监视、监听装置是指利用现代科学技术手段，对犯罪嫌疑人员进行主动跟踪监视或监听，随时了解其犯罪动向，并为及时制止犯罪、防止对社会造成危害以及惩罚犯罪提供信息的证据。它不包括一般的人工监视。报警装置是在防范场所预设的一种被动反应系统。只有当犯罪分子进入预设的场所或者触动特定的物体时，报警装置才会发出警告信号。而监视装置与之相比，便是一种主动反应系统。但是，监视、监听装置的适用范围是很有限的，并且必须是在已经发现犯罪嫌疑人员或其活动的前提下才能使用。另外，监视装置安装与资料使用应取得合法的批准，不能对普通公民的私生活构成危害。

① 监视装置：监视装置作为一种技术预防手段，主要是以摄像跟踪监视取得犯罪时的真实图像信息为手段的闭路电视系统。一般由前端设备(摄像机、镜头、解码器等)、传输系统(同轴电缆、光缆、传输媒介等)和终端设备(控制器、监视器、录音像设备、视频分配器等)三大部分组成。国际上著名的微机闭路电视监视系统主要有德国的 VRH80 视频系统、美国的 TC-1600 微机闭路电视系统、中国香港的 MV-500 和 MV-000 多功能微机闭路电视系统等。闭路电视监控系统主要运用在以下几个方面：第一，首长、外宾住地和出入场所，大型活动场所、机要单位；第二，大型商场、珠宝店等；第三，银行、印钞厂等金融系统；第四，监狱、看守所等特殊场所。

近年来，随着我国电子工业的发展，一些科研单位开展了对闭路电视监控系统的研制并取得了一定的成果。目前，我国已在一些重要城市的重要区域安装了整套的监视装置，可以随时观察了解某些犯罪分子的活动情况。

② 监听装置：监听装置分有线、无线两种。有线监听装置主要用于对犯罪嫌疑人员经常使用的电话进行固定监听。无线监听装置主要用于对犯罪嫌疑人员进行跟踪监听。无线监听装置一般由两部分组成：一部分是信号发射系统。这部分一般被预先固定在犯罪嫌疑人员的衣服、随身携带的物品或乘坐的车船飞机的座位上，以接收犯罪嫌疑人员谈话，活动时的声响信号，并通过无线电发射机向基地发回该信号。另一部分是接收系统，以便随时收听信号发射系统发回的声频信号。

2. 抗阻装置(保护装置)

抗阻装置是指为了保护某些器械的功能而增设的阻却非正常操作的装置。抗阻装置在原器械遭到犯罪分子的非正常操作时，能够阻止犯罪分子的企图得逞，保护设定目标不受犯罪分子的侵害，或者增加犯罪人作案的时间，给犯罪被发现创造机会。因此，抗阻装置同样也具有预防犯罪的作用。目前，我国在犯罪治安预防方面使用的抗阻装置，主要使用在预防盗窃犯罪方面，如各种类型的防盗锁、防盗安全包、防盗保险柜等。

(1)防盗锁：普通防盗锁主要是通过加强锁的精密度和扣环质量来防止用非原配钥匙锁或用其他工具撬锁，从而达到保护锁的功能不受破坏之目的。利用电子技术设计的电子防盗锁主要是用电子编码的形式将开锁密码储存于锁内，非原码不能使锁开启。有些电子防盗锁为保险起见设置了电子编码关闭设备。合法开锁人离去时，除锁上门(柜、桌)之外，通过遥控装置关闭电子编码。这样，即使使用原配钥匙或密码开锁，也不能将锁打开。这样就大大增强了锁的功能，使盗窃犯罪分子望之兴叹。

(2)防盗安全包：防盗安全包主要是根据财会、机要人员携带贵重、机密物品外出时可能遭到犯罪分子的盗窃、抢劫、抢夺、割包等犯罪行为的袭击的特点，在提包上增设防盗、防抢、防割等功能，阻止犯罪分子的犯罪企图得逞。

随着现代科学技术的发展和应用，抗阻装置也将运用于犯罪预防的其他领域。例如在电话线路上安装防窃听装置，在易燃易爆物品的包装上增设防燃、防暴物质或装置，在重要目标的周围设置防破坏装置，研制公安干警在与危险的犯罪行为作斗争时可以穿戴的护身衣等。

3. 自救装置

自救装置是指在遭到犯罪活动的侵害时能够自我救护的装置。自救装置在犯罪治安预防中应当具有重要的地位。但是，由于我国科学技术发展水平的局限和研究成果运用在犯罪治安预防中的困难，自救装置在我国的犯罪预防领域还没有引起高度的重视。目前，我国的自救装置主要用于交通运输中驾驶员的自救装置和防御子弹射击方面。在其他一般犯罪的自救系统中很少见。

自救装置可以分为两种类型：一类是在犯罪活动面前通过自我救护来免受犯罪之害；另一类是在犯罪活动面前通过出其不意地制服犯罪人来免受犯罪之害。

(1)第一类自救装置主要用于保护贵重物品、机械等。如在飞机上安装的“黑盒”，当预设对象受到犯罪分子的破坏，或者由于过失犯罪而遭到燃烧、爆炸及各种机械力的破坏时，自救装置便立即主动包围预设对象或其中的最重要部位，通过自动喷射的化学物质或自动伸张、密封机械设备，使其不受破坏。特别是在一些重要的现代化生产线上安装自救装置，可以在非正常操作时通过自动纠正并使机器正常运转，对于预防过失犯罪、保护公共安全、保障生产是非常必要的。当然，在生产领域，这种自救装置更多地包含在安全生产之中，很难说是专门的犯罪治安预防措施。但是在非生产领域，对某些贵重物资安装这种装置，则会显示出犯罪治安预防的色彩。

(2)第二类自救装置主要用于对人身的保护。当处于孤立无援境况中的被害人受到犯罪分子的侵袭时，为了保护人身安全或财产不受侵害，通过预设的自救装置，出其不意地向犯罪分子发起攻击，便可以制服犯罪人，避免受到犯罪的侵害。例如，在飞机上预设多处遥控麻醉枪，就可以在犯罪分子劫持飞机时，飞行员或机组服务员在不被犯罪分子发觉的情况下，遥控指挥向犯罪分子射击，以制服犯罪分子。在出租汽车上，也可以安装类似设备，以便在出租汽车司机受到乘坐出租车的犯罪分子袭击时，通过遥控指挥预设在座位上的麻醉针制服犯罪分子。当然，自救装置可以有多种类型和功能，可能在其他方面广为使用。

此外，现代科学技术的不断发展，使人们通过遥控指挥远方的某些机械成为现实，这为犯罪预防和控制提供了广阔的前景，使犯罪控制部门有可能在接到报警的时候，无需出动人力而通过预设的机械设备制服犯罪分子。在我国，这方面的技术手段还有待开发。

三、技术预防应当注意的几个问题

使用技术预防手段，是为了及时发现和制止犯罪。但是技术手段的使用并不仅仅会对犯罪分子起作用。用得不当，就可能妨碍普通公民的正常活动，或者造成人力、物力、财力上的浪费，甚至可能被犯罪分子所利用。因此，使用技术预防手段必须谨慎、合法，并且应当随时注意发现和解决使用中出现的问题。此外，使用技术手段来预防犯罪，还应当着重注意以下几个问题：

(一)配套设备

技术手段的运用往往不是孤立的，有的需要与其他技术手段配合使用，有的需要与其他行政手段配合使用。并且，各种技术手段往往各有利弊，相互配合可以通过优点的互补和缺点的互消而增强其犯罪预防的功能和实用效果。因此，使用技术手段，应当尽可能地注意其配套设备，充分发挥其功能。

目前，我国在技术预防方面试制和使用的配套设备主要有两种情况：

一是同功能的互补，以提高其准确性。如微波——被动红外复合报警装置，就是在预设的同一场所，将微波报警器和被动红外报警器的感应系统分别安装在报警探测器上。只有当两种报警技术的感应系统同时发出警告信时，才会产生报警效果。这样既可以避免微波报警器在预设场所中物体自然移动(如门窗被风吹动、物体坠落等)时产生的误报警，又可以避免被动红外报警器在预设场所由于非入侵目标引起红外辐射变化(如室内某种物体温度变化引起的)时产生的误报警，从而大大减小误报率。声音——振动双鉴式玻璃破碎报警装置，也是将声控报警器和振动报警器的优点集于一体，只有在探测器同时感应到玻璃破碎时产生的高频声音和振动的振幅时，才会发出报警信号，从而提高报警的有效率。

二是不同功能的互补，以扩展其用途。如捕盗报警多功能保险柜，就是在多组机械叶片编码的保险柜上同时增设报警装置和捕捉机构或喷染色系统。当犯罪分子错码开启保险柜时，或者在报警装置工作期间开启保险柜时，保险柜在发出报警信号的同时即刻通过捕捉机构将犯罪分子的手或身体的其他部位锁于保险柜上，或者向犯罪分子喷射某种预设的染色体。这样，既能及时报警，又能立即制服犯罪嫌疑人，提高预防效率。又如，汽车防盗报警装置，是将报警装置与防盗装置配套使用，犯罪分子一旦触发警戒装置，该系统便会立即发出声光报警信号，同时自动切断电路和油路，迫车停驶。技术手段的配套使用，可以大大提高其在与犯罪做斗争中的价值。在这方面，我们还有待于进一步研发。

(二)安装使用要求

技术预防手段是现代科学技术在同犯罪作斗争领域的运用，各种设备的安装和使用都具有严格的技术要求。要正确运用并充分发挥各种技术手段的功能，就必须认真注意其安装要求和操作规程。

1. 技术预防手段的安装和使用，应选择适当的环境和对象

安装时一定要根据环境和对象选择适当的报警的因素，最大限度地提高报警的准确率。特别是各种报警装置，都有各自的优点和缺陷，例如，感应报警器应当安装在环境温度和湿度变化较小的场所，以便防止因温度或湿度的变化改变电子元件的性能而造成误报警。微波报警器应当安装在没有物体自然运动的场所；激光报警器应当安装在没有阻挡物的场所；被动红外报警器安装时应当尽可能地远离发热体，避免直接对着阳光或强反射阳光的物体等。

2. 技术预防手段的安装和使用，注意遵守隐蔽的原则

报警装置、监视装置必须安装在不易被犯罪分子发觉的地方，或者以不被发觉的形式安装。特别是报警器的感应(探测)系统和监视、监听装置的摄像、发射信号系统，必须加以伪装，以防被犯罪分子破坏，造成视觉、听觉失灵。

3. 技术预防手段的安装和使用应当严格控制机密范围，妥善保管有关资料

对所安装的报警等装置应当注意保密，尽可能地不使无关人员接触有关报警装置的资料，尤其是报警装置的感应(探测)系统的情况。这方面的情况一旦被犯罪分子所掌握，他们就会设法破坏或躲避报警装置，而使报警装置失去应有的防范功能。

（三）反应系统

1. 反应系统的概念

所谓快速反应系统，是指在通过技术手段发现犯罪动态的时候能够迅速作出反应，即时出现在犯罪现场，制服犯罪，减少犯罪对社会的危害。

技术预防手段的突出功效之一，就是及时发现犯罪。发现犯罪的目的在于阻止犯罪、减少犯罪对社会的危害。为此，就必须在发现犯罪动态的时候，有人及时赶到现场，制服犯罪人，这就使技术手段的作用特别是报警装置的使用必须以快速反应系统为基础。没有快速反应系统，再灵敏的报警装置也无法在犯罪预防中发挥作用。因为在目前情况下，绝大多数报警装置发出的警告信号若不能及时为人所知，或者人们知道发生违法犯罪案件，但不能及时赶赴现场，就不能即时阻止犯罪，犯罪分子就可能不顾报警装置所发出的信号继续实施并完成犯罪，或者可能在有关人员到来之前从容地逃离犯罪现场。如果这样，技术预防手段就会失去应有的作用。

2. 反应系统的人员配备

反应系统一般由两组人员组成。一组是观察人员。凡是安装技术预防装置的单位和部门，都应当安排专门人员在技术装置工作期间不间断地观察（聆听）警告信号显示装置，不放过任何警告信号。另一组是控制人员。凡是安装技术预防装置的单位和部门，都应当配备足够的人员，并在工作期间始终保持良好的应急状态，以便在发现罪犯的时候能够迅速出动，即时出现在犯罪现场发挥作用。观察人员和控制人员之间应当保持有效、畅通的联络，以便观察人员在发现犯罪时能够立刻通知控制人员。这种联络手段可以是有线通讯、无线通讯联络，也可以是口头联络、信号联络。使用有线通讯时，应当保持两条以上的有线通讯设备。无线通讯联络和信号联络应当尽可能地提高可靠程度，以防联络中断。

在有些单位，观察和控制职能可以由同一组人员担任，以避免因联络失误而影响犯罪预防的交通。但这应只限于技术预防目标单一的场合，即只有一个防卫对象的单位。凡是有两个以上防卫对象的，都不宜采取这种方式，除非在一组人员出动时即有另一组人员兼任观察、控制职责。

在条件许可的地方，技术手段应当尽可能地统一使用。建立统一、高效的反应系统。这种反应系统通常由当地的公安机关负责管理，除设立专门、固定的观察机构（人员）和专门的控制力量之外，还应设立专门的指挥机构，由富有经验的指挥人员统一调配和指挥控制力量。

控制力量应当配备各种类型的交通工具，以确保接到控制命令时能够不受路面环境的限制及时出现在犯罪现场。控制力量还应当具有专门的知识和技能。配备必要的工具或器械，以适应同各种狡猾、残暴的犯罪分子做斗争的需要，能够迅速制服犯罪分子，有效排除险情，防止或减少犯罪的危害。

第六章 犯罪的刑罚预防

刑罚预防是犯罪预防的最后一道防线，是国家通过设立和适用刑罚来预防犯罪发生的活动。刑罚预防包括刑罚的特殊预防和一般预防，特殊预防(再犯预防)是其主要或基本功能。刑罚的特殊预防是通过对犯罪人的惩罚、剥夺和改造，防止其再次犯罪；一般预防是通过刑罚的制定、适用和执行防止潜在犯罪人犯罪，安抚被害人，教育鼓舞守法公民。但是，刑罚预防功能的发挥受诸多因素的影响，具有很大的局限性。因此，需从刑罚的制定、适用和执行入手，实现实体法与程序法兼顾，最大化地发挥刑罚预防的积极功效。

第一节 犯罪刑罚预防概述

一、刑罚的发展历史

早在原始社会就存在血族复仇的传统，尽管只是作为一种极端的、很少应用的手段，一切纠纷均由氏族或部落来解决。“我们今日的死刑，只是这种复仇的文明形式，而带有文明的一切好处和弊害。”①随着社会分裂为阶级和国家的出现，犯罪和刑罚就应运而生了。

刑罚自诞生至今已有几千年的历史，以公正和效益为标准，可将刑罚制度的发展史分为四大阶段：蒙昧刑、公正刑、效益刑、公正与效益刑。

刑罚产生的第一阶段是蒙昧刑时代，最大特点是蒙昧。刑罚追求对犯罪的威慑，刑罚理念是报复刑和威慑刑思想。该阶段由于对犯罪与刑罚尚没有科学的研究和认识，刑罚的公正和效益均未能实现。该阶段起源于刑罚的产生 ，终于 18 世纪末刑事古典学派的兴起。

刑罚产生的第二阶段是公正刑时代，最大特点是公正。刑罚的功能仍是报复与威慑，刑事古典学派的报应主义学说与功利主义学说是其理论基础。正是刑事古典学派的理论提出并论证了罪刑法定、罪刑均衡、刑罚人道等一系列现代刑法学的原则和制度，在历史上实现了刑事法治，完成了解决罪刑擅断的历史任务，实现了刑罚的公正和正义。此阶段始于 18 世纪末刑事古典学派兴起，终于 19 世纪末刑事实证学派兴起。

刑罚产生的第三阶段是效益刑时代，最大特点是效益。面对不断高涨的犯罪浪潮，刑事实证学派认识到，“应受惩罚的不是行为，而是犯罪人”；发现犯罪的本质是行为人的人身危险性；主张刑罚的目的不是惩罚犯罪，而是防卫社会；刑罚的功能不是对行为人的报复，而是对犯罪人的改造和犯罪能力的剥夺，即“矫正可以矫正的罪犯，不能矫正的罪犯不使为害”。该阶段始于 19 世纪末刑事实证学派的兴起，终于“二战”后实证学派的没落。

刑罚产生的第四阶段是公正与效益刑时代，最大特点是公正与效益兼顾。刑罚的目的是

---

① 马克思恩格斯选集(第 4 卷)[M]. 北京：人民出版社，1995：92.

对犯罪的惩罚和预防，惩罚体现的是公正，预防体现的是效益。刑罚的功能是报复、威慑、剥夺与矫正的结合，刑罚的目标是公正与效益兼顾，在刑事法治的基础上追求预防犯罪的最大效果成为现代刑法学的历史使命。该阶段始于20世纪六七十年代，持续至今。①

二、刑罚预防的概念和特点

（一）刑罚预防的概念

刑罚预防，是指国家运用刑罚的方法，揭露犯罪、惩罚和改造罪犯，从而预防再犯，并儆戒虞犯，教育全体社会成员的一项特殊强制措施和防范手段②。

刑罚是国家最严厉的一种法律制裁措施，其目的在于预防犯罪，是国家在社会预防、心理预防和治安预防等各项预防手段均未奏效的情况下的无奈选择，是不得已采用的具有特定针对性、强制性和补救性的预防方法。

1. 刑罚预防的主体是行使刑事立法权和刑事司法权的国家专门机关。我国行使刑事立法权的是全国人民代表大会及其常务委员会，行事刑事司法权的主要是国家司法机关（公安、检察、法院、安全、监狱）。刑罚权是国家的主权，包括制刑权、求刑权、量刑权和行刑权。刑事立法部门作为刑罚的制定者和罪刑关系的确定者，其制刑（立法）活动本身就是在昭示刑罚的宣言功能，是求刑、量刑和行刑的前提和根据，发挥着刑罚的犯罪预防作用。司法机关中的公安和检察机关分别执行侦查和检察职能，是国家求刑权（量刑请求权）的担受者和执行者，是落实量刑权的前提；法院和监狱分别执行审判和行刑职能，而行刑又是量刑的动态延伸和归宿。这些国家司法机关和立法机关都是刑罚预防的主体。

2. 刑罚预防的工具是刑罚。刑罚是通过制定和适用刑罚来预防犯罪的，它所使用的工具是刑罚。刑罚是国家用以惩罚犯罪、制裁犯罪人的一种最具强制性的法律制裁手段。它既可以限制犯罪人的某种权利，也可以对犯罪人造成肉体上的痛苦、精神上的压力或经济上的损失，还可以是对犯罪人生命权的剥夺。刑罚是国家意志的体现，是理性的产物，其运用必须由专门机关严格依照法律的实体性和程序性规定进行。

3. 刑罚预防的对象包括犯了罪的人和没有犯罪的人。刑罚作为一种最具惩罚性的强制措施，只能适用于已经给社会造成严重危害后果的罪犯。对已经犯罪的人适用刑罚，通过强制教育和改造使其悔过自新，做守法公民，防止其再犯，这是刑罚预防的基本方式。但是，刑罚预防的对象绝不仅仅限于已经犯罪的人，还包括未犯罪之人。对犯罪人适用刑罚必然会对潜在犯罪人产生影响，会对一般公民守法意识产生影响。刑罚预防应当把对尚未犯罪之人的预防作用纳入视野。

4. 刑罚预防的目标是遏制犯罪和防止再犯。虽然刑罚是对于犯罪人已然犯罪的非难，但刑罚的适用、执行可以使受刑者感悟责任，促使其悔改，“帮助其形成免于再犯的人格主体”③。刑罚的适用是针对已然犯罪进行的，但绝不仅仅限于对已然犯罪的惩罚，它还蕴含着对未然犯罪的预防。刑罚适用的目的，既是为了教育改造已经犯罪之人，使其不致再犯，同时也是为了震慑意欲实施犯罪之人，使其慑于刑罚之苦而放弃为恶的冲动，从而遏制即将

---

① 宋浩波，靳高风．犯罪学[M]．上海：复旦大学出版社，2009：300~301.

② 衣家奇．犯罪学[M]．长沙：湖南大学出版社，2005：299~300.

③ [日]大谷实．刑法讲义总论[M]．东京：日本成文堂，1994：51. 转引自韩铁．刑罚预防新论[J]．法律科学，2004(5)：68~74.

发生的犯罪。这种目标虽然立足于已然犯罪，但着眼点却是未然犯罪。如果仅仅满足于对已然犯罪的惩罚，那将只是适用刑罚而非刑罚预防。

(二)刑罚预防的特点①

1. 罪后性

罪后性是指刑罚预防措施的启动与功效发挥均是在行为人实施了犯罪行为之后才得以开始与实现。按照刑罚理论，刑罚的制定和颁布本身就具有罪前的宣言功能，具有威慑与辨别效应，并以此达到预防犯罪的目的。但这是一个静态的过程，也比较漫长，并不能在潜在犯罪人和普通公众心中形成刻骨铭心的教训与印象。只有在犯罪人实施了犯罪行为后，整个刑罚机器处于动态的运行之中，才能发挥出刑罚的威慑与教育作用，对犯罪人量刑与行刑的本身就是防止犯罪人再次犯罪，同时也在于儆戒与威慑潜在犯罪人使其不敢犯罪，达到一般预防效果。

2. 惩戒性

惩戒性是指刑罚预防功效是通过刑罚对犯罪人的惩罚与儆戒作用实现的。刑罚预防作用的发挥在于刑罚的惩罚性与严厉性。对犯罪人的惩罚，一则在于对犯罪人恶行的报应，二则在于对犯罪人思想的教育。没有必要的刑罚制裁，犯罪人就感受不到罪孽的深重、刑罚的威严，相反会在犯罪甜头的滋润下再次犯罪。惩罚必须达到终止犯罪的严厉程度，否则也起不到预防的效果。确定刑罚强度应考虑两方面因素：一是罪犯的客观恶性与主观恶性；二是对潜在犯罪人的儆戒效应和普通民众的接受程度。二者兼顾，才能起到刑罚的特殊预防和一般预防的双重效果。

3. 多维性

多维性是指刑罚预防的功能作用是多元、多向、多功能的集合。从整体上而言，刑罚预防可分为针对犯罪人外的人的一般预防和针对犯罪人的特殊预防。从部分上而言，特殊预防功能对犯罪人具有惩罚、教育和感化的作用，其目的在于最大限度地把罪犯改造为新人，防止再次犯罪。一般预防功能则依对象的不同而具有不同的作用，对潜在犯罪人具有儆戒和威慑作用，对被害人具有精神安抚与物质补偿作用，对守法公民则具有鼓励和褒扬作用。

4. 专门性

专门性是指刑罚预防是国家预防犯罪体系中由专门的国家司法机关予以执掌与操作的打击犯罪、制裁和改造罪犯的专门性预防措施。由于是由专门的国家司法机关实施，因而具有其他任何预防措施所不具备的预防效果。专门性还表明刑罚预防是一项官方预防措施，其他民间团体和社会组织均不具备这一权力。

5. 局限性

局限性是指刑罚预防措施不是也不可能是一劳永逸的，其功能作用具有局限性。一是刑罚预防不是治本性的最根本预防措施，只是治标性的必须和必要手段；二是刑罚的特殊预防效果依刑罚适用的科学性和行刑质量而定，很难做到百分之百成功预防；三是刑罚的惩罚威慑功能会因罪而异，因人而异，甚至因时而异。而刑罚的一般预防效果是一个漫长的动态过程，其预防效果是间接性的，且有较大的随机性。

---

① 魏平雄．犯罪学教科书(第2版)[M]．北京：中国政法大学出版社，2008：363~364.

三、刑罚预防的地位

刑罚预防是人类迄今为止最早和最持久采用犯罪预防的专门性手段与方法。犯罪预防是一项宏大的社会工程，它不仅需要动用国家司法机关的力量进行专门预防，而且还需要动员全社会的力量进行一般预防。刑罚预防是国家专门性预防措施之一，是犯罪预防体系(社会预防、心理预防、治安预防、刑罚预防)中的最后一道防线，是犯罪预防不可或缺的重要一环。从根本上说，它不是犯罪预防的根本的或最主要的方法，而只是必须的和必要的方法之一，即既有特殊性和不可替代性，又有局限性。只有将它纳入犯罪预防的综合体系，与其他各项措施紧密配合时，才能相互促进，发挥其独特的功能。

第二节　犯罪刑罚预防的功能

所谓犯罪的刑罚预防功能，是指刑罚预防手段在其设制与实施过程中所能发挥的防治犯罪的作用及效应。

设制刑罚预防手段包括制刑的全过程，尤其强调刑罚的公布与广泛宣传。实施是指国家刑事司法机关在司法过程中所体现或实现的预防犯罪功能，包括求刑、量刑和行刑三个环节的动态过程，是刑罚预防措施的核心。

依作用对象不同，可将刑罚预防体系的预防功能分为两个方面：特殊预防和一般预防。

一、刑罚对犯罪的特殊预防功能

特殊预防功能，是指国家司法机关通过揭露犯罪行为并对犯罪人适用和执行刑罚，剥夺他们继续犯罪的条件，惩罚和改造犯罪人，所具有的防止其再犯罪的能力。特殊预防的对象是已经实施了犯罪行为，给社会造成了严重危害的应受刑罚处罚的罪犯，或称犯罪人，俗称“犯人”。目前，我国刑罚主要包括五种类型：生命刑、自由刑、限制自由刑、财产刑和资格刑。根据具体内容的不同，刑罚对犯罪的特殊预防功能主要体现在以下几个方面。

(一)威慑功能

威慑功能是指运用刑罚惩罚产生的威慑效应使犯罪人畏惧不敢再犯的预防犯罪作用。犯罪古典学派基于报应和功利目的，主张对罪犯进行惩罚威慑。英国功利主义哲学家、法学家杰里米·边沁认为犯罪行为是犯罪人“求乐避苦”的结果，要预防犯罪的发生，必须使刑罚产生的痛苦大于犯罪带来的好处或快乐，犯罪人才不敢再犯罪①。犯罪一定程度上是犯罪人理性选择的结果，美国政治学家詹姆斯·威尔逊认为“为了增加惩罚的威慑力，减少犯罪，就必须增加犯罪的成本，其具体方法是将犯罪分子特别是惯犯关进监狱，”“坏人确实存在，对于这类人唯一的选择就是监禁”②。犯罪心理学研究表明，犯罪人犯罪的心理原因之一是他持有不受惩罚或可以逃避惩罚的侥幸心理。对犯罪人施以刑罚，使其亲身体验刑罚惩罚带来的肉体和精神痛苦，使其明晓刑罚是犯罪的必然结果，从而打消其侥幸心理。基于对刑罚之苦的畏惧，犯罪人在服刑期间和刑释后就会减弱乃至消除犯罪动机，使再犯心理不至于外化为再犯行为。

---

① 吴宗宪．西方犯罪学(第二版)[M]．北京：法律出版社，2006：52.

② 江山河．犯罪学理论[M]．上海：格致出版社、上海人民出版社，2007：23.

(二)剥夺功能

这里所称的剥夺功能是指刑罚对犯罪人再犯罪能力的剥夺。依据剥夺内容和时限的不同，刑罚对犯罪人的剥夺功能可分为两个方面：一是彻底剥夺犯罪人的再犯罪能力；二是一定期限地剥夺犯罪人的再犯罪能力。

所谓彻底剥夺犯罪人的再犯能力，是指将犯罪人从身体上消灭，即对犯罪人适用死刑立即执行。根据我国刑法的规定，适用死刑的罪犯是属于犯罪已造成的社会危害性极其严重，人身危险性极大，再次犯罪的可能性极高的犯罪人。对这些犯罪人施以死刑，既可防止他人效尤其犯罪；又可防止其再次犯罪，从肉体上对犯罪人加以消灭，具有更为彻底地防止再犯的效果。不过，由于死刑牵涉人道问题且有可能在司法实践中出现错判、错杀，因此目前世界范围内反对和废止死刑的呼声很高，废止死刑是当前国际社会的主要潮流和趋势。我国对死刑也采取了十分慎重的态度，坚持的是保留死刑，但严格限制和减少适用死刑的政策。

所谓一定期限地剥夺犯罪人的再犯罪能力是指将犯罪人与社会隔离一定期限，以防止犯罪人再次犯罪。根据犯罪人所犯罪行的严重程度和人身危险性大小，我国刑法对犯罪人规定了不同的剥夺期限，如拘役的期限是 1 个月以上 6 个月以下，数罪并罚不超过 1 年；有期徒刑的期限是 6 个月以上 15 年以下，数罪并罚不超过 25 年；无期徒刑则是剥夺犯罪人的终身自由。但由于我国存在减刑假释制度，很多犯罪人实际服刑期限通常要短。通过刑罚的执行，被剥夺一定期限自由的犯罪人的再犯可能性大大降低，而即便不考虑改造功能，犯罪人在被剥夺自由期间也不再具有再犯能力。

由此可见，刑罚的剥夺功能对预防犯罪人在一定期限内再次犯罪具有最直接的现实作用，体现了刑罚预防犯罪的积极功能。

(三)教育功能

刑罚的教育功能是国家通过对犯罪分子适用刑罚，以将其教育改造成守法公民。除死刑立即执行的以外，我国的刑罚从内容到方法以及在刑罚的具体运用中，都体现了惩中有教、惩前毖后、改造人、教育人的基本精神。刑罚对犯罪人的惩罚功能是与刑罚同时产生的，而刑罚对犯罪人的改造功能则是近代以后才为西方启蒙思想家和近代学派的刑法学者所大力倡导。启蒙思想家荷兰学者格老秀斯明确提出“惩罚的目的就是使罪犯变成一个好人”①。近代刑事社会学派代表、德国刑法学者李斯特强调刑罚的目的在于改造和教育犯人，消除其危害性，使之重返一般市民生活之中。二战后，新社会防卫论的创始人、德国刑法学家安塞尔，进一步强调犯罪人有复归社会的权利，社会有使犯罪人复归社会的义务，主张社会应当并且能够把犯罪人教育改造成为新人，复归社会。

我国《监狱法》第 3 条规定：“监狱对罪犯实行惩罚和教育相结合、教育和劳动相结合的原则，将罪犯改造成为守法公民。”刑罚的教育功能是刑法预防功能的最基础功能，因为除少数被执行死刑的犯罪人外，绝大多数是要回归社会的。

对于教育的内容，我国《监狱法》第 4 条规定：“监狱对罪犯应当依法监管，根据改造罪犯的需要，组织罪犯从事生产劳动，对罪犯进行思想教育、文化教育、技术教育。”监狱对罪犯的思想教育包括法制、道德、形势、政策、前途等内容。文化教育则是指监狱应当根据不同情况，对罪犯进行扫盲教育、初等教育和初级中等教育，并对考试合格的发给相应的学业证书。同时，监狱鼓励罪犯参加自考等自学考试，由有关部门对考试合格者发给相应毕业

---

① 西方法律思想史资料选编[M]. 北京：北京大学出版社，1983：158.

证书。监狱还应当组织罪犯开展适当的体育活动和文化娱乐活动。技术教育方面，监狱根据监狱生产和罪犯释放后就业的需要，对罪犯进行职业技术教育，经考核合格的，由劳动部门发给相应的技术等级证书。对未成年犯执行刑罚则应当以教育改造为主，监狱应当配合国家、社会、学校等教育机构，为未成年犯接受义务教育提供必要的条件；未成年犯的劳动，应符合未成年人的特点，并以学习文化和生产技能为主。从总体上看，我国刑罚执行机关对罪犯实施的教育改造和劳动改造措施，在对犯罪人进行思想教育的基础上，对其进行文化教育和技术教育，使其在思想上积极向善的同时，能够提升自己的文化素养，习得一技之长，为其顺利回归社会打下基础，具有良好的预防其再次犯罪的功能。据统计，当前我国罪犯的再犯率一般在4%左右，这在国际上是比较低的①。

(四)惩罚功能

刑罚的惩罚功能是以剥夺为内容，以教育改造为目标。一般认为，趋利避害是人的本能。现代刑法理念虽然不赞同刑事古典学派的“人具有完全的意志自由”的观点，但一般也认为人具有相对的意志自由，可以在一定程度上自由地选择自己的行为。这种相对的意志自由会使行为人进行一定的利弊权衡，综合考虑犯罪的“益处”与“害处”。对于理性的犯罪人而言，他总是认为犯罪能够带来比“害处”更大的“益处”。因此，刑罚要发挥其预防犯罪人再次犯罪的作用，就必须增加犯罪的“害处”。

在刑法上，犯罪的“害处”的增加主要是通过刑罚的惩罚作用加以实现的。事实上，无论是生命刑、自由刑还是财产刑，都能对犯罪人带来痛苦的感受从而使其不敢再次犯罪。所以，刑罚的惩罚性具有明显的增强犯罪“害处”的作用，使理性的犯罪人在再三权衡之后不会作出犯罪的决意。而从效果上来看，只有在他们受到惩罚之后，他们才能痛切地认识到违法犯罪的严重后果，进而弃恶从善。否则，罪犯在刑罚执行过程中感受不到犯罪的“害处”，理性犯罪人必将再次犯罪。

综上所述，刑罚本身所具有的威慑、剥夺、教育、惩罚功能，使得其具有防止已经犯罪的犯罪人再次犯罪的积极功效。在刑罚特殊预防目的中，教育改造犯罪人是主要目的，威慑、剥夺、惩罚犯罪人则不是主要目的，某种程度上说，它们是为教育功能服务，最终共同达成预防犯罪人再次犯罪的功能。

二、刑罚对犯罪的一般预防功能

一般预防功能，是指国家通过制定、适用和执行刑罚，教育意欲犯罪的人和其他人，鼓励和支持公民的守法行为，唤醒和强化人们的规范意识，即对社会一般公众所产生的犯罪预防的作用与能力。一般预防是刑罚预防所追求的扩大效应，针对的是犯罪人以外的不特定社会公民。这些不特定社会公民可以归纳为潜在犯罪人、被害人、法盲和守法公民四类人群。

“刑罚的目的既不是要摧残折磨一个感知者，也不是要消除业已犯下的罪行。一个并不为所欲为的政治实体平衡地控制着私人欲望，难道它能够容忍无益的酷政为野蛮和狂热、为虚弱的暴君充当工具吗？难道一个不幸者的惨叫可以从不可逆转的时间中赎回已经完成的行为吗？刑罚的目的仅仅在于：阻止罪犯再重新侵害公民，并规诫其他人不要重蹈覆辙”②。当然，“刑罚不是对任何人都产生威慑的效果，对绝大多数人来说，他们奉公守法，从没有

---

① 张远煌，吴宗宪．犯罪学通论[M]．北京：北京师范大学出版社，2013：210.

② [意]切萨雷·贝卡里亚．论犯罪与刑罚[M]．黄风译．北京：北京大学出版社，2008：29.

想到违法犯罪。这不是因为害怕犯罪后会受到刑罚处罚，而是由于他们具有良好的思想意识；对于极少数恶性很深或者犯罪习性很深的人来说，他们虽知犯罪后会受重惩，也不惜以身试法，刑罚对他们很难发挥威慑功能；但对社会上的不稳分子来说，刑罚的威慑功能会产生一定的效果，他们可能慑于刑罚的威力而不去实施犯罪行为”①。刑罚之连续适用于犯罪人，使广大奉公守法公民不断形成守法价值的正反馈，并因而对犯罪形成本能的厌恶，其守法意识得到不断的稳固②。由此可见，刑罚通过否定犯罪行为，肯定、支持和鼓励守法行为，起着稳固人们守法意识，强化人们规范意识——即一般预防的功能和作用。

根据作用对象的不同，刑罚对犯罪的一般预防功能主要体现在以下三个方面。

（一）对潜在犯罪人的警戒、威慑功能

潜在犯罪人由于人格上具有一定的犯罪危险性或者受到了外界的刺激和诱惑，有的或者已经产生了犯罪动机，正在进行犯罪的各种物质和心理上的准备，或者正在为是否实施犯罪而进行激烈的思想斗争。司法机关对少数罪犯适用刑罚，能够对社会上的潜在犯罪人起到警戒作用，使其悬崖勒马，不敢实施犯罪活动，刑罚威慑起到的是“杀一儆百”、“惩前毖后”的效果。刑罚威慑效应的结果，可能是增强潜在犯罪人的自我控制力；可能消除其侥幸心理；可能抑制其犯罪动机和犯意；可能阻止其犯罪决意形成或遏制犯罪心理外化为犯罪行为。

刑罚对潜在犯罪人的作用主要体现在以下两个方面：一是刑事立法对潜在犯罪人具有积极的警戒、威慑作用。对于潜在犯罪人而言，刑事立法能够破坏其可能形成的心理平衡，使其更充分地认识到行为的不良后果，改变其犯罪决意，从而避免因犯罪行为而给自己带来的不利影响。二是刑罚的适用对潜在犯罪人具有积极的警戒、威慑作用。社会学习理论认为，大多数攻击行为需要复杂的技能，人们不是生来就知道这些行为和技能而是通过后天习得的。人们在学习攻击行为的同时也学习行为的强化。班杜拉认为：“一般来说，看到别人的攻击性行为得到酬报或惩罚，将增加或减少自身进行同样尝试的倾向。这种后果越稳定，对于观察者的这种促进或阻抑的作用就越大。”如果别人进行的犯罪行为屡次受到惩罚，则会抑制具有犯罪倾向的人进行犯罪行为，从而产生一种抑制——消退效应。③ 总之，国家制定、适用和执行刑罚，会警戒、抑制这些潜在犯罪人，使其慑于犯罪后可能遭到的刑罚而止步。但是，刑罚的威慑和警戒作用，绝不在于刑罚的残酷，而在于刑罚的不可避免。

（二）对被害人及亲属的安抚、补偿功能

有被害人的犯罪，或者使被害人及其亲属因丧失亲人而痛苦，或者使被害人因身体健康受损而烦恼，或者使被害人因财产损失而焦虑。在复仇心理的驱使下，被害人及其亲属通常会强烈要求严惩犯罪人。如果他们的这种愿望得不到满足，他们就有可能对犯罪人或其家属进行私人报复泄愤，这也是诱发犯罪的重要因素。而对犯罪人施以应有的惩罚可以安抚被害人的心灵痛苦，满足他们的复仇欲望和抚慰其情感需要，从而避免了由此可能导致的新的犯罪④。

刑罚的补偿功能是指刑罚具有使被害人因犯罪人犯罪所遭受的精神损害和物质损失得到

① 马克昌．刑罚通论［M］．武汉：武汉大学出版社，1995：51.

② 邱兴隆、许章润．刑罚学［M］．北京：中国政法大学出版社，1999：87~88.

③ 吴宗宪．西方犯罪学史（第二版）［M］．北京：中国人民公安大学出版社，2010：966.

④ 高铭暄．新编中国刑法学［M］．北京：中国人民大学出版社，1998：308.

弥补的作用。首先，人民法院对犯罪人依法判处刑罚，在一定程度上是对被害人精神损害的补偿；其次，人民法院在判处犯罪人刑罚的同时判令其赔偿被害人的经济损失，是对被害人的物质补偿，也是刑罚补偿功能的体现。

(三)对守法公民的教育、鼓舞作用

刑罚的教育、鼓舞作用可从两个方面加以理解：一是刑罚对不懂法者所能产生的教育作用。刑罚对不懂法者的教育作用促使人们能够辨别自己的行为性质，认识是非善恶，辨明罪与非罪的界限，从而能够自觉摈弃刑罚所否定和谴责的行为，预防"法盲"型犯罪。客观地说，我国幅员辽阔，人口众多，各地经济、文化、道德等社会各方面的发展水平差异较大。有些地方，经济落后，受文化教育和法制教育水平较低的制约，文盲和文化程度较低的人口比例较高，人们对有些行为(尤其是非自然犯罪)的法律性质缺乏充分的认识，不知法而触犯法律的现象较为普遍。例如，对于一个生活在偏远地区、没有接受完义务教育和相关法制教育的人而言，要他认识到非法经营食盐、贵重金属等国家专营、专卖物品的犯罪性质，通常比较困难。相反，一个关于非法经营食盐、贵重金属的判决，则能够极大地促进人们对该类行为性质的认识，起到法制教育的作用。因而，通过对犯罪人适用刑罚，可以告诉人们什么是合法行为，什么是非法行为；什么行为危害社会，什么行为有益于社会，从而可以增强人们的法制观念，使公民知法守法。二是对于懂法、守法公民的鼓舞作用。国家通过制定、适用和执行刑罚，能够伸张社会正义，从而满足社会公众对一般公平、正义的要求。一般而言，犯罪行为都会给社会造成危害，给社会带来恐惧氛围。如果司法机关没有对犯罪分子及时给予打击和惩处，不仅犯罪分子的气焰会嚣张，而且还会使社会成员感受到强烈的社会不公，增加他们对社会的不满；犯罪浪潮的高涨也会给守法民众带来对犯罪的恐惧，使其提心吊胆，担心沦为被害。从这个角度看，对懂法、守法的公民而言，刑罚的制定、适用和执行具有鼓舞他们的斗志，增强其积极地同犯罪行为作斗争的信心和决心，能够预防和阻止各种犯罪分子的侵害行为。

三、刑罚一般预防与特殊预防的关系

在犯罪预防体系中，刑罚的一般预防与特殊预防之间具有非常密切的联系。一般预防寓于特殊预防之中，而且通常是通过特殊预防的作用来实现的，特殊预防可以巩固和促进一般预防的实现。特殊预防功能是一般预防功能的重要基础和保证，没有特殊预防，刑法有关犯罪与刑罚的规定就形同虚设，既不可能对被害人及亲属产生安抚和补偿作用，也不可能对潜在犯罪人予以警戒和威慑，更不能通过伸张社会正义而教育鼓舞守法公民。

不过，在刑罚的制定、适用和执行阶段，刑罚的特殊预防功能和一般预防功能有着不一样的体现，具体表现在以下三个方面。

其一，在刑罚制定阶段，以一般预防为主，兼顾特殊预防。在该阶段，刑罚是面向全社会昭示犯罪的刑罚后果，预防潜在犯罪分子。因此，该阶段的刑罚功能是以一般预防为主，强调一般威慑。当然，立法者也会考虑个别犯罪的具体情况，在立法上作出有利于特殊预防的规定，如对于累犯、未成年犯等的特殊规定就具有一定的特殊预防功能。

其二，在刑罚适用阶段，特殊预防和一般预防同等重要，但可视情有所侧重。人民法院对犯罪人适用刑罚，不仅在于预防犯罪人重新犯罪(特殊预防)，而且在于警戒、威慑社会上的潜在犯罪人使之不实施犯罪；教育鼓舞广大民众积极同犯罪行为作斗争(一般预防)。当然，在不同的社会形势下，刑罚适用所体现的特殊预防与一般预防会各有侧重。如对于新型犯罪，刑罚的适用可能更多地考虑到对潜在犯罪人的威慑作用和对社会公平正义的伸张，更注重犯罪的一般预防功能。而对一般的传统型犯罪，则重点是刑罚的特殊预防。

其三，在刑罚执行阶段，则以特殊预防为主，兼顾一般预防。刑罚执行阶段针对的是个体服刑人，要达到教育改造犯罪人的目的，要以特殊预防为重。但在刑罚执行过程中，也要考虑一般预防需要，防止对被执行人予以过度的处理，避免损害一般的社会公平正义。如，对被判处重刑的被执行人的刑期如果过短，就会让公众对刑罚的惩罚性和公正性产生质疑，进而会损害刑罚的一般预防功能。

总体而言，刑罚的特殊预防功能与一般预防功能是一个整体，不可分割，而且存在相互结合和相辅相成的关系，共同构成预防犯罪的刑罚体系，是国家防治犯罪的重要屏障。"现代刑罚之尽其维护共同生活秩序之机能，所用方法实有多端：对于规范价值方面，所用以表现者为道义的非难，对于反社会个人方面，所运用者为教育、改善、矫正、保护等特别预防措施，对于社会公众方面所运用者为警戒、吓阻等一般预防措施，方法各异，贵能相机为用，因人而施……"①

四、对刑罚预防功能的反思

刑罚的预防功能不但是有限的，而且在一定条件下，还可能会产生与人们的预期正好相反的负面效果。正如德国刑法学家耶林所言，"刑罚如两刃之剑，用之不得其当，则国家与个人两受其害"②。在承认刑罚具有一定的犯罪预防功能的同时，应当理性地认识到刑罚预防功能的局限性。

（一）刑罚只是犯罪预防的一种手段

意大利犯罪学家菲利认为，"每一个社会都有其应有的犯罪……其质和量是与每一个社会集体的发展相适应的"。菲利的"犯罪饱和理论"认为："犯罪也有年终平衡，其增多与减少比国民经济的收支还带有规律性"，就像"我们发现一定数量的水在一定的温度之下就溶解为一定数量的化学物质但并非原子的增减一样，在一定的自然和社会环境之下，我们会发现一定数量的犯罪"。③ 犯罪是任何一个社会都不可避免的社会现象。

犯罪产生的原因是十分复杂的。从宏观层面看，它是社会的政治、经济、文化等多方面因素综合作用的产物；从微观层面看，它是犯罪人、被害人和情境因素相互作用的结果。犯罪是由一定的社会因素、个人因素和心理因素等共同作用的产物，犯罪学多因素论是犯罪学的主流观点。犯罪原因的多样性、复杂性决定了多元化的犯罪预防对策的必要性。刑罚只是多元犯罪预防手段之一，防控犯罪的根本出路在于采取综合治理的政策，即综合运用政治的、经济的、思想的、行政的、法律的多种措施和多种方式预防犯罪。而且，进一步说，相对于层次众多、构成复杂的犯罪原因，刑罚除了可以针对具体的犯罪人发挥其比较有效地预防再犯的功能之外，在对潜在犯罪人的一般预防方面，更多的情形下是苍白无力的。如果强加给刑罚不适当的一般预防的功能定位，则无异于滥施刑罚。

（二）重刑的犯罪预防效果短暂性特征

人们容易想当然地认为，重刑比轻刑具有更好的犯罪预防功能。其实，这基本上是个误

① 韩忠谟．刑法原理[M]．台北：台湾三民书局，1997：36.

② 转引自林山田．刑罚学[M]．台北：台湾商务印书馆，1985：125.

③ [意]恩里科·菲利．犯罪社会学[M]．郭建安译．北京：中国人民大学出版社，2004：42~43.

解，因为重刑的威慑效果具有短暂性特征。“严峻的刑罚造成了这样一种局面：罪犯所面临的恶果越大，也就越敢于规避刑罚。为了摆脱对一次罪行的刑罚，人们会犯下更多的罪行。刑罚最残酷的国家和年代，往往就是行为最血腥、最不人道的国家和年代。”①菲利也对过分依赖刑罚预防的做法给予了谴责：“立法者常常忽视社会卫生规则，当某种犯罪猛增时才大吃一惊，但除了加重刑法典中规定的刑罚之外，别无他计可施。如果1年监禁不够，那就加重为10年。如果仅凭加重处罚不够，那就通过一个特别法。这是我们在每一个现代国家里都能看到的状况，而造成这一状况的原因主要在于盲目崇尚刑罚。”②尤其是像死刑这样的残酷刑罚，“在大部分人眼里，死刑已变成了一场表演，而且，某些人对它怀有一种忿忿不平的怜悯感。占据观众思想的，主要是这两种感情，而不是法律所希望唤起的那种健康的畏惧感……刑场与其说是为罪犯开设的，不如说是为观众开设的，当怜悯感开始在观众心中超越了其他情感时，立法者似乎就应当对刑罚的强度作出限制”③。一个规律性的现象是：每当国家将某一犯罪行为纳入刑罚打击的范围或者加重处罚时，在短期内往往会有明显效果，犯罪率会下降；但是，经过一段时期之后，刑罚的威慑力就会减弱，犯罪率又趋于回升。这说明人们对刑罚的感受力容易随着时间的推移而变得迟钝。刑罚预防功能的暂时性启示我们：不应赋予刑罚在控制犯罪方面过高的期待，不能指望单纯依靠加重刑罚来遏制犯罪率的上升。

（三）刑罚具有制造犯罪的消极作用

刑罚从本质上说是一种惩罚和痛苦，是对人的权益的剥夺，具有“制造”犯罪的负面影响。揭示刑罚对犯罪人的消极作用的最著名的是标签理论。标签理论认为，越轨者被成功地贴上“坏”的标签之后，经过邪恶的戏剧化后逐渐产生心理上的认同，最后有可能引发严重的继发越轨行为④。刑罚如果运用不当，非但不能起到预防犯罪、维护社会秩序的作用，反而可能会激发或者加剧社会矛盾，从而引发新的犯罪。同时，刑罚对于受刑人以后的生活也会造成负面影响。一方面，刑罚（尤其是长期监禁刑）的适用会导致受刑人的社会适应能力降低，在刑罚执行完毕之后，难以重新适应正常的社会生活；另一方面，“坐过监狱”会成为一种烙印或者标签一直存在于受刑人身上，即使已经刑满释放，社会无形中还会把他当作犯罪人看待，对其缺乏应有的信任，使其在生活、就业等各方面都可能受到不公正或者歧视性的待遇。标签效应带来的心理认同加上外界的不公正待遇，就有可能把一个偶然失足者推向终身犯罪人的生涯。也就是说，刑罚对于受刑人具有引导他继续犯罪的消极作用。

刑罚除了对受刑人的消极作用外，也可能对一般人产生一定的消极影响。刑罚是一种反面教育，但从一定角度看却是一种负面的示范。尤其是像死刑这样的极刑，有可能给人们一种“只要有理由就可以杀人”的不良示范，会降低人们对生命的敬畏感，毒化人们的心灵，使人们更加敢于杀人⑤。

综上所述，对于刑罚预防犯罪的功能及效果，应当具有客观、全面、清醒、理性的认识，刑罚是国家惩罚和预防犯罪的重要手段，但不是基本的手段，更非唯一的手段。刑罚作

---

① ［意］切萨雷·贝卡里亚．论犯罪与刑罚［M］．黄风译．北京：北京大学出版社，2008：62.

② 恩里科·菲利．实证派犯罪学［M］．郭建安译．北京：中国人民公安大学出版社，2004：191.

③ ［意］切萨雷·贝卡里亚．论犯罪与刑罚［M］．黄风译．北京：北京大学出版社，2008：67.

④ 吴宗宪．西方犯罪学（第二版）［M］．北京：法律出版社，2006：398～399.

⑤ 宋浩波，靳高风．犯罪学［M］．上海：复旦大学出版社，2009：305～306.

为一种不得已而采取的手段，应尽可能地慎重而有节制地使用。

第三节　监狱矫正

一、监狱在犯罪刑罚预防中的地位与作用

作为一种特殊的公共物品，罪犯矫正具有公共物品的一般特点，如产权的非排他性和消费的非竞争性、外部效应、不可分性、共同消费性、难以衡量、不可选择性、规模经济①等特点，因而获得了福利经济学理论充分地支持——罪犯矫正应由政府或国家垄断经营、独家提供，这是监狱矫正的理论依据。

监狱是指国家旨在实现阶级统治、社会控制和预防犯罪的目的，依法建立起来的对已决犯执行刑罚的国家行刑司法机关。监狱在刑罚预防中始终扮演着非常重要的角色。作为国家的物质附属物和暴力机器，它是国家存在的象征之一和对敌专政的重要手段。国家设立监狱，并赋予其高墙、铁窗和严密的武装警戒的外表，其目的就在于将触犯法律的严重危害社会的犯罪分子拘禁起来，用物理形态的方式将其与正常的公众社会隔离开来，防止其再次犯罪和危害社会，这就是刑罚的特殊预防之内容体现。当然，刑罚特殊预防不单单指监狱对罪犯的拘禁，还包括死刑和肉刑的方式——在生命形态和肉体摧残上达到刑罚的特殊预防目的。但肉刑已经被现代文明社会所抛弃，死刑也被限定在很小的必要范围内，因此，刑罚的特殊预防功能绝大部分是通过监狱的监禁刑来体现和实现的。

刑罚特殊预防整体功能的发挥是制刑、求刑、量刑、行刑四个环节综合作用的结果，其中监狱工作是行刑环节最为重要的一部分。从刑事诉讼环节来看，对犯罪的特殊预防功能的实现，是通过公安机关侦查破案、检察机关审查公诉、人民法院定罪量刑和监狱等行刑机关的教育惩罚这四道工序完成的。监狱处于第四道工序，起到最后的把关作用。特殊预防功能作用发挥得好与坏，尽管与制刑、求刑、量刑或者称前三个环节(侦查、起诉、审判)的工作质量密切相关，但最为主要的还在于监狱惩罚与教育改造工作的质量。所以，监狱矫正工作是刑罚特殊预防的重要领域。

监狱在刑罚预防体系中，不仅扮演着极其重要的特殊预防的角色，而且也发挥着一般预防的作用。监狱将定罪量刑之后的罪犯集中监禁等于是在向社会宣告以身试法者必将受到法律的严惩——遭受自由被剥夺的痛苦，这无疑也是向社会敲响了警钟，警戒和威慑那些潜在的犯罪人，给被害人一种抚慰，给守法民众一种鼓舞和安全感。倘若没有监狱，或者监狱监管不严，犯罪分子越狱、脱逃时常发生，那么被害人和普通百姓将生活在极度的惊恐和压力之下，社会也必将面临不可防控的灾难和损害。

总之，监狱具有刑罚预防所期待与追求的预防犯罪的功能和作用。一切监狱的设制及目的均是为了防止罪犯重新犯罪，警戒与威慑潜在犯罪人使之不敢实施犯罪。监狱是社会的安全阀，其运作与管理的好坏，直接关系到社会的安宁。在阶级社会里，国家和人民须臾离不开监狱的防范与保护。

---

① Samuelson, P. A. The Pure Theory of Public Expenditure. Review of Economics and Statistics, Vol. 36, No. 4, 1954.

二、监狱的设制及其分类

我国的监狱工作长期以来实行的是集中统一领导与分级管理相结合的监狱管理体制。司法部是最高行政机关，主管全国的监狱工作。同时，国家还设立了专门负责领导惩罚和改造罪犯工作的政府职能机构，即监狱工作的管理机关，包括中华人民共和国司法部监狱管理局和省、自治区、直辖市监狱管理局。司法部监狱管理局负责对全国监狱工作的规划和领导，解决各地监狱工作中有关法律性、政策性问题，对各地监狱工作进行检查、指导和评定。省、自治区、直辖市监狱管理局受本省、自治区、直辖市司法厅(局)领导，负责领导本地区监狱管理方面的各项工作。在基层，设有监狱机构，具体负责刑罚的执行和罪犯的改造任务。根据我国《监狱法》的规定，我国监狱仅是对被判处死刑缓期二年执行、无期徒刑、有期徒刑的罪犯执行刑罚的场所。

《监狱法》第 12 条规定："监狱设监狱长一人、副监狱长若干人，并根据实际需要设置必要的工作机构和配备其他监狱管理人员。监狱的管理人员是人民警察。"监狱的内部管理体制，在领导体制上普遍实行监狱长负责制。监狱内部的基础组织，实行的是监区、分监区两级管理的基层管理体制。监狱的行政首长称为监狱长，内部的工作机构由监狱长一人、副监狱长若干人组成。监狱一般设置狱政、教育、生活卫生、政工、财务等工作机构。另据 1989 年司法部《关于加强监管改造工作的若干规定》，监狱、劳改队、少管所设立狱政管理科、教育改造科，重刑犯监狱和在押 3000 人以上的大型监狱，还应设立狱内侦查科。设立该科的目的主要是为了防止罪犯在狱内的各种犯罪行为，防止罪犯越狱逃跑以及内外勾结进行各种破坏监管秩序的犯罪活动，使监狱更好地发挥刑罚特殊预防和一般预防的作用。

目前，我国监狱的设置和分类主要表现为以下几种类型：

其一，按照罪犯的性别设置监狱：男犯监狱和女犯监狱。男犯监狱，是指专门用来关押男性犯人的监狱，在我国主要是指关押成年男性犯人的监狱(未成年男性犯人关押在专门的未成年犯管教所中)。男犯监狱占监狱总数的 90%以上，但没有再按警戒度划分，在建筑结构上也大致相同。监狱的外围一般都有高墙、电网、岗楼，监狱内部一般划分为犯人生活区、劳动区和教学区三大区域。女犯监狱，是专门用来关押女性犯人的场所。由于女犯数量较少，女性监狱占监狱总数的 4%左右。除个别省份外，绝大多数的省一般只有一所女犯监狱。由于女犯自身的特点，女犯监狱的监控和管理相对于男犯监狱要宽松一些，但同样都是封闭式的，没有区分不同的警戒度。

其二，依据罪犯的年龄设置：成年犯监狱和未成年犯监狱。成年犯监狱。中国的成年犯监狱是指关押年龄在 18 周岁以上犯人的场所。我国没有专门的女性未成年犯管教所，少女犯也是在女子监狱中服刑。因此，通常所说的成年犯监狱，指的就是成年男犯监狱。我国的未成年犯管教所也是监狱的一种类型，是对年龄在 18 周岁以下的未成年男性罪犯以及未成年男犯在年满 18 周岁时余刑不超过两年的监禁场所。未成年犯管教所占监狱总数的 5%左右，一般每个省(直辖市、自治区)只有一所未成年犯管教所，极少数省份设置有两所。未成年犯管教所的围墙高度和厚度比成年犯监狱稍低，一般不设置电网和岗楼，也没有武警看押，不过在重要部位安装有监控、报警装置。

其三，依据所判的刑期设置监狱：重刑犯监狱和轻刑犯监狱。重刑犯监狱是关押被判处 10 年以上有期徒刑、无期徒刑和死刑缓期 2 年执行罪犯的场所。重刑犯罪监狱一般占男性成年犯监狱总数的 30%左右，占监狱总数的 25%。重刑犯监狱的建筑和警戒设施比较坚固，监控和报警设施齐全，管理比较严格，罪犯劳动一般设在监狱围墙内进行。轻刑犯罪监狱主要是关押被判处10年以下有期徒刑罪犯的场所。轻刑犯监狱占男性成年犯监狱的70%左右。轻刑犯监狱的总体建筑和警戒设施与重刑犯监狱大同小异。两者最大的区别是重刑犯监狱的罪犯是在室内劳动(以工业生产劳动为主)，而轻刑犯监狱的罪犯多数是从事室外劳动(以农业生产劳动为主)，但随着我国监狱布局的逐步调整和监狱体制改革的不断深入，现在这种区别已经在逐步缩小，轻刑犯监狱的罪犯从事狱外劳动的情况也越来越少。同时，随着国家财政对监狱投入的加大，轻刑犯监狱的建筑、警戒设施和内控设施与重刑犯监狱大致相似。①

三、监狱的性质和职能

由于监狱在整个刑事司法体系中承担了特殊的职责与任务，因此其具备了与其他刑事司法机关不同的法律属性，具体来说监狱的性质主要体现在以下两个方面：其一，监狱是国家的刑罚执行机关。《刑事诉讼法》第213条第2款规定："对于被判处死刑缓期二年执行、无期徒刑、有期徒刑的罪犯，由公安机关依法将该罪犯送交监狱执行刑罚。对于被判处有期徒刑的罪犯，在被交付执行刑罚前，剩余刑期在一年以下的，由看守所代为执行。"该法条明确指出了我国监狱的法律属性是国家的刑罚执行机关，是对依法被判处死刑缓期二年执行、无期徒刑、有期徒刑罪犯的刑罚执行场所。其二，监狱是人民民主专政的工具。马克思主义认为，监狱是阶级矛盾不可调和的产物。我国是工人阶级领导的，以工农联盟为基础的人民民主专政的社会主义国家的国家性质，就决定了我国的监狱是人民民主专政的性质，维护的是广大人民群众的利益。

监狱作为最主要的国家刑罚执行机关，其职能概括起来主要表现为以下几个方面：

其一，执行刑罚。作为国家的刑罚执行机关，监狱的主要任务就是对罪犯执行刑罚。收监制度的实施表明刑罚执行的开始。将罪犯收监之后，监狱根据人民法院所作的已经发生法律效力的判决书，依照法律规定的程序，将判决书上的刑罚内容付诸实施，直至刑罚内容执行完毕将罪犯释放。当然，在刑罚执行过程中，根据法定情况可能会对符合条件的罪犯进行减刑、假释或者监外执行等刑罚执行过程中的变通情况，严格按照法律所规定的内容和程序付诸实施，也是监狱刑罚执行过程中的内容。

其二，惩罚和矫正罪犯。惩罚性是刑罚的固有属性，罪犯在监狱执行刑罚本身，就意味着对罪犯所犯行为的惩罚，这是刑罚正义性的要求。监狱的惩罚职能是最为显现的，也是监狱不可缺少的。若监狱失掉了惩罚职能，就谈不上是监狱，也发挥不了刑罚对罪犯和社会上潜在犯罪人的警戒与威慑作用，刑罚的特殊预防与一般预防也就成了一句空话。尽管惩罚是监禁刑的固有属性，但其不是为惩罚而惩罚。惩罚的力度仅限于对罪犯人身自由的限制和剥夺，而且这种剥夺和限制必须严格遵循法律规定，罪犯依然有一定的活动范围，可以相对自由地从事劳动和学习。对罪犯的矫正主要体现在两个方面：首先是对罪犯在过去生活中所形成的错误人生观、世界观、价值观及不良行为习惯采取直接的强制性的管理、约束和控制；其次是围绕提高罪犯的整体素质出发，培养罪犯良好文化素质、道德素质、行为习惯和心理素质以及谋生的技能，以促进不良行为、认识和习惯的消除，从而完成整体良性的社会化转变过程。监狱的矫正职能是中国最具特色的监狱职能，是监狱担负改造罪犯任务的基石，是

---

① 张学超．罪犯矫正学概论[M]．北京：中国人民公安大学出版社，2011：51~53.

刑罚特殊预防功能得以实现的根本。

其三，预防和减少犯罪。罪犯在监狱服刑的过程本身就是对社会上潜在的犯罪人的一种警示和威慑，使其为避免重蹈覆辙而悬崖勒马，从而预防和减少犯罪现象的发生。另外，监狱通过严密的警戒设施将罪犯拘禁在监狱内，使罪犯丧失了继续犯罪的能力，同时对监狱内的服刑人员进行教育和矫正，也会使服刑人员从根本上打消犯罪的念头，从而达到刑罚预防犯罪目的的实现。①

四、监狱矫正价值取向的多层次构建

适应监狱矫正价值取向多元化的要求，应从不同层面对监狱矫正的价值取向进行构建。

（一）浅表层次价值取向：报应——实现刑罚目的的惩罚性

报应论认为，刑罚的本质属性在于惩罚性，只有通过惩罚，才能维护正义的秩序；刑罚只能基于犯罪行为而发动，犯罪行为是发动刑罚的逻辑前提，没有犯罪就没有刑罚；刑罚的目的在于通过惩罚犯罪人维护正义。因此，刑罚的惩罚性是监狱体制改革价值追求的基本属性，也是监狱得以存在的合理性与正当性的依据。但是，我们也必须看到，这种惩罚是刑罚本身的属性和基于监狱体制改革目的的实现而必备的，更多的是对于罪犯的帮助、教育、感化、矫治和恢复。监狱矫正不是为了惩罚而惩罚，而是为了实现正义和在此前提下的其他善而惩罚②。

（二）中层次价值取向：预防——心理与行为的改变，回归社会的守法公民

监狱矫正预防犯罪的目的分为特殊预防和一般预防两个方面。特殊预防，即通过开拓创新罪犯矫正机制，将其改造成为守法公民，防止其重新犯罪。特殊预防体现了惩罚与矫正的统一。尤其是矫正作为现代刑罚执行的核心任务，它既是刑罚执行的出发点，又是刑罚执行的归宿，贯穿教育和矫正的始终。通过教育矫正使罪犯永久性地放弃犯罪动机，消除犯罪心理，成为守法公民。

在特殊预防中，最主要的理论观点是矫正论，这是深受教育刑影响的一种理论。这种理论认为，监狱矫正的目的除了惩罚、威慑罪犯之外，最为关键的目的在于通过矫正，使罪犯的心理和行为发生改变，形成现代人健全的人格，回归社会后，成为《监狱法》所要求的“守法公民”。在这里，我们需要强调的是罪犯回归社会分为形式的回归和实质的回归。形式的回归，是指罪犯离开矫正场所回到社会环境，是人的生存形态、场所、身份等产生的法定意义上的变化。而实质的回归是指不仅罪犯离开矫正场所，从形态、场所等方面回到社会环境，而且罪犯所具有的社会功能的缺失得到修复，社会适应增强，具备了现代人所具有的健全人格。

一般预防，是通过刑罚执行的严肃性和惩罚性威慑和警戒社会上的不安定分子即潜在的犯罪人，防止他们走上犯罪之路。同时也体现为对其他守法公民所起到的法制教育和行为借鉴作用。

（三）深层次价值取向：恢复性司法中社会关系的恢复

恢复性司法中包含了恢复性行刑，恢复性行刑所修复的内容包括罪犯社会化缺陷的修复、社会谋生技能的修复、人格的修复和社会道德与良知的恢复等。监狱矫正的深层次目的

---

① 辛科．犯罪学[M]．北京：中国检察出版社，2011：314.

② 何显兵．社区刑罚研究[M]．北京：群众出版社，2005：17.

是：在对罪犯矫治过程中，在坚持罪犯对其犯罪行为负责的同时，修复罪犯所存在的各种缺陷，寻求补偿和重新融入社会，最终恢复被罪犯所破坏的社会关系。①

五、我国监狱的罪犯矫正方法

我国监狱对罪犯的矫正是通过一定的方法和手段来完成的，目前我国监狱对罪犯进行矫正的手段主要包括管理矫正、教育矫正、劳动矫正和心理矫正。

(一)管理矫正

罪犯管理，及罪犯矫正机构对被矫正对象实施的组织管理活动，它包括的内容相当广泛，如刑罚执行中的收监、申诉、检举的处理，监外执行、保外就医的办理，罪犯的分押分管、分级处遇、通讯、会见、日常生活、环境卫生、奖惩等各个方面的事项。管理是矫正机构的一项重要职能。要矫正罪犯思想和行为，前提之一就是要依法严格管理保证刑罚得以合法、有效地执行，确保监狱的良好秩序和监管安全。监狱通过对罪犯实行分级管理并通过不同的处遇方式激励罪犯进行改造，实行严格、公正、公平、公开的考核监督和奖惩机制，引导罪犯自觉接受改造，激发罪犯改造的积极性，增强改造的决心和信心。

(二)教育矫正

教育矫正的主要内容有思想教育、文化知识教育、职业技能教育等，其中思想教育是核心，文化知识教育是基础，职业技术教育是重点。通过对罪犯进行这种有目的、有计划、有组织、有系统的整体性的教育活动，使在监狱服刑的人员获得一定的文化知识、职业技能，使其无论是从思想上还是从生存技能上都能以全新的姿态重新回归社会。

(三)劳动矫正

劳动矫正是监狱通过组织在狱内服刑的罪犯参加具有法律强制性的劳动而进行改造的一种矫正活动。劳动既是我国宪法赋予公民的基本权利和义务，也是对罪犯进行改造的基本手段。我国《监狱法》第 69 条规定：“有劳动能力的罪犯，必须参加劳动。”《刑法》第 46 条也明确指出：“被判处有期徒刑、无期徒刑的犯罪分子，在监狱或者其他执行场所执行；凡有劳动能力的，都应参加劳动，接受教育和改造。”罪犯的劳动不仅会使罪犯的自身素质和思想意识得到进一步提高；而且可以给社会创造一定价值的产品，带来相当的经济效益。

(四)心理矫正

心理矫正，是指遵循心理咨询、心理治疗原则，运用心理矫正技术，通过个别矫治、心理健康教育、心理诊断和治疗等措施，帮助罪犯调整心理状态、排除心理障碍等的一系列活动。具体内容包括对罪犯进行心理状况评估、心理咨询、心理健康教育、心理治疗、心理预测和心理危机干预等。在充分收集资料的基础上，对罪犯的心理状况和行为问题进行全面了解和掌握，并对其心理问题作出准确判断，在此基础上有针对性地设计治疗方案、开展矫正活动。通过对罪犯的心理问题、心理疾病和不良行为习惯进行矫治，促使罪犯的心理和行为发生积极变化，提高其适应社会生活的能力，从而达到罪犯矫正的目的。②

六、监狱矫正的弊端

虽然经过长期的监狱矫正，多数服刑人员能够成为自食其力的守法公民，但其弊端

① 连春亮，李玉成，殷尧．罪犯矫正形态论[M]．北京：群众出版社，2014：45~46.

② 辛科．犯罪学[M]．北京：中国检察出版社，2011：319~320.

也显而易见。

首先，监狱矫正不利于服刑人员重新回归社会。原因在于：其一，由于监狱数量有限，而在犯罪数量稳步增长，大量的犯罪人被投入监狱，势必造成监狱环境拥挤，犯罪人的物质、文化等方面的合理要求可能得不到满足，其权利可能会被忽视，身体和心理都会受到不利影响，影响矫正改造质量。其二，监禁刑的“标签”效应容易在罪犯心理上打上“耻辱”的烙印，也容易使公众对其有抵触情绪，不利于其回归社会，这种被排斥、不被接纳的状态容易激发重新犯罪的危险性。其三，罪犯在狱内长期服刑不利于其社会化。由于其长期与社会隔绝，不了解社会变化，不仅在思想上与社会脱节，而且在技能上落后于社会，加上监狱亚文化的影响，相当一部分人的社会化速度滞后于社会正常人群，出狱后很难顺利地融入社会。经济上的困难，找不到自己在社会上的定位，再加上因犯罪在心理上产生的阴影，这些都会导致服刑人员的情绪低落，形成亚健康的心理状态，很容易再次走上犯罪道路。

其次，监狱矫正成本较高。目前我国的监狱矫正成本主要包括：国家财政保障体制所明确的经费，包括人民警察的经费、罪犯改造经费、罪犯生活费、狱政设施费及其他专项经费；监狱管理人员在体能、智能、精力上的付出；解决监管人员及家属、子女的就业、就学、就医和解决退休工人所需要的养老费用等；社会支出和监狱的行刑成本；刑释人员的技能培训投入；国家为罪犯劳动改造提供的土地、矿产、技术、设备等资源；监狱系统工人的劳动付出；国家用于创建现代化文明监狱，调整监狱布局，加强监狱基础设施、狱政设施建设以及发展监区文化、改善罪犯文化生活条件的投入；社会力量对监狱矫正工作的支持；国家用于罪犯劳动改造的生产资源所隐含的经济效益和社会效益损失。在以监禁刑为主要方式的传统行刑模式支配下，若不改变行刑方式，随着在押人员的增加，必然会使监狱矫正成本升高。

最后，不利于对被害人的损失进行赔偿。将犯罪人判处监禁刑，送进监狱执行刑罚，虽然可以发泄被害人的愤怒情绪，使被害人心理上得到安慰，但由于判处监禁刑后不能从事有报酬的劳动，若家庭经济本来就拮据，会使得犯罪人因犯罪行为而给被害人造成身体上的伤害和财产上的损失无法进行实际的赔偿。①

第四节　社 区 矫 正

正是基于对监狱矫正弊端的认识，20 世纪国际范围内的行刑社会化思潮兴起，第二次世界大战之后，刑罚人道、刑罚谦益、人权保护主义的新社会防卫论等理念日趋深入人心，非犯罪化、非刑罚化、非监禁化开始从理论变为实践，剥夺自由的监狱行刑与矫正逐渐被不剥夺自由的非监禁刑和社区行刑与矫正所替代或者共同成为刑事司法体系中惩治和矫正罪犯的核心内容。

一、国际范围内的社区矫正

社区矫正(Community Correction；Community-Based Correction)，亦称社区矫治、社区处遇，即对符合条件的罪犯放入社区开展行刑与矫正工作。社区矫正是“当今世界各国矫正领

① 辛科．犯罪学[M]．北京：中国检察出版社，2011：320~321.

域中发展较快的一个领域，也是集中体现各国在矫正领域中创新精神的领域之一”①。其中，联合国的作用功不可没。20世纪50年代以来，联合国在推动各国扩大非监禁刑和社区矫正的适用、执行方面进行了积极的努力，并制定和颁布了一系列重要文件，极大地促进了世界各国刑罚制度的改革和社区矫正的普及。联合国先后通过的《囚犯待遇最低限度准则》[1955年在日内瓦举行的第一届联合国防止犯罪和罪犯待遇大会通过，由经济及社会理事会以1957年7月31日第633C(XXIV)号决议和1977年5月13日第2076(LXII)号决议予以核准)]，《监禁替代措施》(1980)，《减少监禁人数、监外教养办法和罪犯的社会改造》(1985)，《联合国非监禁措施最低限度标准规则》(东京规则)(1990)等，都明确倡导尽可能避免监禁，将监禁作为最后一种迫不得已的手段使用，从而大大促进了国际社会在刑罚制度中对社区矫正的适用。② 1998年联合国经济与社会理事会举行的第44次会议通过了《开展国际合作，以求减少监狱人满为患和促进替代性刑罚》的决议，并通过了《卡多马社区服务宣言》、《卡多马社区服务宣言行动计划》，该决议明确指出，监狱人满为患是许多国家所共同面临的问题。监狱监禁一方面消耗国家的司法资源，另一方面可能影响囚犯的待遇，不利于保护人权。所以减少监禁人口、扩大非监禁刑刑罚的适用、扩大社区服务或社区矫正的执行，是各国共同的任务③。

在联合国有关社区矫正文件的指引与促动下，社区矫正在20世纪70年代进入“青春”时代，尽管期间有过挫折，进入21世纪后更是朝气蓬勃，锐不可挡。据统计，2000年，西方主要发达国家对罪犯适用缓刑和假释的比例达到全部被判处刑罚者的70%以上，其中加拿大为79.76%，澳大利亚为77.48%，美国为70.25%，法国为72.63%；亚洲的新加坡为76.15%，日本约3/5的罪犯接受社区矫正，韩国也达到了45.90%，俄罗斯为44.48%。④

比较而言，我国的社区矫正开展不仅面窄量少，而且理论贫瘠。我国在社区矫正试点工作之前，管制刑的适用2001年为1.26%，缓刑的适用2001年为14.71%，假释的适用2000年为1.63%，监外执行占监狱在押犯总数的1.13%⑤，这些显然与国外社区矫正的适用比例有着天壤之别。这不仅与国际社会刑罚制度的发展趋势相悖，而且与中国的大国地位不符。因此，2003年7月，最高人民法院、最高人民检察院、公安部、司法部(以下简称“两院两部”)联合印发《关于开展社区矫正试点工作的通知》，确定在北京、上海、天津、江苏、浙江、山东等6个省(市)开展首批社区矫正试点工作。2004年底社区矫正工作被列为我国司法体制和工作机制改革的内容之一。2005年初，最高人民法院、最高人民检察院、公安部、司法部再次联合发文，将社区矫正试点范围扩大到涵盖东中西部的18个省(市、区)，另外有9个省(区)也先后进行了社区矫正试点。2009年9月，“两院两部”再次联合发文，决定自2009年起在全国范围内施行社区矫正工作。2012年1月，“两院两部”联合印发了《社区矫正实施办法》(2012年3月起施行)，对社区矫正机构、任务、程序、矫正人员的权利义务及未成年人社区矫正等进行了重新规定和明确。

---

① 郭建安、郑敏霞．社区矫正通论[M]．北京：法律出版社，2004：93.

② 郭建安．社区矫正：改革与完善//载陈兴良．刑事法评论(第14卷)[M]．北京：中国政法大学出版社，2004：312.

③ 杨宇冠、杨晓春．联合国刑事司法准则[M]．北京：中国人民公安大学出版社，2003：471~478.

④ 司法部社区矫正制度研究课题组．改革和完善我国社区矫正制度之研究(上)[J]．中国司法，2003(5)．转引自魏平雄．犯罪学教科书[M]．北京：中国政法大学出版社，2008：378.

⑤ 郭建安、郑霞泽．略论改革和完善我国的社区矫正制度[J]．法治论丛，2003(5).

二、社区矫正的概念、基本结构和运行程序

(一)概念

关于社区矫正的概念，尽管表述很多，但迄今为止，我国学者对此还没有一个统一的定义。2003年3月"两会"期间，时任司法部部长张福森对社区矫正作了这样的解释："我们所讲的社区矫正，是指将符合社区矫正条件的罪犯置于社区内，由专门的国家机关，在相关社会团体和民间组织以及社会志愿者的协助下，在判决或裁定规定的期限内，矫正其犯罪意识和行为恶习，并促进其顺利回归社会的非监禁刑罚执行活动。"社区矫正不是一个刑种，而是刑罚执行方式的一个概念。此概念目前已经为大多数人所接受。

(二)社区矫正的基本结构和工作程序

1. 社区矫正的对象是符合一定条件的罪犯。2012年的《社区矫正实施办法》将矫正对象由2003年两院两部《关于开展社区矫正试点工作的通知》所列的5种人(被判处管制的罪犯；被宣告缓刑的罪犯；被暂予监外执行的罪犯，具体包括有严重疾病需要保外就医的、怀孕或者正在哺乳自己婴儿的妇女和生活不能自理适用暂予监外执行不致危害社会的；被裁定假释的罪犯；被剥夺政治利，并在社会上服刑的罪犯)，改为4种人，即判处管制、宣告缓刑、假释或者暂予监外执行的罪犯。被判处剥夺政治权利的罪犯由公安机关执行。

2. 社区矫正的场所是社区。社区矫正的目的是在社区对罪犯执行刑罚并对罪犯进行矫正，帮助转变矫正对象的错误思想，改变其不良行为和恶习，使其成为一个守法公民回归社会，实现刑罚特殊预防的目的。

3.《社区矫正实施办法》规定，社区矫正的执行主体是我国的司法行政机关。社区矫正主体主要由四个部分或层次构成：管理主体——司法行政机关负责指导管理、组织实施社区矫正工作；工作主体——县级司法行政机关社区矫正机构对社区矫正人员进行监督管理和教育帮助，司法所承担社区矫正日常工作；参与主体——社会团体、民间组织和社会志愿者在社区矫正机构制度下开展工作；协助主体——有关部门、村(居)民委员会、社区矫正人员所在单位、就读学校、家庭成员或者监护人、保证人等协助社区矫正机构进行社区矫正。

4. 社区矫正的工作程序和具体内容：法院将有关法律文书送达街、镇司法所，受刑人员根据刑事裁判的要求到司法所登记报到后，接受司法所的教育矫正工作，由司法所工作人员担任组长的专门矫正小组按照程序规定具体实施。社区矫正的主要内容是教育学习和社区服务等，主要通过社团、社会组织和社工及志愿者与社区服刑人员进行个别谈话，提供咨询，进行教育，组织他们集中学习或从事非营利性公益劳动等方式开展工作①。社区矫正期满前，提前一个月或半个月进行鉴定。期满时，司法所应当组织解除社区矫正宣告及相应法律后果或办法相关法律手续。

5. 社区矫正是一种非监禁的刑罚执行方式。尽管是一种非监禁的形式，但作为一种严肃的刑事执法活动，社区矫正的实施同样具有惩罚性和强制性，主要是按照法律的规定对矫正对象的权利进行一定的剥夺和限制，利用社区矫正的工作机制和行为规范要求，对罪犯进行强制性的约束，如果违背规范或者不履行法定的义务，将要承担对己不利的法律后果。

---

① 辛科．犯罪学[M]．北京：中国检察出版社，2011：321~322.

三、社区矫正制度的价值分析

目前，社区矫正已经成为世界各国广为采用的一项行刑制度，社区矫正作为一种全新的非监禁的刑罚执行方式，具有如下价值优势：

(一)有利于合理配置行刑资源，降低行刑成本

长期以来人们对刑事犯罪的处罚所持的观点是“不进监狱就不算判刑”，在这种意识支配下加上传统的重刑思想的影响，使我国对罪犯刑罚的选择方式上常以监禁刑的监狱矫正为常态，而对于管制、剥夺政治权利等非监禁刑和缓刑、假释、监外执行制度，在实践中适用得较少。但随着社会的发展，通过监禁刑的方式对罪犯执行刑罚的成本会越来越高。但把罪犯放在社区，通过利用社会资源和社会力量对罪犯进行矫正和改造，不仅可以减少国家对监狱运行的投入，还可以减少监狱在押人员的数量，使监狱能够集中人力、财力和物力重点矫正那些恶习较严重、人身危险性较大、社会危害较大的罪犯。

(二)为服刑人员回归社会提供有利条件

正如美国伊利诺斯州矫正局前局长查尔斯·罗所说：“我认为一个人连续数年被关在一个高等安全监狱里，告诉他何时就寝，何时起床，每天的每一分钟干什么，然后再把他抛在街头并指望他能够做一名模范公民，这显然是无稽之谈。”①对罪犯进行矫正的最根本目的就是使其更好的再社会化。由于社区矫正可以最大限度地减少对罪犯人身自由的限制，能够较好地避免监禁刑所可能引起的交叉感染和监狱化人格的形成，因此可以为罪犯从服刑到回归社会提供一个过渡，在这期间，被矫正对象可以尽可能多地接触和了解社会，适应和接受社会主流文化。另外，社区矫正工作在平等、尊重、自决思想的指导下对罪犯进行接纳，有利于增强被矫正者的自尊心和社会责任感，调动其改造的主动性和积极性，避免在与人交往中出现较大反差，有利于他们更好地早日融入社会。

(三)有利于提高罪犯的改造质量

正如龙勃罗梭所言：“获得自由是一种梦想，服刑人员总是为此而思虑。如果他们看到有一条比逃跑更保险和更可及的阳光大道，他们会立即奔向那里；他们做好事仅仅是为了获得自由，但他们毕竟是在做好事。不断重复的运动会变成第二种本能，它可以使人养成习惯。”②对罪犯进行矫正的最终目的是使他们成为守法公民。社区矫正一方面避免了监禁刑所产生的交叉感染的可能，给罪犯提供接触社会的机会；另一方面又从规范要求上给罪犯较强的限制性，能使他们感到因犯罪所受到的宽容待遇，从而较好地消除了犯罪人的逆反心理，使其不再排斥社会、仇视社会，帮助矫正对象保持健康心态，积极面对现实，增强自我约束的能力，降低重新犯罪的可能性，从而达到刑罚特殊预防的目的。

(四)体现了刑罚的人道主义精神

刑罚的人道主义精神主要包括三方面内容：一是关心和改善罪犯的物质生活和环境条件，包括衣、食、住、医疗、卫生、体育等，这是行刑人道主义的最基本层次；二是尊重罪犯人格，维护罪犯的人权，这是行刑人道主义的较高层次；三是使罪犯的人格得到改造并健康发展，实现其作为人的价值，它要求国家行刑机关着眼于罪犯的人格的完善，并与社会同

---

① [美]克莱门斯·巴特勒斯．罪犯矫正概述[M]．龙学勤译．北京：群众出版社，1987：113.

② [意]切萨雷·龙勃罗梭．犯罪人论[M]．黄风译．北京：北京大学出版社，2011：251.

步发展，这是行刑人道主义的最高层次①。社区矫正将罪犯置于社区之中进行矫正，对自由只是给予一定的限制而不是像监狱那样剥夺其自由，在适度的社会监督情况下，让其拥有正常的家庭生活、稳定的就业环境和生活环境，基本保证其所处的生活环境与犯罪前没有发生太大变化，从而使其情感上有所寄托，生活上有所依靠，体现了对于人之主体性的承认与尊重。社区矫正所体现的这种人道主义精神有利于对罪犯人格的重新塑造，有利于将罪犯改造成守法公民的最根本目的的实现。②

四、社区矫正的基本任务

(一)执行刑罚

执行刑罚不仅是社区矫正存在的依据和保证，而且也是社区矫正工作的首要任务。这是因为我国社区矫正对象的范围仅仅限于“两院两部”规定的4种人，而这4种人均为法律意义上的罪犯，因此，刑罚的惩罚性仍然是其最主要的特性，矫正对象必须履行服刑期间的法定义务。对矫正工作者而言，为了解决在社区矫正中的行刑权问题，不得不无奈地适应法律的规定，以避免由于部分矫正工作者没有法定的行刑权所出现的违法现象，更有“北京模式”中为了社区矫正工作的相对完整性而抽调部分监狱、劳教人民警察从事社会矫正工作的尴尬之举，目的就是保证刑罚执行的完整性和严肃性。修订后的《刑事诉讼法》试图解决社区矫正工作中的行刑权问题，该法第258条规定：“对被判处管制、宣告缓刑、假释或者暂予监外执行的罪犯，依法实行社区矫正，由社区矫正机构负责执行，”这可以理解为社区矫正机构具有法定的行刑权。但是，我同并没有“社区矫正机构”的法定机构设置，仅仅是由司法行政机关“兼职”实施，导致实际操作非常困难，这也是社区矫正工作的瓶颈之一。

(二)监督管理

监督管理包括两个层面：一是执行刑罚的监督管理，是对矫正对象作为服刑罪犯在履行法定义务方面的监督管理，属于执行刑罚的一部分。其中，作为无执法权的司法行政工作人员，在履行这部分监督管理权时，只能是辅助执行。二是依据社区矫正工作规范对矫正对象的监督管理，依照社区矫正的有关规定，社区矫正工作者所共同行使的一项职能。这些工作规范分为两个层次：第一层次是依照“两院两部”《关于开展社区矫正试点工作的通知》、《关于扩大社区矫正试点范围的通知》、《关于在全国试行社区矫正工作的意见》、《关于对判处管制、宣告缓刑的犯罪分子适用禁止令有关问题的规定(试行)》、《社区矫正实施办法》等规定；第二层次是依照各省、自治区、直辖市关于社区矫正工作的规范性文件。

(三)矫正教育

矫正教育包括两个部分：第一部分是按照社区矫正的要求，完成对矫正对象的思想教育、法制教育和道德教育，这是“两院两部”具体规定的矫正对象的教育内容。但在实际工作中，各省、自治区和直辖市的教育内容已大大突破了这一规定，拓展到了文化知识教育、就业教育、心理健康教育、社会适应教育等内容，由知识教育、素质教育深化到了发展教育，使矫正对象的教育更趋于完善。第二部分是在教育的基础上，或者在教育的同时，针对矫正对象的行为、心理等方面出现的问题所进行的矫正活动，如人格调查、心理评估、心理咨询、心理治疗、行为矫正、行为训练等，这些措施更侧重于专业技术手段的应用，对矫正

① 陈士涵．人格改造论(下卷)[M]．北京：学林出版社，2001：677.

② 辛科．犯罪学[M]．北京：中国检察出版社，2011：322~324.

对象养成健康的人格，增强社会适应性，起到了良好的作用，矫正教育是社区矫正的主要工作任务。

（四）危机干预

矫正对象在社区矫正的条件下会遭遇各种各样的危机，及时地对这些危机进行干预是社区矫正的任务之一。矫正对象在社区矫正中常见的危机状态包括：自害（包括自杀、自伤、自残），愤怒（凶杀、伤害、殴打、纵火、劫持人质、破坏等），焦虑，哀痛（如亲人亡故、重病、离婚和被拒绝交往）等。

危机干预是对处于危机状态中的矫正对象提供帮助，以恢复或维持矫正对象的安全，并由此保障社区的安全。通过对矫正对象的危机干预，一是使危机解除，即缓解矫正对象的心理危机，制止危机行为的产生、发展或恶化；二是使危机转化，即在矫正对象从危机状态中稳定下来以后对其实施后继干预，使矫正对象的心理由消极转向积极，获得良性发展。对矫正对象危机干预的过程也是一种特殊的矫正过程，所谓“通过提高矫正质量来保障社区安全”即可以在这里得到体现。

（五）社会救助

社区矫正的社会救助是在社区矫正目的之上而派生的，社区矫正的目的之一，就是要帮助矫正对象增强社会适应性，与社会重新结合，那么，要达到这个目的，对矫正对象这个弱势群体而言，就有必要建立社会救助制度，对矫正对象实施救济。对矫正对象的救济分为公力救济和私力救济两种，大多数情况下是公力救济和私力救济的融合。要实现对矫正对象的社会救助，主要靠建立社区扶助制度、法律援助制度和社会保障制度来实现。

社区扶助制度是私力救济的一种形式，它是指由于矫正对象在生活安置、就业、就学等方面存在困难，社区矫正机构利用社会志愿人员、社会组织以及社区矫正机构整合的其他社会资源，对矫正对象给予帮助、救济、安置的活动。这一制度的突出特点，是社会力量的自发性，社区矫正机构在其中扮演的只是中介和整合的角色，更重要的是把救助活动作为教育感化的切入点，作为教育感化矫正对象的一种手段。

法律援助，也称法律扶助，是指对需要专业性法律帮助而又无力承担诉讼费用以及无力支付律师费用的矫正对象及其家庭成员予以援助，以维护其合法权益。我们这里讲的法律援助是一种广义上的法律援助，实质上是一种法律帮助，是社会相关部门及社区矫正机构为矫正对象提供的法律服务。

社会保障制度是指对社区矫正对象，政府的劳动和社会保障部门应将其放在和社会成员同等的位置为其提供社会保障方面的服务。一是为没有自谋职业能力的矫正对象提供职业培训的费用、场所和机会，使其回归社会后能顺利就业。二是对矫正期限在3个月以上的矫正对象，符合低保条件的，经民政部门审核，纳入当地城乡最低生活保障范围，使其能够享受最低生活保障待遇。三是对参加劳动的矫正对象除给予适当报酬外（公益劳动除外），应为其办理养老、医疗卫生等保险，以保障矫正对象的合法权益得以实现。

（六）恢复秩序

恢复秩序是指基于恢复性司法理念，在社区矫正过程中，立足于被害人权益的保障，旨在通过被害人、社区及其他人员的主动参与，来恢复因犯罪而被破坏的社会秩序。“矫正的使命是在犯人和社区之间建立或重新建立牢固的联系，使罪犯归入或重归社会生活中去，恢复家庭关系，获得职业的教育。就广泛的意义而言，一方面需要努力挽救所有罪犯——这一点曾经是复归模式的唯一目标，而且这需要发动和改造社会及其各类机构。"①因此，"对恢复任务的实现，已成为在世界范围内社区矫正任务中一个更高层次的追求"②。社区矫正秉承恢复性原则为罪犯重获自信和塑造正常人格提供了可靠而有益的途径。通过促进罪犯保持与社会的联系，促使他们重新融入社会，可以更为有效地阻止犯罪的再次发生。

在恢复性司法看来，刑罚不是以简单的报应或教育为目的，而是应致力于犯罪人的人格和社会角色的复归，致力于社会关系的修复。犯罪行为实施前，加害者与被害行、加害者与社区之间的关系是互动的、良性的，犯罪后，形成了对立，要更有效地处理由犯罪引起的刑事矛盾，恢复和谐、合作的社会关系，社会对犯罪的反映也应该是全面的、系统的，应通过恢复性司法的手段，恢复原有的和谐状态。因此在社区矫正阶段，刑罚应立足于社会秩序的恢复，犯罪人人格的回归。应考虑如何使矫正对象及早适应社会，并融入社区生活中，可见，恢复性司法的目的不是消灭或预防犯罪，而是化解由利益冲突引发的矛盾。

恢复秩序的核心价值，一是促进相互理解、相互尊重与宽容、弥合耻辱以维护关系，稳定秩序；二是以"以直报怨"而不是"以怨报怨"的方式处理犯罪，通过恢复方案的实施，达成实质正义。③

五、我国社区矫正存在的问题与局限

作为一种新型的罪犯矫正模式，社区矫正也存在其本身难以克服的局限性。

在社工层面遇到的问题正如中国当前的其他诸多第三部门一样，主要是实然状态与应然状态之间的差距问题，如有效激励不足、专业素质偏低、竞争缺失、政府来源单一以及工作方式机关化等。在政府层面存在的问题与不足主要表现在以下方面：一是"缺位"，将一些本来应该由自身承担的职能交由司法社工来承担；二是对社工管理的行政化；三是还没有建立科学的工作绩效评估标准和评估机制。在社会方面则存在扶助力量不足的问题。社会学家霍尔曾指出："第三部门能否有效地开展工作，不仅取决于第三部门及其工作人员的努力，在某程度上还需要恰当的社会支撑物(social moorings)"④。社区矫正工作开展的好坏以及成效如何，既取决于司法行政人员和社工的努力，同样也有赖于其他人的配合，需要来自于多学科、多专业、多部门的志愿者的帮助，从而形成一个有效的工作团队和工作系统。但现实中，真正具有志愿精神和奉献精神、把工作作为人生价值目标追求的专业化的志愿者还比较缺乏。

不仅如此，对罪犯改造来说，社区矫正这种罪犯矫正模式也存在其自身难以克服的局限性，对社区矫正的作用和期望也不能无限拔高。与封闭式监狱相比，社区矫正是人类文明的一大进步，但他无法完全替代监狱矫正。社区矫正是一种刑罚执行方式，而我国目前的刑罚的5种主刑(即管制、拘役、有期徒刑、无期徒刑、死刑)中有四类罪犯是在监狱服刑，无期徒刑和死刑缓期执行的罪犯不经过多年的监狱矫正和多次减刑，没有可能进入社区矫正。

---

① [美]克莱门斯·巴特勒斯．矫正导论[M]．孙晓雳译．北京：中国人民公安大学出版社，1991：130.

② 刘强．社区矫正制度研究[M]．北京：法律出版社，2007：74.

③ 连春亮，李玉成，殷尧．罪犯矫正形态论[M]．北京：群众出版社，2014：218~222.

④ Hall，P. D.，A Historical Overview of the Private Nonprofit Sector[M]. New Heaven：Yale University Press，1987.

有期徒刑中有暴力倾向以及拒绝改造和难以改造者，也没有进入社区矫正的可能，只有有期徒刑中无暴力倾向、改造较好、余刑较短、无社会恶劣影响的罪犯，才有可能进入社区矫正。另外，从国际刑事政策发展的走向来看，“整体趋轻、轻轻重重”(即“矫正可矫正者，不可矫正者使其不再为罪”)是发展趋势。而在我国，目前的刑罚制度对重型犯罪的惩罚相对较轻，对轻型犯罪的惩罚相对较重。改革方向应该是——重型犯要判得重一些，使那些“不可矫正者”失去再犯机会和能力，轻型犯要判得轻一些，以有利其实现“再社会化”。那么，监狱矫正主要解决其中的“重重”问题，社区矫正主要解决“轻轻”问题。监狱将变成主要对重型犯、暴力犯和长期犯的控制和管理；社区矫正将主要对轻型犯、非暴力犯和经监狱多年改造后表现较好的长期犯的矫正和管理。① 鉴于此，从长远发展看，社区矫正只能是和监狱矫正并存的一种罪犯矫正模式，两种矫正方式分工明确，但又互相促进、相互配合、相互补充，共同完成刑罚执行的任务。

六、我国社区矫正制度的改革和完善

(一)制定社区矫正法

虽然从总体上来看，我国社区矫正法律法规体系相对比较完备，但由于这些规定过于零散，没有一部能统率和调整整个社区矫正活动的法律规范出现，从而使得社区矫正制度的落实缺乏严格的法律依据，可操作性不强，随意性很大，这与社区矫正作为一种行刑方式应具有的严肃性和强制性特征不相一致。对于社区矫正，许多国家和地区以立法或法规的形式加以规定。例如，美国的《明尼苏达州社区矫正法》、《阿拉巴马州社区矫正法》、《俄勒冈州社区矫正法》，加拿大的《矫正与有条件释放法》，澳大利亚的《矫正服务令》等。此外，一些国家和地区制定一些单行的法规和条例来调整社区矫正中的法律关系。例如，我国香港地区的《社会服务令》、《感化(缓刑)令》；我国台湾地区的“更生保护法”、“少年事件实施细则”；新西兰的《假释法》；德国的《不剥夺自由刑罚执行方案》；日本的《缓刑执行保护观察法》、《犯罪的预防更生法》等。我国应借鉴他们的成功经验，尽快在我国本土化实践的基础上立法，确定我国社区矫正的性质、实施机构、工作程序、矫正工作者的权力与责任、矫正对象的权利与义务等。只有制定社区矫正法，才能使社区矫正成为主要的刑罚执行方式之一，实现刑罚效益和使罪犯重返社会的刑罚理念。

(二)对罪行较轻的被判缓刑的青少年建议消除其犯罪记录

罪行较轻、被判缓刑的青少年虽然不被监禁而是在社区内执行，但其身份仍然是刑事犯罪分子，带着曾经犯罪的“标签”。在这种“标签”作用下，这些青少年在升学、就业、交友等方面可能会受到一些影响，其中一些人身危险性不是很大，在一时冲动下犯罪的青少年有可能会产生消极的心理反应。因此，对罪行较轻被宣告缓刑而在社区内执行的青少年犯罪人，如果矫治效果良好，建议对其案底进行“洗牌”，即消除其案底或在该青少年的个人档案中不记录其曾刑事犯罪，其案底只保留在司法机关，如无特殊情况(例如再犯罪)须严格保密，以使该类青少年在没有“标签”标定的情况下毫无“隐痛”地重返社会，成为社会合格一员。

---

① 孙辉．罪犯的监狱矫正与社区矫正模式比较——以上海市为例[J]．南京师范大学学报(社会科学版)，2007(4)：25~30.

(三)将对矫正对象的劳动技能培训和心理矫治作为一项制度

社区矫正机构是刑罚执行机构，不是职业介绍所，劳动技能培训和心理矫治对矫正对象来讲更为重要。要建立正常的矫正工作者与矫正对象的专业关系，就有必要将对矫正对象的劳动技能培训与心理矫治作为一项常态的制度来抓。

(四)加强社区矫正人员队伍建设

1. 培养一批专职的社区矫正人员。完善我国的社区矫正制度，首先必须培养一批专职的矫正人员队伍。专职的矫正人员可以视为国家公务员，享受国家的工资和福利待遇。除了现行的司法助理员、司法社工，以及监狱、劳教警察外，从专业的角度讲，还应有专业的心理学、教育学、行为学、法学、犯罪学、管理学方面的各类人才充实到专职的社区矫正人员队伍当中。我国目前还很缺少这样的专职社区矫正人员，而专业人员的素质又是社区矫正制度能否达到其目的的关键。所以说，在实践中培养一批专业的专职社区矫正人员是社区矫正制度建设的关键。

2. 加强"大社会"意识，培养一批兼职的志愿者队伍。社会上的每一个人都是"大社会"中的成员，矫正罪犯并不仅仅是国家的义务，作为社会一分子的公民也有义务维护社会的和谐，尽自己的一份努力帮助犯罪人重新在社会上找到自己的位置。建立社区矫正制度，要在全社会强调"大社会"理念，招募高素质的志愿者。志愿者应是完全自愿的，目的不是为了获取报酬，而完全是为了帮助犯罪人，帮助其转化和回归社会。志愿者应是具有较高专业水平、丰富的社会经验、热心公益事业的人，可以是教育工作者、心理医生、律师或其他专业的人士，也可以是在校的大学生、研究生等热心公益事业的学生。在志愿者参与社区矫正之前，还应由专业矫正人员对其进行必要的培训，以发挥志愿者最大的作用。①

(五)对矫正对象进行分类管理

为便于对非监禁人员的矫正，对矫正对象实行分类、分层次教育和管理。由于矫正对象所处的生活环境、家庭环境存在差异，性格特征、心理状态、犯罪动机各有不同，因此，为了确保矫正工作的针对性和提高矫正工作的有效性，对于矫正对象要因人而异地设定矫正方案，进行分类引导和教育。为了保证矫正效果，在工作中一定要强调公平和公正，严格履行手续依法办事，从制度上防止和杜绝权钱交易及人情关系网的支配和影响。②

---

① 张学超．社区矫正理论与实务教程[M]．北京：对外经济贸易大学出版社，2012：108~110.

② 辛科．犯罪学[M]．北京：中国检察出版社，2011：326.

后　记

受武汉大学出版社田红恩编辑的邀请，我们组织了部分政法院系和公安院系的教师编写了《犯罪学教程》。参编者多具有副教授以上职称或者博士以上学位，具有丰富的教学、研究经验。他们不仅紧紧把握当前犯罪学的研究动态，而且对法学、公安学发展与改革有全面的领悟，使本教材能够很好地适应法学和公安学专业的教学需要。

这些作者基本情况和具体分工按照章节顺序列举如下：

董邦俊，中南财经政法大学刑事司法学院教授(法学博士、博士生导师，兼任湖北省黄石市人民检察院副检察长)，负责第一编第一章的撰写。

周凌，中南财经政法大学刑事司法学院副教授、法学博士(美国 Sam Houston State University)，负责第一编第二章的撰写。

江溯，北京大学法学院副教授、博士后，负责第一编第三章、第四章的撰写。

王志祥，北京师范大学刑事法律科学研究院教授、博士生导师、外国刑法研究所所长，负责第二编第一章的撰写。

孟昭武，中国刑警学院教授，负责第二编第二章(合作者为马林)、第五章的撰写(合作者为侯延昶)。

唐子艳，武汉理工大学文法学院讲师、法学博士，负责第二编第三章的撰写，参与第三遍第一章和第三编第三章的撰写。

康杰，中国刑警学院教授，负责第二编第四章的撰写(合作者为姜兰昱)和第四编第四章的撰写。

孟庆华，河北大学政法学院教授、博士后，负责第三编第一章和第三编第三章的撰写。

陈曙光，江西警察学院侦查系教授，负责第三编第二章、第四章的撰写。

李正新，中南财经政法大学刑事司法学院讲师、法学博士，负责第四编第一章的撰写。

黄石，湖北警官学院副教授、法学博士，负责第四编第二章的撰写。

崔海英，铁道警察学院副教授、法学博士，负责第四编第三章和第六章的撰写。

迟占霞，内蒙古警察职业学院讲师，负责第四编第五章的撰写。

教材由各位作者撰写后，由主编董邦俊教授、王志祥教授审稿，最后由主编统稿、定稿。

武汉大学出版社田红恩编辑为本套丛书的出版进行了精心地设计，也为本书的编辑出版付出了辛勤的劳动，在此深表感谢！

编著者

2016年3月

公安院校创新应用型精品规划系列教材

☆ 犯罪学教程
☆ 治安学
☆ 治安社会防范教程
☆ 安保勤务与安全检查
☆ 危险物品管理
☆ 公安监所管理工作实务
☆ 犯罪心理学教程
☆ 治安学专业实训教程
☆ 治安学概论
☆ 治安学通论
☆ 道路交通管理学
☆ 治安管理实务与实训教程
公安基础理论
治安案件查处
治安管理处罚法
治安秩序管理
侦查学
法医学
物证技术学
现场勘查
文件检验学
道路交通事故司法鉴定
警察职业道德
警察学原理
警察心理健康
安全防范技术应用
安防工程设计
监狱学基础理论
法院执行实务
书记员工作实务
警察防卫与控制技术
公安内勤工作手册
公安应用写作教程
信息化警务
乘警勤务
警察法学
道路交通事故处理
刑事影像学
刑事科学技术概论
车辆和驾驶员管理
社区警务
户政与人口管理
消防管理
保卫学
计算机应用技术
网络信息安全
逻辑学
公安机关办案程序

欢迎广大教师和读者就系列教材的内容、结构、设计以及使用情况等，提出您宝贵的意见、建议和要求，我们将继续提供优质的售后服务。

联系人：田红恩
电　话：137 2030 4986
E-mail：113391595@qq.com

武汉大学出版社（全国优秀出版社）